에듀윌과 함께 시작하면,
당신도 합격할 수 있습니다!

영주권이나 체류 비자를 취득하기 위해
한국어 사용 능력을 증명해야 하는 외국인

국내 대학 및 대학원에 입학하기 위해
TOPIK한국어능력시험을 준비하는 재외동포

외국에서 학교를 졸업하고
한국 기업체 취업을 준비하는 한국인

누구나 합격할 수 있습니다.
해내겠다는 '열정' 하나면 충분합니다.

마지막 페이지를 덮으면,

에듀윌과 함께
TOPIK한국어능력시험 합격이 시작됩니다.

한국어 교재 45만 부 판매 돌파
111개월 베스트셀러 1위

에듀윌이 만든 한국어 BEST 교재로
합격의 차이를 직접 경험해 보세요

KBS한국어능력시험

한국실용글쓰기   ToKL국어능력인증시험   TOPIK 한국어능력시험

에듀윌 TOPIK
IBT 모의고사 제공!

실제 시험과 똑같은 환경을 구현한
IBT 모의고사 응시 서비스를 체험해 보세요.

한국어능력시험 TOPIK IBT 모의고사(듣기, 읽기) 2회분 제공

1 | 최신 출제경향을 반영한 IBT 모의고사

PC 응시 화면

모바일 응시 화면

2 | 자동채점 & 성적분석 서비스

자동채점 & 성적분석 비교를
통해 스스로의 순위와 정답률 확인 가능

방법 모의고사 응시 후 [성적분석] 클릭

언제 어디서든 실력점검!
TOPIK II IBT 모의고사

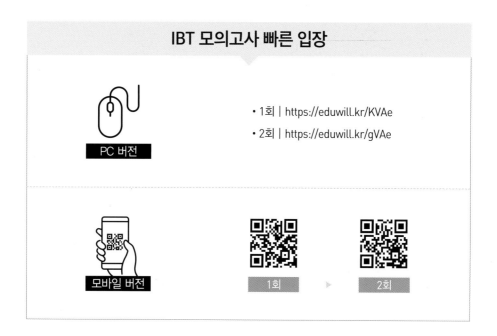

IBT 모의고사 빠른 입장

PC 버전

- 1회 | https://eduwill.kr/KVAe
- 2회 | https://eduwill.kr/gVAe

모바일 버전

1회 ▶ 2회

QR 코드를 통해 쉽고 빠르게 응시 – 채점 – 분석하기!

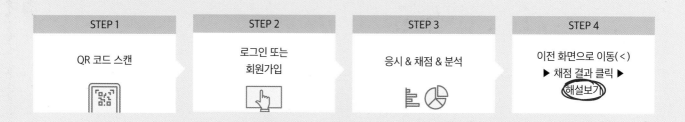

STEP 1	STEP 2	STEP 3	STEP 4
QR 코드 스캔	로그인 또는 회원가입	응시 & 채점 & 분석	이전 화면으로 이동(<) ▶ 채점 결과 클릭 ▶ 해설보기

*에듀윌 회원가입 후 이용하실 수 있는 서비스입니다.
*풀이 횟수에는 제한이 없으나 채점 결과에는 최종 성적이 반영됩니다.
*해당 서비스는 이후 예고 없이 종료될 수 있습니다.

DAY 13 테스트

👀 본책 121쪽에서 공부한 '과학'에 대한 어휘를 꼼꼼히 학습했는지 확인해 보세요.

01 다음 문장의 빈칸에 적절한 단어를 알맞은 형태로 넣으십시오.

가상 곡선 공학 미생물 성분 첨단

① 스마트폰은 (   ) 과학 기술이 집약된 전자 기기지요.

② 바이러스와 같은 (   )은/는 전자 현미경으로만 볼 수 있다.

③ 한국의 전통 가옥인 한옥은 처마의 (   )이/가 매력적이에요.

④ 지폐나 신용 카드 대신 (   )의 화폐를 사용하는 시대가 되었다.

관찰하다 변하다 융합하다 입력하다 증발하다 혁신적이다

⑤ 물에 열을 가하면 수증기가 되어 (   ).

⑥ 과학은 자연 현상을 (   ) 것에서 출발합니다.

⑦ 자료를 (   ) 방법을 표준화하면 정리 시간이 단축된다.

⑧ 기존의 기술과 비교해 본다면 이 기술은 그다지 (   ) 않아요.

02 다음 문장의 빈칸에 들어갈 말로 알맞은 것을 고르십시오.

① 이 약은 알코올의 분해를 (촉진한다 / 융합한다).

② 염분은 사람의 몸에 반드시 필요한 (성분 / 진화)입니다.

③ 유전 (공학 / 첨단)은 난치병을 치료하는 데에 기여한다.

④ (검증 / 증발)을 거치지 않은 이론이나 주장은 신뢰할 수 없다.

03 다음 밑줄 친 부분과 의미가 가장 반대인 말로 알맞은 것을 고르십시오.

① 수필과 달리 소설에는 <u>가상</u>의 인물이 등장해요.   (현실 / 미래)

② 음식물 쓰레기를 분해할 때 <u>미생물</u>을 활용합니다.   (사물 / 생물)

③ 최근 판매량 그래프가 하향 <u>곡선</u>을 그리고 있어요.   (직선 / 대각선)

④ 생물은 생존에 유리한 방향으로 <u>진화</u>의 과정을 거쳤다.   (진보 / 퇴화)

정답과 해설

01 ① 첨단   ⑤ 증발한다
② 미생물   ⑥ 관찰하는
③ 곡선   ⑦ 입력하는
④ 가상   ⑧ 혁신적이지

02 ① 촉진한다
② 성분
③ 공학
④ 검증

03 ① 현실
② 사물
③ 직선
④ 퇴화

DAY 13 | 과학에 대한 어휘 복습하기

📍 어휘 알아보기

👀 더 알아 두면 좋을 어휘들과 함께 복습하세요.

어휘	활용 표현	예문
가상(virtual)	가상 현실	가상 세계와 현실 세계를 혼동하다.
검증(verification)	검증을 하다	실험을 통해 약의 효과를 검증하려 하다.
곡선(curve)	곡선을 그리다	곡선 구간을 빠르게 달리면 몸이 쏠리게 된다.
공학(engineering)	공학 분야	공학 기술의 발달이 인공 지능 기술 개발을 이끌었다.
관찰하다(observe)	별을 관찰하다	현미경으로 눈의 결정을 관찰했다.
관측(observation)	기상 관측	기후의 변화를 관측하고 이에 대비해야 한다.
미생물(microorganism)	미생물을 발견하다	진공 포장은 미생물의 번식을 막는다.
발달하다(develop)	기술이 발달하다	기술이 발달하면서 현대인의 삶에 변화를 주었다.
변하다(change)	계절이 변하다	출렁이는 파도의 에너지가 전기로 변합니다.
성분(ingredient)	성분을 분석하다	약을 복용하기 전에 포함된 성분을 확인하다.
알아내다(find out)	원리를 알아내다	사과가 나무에서 떨어지는 원리를 알아냈다.
융합하다(fuse)	기술을 융합하다	교육에 AI 기술을 융합하는 것이 새로운 흐름이다.
입력하다(input)	정보를 입력하다	정보를 자동으로 입력하는 시스템을 만들었다.
자세하다(detailed)	설명이 자세하다	물질이 변화하는 과정을 자세하게 서술했다.
증발(evaporation)	수분 증발	수분의 증발을 막기 위해 비닐로 포장해 두다.
증발하다(evaporate)	물이 증발하다	액체가 증발할 때는 주변의 열을 빼앗는다.
진화(evolution)	인류 진화	이 책은 조류의 진화 과정을 묘사하고 있다.
첨단(cutting edge)	첨단 과학	현대는 첨단 과학의 시대이자 정보화 시대이다.
촉진하다(accelerate)	산업화를 촉진하다	물을 충분히 마시면 불순물의 배출이 촉진된다.
혁신적이다(innovative)	기술이 혁신적이다	최근 혁신적인 성능의 신제품이 출시되었다.

✏️ 문형 연습하기

👀 중요 어휘를 문형별로 공부해 보세요.

단어(기본형)	초급 -아/어/서	중급 -(으)며	고급 -ㄴ/는다는
관찰하다	관찰해서	관찰하며	관찰한다는
변하다	변해서	변하며	변한다는
알아내다	알아내서	알아내며	알아낸다는
융합하다	융합해서	융합하며	융합한다는
증발하다	증발해서	증발하며	증발한다는
혁신적이다	혁신적이어서	혁신적이며	혁신적이다는

DAY 14 테스트

😊 본책 126쪽에서 공부한 '사회 제도'에 대한 어휘를 꼼꼼히 학습했는지 확인해 보세요.

01 다음 문장의 빈칸에 적절한 단어를 알맞은 형태로 넣으십시오.

개인주의	급속도	논란	모방	치안	폐해

① 20세기 들어 산업은 (　　　　)으로/로 발달하고 있어요.

② 아이들은 (　　　　)을/를 통해 사회의 규범을 익혀 나간다.

③ 폭력적 영상물이 청소년에게 미치는 (　　　　)이/가 심각해요.

④ 이번 사건으로 (　　　　)을/를 강화해야 한다는 움직임이 일어났다.

각박하다	드러나다	보살피다	속하다	저지르다	제공하다

⑤ 가벼운 실수를 (　　　　) 것은 용서할 수도 있다.

⑥ 정책 시행 과정에서 여러 문제점이 (　　　　) 있다.

⑦ 그때 우리 형편이 너무 (　　　　) 남을 생각할 수 없었어요.

⑧ 사회에서 (　　　　) 않으면 생계유지가 어려운 사람들이 있어요.

02 다음 문장의 빈칸에 들어갈 말로 알맞은 것을 고르십시오.

① 자동차 회사에 자동차 고장의 원인을 (저질렀다 / 따졌다).

② 이 제도는 여러 가지 면에서 (모순 / 모방)을/를 안고 있어요.

③ 전자파가 인체에 유해한지에 대해 찬반 (논란 / 토의)이/가 벌어졌다.

④ 그 소방관은 화재의 현장 속에서 고립된 한 아이를 (의심했다 / 구출했다).

03 다음 밑줄 친 부분과 의미가 가장 반대인 말로 알맞은 것을 고르십시오.

① 개인의 다양성과 개성이 존중되어야 한다. 　　　　　(개방성 / 획일성)

② 증거도 없이 사람들을 의심하는 건 잘못된 거예요. 　(외면하다 / 신뢰하다)

③ 선거는 국민이 간접으로 정치에 참여할 수 있는 제도예요. 　(직접 / 따로)

④ 경찰은 그의 혐의가 드러나면 법적으로 처벌하겠다고 했다. 　(나타나다 / 사라지다)

정답과 해설

01 ① 급속도	⑤ 저지르는	02 ① 따졌다	03 ① 획일성
② 모방	⑥ 드러나고	② 모순	② 신뢰하다
③ 폐해	⑦ 각박해서	③ 논란	③ 직접
④ 치안	⑧ 보살피지	④ 구출했다	④ 사라지다

DAY 12 | 공공 기관에 대한 어휘 복습하기

🔍 어휘 알아보기

😊 더 알아 두면 좋을 어휘들과 함께 복습하세요.

어휘	활용 표현	예문
거치다(go through)	과정을 거치다	심사를 거쳐 그 결과를 통보하겠습니다.
공과금(utility bill)	공과금을 납부하다	공과금을 제때 납부하지 않으면 안 된다.
기관(institution)	공공 기관	여러 공공 기관이 투표 장소로 활용된다.
도서관(library)	학교 도서관	도서관 바로 앞에 기숙사가 있다.
문의하다(inquire)	담당자에게 문의하다	궁금하신 것은 이메일로 문의하시기 바랍니다.
발급하다(issue)	신분증을 발급하다	신용 카드를 새로 발급하였다.
방문하다(visit)	주민 센터를 방문하다	우체국을 방문하여 우편물을 보내고 돌아왔다.
보안(security)	개인 정보 보안	인터넷 사용 시 항상 보안에 유의하여야 한다.
부치다(send)	엽서를 부치다	고향에 있는 가족에게 편지와 엽서를 부쳤다.
빌리다(borrow)	도서를 빌리다	주민 센터에서 우산을 빌리다.
소포(package)	소포를 부치다	소포를 부치는 요금은 무게에 따라 다릅니다.
수수료(commission)	수수료를 지불하다	항공권을 환불하시면 수수료를 내셔야 합니다.
엽서(postcard)	엽서를 보내다	엽서에 보내는 이와 받는 이의 주소를 적었다.
우체국(post office)	우체국에 가다	우체국에서는 우편과 금융 업무를 담당합니다.
접수하다(receive)	민원을 접수하다	3층 사무실에서 장학금 신청서를 접수하고 있습니다.
조용히(quietly)	조용히 이야기하다	도서관을 이용할 때는 조용히 해야 한다.
증명서(certificate)	증명서를 신청하다	증명서는 어떤 용도로 발급받으려고 하십니까?
지나다(be overdue)	기한이 지나다	신청 기간이 지나면 혜택을 받을 수 없습니다.
처리하다(handle)	불만을 처리하다	신청하신 순서대로 처리해 드리겠습니다.
항의하다(complain)	처리 결과에 항의하다	정부의 새로운 정책에 항의하는 사람이 있다.

✏️ 문형 연습하기

😊 중요 어휘를 문형별로 공부해 보세요.

단어(기본형)	초급 -ㅂ/습니다	중급 -자마자	고급 -ㄴ/은/는 데다가
문의하다	문의합니다	문의하자마자	문의한/문의하는 데다가
발급하다	발급합니다	발급하자마자	발급한/발급하는 데다가
방문하다	방문합니다	방문하자마자	방문한/방문하는 데다가
접수하다	접수합니다	접수하자마자	접수한/접수하는 데다가
지나다	지납니다	지나자마자	지난/지나는 데다가
처리하다	처리합니다	처리하자마자	처리한/처리하는 데다가

DAY 12 테스트

💬 본책 117쪽에서 공부한 '공공 기관'에 대한 어휘를 꼼꼼히 학습했는지 확인해 보세요.

01 다음 문장의 빈칸에 적절한 단어를 알맞은 형태로 넣으십시오.

| 공과금 | 기관 | 보안 | 수수료 | 조용히 | 증명서 |

① (　　　　)은/는 은행, 편의점 등에서 납부할 수 있다.

② (　　　　)을/를 발급받으려면 신분증이 있어야 해요.

③ 개인 정보의 (　　　　)을/를 위해 정보 노출에 주의해야 한다.

④ 도서관이나 영화관에서는 (　　　　) 움직이고 행동해야 해요.

| 거치다 | 문의하다 | 발급하다 | 부치다 | 처리하다 | 항의하다 |

⑤ 신분증을 새로 (　　　　) 어디로 가야 해요?

⑥ 편지와 소포 등은 우체국에 가서 (　　　　) 수 있어요.

⑦ 담당 직원의 불친절한 업무 처리에 (　　　　) 메일을 보냈다.

⑧ 그 기업은 어렵고 힘든 시간을 (　　　　) 현재의 위치에 올라섰다.

02 다음 문장의 빈칸에 들어갈 말로 알맞은 것을 고르십시오.

① 송금할 때는 (수수료 / 공과금)의 포함 여부를 확인해요.

② 은행에 (방문해서 / 항의해서) 한국 돈을 베트남 돈으로 환전했다.

③ 대학 졸업 증명서는 학생 종합 센터에서 (발급하고 / 거치고) 있습니다.

④ 인터넷 기술이 발전함에 따라 정보 (보안 / 기관)의 중요성이 커지고 있다.

03 다음 밑줄 친 부분과 의미가 가장 반대인 말로 알맞은 것을 고르십시오.

① 여기에서는 조용히 해 주세요.　　　　　　　　　　(시끄럽다 / 복잡하다)

② 담당자가 불친절한 태도로 답해 기분이 상했다.　　　(문의하다 / 다정하다)

③ 고향에 있는 가족들에게 소포를 부쳤다.　　　　　　(　받다 / 만들다　)

④ 근로자들은 회사의 일방적인 해고 통보에 항의했다.　(찬성하다 / 문의하다)

정답과 해설

01 ① 공과금　⑤ 발급하려면
② 증명서　⑥ 부칠
③ 보안　⑦ 항의하는
④ 조용히　⑧ 거쳐

02 ① 수수료
② 방문해서
③ 발급하고
④ 보안

03 ① 시끄럽다
② 다정하다
③ 받다
④ 찬성하다

DAY 14 | 사회 제도에 대한 어휘 복습하기

🔍 어휘 알아보기

💬 더 알아 두면 좋을 어휘들과 함께 복습하세요.

어휘	활용 표현	예문
각박하다(hard; tough)	세상이 각박하다	시대가 각박하여 남을 배려할 여유가 없다.
간접(indirectness)	간접 효과	간접 화법으로 의사를 완곡하게 표현한다.
개인주의(individualism)	개인주의가 심해지다	개인주의가 부정적인 것만은 아니다.
구출하다(rescue)	조난자를 구출하다	화재 현장에서 생존자를 구출하였다.
급속도(high speed)	급속도로 상승하다	레저 산업이 급속도로 발전하게 되었다.
논란(controversy)	논란이 벌어지다	투자 손실을 보상해 주는 제도에 대한 논란이 있다.
다양성(diversity)	다양성 보장	직원의 전문성과 조직 문화의 다양성 확보를 꾀해야 한다.
드러나다(be revealed)	문제점이 드러나다	새로운 제도의 허구성이 드러났다.
따지다(discuss)	모순을 따지다	관계 기관에 사고의 정확한 원인을 따지다.
모방(imitation)	단순 모방	최근 보도된 사기 범죄를 모방하는 사례가 늘고 있다.
모순(contradiction)	모순을 발견하다	이 제도는 여러 가지 면에서 모순을 안고 있다.
보살피다(look after)	약자를 보살피다	늙으신 부모님을 보살펴 드리다.
봉사하다(volunteer)	주말에 봉사하다	국민을 위해 봉사하는 공직자가 필요하다.
속하다(belong)	공동체에 속하다	이 회사는 규모의 면에서 중소기업에 속한다.
의심되다(suspicious)	거짓이 의심되다	이 제도의 타당성이 의심되는 만큼 보완이 필요합니다.
저지르다(commit)	범죄를 저지르다	불법적인 행위를 저지르는 것을 막아야 한다.
제공하다(provide)	단서를 제공하다	한 제보자가 경찰에게 사건의 단서를 제공했다.
질서(order)	교통질서	한층 높아진 시민들의 질서 의식을 볼 수 있다.
치안(public order)	치안 유지	정부는 치안과 질서 유지를 위해 노력한다.
폐해(harmful effect)	폐해를 없애다	대기 오염의 폐해로 각종 질환이 발병한다.

✏ 문형 연습하기

💬 중요 어휘를 문형별로 공부해 보세요.

단어(기본형)	초급 -ㄴ 후에	중급 -더라도	고급 -ㄴ 덕분에
구출하다	구출한 후에	구출하더라도	구출한 덕분에
드러나다	드러난 후에	드러나더라도	드러난 덕분에
봉사하다	봉사한 후에	봉사하더라도	봉사한 덕분에
속하다	속한 후에	속하더라도	속한 덕분에
의심되다	의심된 후에	의심되더라도	–
제공하다	제공한 후에	제공하더라도	제공한 덕분에

DAY 15 테스트

💬 본책 132쪽에서 공부한 '가치관'에 대한 어휘를 꼼꼼히 학습했는지 확인해 보세요.

01 다음 문장의 빈칸에 적절한 단어를 알맞은 형태로 넣으십시오.

고유　　　구세대　　　금기　　　속담　　　착각　　　편견

① (　　　　　)은/는 젊은이의 언어를 이해하기 어려워요.

② 문화권에 따라 고유한 (　　　　)의 대상이 다르게 나타납니다.

③ 문제가 곧 해결될 것이라고 예상한 것은 (　　　　)이었어/였어요.

④ (　　　　)에 빠지지 않고 자유롭고 긍정적으로 사고해야 한다.

불행하다　　　손쉽다　　　어긋나다　　　차별하다　　　통하다　　　피하다

⑤ 그 사람은 앞에 나서는 일을 (　　　　　) 편이다.

⑥ 장애인을 (　　　　) 않는 사회로 나아가야 해요.

⑦ 언니는 부모님의 기대에 (　　　　) 일은 하지 않아요.

⑧ 표현 방법은 달라도 예술은 서로 (　　　　) 점이 있다.

02 다음 문장의 빈칸에 들어갈 말로 알맞은 것을 고르십시오.

① 직업으로 사람을 (존중하는 / 차별하는) 것은 옳지 않아요.

② 생활한복은 우리 (금기 / 고유)의 멋을 살리면서도 실용적인 옷이에요.

③ 어려움을 (헤치고 / 위로하고) 성장한 사람은 실패를 두려워하지 않는다.

④ 21세기 대부분의 나라에서는 다양한 (종류 / 인종)이/가 어울려 살아간다.

03 다음 밑줄 친 부분과 의미가 가장 반대인 말로 알맞은 것을 고르십시오.

① <u>불행했던</u> 과거의 기억이 가끔씩 되살아난다.　　　　　(의식하다 / 행복하다)

② 현재의 젊은이들도 시간이 지나면 <u>구세대</u>가 됩니다.　　(연령대 / 신세대)

③ 세대 갈등의 <u>손쉬운</u> 해결 방법은 서로에 대한 이해입니다.　(무난하다 / 어렵다)

④ 일이 기대에 <u>어긋날</u> 때에는 원인보다 해결 방안을 생각해야 해요. (일치하다 / 바람직하다)

정답과 해설

01 ① 구세대	⑤ 피하는	**02** ① 차별하는	**03** ① 행복하다
② 금기	⑥ 차별하지	② 고유	② 신세대
③ 착각	⑦ 어긋나는	③ 헤치고	③ 어렵다
④ 편견	⑧ 통하는	④ 인종	④ 일치하다

DAY 11 | 동식물에 대한 어휘 복습하기

📍 어휘 알아보기

💬 더 알아 두면 좋은 어휘들과 함께 복습하세요.

어휘	활용 표현	예문
가로수(roadside trees)	가로수를 심다	가로수는 도시의 공기를 정화한다.
가축(livestock)	가축을 기르다	농촌에서는 가축을 길러 소득을 얻는다.
곤충(insect)	곤충 연구	모기는 사람에게 유해한 곤충이다.
꼬리(tail)	동물의 꼬리	강아지는 기분이 좋을 때 꼬리를 흔든다.
꿈틀거리다(wriggle)	뱀이 꿈틀거리다	나뭇가지 위에서 뱀이 꿈틀거리고 있다.
나뭇가지(branch)	나뭇가지에 걸다	나뭇가지 위에 눈이 쌓여 하얗게 되었다.
나오다(sprout)	싹이 나오다	봄이 되자 나뭇가지에서 새잎이 나왔다.
날아다니다(fly about)	새가 날아다니다	벌들이 꿀을 찾아 날아다니고 있다.
납작하다(flat)	모양이 납작하다	갈치는 몸이 가늘고 길며 옆으로 납작하다.
단단하다(hard)	껍질이 단단하다	바위는 단단해서 깨기 어렵다.
모기(mosquito)	모기에게 물리다	모기는 열이 많고 땀이 많은 사람을 잘 문다.
물고기(fish)	물고기를 잡다	물고기는 아가미로 숨을 쉰다.
물다(bite)	다리를 물다	뱀이 다리를 물면 빠르게 응급실로 가야 한다.
벌레(insect; bug)	벌레를 싫어하다	모든 벌레가 사람에게 유해한 것은 아니다.
트다(sprout)	싹이 트다	봄이 되면 각종 식물의 싹이 트기 시작한다.
자라다(grow)	식물이 자라다	식물은 광합성을 통해 양분을 만들어 자란다.
짐승(animal)	짐승 한 마리	동물원에서는 온갖 새와 짐승을 볼 수 있다.
짖다(bark)	강아지가 짖다	도둑이 들자 개가 짖었다.
철새(migratory bird)	철새가 떠나다	철새들이 새로운 계절이 왔음을 알려 준다.
피다(bloom)	꽃이 피다	봄비가 내린 뒤 나뭇가지에 잎이 새로 피었다.

✎ 문형 연습하기

💬 중요 어휘를 문형별로 공부해 보세요.

단어(기본형)	**초급** -아/어야 되다	**중급** -어/여서인지	**고급** -기만 하다
나오다	나와야 되다	나와서인지	나오기만 하다
단단하다	단단해야 되다	단단해서인지	단단하기만 하다
물다	물어야 되다	물어서인지	물기만 하다
자라다	자라야 되다	자라서인지	자라기만 하다
짖다	짖어야 되다	짖어서인지	짖기만 하다
피다	피어야 되다	피어서인지	피기만 하다

DAY 11 테스트

💬 본책 95쪽에서 공부한 '동식물'에 대한 어휘를 꼼꼼히 학습했는지 확인해 보세요.

01 다음 문장의 빈칸에 적절한 단어를 알맞은 형태로 넣으십시오.

가로수	곤충	나뭇가지	물고기	벌레	짐승

① 길가의 ( )이/가 발갛게 물들어 아름다워요.
② 까치는 ( )을/를 이용해 높은 곳에 집을 짓는다.
③ 음식물 쓰레기를 오랫동안 방치하면 ( )이/가 들끓어요.
④ 사냥꾼은 동굴로 달려가는 ( )에게 총을 쐈어요.

꿈틀거리다	날아다니다	납작하다	트다	자라다	피다

⑤ 비가 내린 뒤 땅에 뿌려 둔 씨앗의 싹이 ( ).
⑥ 벼가 무럭무럭 ( ) 태풍에 쓰러져 버렸다.
⑦ 등산을 갔다가 ( ) 뱀을 보고 깜짝 놀라 도망갔어요.
⑧ 높고 파란 가을 하늘을 잠자리 여러 마리가 ( ) 있다.

02 다음 문장의 빈칸에 들어갈 말로 알맞은 것을 고르십시오.

① 여우는 뛰어가는 토끼의 꼬리를 (걸리다 / 물었다).
② 큰 개가 (짖으면 / 지저귀면) 동물을 무서워하는 사람은 긴장을 한다.
③ 겨울이 되자 (곤충 / 나뭇가지)의 움직임이 눈에 띄게 느려졌다.
④ 강한 바람이 길가의 (가로수 / 벌레)을/를 도로 위에 쓰러뜨렸어요.

03 다음 밑줄 친 부분과 의미가 가장 반대인 말로 알맞은 것을 고르십시오.

① 겨울이 되면 곰은 산속에 들어가서 겨울잠을 자요.   (숨다 / 나오다)
② 대나무는 북쪽 지방보다 남쪽 지방에서 잘 자라요.   (줄다 / 늘다)
③ 얼음이 단단하게 얼어서 아무리 쳐도 깨지지 않는다.   (무르다 / 막히다)
④ 바람에 꽃이 져서 길 이곳저곳이 꽃잎으로 뒤덮였다.   (피다 / 열리다)

정답과 해설

01 ① 가로수   ⑤ 텄다
    ② 나뭇가지   ⑥ 자라다가
    ③ 벌레   ⑦ 꿈틀거리는
    ④ 짐승   ⑧ 날아다니고

02 ① 물었다
    ② 짖으면
    ③ 곤충
    ④ 가로수

03 ① 나오다
    ② 줄다
    ③ 무르다
    ④ 피다

DAY 15 | 가치관에 대한 어휘 복습하기

🔍 어휘 알아보기

💬 더 알아 두면 좋을 어휘들과 함께 복습하세요.

어휘	활용 표현	예문
고유(uniqueness)	고유의 전통	김치는 한국 고유의 전통 음식입니다.
교체(replacement)	세대교체	세대교체의 변화를 사회가 감당해야 한다.
구세대(old generation)	구세대와의 갈등	구세대와 신세대 간의 사고방식이 다르다.
국제화(internationalization)	국제화 시대	국제화 시대에는 서로의 문화가 공존한다.
금기(taboo)	금기가 존재하다	각 사회마다 금기되는 언어 표현들이 존재한다.
내려오다(come down)	대대로 내려오다	유교의 가르침이 현대까지 내려오다.
불행하다(unfortunate)	때때로 불행하다	불행한 과거는 잊고 미래로 나아가도록 합시다.
속담(proverb)	속담의 배경	속담은 역사적 생활 체험이 반영된 것이다.
손쉽다(a piece of cake)	해결이 손쉽다	번역기를 통해 손쉽게 의사소통을 할 수 있다.
어긋나다(go against)	생각이 어긋나다	예의범절에 어긋나는 행동을 하지 않도록 하자.
예측하다(predict)	미래를 예측하다	아무도 예측하지 못한 일이 일어날 때가 있다.
위로하다(console)	아픔을 위로하다	위로하는 방식은 문화권에 따라 다르다.
인종(race)	인종 차별	한국에도 다양한 인종의 사람들이 살고 있다.
전통적(traditional)	전통적인 사고방식	전통적인 풍습 중 좋은 것은 지켜 나가야 한다.
차별하다(discriminate)	남녀를 차별하다	성별, 연령으로 상대방을 차별해서는 안 된다.
착각(illusion)	착각에 빠지다	나의 사고방식이 젊다고 생각한 것은 착각이었다.
통하다(of the same mind)	마음이 통하다	마음이 잘 통하는 친구 몇 명이면 충분하다.
편견(prejudice)	편견에 치우치다	편견에 빠지면 상대방을 있는 그대로 볼 수 없다.
피하다(avoid)	갈등을 피하다	갈등을 피하기만 하지 말고 맞서야 한다.
헤치다(get through)	어려움을 헤치다	연령대마다 헤쳐 나가야 할 과제가 다른 법이다.

✎ 문형 연습하기

💬 중요 어휘를 문형별로 공부해 보세요.

단어(기본형)	초급 -(으)니까	중급 -(으)ㄹ수록	고급 -(으)ㄹ지라도
내려오다	내려오니까	내려올수록	내려올지라도
불행하다	불행하니까	불행할수록	불행할지라도
예측하다	예측하니까	예측할수록	예측할지라도
위로하다	위로하니까	위로할수록	위로할지라도
피하다	피하니까	피할수록	피할지라도
헤치다	헤치니까	헤칠수록	헤칠지라도

DAY 16 테스트

💬 본책 163쪽에서 공부한 '여가'에 대한 어휘를 꼼꼼히 학습했는지 확인해 보세요.

01 다음 문장의 빈칸에 적절한 단어를 알맞은 형태로 넣으십시오.

경치	대회	연휴	일정	일행	피서

① 추석 (   )을/를 맞이하여 영화관이 사람들로 붐볐다.

② 티엔 씨는 취미로 마라톤을 즐기고 가끔 (   )에도 출전해요.

③ 해외여행의 (   )이/가 빡빡해서 여유 있게 둘러보지는 못했어요.

④ 저 사람은 우리 (   )이/가 아닙니다.

거닐다	머물다	여유롭다	즐기다	편안하다	헤엄치다

⑤ 그는 주말마다 바다를 (   ) 건너는 연습을 했다.

⑥ 급한 일을 끝내고 나니 마음이 (   ) 편안하였다.

⑦ 우리는 매일 저녁 식사를 한 후 아이의 손을 잡고 공원을 (   ).

⑧ 이 극장은 앞뒤 좌석의 거리가 멀어서 (   ) 영화를 볼 수 있다.

02 다음 문장의 빈칸에 들어갈 말로 알맞은 것을 고르십시오.

① 배낭을 (꾸리는 / 거니는) 솜씨가 정말 좋아요.

② 예정보다 (일행 / 일정)을 당겨 귀국하기로 했다.

③ (경치 / 경지)가 아름다워 혼자 보기가 아까울 정도예요.

④ 보통 낚시를 하거나 독서를 하면서 주말을 (즐긴다 / 편안하다).

03 다음 밑줄 친 부분과 의미가 가장 반대인 말로 알맞은 것을 고르십시오.

① 이 공원에는 주차를 할 수 있는 공간이 <u>부족하다</u>.   (넉넉하다 / 부실하다)

② 우리 집 의자는 딱딱해서 앉기가 <u>불편해요</u>.   (활동하다 / 편안하다)

③ 나는 가을이면 제주도에 가서 한 달씩 <u>머물다</u> 오곤 했다.   (떠나다 / 돌아오다)

④ 오랜만의 휴일인데 할 일이 없어서 노래나 들으며 <u>무료하게</u> 보냈다.   (재미있다 / 곤란하다)

정답과 해설

01 ① 연휴   ⑤ 헤엄쳐   02 ① 꾸리는   03 ① 넉넉하다
② 대회   ⑥ 여유롭고   ② 일정   ② 편안하다
③ 일정   ⑦ 거닐었다   ③ 경치   ③ 떠나다
④ 일행   ⑧ 편안하게   ④ 즐긴다   ④ 재미있다

🔍 어휘 알아보기

💬 더 알아 두면 좋을 어휘들과 함께 복습하세요.

어휘	활용 표현	예문
가속화(accelerating)	개발 가속화	고령화가 가속화되면서 여러 문제가 발생했다.
감소하다(decrease)	판매량이 감소하다	주택 공급이 감소하면서 전세난이 생겼다.
강세(strongness)	강세를 보이다	4차 산업 혁명으로 정보 분야가 강세를 보인다.
과도하다(exceed)	규제가 과도하다	과도한 규제는 경제 성장의 발목을 잡는 것이다.
극복하다(overcome)	어려움을 극복하다	경제 불황을 극복하고 선진국의 대열에 합류했다.
낭비하다(waste)	예산을 낭비하다	세금을 낭비하는 것은 국민들이 화를 낼 일이다.
달하다(reach)	30%에 달하다	조사 결과 실업자가 전 국민의 25%에 달했다.
빠듯하다(tight)	비용이 빠듯하다	생활비가 빠듯하여 외식비를 줄이려고 한다.
상승세(upward trend)	상승세이다	주식 시장이 상승세를 보이는 것은 좋은 신호이다.
상업적(commercial)	상업적 광고	상업적으로 변하는 것이 나쁜 것만은 아니다.
선보이다(show)	신제품을 선보이다	우리 회사는 연말에 신제품을 선보일 예정이다.
수익(profit)	수익이 증가하다	수익을 창출하기 위해 기업들이 노력하고 있다.
어마어마하다(huge)	규모가 어마어마하다	투자 금액이 어마어마해서 기대가 된다.
절감(reduction)	비용 절감	생산 비용을 절감하려면 원자재 비용을 낮춰야 한다.
지수(index)	판매 지수	구매 지수가 높은 상품의 특징을 분석해야 한다.
차별화(differentiation)	차별화를 꾀하다	차별화 전략을 세우고 공격적으로 홍보해야 한다.
판매량(sales volume)	판매량 확인	판매량이 줄어드는 원인을 파악해야 한다.
폭등하다(soar)	물건값이 폭등하다	원유 가격이 폭등하고 있다는 보고를 들었다.
하락하다(decrease)	주가가 하락하다	집값이 하락하면 발생하는 문제는 무엇입니까?
활성화(boost)	소비 활성화	경제 활성화를 위해 시장에서 돈이 움직여야 한다.

✏️ 문형 연습하기

💬 중요 어휘를 문형별로 공부해 보세요.

단어(기본형)	초급 -ㄴ/는데	중급 -ㄴ/는 만큼	고급 -(ㄴ)다는
과도하다	과도한데	과도한 만큼	과도하다는
극복하다	극복하는데	극복한/극복하는 만큼	극복한다는
낭비하다	낭비하는데	낭비한/낭비하는 만큼	낭비한다는
달하다	달하는데	달한/달하는 만큼	달한다는
선보이다	선보이는데	선보인/선보이는 만큼	선보인다는
어마어마하다	어마어마한데	어마어마한 만큼	어마어마하다는
폭등하다	폭등하는데	폭등한/폭등하는 만큼	폭등한다는

DAY 10 테스트

💬 본책 89쪽에서 공부한 '경제'에 대한 어휘를 꼼꼼히 학습했는지 확인해 보세요.

01 다음 문장의 빈칸에 적절한 단어를 알맞은 형태로 넣으십시오.

가속화	강세	수익	지수	판매량	활성화

① 그들은 간접 광고로 적잖은 (　　　　)을/를 챙겼다.
② 주식 시장에서 건설 관련 주가 (　　　　)을/를 보였다.
③ 전년과 비교했을 때 물가 (　　　　)이/가 크게 상승했어요.
④ 침체된 청년 창업 시장의 (　　　　)을/를 위해 정부가 나섰다.

감소하다	과도하다	빠듯하다	선보이다	폭등하다	하락하다

⑤ 이번 달에는 장사가 잘 안되어 생활비가 (　　　　　).
⑥ (　　　　　) 세금 인상으로 시민들의 생활이 힘들어졌다.
⑦ 박람회를 통해 회사의 신제품을 (　　　　　) 수 있게 되었어요.
⑧ 기름값이 (　　　　　) 많은 운전자들이 경제적 부담을 느끼고 있다.

02 다음 문장의 빈칸에 들어갈 말로 알맞은 것을 고르십시오.

① 경쟁 사회에서 영원한 (강세 / 강자)은/는 없지요.
② 오랫동안 적자였다가 드디어 흑자를 (극복했다 / 이뤘다).
③ 국내 화장품업체들의 해외 진출이 (가속화 / 차별화)되고 있다.
④ 전년도의 동일한 시기와 물가 (지수 / 숫자)을/를 비교해 보았다.

03 다음 밑줄 친 부분과 의미가 가장 반대인 말로 알맞은 것을 고르십시오.

① 수출이 <u>감소하고</u> 수입이 늘어서 나라의 경제가 어렵다.   (증가하다 / 유지하다)
② 많은 음식물 쓰레기는 식량을 <u>낭비하는</u> 현실을 보여 줘요.   (사치하다 / 절약하다)
③ 경쟁사의 제품과는 디자인과 기능 면에서 <u>차별화</u>되어야 한다.   (획일화 / 특화)
④ 부동산 경기가 과열되어 시내의 모든 아파트 가격이 <u>폭등</u>했어요.   (상승하다 / 폭락하다)

정답과 해설

01	① 수익	⑤ 빠듯하다	02 ① 강자	03 ① 증가하다
	② 강세	⑥ 과도한	② 이뤘다	② 절약하다
	③ 지수	⑦ 선보일	③ 가속화	③ 획일화
	④ 활성화	⑧ 폭등하여	④ 지수	④ 폭락하다

DAY 16 | 여가에 대한 어휘 복습하기

📍 어휘 알아보기

💬 더 알아 두면 좋을 어휘들과 함께 복습하세요.

어휘	활용 표현	예문
거닐다(walk)	공원을 거닐다	주말에 야외를 거닐며 산책을 하다.
경기(game; match)	경기에 참여하다	수영 경기는 이번 달 말에 열립니다.
경치(view)	경치를 즐기다	이 산은 아름다운 경치를 자랑하는 곳이다.
관광지(tourist attraction)	관광지에 가다	관광지에 관광객이 몰려들었다.
구경하다(viewing)	축제를 구경하다	동물원에서 동물을 구경했다.
꾸리다(pack)	짐을 꾸리다	여행을 가기 위해 짐을 꾸리기 시작했다.
나들이(picnic)	가을 나들이	친구들과 함께 산으로 나들이를 떠날 예정이다.
넉넉하다(enough)	시간이 넉넉하다	시간이 넉넉해서 일주일 동안 여행을 간다.
대회(contest)	마라톤 대회	제5회 한국어 말하기 대회가 내일 열립니다.
머물다(stay)	숙소에 머물다	조용한 곳에 머물며 휴식을 즐기고 싶다.
무료하다(boring)	주말이 무료하다	무료한 시간에 음악을 듣거나 책을 읽는다.
바닷가(beach)	바닷가를 걷다	바닷가 근처에는 다양한 생명체가 서식한다.
여유롭다(relaxed)	마음이 여유롭다	그녀는 오랜만의 휴식을 여유롭게 즐겼다.
연휴(holiday)	추석 연휴	연휴를 맞이한 영화관이 인파로 붐볐다.
일정(schedule)	여행 일정	일정을 하루 뒤로 미루려고 합니다.
일행(party)	일행과 떠나다	일행이 많아서 머물 숙소를 찾기가 힘들었다.
즐기다(enjoy)	여행을 즐기다	바다에서 수영을 즐기며 여름휴가를 보냈다.
편안하다(comfortable)	숙소가 편안하다	편안하고 깊은 잠에 빠졌다.
피서(summer vacation)	피서를 떠나다	피서를 다녀와서 피부가 검게 탔다.
헤엄치다(swim)	바다를 헤엄치다	아이들이 강에서 즐겁게 헤엄치고 있다.

✎ 문형 연습하기

💬 중요 어휘를 문형별로 공부해 보세요.

단어(기본형)	초급 -거나	중급 -도록	고급 -다니
구경하다	구경하거나	구경하도록	구경하다니
꾸리다	꾸리거나	꾸리도록	꾸리다니
머물다	머물거나	머물도록	머물다니
즐기다	즐기거나	즐기도록	즐기다니
편안하다	편안하거나	편안하도록	편안하다니
헤엄치다	헤엄치거나	헤엄치도록	헤엄치다니

DAY 17 테스트

💬 본책 167쪽에서 공부한 '주거 생활'에 대한 어휘를 꼼꼼히 학습했는지 확인해 보세요.

01 다음 문장의 빈칸에 적절한 단어를 알맞은 형태로 넣으십시오.

| 골고루 | 발효 | 분리수거 | 영양소 | 의식주 | 주거비 |

① 빵 반죽이 (　　　　)이/가 되어서 기포가 올라와요.

② 모든 가정에서는 (　　　　)나 각종 세금 등을 지출합니다.

③ (　　　　)이/가 풍족해졌음에도 불구하고 여전히 범죄가 일어난다.

④ 채소와 고기 어느 한쪽에 치우치지 말고 (　　　　) 섭취하도록 하세요.

| 남기다 | 먹음직스럽다 | 복잡하다 | 비좁다 | 익히다 | 한적하다 |

⑤ 큰아이는 동생을 위해서 초콜릿 한 개를 (　　　　).

⑥ 빨간 방울토마토가 매우 싱싱해서 (　　　　) 보인다.

⑦ 이 건물의 계단은 폭이 매우 (　　　　) 급히 내려갈 때 위험하다.

⑧ 당근과 가지 등의 채소를 (　　　　) 먹으면 다이어트에 좋습니다.

02 다음 문장의 빈칸에 들어갈 말로 알맞은 것을 고르십시오.

① 맛이 좋은 포도주는 오랜 시간의 (발효 / 영양소)로 만들어진다.

② (과식 / 소식)을 했더니 속이 좋지 않아 소화제를 먹어야겠어요.

③ 빈 병은 재활용이 가능하도록 꼭 (분리수거 / 일회용품)을/를 합시다.

④ 어머니는 고기보다는 나물 같은 (기름진 / 담백한) 음식을 주로 드셨다.

03 다음 밑줄 친 부분과 의미가 가장 반대인 말로 알맞은 것을 고르십시오.

① 아파트 지하와 지하철을 바로 연결하여 이동이 편리합니다. 　　　　(　잇다 / 끊다　)

② 백화점 근처는 사람의 왕래가 많고 자동차도 많아 복잡해요. 　　　(대단하다 / 한적하다)

③ 방에 있던 오래된 침대를 없애고 새로운 침대를 들여놓았다. 　　　(　남기다 / 줄어들다　)

④ 도로가 비좁아 연말 동안 도로 확장 공사를 할 예정이라고 한다. 　　　(　넓다 / 익히다　)

정답과 해설

01 ① 발효　　　⑤ 남겼다　　　**02** ① 발효　　　**03** ① 끊다
② 주거비　　⑥ 먹음직스럽게/　　　② 과식　　　② 한적하다
③ 의식주　　　먹음직스러워　　　③ 분리수거　　　③ 남기다
④ 골고루　　⑦ 비좁아　　　④ 담백한　　　④ 넓다
　　　　　⑧ 익혀

📍 어휘 알아보기

💬 더 알아 두면 좋을 어휘들과 함께 복습하세요.

어휘	활용 표현	예문
결석(absence)	학교에 결석하다	학기 중에 결석은 5번까지만 허용됩니다.
기숙사(dormitory)	기숙사 생활	기숙사는 월세가 싸고 안전하다.
깨닫다(realize)	문제점을 깨닫다	아무것도 몰랐다는 걸 깨닫고 제대로 알기 위해 노력하였다.
따르다(follow)	결정에 따르다	전통적인 풍습에 따라 명절을 지낸다.
맞히다(guess right)	정답을 맞히다	모든 문제의 정답을 맞혀서 100점을 받았다.
문제(question)	문제를 풀다	문제는 모두 20개이며 한 문제당 5점씩이다.
배우다(learn; study)	언어를 배우다	새로운 언어를 배우는 것이 쉽지 않다.
베끼다(copy)	글을 베끼다	다른 사람의 과제를 그대로 베끼면 안 된다.
선배(senior)	학교 선배	선배에게 수강 신청을 잘하는 방법을 물어보았다.
성적(grade)	성적 장학금	우수한 성적으로 다음 학기에 장학금을 받는다.
수업(lesson)	수업 내용	수업을 들은 후 도서관 앞에서 친구를 만났다.
시험(test)	시험 범위	시험을 치른 후 몇 개나 맞았는지 확인해 보았다.
알아보다(look into)	분야를 알아보다	졸업 후 어떤 곳에 취직할 수 있는지 알아보았다.
엄격하다(strict)	선생님이 엄격하다	부모님의 엄격한 가르침이 지금의 나를 만들었다.
연구(research)	연구 계획	대학원에 진학해서 생물학을 연구할 계획이다.
익히다(become proficient)	기술을 익히다	컴퓨터 기술을 익혀서 엔지니어가 될 것이다.
작성하다(write)	보고서를 작성하다	작성한 내용 중에서 수정이 필요한 것이 있습니다.
창의성(creativity)	창의성 부족	창의성은 기본적인 개념의 탄탄한 이해에서 출발한다.
탐구(study)	탐구를 하다	생태계를 탐구하는 일은 계속되어야 합니다.
학습하다(learn)	전공을 학습하다	학습한 것을 잊지 않으려면 반복해서 외워야 한다.

✏️ 문형 연습하기

💬 중요 어휘를 문형별로 공부해 보세요.

단어(기본형)	초급 -아/어서	중급 -자마자	고급 -ㄴ/은/는 이상
깨닫다	깨달아서	깨닫자마자	깨달은 이상
배우다	배워서	배우자마자	배운/배우는 이상
알아보다	알아봐서	알아보자마자	알아본/알아보는 이상
엄격하다	엄격해서	-	엄격한 이상
익히다	익혀서	익히자마자	익힌/익히는 이상
작성하다	작성해서	작성하자마자	작성한/작성하는 이상
학습하다	학습해서	학습하자마자	학습한/학습하는 이상

DAY 9 테스트

💬 본책 85쪽에서 공부한 '학교생활'에 대한 어휘를 꼼꼼히 학습했는지 확인해 보세요.

01 다음 문장의 빈칸에 적절한 단어를 알맞은 형태로 넣으십시오.

| 기숙사 | 선배 | 성적 | 수업 | 창의성 | 탐구 |

① 학생들의 (   )이/가 존중되는 교육의 시대이다.
② 지난 학기에 비해 이번 학기의 (   )이/가 올랐어요.
③ 외국인 유학생이 많은 그 학교는 (   ) 시설이 훌륭하다.
④ (   ) 내용 중에서 중요한 것을 정리해 두면 시험 공부에 도움이 돼요.

| 따르다 | 맞히다 | 배우다 | 베끼다 | 알아보다 | 작성하다 |

⑤ 도서관에서 빌릴 책의 목록을 (   ).
⑥ 다양한 내용의 책을 읽으면 잘 몰랐던 것들을 (   ) 수 있다.
⑦ 토픽 시험 문제의 정답을 (   ) 문제의 유형을 잘 알아야 해요.
⑧ 회사 일 때문에 시간이 없어서 여행을 가기 위한 항공편을 (   ) 못했어요.

02 다음 문장의 빈칸에 들어갈 말로 알맞은 것을 고르십시오.

① 옛날에는 선후배 간의 예절이 (친절했다 / 엄격했다).
② 학사 일정에 (베껴서 / 따라서) 기말고사가 진행되었다.
③ 대학은 학문과 진리를 (작성하는 / 탐구하는) 교육 기관이에요.
④ 학생의 개인차를 고려하여 (모색하도록 / 학습하도록) 지도해야 해요.

03 다음 밑줄 친 부분과 의미가 가장 반대인 말로 알맞은 것을 고르십시오.

① 장기간 무단으로 결석을 하면 제적된다.   (퇴근 / 출석)
② 모두가 그 선배의 다재다능함을 부러워해요.   (후배 / 상사)
③ 시험 문제 20개 중에서 10개밖에 맞히지 못했어요.   (때리다 / 틀리다)
④ 한국어가 모국어인 교사가 외국인들에게 한국어를 가르친다.   (배우다 / 마련하다)

정답과 해설

01 ① 창의성   ⑤ 작성했다
② 성적   ⑥ 배울
③ 기숙사   ⑦ 맞히려면
④ 수업   ⑧ 알아보지

02 ① 엄격했다
② 따라서
③ 탐구하는
④ 학습하도록

03 ① 출석
② 후배
③ 틀리다
④ 배우다

DAY 17 | 주거 생활에 대한 어휘 복습하기

📍 어휘 알아보기

💬 더 알아 두면 좋을 어휘들과 함께 복습하세요.

어휘	활용 표현	예문
가사(housework)	가사 노동	가사 노동을 하는 직업은 주부이다.
거주지(residence)	거주지 주소	거주지와 회사의 거리가 멀어졌다.
골고루(evenly)	골고루 먹다	반찬을 골고루 먹는 것이 건강에 좋다.
기름지다(greasy)	음식이 기름지다	기름진 음식을 자주 먹으면 건강에 해롭다.
깎다(discount)	값을 깎다	시장에서 물건을 살 때 가끔 값을 깎는다.
끊다(hang up)	전화를 끊다	전화를 끊고 친구를 만나러 영화관에 갔다.
남기다(to leave)	음식을 남기다	과식을 하기보다는 음식을 남기는 것이 낫다.
먹음직스럽다(appetizing)	갈비가 먹음직스럽다	먹음직스러운 갈비를 만들어 봅시다.
발효(fermentation)	유산균 발효	막걸리는 누룩을 발효시켜 만드는 술이다.
분리수거(garbage recycling)	쓰레기 분리수거	재활용을 위해 분리수거를 하고 있다.
비좁다(cramped)	공간이 비좁다	물건을 정리하자 비좁았던 공간이 넓어졌다.
새콤하다(sour)	레몬이 새콤하다	식초를 약간 넣으면 음식의 맛이 새콤해진다.
영양소(nutrient)	영양소를 섭취하다	당분은 에너지를 만들어 내는 영양소이다.
의식주(food, clothing, and shelter)	의식주 생활	의식주 생활이 점점 서구화되어 가고 있다.
익히다(boil)	계란을 익히다	고기와 감자, 당근을 익혀 갈비찜을 만들었다.
주거비(housing expenses)	주거비가 들다	물가가 올라 주거비가 갈수록 증가하고 있다.
주택(house)	주택에서 살다	아파트가 주택보다 주차하기에 편하다.
편식(eating only what one wants)	편식을 하다	편식이나 과식을 하는 것은 나쁜 습관이다.
푸짐하다(plentiful)	음식이 푸짐하다	오늘 저녁 밥상은 각종 음식들로 푸짐하다.
한적하다(secluded)	공원이 한적하다	놀이동산이 한적해서 편하게 놀 수 있었다.

✎ 문형 연습하기

💬 중요 어휘를 문형별로 공부해 보세요.

단어(기본형)	초급 -아/어도 되다	중급 -더라도	고급 -(으)ㄹ지라도
기름지다	기름져도 되다	기름지더라도	기름질지라도
끊다	끊어도 되다	끊더라도	끊을지라도
남기다	남겨도 되다	남기더라도	남길지라도
먹음직스럽다	–	먹음직스럽더라도	먹음직스러울지라도
비좁다	비좁아도 되다	비좁더라도	비좁을지라도
푸짐하다	푸짐해도 되다	푸짐하더라도	푸짐할지라도

DAY 18 테스트

💬 본책 183쪽에서 공부한 '생활용품'에 대한 어휘를 꼼꼼히 학습했는지 확인해 보세요.

01 다음 문장의 빈칸에 적절한 단어를 알맞은 형태로 넣으십시오.

가구　　가전제품　　선풍기　　세면도구　　세탁기　　스위치

① 여름이 끝나서 (　　　　)을/를 창고에 넣어 두었어요.

② 목욕탕에 가기 위해 (　　　　)을/를 챙겼다.

③ 요즘에는 (　　　　)에 건조 기능을 추가한 신제품이 인기를 얻고 있어요.

④ (　　　　)을/를 올려도 형광등이 켜지지 않아서 전기 수리 기사를 불렀다.

내놓다　　데우다　　보관하다　　부드럽다　　조절하다　　환하다

⑤ 요리사는 (　　　　) 설탕 가루를 케이크 위에 올렸다.

⑥ 겨울이 지나고 날이 따뜻해져서 화분을 창밖으로 (　　　　　　).

⑦ 키에 알맞게 높이를 (　　　　　) 사용할 수 있는 책상이 나왔다.

⑧ 일을 마치고 집에 돌아온 그는 국을 (　　　　　) 가스레인지를 켰다.

02 다음 문장의 빈칸에 들어갈 말로 알맞은 것을 고르십시오.

① 품질을 (보관하는 / 보장하는) 인증서를 드려요.

② 약국의 (가구 / 선반)에는 각종 약들이 진열되어 있다.

③ (푹신한 / 푸짐한) 소파에 앉아서 커피를 마시며 쉬었어요.

④ 날이 너무 더워서 에어컨의 온도를 낮게 (조절했다 / 조준했다).

03 다음 밑줄 친 부분과 의미가 가장 반대인 말로 알맞은 것을 고르십시오.

① 찌개를 식혀서 통에 담은 후 냉장고에 넣었다.　　　　　(데우다 / 익히다)

② 이사를 하면서 새 가구와 냉장고를 들여놓았어요.　　　(내놓다 / 구입하다)

③ 아이들이 어릴 때는 딱딱한 음식을 잘 먹지 못한다.　　(건조하다 / 부드럽다)

④ 방이 어두운 편이어서 아침에도 조명을 켜고 생활한다.　(흐리다 / 환하다)

정답과 해설

01	① 선풍기	⑤ 부드러운	02	① 보장하는	03	① 데우다
	② 세면도구	⑥ 내놓았다		② 선반		② 내놓다
	③ 세탁기	⑦ 조절하여		③ 푹신한		③ 부드럽다
	④ 스위치	⑧ 데우려고		④ 조절했다		④ 환하다

DAY 8 | 직장 생활에 대한 어휘 복습하기

📍 어휘 알아보기

💬 더 알아 두면 좋을 어휘들과 함께 복습하세요.

어휘	활용 표현	예문
결재(approval)	결재 서류	결재를 올리기 전에 내용을 검토하다.
경영(management)	회사 경영	나의 회사 경영 원칙은 성실과 정직이다.
고려하다(consider)	개선을 고려하다	예산을 초과할 수 있다는 점을 고려해 주십시오.
고용(employment)	신입 사원 고용	경제가 불안정하면 그해의 고용 인원이 줄어든다.
구성원(member)	새로운 구성원	구성원의 성향을 알면 부족한 부분을 도울 수 있다.
구성하다(organize)	조직을 구성하다	새로운 부서를 구성하면서 인사이동이 있었다.
권한(authority)	고용 권한	신입 사원은 상사에 비해 지닌 권한이 적다.
근무(work)	근무 기간	우리 회사는 자율 근무 제도를 시행하고 있습니다.
기한(due date)	유통 기한	기한 내에 회의 자료를 준비해서 제출하십시오.
노사(labor-management)	노사 간 협의	노사의 갈등이 좁혀지지 않아 문제가 되고 있다.
논의하다(discuss)	쟁점에 대해 논의하다	논의한 대로 진행하고 그 결과를 보고하십시오.
맡기다(assign)	일을 맡기다	중요한 일을 신뢰하는 직원에게 맡기다.
사원(employee)	사원 교육	신입 사원에게 보고 절차를 교육하다.
수정하다(correct)	보고서를 수정하다	수정한 사항이 반영되지 않았으니 확인 바랍니다.
수행하다(perform)	업무를 수행하다	비서의 업무를 수행하다 보면 힘들 때가 있다.
승진하다(be promoted)	회사에서 승진하다	승진을 하면 일반적으로 급여가 상승한다.
인정받다(be recognized)	상사에게 인정받다	회사에서 인정받는 직원이 되려고 노력 중이다.
전략적(strategic)	전략적 홍보	전략적 마케팅으로 신제품 완판을 달성했다.
협력하다(cooperate)	팀원들과 협력하다	사회생활을 할 때 동료와 협력하지 않으면 곤란하다.
협의하다(discuss with)	긍정적으로 협의하다	다른 부서와 협의하여 일을 마무리하겠습니다.

✏ 문형 연습하기

💬 중요 어휘를 문형별로 공부해 보세요.

단어(기본형)	초급 -ㅂ/습니다	중급 -는 중이다	고급 -(으)ㄹ지라도
고려하다	고려합니다	고려하는 중이다	고려할지라도
구성하다	구성합니다	구성하는 중이다	구성할지라도
논의하다	논의합니다	논의하는 중이다	논의할지라도
맡기다	맡깁니다	맡기는 중이다	맡길지라도
수행하다	수행합니다	수행하는 중이다	수행할지라도
인정받다	인정받습니다	인정받는 중이다	인정받을지라도
협력하다	협력합니다	협력하는 중이다	협력할지라도

DAY 8 테스트

💬 본책 69쪽에서 공부한 '직장 생활'에 대한 어휘를 꼼꼼히 학습했는지 확인해 보세요.

01 다음 문장의 빈칸에 적절한 단어를 알맞은 형태로 넣으십시오.

경영　　　고용　　　구성원　　　근무　　　노사　　　전략적

① (　　　　)의 밤샘 협상 끝에 파업이 종료되었다.

② 조직의 규모가 크고 (　　　　)이/가 많을수록 갈등이 많아져요.

③ 기업의 소유와 (　　　　)은/는 분리되어야 한다는 주장이 있다.

④ 이 사업은 적어도 십만 명의 (　　　　)을/를 창출하게 될 거예요.

고려하다　　논의하다　　맡기다　　수행하다　　승진하다　　인정받다

⑤ 업무를 충실하게 (　　　　) 빠르게 승진할 가능성이 높아요.

⑥ 그 회사는 직원들의 건강을 (　　　　) 구내식당을 운영한다.

⑦ 문제가 발견되어 책임자와 함께 비상 대책을 (　　　　) 있다.

⑧ 우리는 광고 대행사에 새로운 제품의 광고 제작을 (　　　　).

02 다음 문장의 빈칸에 들어갈 말로 알맞은 것을 고르십시오.

① 그 기업은 부실한 (결재 / 경영)으로/로 인해 결국 파산했어요.

② 다른 사람과 더불어 살아가는 (구성원 / 공동체) 의식을 키웁시다.

③ 사전에 (협의하지 / 협조하지) 않고 진행을 해서 서로 오해가 생겼다.

④ 회의를 할 때는 (전략적 / 부정적) 태도보다는 긍정적인 마음이 필요해요.

03 다음 밑줄 친 부분과 의미가 가장 반대인 말로 알맞은 것을 고르십시오.

① 직무의 <u>권한</u>을 남용하면 문제가 발생하기 마련이다.　　　　(의무 / 권리)

② 김 과장은 다른 사람의 의견을 <u>무시하는</u> 경향이 있다.　　(고려하다 / 논의하다)

③ 신입 직원에게 새로운 프로젝트의 발표 자료 준비를 <u>맡겼다</u>.　(빼앗다 / 담당하다)

④ 어떠한 상황이 있더라도 우리는 기존의 태도를 <u>유지할</u> 거예요.　(수정하다 / 협력하다)

정답과 해설

01	① 노사	⑤ 수행하면	02	① 경영	03	① 의무
	② 구성원	⑥ 고려하여		② 공동체		② 고려하다
	③ 경영	⑦ 논의하고		③ 협의하지		③ 빼앗다
	④ 고용	⑧ 맡겼다		④ 부정적		④ 수정하다

DAY 18 | 생활용품에 대한 어휘 복습하기

📍 **어휘 알아보기**　　　　　💬 더 알아 두면 좋을 어휘들과 함께 복습하세요.

어휘	활용 표현	예문
가구(furniture)	가구를 구입하다	가구를 구입하기 위해 백화점에 갔다.
가전제품(electronics)	가전제품의 사용	가전제품이 낡아서 새것으로 바꾸었다.
내놓다(take out)	물건을 내놓다	책장 안에 있던 책을 모두 방 밖으로 내놓았다.
냉장고(refrigerator)	냉장고를 사용하다	냉장고 안을 꽉 채우면 냉장이 잘 안된다.
데우다(heat up)	찌개를 데우다	따뜻하게 데운 우유를 자기 전에 마신다.
떨어뜨리다(drop)	숟가락을 떨어뜨리다	옷에 향수를 한 방울 떨어뜨리다.
버리다(throw away)	찌꺼기를 버리다	산에 함부로 쓰레기를 버리면 안 된다.
보관하다(keep)	빵을 보관하다	반드시 뚜껑을 닫아서 보관해야 한다.
보일러(boiler)	보일러를 틀다	보일러는 겨울에 난방을 하는 기계이다.
부드럽다(soft)	가루가 부드럽다	부드럽게 빻은 가루약을 물에 타서 마셨다.
빨아들이다(suck in)	먼지를 빨아들이다	뿌리는 수분과 영양분을 빨아들인다.
선반(shelf)	선반을 달다	선반 위에 책과 꽃병 등을 올려 두었다.
선풍기(fan)	선풍기를 틀다	요즘 선풍기는 리모컨으로 조작할 수 있다.
세면도구(toiletries)	세면도구를 준비하다	여행할 때는 세면도구를 챙겨야 한다.
세제(detergent)	세제를 넣다	그릇에 세제가 남지 않도록 깨끗이 닦았다.
세탁기(washing machine)	세탁기를 돌리다	세탁기를 잘못 사용하면 옷이 상한다.
스위치(switch)	스위치를 누르다	스위치를 누르면 로봇 청소기가 작동한다.
조절하다(control)	온도를 조절하다	음악 소리가 너무 커서 음량을 작게 조절했다.
푹신하다(fluffy)	소파가 푹신하다	푹신한 침대에 누워 휴식을 취했다.
환하다(bright)	거실이 환하다	이 집은 햇빛이 잘 들어 굉장히 환하다.

✏️ **문형 연습하기**　　　　　💬 중요 어휘를 문형별로 공부해 보세요.

단어(기본형)	초급 -지 못하다	중급 -고도	고급 - ㄴ/는 가운데
떨어뜨리다	떨어뜨리지 못하다	떨어뜨리고도	떨어뜨리는 가운데
버리다	버리지 못하다	버리고도	버리는 가운데
빨아들이다	빨아들이지 못하다	빨아들이고도	빨아들이는 가운데
조절하다	조절하지 못하다	조절하고도	조절하는 가운데
푹신하다	–	–	푹신한 가운데
환하다	–	–	환한 가운데

DAY 19 테스트

💬 본책 187쪽에서 공부한 '역사'에 대한 어휘를 꼼꼼히 학습했는지 확인해 보세요.

01 다음 문장의 빈칸에 적절한 단어를 알맞은 형태로 넣으십시오.

기원전	번성	이주	전쟁	초창기	후손

① 제사는 조상과 ( )을/를 연결하는 역할을 했어요.
② 고대 올림픽이 시작된 것은 ( ) 8세기쯤이라고 한다.
③ 헌법에서는 국민의 거주와 ( )의 자유를 보장하고 있어요.
④ 대중문화의 ( )을/를 위해 대중 매체라는 매개물이 활용됩니다.

물려주다	복원하다	분쟁하다	약탈하다	일으키다	훼손하다

⑤ 귀중한 문화재를 외부 세력들이 많이 ( ) 갔어요.
⑥ 잘 보전된 환경을 후손들에게 ( ) 것이 우리의 의무이다.
⑦ 옛 건축물을 원형 그대로 ( ) 위해 많은 노력을 기울였어요.
⑧ 양국이 ( ) 지역에서 군사 행동은 자제하는 것이 바람직하다.

02 다음 문장의 빈칸에 들어갈 말로 알맞은 것을 고르십시오.

① 계층 간에 (겪던 / 물려주던) 갈등이 사라지고 있어요.
② 과거에 (번성 / 이주)했던 거리가 초라하게 변했다.
③ 부족 사이의 갈등으로 인해 전쟁이 (일어났다 / 일으켰다).
④ 의적은 양반의 재산을 (약탈해서 / 분쟁해서) 가난한 사람들에게 나눠 주었다.

03 다음 밑줄 친 부분과 의미가 가장 반대인 말로 알맞은 것을 고르십시오.

① 왕의 첫째 아들에게 왕위를 물려주는 것이 일반적이었다. (물려받다 / 이어주다)
② 그는 기존의 역사 서술을 비판하고 재정리할 것을 주장했다. (지적하다 / 칭찬하다)
③ 조선 시대에 천민 계급은 거주 이전의 자유가 없었다고 해요. (이주 / 등록)
④ 골프장 건설 등으로 자연을 크게 훼손하고 있어 문제가 되고 있다. (해롭다 / 보존하다)

정답과 해설

01 ① 후손   ⑤ 약탈해
② 기원전   ⑥ 물려주는
③ 이주   ⑦ 복원하기
④ 번성   ⑧ 분쟁하는

02 ① 겪던
② 번성
③ 일어났다
④ 약탈해서

03 ① 물려받다
② 칭찬하다
③ 이주
④ 보존하다

DAY 7 | 정치에 대한 어휘 복습하기

🔍 **어휘 알아보기**

💬 더 알아 두면 좋을 어휘들과 함께 복습하세요.

어휘	활용 표현	예문
각계각층(all walk of life)	각계각층이 모이다	각계각층의 인사들이 동참하고 있습니다.
강화(reinforcement)	역량 강화	경쟁력을 강화하려면 제도를 개선해야 합니다.
경쟁하다(compete)	동료와 경쟁하다	다른 정당과 경쟁하는 과정에서 다툼이 발생했다.
공정(fairness)	공정을 추구하다	공직자에게 무엇보다 중요한 덕목은 공정이다.
과반수(majority)	과반수가 찬성하다	과반수의 인원이 반대하여 계획이 취소되었다.
대응하다(take action)	요구에 대응하다	잘못된 보도에 기자 회견으로 대응하다.
민주화(democratization)	정치 민주화	민주화를 이루어 낸 것은 정치적으로 의미가 있다.
백성(subjects)	백성을 거느리다	왕은 백성의 어려움을 해결해 주고자 했다.
보수적(conservative)	보수적인 사고	보수적인 정치로 장년층의 인기를 끌고 있다.
유권자(voter)	유권자의 선택	유권자에게 투표에 참여할 것을 강하게 권했다.
유세하다(campaign)	후보자가 유세하다	선거 후보자가 유세하는 곳에 유권자들이 몰려든다.
이행하다(implement)	공약을 이행하다	이행하지 못할 공약을 내세워서는 안 된다.
정복하다(conquer)	식민지를 정복하다	정복한 곳에서 원주민과 영토 분쟁이 있었다.
중립(neutrality)	중립을 지키다	여전히 중립을 유지하는 국회 의원들이 있다.
지배하다(rule)	백성을 지배하다	사회를 지배하는 시대정신을 파악해야 한다.
지지하다(endorse)	후보를 지지하다	지지하는 국회 의원에게 정치 후원금을 보낸다.
진보적(progressive)	진보적 성향	진보적인 정치인과 보수적인 정치인이 다투다.
추진하다(push ahead)	사업을 추진하다	이 일을 추진할 때의 장단점을 고려할 것이다.
출마하다(run for)	선거에 출마하다	대통령 선거에 출마하려면 재산을 공개해야 한다.
투표하다(vote)	선거일에 투표하다	투표하는 장소는 동네의 공공 기관들입니다.

✏️ **문형 연습하기**

💬 중요 어휘를 문형별로 공부해 보세요.

단어(기본형)	초급 -기로 하다	중급 -고자	고급 -(으)리라는
대응하다	대응하기로 하다	대응하고자	대응하리라는
이행하다	이행하기로 하다	이행하고자	이행하리라는
정복하다	정복하기로 하다	정복하고자	정복하리라는
지지하다	지지하기로 하다	지지하고자	지지하리라는
추진하다	추진하기로 하다	추진하고자	추진하리라는
출마하다	출마하기로 하다	출마하고자	출마하리라는
투표하다	투표하기로 하다	투표하고자	투표하리라는

DAY 7 테스트

💬 본책 65쪽에서 공부한 '정치'에 대한 어휘를 꼼꼼히 학습했는지 확인해 보세요.

01 다음 문장의 빈칸에 적절한 단어를 알맞은 형태로 넣으십시오.

| 각계각층 | 공정 | 과반수 | 백성 | 보수적 | 유권자 |

① 선거에서 어느 후보도 (   )을/를 넘지 못했어요.

② 판사는 법과 양심에 따라 (   )을/를 기해야 한다.

③ 정부는 (   )의 의견을 반영하여 정책을 결정한다고 했어요.

④ (   )인 사람들은 사회의 질서가 그대로 유지되는 것을 선호한다.

| 경쟁하다 | 대응하다 | 지배하다 | 지지하다 | 출마하다 | 투표하다 |

⑤ 세계정세의 변화에 유연하게 (   ) 필요가 있다.

⑥ 중소기업이 대기업과 (   ) 이기는 것은 쉽지 않아요.

⑦ 한국은 조선 시대까지는 왕이 백성을 (   ) 사회였다.

⑧ 선거에 (   ) 후보자들은 상대편을 존중하며 토론에 참여했다.

02 다음 문장의 빈칸에 들어갈 말로 알맞은 것을 고르십시오.

① 사람을 빈부귀천에 따라 (공정 / 차별)을 해서는 안 돼요.

② 대통령 당선자는 자신을 (지지한 / 출마한) 유권자에게 감사를 전했다.

③ 과거에 신라는 당나라와 연합하여 백제와 고구려를 (정복했다 / 자리 잡았다).

④ 경쟁력이 있는 분야에 적극적으로 (투표해서 / 투자해서) 이익을 얻었어요.

03 다음 밑줄 친 부분과 의미가 가장 반대인 말로 알맞은 것을 고르십시오.

① 투표 방식을 바꾸어 위원 선출 과정을 민주화했다.   (독재화 / 국제화)

② 기존의 가치를 진보적으로 바꾸려는 의지가 필요하다.   (긍정적 / 보수적)

③ 약화되었던 여성의 권리가 다시 점차 향상되어 가고 있다.   (강화 / 둔화)

④ 김 후보는 박 후보를 지지한다고 공개적으로 발표했다.   (투표하다 / 외면하다)

정답과 해설

01	① 과반수	⑤ 대응할	02	① 차별	03	① 독재화
	② 공정	⑥ 경쟁해서		② 지지한		② 보수적
	③ 각계각층	⑦ 지배하는		③ 정복했다		③ 강화
	④ 보수적	⑧ 출마하는		④ 투자해서		④ 외면하다

DAY 19 │ 역사에 대한 어휘 복습하기

📍 어휘 알아보기

💬 더 알아 두면 좋을 어휘들과 함께 복습하세요.

어휘	활용 표현	예문
겪다(go through)	어려움을 겪다	수많은 전쟁을 겪은 뒤 원주민들이 떠났다.
기원전[B.C.(Before Christ)]	기원전 1세기	기원전 5세기에 만든 유물인 것으로 추정된다.
대대로(from generation to generation)	대대로 내려오다	대대로 물려받은 이 땅을 버릴 수는 없다.
물려받다(inherit)	유산을 물려받다	물려받은 유일한 유산이라서 줄 수 없다.
물려주다(pass on)	유품을 물려주다	왕이 자녀들에게 수많은 재산을 물려주었다.
발굴하다(excavate)	유적을 발굴하다	무덤 속 왕의 물건을 발굴하기 시작했다.
번성(prosperity)	문화 번성	그리스·로마 시대에 문화가 번성했다.
복원하다(restore)	문화재를 복원하다	훼손된 그림을 복원하여 본래의 색을 되찾아 주었다.
분쟁하다(conflict)	두 나라가 분쟁하다	두 나라가 국경을 두고 분쟁하다.
비판하다(criticize)	의견을 비판하다	그들은 국가 권력의 억압성을 비판하였다.
약탈하다(plunder)	식량을 약탈하다	가난하고 힘없는 농민들의 재물을 약탈하다.
왕위(throne)	왕위를 계승하다	다른 이의 왕위를 빼앗아 자신이 왕이 되었다.
원주민(native)	원주민과 싸우다	원주민의 문화를 지키며 살아가는 이들이 있다.
이주(migration)	이주의 역사	인종 차별을 경험한 이들은 다른 곳으로 이주했다.
일으키다(raise; cause)	싸움을 일으키다	그들이 전쟁을 일으킨 것은 식량난 때문이었다.
전쟁(war)	영토 전쟁	수많은 사람이 전쟁에서 목숨을 잃었다.
중세(the Middle Ages)	중세 시대	박물관에서 중세 시대에 만들어진 무기를 전시한다.
초창기(beginning)	건국 초창기	조선 건국의 초창기에 있었던 일을 기록한 책이다.
후손(descendant)	후손을 위해	후손에게 물려주기 위한 보물을 소중히 간직하다.
훼손하다(damage)	유물을 훼손하다	문화재를 훼손하면 법에 따라 처벌을 받게 된다.

✏️ 문형 연습하기

💬 중요 어휘를 문형별로 공부해 보세요.

단어(기본형)	초급 -기 전에	중급 -더라도	고급 -(으)ㄹ 만하다
물려주다	물려주기 전에	물려주더라도	물려줄 만하다
발굴하다	발굴하기 전에	발굴하더라도	발굴할 만하다
복원하다	복원하기 전에	복원하더라도	복원할 만하다
분쟁하다	분쟁하기 전에	분쟁하더라도	분쟁할 만하다
비판하다	비판하기 전에	비판하더라도	비판할 만하다
일으키다	일으키기 전에	일으키더라도	일으킬 만하다
훼손하다	훼손하기 전에	훼손하더라도	훼손할 만하다

DAY 20 테스트

📣 본책 191쪽에서 공부한 '사회 문제'에 대한 어휘를 꼼꼼히 학습했는지 확인해 보세요.

01 다음 문장의 빈칸에 적절한 단어를 알맞은 형태로 넣으십시오.

공존	급변	복구	쟁점	찬반	추세

① 최근에 (　　　　)이/가 되고 있는 사항에 대해 토론해 봅시다.

② 새로운 대학 입시 제도에 대해 학생들의 (　　　　)이/가 분분해요.

③ 작년에 비해 올해는 수출이 계속 하락 (　　　　)을/를 보이고 있어요.

④ 인간은 자연과 더불어 살아가는 존재라는 (　　　　) 의식을 지녀야 한다.

끔찍하다	부실하다	시급하다	시사하다	어수선하다	잇따르다

⑤ 기초 공사가 (　　　　　) 건물이 무너져 내렸어요.

⑥ 휴가철을 맞아 안전사고가 (　　　　　) 있으니 주의하세요.

⑦ 경찰은 사건에 유명인이 연관되어 있다는 점을 (　　　　　).

⑧ 눈앞에서 벌어진 자동차 사고가 (　　　　　) 눈을 뜨고 있기조차 힘들었다.

02 다음 문장의 빈칸에 들어갈 말로 알맞은 것을 고르십시오.

① 건물이 (무너지는 / 일어나는) 사고로 사람들이 크게 다쳤다.

② 소프트웨어의 불법 (복제 / 복구)로 인해 개발자들이 피해를 입었어요.

③ (부패 / 급변)을/를 거듭하는 세계정세가 한국에도 영향을 끼쳤다.

④ 토론 자리에서 다른 사람의 말을 (잇따르는 / 가로채는) 것은 옳지 않다.

03 다음 밑줄 친 부분과 의미가 가장 반대인 말로 알맞은 것을 고르십시오.

① 광화문은 과거와 현재의 공존을 볼 수 있는 공간이다.　　　(공생 / 분리)

② 저소득층의 기초 생활을 보장하는 정책의 마련이 시급해요.　(느긋하다 / 부실하다)

③ 수해 지역 복구를 위해 군인과 자원봉사자들이 청소를 시작했다.　(훼손 / 보존)

④ 연예인에 대한 대중 매체의 사생활 침해가 점점 심해지고 있습니다.　(급변 / 보호)

정답과 해설

01 ① 쟁점　⑤ 부실해서　　02 ① 무너지는　　03 ① 분리
　　② 찬반　⑥ 잇따르고　　　② 복제　　　　② 느긋하다
　　③ 추세　⑦ 시사했다　　　③ 급변　　　　③ 훼손
　　④ 공존　⑧ 끔찍해서　　　④ 가로채는　　④ 보호

DAY 6 | 건강에 대한 어휘 복습하기

📍 어휘 알아보기

📣 더 알아 두면 좋을 어휘들과 함께 복습하세요.

어휘	활용 표현	예문
내쉬다(exhale)	숨을 내쉬다	팔을 높이 들며 숨을 크게 내쉰다.
노화(aging)	노화 방지	노화는 막을 수 없다.
멍들다(get a bruise)	팔이 멍들다	넘어지는 바람에 무릎에 퍼렇게 멍이 들었다.
성인병(adult disease)	성인병에 걸리다	성인병은 각종 합병증을 유발할 수 있어 위험하다.
시리다(ache; sensitive)	이가 시리다	이가 시리면 가능한 한 빨리 치과에 가는 것이 좋다.
악화(deteriorate; worsen)	증상 악화	증상이 악화되지 않도록 식단을 관리해야 한다.
알레르기(allergy)	알레르기 증상	알레르기 반응이 심하면 호흡이 곤란해진다.
앓다(be sick)	병을 앓다	마음의 병을 앓을 때 상담을 받아 보는 것이 좋다.
어지럽다(dizzy)	머리가 어지럽다	갑자기 일어섰더니 어지러웠다.
위급하다(urgent)	상태가 위급하다	중환자실은 상태가 위급한 환자가 가는 곳이다.
위독하다(critical)	병세가 위독하다	친구 어머니의 병세가 위독하여 걱정이 된다.
장기(organ)	장기 기증	가공식품은 장기에 지방이 많이 쌓이게 만든다.
전염(infection)	감기 전염	코로나 바이러스 감염증은 사람의 침 등으로 전염이 되는 질병이다.
접종(vaccination)	백신 접종	겨울이 되면 독감 예방 주사 접종을 합니다.
지치다(be exhausted)	야근에 지치다	지치고 피곤할 때는 스트레칭으로 건강을 관리한다.
진료(to see a doctor)	병원 진료	우리 병원은 평일 야간에도 진료를 합니다.
체질(constitution)	체질을 개선하다	체질에 맞는 음식을 섭취하는 것이 몸에 이롭다.
치료하다(treat)	암을 치료하다	암을 치료하는 신약이 개발되었다는 소식입니다.
칼로리(calorie)	칼로리 계산	성인은 하루에 2,000칼로리 정도를 섭취하면 적절하다.
해롭다(harmful)	건강에 해롭다	흡연은 건강에 해로우므로 금연을 권장합니다.

✎ 문형 연습하기

📣 중요 어휘를 문형별로 공부해 보세요.

단어(기본형)	초급 -(으)니까	중급 -(으)며	고급 -ㄴ/은/는 데다가
앓다	앓으니까	앓으며	앓은/앓는 데다가
어지럽다	어지러우니까	어지러우며	어지러운 데다가
위급하다	위급하니까	위급하며	위급한 데다가
위독하다	위독하니까	위독하며	위독한 데다가
지치다	지치니까	지치며	지친/지치는 데다가
치료하다	치료하니까	치료하며	치료한/치료하는 데다가
해롭다	해로우니까	해로우며	해로운 데다가

DAY 6 테스트

⚇ 본책 59쪽에서 공부한 '건강'에 대한 어휘를 꼼꼼히 학습했는지 확인해 보세요.

01 다음 문장의 빈칸에 적절한 단어를 알맞은 형태로 넣으십시오.

| 노화 | 성인병 | 악화 | 전염 | 체질 | 칼로리 |

① 말라리아는 모기로 인해 (　　　　)이/가 되는 질병이다.

② 우리의 몸은 (　　　　)이/가 시작되면서 유연성이 감퇴된다.

③ 체중을 감량하려면 (　　　　)이/가 적은 식품을 섭취해야 한다.

④ 현대인들이 (　　　　)에 걸리는 대표적인 원인은 잘못된 식습관이다.

| 앓다 | 어지럽다 | 위독하다 | 지치다 | 치료하다 | 해롭다 |

⑤ 몸살을 (　　　　) 뒤로 무리한 운동은 하지 않았다.

⑥ 몸속에서 약 기운이 돌아서 그런지 조금 (　　　　).

⑦ 친구의 병세가 매우 (　　　　) 소식을 듣고 슬펐어요.

⑧ 폭음하는 습관은 건강에 (　　　　) 유의해야 한다.

02 다음 문장의 빈칸에 들어갈 말로 알맞은 것을 고르십시오.

① 병은 치료보다 예방이 훨씬 (위급하다 / 중요하다).

② 다리가 크게 (멍드는 / 삐는) 바람에 반바지를 입기가 꺼려진다.

③ 노약자는 독감 예방 (접종 / 질병)을 꼭 하여야 해요.

④ 어느덧 손이 (시린 / 따뜻한) 겨울이 되어 보일러를 틀었다.

03 다음 밑줄 친 부분과 의미가 가장 반대인 말로 알맞은 것을 고르십시오.

① 위장병이 <u>악화</u>되어 음식물을 제대로 섭취할 수가 없어요.　　(변화 / 완화)

② 일단 약을 먹어 보고 증세가 <u>호전</u>되지 않으면 병원에 갈 것이다.　　(악화 / 발전)

③ 담배는 여러 가지 면에서 건강에 <u>이로운</u> 것이 없으니 끊어야 해요.　　(해롭다 / 새롭다)

④ 주말에 집 근처 산의 정상에 올라 맑은 공기를 가득 <u>마셨다</u>.　　(내밀다 / 내쉬다)

정답과 해설

01 ① 전염　⑤ 앓은　　**02** ① 중요하다　　**03** ① 완화
② 노화　⑥ 어지럽다　　② 멍드는　　② 악화
③ 칼로리　⑦ 위독하다는　　③ 접종　　③ 해롭다
④ 성인병　⑧ 해로우므로　　④ 시린　　④ 내쉬다

📍 어휘 알아보기　　　　　　　⚇ 더 알아 두면 좋을 어휘들과 함께 복습하세요.

어휘	활용 표현	예문
가로채다(snatch)	순서를 가로채다	계약금을 중간에서 가로챈 혐의가 있다.
공존(coexistence)	문화의 공존	두 나라의 문화가 한 사회에 공존하다.
급변(rapid change)	시장의 급변	새 정책으로 경제 구조에 급변이 일어났다.
끔찍하다(terrible)	사건이 끔찍하다	전쟁은 생각만 해도 끔찍한 일이다.
무너지다(collapse)	건물이 무너지다	담이 무너져 근처의 자동차들이 부서졌다.
복구(restoration)	피해 복구	가뭄으로 피해를 입은 지역이 복구되었다.
복제(copy)	불법 복제	불법 복제에 대한 소송이 제기되었다.
부르짖다(shout; cry out)	정의를 부르짖다	환경 단체가 자연 보호를 부르짖었다.
부실하다(weak)	공사가 부실하다	아이들에게 제공되는 급식이 부실하다.
부패(corruption)	부정부패	부패한 정부는 사람들에게 비판을 받는다.
시급하다(urgent)	개선이 시급하다	장마철에 대비한 상하수도의 정비가 시급하다.
시사하다(imply)	현실을 시사하다	그 보도는 우리의 교육 현실을 시사하고 있다.
어수선하다(messy)	분위기가 어수선하다	여러 범죄들로 사회 분위기가 어수선하다.
열악하다(poor; bad)	환경이 열악하다	일부 노동자들의 노동 환경이 매우 열악하다.
잇따르다(come one after another)	비난이 잇따르다	경찰은 범죄 사건이 잇따르자 순찰을 강화하였다.
쟁점(issue)	쟁점을 살펴보다	쟁점을 정확하게 파악한 후 발언을 하십시오.
찬반(yes or no)	찬반 투표	새로운 공항 건설에 대해 찬반 논란이 뜨겁다.
추세(trend)	증가 추세	비대면 강의가 점점 일반화되는 추세이다.
침수(flooding)	논밭의 침수	집중 호우로 인해 농작물이 침수되었다.
침해(invasion)	인권 침해	높은 건물이 가까우면 일조권이 침해를 받는다.

✎ 문형 연습하기　　　　　　　⚇ 중요 어휘를 문형별로 공부해 보세요.

단어(기본형)	초급 -(으)ㄹ 수 있다	중급 -ㄴ/은/는 듯	고급 -길래
가로채다	가로챌 수 있다	가로챈/가로채는 듯	가로채길래
무너지다	무너질 수 있다	무너진/무너지는 듯	무너지길래
부르짖다	부르짖을 수 있다	부르짖은/부르짖는 듯	부르짖길래
시급하다	시급할 수 있다	시급한 듯	시급하길래
열악하다	열악할 수 있다	열악한 듯	열악하길래
잇따르다	잇따를 수 있다	잇따른/잇따르는 듯	잇따르길래

DAY 21 테스트

💬 본책 195쪽에서 공부한 '심리'에 대한 어휘를 꼼꼼히 학습했는지 확인해 보세요.

01 다음 문장의 빈칸에 적절한 단어를 알맞은 형태로 넣으십시오.

공포	긴장감	심리적	죄책감	증후군	호기심

① (　　　　) 영화를 보면 스릴과 쾌감을 느낄 수 있어요.

② 결승전을 앞두고 경기장 내에 팽팽한 (　　　　)이/가 돌기 시작했다.

③ 내가 그에게 (　　　　)을/를 느끼게 된 것은 그의 말투가 독특해서였다.

④ 나는 다른 사람에게 그 일의 책임을 미룬 것에 대해 (　　　　)을/를 느꼈다.

겁내다	막막하다	소심하다	신기하다	실망스럽다	허전하다

⑤ 앞으로 어떻게 먹고살아야 할지 (　　　　).

⑥ 사람들은 마술사의 (　　　　) 마술에 감탄했다.

⑦ 그의 작품은 기대보다 보잘것없어서 (　　　　).

⑧ 짧은 시간을 보냈지만 정이 들어서 헤어지려고 하니 마음이 (　　　　).

02 다음 문장의 빈칸에 들어갈 말로 알맞은 것을 고르십시오.

① 다운 (증후군 / 죄책감)은 염색체 이상증의 하나이다.

② 한두 번 실패했다고 해서 (실감 / 실망)하면 안 된다.

③ 면접의 (호기심 / 긴장감)에 눌려서 쉽게 입을 떼지 못했어요.

④ 부모의 지나친 간섭과 꾸중은 아이를 (소심하게 / 허전하게) 만든다.

03 다음 밑줄 친 부분과 의미가 가장 반대인 말로 알맞은 것을 고르십시오.

① 그 가수는 노래를 하는 창법이 독특하다.　　　　　　(평범하다 / 구별하다)

② 성격이 내성적인 그는 활발한 사람을 좋아한다.　　　(차분하다 / 허전하다)

③ 심리적으로 안정이 필요할 때는 따뜻한 허브차를 마신다.　(긴장감 / 신체적)

④ 사랑하는 가족들과 맛있는 음식을 나눠 먹으니 흐뭇해요.　(뿌듯하다 / 실망스럽다)

정답과 해설

01 ① 공포	⑤ 막막하다/막막했다	**02** ① 증후군	**03** ① 평범하다
② 긴장감	⑥ 신기한	② 실망	② 차분하다
③ 호기심	⑦ 실망스럽다/	③ 긴장감	③ 신체적
④ 죄책감	실망스러웠다	④ 소심하게	④ 실망스럽다
	⑧ 허전하다/허전했다		

DAY 5 | 예술에 대한 어휘 복습하기

📍 **어휘 알아보기**　　　　　　　　　　　　　　💬 더 알아 두면 좋을 어휘들과 함께 복습하세요.

어휘	활용 표현	예문
감동하다(be touched)	조언에 감동하다	가사가 담고 있는 의미에 감동했다.
개최되다(be held)	대회가 개최되다	동양화 전시가 한 달 동안 개최된다.
고전(classic)	고전을 읽다	고전은 현대의 삶에도 많은 영향을 미친다.
관람(to watch)	관람 예약	어떤 공연을 관람하면 좋을지 고민하고 있다.
글쓴이(writer)	글쓴이의 인사	글쓴이는 행복의 기준이 사람마다 다름을 강조하였다.
등장인물(character)	등장인물의 배경	등장인물은 무대 한복판에서 독백을 이어 갔다.
문학(literature)	문학 작품	문학 작품에는 시, 소설, 수필 등의 장르가 있다.
뮤지컬(musical)	뮤지컬 음악	뮤지컬은 노래로 대사를 전달하는 공연 예술이다.
비극적이다(tragic)	결말이 비극적이다	셰익스피어는 비극적인 이야기를 쓰기도 했다.
생동감(liveliness)	생동감이 있다	그림에 생동감이 있어서 마치 사진 같다.
섬세하다(delicate)	음악이 섬세하다	화가는 옷의 무늬까지 섬세하게 표현했다.
손꼽다(count)	손꼽아 세다	사인회에 손꼽아 헤아리기도 힘들 정도로 많은 사람이 왔다.
손꼽(히)다 [(be) consider(ed) as one of]	1위로 손꼽(히)다	이 연극은 관객이 사랑하는 연극 1위로 손꼽힌다.
음악(music)	음악 감상	전통 음악을 이어 가는 전수자 양성이 필요하다.
응용하다(apply)	원작을 응용하다	응용과 표절의 경계가 불명확하여 문제가 된다.
인상적이다(impress)	춤이 인상적이다	배우가 조용히 우는 장면이 가장 인상적이었다.
전시(exhibition)	전시 장소	전시는 8월 1일부터 한 달 동안 이어집니다.
조각(piece)	조각 공원	조각 속에 여러 동물과 식물이 담겨 있었다.
조화롭다(harmonious)	색이 조화롭다	배우들의 연기가 조화로워서 영화에 몰입할 수 있었다.
창작하다(create)	시를 창작하다	창작하는 일은 그 과정은 힘들지만 즐거운 것이다.

✎ **문형 연습하기**　　　　　　　　　　　　　💬 중요 어휘를 문형별로 공부해 보세요.

단어(기본형)	초급 -(으)면서	중급 -(으)ㄹ수록	고급 -ㄴ/는 듯하다
감동하다	감동하면서	감동할수록	감동한/감동하는 듯하다
섬세하다	섬세하면서	섬세할수록	섬세한 듯하다
손꼽다	손꼽으면서	손꼽을수록	손꼽는 듯하다
응용하다	응용하면서	응용할수록	응용한/응용하는 듯하다
인상적이다	인상적이면서	인상적일수록	인상적인 듯하다
조화롭다	조화로우면서	조화로울수록	조화로운 듯하다
창작하다	창작하면서	창작할수록	창작한/창작하는 듯하다

DAY 5 테스트

🔊 본책 45쪽에서 공부한 '예술'에 대한 어휘를 꼼꼼히 학습했는지 확인해 보세요.

01 다음 문장의 빈칸에 적절한 단어를 알맞은 형태로 넣으십시오.

고전　　관람　　등장인물　　생동감　　전시　　조각

① 이번 (　　　　)은/는 조선 시대의 장신구들을 보여 주고 있어요.
② 연극 (　　　　)을/를 마치고 나왔을 때는 이미 해가 진 후였다.
③ (　　　　)은/는 시대와 지역을 초월해 사람들의 마음을 사로잡는다.
④ 소설에서는 (　　　　)의 대화를 통해 그들의 성격을 알 수 있어요.

감동하다　　섬세하다　　손꼽(히)다　　인상적이다　　조화롭다　　창작하다

⑤ 두 장면이 대조되도록 구성한 감독의 의도가 (　　　　).
⑥ 주인공이 고생 끝에 취직에 성공하는 장면에 모두가 (　　　　).
⑦ 세종 대왕은 조선 시대의 가장 위대한 왕으로 (　　　　).
⑧ 글의 인물과 장면의 묘사가 매우 (　　　　) 눈앞에 그림이 그려지는 것 같아요.

02 다음 문장의 빈칸에 들어갈 말로 알맞은 것을 고르십시오.

① (뮤지컬 / 영화)은/는 배우들의 연기를 무대에서 직접 볼 수 있는 장르예요.
② 이 춤은 동물의 움직임을 (응용하여 / 사용하여) 역동적인 느낌을 준다.
③ 이 조각상은 살아 있는 사람처럼 (생동감 / 호기심)이 넘쳐흐른다.
④ 내년에 그동안 작곡한 곡들을 모은 연주 발표회가 (개최될 / 제출될) 예정이에요.

03 다음 밑줄 친 부분과 의미가 가장 반대인 말로 알맞은 것을 고르십시오.

① 플라톤의 『국가론』이 필독 고전으로 선정되었다.　　　　(현대문 / 소설)
② 그 작품의 결말은 주인공의 죽음으로 매우 비극적이다.　(감동적이다 / 희극적이다)
③ 섬세한 손가락이 피아노 위를 미끄러지듯 움직이고 있어요.　(미묘하다 / 투박하다)
④ 그 영화는 개봉일에 관객 수가 가장 많았던 영화로 손꼽혀요.　(배제되다 / 선택되다)

정답과 해설

01 ① 전시	**02** ① 뮤지컬	**03** ① 현대문
② 관람	② 응용하여	② 희극적이다
③ 고전	③ 생동감	③ 투박하다
④ 등장인물	④ 개최될	④ 배제되다
⑤ 인상적이다		
⑥ 감동했다		
⑦ 손꼽힌다		
⑧ 섬세해서		

DAY 21 | 심리에 대한 어휘 복습하기

🔍 어휘 알아보기

🔊 더 알아 두면 좋을 어휘들과 함께 복습하세요.

어휘	활용 표현	예문
겁내다(be afraid)	외로움을 겁내다	그 아이는 뱀을 몹시 겁낸다.
공포(fear)	공포를 느끼다	아파트에 화재가 발생하여 사람들이 공포에 떨었다.
긴장감(tension)	긴장감을 형성하다	중요한 일을 앞두면 누구나 긴장감을 느낀다.
막막하다(be at a loss)	앞길이 막막하다	회사를 그만두어 살길이 막막하다.
부끄럽다(embarrassed)	몹시 부끄럽다	숨겼던 일을 들키면 부끄러움을 느끼게 된다.
부러워하다(be envy)	남을 부러워하다	사람들은 타인의 성공을 부러워하는 법이다.
소심하다(timid)	성향이 소심하다	소심한 사람도 상황에 따라 대범해진다.
신기하다(fascinating)	현상이 신기하다	낯설거나 신기한 것을 보면 흥미를 느낀다.
실감(to feel realistic)	실감이 나다	이 영화는 미래 사회를 실감이 나게 연출했다.
실망(disappointment)	실망을 하다	실망을 하는 이유는 사람에 따라 다르다.
실망스럽다(disappointing)	결과가 실망스럽다	실망스러운 결과를 맞이하면 피하고 싶어진다.
심리적(psychological)	심리적인 압박감	심리적 고통과 갈등은 여러 질병의 원인이다.
좌절(frustration)	좌절에 빠지다	경기 침체로 인해 자영업자들이 좌절하고 있다.
죄책감(guilt)	죄책감이 들다	잘못에 대해 책임감을 느끼는 것이 죄책감이다.
증후군(syndrome)	번아웃 증후군	새집 증후군은 화학 성분으로 인해 생긴다.
집중력(concentration)	집중력을 발휘하다	적절한 실내 온도는 공부할 때 집중력을 높인다.
차분하다(calm)	차분하게 행동하다	지나치게 큰 충격을 받으면 오히려 차분해진다.
허전하다(empty)	마음이 허전하다	허전함을 채우느라 음식을 먹는 사람도 있다.
호기심(curiosity)	호기심이 가득하다	호기심을 충족시키는 놀이 활동을 해야 한다.
흐뭇하다(pleased)	마음이 흐뭇하다	부모님께서는 흐뭇한 표정으로 나를 보셨다.

🖊 문형 연습하기

🔊 중요 어휘를 문형별로 공부해 보세요.

단어(기본형)	초급 -지 않다	중급 -(으)ㄹ수록	고급 -고말고
부끄럽다	부끄럽지 않다	부끄러울수록	부끄럽고말고
부러워하다	부러워하지 않다	부러워할수록	부러워하고말고
소심하다	소심하지 않다	소심할수록	소심하고말고
차분하다	차분하지 않다	차분할수록	차분하고말고
허전하다	허전하지 않다	허전할수록	허전하고말고
흐뭇하다	흐뭇하지 않다	흐뭇할수록	흐뭇하고말고

DAY 22 테스트

💬 본책 217쪽에서 공부한 '언론'에 대한 어휘를 꼼꼼히 학습했는지 확인해 보세요.

01 다음 문장의 빈칸에 적절한 단어를 알맞은 형태로 넣으십시오.

구독	댓글	배포	여론	익명	저작권

① (　　　　　)의 인물이 매년 거액을 성금으로 기부하고 있어요.
② 새로 생긴 가게의 개업을 알리기 위해 전단지를 (　　　　　)할 예정이다.
③ 수백 종류의 잡지 (　　　　　) 신청을 이 사이트에서 한 번에 할 수 있어요.
④ 정부는 국민의 (　　　　　)에 따라 문화재 보호 구역의 아파트 건립 허가를 취소했다.

논하다	밝히다	싣다	인쇄하다	추구하다	출간하다

⑤ 정부는 내년부터 주 4일 근무제를 실시할 계획이라고 (　　　　　).
⑥ 남의 잘못에 대해 (　　　　　) 전에 자신의 잘못을 돌아보아야 해요.
⑦ 이 프린터는 양면으로 (　　　　　) 기능이 있어 종이를 절약할 수 있어요.
⑧ 방송이 너무 상업적인 것만 (　　　　　) 보면 콘텐츠의 질이 저하될 수 있다.

02 다음 문장의 빈칸에 들어갈 말로 알맞은 것을 고르십시오.

① 악성 게시물과 (댓글 / 반론)은 현대 사회의 중요한 문제이다.
② 언론은 공정한 보도로 사회 (여론 / 익명)을 이끌어 가야 해요.
③ 그 소설은 (물러난 / 출간한) 지 한 달 만에 베스트셀러가 되었어요.
④ 민주주의는 정치적 의사 결정에서 공정성을 (추구하는 / 밝히는) 정치 체제이다.

03 다음 밑줄 친 부분과 의미가 가장 반대인 말로 알맞은 것을 고르십시오.

① 회사는 이번에 개발한 신제품을 시장에 내놓았다.　　　　　　　　(드러내다 / 들여놓다)
② 잡지에 실린 광고를 보고 물건을 구입하는 경우가 많다.　　　　　　(내리다 / 인쇄하다)
③ 그 정치인은 숨겼던 일을 들키자 변명을 하기에 급급했어요.　　　　(밝히다 / 다루다)
④ 다음을 읽고 필자가 주인공에게 느낀 감정이 무엇인지 써 보세요.　(청자 / 독자)

정답과 해설

01	① 익명	⑤ 밝혔다	02	① 댓글	03	① 들여놓다
	② 배포	⑥ 논하기		② 여론		② 내리다
	③ 구독	⑦ 인쇄하는		③ 출간한		③ 밝히다
	④ 여론	⑧ 추구하다		④ 추구하는		④ 독자

DAY 4 | 직업에 대한 어휘 복습하기

📍 어휘 알아보기

💬 더 알아 두면 좋을 어휘들과 함께 복습하세요.

어휘	활용 표현	예문
갖추다(prepare)	예의를 갖추다	외국어 실력을 갖추면 취업 시장에서 유리하다.
검사(prosecutor)	검사와 판사	검사는 용의자의 범죄 사실을 증명하는 사람이다.
경력(career)	경력을 쌓다	그는 다양한 분야의 경력을 보유하고 있습니다.
과학자(scientist)	과학자가 되다	과학자와 언어학자가 모여 데이터를 연구한다.
구하다(look for)	직장을 구하다	집에서 가까운 곳에 있는 직장을 구하고 있다.
기사(driver)	버스 기사	운전기사의 휴식 시간이 보장되어야 한다.
농부(farmer)	농부가 되다	최근에는 농부들도 최신 기술을 농업에 적용한다.
담당하다(take charge of)	프로젝트를 담당하다	담당하게 될 업무를 위해 직무 교육을 받고 있다.
대기업(major company)	대기업에 입사하다	대기업은 중소기업에 비해 근무 환경이 좋다.
보유하다(possess)	능력을 보유하다	그녀는 인공 지능 로봇 제작 기술을 보유했다.
실직(unemployment)	실직을 하다	실직의 위기에 놓인 중년층의 고민이 깊어졌다.
운영하다(operate)	가게를 운영하다	자영업자는 자신의 가게를 운영하는 사람이다.
전문성(expertise)	전문성을 지니다	전문성을 갖추지 않으면 성장에 한계가 있다.
지원자(applicant)	지원자가 많다	지원자 여러분께 면접 관련 사항을 안내합니다.
지원하다(apply)	중소기업에 지원하다	어떤 회사에 지원하는 것이 좋을지 알아보고 있다.
채용(recruitment)	채용을 하다	채용 공고에 취업 준비생들이 관심을 보였다.
추천하다(recommend)	지인을 추천하다	친구에게 추천한 회사는 출퇴근 시간이 정확하다.
취직하다(get a job)	새로운 곳에 취직하다	회사에 취직하여 다방면으로 기여하는 인재가 되고 싶습니다.
퇴사하다(quit a job)	회사에서 퇴사하다	노후를 즐기기 위해 50세가 되면 퇴사할 계획이다.
파업하다(strike)	결국 파업하다	파업한 지 두 달 만에 노사가 협의하였다.

✏ 문형 연습하기

💬 중요 어휘를 문형별로 공부해 보세요.

단어(기본형)	초급 -ㄴ/은/는 것	중급 -(으)려면	고급 -기 나름이다
갖추다	갖춘/갖추는 것	갖추려면	갖추기 나름이다
구하다	구한/구하는 것	구하려면	구하기 나름이다
담당하다	담당한/담당하는 것	담당하려면	담당하기 나름이다
운영하다	운영한/운영하는 것	운영하려면	운영하기 나름이다
취직하다	취직한/취직하는 것	취직하려면	취직하기 나름이다
퇴사하다	퇴사한/퇴사하는 것	퇴사하려면	퇴사하기 나름이다
파업하다	파업한/파업하는 것	파업하려면	파업하기 나름이다

DAY 4 테스트

💬 본책 41쪽에서 공부한 '직업'에 대한 어휘를 꼼꼼히 학습했는지 확인해 보세요.

01 다음 문장의 빈칸에 적절한 단어를 알맞은 형태로 넣으십시오.

경력　　대기업　　실직　　전문성　　지원자　　채용

① (　　　　)들은 면접에 합격해야 최종으로 채용돼요.
② 그녀는 이 분야에서 10년 이상의 (　　　)을/를 쌓았다.
③ 직업인은 자신의 일에 대해 (　　　)이/가 있어야만 해요.
④ 많은 구직자들은 성장의 가능성이 높은 (　　　)을/를 선호한다.

갖추다　　담당하다　　운영하다　　추천하다　　취직하다　　파업하다

⑤ 회사를 (　　　　) 때는 직원의 채용에 신중해야 해요.
⑥ 그 사람을 임원으로 (　　　　) 이야기에 모두들 동의했다.
⑦ 노동자들이 임금의 인상을 요구하며 (　　　　) 제품 생산이 중단되었다.
⑧ 이 제품은 다양한 디자인과 가격을 (　　　　) 있어서 고객의 반응이 좋다.

02 다음 문장의 빈칸에 들어갈 말로 알맞은 것을 고르십시오.

① (검사 / 형사)는 범죄를 수사하고 판사에게 형량을 구형한다.
② 경제 불황으로 많은 노동자들이 (실직 / 구직) 상태에 빠졌어요.
③ 그녀는 우리 회사의 지분을 60%나 (보유하고 / 보장하고) 있어요.
④ 퇴사 후 1년 만에 어렵게 일자리를 (담당했다 / 구했다).

03 다음 밑줄 친 부분과 의미가 가장 반대인 말로 알맞은 것을 고르십시오.

① 정부는 중소기업의 육성 방안을 적극적으로 마련하는 중이다.　　(공기업 / 대기업)
② 서둘러서 일을 추진하다 보니 미비한 점이 많아 문제가 되었다.　　(갖추다 / 차리다)
③ 우리 회사는 근무 조건이 좋아서 퇴사하려는 사람이 거의 없어요.　　(입사하다 / 근무하다)
④ 취직을 한 후 업무를 완수하기 위해 매일 야근을 하곤 했다.　　(실직 / 채용)

정답과 해설

01 ① 지원자	⑤ 운영할	02 ① 검사	03 ① 대기업
② 경력	⑥ 추천하는	② 실직	② 갖추다
③ 전문성	⑦ 파업해서	③ 보유하고	③ 입사하다
④ 대기업	⑧ 갖추고	④ 구했다	④ 실직

DAY 22 | 언론에 대한 어휘 복습하기

🔍 **어휘 알아보기**

💬 더 알아 두면 좋을 어휘들과 함께 복습하세요.

어휘	활용 표현	예문
게재(publication)	기사 게재	우리 회사는 신문에 사과문을 게재했다.
구독(subscription)	잡지 구독	잡지를 정기 구독하면 사은품을 준다.
내놓다(bring out)	신제품을 내놓다	최근 그 가수가 음반을 시장에 내놓았다.
논하다(discuss)	환경을 논하다	개인 정보 공유의 범위와 방법에 대해 논한다.
댓글(comment)	댓글을 달다	악성 댓글의 문제점을 분명히 알아야 한다.
반론(counterargument)	반론을 내다	그 일에 대해 많은 사람이 반론을 제기했다.
밝히다(disclose)	의견을 밝히다	이번 아파트 사고의 원인을 밝혀냈다.
배포(distribution)	신문 배포	요즘은 신문을 배포하는 일이 드물다.
싣다(run)	기사를 싣다	잡지에 광고를 실을 때는 광고비를 지불한다.
언론사(press)	언론사에 입사하다	언론사에서는 국어 능력을 중요하게 생각한다.
여론(public opinion)	여론을 형성하다	공무원의 비리를 밝히라는 여론이 일고 있다.
유포(circulation)	유포 혐의	허위 사실을 유포하면 책임을 져야 한다.
익명(anonymity)	익명의 제보	댓글을 익명으로 작성할 수 없게 되었다.
인쇄하다(print)	책을 인쇄하다	홍보 전단지를 인쇄하여 여러 곳에 배포하였다.
저작권(copyright)	저작권 침해	모든 창작물은 만드는 즉시 저작권이 생긴다.
짤막하다(shortish)	글이 짤막하다	보고서의 내용을 짤막하게 요약해서 제출한다.
추구하다(pursue)	공정을 추구하다	상품 광고를 통해 상업적 이윤을 추구하다.
출간하다(publish)	책을 출간하다	그 출판사는 최근에 만화책을 출간했다.
퍼뜨리다(spread)	소문을 퍼뜨리다	정치적 내용을 담고 있는 전단지를 퍼뜨렸다.
필자(author)	필자의 소개	필자는 독자를 설정한 후 원고를 작성한다.

✎ **문형 연습하기**

💬 중요 어휘를 문형별로 공부해 보세요.

단어(기본형)	초급 -게	중급 -ㄴ/는다면서	고급 -고는
내놓다	내놓게	내놓는다면서	내놓고는
싣다	싣게	싣는다면서	싣고는
짤막하다	짤막하게	짤막하다면서	–
추구하다	추구하게	추구한다면서	추구하고는
출간하다	출간하게	출간한다면서	출간하고는
퍼뜨리다	퍼뜨리게	퍼뜨린다면서	퍼뜨리고는

DAY 23 테스트

💬 본책 221쪽에서 공부한 '사건'에 대한 어휘를 꼼꼼히 학습했는지 확인해 보세요.

01 다음 문장의 빈칸에 적절한 단어를 알맞은 형태로 넣으십시오.

공격	방치	비리	실태	악순환	피해

① 최근 한 공공 기관에서 저지른 ( )이/가 밝혀졌어요.
② 사회의 무관심과 ( ) 속에 청소년 범죄가 많아지고 있다.
③ 적군이 우리 영토를 침입하자 우리 군은 ( )을/를 시작했어요.
④ 폭력에 폭력으로 대응하는 ( )에서 벗어나 소통을 해 나가야 한다.

부수다	빼다	살아남다	중단하다	책임지다	흥분하다

⑤ 그녀는 비행기 추락에서 혼자 ( ).
⑥ 그는 한 부서를 ( )에는 역량이 부족해요.
⑦ 소방관은 화재 현장에서 사람들을 구조하기 위해 문을 ( ).
⑧ ( ) 시위자들이 도로에 쏟아져 나와 퇴근길 교통이 마비됐어요.

02 다음 문장의 빈칸에 들어갈 말로 알맞은 것을 고르십시오.

① 그는 모든 일을 자기가 (살아남겠다고 / 책임지겠다고) 장담했다.
② (악순환 / 폭력적)인 수단으로 평화를 이루어 내기란 어려운 거예요.
③ (폭발 / 실태)이/가 일어난 현장의 비참한 모습이 생생히 보도되었다.
④ 노동자들은 회사에 부당한 행위를 (진압하라고 / 중단하라고) 주장했다.

03 다음 밑줄 친 부분과 의미가 가장 반대인 말로 알맞은 것을 고르십시오.

① 돌이 날아오자 방어를 하기 위해 팔로 얼굴을 가렸다. (공격 / 방치)
② 두근거리는 가슴을 간신히 진정한 후 가족에게 연락했다. (책임지다 / 흥분하다)
③ 콘서트 도중 무대 위로 조명이 떨어져 공연을 중단했다. (계속하다 / 우려되다)
④ 경찰은 사람을 치고 달아난 가해 차량을 추적했다. (방지 / 피해)

정답과 해설

01 ① 비리　⑤ 살아남았다　02 ① 책임지겠다고　03 ① 공격
② 방치　⑥ 책임지기　② 폭력적　② 흥분하다
③ 공격　⑦ 부수었다　③ 폭발　③ 계속하다
④ 악순환　⑧ 흥분한　④ 중단하라고　④ 피해

DAY 3 | 외모에 대한 어휘 복습하기

🔍 어휘 알아보기　　💬 더 알아 두면 좋을 어휘들과 함께 복습하세요.

어휘	활용 표현	예문
갈아입다(change clothes)	옷을 갈아입다	입고 있던 외출복을 평상복으로 갈아입었다.
건장하다(bulky)	체격이 건장하다	그는 건장한 육체를 가진 사람이다.
겉보기(appearance)	겉보기와 다르다	겉보기와 달리 그의 성격은 차분하다.
곱다(beautiful; pretty)	색이 곱다	가을이 되자 산에 단풍이 곱게 물들었다.
꾸미다(decorate)	외모를 꾸미다	새로운 집의 곳곳을 예쁘게 꾸몄다.
단정하다(neat)	옷차림이 단정하다	중요한 자리에 갈 때는 옷을 단정하게 입어야 한다.
똑같다(same)	얼굴이 똑같다	그녀와 그녀의 동생은 쌍둥이처럼 외모가 똑같다.
매력적(attractive)	매력적 요소	매력적인 사람은 주변인의 관심을 끈다.
모양(shape)	모양의 차이	새로 산 구두의 모양이 독특하다.
복장(dress; clothes)	복장이 초라하다	직업에 따라 복장이 서로 다르다.
비슷하다(similar)	눈이 비슷하다	잠수함은 대체로 그 모양이 물고기의 모습과 비슷하다.
사이즈(size)	사이즈가 다르다	체형에 맞는 사이즈의 옷을 입어야 한다.
생기(liveliness)	생기가 있다	좋은 일이 있는지 그의 얼굴에 생기가 있다.
생김새(appearance; looks)	생김새가 유사하다	사람마다 생김새가 다르듯이 생각도 다르다.
세련되다(polished)	태도가 세련되다	세련된 디자인의 옷들이 진열되어 있다.
스타일(style)	스타일이 독특하다	요즘 청소년들의 행동 양식은 기존 스타일과는 전혀 다르다.
유행(trend)	유행을 따르다	옛날에 유행했던 패션이 최근에 다시 유행하고 있다.
착용(wear)	교복의 착용	차를 탈 때에는 반드시 안전띠를 착용해야 한다.
평범하다(ordinary)	외모가 평범하다	평범한 옷차림의 아저씨가 가게로 들어왔다.
화려하다(fancy)	의상이 화려하다	그 가구는 장식이 굉장히 화려하다.

✏ 문형 연습하기　　💬 중요 어휘를 문형별로 공부해 보세요.

단어(기본형)	초급 -기 때문에	중급 -ㄴ/은/는 김에	고급 -ㄴ/은/는데도
갈아입다	갈아입기 때문에	갈아입는 김에	갈아입는데도
곱다	곱기 때문에	고운 김에	고운데도
꾸미다	꾸미기 때문에	꾸미는 김에	꾸미는데도
똑같다	똑같기 때문에	똑같은 김에	똑같은데도
비슷하다	비슷하기 때문에	비슷한 김에	비슷한데도
평범하다	평범하기 때문에	평범한 김에	평범한데도

DAY 3 테스트

💬 본책 37쪽에서 공부한 '외모'에 대한 어휘를 꼼꼼히 학습했는지 확인해 보세요.

01 다음 문장의 빈칸에 적절한 단어를 알맞은 형태로 넣으십시오.

겉보기	매력적	생기	스타일	유행	착용

① 중요한 자리에는 단정한 ( )으로/로 하고 가는 것이 좋다.
② 오토바이를 탈 때는 안전을 위해 헬멧 ( )이/가 필수예요.
③ 그 사람의 눈동자 색깔은 깊은 갈색이어서 ( )으로/로 느껴진다.
④ 매일 피곤하다고 하던 친구가 며칠 쉬더니 얼굴에 ( )이/가 돌았다.

건장하다	꾸미다	똑같다	비슷하다	세련되다	화려하다

⑤ 계절이 바뀌어서 집 여기저기를 새롭게 ( ).
⑥ 그 모델은 옷차림과 말투에서 ( ) 분위기가 느껴진다.
⑦ 사라는 무채색이 아닌 ( ) 색의 원피스를 좋아해요.
⑧ 두 사람은 체구는 ( )하지만 근육량과 체중은 다르다.

02 다음 문장의 빈칸에 들어갈 말로 알맞은 것을 고르십시오.

① 주말에는 간결한 (복장 / 착용)으로 등산을 간다.
② 머리를 (단정하게 / 꾸미게) 정리한 후 스프레이를 뿌렸다.
③ 그녀는 활짝 웃는 미소가 (매력적 / 모양)이어서 인기가 많았어요.
④ 그는 (스타일 / 겉보기)에는 엄격하지만 마음은 부드러운 사람이에요.

03 다음 밑줄 친 부분과 의미가 가장 반대인 말로 알맞은 것을 고르십시오.

① 종국이는 체격이 건장하고 성격이 활달하다. (쾌활하다 / 허약하다)
② 그녀는 두꺼운 안경에 촌스러운 옷차림을 하고 나타났다. (세련되다 / 다채롭다)
③ 두 회사의 간판은 모양이 똑같아서 고객들이 가끔 착각을 한다. (다르다 / 동일하다)
④ 시상식에서 유명한 여배우가 입은 드레스는 장식이 많아 화려했다. (수수하다 / 다양하다)

정답과 해설

01 ① 스타일 ⑤ 꾸몄다 | 02 ① 복장 | 03 ① 허약하다
   ② 착용 ⑥ 세련된 | ② 단정하게 | ② 세련되다
   ③ 매력적 ⑦ 화려한 | ③ 매력적 | ③ 다르다
   ④ 생기 ⑧ 비슷 | ④ 겉보기 | ④ 수수하다

DAY 23 | 사건에 대한 어휘 복습하기

🔍 어휘 알아보기

💬 더 알아 두면 좋을 어휘들과 함께 복습하세요.

어휘	활용 표현	예문
공격(attack)	공격을 당하다	한밤중에 공격을 당하는 사건이 있었다.
끼다(get stuck in)	문틈에 끼다	아기의 머리가 좁은 공간에 끼면 위험하다.
방치(negligence)	약자를 방치하다	아이가 혼자 있도록 방치해서는 안 된다.
부수다(break)	문을 부수다	문이 열리지 않아 망치로 부수어야 했다.
비리(corruption)	비리를 저지르다	비리를 저지른 공무원을 징계했다.
비상구(emergency exit)	비상구로 탈출하다	화재가 발생하자 비상구를 통해 대피했다.
삐다(sprain)	다리를 삐다	넘어지는 바람에 발목을 삐어 걸을 수 없다.
살아남다(survive)	사고에서 살아남다	화재에서 살아남은 사람이 90% 이상이다.
실태(real condition)	범죄 실태	기업 운영의 실태를 점검할 필요가 있다.
쏟아지다(come think and fast)	신고가 쏟아지다	잠이 쏟아질 때는 쉬었다가 운전해야 한다.
악순환(vicious circle)	악순환이 거듭되다	빚을 얻어 빚을 갚는 악순환이 거듭되고 있다.
잠기다(be locked)	탈출구가 잠기다	서랍이 잠겨서 열리지 않는다.
중단하다(discontinue)	조사를 중단하다	경제난으로 공사를 중단하는 업체가 생겨났다.
진압하다(extinguish, suppress)	화재를 진압하다	경찰이 투입되어 시위를 진압하기 시작했다.
책임지다(be in charge)	담당자가 책임지다	그 기업은 손해 배상을 책임지게 되었다.
폭력적(violent)	폭력적인 행동	폭력적으로 대처하는 것은 옳지 못한 방법이다.
폭발(explosion)	가스 폭발	화산이 폭발하여 많은 사람이 대피했다.
피해(damage)	피해를 입다	정부는 각 기업의 피해 현황을 조사했다.
형사(detective)	형사가 찾아오다	형사들이 사건의 용의자를 잡아갔다.
흥분하다(excited)	심하게 흥분하다	흥분한 사람들이 시위 현장을 향해 나섰다.

✏️ 문형 연습하기

💬 중요 어휘를 문형별로 공부해 보세요.

단어(기본형)	초급 -기 전에	중급 -고 말다	고급 -기 마련이다
끼다	끼기 전에	끼고 말다	끼기 마련이다
부수다	부수기 전에	부수고 말다	부수기 마련이다
쏟아지다	쏟아지기 전에	쏟아지고 말다	쏟아지기 마련이다
잠기다	잠기기 전에	잠기고 말다	잠기기 마련이다
진압하다	진압하기 전에	진압하고 말다	진압하기 마련이다
책임지다	책임지기 전에	책임지고 말다	책임지기 마련이다

DAY 24 테스트

💬 본책 225쪽에서 공부한 '대중문화'에 대한 어휘를 꼼꼼히 학습했는지 확인해 보세요.

01 다음 문장의 빈칸에 적절한 단어를 찾아 넣어 보십시오.

각광	관람	대중적	시상식	악영향	흥행

① 영화 (   )을/를 위해서는 예매를 해야 한다.

② 그 (   )은/는 텔레비전 등을 통해 전국에 중계돼요.

③ 이번 사건이 경제에 미친 (   )을/를 과소평가해서는 안 돼요.

④ 게임 개발 산업 등은 앞으로도 더욱 (   )을/를 받을 것으로 전망된다.

다채롭다	등장하다	연출하다	제작하다	펴내다	흥미롭다

⑤ 요즘 광고에는 일반인들이 연기자로 자주 (   ).

⑥ 그 드라마는 예상대로 전개되지 않아 더욱더 (   ).

⑦ 뮤지컬 공연 실황을 음반과 음원으로 (   ) 판매하고 있어요.

⑧ 비빔밥은 여러 가지 나물과 소고기 등이 들어가 (   ) 맛이 납니다.

02 다음 문장의 빈칸에 들어갈 말로 알맞은 것을 고르십시오.

① 각자의 이익이 충돌할 때 혼란이 (발행하게 / 발생하게) 된다.

② 그 영화배우는 여러 작품을 통해 (대중적 / 공적) 인기를 끌고 있어요.

③ 가수들이 콘서트장에 들어섰을 때 그곳은 (청중 / 고객)으로/로 가득했다.

④ 이 연극은 (흥행 / 관람)에는 성공했지만 예술성이 부족하다는 평가를 받았다.

03 다음 밑줄 친 부분과 의미가 가장 반대인 말로 알맞은 것을 고르십시오.

① 그 노래는 리듬이 단조롭지만 나름의 매력이 있어요. (다채롭다 / 단순하다)

② 배우들이 무대에 등장하자 환호성이 터졌다. (퇴장하다 / 통과하다)

③ 그녀는 가게에 손님이 없어 무료한 시간에는 책을 읽곤 한다. (흥미롭다 / 기다리다)

④ 이순신 장군의 흥미로운 이야기를 그린 영화는 흥행 성적이 좋았다. (뛰어나다 / 재미없다)

정답과 해설

01		02	03
① 관람	⑤ 등장한다	① 발생하게	① 다채롭다
② 시상식	⑥ 흥미롭다	② 대중적	② 퇴장하다
③ 악영향	⑦ 제작하여	③ 청중	③ 흥미롭다
④ 각광	⑧ 다채로운	④ 흥행	④ 재미없다

DAY 2 | 인간관계에 대한 어휘 복습하기

🔍 어휘 알아보기

💬 더 알아 두면 좋을 어휘들과 함께 복습하세요.

어휘	활용 표현	예문
감사(thanks)	감사 인사	감사의 마음을 전했다.
다니다(go to)	학교에 다니다	친구와 음악 학원에 다니며 악기를 배웠다.
답장(reply)	답장을 기다리다	답장을 쓰다.
도와주다(help)	친구를 도와주다	도움을 받은 만큼 다른 사람을 도와주어야 한다.
돕다(help)	이웃을 돕다	어려운 일이 있는 이웃을 돕다.
만나다(meet)	선배를 만나다	새로운 사람과 만나 관계를 형성하다.
맞이하다(greet)	신입생을 맞이하다	동아리에 새로 들어온 회원을 맞이하다.
메일(mail)	메일을 보내다	메일을 보냈으니 확인 부탁드립니다.
미루다(delay)	약속을 미루다	부모님과의 식사 약속을 미루고 후배를 만났다.
반갑다(glad)	만나서 반갑다	오랜만에 가족들과 만나니 반가웠다.
방문(visit)	방문 약속	방문하기 전에 미리 연락을 주시기 바랍니다.
배웅하다(send off)	공항에서 배웅하다	고향에 돌아가는 친구를 공항에서 배웅했다.
소식(news)	소식을 듣다	친구의 결혼 소식을 들었다.
약속(appointment)	모임 약속	일정이 변경되어 약속을 지킬 수 없다.
연락(contact)	연락을 하다	연락도 없이 약속 시간에 늦어서 친구에게 사과했다.
죄송하다(sorry)	늦어서 죄송하다	진심으로 죄송하다는 사과의 말씀을 드립니다.
집들이(housewarming)	집들이를 하다	집들이에 갈 때는 보통 휴지나 세제를 선물로 사 간다.
찾아가다(visit)	회의실을 찾아가다	최근에 이사한 직장 동료의 집을 찾아갔다.
초대(invitation)	초대를 받다	생일 파티에 초대를 받았다.
취소(cancellation)	구매 취소	영화를 예매했지만 못 가게 되어 결국 취소했다.

✏ 문형 연습하기

💬 중요 어휘를 문형별로 공부해 보세요.

단어(기본형)	초급 -아/어요	중급 -도록	고급 -았/었던
다니다	다녀요	다니도록	다녔던
돕다	도와요	돕도록	도왔던
만나다	만나요	만나도록	만났던
반갑다	반가워요	–	반가웠던
배웅하다	배웅해요	배웅하도록	배웅했던
죄송하다	죄송해요	–	죄송했던
찾아가다	찾아가요	찾아가도록	찾아갔던

DAY 2 테스트

💬 본책 33쪽에서 공부한 '인간관계'에 대한 어휘를 꼼꼼히 학습했는지 확인해 보세요.

01 다음 문장의 빈칸에 적절한 단어를 알맞은 형태로 넣으십시오.

| 답장 | 방문 | 소식 | 약속 | 집들이 | 초대 |

① 오랫동안 ( )을/를 듣지 못했던 친구에게서 전화가 왔다.
② 보내 드린 메일에 대해 내일까지 ( )을/를 보내 주십시오.
③ 지난 주말에는 회사 근처로 이사한 친구의 ( )에 다녀왔어요.
④ 영화감독을 하는 친구의 ( )으로/로 영화 시사회에 가게 되었다.

| 다니다 | 만나다 | 미루다 | 반갑다 | 죄송하다 | 찾아가다 |

⑤ 그동안 만나지 못했던 가족을 만나 무척 ( ).
⑥ 자기가 해야 할 일을 남에게 ( ) 것은 나쁜 버릇이다.
⑦ ( ) 혹시 이 의자를 저쪽 테이블로 옮겨서 사용해도 될까요?
⑧ 한 달에 한 번 함께 대학교에 다녔던 친구들을 ( ) 밥을 먹습니다.

02 다음 문장의 빈칸에 들어갈 말로 알맞은 것을 고르십시오.

① 친구는 나에게 갑작스럽게 약속을 (소식 / 취소)한 이유를 설명했다.
② 겨울이 되면 형편이 어려운 이웃을 (돕는 / 모르는) 봉사 활동을 해요.
③ 친구 부모님께서 저를 가족처럼 (맞이해 / 배웅해) 주셔서 감동했어요.
④ 그는 휴가를 (다니고 / 미루고) 보고서를 수정한 후 상사에게 제출했다.

03 다음 밑줄 친 부분과 의미가 가장 반대인 말로 알맞은 것을 고르십시오.

① 실수한 것이 많아 그분을 찾아뵙기가 죄송할 따름이에요.　　　(감사하다 / 베풀다)
② 자신의 나라로 귀국하는 친구를 배웅하기 위해 공항으로 가요.　　　(반응하다 / 마중하다)
③ 집안 사정으로 학교를 그만둔 그는 친구들과도 연락을 끊었다.　　　(내려놓다 / 다니다)
④ 오후에는 거래처 사람과 만나서 다음 프로젝트를 논의하기로 했다.　　　(헤어지다 / 어긋나다)

정답과 해설

01 ① 소식　⑤ 반갑다/반가웠다　02 ① 취소　03 ① 감사하다
② 답장　⑥ 미루는　② 돕는　② 마중하다
③ 집들이　⑦ 죄송하지만/　③ 맞이해　③ 다니다
④ 초대　　　죄송한데　④ 미루고　④ 헤어지다
　　⑧ 만나서

DAY 24 | 대중문화에 대한 어휘 복습하기

🔍 어휘 알아보기

💬 더 알아 두면 좋을 어휘들과 함께 복습하세요.

어휘	활용 표현	예문
각광(the spotlight)	각광을 받다	한국 노래가 해외에서 각광을 받고 있다.
감상하다(appreciate)	미술 작품을 감상하다	영화나 드라마를 감상할 수 있는 카페가 있다.
관객(audience)	관객이 많다	관객 여러분, 모두 자리에 앉아 주시기 바랍니다.
관람(to watch)	연극 관람	공연을 관람할 때는 휴대폰을 꺼 두어야 한다.
다채롭다(various; colorful)	구성이 다채롭다	그림의 느낌이 다채롭고 신선했다.
대중적(popular)	대중적 작품	수익을 만들기 위해 대중적 노래를 만들었다.
등장하다(appear)	배우가 등장하다	그 배우가 등장한 장면은 정말 인상적이었다.
미디어(media)	소셜 미디어	미디어의 발달은 콘텐츠의 발달을 유도한다.
발행하다(issue; publish)	지폐를 발행하다	한 잡지사가 새로운 잡지를 발행했다.
시상식(awards ceremony)	연말 시상식	시상식에서 대상을 받은 배우가 출연한 작품이다.
악영향(harmful influence)	악영향을 끼치다	청소년에게 악영향을 끼치는 영화가 있다.
연출하다(direct)	영화를 연출하다	이 작품을 연출한 감독은 벌써 70세가 되었다.
위대하다(great)	업적이 위대하다	위대한 기록을 남긴 영화가 다시 상영 중이다.
제작하다(produce)	드라마를 제작하다	드라마를 제작할 때 많은 기업의 후원을 받았다.
청중(audience)	청중이 모여들다	청중의 귀에 편안하고 따뜻한 음악을 만든다.
출연하다(appearance)	작품에 출연하다	출연한 작품마다 실패를 거듭해 그는 좌절했다.
펴내다(publish)	신간을 펴내다	베스트셀러 작가가 신간을 펴내 관심을 끌고 있다.
홍보(promotion)	홍보 효과	유명 연예인을 섭외하여 홍보를 위한 광고를 찍는다.
흥미롭다(interesting)	줄거리가 흥미롭다	가수의 사생활을 흥미로워하는 팬들이 많다.
흥행(a big hit)	신작 흥행	영화의 흥행을 위해 모두가 아이디어를 냈다.

✏️ 문형 연습하기

💬 중요 어휘를 문형별로 공부해 보세요.

단어(기본형)	초급 -고 있다	중급 -ㄴ/은 다음에	고급 -노라면
감상하다	감상하고 있다	감상한 다음에	감상하노라면
등장하다	등장하고 있다	등장한 다음에	등장하노라면
발행하다	발행하고 있다	발행한 다음에	발행하노라면
연출하다	연출하고 있다	연출한 다음에	연출하노라면
제작하다	제작하고 있다	제작한 다음에	제작하노라면
출연하다	출연하고 있다	출연한 다음에	출연하노라면
펴내다	펴내고 있다	펴낸 다음에	펴내노라면

DAY 25 테스트

💬 본책 229쪽에서 공부한 '환경'에 대한 어휘를 꼼꼼히 학습했는지 확인해 보세요.

01 다음 문장의 빈칸에 적절한 단어를 알맞은 형태로 넣으십시오.

공해	보존	생명체	온난화	일회용품	재활용

① 이 지역은 자연 삼림의 (   ) 상태가 뛰어나요.

② 물은 모든 (   )의 생존에 반드시 필요한 요소이다.

③ 지구 (   ) 현상으로 기상 이변이 발생하고 있어요.

④ (   )의 소비가 증가함에 따라 쓰레기의 발생량도 어마어마하다.

거두다	고갈되다	넘치다	손상시키다	우거지다	확산되다

⑤ 나무가 (   ) 숲을 잠시 걸으니 마음이 차분해졌다.

⑥ 대기 오염으로 인해 오존층 파괴가 점차 (   ) 있어요.

⑦ 도로나 인도에 빗물이 (   ) 않도록 하수 시설을 정비했다.

⑧ 농작물의 수확기가 되어서 집집마다 벼와 잡곡 등을 (   ) 중이다.

02 다음 문장의 빈칸에 들어갈 말로 알맞은 것을 고르십시오.

① 자연환경의 (배출 / 보존)을/를 위한 정책이 마련되었다.

② (빙하 / 온난화)이/가 녹아 해안선의 모양이 변하고 있다.

③ 한번 (손상시킨 / 확산시킨) 자연은 다시 회복시키기 어려워요.

④ 해수욕장 뒤쪽으로 나무가 (우거져 / 고갈되어) 그늘이 졌어요.

03 다음 밑줄 친 부분과 의미가 가장 반대인 말로 알맞은 것을 고르십시오.

① 곡식을 <u>거두어서</u> 창고에 저장해 두니 마음이 든든해요.   (심다 / 자라다)

② 환경 운동에 작은 힘이나마 <u>보태기</u> 위해 동호회에 찾아갔다.   (덜다 / 넣다)

③ 자연은 그대로 두면 <u>저절로</u> 회복하는 자정 능력을 갖추고 있다.   (억지로 / 함부로)

④ 지구 온난화가 계속되면서 물이 <u>부족한</u> 문제가 심각해지고 있어요.   (넘치다 / 채우다)

정답과 해설

01 ① 보존	⑤ 우거진	02 ① 보존	03 ① 심다
② 생명체	⑥ 확산되고	② 빙하	② 덜다
③ 온난화	⑦ 넘치지	③ 손상시킨	③ 억지로
④ 일회용품	⑧ 거두는	④ 우거져	④ 넘치다

DAY 1 | 쇼핑에 대한 어휘 복습하기

📍 **어휘 알아보기**   💬 더 알아 두면 좋을 어휘들과 함께 복습하세요.

어휘	활용 표현	예문
가게(store)	가게를 열다	동네 신발 가게에는 마음에 드는 신발이 없었다.
결제(payment)	결제를 하다	물건을 구입할 때 신용 카드로 결제를 하였다.
계산(pay)	계산 금액	계산은 할부가 아닌 일시불로 했다.
고객(customer)	고객이 방문하다	이 노트북은 고객들이 많이 구매하는 인기 제품이다.
고르다(pick)	선물을 고르다	책들이 다 재미있어 보여서 한 권만 고르기가 어렵다.
교환(exchange)	교환을 원하다	반지를 교환하며 영원한 사랑을 다짐했다.
구입하다(purchase)	물건을 구입하다	매표소에서 관람권을 구입할 수 있습니다.
들다(lift)	가방을 들다	무거워 보이는 가방을 가볍게 들어 올렸다.
무료(free)	무료로 나누어 주다	오늘은 박물관을 무료로 개방하는 날이다.
반품(return)	반품 접수	새로 산 밥솥에 문제가 있어 결국 반품을 했다.
배송(delivery)	배송 확인	소비자는 배송이 빠른 인터넷 상점을 선호한다.
배송하다(deliver)	택배를 배송하다	산간 지역에 배송할 때는 도로 안전에 유의해야 한다.
비싸다(expensive)	가격이 비싸다	이 옷은 비싸지만 품질이 좋아 오래 입을 수 있겠다.
선택(choice)	종류 선택	선택이 어려우면 직원의 도움을 받을 수 있다.
수리하다(fix)	노트북을 수리하다	휴대 전화를 수리하는 곳은 몇 층입니까?
신제품(new product)	신제품 출시	신제품을 20% 할인된 가격에 드립니다.
어울리다(fit well)	잘 어울리다	이 구두가 고객님께 더 잘 어울리는 것 같습니다.
저렴하다(cheap)	가격이 저렴하다	이곳에 비해 저곳의 물건 가격이 더 저렴하다.
팔리다(sell)	구두가 팔리다	오늘 준비한 떡볶이가 모두 팔렸다.
할인하다(discount)	제품을 할인하다	주말까지 백화점의 모든 물건을 할인한다.

✏ **문형 연습하기**   💬 중요 어휘를 문형별로 공부해 보세요.

단어(기본형)	초급 -고	중급 -느라고	고급 -길래
고르다	고르고	고르느라고	고르길래
들다	들고	드느라고	들길래
배송하다	배송하고	배송하느라고	배송하길래
수리하다	수리하고	수리하느라고	수리하길래
저렴하다	저렴하고	—	저렴하길래
팔리다	팔리고	—	팔리길래
할인하다	할인하고	할인하느라고	할인하길래

DAY 1 테스트

💬 본책 29쪽에서 공부한 '쇼핑'에 대한 어휘를 꼼꼼히 학습했는지 확인해 보세요.

01 다음 문장의 빈칸에 적절한 단어를 알맞은 형태로 넣으십시오.

결제	고객	교환	선택	신제품	무료

① 제품 구입 후 7일 이내에 (   ) 및 반품이 가능해요.

② 호텔은 더 많은 (   )을/를 유치하기 위해 숙박비를 내렸다.

③ 우리 식당에서는 식사 후에 후식을 (   )으로/로 제공합니다.

④ 백화점에서 가방을 샀는데 현금 대신 상품권으로 (   )을/를 했다.

고르다	구입하다	배송하다	비싸다	수리하다	저렴하다

⑤ 고장 난 차를 (   ) 100만 원이나 썼다.

⑥ 이 가방을 구입하시면 5일 이내에 (   ) 드립니다.

⑦ 중요한 행사에서 입을 옷을 옷장에서 미리 (   ).

⑧ 백화점이 할인하는 기간이어서 사고 싶었던 구두를 (   ).

02 다음 문장의 빈칸에 들어갈 말로 알맞은 것을 고르십시오.

① 그 점원은 (고객 / 가게)에게 친절하게 대해요.

② 색다른 기술로 만든 (재고 / 신제품)이/가 곧 나올 예정이에요.

③ 물건 구입 후 사용을 한 뒤에는 (반품 / 반납)이 불가능합니다.

④ 가게 영업이 끝나면 (무료 / 계산)이/가 틀린 것은 없는지 검토하세요.

03 다음 밑줄 친 부분과 의미가 가장 반대인 말로 알맞은 것을 고르십시오.

① 사고 싶었던 노트북 한 대를 구입했어요.   (배송하다 / 판매하다)

② 이 가게는 다른 가게보다 과일이 저렴하다.   (비싸다 / 급증하다)

③ 사이트 가입자는 무료로 이 영상을 볼 수 있어요.   (공짜 / 유료)

④ 자리를 옮기기 위해서 가방과 짐을 들고 일어섰다.   (내려놓다 / 쌓다)

정답과 해설

01 ① 교환
② 고객
③ 무료
④ 결제
⑤ 수리하느라/수리하려고
⑥ 배송해
⑦ 골랐다
⑧ 구입했다

02 ① 고객
② 신제품
③ 반품
④ 계산

03 ① 판매하다
② 비싸다
③ 유료
④ 내려놓다

DAY 25 | 환경에 대한 어휘 복습하기

🔍 어휘 알아보기

💬 더 알아 두면 좋을 어휘들과 함께 복습하세요.

어휘	활용 표현	예문
거두다(harvest; gain)	결실을 거두다	한국에서는 가을에 곡식을 거둔다.
거르다(filter out)	기름을 거르다	오염 물질을 거르는 시설이 필요하다.
고갈되다(run out)	자원이 고갈되다	천연자원이 고갈되지 않도록 막아야 한다.
공해(pollution)	소음 공해	기차, 자동차 등이 소음 공해의 원인이다.
넘치다(overflow)	쓰레기가 넘치다	일회용품이 넘쳐 나서 문제가 되고 있다.
무성하다(a lot; full of)	소문이 무성하다	아무것도 결정하지 않고 논의만 무성하다.
배출(emission)	분리배출	공장에서 다량의 폐수가 배출되었다.
보존(preservation)	환경 보존	자연을 보존하여 후손에게 물려줍시다.
보태다(make up for)	손을 보태다	지역 사회가 힘을 보태어 환경을 보호하자.
빙하(glacier)	빙하가 녹다	빙하가 녹아 해수면이 상승하고 있다.
생명체(living things)	생명체가 많다	생명체는 변화된 환경에 적응한다.
손상시키다(damage)	잔디를 손상시키다	자연을 손상시키면 인간에게 피해가 온다.
심다(plant)	나무를 심다	식목일에 산에 나무를 심으러 가곤 했다.
온난화(global warming)	지구 온난화	온난화의 영향으로 봄과 가을이 짧아졌다.
우거지다(thick)	나무가 우거지다	삼림이 우거진 곳으로 휴가를 떠날 예정이다.
일회용품(disposable products)	일회용품 사용	일회용품을 지나치게 자주 사용해서는 안 된다.
재활용(recycling)	플라스틱 재활용	폐기물을 재활용하는 산업이 육성되어야 한다.
저절로(naturally)	저절로 나아지다	자연의 일부는 저절로 회복되는 힘을 지닌다.
해양(ocean)	해양 생태계	해양에는 천연가스, 원유 등의 자원이 있다.
확산되다(spread)	전염병이 확산되다	가뭄의 피해가 전국으로 확산되고 있다.

✎ 문형 연습하기

💬 중요 어휘를 문형별로 공부해 보세요.

단어(기본형)	초급 -ㄴ/은/는	중급 -아/어 보이다	고급 -ㄴ/은/는 동시에
거르다	거른/거르는	–	거르는 동시에
고갈되다	고갈된/고갈되는	고갈되어 보이다	고갈된/고갈되는 동시에
넘치다	넘친/넘치는	넘쳐 보이다	넘치는 동시에
무성하다	무성한	무성해 보이다	무성한 동시에
심다	심은/심는	–	심은/심는 동시에
확산되다	확산된/확산되는	확산되어 보이다	확산된/확산되는 동시에

에듀윌 한국어능력시험
QUICK TOPIK II
기출유형 종합서

DAY25
매일 테스트
워크북

eduwill

에듀윌 한국어능력시험

TOPIK II

종합서

eduwill

에듀윌이
너를
지지할게
ENERGY

사소한 것에 목숨을 걸기에는
인생이 너무 짧고,
하찮은 것에 기쁨을 빼앗기기에는
오늘이 소중합니다.

– 조정민, 『인생은 선물이다』, 두란노

저자의 합격 메시지

안녕하세요. 김지학입니다. TOPIKII 시험을 준비하는 여러분을 책으로 만나게 되어 반갑습니다. TOPIKII는 듣기 50문항, 쓰기 4문항, 읽기 50문항으로 구성되어 있으며, 여러분은 이 시험에서 중급과 고급의 주제를 다루는 여러 유형의 문제를 풀게 됩니다.

에듀윌 TOPIKII에서는 출제 유형을 25개로 분류하여 각 유형별로 필요한 이론과 연습문제 및 실전문제, 모의고사를 제공합니다.

기출 경향을 참고할 수 있도록 TOPIKII 기출문제의 주요한 내용을 담았고, 직접 제작한 유형별 예상문제를 풍성하게 수록하여 유형을 익힌 뒤 그 유형을 충분히 연습할 수 있습니다. 주제별 어휘노트를 통해서는 매일 하나의 주제에 대한 어휘를 공부하고, 이를 복습하고 추가적인 어휘, 문법도 학습할 수 있도록 '매일 테스트 워크북'도 함께 제공합니다.

혼자 공부하는 학습자에게도, 학습자를 지도하는 한국어 교원에게도 유용한 교재가 될 수 있도록 최선을 다했습니다. TOPIKII에서 목표한 등급을 꼭 받기 바랍니다. 파이팅!

김지학

가톨릭대학교 한국어교육과 박사 수료
숭실대학교 국제교육원 TOPIKII 외래 교수
경희대학교 국제평생교육원 외래 교수
YBM넷 원격평생교육원 외래 교수
탑에듀 원격평생교육원 외래 교수
고려사이버대학교 한국어·다문화학부 한국어교육전공 외래교수

숭실사이버대학교 한국어교육학과 외래 교수
숭실대학교 베어드교양대학 외래 교수
경기대학교 국제교육원 TOPIKII 특강 강사
청강문화산업대학 KBS한국어능력시험 특강 강사
충북대학교 대학원 논문작성법 특강 강사

이 책에 있는 **3가지**

1

한눈에 보는
유형 + 개념

TOPIK 평가틀과 발문을 바탕으로 문항 유형을 정리하고,
함께 공부하면 좋을 유형끼리 묶어 주어 한 번 더 분류하였습니다.
유형별로 문제를 풀어내는 전략과 개념을 제시합니다.

2

단숨에 푸는
기출 + 예상문제

기출 예제 → 연습문제 → 실전문제 → 모의고사까지,
자신의 실력과 학습 시기에 맞게 풀어 볼 수 있는 문제를
아낌없이 수록했습니다.

3

입이 떡 벌어지는
단기합격팩

워크북, 무료 특강, IBT 모의고사, 자동채점 서비스 등
목표 등급으로 합격할 수 있도록 돕는 다양한 무료 서비스를 제공합니다.

Contents
차례

- 구성과 특징
- 토픽에 대한 모든 것
- 학습 계획표

구성과 특징 유형 학습편

에듀윌만의 방식으로 정리한 출제 유형을 기출 예제와 함께 익힙니다.

❶ 대유형과 소유형

각각의 소유형을 대유형 '맥락/문맥 파악하기', '중심 내용 파악하기', '세부 내용 파악하기'에 따라 분류하였습니다.

❷ 기출 예제

유형별로 주요 기출문제를 선정했습니다. 바로 보는 해설과 함께 유형을 익힙니다.

영역별 워밍업

듣기, 쓰기, 읽기 영역별 준비 학습을 합니다.

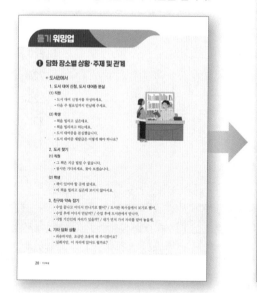

---

1 🔎 중심 내용 파악하기

유형 **06**

중심 생각 고르기

[17~20, 21, 25, 31, 37번] 대화 또는 인터뷰 등을 듣고 중심 생각을 추론하는 유형

대화, 인터뷰, 토론, 교양 프로그램을 듣고 남자(여자)의 중심 생각을 찾는 유형입니다. 8문항이 출제되며, 17~20번은 단독 문항으로, 나머지 4문항은 세트 문항으로 출제됩니다. 일부 단어와 표현에만 집중하지 말고 듣기 내용 전체에서 가장 중요하게 생각하는 것을 선택해야 합니다. 맞는 이야기이지만 중심 생각은 아닌 매력적인 오답을 피할 수 있도록 연습해야 합니다.

2-01.mp3

2 기출 64회 듣기 37번
Q 다음을 듣고 여자의 중심 생각으로 가장 알맞은 것을 고르십시오.

① 잇몸병의 원인을 명확하게 밝혀야 한다.
> ❍ 여자는 잇몸병의 원인이 세균이라고 이미 말했습니다. 정답이 아닙니다.

☑ 젊을 때부터 잇몸 관리에 신경을 써야 한다.
> ❍ 여자는 젊은 사람들이 잇몸병을 대수롭지 않게 생각하는 경향이 있으나 손상된 잇몸은 원래대로 회복되지 않는다고 말했습니다. 즉, 여자의 중심 생각은 손상된 잇몸은 회복되지 않으므로 젊을 때부터 잇몸 관리에 신경을 써야 한다는 것입니다.

③ 치매 예방을 위해서 잇몸 관리가 중요하다.
> ❍ 치매 예방을 위해 잇몸 관리를 해야 한다는 것은 맞는 내용입니다. 그러나 중심 생각은 잇몸병의 원인인 세균이 다양한 질병을 유발할 수 있으므로 젊을 때부터 잇몸 관리를 해야 한다는 것입니다. 중심 생각으로 적절하지 않습니다.

④ 잇몸병에 대한 잘못된 정보들을 바로잡아야 한다.
> ❍ 잇몸병에 대한 잘못된 정보 또는 그 정보를 바로잡는 방법에 대한 내용은 듣기에 나오지 않았습니다. 중심 생각으로 적절하지 않고, 듣기 내용과 관련이 없는 내용입니다.

 ③번 선택지의 내용과 같이, 듣기 내용과는 일치하는(같은) 내용이지만 '중심 생각'이라고 보기는 어려운 내용을 정답으로 선택하는 실수를 해서는 안 됩니다.

듣기 대본

남자: 충치뿐 아니라 잇몸병으로 고생하는 젊은 분들이 상당히 많네요.
여자: 네. 그 수가 전체 잇몸병 환자의 3분의 1을 차지할 정도니까요. 2, 30대 환자는 최근 5년 사이에 약 60%나 증가했습니다. 젊은 분들은 잇몸병을 대수롭지 않게 여기는 경향이 있는데요. 손상된 잇몸은 원래대로 회복되지 않습니다. 게다가 잇몸병의 원인이 되는 세균이 온몸을 돌아다니며 다른 신체 기관에 악영향을 끼치기도 하고요. 심각한 경우에 이 세균이 심장병이나 치매를 유발할 수도 있어요.

🎧 **듣기 MP3 음원을 듣는 방법**

1. 에듀윌 도서몰(book.eduwill.net) → 도서자료실 → MP3자료실에서 '토픽'을 검색하여 MP3파일을 다운로드받아 들을 수 있습니다.
2. 교재 내 예제 또는 각 문제 코너의 상단에 수록되어 있는 QR코드를 인식하면 유튜브로 들을 수 있습니다.

3 **감 잡는 개념 정리**

☑ '중심 생각 고르기' 유형 분석

'중심 생각 고르기' 유형은 '일치하는 내용 고르기' 유형과 헷갈려서 틀린 선택지를 고르는 경우가 많습니다. 두 유형은 반드시 구분해서 풀어야 합니다.

❶ 짧은 대화

다음 시사 프로그램 진행자와의 대화를 예시로 살펴봅시다.

> 저는 청취자가 누구인가를 먼저 생각합니다. 우리 방송을 듣는 분들은 보통 사람들이거든요. 그래서 저는 일반인의 수준에서 전문가들에게 끊임없이 질문합니다. 어려운 표현이 나오면 다시 설명해 달라고 부탁하기도 하고요.
> 기출 60회 듣기 20번 중 일부

내용과 일치하는 것	중심 생각
• 시사 프로그램 진행자는 전문가에게 끊임없이 질문한다. • 시사 프로그램 진행자는 어려운 표현을 쉽게 설명하도록 이끈다.	일반인의 눈높이에서 시사 문제를 전달해야 한다.

화자는 시사 프로그램의 진행자로서 전문가의 말을 보통 사람들이 이해하기 쉽도록 전달해야 한다고 생각하고 있습니다. '진행자는 전문가에게 끊임없이 질문한다'는 것은 '일치하는 내용'이지만 '중심 생각'은 아닙니다.

❷ 인터뷰

> 우리 주변에는 알려지지 않았지만 사회에 모범이 되는 분들이 있는데요. 그런 분들을 찾아서 상을 드리는 것입니다. (중략) 그동안 총 31명의 시민 영웅을 찾아 상장과 상금을 드렸는데요. (중략) 화재 현장에서 아이를 구조한 대학생 수상자도 있었는데 졸업 후에 저희가 채용하기도 했습니다. 이렇게 사회로부터 받은 이익을 다시 사회로 돌려주는 것이 기업의 책임이라고 생각합니다. 기출 52회 듣기 25~26번 중 일부

내용과 일치하는 것	중심 생각
• 특정 기업에서 시민 영웅을 채용했다. • 사회에 모범이 되는 사람에게 상을 주었다.	기업은 사회에 도움이 되는 일에 앞장서야 한다.

화자는 사회에 모범이 되는 시민 영웅들의 사례를 소개하며 사회로부터 받은 이익을 사회로 돌려주는 것이 기업의 책임이라고 말하고 있습니다.

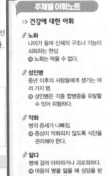

4 **주제별 어휘노트**

≫ 건강에 대한 어휘

✔ **노화**
나이가 들며 신체의 구조나 기능이 쇠퇴하는 현상.
◉ 노화는 막을 수 없다.

✔ **성인병**
중년 이후의 사람들에게 생기는 여러 가지 병.
◉ 성인병은 각종 합병증을 유발할 수 있어 위험하다.

✔ **악화**
병의 증세가 나빠짐.
◉ 증상이 악화되지 않도록 식단을 관리해야 한다.

✔ **앓다**
병에 걸려 아파하거나 괴로워하다.
◉ 마음의 병을 앓을 때 상담을 받아 보는 것이 좋다.

✔ **어지럽다**
주위의 모든 사물이 돌고 있는 듯한 느낌이 들어 몸을 바로잡을 수가 없다.
◉ 갑자기 일어섰더니 어지러웠다.

✔ **위독하다**
병이 몹시 깊거나 심하게 다쳐서 목숨이 위태롭다.
◉ 친구 어머니의 병세가 위독하여 걱정이 된다.

✔ **전염**
병이 다른 사람에게 옮음.
◉ 코로나 바이러스 감염증은 사람의 침 등으로 전염이 되는 질병이다.

✔ **체질**
태어날을 때부터 지니고 있는 몸의 성질이나 건강상의 특징.
◉ 체질에 맞는 음식을 섭취하는 것이 몸에 이롭다.

✔ **치료하다**
병이나 상처 등을 낫게 하다.
◉ 암을 치료하는 신약이 개발되었다는 소식입니다.

✔ **해롭다**
이롭지 않고 해가 되는 점이 있다.
◉ 흡연은 건강에 해로우므로 금연을 권장합니다.

I. 듣기 | **59**

---

3 감 잡는 개념정리

각 유형별 문항을 풀어내기 위한 개념을 알아봅니다.

4 주제별 어휘노트

기출 예제의 주제 또는 각 유형의 빈출 주제를 중심으로 추린 어휘를 공부합니다.
➕ '매일 테스트 워크북'으로 복습할 수 있습니다.

유형 잡는 연습문제

앞에서 공부한 내용을 문제에 적용합니다.

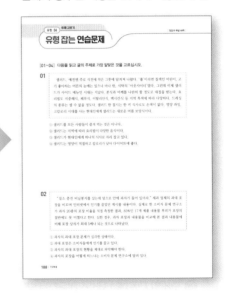

➕ PLUS

세트 문항 맛보기

실전문제를 풀기 전, 듣기와 읽기 영역에서 세트 문항으로 출제되는 유형을 알아봅니다.

구성과 특징 실전 연습편

유형 학습을 마친 후, **실전문제**와 **마무리 모의고사**를 시험장인 것처럼 풀어 봅시다.
에듀윌에서만 제공하는 학습 자료도 꼭 챙겨 가기 바랍니다.

합격 자신감을 키우는 **합격 잡는 실전문제**

대유형 학습이 끝나면, 세트 문항과 함께 실전문제를 풉니다.

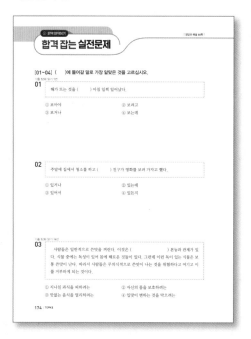

최종 실력 점검 **마무리 모의고사**

모든 영역의 학습이 끝나면, 실제 시험처럼 모의고사를 풀어 보며 학습을 마무리합니다.

☑ 듣기와 달리 읽기 세트 문항은 각 문항의 풀이 시간을 스스로 조절해야 하므로, 목표 풀이 시간을 설정하였습니다.

☑ 듣기와 읽기 영역은 '자동채점 서비스'를 이용할 수 있습니다.

☑ 교재의 뒤쪽에 수록된 답안지로 마킹 연습과 원고지 작성 연습을 할 수 있습니다.

ⓤ 모바일 자동채점 서비스 이용하는 방법

자동채점 서비스는 채점과 성적 분석을 쉽고 빠르게 해 주는 서비스입니다. 다음 방법으로 자동채점 서비스를 편리하게 이용해 보세요.

1. 각 영역의 모의고사가 시작되는 페이지 상단의 QR코드를 인식합니다.

2. 에듀윌 사이트에 로그인 또는 회원가입합니다.

3. '응시하기'를 눌러 답안을 체크하고 제출합니다.

🖑 해당 서비스는 2025.12.31.까지 이용할 수 있습니다.

매일 하나씩 풀어 보는 **매일 테스트 워크북**

본책에서 유형 학습을 할 때 공부한 '주제별 어휘노트'의 어휘들을 중심으로 해당 주제의 어휘를 얼마나 알고 있는지 테스트해 봅니다.

매일 1회씩, 총 25일 동안 워크북과 함께 어휘 실력을 확실히 쌓을 수 있습니다.

☑ 주요 어휘를 초급-중급-고급 수준에 따라 다양한 문형으로 제시하였습니다.

많은 학습자들이 어려워하는 내용인 만큼 꼼꼼히 공부하기 바랍니다.

▶ 한입에 떠먹여 주는 유형 특강

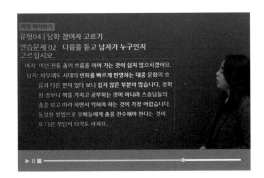

저자가 직접 알려 주는 유형 특강을 무료로 제공합니다.

시청 경로

에듀윌 도서몰(book.eduwill.net) ▶ 동영상강의실
또는 유튜브 '에듀윌 자격증' 채널에서 수강할 수 있습니다.

특강 바로 보기

토픽에 대한 모든 것

▎한국어능력시험 TOPIK이란

교육부 국립국제교육원이 주관하는 시험으로, 한국어를 모국어로 하지 않는 재외동포 및 외국인의 한국어 학습 방향을 제시하고 한국어 보급 확대를 목적으로 합니다. 또한 한국어 사용 능력을 측정·평가하여 그 결과를 국내 대학 유학 및 취업 등에 활용할 수 있는 시험입니다.

응시 대상

한국어를 모국어로 하지 않는 재외동포 및 외국인

주요 활용처

· 국내 대학(원) 입학 및 졸업
· 국외 대학의 한국어 관련 학과 또는 외국인 장학생 프로그램 학사 관리

· 국내외 한국 기업체 및 공공기관 취업

· 영주권 취득
· 취업 등 체류 비자 취득

시험 수준 및 등급

■ TOPIK I

1급	2급
80~139점	140~200점

■ TOPIK II

3급	4급	5급	6급
120~149점	150~189점	190~229점	230~300점

문항 구성

구분	TOPIK I		TOPIK II		
영역	듣기	읽기	듣기	쓰기	읽기
문항 수	30문항	40문항	50문항	4문항	50문항
문항 유형	객관식		객관식	주관식 🖐	객관식
배점	100점	100점	100점	100점	100점
구분	200점		300점		

🖐 쓰기 영역은 문장완성형(단답형) 2문항과 작문형 2문항(200~300자 설명문과 600~700자 논술문)이 출제됩니다.

시험 일정

구분		접수 기간	시험일	시행 지역	성적 발표일
PBT	제A회	매년 12월 중순경	매년 1월 중순경	한국	매년 2월 말경
	제B회	매년 2월 중순경	매년 4월 중순경	한국, 해외	매년 5월 말경
	제C회	매년 3월 중순경	매년 5월 중순경	한국, 해외	매년 6월 말경
	제D회	매년 5월 중순경	매년 7월 중순경	한국, 해외	매년 8월 말경
	제E회	매년 8월 중순경	매년 10월 중순경	한국, 해외	매년 11월 말경
	제F회	매년 9월 중순경	매년 11월 중순경	한국, 해외	매년 12월 말경
IBT	제A회	매년 12월 중순경	매년 2월 말경	한국, 해외	매년 3월 중순경
	제B회	매년 1월 중순경	매년 3월 말경	한국, 해외	매년 4월 중순경
	제C회	매년 4월 중순경	매년 6월 중순경	한국, 해외	매년 7월 초경
	제D회	매년 7월 중순경	매년 9월 중순경	한국, 해외	매년 10월 초경
	제E회	매년 8월 중순경	매년 10월 말경	한국, 해외	매년 11월 중순경
	제F회	매년 9월 중순경	매년 11월 말경	한국, 해외	매년 12월 중순경

🖐 시험 일정은 변동될 수 있으니 주관처의 공고문을 꼭 확인하시기 바랍니다.
　국외 원서 접수 기간은 한국 내 원서 접수 기간과 다르므로 국외 현지 시행 기관에서 확인해야 합니다.

TOPIK II 시험 시간표 및 유의사항

교시	영역	한국			시험 시간
		입실 완료 시간	시작	종료	
1교시	듣기, 쓰기	12:20까지	13:00	14:50	110분
2교시	읽기	15:10까지	15:20	16:30	70분

- 12:20 이후에는 시험실 입실이 절대 불가합니다.
- 쉬는 시간을 포함한 시험 시간 중에는 모든 전자기기를 사용할 수 없으며, 소지 적발 시에는 부정행위로 간주합니다.
- 시험 중, 책상 위에는 신분증 외에 어떠한 물품(수험표 포함)도 놓을 수 없습니다.
- TOPIK II 1교시 듣기 평가 시에는 듣기만, 쓰기 평가 시에는 쓰기만 풀이해야 합니다.

🖐 토픽에서 인정하는 신분증: 기간 만료 전의 여권, 외국인등록증, 외국국적동포 국내거소신고증, 영주증, 복지카드(장애인등록증), 주민등록증(발급신청확인서),
　운전면허증. 대학(원)생의 경우, 한국어능력시험 신원확인증명서 인정. 초·중·고등학생인 경우, 학생증, 청소년증, 한국어능력시험 신원확인증명서 인정.

▌ TOPIK Ⅱ 평가 기준

TOPIK Ⅱ의 등급별 평가 기준에 따라 자신이 목표한 등급이 어느 정도의 수준을 요구하는지 알아야 합니다.

🖑 자신의 한국어 실력이 TOPIK Ⅱ 각 급수별 평가 기준을 충족하는지 항목에 체크해 보세요.

등급	내용
3급	☑ 일상생활을 영위하는 데 별 어려움을 느끼지 않으며 다양한 공공시설의 이용과 사회적 관계 유지에 필요한 기초적 언어 기능을 수행할 수 있다. ☐ 친숙하고 구체적인 소재는 물론, 자신에게 친숙한 사회적 소재를 문단 단위로 표현하거나 이해할 수 있다. ☐ 문어와 구어의 기본적인 특성을 구분해서 이해하고 사용할 수 있다.
4급	☐ 공공시설 이용과 사회적 관계 유지에 필요한 언어 기능을 수행할 수 있으며, 일반적인 업무 수행에 필요한 기능을 어느 정도 수행할 수 있다. 또한 뉴스, 신문 기사 중 비교적 평이한 내용을 이해할 수 있다. 일반적인 사회적 · 추상적 소재를 비교적 정확하고 유창하게 이해하고 사용할 수 있다. ☐ 자주 사용되는 관용적 표현과 대표적인 한국 문화에 대한 이해를 바탕으로 사회 · 문화적인 내용을 이해하고 사용할 수 있다.
5급	☐ 전문 분야에서의 연구나 업무 수행에 필요한 언어 기능을 어느 정도 수행할 수 있으며 정치, 경제, 사회, 문화 전반에 걸쳐 친숙하지 않은 소재에 관해서도 이해하고 사용할 수 있다. ☐ 공식적 · 비공식적 맥락과 구어적 · 문어적 맥락에 따라 언어를 적절히 구분해 사용할 수 있다.
6급	☐ 전문 분야에서의 연구나 업무 수행에 필요한 언어 기능을 비교적 정확하고 유창하게 수행할 수 있으며 정치, 경제, 사회, 문화 전반에 걸쳐 친숙하지 않은 주제에 관해서도 이해하고 사용할 수 있다. ☐ 원어민 화자의 수준에는 이르지 못하나 기능 수행이나 의미 표현에는 어려움을 겪지 않는다.

▌ 쓰기 영역 평가 기준

등급	내용
내용 및 과제 수행	☐ 주어진 과제를 충실히 수행할 수 있다. ☐ 주제와 관련된 내용으로 구성할 수 있다. ☐ 내용을 풍부하고 다양하게 표현할 수 있다.
글의 전개 구조	☐ 글을 명확하고 논리적으로 구성할 수 있다. ☐ 중심 생각을 잘 구성할 수 있다. ☐ 논리 전개에 도움이 되는 담화 표지를 적절하게 사용하여 조직적으로 연결할 수 있다.
언어 사용	☐ 문법과 어휘를 다양하고 풍부하게 사용하며 적절한 문법과 어휘를 선택하여 사용할 수 있다. ☐ 문법, 어휘, 맞춤법 등을 정확하게 사용할 수 있다. ☐ 글을 목적과 기능에 따라 격식에 맞게 쓸 수 있다.

▌영역별 출제 패턴

에듀윌 TOPIK은 국립국제교육원에서 발표한 평가틀을 기준으로 시험에 출제되는 소유형을 정리하였습니다.
그리고 이 소유형들을 다시 대유형으로 분류하여 유형 학습에 최적화된 흐름으로 토픽 시험에 대비할 수 있습니다.

구분	대유형	소유형	문항 개수	배점
[01~50] 듣기	맥락 파악하기	일치하는 그림/도표 고르기	3	2
		이어지는 말 고르기	5	
		알맞은 행동 고르기	4	
		담화 참여자 고르기	1	
		담화 전/후의 내용 고르기	1	
	중심 내용 파악하기	중심 생각 고르기	8	
		중심 내용/화제 고르기	3	
		화자의 의도/목적 고르기	1	
	세부 내용 파악하기	일치하는 내용 고르기	18	
		담화 상황 고르기	2	
		화자의 태도/말하는 방식 고르기	4	
소계			50	100
[51~54] 쓰기	–	실용문 빈칸에 알맞은 말 쓰기	1	10
		설명문 빈칸에 알맞은 말 쓰기	1	10
		자료를 설명하는 글 쓰기	1	30
		주제에 대해 글 쓰기	1	50
소계			4	100
[01~50] 읽기	맥락 파악하기	빈칸에 알맞은 말 고르기	13	2
		이어지는 말 고르기	2	
	중심 내용 파악하기	중심 내용/화제 고르기	7	
		주제 고르기	6	
		필자의 의도/목적 고르기	1	
		인물의 태도/심정 고르기(수필·소설)	2	
	세부 내용 파악하기	일치하는 내용 고르기	12	
		알맞은 순서로 배열한 것 고르기	3	
		문장이 들어갈 위치 고르기	3	
		필자의 태도 고르기	1	
소계			50	100
합계			104	300

학습 계획표

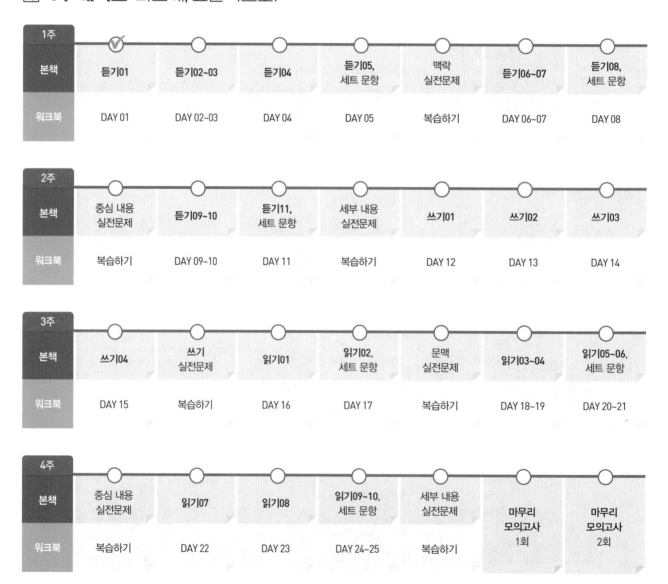

✏️ _____의 토픽 목표 등급 달성기 ···🌙

나의 목표 등급 [3|4|5|6] 급   나의 현재 등급 [무|3|4|5] 급

나는 하루에 _____ 시간은 꼭 토픽 공부를 하고, _____년 _____월 _____일까지,
[4 | 6] 주 만에 이 책을 끝낸다.

📝 **4주 계획표** 빠르게, 효율적으로!

1주							
본책	듣기01	듣기02~03	듣기04	듣기05, 세트 문항	맥락 실전문제	듣기06~07	듣기08, 세트 문항
워크북	DAY 01	DAY 02~03	DAY 04	DAY 05	복습하기	DAY 06~07	DAY 08

2주							
본책	중심 내용 실전문제	듣기09~10	듣기11, 세트 문항	세부 내용 실전문제	쓰기01	쓰기02	쓰기03
워크북	복습하기	DAY 09~10	DAY 11	복습하기	DAY 12	DAY 13	DAY 14

3주							
본책	쓰기04	쓰기 실전문제	읽기01	읽기02, 세트 문항	문맥 실전문제	읽기03~04	읽기05~06, 세트 문항
워크북	DAY 15	복습하기	DAY 16	DAY 17	복습하기	DAY 18~19	DAY 20~21

4주							
본책	중심 내용 실전문제	읽기07	읽기08	읽기09~10, 세트 문항	세부 내용 실전문제	마무리 모의고사 1회	마무리 모의고사 2회
워크북	복습하기	DAY 22	DAY 23	DAY 24~25	복습하기		

📝 6주 계획표 천천히, 꼼꼼하게

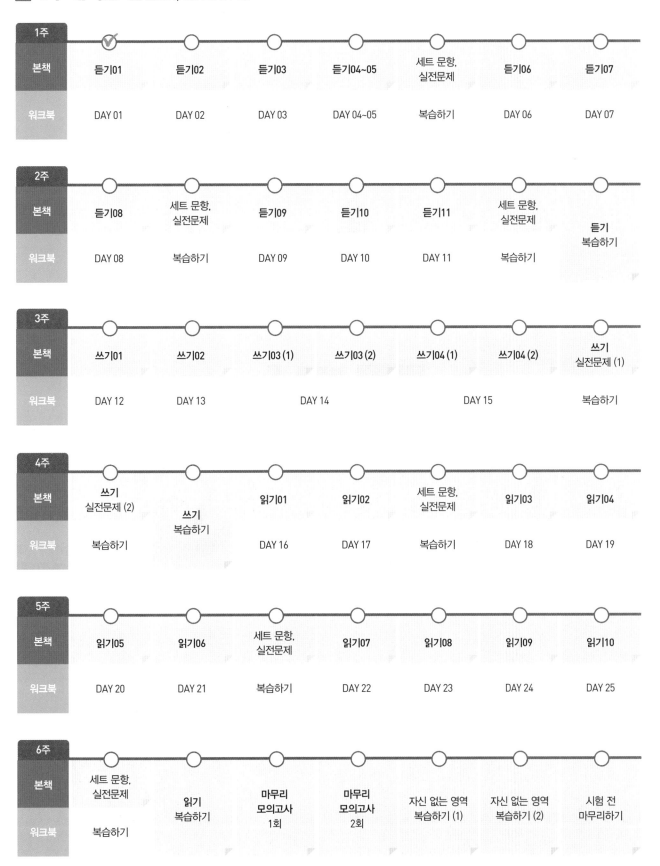

1주

본책	듣기|01	듣기|02	듣기|03	듣기|04~05	세트 문항, 실전문제	듣기|06	듣기|07
워크북	DAY 01	DAY 02	DAY 03	DAY 04~05	복습하기	DAY 06	DAY 07

2주

본책	듣기|08	세트 문항, 실전문제	듣기|09	듣기|10	듣기|11	세트 문항, 실전문제	듣기 복습하기
워크북	DAY 08	복습하기	DAY 09	DAY 10	DAY 11	복습하기	

3주

본책	쓰기|01	쓰기|02	쓰기|03 (1)	쓰기|03 (2)	쓰기|04 (1)	쓰기|04 (2)	쓰기 실전문제 (1)
워크북	DAY 12	DAY 13	DAY 14		DAY 15		복습하기

4주

본책	쓰기 실전문제 (2)	쓰기 복습하기	읽기|01	읽기|02	세트 문항, 실전문제	읽기|03	읽기|04
워크북	복습하기		DAY 16	DAY 17	복습하기	DAY 18	DAY 19

5주

본책	읽기|05	읽기|06	세트 문항, 실전문제	읽기|07	읽기|08	읽기|09	읽기|10
워크북	DAY 20	DAY 21	복습하기	DAY 22	DAY 23	DAY 24	DAY 25

6주

본책	세트 문항, 실전문제	읽기 복습하기	마무리 모의고사 1회	마무리 모의고사 2회	자신 없는 영역 복습하기 (1)	자신 없는 영역 복습하기 (2)	시험 전 마무리하기
워크북	복습하기						

I

듣기

얼마나 출제되나요?

● 단독 20문항 + 세트 30문항 ⋯▸ 총 50문항

어떻게 공부하나요?

● 유형별 풀이 방법에 따라 듣기 내용 중 어느 부분에 집중해서 들어야 하는지 알아야 합니다.
● 문제와 보기를 먼저 훑어보고 무슨 내용이 나올지 미리 짐작해 봅니다.

PREVIEW

유형 미리 보기

① 담화 장소별 상황·주제 및 관계

● 도서관에서

1. 도서 대여 신청, 도서 대여증 분실

(1) 직원

- 도서 대여 신청서를 작성하세요.
- 다음 주 월요일까지 반납해 주세요.

(2) 학생

- 책을 빌리고 싶은데요.
- 책을 빌리려고 하는데요.
- 도서 대여증을 분실했습니다.
- 도서 대여증 재발급은 어떻게 해야 하나요?

2. 도서 찾기

(1) 직원

- 그 책은 지금 빌릴 수 없습니다.
- 잠시만 기다리세요. 찾아 보겠습니다.

(2) 학생

- 책이 있어야 할 곳에 없네요.
- 이 책을 빌리고 싶은데 보이지 않아서요.

3. 친구와 약속 잡기

- 수업 끝나고 어디서 만나기로 했어? / 도서관 복사실에서 보기로 했어.
- 수업 후에 어디서 만날까? / 수업 후에 도서관에서 만나자.
- 시험 기간인데 자리가 있을까? / 내가 먼저 가서 자리를 맡아 놓을게.

4. 기타 담화 상황

- 죄송하지만, 조금만 조용히 해 주시겠어요?
- 실례지만, 이 자리에 앉아도 될까요?

● 병원에서

1. 진료하기
(1) 의사

- 어떻게 오셨습니까?
- 어디가 불편해서 오셨나요?
- 약을 처방해 드리도록 하겠습니다.

(2) 환자

- 목도 아프고 열이 나서요.
- 밤에 통 잠을 잘 수 없어요.
- 기침이 심하고 목이 많이 부었어요.

2. 주의 사항 안내

- 식사는 매번 잘 챙겨 드셔야 합니다.
- 약은 식후 30분에 드셔야 합니다.

3. 진료 접수
(1) 간호사

- 어떻게 오셨나요?
- 저쪽으로 가시면 됩니다.
- 여기에 이름을 적어 주세요.
- 순서가 되면 성함을 불러 드리겠습니다.

(2) 환자

- 진찰을 받으러 왔는데요.
- 9시에 진료를 예약하였습니다.

● 회사에서

1. 보고서, 기획서 작성 및 검토
(1) 상사

- 기획서 작성에 부족한 부분이 있네요. 보완이 필요합니다.
- 보고서는 어떻게 진행되고 있습니까?

(2) 부하 직원

- 여기 완성된 보고서입니다.
- 보고서를 작성했는데, 검토를 부탁드립니다.

2. 회의 준비

- 회의 준비는 잘 되었습니까?
- 회의가 다음 주로 미뤄졌습니다.
- 이번 회의의 참석 인원은 몇 명입니까?
- 회의는 1층에서 진행하기로 했습니다.

3. 직장 동료와의 대화

(1) 여가 생활

- 제 취미는 독서입니다.
- 수미 씨, 이번 주말에 뭐 해요?
- 오늘 일이 끝나면 전시회에 갈 거예요.

(2) 기계 수리

- 복사기가 고장이 났나 봐요.
- 수리 업체에 전화를 해 봐야겠습니다.
- 어디에 문제가 있는지 살펴봐야겠네요.
- 컴퓨터가 자꾸 말썽이네요. 좀 봐 주시겠어요?

● 집에서

1. 살림, 식사 준비

- 저녁에 무엇을 해 먹는 것이 좋을까요?
- 갑자기 불이 꺼졌어요. 전구가 나갔나 봐요.
- 저는 설거지를 할 테니까, 영호 씨는 청소를
  해 주시겠어요?

2. 날씨

- 비가 오는 바람에 옷이 홀딱 젖어 버렸어요.
- 오늘 비가 온대요. 우산을 가지고 가야겠어요.

기타 상황과 주제

1. 문제 해결

(1) 직원

- 무엇을 도와드릴까요?
- 어떤 문제가 있으세요?
- 영수증이 없으면 처리를 해 드릴 수가 없습니다.

(2) 손님

- 다른 사이즈는 없나요?
- 다른 색상은 없나요?
- 이 옷을 교환하고 싶은데요.
- 지난주에 산 건데 고장이 났어요. 바꿀 수 있을까요?

2. 세금 납부

(1) 직원

- 이곳에 서명을 해 주세요.
- 네, 오시면 바로 재발급해 드리겠습니다.

(2) 손님

- 어디에 가야 확인할 수 있나요?
- 아파트 관리비 고지서를 아직 못 받아서요.

3. 정치, 경제, 사회, 교육

- 그 후보의 선거 유세에는 큰 문제가 있어.
- 취업을 하는 게 그렇게 힘들다고 하던데.
- 시간제 일자리를 늘리는 것이 최선입니다.
- 직원들을 위한 직무 교육 프로그램이 더 많아져야 해요.

❷ 문항 유형과 담화 유형·상황

● 문항 유형별 기출 주제·상황

1. 맥락 파악하기

문항 유형	담화 유형	주제·상황
일치하는 그림 고르기	대화	입사 지원, 음료 주문, 가사 노동, 진료 접수, 지갑 분실, 수리 접수 등
일치하는 도표 고르기	뉴스	출판 시장의 소비층 변화, 생활 체육 참여율 등
이어지는 말 고르기	대화	점심 식사, 체육 대회, 아르바이트 소개, 사무실 환기, 회의 참석 인원 확인, 모임 참여 여부, 약 구입, 연습실 사용, 공사 소음으로 인한 불편 등
알맞은 행동 고르기	대화	컴퓨터 고장, 전시회 상품 정리, 생일 축하 준비, 병원 진료 예약 등
담화 참여자 고르기	인터뷰	식물 재배 방법 연구가, 공연장 관리자 등
담화 전/후의 내용 고르기	대담	서울시 도로 정비 사업, 저작물의 사용, 국외 유출 문화재 등

2. 중심 내용 파악하기

문항 유형	담화 유형	주제·상황
중심 생각 고르기	대화	쇼핑 방법, 자녀 교육 방법, 결혼식 진행 방법, 신제품 발표 자료 준비, 묶음 할인, 문화 센터 수업 신청, 도서 온라인 주문 등
	토론	창업 지원 사업, 유동 인구와 커피 가격의 관계, 생계형 범죄 등
	교양 프로그램	익명 이력서, 수면 산업, 특수 목재, 잇몸병 관리 등
중심 내용/화제 고르기	강연	깊은 맛, 배우의 방백, 조선 시대 왕의 수라상, 석빙고, 조선왕조실록, 우주 식품, 지명의 유래, 비행기 타이어의 특징 등
화자의 의도/목적 고르기	대화	기부 신발 구매, 임시 공휴일 적용, 회사 단합 대회, 육아 휴직 등

3. 세부 내용 파악하기

문항 유형	담화 유형	주제·상황
일치하는 내용 고르기	대화	진로 상담 프로그램, 수강 신청, 나무 치료, 봉사 활동 등
	뉴스·보도	열차 정전 사고, 날씨 소식, 태풍 소식 등
	안내·공지	소방 시설 점검, 아파트 어울림 축제, 정오의 콘서트, 불꽃 축제 등
	인터뷰	운동선수 인터뷰, 라면 판매 1위(성공)의 비결 등
담화 상황 고르기	대화	호텔 이용 문의, 어린이 박물관 이용 문의, 정장 대여 문의, 운전 면허증 재발급 문의, 시장 당선 감사 인사, 신입생 입학 축하 인사, 제품 결함 안내, 영화계 선배 소개 등
화자의 태도/ 말하는 방식 고르기	인터뷰	좌석별 가격 차등제, 커피의 가격 등
	토론	생계형 범죄, 재학생 대상 창업 지원 사업 등
	대담	적정 인구, 전통 공예 전승자 육성 정책 등
	뉴스·보도	국가 지정 번호 등
	강연	조선 후기 왕의 일기 '일성록', 색소폰의 발명과 특징, 친환경 포장재의 개발 등

담화 유형별 특징

담화 유형	특징
강연	• 구체적인 정보와 개념에 대한 설명을 제공한다. • 자신의 인생과 경험에 대해 이야기한다.
대담	• 사회의 문제점을 비판하고 대안을 제시한다. • 특정한 주제에 대한 주관적인 의견을 밝힌다.
교양	과학, 건강, 사회, 경제와 관련된 내용을 다룬다.
다큐멘터리	• 자연 현상, 사회 현상에 대해 진단하고 전망을 제시한다. • 한국의 전통문화, 생물(동물과 식물)의 특성 등을 제시한다.

대화 이외에 남자 또는 여자 중 1명이 단독으로 말하는 유형은 주로 주제에 대해 설명을 하거나, 자신의 의견을 주장하는 내용이 많습니다. 듣기의 내용이 정보를 전달하려고 하는 것인지, 아니면 정해진 주제에 대해 주관적인 의견을 말하려고 하는 것인지 잘 구분해야 합니다.

일치하는 그림/도표 고르기

[1~3번] 들은 내용에 알맞은 그림 또는 그래프를 고르는 유형

그림을 고르는 문항 2개, 도표를 고르는 문항 1개가 출제됩니다. 매우 쉽게 출제되는 문항이므로 초급 수준의 내용만 잘 알아도 문제를 풀 수 있습니다. 듣기 내용이 나오기 전에 그림 속의 인물, 관계, 상황 또는 도표에서 나타내는 정보를 빠르게 파악하는 것이 중요합니다. 1~2개의 단어만 정확히 들어도 어떤 상황인지 파악할 수 있습니다.

1-01.mp3

Q 기출 64회 듣기 1번
다음을 듣고 가장 알맞은 그림 또는 그래프를 고르십시오.

① ➡ 그림 속의 여자와 남자는 직장 동료로 보입니다. 듣기 대화에서 남자는 여자가 일하는 곳의 고객이므로, ①번은 정답이 아닙니다.

✓ ➡ 남자는 노트북 화면이 안 나와서 여자에게 수리를 위한 상담을 받고 있습니다. 정답으로 가장 적절합니다.

③ ➡ 그림 속의 남자는 노트북을 사기 위해 여자에게 질문하고 있습니다. 듣기 대화에서 남자는 노트북을 고치러 온 것이므로 ③번은 정답이 아닙니다.

④ ➡ 그림 속의 남자는 여자에게 차를 가져다주고 있습니다. 듣기 대화에서 남자는 여자에게 차를 가져다주지 않았으므로 ④번은 정답이 아닙니다.

┌─ **•듣기대본•** ─────────────────────────────┐

여자: 고객*님, 어떤 문제가 있으세요?

남자: 노트북 화면이 안 나와서요.

여자: 네, 언제 구입*하셨지요?

└──────────────────────────────────────┘

▨ '일치하는 그림 고르기' 유형 분석

'일치하는 그림 고르기' 유형은 남자와 여자가 나누는 대화를 듣고 알맞은 그림을 골라야 합니다. 주로 일상생활 속 대화 상황들이 출제되므로 어렵지 않게 문제를 풀 수 있습니다.

❶ 대화를 나누는 장소: 공항, 가게, 도서관, 학교, 병원, 버스 정류장, 영화관, 미술관, 은행 등

❷ 대화를 나누는 남자와 여자의 관계: 손님 – 직원, 학생 – 선생님, 부부, 친구 등

▨ 자주 출제되는 장소와 표현

❶ 공항

비행기를 타기 전	• 여권을 보여 주시기 바랍니다. • 짐은 이거 하나밖에 없으십니까? • 잘 다녀오세요. 도착하면 꼭 연락하세요.
비행기 안	• 커피 한 잔 가져다주시겠어요? • 혹시 자리를 바꿔 주실 수 있습니까?
비행기에서 내린 후	• 오랜만이에요. 오는 동안 많이 피곤했지요? • 제 짐이 아직 나오지 않았는데 어디에서 찾을 수 있나요?

❷ 가게

물건을 사기 전	• ~을/를 사려고 하는데요. • 저기에 잠깐 가 보면 안 될까요? • 어서 오세요. 무엇을 보여 드릴까요?
물건을 구경하는 중	• 다른 색상은/사이즈는 없나요? • 이 제품은 새로 나온 제품입니다. 기능이 아주 좋습니다.
물건을 산 후	• 카드로도 계산할 수 있나요? • 지난주에 산 건데 고장이 났어요. 바꿀 수 있을까요?

❸ 출제될 수 있는 기타 시설

영화관	• 이 영화는 영화관 8층에서 볼 수 있습니다. • 저녁 7시 상영하는 영화 2명 예매하려고 합니다. • 통로 쪽에 앉을 수 있는 좌석이 있나요?
미술관	• 전시회를 축하드립니다. • 음료를 가지고 들어가면 안 됩니다. • 이 전시관에서는 사진 촬영이 금지되어 있습니다.
은행	• 통장을 개설하려고 하는데요. • 적금 통장을 해지하고 싶습니다. • 자동 이체를 해 드릴까요? • 신분증을 보여 주시면 도와드리겠습니다.

유형 01 일치하는 그림/도표 고르기

1-02.mp3

Q 기출 60회 듣기 3번
다음을 듣고 가장 알맞은 그림 또는 그래프를 고르십시오.

①

➡ 직장인의 점심시간은 1시간이 70%라고 했습니다. 이 도표에서는 1시간이 20%로 표시되어 있으므로 정답이 아닙니다.

②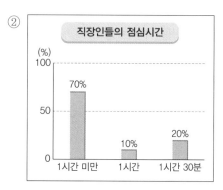

➡ 직장인의 점심시간은 1시간이 70%라고 했습니다. 이 도표에서는 1시간이 10%로 표시되어 있으므로 정답이 아닙니다.

③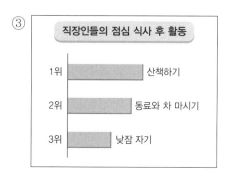

➡ 직장인들이 점심 식사 후 가장 많이 하는 활동이 '동료와 차 마시기'라고 했습니다. 이 도표에서는 '산책하기'가 1위로 표시되어 있으므로 정답이 아닙니다.

✔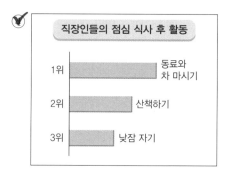

➡ 직장인들이 점심 식사 후 가장 많이 하는 활동이 '동료와 차 마시기'라고 했습니다. 이것이 1위로 표시된 ④번 도표가 정답으로 가장 적절합니다.

• 듣기대본 •

남자: 직장인들은 점심시간을 어떻게 보낼까요? 직장인의 점심시간은 한 시간이 70%였고, 한 시간 삼십 분은 20%, 한 시간 미만은 10%였습니다. 식사 후 활동은 '동료와 차 마시기'가 가장 많았으며, '산책하기', '낮잠 자기'가 뒤를 이었습니다.

감 잡는 개념 정리

■ '일치하는 도표 고르기' 유형 분석

'일치하는 도표 고르기' 유형은 2개 유형의 도표가 섞여서 출제됩니다. '선 그래프(2개)+원그래프(2개)', '원기둥 그래프(2개)+막대그래프(2개)' 등으로 나옵니다.

듣기의 내용을 듣고 설문 조사의 결과를 알맞게 표현한 그래프를 선택해야 합니다. 설문 조사의 주제는 대부분 일상생활과 관련된 것이며, 직장 생활과 관련된 내용일 경우에도 비교적 쉬운 것들이 출제됩니다. 듣기의 앞 문항들은 한국어 초급~중급 초반 수준의 학습자도 풀 수 있게 출제되기 때문입니다. '취미, 운동, 건강' 등 익숙한 주제가 나옵니다.

참고하기 ｜ '이상, 이하, 초과, 미만' 등 조사 결과를 설명할 때 사용하는 단어들을 알아 두면 좋습니다.

■ 기출에 나온 도표의 예시

기출 52회 듣기 3번

⇨ 생활 체육 참여율이 2015년에 크게 감소하였다가 바로 증가했습니다.

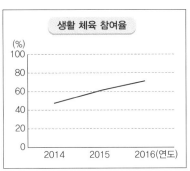

⇨ 생활 체육 참여율이 2014년 이후 계속해서 증가하고 있습니다.

⇨ 가장 많이 하는 운동은 '걷기'이며, 그다음은 '헬스', 그리고 '등산'이 그 뒤를 이었습니다.

⇨ 가장 많이 하는 운동은 '헬스'이며, 그다음은 '등산', 그리고 '걷기'가 그 뒤를 이었습니다.

≫ 쇼핑에 대한 어휘

결제
물건 값이나 내어 줄 돈을 주고 거래를 끝냄.
⑩ 물건을 구입할 때 신용 카드로 결제를 하였다.

고객*
상품을 사거나 서비스를 이용하는 사람.
⑩ 이 노트북은 고객들이 많이 구매하는 인기 제품이다.

교환
① 무엇을 다른 것으로 바꿈.
⑩ 사이즈 교환.
② 서로 주고받음.
⑩ 반지를 교환하며 영원한 사랑을 다짐했다.

구입하다*
물건 등을 사다.
⑩ 매표소에서 관람권을 구입할 수 있습니다.

무료
요금이 없음.
⑩ 오늘은 박물관을 무료로 개방하는 날이다.

배송하다
어떤 물자를 특정 장소로 보내다.
⑩ 산간 지역에 배송할 때는 도로 안전에 유의해야 한다.

비싸다
물건 값이나 어떤 일을 하는 데 드는 비용이 보통보다 높다.
⑩ 이 옷은 비싸지만 품질이 좋아 오래 입을 수 있겠다.

수리하다
고장 난 것을 손보아 고치다.
⑩ 휴대 전화를 수리하는 곳은 몇 층입니까?

신제품
새로 만든 제품.
⑩ 신제품을 20% 할인된 가격에 드립니다.

저렴하다
값이 싸다.
⑩ 이곳에 비해 저곳의 물건 가격이 더 저렴하다.

유형 잡는 연습문제

| 정답과 해설 2쪽 |

🎧 1-03.mp3

[01~04] 다음을 듣고 가장 알맞은 그림 또는 그래프를 고르십시오.

01

①    ②

③    ④

02

①    ②

③    ④

03

①

②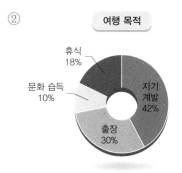

③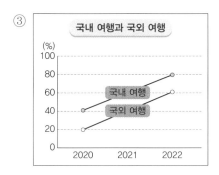

④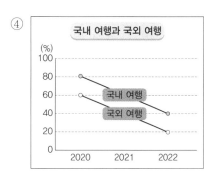

04

①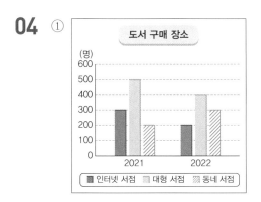

②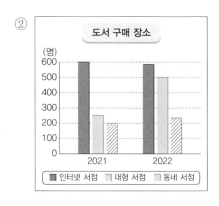

③

④

이어지는 말 고르기

[4~8번] 대화의 마지막에 이어질 말로 알맞은 것을 고르는 유형

대화를 듣고 마지막에 이어질 문장을 선택하는 유형으로, 단독 문항으로만 5문항이 출제됩니다. 이 문항을 들을 때는 '대화의 순서에 따라 다음에 말하는 사람이 누구인지'를 파악하고, '대화의 내용이 잘 연결되는 것이 무엇인지'를 찾아야 합니다.

1-04.mp3

Q 기출 64회 듣기 4번
다음을 듣고 이어질 수 있는 말로 가장 알맞은 것을 고르십시오.

① 모임 장소로 오세요.

　❖ 남자는 여자에게 어디로 가야 하는지 질문하지 않았습니다. 정답이 아닙니다.

② 내일은 갈 수 있어요.

　❖ 여자는 '내일' 모임에 못 간다고 말했습니다. 내일 못 가는 것과 가는 것을 둘 다 할 수는 없으므로 정답이 아닙니다.

✔ **고향에서 친구가 와서요.**

　❖ 남자는 여자에게 왜 모임에 못 오는지, 무슨 일이 있는지를 질문했습니다. 모임에 가지 못하는 이유로 ③번의 내용이 가장 적절합니다.

④ 못 만날까 봐 걱정했어요.

　❖ 여자는 내일 모임에 못 가고 남자는 갑니다. 두 사람은 만나지 못하므로 여자가 남자에게 못 만날까 봐 걱정했다고 말하는 것은 적절하지 않습니다.

• 듣기대본 •

여자: 저는 내일 모임에 못 갈 것 같아요.

남자: 왜요? 무슨 일이 있어요?

여자: _____

감 잡는 개념 정리

'이어지는 말 고르기' 유형 분석

'이어지는 말 고르기' 유형은 듣기 내용의 길이가 짧고 난도도 낮은 편이지만 대화 상황을 정확하게 파악하지 않으면 엉뚱한 답을 고르게 될 수 있습니다. 다음의 순서에 따라 문제를 푸는 연습을 하기 바랍니다.

❶ 대화의 순서에 따라 다음에 말하는 사람이 누구인지 파악하기

마지막이 남자가 말을 할 순서인지, 여자가 말을 할 순서인지를 정확하게 파악해야 합니다. 이 순서를 잘못 기억해서 남자가 말해야 하는 순서인데 여자의 생각을 고르거나, 여자가 말해야 하는 순서인데 남자의 생각을 고르면 틀린 내용을 선택하게 되는 것입니다.

❷ 대화의 내용이 잘 연결되는 것이 무엇인지를 찾기

다음으로 중요한 것은, 대화의 내용이 잘 연결되는 것을 찾아야 한다는 것입니다. 다음 예시를 살펴봅시다.

> **남자:** 아르바이트를 하는 것이 너무 힘들어요.
> **여자:** 너무 힘들면 잠시 쉬는 게 어때요?
> **남자:** _____

① 아니에요. 돈이 없어서 안 돼요. → 부정적인 대답(×)
② 저 대신 일을 해 줄 것도 아니잖아요. → 부정적인 대답(×)
③ 그래야겠어요. 걱정해 줘서 고마워요. → 긍정적인 대답, 일반적인 대답(○)
④ 등록금 때문에 아르바이트를 쉴 수 없어요. → 부정적인 대답(×)

위의 ①, ②, ④번은 친한 친구들과 대화할 때 나올 수 있는 대답입니다. 때때로 우리는 상대방의 말에 반대 의견을 말하기도 하고, 부정적인 대답을 하기도 합니다. 그러나 토픽 시험에서는 상대방의 말에 긍정적으로 반응하는 대답, 가장 일반적인 대답이 정답이 됩니다. 이 점에 주의하며 문제를 풀어야 합니다.

주제별 어휘노트

≫ 인간관계에 대한 어휘

답장
질문이나 편지에 대한 답으로 보내는 편지.
예 답장을 쓰다.

만나다
누군가 가거나 와서 둘이 서로 마주 대하다.
예 새로운 사람과 만나 관계를 형성하다.

미루다
일이나 정해진 때를 나중으로 넘기다.
예 부모님과의 식사 약속을 미루고 후배를 만났다.

반갑다
보고 싶던 사람을 만나거나 원하는 일이 이루어져서 마음이 즐겁고 기쁘다.
예 오랜만에 가족들과 만나니 반가웠다.

소식
멀리 떨어져 있거나 자주 만나지 않는 사람의 사정이나 상황을 알리는 말이나 글.
예 친구의 결혼 소식을 들었다.

연락
어떤 사실을 전하여 알림.
예 연락도 없이 약속 시간에 늦어서 친구에게 사과했다.

죄송하다
죄를 지은 것처럼 몹시 미안하다.
예 진심으로 죄송하다는 사과의 말씀을 드립니다.

집들이
이사한 후에 친한 사람들을 불러 집을 구경시키고 음식을 대접하는 일.
예 집들이에 갈 때는 보통 휴지나 세제를 선물로 사 간다.

찾아가다
사람을 만나거나 어떤 일을 하러 가다.
예 최근에 이사한 직장 동료의 집을 찾아갔다.

초대
다른 사람에게 어떤 자리, 모임, 행사 등에 와 달라고 요청함.
예 생일 파티에 초대를 받았다.

유형 잡는 연습문제

[01~06] 다음을 듣고 이어질 수 있는 말로 가장 알맞은 것을 고르십시오.

01　① 운동을 그만하는 것이 좋겠어요.
　　② 저도 앞으로 운동을 해 봐야겠어요.
　　③ 많이 바쁘지만 건강이 중요하니까요.
　　④ 운동을 할 때 물을 마실 수 있어서 좋아요.

02　① 어제 모임에 가지 못해서 정말 죄송했습니다.
　　② 감사합니다. 다음 수업에는 꼭 나가겠습니다.
　　③ 약속을 지키지 못하는 사람은 믿을 수 없습니다.
　　④ 평소에 운동을 자주 하기 때문에 감기에 잘 걸리지 않습니다.

03　① 수정해서 다시 제출하겠습니다.
　　② 회의에 10명이 참석할 예정입니다.
　　③ 7층의 대회의실에서 진행하려고 합니다.
　　④ 이미 회의가 끝나서 회의실에 아무도 없습니다.

04 ① 작은 하얀색 휴대 전화예요.

② 더 작은 것으로 보여 주세요.

③ 그건 제 것이 아닌 것 같아요.

④ 기다릴 테니까 서두르지 마세요.

05 ① 보내는 요금이 너무 비싸네요.

② 제시간에 도착해서 다행이에요.

③ 빨리 구입하는 것이 좋을 거예요.

④ 지금 보내시면 내일 오후에는 도착할 수 있습니다.

06 ① 그림 몇 개를 사다가 걸어야겠어요.

② 저도 거실이 더 밝아졌으면 좋겠어요.

③ 그럼 그림을 모두 치우는 게 편할 것 같아요.

④ 저 사진은 제가 직접 찍은 거라서 추억이 많아요.

알맞은 행동 고르기

[9~12번] 대화가 끝난 후 남자(여자)가 이어서 할 행동을 고르는 유형

'여자-남자-여자-남자', 혹은 '남자-여자-남자-여자'와 같은 순서로 반복되는 대화를 듣고, 남자(여자)가 이어서 할 행동을 선택해야 하는 유형입니다. 이 유형은 단독 문항으로만 4문항이 출제됩니다.

1-06.mp3

Q 기출 60회 듣기 9번

다음을 듣고 여자가 이어서 할 행동으로 가장 알맞은 것을 고르십시오.

① 그릇 색깔을 고른다.

> ❯ 남자와 여자는 이미 파란색 그릇을 선택했습니다. 정답이 아닙니다.

☑ 그릇 가격을 물어본다.

> ❯ 여자와 남자는 파란색 그릇을 마음에 들어 하고, 여자는 그릇의 가격을 알아본다고 했습니다. 따라서 대화가 끝난 후 여자가 이어서 할 행동은 그릇 가격을 물어보는 것입니다.

③ 전시할 그릇을 바꾼다.

> ❯ 여자와 남자는 전시가 되어 있는 그릇을 보러 간 것입니다. 여자는 그릇을 전시하는 사람이 아니므로, 정답이 아닙니다.

④ 남자에게 그릇을 준다.

> ❯ 여자와 남자는 함께 그릇을 보고 있으며, 파란색 그릇을 사고 싶어 합니다. 여자가 남자에게 그릇을 줄 필요가 없습니다. 정답이 아닙니다.

─ 듣기대본 ─

남자: 전시되어 있는 그릇들이 참 특이하고 멋지네요.

여자: 그렇죠? 판매도 한다니까 우리 하나 사 가요.

남자: 그럼 저 파란색 그릇은 어때요?

여자: 괜찮네요. 제가 가서 얼마인지 알아볼게요.

'알맞은 행동 고르기' 유형 분석

'알맞은 행동 고르기' 유형은 문제에 제시되는 대화에서 '가장 먼저, 우선, 이것부터'라는 어휘가 들어간 문장을 듣는 것이 중요합니다. 대화의 길이가 많이 길지는 않으므로, 집중하여 들으면 답을 쉽게 택할 수 있습니다.
이 유형도 '이어지는 말 고르기' 유형에서처럼 행동을 해야 하는 사람이 누구인지를 잘 기억해서 답을 골라야 합니다. 시험에서 '여자가 이어서 할 행동'을 묻는 경우도 있고, '남자가 이어서 할 행동'을 묻는 경우도 있다는 것에 유의하며 문제를 풀면 순서를 혼동하지 않을 수 있습니다.

행동과 관련하여 자주 출제되는 장소와 상황

장소	상황	해야 하는 일
도서관	• 도서 대여 신청 • 도서 반납	• 신분증 제시 • 도서관 회원 가입 • 연체된 도서의 반납 • 연체된 도서에 대한 연체료 지불
회사	• 상사에게 업무 보고 • 회의 준비	• 회의실 정리 • 관련 자료 복사 • 보고서의 틀린 내용 수정 • 다른 회사에 팩스 보내기 • 담당자와 업무 소통하기 • 직원 교육 계획하기
학원	• 수강 신청을 위한 상담 • 수강	• 학원비 지불하기 • 인터넷으로 공부하기 • 학원에 가서 레벨 테스트 받기
병원	• 진료 접수 • 진료 받기	• 진료비를 미리 납부하기 • 진료 신청서를 작성하기 • 어디가 아픈지 진찰 받기
집	• 집안일 분배 • 심부름하기	• 방 청소하기 • 운동 나갈 준비하기 • 외식 약속 잡기 • 마트에 식재료 사러 가기 • 전구 갈기 • 고장 난 가전 살펴보기
백화점 (쇼핑 시설)	• 구입 문의 • 고객 카드 신청	• 구매할 물건의 가격 묻기 • 고객 카드 발급 신청하기 • 고객 카드 발급 과정 묻기

>> **외모에 대한 어휘**

건장하다
몸이 튼튼하고 힘이 세다.
예 그는 건장한 육체를 가진 사람이다.

곱다
모양이나 생김새가 아름답다.
예 가을이 되자 산이 고운 단풍 옷을 입었다.

꾸미다
모양이 좋아지도록 손질하다.
예 새로운 집의 곳곳을 예쁘게 꾸몄다.

매력적
사람의 마음을 강하게 끄는 힘이 있는 것.
예 매력적인 사람은 주변인의 관심을 끈다.

복장
옷을 입은 모양.
예 직업에 따라 복장이 서로 다르다.

생기
활발하고 건강한 기운.
예 좋은 일이 있는지 그의 얼굴에 생기가 있다.

세련되다
모습이나 인격 등이 우아하고 품위가 있다.
예 세련된 디자인의 옷들이 진열되어 있다.

유행
무엇이 사람들에게 인기를 얻어 사회 전체에 널리 퍼짐.
예 예전에 유행했던 패션이 다시 유행하고 있다.

착용
옷이나 신발 등을 입거나 신거나 함.
예 차를 탈 때에는 반드시 안전띠를 착용해야 한다.

화려하다
곱고 아름다우며 환하게 빛나 보기에 좋다.
예 그 가구는 장식이 화려하다.

유형 잡는 연습문제

| 정답과 해설 4쪽 |

🎧 1-07.mp3

[01~03] 다음을 듣고 여자가 이어서 할 행동으로 가장 알맞은 것을 고르십시오.

01
① 아직 반납하지 않은 책을 반납한다.
② 사진을 찍으러 학생회관 2층에 간다.
③ 1층 사무실에 가서 학생증을 찾아온다.
④ 도서관 출입증을 받으러 사무실에 간다.

02
① 고지서가 왔는지 이메일을 확인한다.
② 남자에게 이메일로 고지서를 보낸다.
③ 휴대 전화 요금을 내기 위해 은행에 간다.
④ 고지서를 받기 위해 휴대 전화 매장에 간다.

03
① 남자를 위한 송별 파티에 유경 씨를 초대한다.
② 주말에 남자와 함께 파티 장소를 찾으러 간다.
③ 유경 씨를 만나서 주말에 시간이 있는지 물어본다.
④ 많은 인원이 들어갈 수 있는 장소를 찾아 예약한다.

[04~06] 다음을 듣고 남자가 이어서 할 행동으로 가장 알맞은 것을 고르십시오.

04　① 여자에게 다른 옷을 보여 준다.
　　② 여자에게 새 옷을 구입해 준다.
　　③ 여자에게 옷값을 다시 돌려준다.
　　④ 여자의 옷을 새 것으로 바꿔 준다.

05　① 직원들과 체육 대회를 하러 간다.
　　② 회식하기에 좋은 장소를 찾아 본다.
　　③ 체육 대회를 할 실내 장소를 찾는다.
　　④ 지난번에 갔던 체육공원을 예약한다.

06　① 프로그램 홈페이지에 회원 가입을 한다.
　　② 주말에 여자의 집에 가서 다큐멘터리를 본다.
　　③ 프로그램 홈페이지에 들어가서 영상을 찾는다.
　　④ TV에서 언제 재방송을 하는지 일정을 확인한다.

유형 **04**

담화 참여자 고르기

[29번] 인터뷰를 듣고 남자(여자)가 무슨 일을 하는지 고르는 유형

인터뷰를 듣고 남자(여자)의 직업이 무엇인지 또는 그가 무슨 일을 하는 사람인지 고르는 유형으로, 29~30번 세트 문항에서 1문항이 출제됩니다. 같은 세트로 출제되는 30번 문항의 유형 학습은 세부 내용 파악하기 유형09 '일치하는 내용 고르기'에서 하기 바랍니다.

1-08.mp3

Q 기출 64회 듣기 29번
여자가 누구인지 고르십시오.

① 전자책을 조사하는 사람
> 여자는 독서를 위한 다양한 서비스를 제공한다고 했습니다. 전자책을 조사하는 사람이 아니므로, 정답이 아닙니다.

② 전자책을 골라 주는 사람
> 남자와 여자는 책을 골라 주는 것에 대해 이야기한 적이 없습니다. 정답이 아닙니다.

③ 전자책 구독 서비스에 가입한 사람
> 여자는 전자책 구독 서비스를 제공한다고 했습니다. 자신이 가입해서 서비스를 받고 있다고 말하지 않았으므로, 정답이 아닙니다.

✔ 전자책 구독 서비스를 개발한 사람
> 남자는 여자가 전자책 구독 서비스를 만들었다고 말했습니다. 그리고 여자는 자신이 만든 서비스에 대해 구체적으로 설명했으며, 지금도 즐거운 독서를 위한 기능(서비스)을 고민하고 있다고 했으므로, 정답은 ④번입니다.

─ • 듣기 대본 • ─

남자: 사장님께서 만든 전자책 구독 서비스의 인기 비결이 뭐라고 생각하세요?

여자: 독서를 위한 다양한 서비스를 제공한다는 점이겠죠. 우선 매달 이용료를 내면 수만 권의 책을 얼마든지 읽을 수 있고요. 어려운 책은 전문가의 해설을 들으면서 읽거나 요약본으로도 볼 수도 있어요. 모든 책에 음성 지원이 가능해서 이동 중에도 내용을 들을 수 있습니다.

남자: 최근에는 책의 내용을 만화나 동영상 등으로 소개하는 기능도 추가하셨다고요.

여자: 네. 더 즐겁게 독서할 수 있는 여러 방법을 계속 고민 중이에요.

'담화 참여자 고르기' 유형 분석

'담화 참여자 고르기' 유형은 출제 비중은 작고 난도는 낮은 편입니다. 직업을 고르는 문제 또는 역할, 지위, 담당 업무를 고르는 문제가 출제됩니다.

❶ 직업 고르기

선택지에 특정 직업 명칭이 나오는 경우입니다. 인터뷰 내용을 들으며 주요 단어를 기억해 두고, 그 단어와 연관되는 직업을 생각하여 선택하면 됩니다.

❷ 역할이나 지위 고르기

이 유형의 선택지에는 명칭으로 정의되는 직업 외에도, 대화에 나타난 역할이나 지위, 담당 업무를 묘사한 내용이 나오기도 합니다. 예를 들어 인터뷰가 '한국어 교육'에 관한 내용이라면, 선택지에는 '한국어를 가르치는 사람', '한국어를 배우는 사람', '한국어를 연구하는 사람', '한국어를 전공한 사람' 등이 나올 수 있습니다.

자주 출제되는 직업 관련 어휘

① 가정 문제 상담가
② 언어 치료사
③ 건축 설계사
④ 인테리어 디자이너
⑤ 경제 전문가
⑥ 일반 시민
⑦ 교육 전문가
⑧ 전시회 기획자
⑨ 나무 조각가
⑩ 전통 공예가
⑪ 뉴스 진행자
⑫ 전통 그릇 제작자
⑬ 동양화가
⑭ 전통문화 학자
⑮ 방송 프로그램 진행자
⑯ 정부 관계자
⑰ 백자 연구가
⑱ 진로 상담가
⑲ 생활 설계사
⑳ 한식 요리 전문가

≫ 직업에 대한 어휘

경력
이제까지 가진 학업, 직업, 업무와 관련된 경험.
📷 그는 다양한 분야의 경력을 보유하고 있습니다.

기사
직업적으로 자동차나 기계 등을 운전하는 사람.
📷 운전기사의 휴식 시간이 보장되어야 한다.

담당하다
어떤 일을 맡다.
📷 담당하게 될 업무를 위해 직무 교육을 받고 있다.

대기업
자본이나 직원의 수가 많은, 큰 규모의 기업.
📷 대기업은 중소기업에 비해 근무 환경이 좋다.

운영하다
조직이나 기구, 사업체 등을 관리하고 이끌어 나가다.
📷 자영업자는 자신의 가게를 운영하는 사람이다.

전문성
어떤 분야에 대한 많은 지식, 경험, 기술 등을 가지고 있는 특성.
📷 전문성을 갖추지 않으면 성장에 한계가 있다.

채용
사람을 뽑아서 씀.
📷 채용 공고에 취업 준비생들이 관심을 보였다.

추천하다
어떤 조건에 알맞은 사람이나 물건을 책임지고 소개하다.
📷 친구에게 추천한 회사는 출퇴근 시간이 정확하다.

취직하다
일정한 직업을 얻어 직장에 나가다.
📷 회사에 취직하여 다방면으로 기여하는 인재가 되고 싶습니다.

파업하다
하던 일을 도중에 그만두다.
📷 파업한 지 두 달 만에 노사가 협의하였다.

유형 잡는 연습문제

| 정답과 해설 5쪽 |

1-09.mp3

[01~02] 다음을 듣고 남자가 누구인지 고르십시오.

01 ① 교사
② 설계사
③ 기획자
④ 심리학자

02 ① 전통 춤을 홍보하는 사람
② 전통 춤을 공연하는 사람
③ 전통 춤 관련 책을 쓰는 사람
④ 전통 춤의 의상을 만드는 사람

[03~04] 다음을 듣고 여자가 누구인지 고르십시오.

03 ① 요리사
② 조향사
③ 디자이너
④ 컬러리스트

04 ① 회사원을 관리하는 사람
② 일자리를 발굴하는 사람
③ 청소년을 교육하는 사람
④ 창업 비용을 지원하는 사람

담화 전/후의 내용 고르기

[39번] 대담을 듣고 전/후에 나올 내용을 고르는 유형

대담을 듣고 대담의 바로 앞 또는 뒤에 어떤 내용이 올지 예상하여 답을 선택하는 유형으로, 39~40번 세트 문항에서 출제됩니다. 세트로 묶여서 출제되는 40번 문항의 유형 학습은 세부 내용 파악하기의 유형09 '일치하는 내용 고르기'에서 하기 바랍니다.

1-10.mp3

Q 기출 60회 듣기 39번
이 대화 전의 내용으로 가장 알맞은 것을 고르십시오.

✔ **① 원작자들이 야구단을 상대로 소송을 걸었다.**

> ● 여자는 작사가와 작곡가들이 야구단에 소송을 제시한 이유가 무엇인지 질문하고 있습니다. 따라서 이 담화의 바로 앞에는 소송이 제시된 상황에 대한 설명이 있었을 것입니다.

② 응원가에 대한 관중들의 선호도를 조사했다.

> ● 응원가에 대한 이야기를 하고 있지만, 관중들이 어떤 응원가를 좋아하는지 조사했다는 내용은 대화에 없습니다. 정답이 아닙니다.

③ 야구단에서 작곡가들에게 응원가 제작을 요청했다.

> ● 야구단은 작곡가들에게 응원가 제작을 요청하지 않고 원작자의 허락 없이 곡을 바꾸어 사용했다고 했습니다. 정답이 아닙니다.

④ 원작자들이 더 이상 곡을 바꾸지 않기로 결정했다.

> ● 원작자들이 곡을 바꾼 것이 아니라 야구단에서 곡을 바꾼 것입니다. 그리고 이 대화에서는 작사가와 작곡가들이 소송을 제기한 것이 중요한 내용입니다. 정답이 아닙니다.

• 듣기대본 •

> **여자:** 왜 작사가와 작곡가들이 야구단에 소송을 제기한 건가요? 그동안 야구단에서 곡에 대한 사용료를 지불해 온 것으로 알고 있는데요.
>
> **남자:** 사용료를 지불하긴 했지만 원작자 허락 없이 가사를 바꾸고 곡을 편집한 것에 대해서도 금액을 지불하라는 것이죠. 야구단에서 원곡을 그대로 사용했다면 이런 문제는 없었을 겁니다. 하지만 저작권법에 따르면 저작물의 내용이나 형식을 바꿀 경우 미리 원작자의 허락을 받아야 하고 이에 대한 비용도 지불하는 것이 맞습니다. 현재 이 문제로 당분간 야구장에서 응원가를 틀지 않기로 한 상황입니다.

감 잡는 개념 정리

'담화 전/후의 내용 고르기' 유형 분석

❶ 담화 앞의 내용 유추하기

대화 앞의 내용을 유추하기 위해서는, 첫 문장에서 어떤 내용을 전달하고 있는지를 잘 파악해야 합니다. 첫 문장에 어떤 표현을 사용하고 있는지를 확인하면, 첫 문장 앞의 내용과 첫 문장의 내용이 원인과 결과의 관계인지, 반대의 의미를 나타내는 것인지를 알 수 있습니다.
예시 단락을 살펴봅시다.

> ~ 그렇게 엄청난 양의 물이 패스트푸드를 만드는 데 소비된다니 참 불합리하다는 생각이 드는데요. 그러면 이런 부분이 물 부족 현상의 주된 원인이 될 수도 있는 건가요?

➪ 첫 문장을 보면, 바로 앞에서 '엄청난 양의 물이 패스트푸드를 만드는 데 소비되고 있다.'라는 현실의 문제점이 제시되었을 것이라고 예상할 수 있습니다.

❷ 담화 뒤의 내용 유추하기

대화 뒤의 내용을 유추하기 위해서는, 담화의 주제가 무엇이었으며 그 주제에 대해 어떤 방향의 대화가 오갔는지를 잘 파악해야 합니다. 강연이라면 강연자가 주제에 대해 어떤 태도를 가지고 내용을 전달하고 있는지 파악하는 능력도 갖추어야 합니다.
예시 단락을 살펴봅시다.

> 잘못된 교육 현실을 무조건 비판하기보다는 문제가 있는 것을 바로잡기 위해서 우리 모두 노력을 해야만 합니다. 그렇다면 ~

➪ '구체적으로 어떤 노력을 해야 할지 함께 알아봅시다.' 등의 내용이 올 것이라고 예상할 수 있습니다.

주제별 어휘노트

≫ 예술에 대한 어휘

🖊 감동하다
강하게 느껴 마음이 움직이다.
📝 가사가 담고 있는 의미에 감동했다.

🖊 관람
유물, 그림, 조각과 같은 전시품이나 공연, 영화, 운동 경기 등을 구경하는 것.
📝 어떤 공연을 관람하면 좋을지 고민하고 있다.

🖊 등장인물
소설, 연극, 영화 등에 나오는 인물.
📝 등장인물은 무대 한복판에서 독백을 이어 갔다.

🖊 생동감
싱싱하고 활기찬 기운이 있어 살아 움직이는 듯한 느낌.
📝 그림에 생동감이 있어서 마치 사진 같다.

🖊 섬세하다
매우 세밀하고 정확하다.
📝 화가는 옷의 무늬까지 섬세하게 표현했다.

🖊 손꼽다
손가락을 하나씩 꼬부리며 수를 세다.
📝 사인회에 손꼽아 헤아리기도 힘들 정도로 많은 사람이 왔다.

활용하기
손꼽아 기다리다: 날짜를 세어 가며 몹시 기다리다.
📝 기다리던 공연이 시작되는 날만 손꼽아 기다렸다.

🖊 인상적이다
어떤 느낌이나 인상이 지워지지 않고 오래 기억에 남는다.
📝 배우가 조용히 우는 장면이 가장 인상적이었다.

🖊 조화롭다
서로 잘 어울리는 성질이 있다.
📝 배우들의 연기가 조화로워서 영화에 몰입할 수 있었다.

🖊 창작하다
예술 작품을 독창적으로 만들어 내다.
📝 창작하는 일은 그 과정은 힘들지만 즐거운 것이다.

유형 잡는 연습문제

[01~02] 다음을 듣고 이 대화 전의 내용으로 가장 알맞은 것을 고르십시오.

01 ① 어린 시절에 게임을 많이 개발했다.

② 주목받는 직업을 갖기 위해 노력했다.

③ 게임 개발자를 꿈꾸며 수학을 공부했다.

④ 수학 교사를 하다가 게임 개발자가 되었다.

02 ① 유학 비용 때문에 귀국을 하는 학생들이 많다.

② 세계적으로 유학에 지출되는 비용이 막대하다.

③ 플로리스트가 되기 위한 유학에는 많은 비용이 든다.

④ 국내에서는 플로리스트가 되기 위한 공부를 할 수 없다.

[03~04] 다음을 듣고 이 대화 뒤에 이어질 내용으로 가장 알맞은 것을 고르십시오.

03 ① 기후 변화는 농업과 식수 공급에 영향을 미친다.
② 피해 국가들을 위한 보상 방안을 마련해야 한다.
③ 가뭄은 많은 지역에서 긴장과 불화의 원인이 된다.
④ 겨울에 폭설이 내리면 순간적으로 기후 분쟁이 줄어든다.

04 ① 현지화 전략은 사업의 초기에만 효과가 나타난다.
② 현지화 전략을 사용했음에도 사업에 실패한 사례가 있다.
③ 장기적인 사업 성공을 위해서는 현지인이 경영해야 한다.
④ 음식 사업을 할 때는 기존의 조리 방식과 맛을 변형해야 한다.

유형 | 04 담화 참여자 고르기 ✚ 유형 | 09 일치하는 내용 고르기

● 듣기 영역 [29~30번]에서 출제되는 세트 문항입니다.

● 유형 | 09 일치하는 내용 고르기는 대유형 '세부 내용 파악하기'에서 자세히 공부할 수 있습니다.

● 세트 문항 맛보기는 유형을 보여 주기 위한 장치로, 별도의 음원은 제공하지 않습니다. 수록한 듣기 대본을 읽고 유형 학습을 하기 바랍니다.

[01~02] 다음을 듣고 물음에 답하십시오. [각 2점]

• 듣기대본 •

여자: 오늘처럼 팬들로 가득 찬 야외 공연장 관리는 쉽지 않으시겠어요.

남자: 아무래도 실내 공연장보다 힘들긴 합니다. 저희는 공연을 하는 동안 무대 아래에서 사람들이 안전선을 넘어가지 못하게 하고, 열성 팬들의 돌발 행동에도 대비해야 하는데요. 야외 공연장은 관중이 많아서 관리가 더 힘들죠. 또 오늘처럼 비가 오면 사람들 움직임도 잘 안 보이거든요. 그래서 실내 공연장에 있을 때보다 훨씬 긴장됩니다.

여자: 다행히 오늘은 사고가 없었지만 사고가 발생하면 어떻게 하시나요?

남자: 무대의 가수들을 먼저 이동시키고 상황별 행동 수칙에 따라 대처를 합니다.

기출 60회 듣기 29번

01 남자가 누구인지 고르십시오.

① 공연 장소를 섭외하는 사람
② 공연장 좌석을 안내하는 사람
③ 공연장에서 안전을 관리하는 사람
④ 공연장의 무대 시설을 고치는 사람

⚙ 맥락 파악하기에서 다루는 (유형 | 04 담화 참여자 고르기)

유형해설 이 유형은 화자가 무슨 일을 하는지 선택하는 유형입니다. 선택지에 특정한 직업 명칭이 나올 수도 있고, '~을/를 하는 사람'으로 출제될 수도 있습니다. 대화의 내용을 들을 때 화자가 어떤 업무를 담당하고 있는지에 대한 설명에 초점을 두고 들어야 합니다.

정답해설 ③ 여자가 남자에게 공연장 관리가 쉽지 않겠다고 걱정하는 말을 했고 남자는 공연장 관리의 어려운 점을 설명했습니다. 따라서 남자는 공연장의 안전을 관리하는 사람입니다.

① 남자는 공연장 관리를 한다고 했고 열성 팬들의 돌발 행동에도 대비한다고 했습니다. 그러나 공연 장소를 섭외한다는 이야기는 하지 않았습니다.

② 남자는 공연장 좌석을 안내하는 일이 아니라 공연을 하는 사람과 보는 사람의 안전을 관리하는 일을 합니다.

④ 남자는 공연장의 안전과 관련한 문제를 담당하는 사람이지, 무대 시설을 고치는 사람이 아닙니다.

기출 60회 듣기 30번

02 들은 내용과 같은 것을 고르십시오.

① 오늘 공연은 실내에서 진행되었다.

② 비가 왔음에도 공연장에 사람들이 많았다.

③ 오늘 공연 중 열성 팬으로 인한 사고가 있었다.

④ 남자는 실내보다 야외에서 일할 때 마음이 편하다.

🔍 세부 내용 파악하기에서 다루는 (유형 | 09 **일치하는 내용 고르기**)

이 유형은 '세부 내용 파악하기'의 '일치하는 내용 고르기' 유형입니다. 자세한 학습은 84쪽에서 하기 바랍니다.

② 오늘은 비가 왔으며 야외 공연장이 팬들로 가득 찼다고 했습니다.

① 오늘 공연은 실내가 아니라 야외에서 진행되었습니다.

③ 오늘은 공연 중에 사고가 없었다고 했습니다.

④ 남자는 실내 공연장보다 야외 공연장의 관리가 더 힘들다고 말했습니다.

세트 문항 맛보기

유형 | 05 담화 전/후의 내용 고르기 ➕ 유형 | 09 일치하는 내용 고르기

- 듣기 영역 [39~40번]에서 출제되는 세트 문항입니다.
- 유형 | 09 일치하는 내용 고르기는 대유형 '세부 내용 파악하기'에서 자세히 공부할 수 있습니다.
- 세트 문항 맛보기는 유형을 보여 주기 위한 장치로, 별도의 음원은 제공하지 않습니다. 수록한 듣기 대본을 읽고 유형 학습을 하기 바랍니다.

[03~04] 다음을 듣고 물음에 답하십시오. [각 2점]

┌─ 듣기대본 ─

여자: 초기에 서울시에서 이 사업을 시작할 때에는 차량 정체 등의 이유로 주민들의 반대도 있었는데요. 지금은 어떤가요?

남자: 앞에서 말씀드린 것과 같이 서울시는 2차선이었던 차도를 1차선으로 줄이고 차들이 한 방향으로만 통행하도록 바꿨습니다. 그렇게 해서 남는 공간은 주차장으로 활용해 주차 공간 부족 문제를 해결했습니다. 그동안 도로에 불법 주차된 차로 인해 막히던 도로 상황도 이를 통해서 크게 나아졌지요. 또한 인도를 넓히고 도로의 제한 속도도 낮추면서 사고도 줄어들었습니다. 사전 설명회에서 나온 주민들의 의견을 사업에 적극 반영한 것도 큰 호응을 얻었고요. 그래서 지금은 처음 우려했던 것과는 달리 만족도가 상당히 높습니다.

기출 52회 듣기 39번

03 이 대화 전의 내용으로 가장 알맞은 것을 고르십시오.

① 서울시에서 차도를 줄이고 인도를 넓혔다.
② 서울시에서 불법 주차 단속을 강화하고 있다.
③ 서울시가 주민 설명회에 소극적으로 임하고 있다.
④ 서울시가 일방통행로를 양방향 도로로 변경하고 있다.

⚙ 맥락 파악하기에서 다루는 유형 | 05 담화 전/후의 내용 고르기

유형 해설 ▶ 이 유형은 대담을 시작할 때 나오는 문장을 듣고 바로 앞에서 어떤 이야기를 했는지 추측하는 유형입니다. '이와 같이, 이와 달리, 말씀드린 것과 같이' 등 문장과 문장을 연결하거나 이미 이야기한 내용을 되풀이하는 표현을 잘 알아야 합니다. 앞의 내용에 대한 부연 설명이 이어질 수도 있고, 앞에서 말한 주제에 대해 평가하는 의견 등이 나올 수도 있습니다.

① 남자는 '앞에서 말씀드린 것과 같이' 서울시에서 2차선이었던 차도를 1차선으로 줄이고 인도를 넓혀 주민들의 만족도가 높다고 했습니다.

② 서울시는 불법 주차 단속을 강화한 것이 아니라 불법 주차가 줄어들도록 주차 공간 부족 문제를 해결했습니다.

③ 서울시는 주민을 대상으로 사전 설명회를 실시했고, 여기에서 나온 주민들의 의견을 사업에 적극적으로 반영했습니다.

④ 서울시는 양방향 도로를 한 방향으로만 통행하도록 바꿨습니다. 대화의 내용과 반대되는 내용이므로 정답이 아닙니다.

기출 52회 듣기 40번

04 들은 내용과 같은 것을 고르십시오.

① 이 사업으로 차량 흐름이 원활해진 곳이 있다.

② 이 사업의 시행에 반대하는 주민들이 늘고 있다.

③ 이 사업은 주차 공간 부족이라는 문제를 남겼다.

④ 이 사업에서는 도로의 제한 속도를 낮추는 방안을 검토 중이다.

세부 내용 파악하기에서 다루는 유형 I 09 일치하는 내용 고르기

이 유형은 '세부 내용 파악하기'의 '일치하는 내용 고르기' 유형입니다. 자세한 학습은 84쪽에서 하기 바랍니다.

① 차량의 통행 방향을 정리하고 주차 공간 부족 문제를 해결하여 도로의 상황이 나아졌다고 했습니다. 도로의 상황이 나아졌다는 것은 차량이 막히지 않고 그 흐름이 원활해졌다는 의미입니다.

② 사업을 처음 시작할 때는 반대하는 주민이 있다고 했으나, 시행 이후 주민들의 만족도가 높다고 했습니다.

③ 이 사업은 주차 공간 부족 문제를 해결했습니다.

④ 이 사업에서 이미 도로의 제한 속도를 낮췄습니다.

합격 잡는 실전문제에서 더 풀어 보기

맥락 파악하기

합격 잡는 실전문제

[01~04] 다음을 듣고 가장 알맞은 그림 또는 그래프를 고르십시오.

기출 64회 듣기 2번

01 ①

②

③

④

02 ①

②

③

④

03

①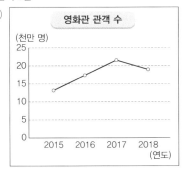

②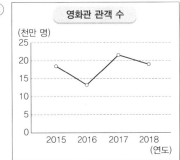

③

④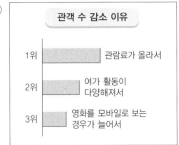

04

①

②

③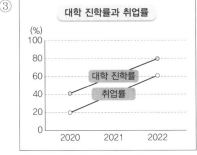

④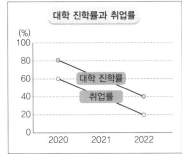

[05~06] 다음을 듣고 이어질 수 있는 말로 가장 알맞은 것을 고르십시오.

기출 64회 듣기 5번

05 ① 아니, 머리는 괜찮아졌어.

② 응, 내가 약을 사다 줄게.

③ 아니, 문을 안 열었더라고.

④ 응, 늦게까지 하는 약국이 있어.

06 ① 눈이 내리는 날은 기온이 높아요.

② 저도 비가 오는 날 음악을 듣는 것을 좋아해요.

③ 혹시 모르니까 요 앞 편의점에서 우산을 사세요.

④ 비가 그쳤으니까 밖에 나가서 같이 산책을 할까요?

[07~08] 다음을 듣고 여자가 이어서 할 행동으로 가장 알맞은 것을 고르십시오.

기출 60회 듣기 10번

07 ① 서류를 찾는다.

② 신분증을 꺼낸다.

③ 카드를 보여 준다.

④ 신청서를 작성한다.

08 ① 카드 신청서를 작성한다.

② 백화점에서 물건을 구입한다.

③ 영수증을 가지고 와서 기다린다.

④ 물건을 구입하고 영수증을 받는다.

[09~10] 다음을 듣고 물음에 답하십시오.

기출 52회 듣기 29번

09 남자가 누구인지 고르십시오.

① 식물의 향기를 분석하는 사람

② 문제가 생긴 식물을 관리하는 사람

③ 식물의 재배 방법을 연구하는 사람

④ 식물을 활용해 사람들을 치료하는 사람

기출 52회 듣기 30번

10 들은 내용과 같은 것을 고르십시오.

① 남자는 식물의 향기를 이용해 약을 만든다.

② 정원에서 재배하는 식물은 판매하지 않는다.

③ 남자는 환자들에게 정원 가꾸는 법을 배웠다.

④ 식물을 재배하는 활동은 운동 능력을 향상시킨다.

[11~12] 다음을 듣고 물음에 답하십시오.

11 남자가 누구인지 고르십시오.

① 간호사   ② 동물 사육사

③ 애견 미용사   ④ 생태 연구가

12 들은 내용과 같은 것을 고르십시오.

① 동물도 각각의 특성에 맞춰 관리를 해 주어야 한다.

② 모든 동물에게 급식, 급수를 하는 방법은 동일하다.

③ 동물에 대한 전문적인 지식을 갖는 것이 가장 중요하다.

④ 동물을 잘 관찰해야 하는 이유는 관객에게 설명을 해 주기 위해서이다.

[13~14] 다음을 듣고 물음에 답하십시오.

기출 64회 39번

13 이 대화 전의 내용으로 가장 알맞은 것을 고르십시오.

① 민간 주도로 문화재 환수가 이루어지고 있다.

② 해외에 있는 문화재를 대여해서 전시하고 있다.

③ 환수하지 못하고 해외에 남아 있는 문화재가 많다.

④ 문화재 환수를 위해 다른 나라와 협정을 체결했다.

기출 64회 40번

14 들은 내용과 같은 것을 고르십시오.

① 각국의 법이 달라 문화재의 영구적 환수가 어렵다.

② 1970년대부터 문화재 환수가 활발해지기 시작했다.

③ 문화재 환수는 주로 기증하는 방식으로 이루어진다.

④ 문화재 환수와 관련된 국제 협약은 존재하지 않는다.

[15~16] 다음을 듣고 물음에 답하십시오.

15 이 대화 뒤에 이어질 내용으로 가장 알맞은 것을 고르십시오.

① 젊은 가수들만 가요 프로그램에 나온다.

② 세대 차이로 인한 사회 문제가 심각하다.

③ 구세대가 신세대의 유행어를 배우고 있다.

④ 대중문화의 문제점을 해결하기 위해 노력했다.

16 들은 내용과 같은 것을 고르십시오.

① 남자는 주민 센터 등에서 세대 간 소통 교육을 하고 있다.

② 남자는 가요 프로그램에 출연하여 공감하는 무대를 만들었다.

③ 남자는 중장년층이 문화에서 소외되는 것을 자연스럽게 생각한다.

④ 남자는 여러 세대가 함께 문화를 향유할 수 있어야 한다고 생각한다.

유형 06 중심 생각 고르기

[17~20, 21, 25, 31, 37번] 대화 또는 인터뷰 등을 듣고 중심 생각을 추론하는 유형

대화, 인터뷰, 토론, 교양 프로그램을 듣고 남자(여자)의 중심 생각을 찾는 유형입니다. 8문항이 출제되며, 17~20번은 단독 문항으로, 나머지 4문항은 세트 문항으로 출제됩니다. 일부 단어와 표현에만 집중하지 말고 듣기 내용 전체에서 가장 중요하게 생각하는 것을 선택해야 합니다. 맞는 이야기이지만 중심 생각은 아닌 매력적인 오답을 피할 수 있도록 연습해야 합니다.

Q 기출 64회 듣기 37번
다음을 듣고 여자의 중심 생각으로 가장 알맞은 것을 고르십시오.

① 잇몸병의 원인을 명확하게 밝혀야 한다.
> ◐ 여자는 잇몸병의 원인이 세균이라고 이미 말했습니다. 정답이 아닙니다.

② 젊을 때부터 잇몸 관리에 신경을 써야 한다.
> ◐ 여자는 젊은 사람들이 잇몸병을 대수롭지 않게 생각하는 경향이 있으나 손상된 잇몸은 원래 대로 회복되지 않는다고 말했습니다. 즉, 여자의 중심 생각은 손상된 잇몸은 회복되지 않으므로 젊을 때부터 잇몸 관리에 신경을 써야 한다는 것입니다.

③ 치매 예방을 위해서 잇몸 관리가 중요하다.
> ◐ 치매 예방을 위해 잇몸 관리를 해야 한다는 것은 맞는 내용입니다. 그러나 중심 생각은 잇몸병의 원인인 세균이 다양한 질병을 유발할 수 있으므로 젊을 때부터 잇몸 관리를 해야 한다는 것입니다. 중심 생각으로 적절하지 않습니다.

④ 잇몸병에 대한 잘못된 정보들을 바로잡아야 한다.
> ◐ 잇몸병에 대한 잘못된 정보 또는 그 정보를 바로잡는 방법에 대한 내용은 듣기에 나오지 않았습니다. 중심 생각으로 적절하지 않고, 듣기 내용과 관련이 없는 내용입니다.

 ③번 선택지의 내용과 같이, 듣기 내용과는 일치하는(같은) 내용이지만 '중심 생각'이라고 보기는 어려운 내용을 정답으로 선택하는 실수를 해서는 안 됩니다.

• 듣기 대본 •

남자: 충치뿐 아니라 잇몸병으로 고생하는 젊은 분들이 상당히 많네요.

여자: 네. 그 수가 전체 잇몸병 환자의 3분의 1을 차지할 정도니까요. 2, 30대 환자는 최근 5년 사이에 약 60%나 증가했습니다. 젊은 분들은 잇몸병을 대수롭지 않게 여기는 경향이 있는데요. 손상된 잇몸은 원래대로 회복되지 않습니다. 게다가 잇몸병의 원인이 되는 세균이 온몸을 돌아다니며 다른 신체 기관에 악영향을 끼치기도 하고요. 심각한 경우에 이 세균이 심장병이나 치매를 유발할 수도 있어요.

'중심 생각 고르기' 유형 분석

'중심 생각 고르기' 유형은 '일치하는 내용 고르기' 유형과 헷갈려서 틀린 선택지를 고르는 경우가 많습니다. 두 유형은 반드시 구분해서 풀어야 합니다.

❶ 짧은 대화

다음 시사 프로그램 진행자와의 대화를 예시로 살펴봅시다.

> 저는 청취자가 누구인가를 먼저 생각합니다. 우리 방송을 듣는 분들은 보통 사람들이거든요. 그래서 저는 일반인의 수준에서 전문가들에게 끊임없이 질문합니다. 어려운 표현이 나오면 다시 설명해 달라고 부탁하기도 하고요.
>
> 기출 60회 듣기 20번 중 일부

내용과 일치하는 것	중심 생각
• 시사 프로그램 진행자는 전문가에게 끊임없이 질문한다. • 시사 프로그램 진행자는 어려운 표현을 쉽게 설명하도록 이끈다.	일반인의 눈높이에서 시사 문제를 전달해야 한다.

화자는 시사 프로그램의 진행자로서 전문가의 말을 보통 사람들이 이해하기 쉽도록 전달해야 한다고 생각하고 있습니다. '진행자는 전문가에게 끊임없이 질문한다'는 것은 '일치하는 내용'이지만 '중심 생각'은 아닙니다.

❷ 인터뷰

> 우리 주변에는 알려지지 않았지만 사회에 모범이 되는 분들이 있는데요. 그런 분들을 찾아서 상을 드리는 것입니다. (중략) 그동안 총 31명의 시민 영웅을 찾아 상장과 상금을 드렸는데요. (중략) 화재 현장에서 아이를 구조한 대학생 수상자도 있었는데 졸업 후에 저희가 채용하기도 했습니다. 이렇게 사회로부터 받은 이익을 다시 사회로 돌려주는 것이 기업의 책임이라고 생각합니다.
>
> 기출 52회 듣기 25~26번 중 일부

내용과 일치하는 것	중심 생각
• 특정 기업에서 시민 영웅을 채용했다. • 사회에 모범이 되는 사람에게 상을 주었다.	기업은 사회에 도움이 되는 일에 앞장서야 한다.

화자는 사회에 모범이 되는 시민 영웅들의 사례를 소개하며 사회로부터 받은 이익을 사회로 돌려주는 것이 기업의 책임이라고 말하고 있습니다.

≫ 건강에 대한 어휘

노화
나이가 들며 신체의 구조나 기능이 쇠퇴하는 현상.
예 노화는 막을 수 없다.

성인병
중년 이후의 사람들에게 생기는 여러 가지 병.
예 성인병은 각종 합병증을 유발할 수 있어 위험하다.

악화
병의 증세가 나빠짐.
예 증상이 악화되지 않도록 식단을 관리해야 한다.

앓다
병에 걸려 아파하거나 괴로워하다.
예 마음의 병을 앓을 때 상담을 받아 보는 것이 좋다.

어지럽다
주위의 모든 사물이 돌고 있는 듯한 느낌이 들어 몸을 바로잡을 수가 없다.
예 갑자기 일어섰더니 어지러웠다.

위독하다
병이 몹시 깊거나 심하게 다쳐서 목숨이 위태롭다.
예 친구 어머니의 병세가 위독하여 걱정이 된다.

전염
병이 다른 사람에게 옮음.
예 코로나 바이러스 감염증은 사람의 침 등으로 전염이 되는 질병이다.

체질
태어났을 때부터 지니고 있는 몸의 성질이나 건강상의 특징.
예 체질에 맞는 음식을 섭취하는 것이 몸에 이롭다.

치료하다
병이나 상처 등을 낫게 하다.
예 암을 치료하는 신약이 개발되었다는 소식입니다.

해롭다
이롭지 않고 해가 되는 점이 있다.
예 흡연은 건강에 해로우므로 금연을 권장합니다.

유형 잡는 연습문제

| 정답과 해설 13쪽 |

🎧 2-02.mp3

[01~02] 다음을 듣고 남자의 중심 생각으로 가장 알맞은 것을 고르십시오.

01　① 혼자서 사는 것은 비용이 비싸 부담이 된다.

　　　② 공동생활을 해도 사생활은 보호받을 수 있다.

　　　③ 친구들과 함께 생활하면 서로 힘이 될 수 있다.

　　　④ 다른 사람과 함께 사는 것은 부정적인 면이 많다.

02　① 프레젠테이션은 새로운 아이디어를 제시하는 것이다.

　　　② 프레젠테이션은 금연 캠페인을 벌일 때 사용할 수 있다.

　　　③ 프레젠테이션의 청중이 누구인지를 미리 잘 파악해야 한다.

　　　④ 프레젠테이션은 아이디어를 채택할 권한이 있는 사람에게 하는 것이다.

[03~04] 다음을 듣고 여자의 중심 생각으로 가장 알맞은 것을 고르십시오.

03 ① 광고 회사에서는 다양한 활동을 해야 한다.

② 광고 회사에서 일을 하려면 게임을 즐겨야 한다.

③ 오랜 시간 책상 앞에 앉아 있으면 스트레스를 받는다.

④ 여유가 있고 힘들지 않을 때 아이디어가 잘 만들어진다.

04 ① 채색 아트는 복잡하게 발전하고 있다.

② 채색 아트는 스트레스를 해소해 준다.

③ 채색 아트는 사람들의 호기심을 자극한다.

④ 채색 아트에 지나치게 집중하면 좋지 않다.

유형 07

중심 내용/화제 고르기

[33, 41, 43번] 강연 및 다큐멘터리를 듣고 중심 내용이나 화제를 고르는 유형

'중심 내용 고르기'는 41~42번 세트 문항에서 출제되며 강연에서 전달하는 정보의 중심 내용이 무엇인지를 선택하는 유형입니다. '화제 고르기'는 33~34번과 43~44번 세트 문항에서 출제되며 듣기 내용의 '주제'를 선택하는 유형입니다. '중심 내용 고르기'는 50문항 중 1개 문항이, '화제 고르기'는 2개 문항이 출제됩니다.

2-03.mp3

Q 기출 60회 듣기 41번

이 강연의 중심 내용으로 가장 알맞은 것을 고르십시오.

✔ 수라상은 왕의 국정 운영에 활용되었다.

　　➔ 왕은 수라상을 통해 지방의 상황을 짐작하고 신하들의 분쟁을 잠재우며 정치에 활용했습니다. 따라서 정답은 ①번입니다.

② 수라상의 음식 수는 왕의 권력을 나타냈다.

　　➔ 수라상의 음식 수가 무엇을 나타내는지는 설명하지 않았습니다. 강연에서는 왕이 각 지방의 상황과 신하들의 분쟁 상황에 따라 반찬의 수를 달리한 것만 이야기하고 있으므로 중심 내용으로 적절하지 않습니다.

③ 수라상은 조선 시대 음식 문화를 보여 준다.

　　➔ 수라상이 조선 시대의 음식 문화를 보여 준다는 설명은 없습니다. 강연에서는 임금의 수라상이 정치적으로 어떻게 활용되었는지를 설명하고 있습니다.

④ 수라상의 의미는 시대마다 다르게 해석된다.

　　➔ 수라상의 의미가 시대에 따라 다르게 해석되었다는 내용은 강연에 나오지 않았습니다. 중심 내용으로 적절하지 않을 뿐만 아니라 강연의 내용과도 일치하지 않습니다.

• 듣기대본 •

> **여자:** 조선 시대 왕의 밥상인 수라상에는 각 지방의 제철 특산품이 올랐습니다. 그래서 왕은 수라상에 올라오는 식재료를 보고 각 지방의 상황을 두루 짐작할 수 있었지요. 그런데 나라에 가뭄이나 홍수 피해가 있으면 왕은 백성을 아끼는 마음에서 반찬 수를 줄이기도 했습니다. 수라상은 신하들의 분쟁을 잠재우기 위한 수단으로도 활용되었는데요. 신하들 간의 분쟁이 심해질 경우 왕은 반찬 수를 줄이겠다고 선언합니다. 그러면 신하들은 왕의 건강을 염려해서 잠시나마 분쟁을 멈추었지요. 왕이 수라상을 정치에 적절히 이용했던 겁니다.

█ '중심 내용 고르기' 유형 분석

'중심 내용 고르기' 유형은 강연을 듣고 듣기 내용 전체에서 전달하고자 하는 정보의 핵심을 파악해야 합니다. 고급 수준의 문항이므로 한자어와 어려운 표현도 지문에 포함됩니다. 앞에서 살펴본 '중심 생각 고르기'처럼, '일치하는 내용 고르기'로 혼동하여 틀린 답을 선택하지 않도록 유의해야 합니다. 다음 예시를 살펴봅시다.

> 자, 그럼 이 화면을 보시죠. 배우가 무대에서 관객들을 향해 혼잣말을 하고 있죠? 다른 배우들은 마치 이 배우의 말이 들리지 않는 것처럼 무대에서 자신의 연기를 계속하고요. 이렇게 무대 위의 다른 인물에게는 들리지 않고 관객만 들을 수 있도록 약속된 대사가 방백입니다. 방백은 연극 공연 중에 배우가 관객에게 극의 흐름이나 등장인물의 의도를 알려 주기 위해 사용되는데요. 방백만큼 등장인물의 숨겨진 심리를 분명하게 보여 주는 것은 없습니다. 그래서 관객은 방백을 통해 등장인물을 더 깊이 이해하게 되죠. 로마 시대부터 발달한 방백은 19세기 말에는 사용되지 않았습니다. 자연스럽지 못하다는 이유로요. 그러나 현대극에서는 필요에 따라 사용되며 등장인물에 대한 공감을 이끌어 내고 있습니다.
>
> 기출 52회 듣기 41번

알 수 있는 사실
• 방백은 배우가 관객에게 등장인물의 의도를 알려 주기 위해 사용한다.
• 방백은 등장인물의 숨겨진 심리를 가장 분명하게 보여 주는 방법이다.
• 방백은 등장인물에 대한 공감을 이끌어 낸다.

⇨

강연의 중심 내용
• 방백은 관객이 등장인물을 이해하는 데 도움이 된다. (○)
• 관객들은 방백보다 배우의 연기에 집중해야 한다. (×)
• 관객들은 방백의 내용을 파악하려는 노력을 해야 한다. (×)
• 방백은 배우의 실력을 판단하는 중요한 요소이다. (×)

다른 예시를 살펴봅시다.

> 과학자들은 오랜 논의를 거쳐 '감칠맛'을 다섯 번째 미각으로 인정했습니다. '감칠맛'은 음식을 더 맛있게 느끼게 해 식욕을 당기게 합니다. 이제 과학자들은 여섯 번째 미각에 관심을 쏟고 있는데요. 여러 맛들이 언급되고 있지만 '깊은맛'이 유력한 후보로 거론되고 있습니다. '깊은맛'은 식재료를 오래 끓이거나 숙성, 발효시키는 과정에서 우러나는 맛인데요. 그 자체로 맛을 가지고 있지는 않지만 다른 맛들과 결합해 음식의 풍미를 높여 줍니다. 콩을 발효해 만든 된장이나 간장을 기본 양념으로 하는 한식에는 '깊은맛'을 맛볼 수 있는 음식이 많습니다.
>
> 기출 64회 듣기 41번

알 수 있는 사실
• 과학자들이 여섯 번째 미각에 관심을 쏟고 있다.
• '깊은맛'이 여섯 번째 미각의 유력한 후보이다.

⇨

강연의 중심 내용
• 새로운 미각으로 '깊은맛'이 주목을 받고 있다. (○)
• 감칠맛에 대한 연구가 새로이 시작되었다. (×)
• 한식의 조리 과정에서는 발효가 가장 중요하다. (×)
• 음식의 풍미를 높이는 다양한 방법이 개발되었다. (×)

중심 내용/화제 고르기

2-04.mp3

Q 기출 64회 듣기 33번
무엇에 대한 내용인지 알맞은 것을 고르십시오.

① 질소의 활용 방법
 ➡ 질소를 비행기 타이어에 주입한다고 했으나 이는 비행기 타이어의 특징을 알려 주기 위해 나온 내용입니다. 정답이 아닙니다.

② 질소의 생성 원리
 ➡ 질소가 어떻게 만들어지는지에 대해서는 이야기하지 않았습니다. 정답이 아닙니다.

✔ 비행기 타이어의 특징
 ➡ 비행기가 착륙할 때 발생하는 열이 줄어들도록 타이어에 질소만을 주입하는 것, 세로 줄무늬를 사용하는 것 등 비행기 타이어의 특징을 설명하고 있습니다. 따라서 정답은 ③번입니다.

④ 비행기 타이어의 종류
 ➡ 비행기 타이어의 특징을 설명했을 뿐, 비행기 타이어의 종류는 설명하지 않았습니다. 정답이 아닙니다.

• 듣기대본 •

여자: 비행기가 착륙할 때 바퀴와 지면의 마찰*로 인해 엄청난 열이 발생합니다. 그 온도가 워낙 높아 공기를 주입한 타이어에서는 공기에 포함된 산소가 자칫 폭발을 유도할* 위험이 있습니다. 그래서 자동차 타이어와 달리 비행기 타이어에는 산소가 혼합되지 않은 질소만을 주입합니다. 타이어 표면의 무늬도 마찰열과 관계가 있는데요. 자동차 타이어에는 복잡한 무늬를 넣어 미끄러짐을 방지하지만 비행기 타이어에는 단순한 세로 줄무늬를 사용하여 지면과의 마찰을 줄이고 착륙 시 발생하는 열을 최소화해 줍니다.

*마찰: 두 물체가 서로 닿아 문질러지거나 비벼짐.
*유도하다: 사람이나 물건을 원하는 방향이나 장소로 이끌다.

감 잡는 개념 정리

'화제 고르기' 유형 분석

'화제 고르기' 유형은 듣기에서 반복적으로 다루는 내용, 사례로 제시하는 내용이 무엇을 이야기하는지 찾아야 합니다. 기출 문제를 보며 주제와 선택지의 출제 경향을 파악하면 도움이 됩니다.

> 제 고향에 소목이라고 부르는 곳이 있습니다. 좀 독특한 지명이죠? ① 지형이 소가 누워 있는 형상인데, 소의 목 부분에 있는 마을이라고 해서 그렇게 불린다고 하네요. 이렇게 지명을 들여다보면 그 마을의 특징을 알 수 있는 경우가 있습니다. ② 동네 뒷산에 토끼가 많이 산다고 해서 토끼실이라 불리는 곳도 있습니다. ③ 땅끝마을은 우리나라의 육지 중 가장 남쪽 끝에 있는 마을이라서 붙여진 이름이고요. 그럼 ④ 두물머리라는 지명은 왜 나온 것일까요? (잠시 후) 네, 그렇습니다. 그곳은 한강의 두 물길이 하나로 만나는 곳에 위치한 마을이라서 그렇게 불립니다. 여러분이 사는 곳의 이름에는 어떤 의미가 있는지 한번 찾아 보시죠.
>
> 기출 52회 듣기 33~34번

⇩

① + ② + ③ + ④ → 화제: 지명이 만들어진 배경

기출에 나온 선택지

• 기록의 보존 방법 • 기록 연구사의 역할 • 역사적 기록물의 가치 • 기록을 해야 하는 이유	• 기업의 인재 발굴 • 기업 인재상의 변화 • 변화하는 지도자 유형 • 경제 성장을 이끈 기업
• 참치의 유통 과정 • 멸종 위기의 참치 • 참치의 생물학적 특징 • 과학적인 참치 잡이 방법	• 지나친 청결의 문제점 • 피부병 발병의 주요 원인 • 유아기 생활 습관의 중요성 • 항균 요법을 통한 질병 예방법
• 채소 재배 방법 • 채소 값 인상 요인 • 무공해 채소의 장점 • 텃밭 가꾸기의 유익함	• 점자의 역사 • 점자의 표기법 • 점자의 제자 원리 • 점자의 다양한 사용
• 사태를 파악하는 능력 • 감정을 조절하는 방법 • 안전사고를 예방하는 자세 • 위급 상황에 대처하는 태도	• 교통사고 발생률 변화 • 교통사고의 원인과 유형 • 운전 습관과 교통사고 발생률 • 성별에 따른 운전 실력의 차이

주제별 어휘노트

≫ 정치에 대한 어휘

각계각층
사회의 여러 분야와 계층.
예 각계각층의 인사들이 동참하고 있습니다.

경쟁하다
어떤 분야에서 이기거나 앞서려고 서로 겨루다.
예 다른 정당과 경쟁하는 과정에서 다툼이 발생했다.

공정
어느 한쪽으로 이익이나 손해가 치우치지 않고 올바름.
예 공직자에게 무엇보다 중요한 덕목은 공정이다.

과반수
전체의 수에서 절반이 넘는 수.
예 과반수의 인원이 반대하여 계획이 취소되었다.

유권자
선거할 권리를 가진 사람.
예 유권자에게 투표에 참여할 것을 강하게 권했다.

이행하다
실제로 행하다.
예 이행하지 못할 공약을 내세워서는 안 된다.

지지하다
어떤 사람이나 단체 등이 내세우는 주의나 의견 등에 찬성하고 따르다.
예 지지하는 국회 의원에게 정치 후원금을 보낸다.

출마하다
선거에 나가다.
예 대통령 선거에 출마하려면 재산을 공개해야 한다.

투표하다
선거를 하거나 어떤 일을 결정할 때 정해진 용지에 의견을 표시하여 내다.
예 투표하는 장소는 동네의 공공 기관들입니다.

유형 잡는 연습문제

| 정답과 해설 14쪽 |

🎧 2-05.mp3

[01~02] 다음을 듣고 이 강연의 중심 내용으로 가장 알맞은 것을 고르십시오.

01 ① 화학조미료는 일일 권장량을 지켜 섭취해야 한다.
    ② 천연 조미료에 비해 화학조미료의 만족도가 크다.
    ③ 현대인들은 화학조미료보다 천연 조미료를 선호한다.
    ④ 화학조미료가 인체에 유해하다는 것은 잘못된 편견이다.

02 ① 불안 장애는 다양한 증상을 유발한다.
    ② 불안은 공포라는 감정과는 다른 것이다.
    ③ 적당한 불안은 생존과 성과에 도움이 되기도 한다.
    ④ 생존을 위해서는 반드시 불안을 떨쳐 버려야만 한다.

[03~04] 다음을 듣고 무엇에 대한 내용인지 알맞은 것을 고르십시오.

03 ① 신기술을 위협하는 정책
② 최신 기기를 대하는 태도
③ 심리적 불안을 예방하는 방법
④ 신기술로 인한 스트레스의 유형

04 ① 질소의 순환 원리
② 질소의 활용 방법
③ 자동차 안전 장치
④ 분자 요리의 매력

유형

08

화자의 의도/목적 고르기

[27번] 대화를 듣고 화자가 말하고자 하는 바가 무엇인지 고르는 유형

대화를 듣고 화자가 말을 하는 의도(목적)가 무엇인지 파악하는 유형으로, 27~28번 세트 문항에서 출제됩니다. 특정 주제에 대해 상대방에게 어떤 태도로 내용을 전달하는지를 파악해야 합니다. 듣기 내용의 문장이 선택지에 그대로 제시되지는 않으므로 내용을 듣고 이를 간략하게 정리한 표현을 찾아야 합니다.

2-06.mp3

Q 기출 64회 듣기 27번
남자가 말하는 의도로 알맞은 것을 고르십시오.

① 남성 육아의 필요성을 일깨우기 위해

　➡ 남자는 남성의 육아 휴직이 많아진 이유에 대해 말하고 있습니다. 남성이 육아를 해야 한다는 것을 강조하지 않았습니다. 정답이 아닙니다.

② 남성 육아를 위한 제도를 설명하기 위해

　➡ 남자와 여자 모두 남자 육아 휴직 제도에 대해 알고 있어 제도를 설명할 필요가 없습니다. 정답이 아닙니다.

③ 남성 육아의 문제점에 대해 지적하기 위해

　➡ 남자는 남성 육아의 문제점을 지적하지 않았습니다. 정답이 아닙니다.

✔ 남성 육아에 대한 인식 변화를 말하기 위해

　➡ 남자는 남자 육아 휴직이 많아진 이유가 남성 육아를 긍정적으로 보는 시각이 많아졌기 때문이라고 했으므로, 정답입니다.

┌ **듣기대본** ┐

　남자: 이번에 김 과장님도 육아 휴직을 신청했대요. 요즘 우리 회사 남자 직원들 중에 육아 휴직을 신청하는 사람들이 점점 많아지고 있어요.

　여자: 그러게요. 제도가 바뀌면서 휴직 기간 동안 월급도 주고 경력 인정도 되니까 예전보다 신청에 대한 부담이 적어진 거겠죠.

　남자: 제 생각엔 남성 육아를 긍정적으로 보는 시각이 많아진 게 큰 이유인 것 같아요. 정부나 회사에서 남성 육아를 권장하기도 하고요.

　여자: 하긴 요즘 분위기가 많이 달라진 것 같긴 해요.

'화자의 의도/목적 고르기' 유형 분석

'화자의 의도/목적 고르기' 유형은 먼저 남자의 의도를 묻는 것인지, 여자의 의도를 묻는 것인지를 파악해야 합니다. 그리고 몇몇 단어나 표현, 일부 내용에만 집중하여 답을 선택하지 않도록 주의해야 합니다. 다음의 표현을 알아 두면 좋습니다.

불만	마음에 차지 않음. ⑩ 작년보다 연봉이 깎이자 회사 직원들은 불만이 높아졌다.
참여	어떤 일에 끼어들어 관계함. ⑩ 그 캠페인은 사람들에게 후원 참여를 장려한다.
의의	어떤 사실이나 행위가 지니는 중요성이나 가치. ⑩ 이 유적지는 역사적으로 의의가 큰 곳이다.
일깨우다	일러 주거나 가르쳐서 깨닫게 하다. ⑩ 중요성을 일깨우다.
조언하다	말로 돕거나 깨우쳐 주어서 돕다. ⑩ 의사가 액상 과당 섭취를 줄여 보라고 조언했다.
제기하다	의견이나 문제를 내놓다. ⑩ 아파트 주민들은 주차 공간 부족 문제를 제기하였다.
지적하다	잘못된 점이나 고쳐야 할 점을 가리키어 말하다. ⑩ 선생님께서는 수영이의 잘못을 지적했다.

기출에 나온 주제와 선택지

이 유형에서 선택지는 모두 '~기 위해' 또는 '~(으)려고'의 형태로 출제됩니다. 아래의 기출 주제와 선택지를 통해 확인해 봅시다.

주제	선택지
신발 구매	• 기부에 동참한 것을 감사하려고 • 가족의 소중함을 일깨워 주려고 • 신발 구매의 의미를 알려 주려고 • 자부심을 높이는 방법에 대해 조언하려고
임시 공휴일	• 임시 공휴일을 지정하게 된 이유를 알려 주기 위해 • 임시 공휴일에 못 쉬는 것에 대한 불만을 제기하기 위해 • 임시 공휴일이 회사 운영에 미치는 영향을 파악하기 위해 • 임시 공휴일 지정으로 얻을 수 있는 효과를 강조하기 위해
회사 단합 대회	• 단합 대회의 의의를 말하려고 • 단합 대회의 참여를 부탁하려고 • 단합 대회의 방식을 바꾸려고 • 단합 대회의 문제를 지적하려고

>> **직장 생활에 대한 어휘**

경영
기업이나 사업을 관리하고 운영함.
⑩ 나의 회사 경영 원칙은 성실과 정직이다.

고려하다
어떤 일을 하는 데 여러 가지 상황이나 조건을 신중하게 생각하다.
⑩ 예산을 초과할 수 있다는 점을 고려해 주십시오.

구성원
어떤 조직이나 단체를 이루고 있는 사람들.
⑩ 구성원의 성향을 알면 그가 부족한 부분을 도울 수 있다.

근무
직장에서 맡은 일을 하는 것. 또는 그런 일.
⑩ 우리 회사는 자율 근무 제도를 시행하고 있습니다.

노사
노동자와 사용자. 돈을 받고 일을 하는 사람과 돈을 주고 일을 시키는 사람을 아울러 이르는 말.
⑩ 노사의 갈등이 좁혀지지 않아 문제가 되고 있다.

맡기다
어떤 직분이나 역할을 담당하는 책임을 지게 하다.
⑩ 중요한 일을 신뢰하는 직원에게 맡기다.

수행하다
일을 생각하거나 계획한 대로 해내다.
⑩ 비서의 업무를 수행하다 보면 힘들 때가 있다.

승진하다
직장에서 지금보다 더 높은 자리에 오르다.
⑩ 승진을 하면 일반적으로 급여가 상승한다.

인정받다
어떤 것의 가치나 능력 등이 확실하다고 여겨지다.
⑩ 회사에서 인정받는 직원이 되려고 노력 중이다.

유형 잡는 연습문제

| 정답과 해설 16쪽 |

🎧 2-07.mp3

[01~02] 다음을 듣고 남자가 말하는 의도로 알맞은 것을 고르십시오.

01 ① 대량 구매의 필요성을 강조하기 위해
② 다양한 장보기 방법을 확인하기 위해
③ 많은 양을 사는 것에 책임을 묻기 위해
④ 적절한 장보기 방법을 권유하기 위해

02 ① 한국어 말하기 대회의 의의를 말하기 위해
② 한국어 말하기 대회의 참여를 부탁하기 위해
③ 한국어 말하기 대회의 효과를 강조하기 위해
④ 한국어 말하기 대회에 대한 불만을 제기하기 위해

[03~04] 다음을 듣고 여자가 말하는 의도로 알맞은 것을 고르십시오.

03 ① 기사의 내용을 전달하기 위해
② 아동 후원 참여를 권하기 위해
③ 자신의 기부 실천을 자랑하기 위해
④ 빈곤한 아이들의 현실을 설명하기 위해

04 ① 자율 근무제의 변화를 말하기 위해
② 자율 근무제의 방식을 바꾸기 위해
③ 자율 근무제의 장점을 설명하기 위해
④ 자율 근무제의 영향을 파악하기 위해

세트 문항 맛보기

유형|06 **중심 생각 고르기** ➕ 유형|09 **일치하는 내용 고르기**

- 듣기 영역 [21~22번], [25~26번], [37~38번]에서 출제되는 세트 문항입니다.
- 유형|09 일치하는 내용 고르기는 대유형 '세부 내용 파악하기'에서 자세히 공부할 수 있습니다.
- 세트 문항 맛보기는 유형을 보여 주기 위한 장치로, 별도의 음원은 제공하지 않습니다. 수록한 듣기 대본을 읽고 유형 학습을 하기 바랍니다.

[01~02] 다음을 듣고 물음에 답하십시오. [각 2점]

┌─● 듣기 대본 ●────────────────────────────┐

여자: 선생님께서 만든 놀이터는 기존의 놀이터와 어떻게 다른가요?

남자: 이곳은 기존의 놀이터보다 크고 넓지만 그네나 미끄럼틀 같은 놀이 기구는 하나도 없습니다. 대신 모래밭과 물이 흐르는 개울이 있고, 작은 언덕도 있어요. 언덕 옆에 오래된 통나무들도 놓여 있고요. 이곳에 오면 아이들은 언덕을 오르거나 통나무를 타 보기도 하고 개울에서 물놀이를 하기도 해요. 놀이 기구가 없기 때문에 아이들은 무한한 상상력을 발휘하게 되는 거죠. 이곳에서 아이들은 각자 다른 방법으로 새로운 것들을 해 보면서 자유롭게 놉니다.

└──┘

기출 60회 듣기 25번

01 남자의 중심 생각으로 가장 알맞은 것을 고르십시오.

① 아이들이 노는 놀이터는 공간이 넓을수록 좋다.
② 놀이터에 다양한 놀이 기구를 더 설치해야 한다.
③ 놀이 기구가 없는 놀이터는 상상력을 기르기에 좋다.
④ 놀이터에 있는 놀이 기구의 관리를 철저히 해야 한다.

🔆 중심 내용 파악하기에서 다루는 유형|06 **중심 생각 고르기**

유형 해설 ▷ 이 유형은 남자 혹은 여자가 전하고자 하는 가장 중요한 생각을 찾는 유형입니다. '일치하는 내용'이나 '부분적으로 일치하는 내용'이 아니라 '가장 중요하게 전달하고자 하는 내용'을 찾아야 합니다. 화자가 긍정적으로 이야기하는 것, 반복해서 이야기하는 것 등이 무엇인지 집중해서 들어 보기 바랍니다.

정답 해설 ▷ ③ 남자는 놀이터에 놀이 기구가 없기 때문에 아이들이 무한한 상상력을 발휘할 수 있다고 했습니다.

오답 해설 ▷ ① 남자는 놀이터의 공간의 크기보다는 놀이터에서 아이들이 새로운 시도를 할 수 있도록 하는 공간을 강조했습니다.

② 남자는 놀이터에 다양한 놀이 기구가 없기 때문에 아이들이 무한한 상상력을 발휘할 수 있다고 했습니다.

④ 남자는 놀이터에 있는 놀이 기구의 관리를 어떻게 하는 것이 좋은지 이야기하지 않았습니다.

기출 60회 듣기 26번

02 들은 내용과 같은 것을 고르십시오.

① 이 놀이터는 기존 놀이터보다 작아졌다.

② 안전을 위해 놀이터의 통나무들을 치웠다.

③ 이 놀이터에서 아이들이 물놀이를 할 수 있다.

④ 놀이터 안에 모래밭을 없애고 언덕을 만들었다.

🔍 세부 내용 파악하기에서 다루는 **유형|09 일치하는 내용 고르기**

유형해설 ▶ 이 유형은 '세부 내용 파악하기'의 '일치하는 내용 고르기' 유형입니다. 자세한 학습은 84쪽에서 하기 바랍니다.

정답해설 ▶ ③ 이 놀이터에는 물이 흐르는 개울이 있어서 아이들이 물놀이를 할 수 있다고 했습니다.

오답해설 ▶ ① 이 놀이터는 기존의 놀이터보다 크고 넓다고 했습니다.

② 놀이터의 언덕 옆에 통나무들이 놓여 있다고 했습니다.

④ 놀이터 안에 모래밭이 있다고 했고, 아이들이 언덕을 오를 수도 있다고 했습니다.

유형 | 08 화자의 의도/목적 고르기 ⊕ 유형 | 09 일치하는 내용 고르기

● 듣기 영역 [27~28번]에서 출제되는 세트 문항입니다.
● 유형 | 09 일치하는 내용 고르기는 대유형 '세부 내용 파악하기'에서 자세히 공부할 수 있습니다.
● 세트 문항 맛보기는 유형을 보여 주기 위한 장치로, 별도의 음원은 제공하지 않습니다. 수록한 듣기 대본을 읽고 유형 학습을 하기 바랍니다.

[03~04] 다음을 듣고 물음에 답하십시오. [각 2점]

• 듣기 대본 •

남자: 뉴스를 보니까 정부에서 다음 달 6일을 임시 공휴일로 지정했다던데.

여자: 그래? 5일하고 7일이 쉬는 날이라서 그런 모양이구나. 그날 쉬는 사람들은 좋겠다. 지난번 임시 공휴일에도 놀러 가는 사람이 많았대.

남자: 우리 회사도 쉬면 좋을 텐데. 임시 공휴일에는 우리도 쉬어야 하는 거 아냐?

여자: 맞아. 그날 회사에 나와야 하는데 아이 유치원이 쉬니까 당장 아이 맡길 데를 알아봐야 해.

남자: 우리처럼 못 쉬는 사람한테는 임시 공휴일이 별 소용이 없는 것 같아.

기출 52회 듣기 27번
03 남자가 말하는 의도로 알맞은 것을 고르십시오.

① 임시 공휴일을 지정하게 된 이유를 알려 주기 위해
② 임시 공휴일에 못 쉬는 것에 대한 불만을 제기하기 위해
③ 임시 공휴일이 회사 운영에 미치는 영향을 파악하기 위해
④ 임시 공휴일 지정으로 얻을 수 있는 효과를 강조하기 위해

● 중심 내용 파악하기에서 다루는 유형 | 08 화자의 의도/목적 고르기

유형 해설 ▶ 이 유형은 화자가 말하는 목적이 무엇인지를 찾는 유형입니다. 대화의 주제에 대해 화자가 어떤 생각을 지니고 있는지 파악해야 합니다. '불만을 제기할 때', '효과를 강조할 때', '이유를 알려 줄 때' 주로 사용하는 단어와 표현을 알면 좋습니다. 대화의 분위기를 파악하는 것도 문제를 풀 때 도움이 됩니다.

정답 해설 ▶ ② 남자는 '우리 회사도 쉬면 좋을 텐데'라고 말했습니다. 이를 통해 남자의 회사가 임시 공휴일에 쉬지 않는다는 것을 알 수 있습니다. 또한 '임시 공휴일에는 우리도 쉬어야 하는 거 아냐?'라는 말은 '임시 공휴일에 우리도 쉬어야 해.'라는 말을 의문형으로 말하며 불만을 드러내는 것입니다.

① 임시 공휴일을 지정하게 된 이유는 여자의 말에서 추측할 수 있지만, 남자가 말하는 의도와는 관련이 없습니다.

③ 임시 공휴일이 회사 운영에 미치는 영향이 아니라 가정과 아이의 양육에 미치는 영향에 대해 여자가 이야기했습니다.

④ 임시 공휴일 지정으로 얻을 수 있는 효과가 아니라 임시 공휴일에 못 쉬는 것에 대한 불만을 이야기하고 있습니다.

기출 52회 듣기 28번

04 들은 내용과 같은 것을 고르십시오.

① 유치원은 임시 공휴일에 쉬지 않는다.

② 남자는 임시 공휴일에 여행을 가려고 한다.

③ 여자는 아이를 맡길 곳이 없어서 걱정하고 있다.

④ 정부는 이번에 처음으로 임시 공휴일을 지정했다.

🔍 세부 내용 파악하기에서 다루는 （ 유형 | 09 일치하는 내용 고르기 ）

이 유형은 '세부 내용 파악하기'의 '일치하는 내용 고르기' 유형입니다. 자세한 학습은 84쪽에서 하기 바랍니다.

③ 여자는 임시 공휴일에도 출근하는데 유치원은 쉬기 때문에 당장 아이 맡길 곳을 알아봐야 한다고 했습니다.

① 유치원도 임시 공휴일에 쉬기 때문에 여자는 아이 맡길 곳을 알아봐야 한다고 했습니다.

② 남자는 임시 공휴일에도 회사가 쉬지 않는다고 했습니다. 여행을 갈 수 없습니다.

④ 지난번 임시 공휴일에도 놀러 가는 사람이 많았다는 여자의 말을 통해 이전에 임시 공휴일 지정이 있었음을 알 수 있습니다.

유형 07 중심 내용/화제 고르기 ✚ 유형 09 일치하는 내용 고르기

● 듣기 영역 [33~34번], [41~42번], [43~44번]에서 출제되는 세트 문항입니다.
● 유형 09 일치하는 내용 고르기는 대유형 '세부 내용 파악하기'에서 자세히 공부할 수 있습니다.
● 세트 문항 맛보기는 유형을 보여 주기 위한 장치로, 별도의 음원은 제공하지 않습니다. 수록한 듣기 대본을 읽고 유형 학습을 하기 바랍니다.

[05~06] 다음을 듣고 물음에 답하십시오. [각 2점]

┌─ ● 듣기 대본 ● ────────────────────────────────────

여자: 우주 식품은 어떻게 만들까요? 우주 식품은 장기 보관을 위해 식품 내 미생물을 완전히 없애고, 얼린 후 건조시켜 만듭니다. 그리고 무중력 공간인 우주선에서는 음식의 국물이나 가루가 떠다니다 기계에 고장을 일으킬 수 있어 이런 종류는 되도록 피합니다. 우주에서 오래 활동하면 뼈와 근육이 약해지니까 칼슘과 칼륨이 들어 있는 식품을 꼭 포함하고요. 우주에서는 미각과 후각이 둔해져 맛을 잘 느끼지 못하기 때문에 음식을 더 자극적으로 만듭니다.

└──

기출 60회 듣기 33번
05 무엇에 대한 내용인지 알맞은 것을 고르십시오.

① 우주 식품의 개발 배경
② 우주 식품을 먹는 방법
③ 우주 식품 제조 시 고려 사항
④ 우주 식품 운반 시 주의 사항

🖢 중심 내용 파악하기에서 다루는 유형 07 중심 내용/화제 고르기

유형 해설 ▶ 이 유형은 '중심 내용/화제 고르기' 유형에서 '화제 고르기'에 해당합니다. 선택지의 표현이 듣기 내용에 그대로 나오지 않는 경우가 많습니다. 들은 내용에 한자어를 활용한 제목을 붙인다면 무엇이 좋을지 생각한 후 답을 선택하면 좋습니다. 모든 선택지는 '문장'이 아닌 '명사형'으로 제시됩니다.

정답 해설 ▶ ③ 여자는 우주 식품을 만들 때 고려해야 할 점을 자세히 설명했습니다. 미생물을 완전히 없애고 얼린 후 건조시켜야 하며, 국물이나 가루는 피해야 하고, 칼슘과 칼륨이 들어 있는 음식을 포함하며 음식을 더 자극적으로 만든다고 했습니다.

오답 해설 ▶ ① 우주 식품을 어떻게 개발하게 되었는지에 대해 이야기한 것이 아니라, 우주 식품을 만들 때 중요하게 생각하는 점을 이야기하고 있습니다.

② 우주 식품을 어떻게 먹는지에 대해서 이야기하지 않았습니다.
④ 우주 식품을 운반할 때 무엇을 조심해야 하는지 이야기하지 않았습니다.

기출 60회 듣기 34번
06 들은 내용과 같은 것을 고르십시오.

① 우주 식품은 자극적이지 않게 만든다.
② 우주 식품에는 특정 미생물이 들어 있다.
③ 우주 식품은 대부분 액체 형태로 만들어진다.
④ 우주 식품에는 뼈와 근육에 좋은 성분이 포함된다.

🔍 세부 내용 파악하기에서 다루는 (유형 | 09 일치하는 내용 고르기)

유형 해설 ▶ 이 유형은 '세부 내용 파악하기'의 '일치하는 내용 고르기' 유형입니다. 자세한 학습은 84쪽에서 하기 바랍니다.

정답 해설 ▶ ④ 우주에서 오래 활동하면 뼈와 근육이 약해지기 때문에 칼슘과 칼륨이 들어 있는 식품을 우주 식품에 꼭 포함한다고 했습니다. 즉, 우주 식품에는 뼈와 근육이 약해지는 것을 막기 위한 성분이 포함됩니다.

오답 해설 ▶ ① 우주에서는 미각과 후각이 둔해져 맛을 잘 느끼지 못하기 때문에 음식을 더 자극적으로 만든다고 했습니다.
② 우주 식품은 오랫동안 보관하기 위해 식품 내 미생물을 완전히 없앤다고 했습니다.
③ 우주 식품은 얼린 후 건조시켜 만든다고 했고, 국물은 기계에 고장을 일으킬 수 있어 피한다고 했습니다.

합격 잡는 **실전문제**에서 더 풀어 보기

합격 잡는 실전문제

| 정답과 해설 17쪽 |

2-08.mp3

[01~02] 다음을 듣고 남자의 중심 생각으로 가장 알맞은 것을 고르십시오.

기출 52회 듣기 21번

01 ① 우산이 홍보에 더 효과적이다.

② 우산을 만들 때 색깔이 중요하다.

③ 수첩에 학교 이름이 들어가야 한다.

④ 수첩에 메모하는 습관을 길러야 한다.

02 ① 공사를 할 때에는 안전 수칙을 잘 지켜야 한다.

② 안전한 공사를 위해서는 기계의 관리가 중요하다.

③ 공사를 대충 하는 회사들은 태도를 바꾸어야 한다.

④ 날씨가 너무 덥거나 추울 때는 공사를 하지 말아야 한다.

[03~04] 다음을 듣고 여자의 중심 생각으로 가장 알맞은 것을 고르십시오.

기출 60회 듣기 37번

03 ① 특수 목재는 건축 재료로서 이점이 많다.

② 목조 건물의 높이를 제한할 필요가 있다.

③ 목조 건물을 짓는 것은 신중히 생각해야 한다.

④ 특수 목재 가공 기술의 장단점을 파악해야 한다.

04 ① 회사에서는 컴퓨터 사용법을 알려 주지 않아도 된다.

② 많은 직원들이 컴퓨터를 못해서 업무 능력이 좋지 않다.

③ 강사들이 컴퓨터 사용법을 어떻게 가르칠지 고민하고 있다.

④ 직원들의 업무 능력 향상을 위해 컴퓨터 사용법 교육이 필요하다.

[05~06] 다음을 듣고 물음에 답하십시오.

기출 64회 듣기 21번

05 **남자의 중심 생각으로 가장 알맞은 것을 고르십시오.**

① 여행객들의 성향을 조사해야 한다.

② 고객 만족도를 높이는 것이 우선이다.

③ 이용 후기를 늘릴 수 있도록 해야 한다.

④ 후기 분석을 적극적으로 할 필요가 있다.

기출 64회 듣기 22번

06 **들은 내용과 같은 것을 고르십시오.**

① 이 호텔에서는 후기 작성 이벤트를 하고 있다.

② 남자는 호텔과 관련된 자료를 조사할 예정이다.

③ 이 호텔을 이용한 고객들은 후기를 많이 남겼다.

④ 여자가 일하는 호텔은 고객 만족도가 높은 편이다.

[07~08] 다음을 듣고 물음에 답하십시오.

07 여자의 중심 생각으로 가장 알맞은 것을 고르십시오.

① 청소년은 판단 능력이 부족해서 타인의 생각을 쉽게 따라간다.

② 연예인의 주장은 사전 지식이 없어서 발언에 의미가 별로 없다.

③ 연예인은 사회적 문제에 대해 의사 표현을 할 때 주의를 해야 한다.

④ 외국의 연예인들처럼 사회와 정치 문제에 대해 연구를 많이 해야 한다.

08 들은 내용과 같은 것을 고르십시오.

① 청소년들은 사회적 영향력이 큰 연령층이다.

② 사회적 문제에 적극적으로 참여하는 연예인이 많아지고 있다.

③ 연예인의 주장은 금세 확산되어서 전문 지식처럼 되어 버린다.

④ 외국의 연예인들은 우리나라와 달리 다양한 분야에 참여하는 편이다.

[09~10] 다음을 듣고 물음에 답하십시오.

기출 52회 듣기 43번

09 이 이야기의 중심 내용으로 가장 알맞은 것을 고르십시오.

① 나방에 대해 잘못 알려져 있는 부분이 많다.

② 사람들은 나방의 유해성에 관심을 가져 왔다.

③ 나방과 나비는 유사한 행동 양식을 가지고 있다.

④ 나방의 애벌레는 생태계에서 중요한 역할을 한다.

기출 52회 듣기 44번

10 나방에 대한 설명으로 맞는 것을 고르십시오.

① 나방의 애벌레는 새들에게 피해를 입힌다.

② 나방은 나비와 달리 꽃가루를 모으지 않는다.

③ 나방의 몸에 있는 가루는 우리 몸에 해롭지 않다.

④ 나방은 개체 수가 많아서 숲의 생태계를 위협한다.

[11~12] 다음을 듣고 물음에 답하십시오.

11 무엇에 대한 내용인지 알맞은 것을 고르십시오.

① 기억 재구성의 원인

② 과거의 나, 현재의 나

③ 기억 재구성의 문제점

④ 현재의 삶을 잘 기억하는 방법

12 들은 내용과 같은 것을 고르십시오.

① 사람들은 과거의 모든 기억을 지우고 싶어 한다.

② 기억이 다시 구성되어도 곧 본래의 기억이 떠오른다.

③ 같은 일을 경험했다면 각자가 기억하는 모습도 동일하다.

④ 기억을 다시 만드는 과정은 의도적으로 일어나는 것이 아니다.

[13~14] 다음을 듣고 물음에 답하십시오.

기출 60회 듣기 27번

13 남자가 말하는 의도로 알맞은 것을 고르십시오.

① 단합 대회의 의의를 말하려고

② 단합 대회의 참여를 부탁하려고

③ 단합 대회의 방식을 바꾸려고

④ 단합 대회의 문제를 지적하려고

기출 60회 듣기 28번

14 들은 내용과 같은 것을 고르십시오.

① 단합 대회에서 음식을 만들어 먹었다.

② 여자는 단합 대회에 참석하지 않았다.

③ 단합 대회는 회사 안에서 진행되었다.

④ 남자는 단합 대회에서 운동을 안 했다.

[15~16] 다음을 듣고 물음에 답하십시오.

15 여자가 말하는 의도로 알맞은 것을 고르십시오.

① 단체 관람의 장점을 강조하기 위해

② 관람을 잘 하는 방법을 설명하기 위해

③ 다른 사람의 관람 태도를 비판하기 위해

④ 박물관에서 조용히 할 것을 부탁하기 위해

16 들은 내용과 같은 것을 고르십시오.

① 박물관은 관람객을 충분히 수용할 공간이 있어야 한다.

② 박물관의 모든 단체 관람객은 관람 태도에 문제가 있다.

③ 박물관에서 관람을 할 때는 다른 관람객을 배려해야 한다.

④ 박물관에서는 자신이 느낀 점을 다른 사람과 이야기해야 한다.

유형 09

일치하는 내용 고르기

[13~16번, 22, 24, 26, 28, 30, 34, 36, 38, 40, 42, 44, 45, 47, 49번] 듣기 내용과 같은 것을 고르는 유형

들은 내용과 일치하는 것을 고르는 유형으로, 총 18문항이 출제되어 비중이 매우 높습니다. 대화, 안내·공지, 뉴스·보도, 인터뷰, 강연, 공식적인 인사말, 교양 프로그램, 다큐멘터리 등 다양한 종류의 방송을 듣고 일치하는 내용을 선택해야 합니다.

3-01.mp3

Q 기출 64회 듣기 13번

다음을 듣고 들은 내용과 같은 것을 고르십시오.

① 여자는 심리학과 학생이다.
> ⊙ 여자는 심리학 개론이 다른 학과 수업이라 걱정이 된다고 말했습니다. 일치하는 내용이 아닙니다.

② 여자는 수강 신청을 하지 못했다.
> ⊙ 여자는 심리학 개론 수업을 수강 신청했습니다. 일치하는 내용이 아닙니다.

✔ 남자는 심리학 개론 수업에 만족했다.
> ⊙ 남자는 작년에 심리학 개론 수업을 들은 것이 진짜 좋았다고 말했으므로 일치하는 내용입니다. 따라서 정답은 ③번입니다.

④ 남자는 여자와 심리학 개론 수업을 들었다.
> ⊙ 남자는 작년에 심리학 개론 수업을 들었고, 여자는 이번에 심리학 개론 수업을 듣습니다. 일치하는 내용이 아닙니다.

• 듣기대본 •

여자: 민수야, 너 작년에 심리학 개론 수업* 들었지?

남자: 응. 진짜 좋았어. 너도 그 수업 들으려고?

여자: 수강 신청은 했는데 다른 학과 수업이라 걱정이 돼서.

남자: 그 수업, 내용도 재밌고 어렵지 않아서 괜찮을 거야.

감 잡는 개념 정리

'일치하는 내용 고르기' 유형 분석

'일치하는 내용 고르기' 유형은 주어진 내용을 잘 듣고 그 내용과 맞는 것을 선택해야 합니다. 이 문제를 풀 때 가장 유의할 점은 '100% 맞는 답'을 골라야 한다는 것입니다. 문제를 풀다 보면 정답처럼 보이는 매력적인 오답 선택지가 있을 수 있습니다. 이 오답을 피해 가는 것이 중요합니다. 다음 예시를 살펴봅시다.

> 5월 1일부터 일주일 동안 세계 가구 전시회가 있습니다. 세계 여러 나라의 가구를 구경하고 직접 만들어 볼 수 있는 기회를 놓치지 마시기 바랍니다. 평일에는 오전 10시부터 오후 6시까지 전시회가 열리며, 주말에는 오후 7시까지 전시회를 합니다. 전시회 입장권은 인터넷 홈페이지에서 무료로 받으실 수 있으며, 가구 만들기 체험은 전시관에서 체험비 50,000원을 내고 직접 신청하셔야 합니다.

① 일주일 동안 세계 여러 나라의 가구를 판다.
② 평일과 주말 모두 오후 6시까지 전시회를 한다.
③ 가구 전시회에 무료로 입장하여 구경할 수 있다.
④ 가구 만들기 체험은 홈페이지에서 신청하면 된다.

⇩

① 세계 여러 나라의 가구를 파는 것이 아니라, 전시하여 보여 주는 것이다. (×)
② 평일에는 오후 6시까지, 주말에는 오후 7시까지 전시회를 한다. (△)
③ 전시회 입장권을 인터넷 홈페이지에서 무료로 받을 수 있으며, 그 입장권으로 전시회에 입장하여 구경할 수 있다. (○)
④ 가구 만들기 체험은 전시관에서 체험비를 내고 직접 신청해야 한다. (×)

⇩

○, △, × 로 표시한 것 중에서 ○만을 고르면, ③번이 답이 됩니다. 이런 유형은 급하게 풀면 틀리기가 쉽습니다. 방송을 집중해서 끝까지 잘 들은 후에 답을 고르는 것이 좋습니다. '돌다리도 두드려 보고 건너라'라는 속담을 기억하며 이 문제를 풀도록 합시다.

주제별 어휘노트

>> 학교생활에 대한 어휘

기숙사
학교나 회사에서 학생이나 직원들이 함께 자고 식사하도록 제공하는 시설.
예 기숙사는 월세가 싸고 안전하다.

맞히다
문제에 대한 답을 옳게 대다.
예 모든 문제의 정답을 맞혀서 100점을 받았다.

배우다
새로운 지식을 얻다.
예 새로운 언어를 배우는 것이 쉽지 않다.

선배
같은 학교를 자기보다 먼저 입학한 사람.
예 선배에게 수강 신청을 잘하는 방법을 물어보았다.

성적
학생들이 공부한 것을 시험 등으로 평가한 결과.
예 우수한 성적으로 다음 학기에 장학금을 받는다.

수업*
교사가 학생에게 지식이나 기술을 가르쳐 줌.
예 수업을 들은 후 도서관 앞에서 친구를 만났다.

알아보다
모르는 것을 알려고 살펴보거나 조사하다.
예 졸업 후 어떤 곳에 취직할 수 있는지 알아보았다.

익히다
자주 경험하여 조금도 서투르지 않게 하다.
예 컴퓨터 기술을 익혀서 엔지니어가 될 것이다.

탐구
학문 등을 깊이 파고들어 연구함.
예 생태계를 탐구하는 일은 계속되어야 합니다.

유형 잡는 연습문제

[01~06] 다음을 듣고 들은 내용과 같은 것을 고르십시오.

01 ① 운전 도중에 문자를 보면 사고의 위험이 있다.
② 음주 운전을 시도하면 차를 멈추게 하는 기술이 있다.
③ 운전석에서 문자를 받을 수 없는 차는 가격이 비싸다.
④ 음주 운전을 하려고 할 때 시동이 걸리지 않는 것은 위험하다.

02 ① 수도 시설 점검은 세 시간 동안 진행된다.
② 점검을 하는 동안에 온수는 사용할 수 있다.
③ 불편한 점은 관리 사무소에 전화를 하면 된다.
④ 점검을 하는 동안 계속 물을 틀어 두어야 한다.

03 ① 이 이벤트 행사는 20일간 진행된다.
② 이 백화점은 연 매출이 2조 원이나 된다.
③ 행사 기간에 회원 가입을 하면 비누를 준다.
④ 물건을 구입하는 모든 사람에게 라면 한 박스를 준다.

04 ① 행복이라는 감정은 실험과 연구로 알 수 없다.

　　② 행복은 물질이 풍부해야 느낄 수 있는 것이다.

　　③ 소득이 계속 늘면 행복도 같은 비율로 늘어난다.

　　④ 자신의 현재에 대해 감사하면 행복을 느낄 수 있다.

05 ① 화장은 얼굴을 예뻐 보이게 하지만 다른 효과는 없다.

　　② 사람들과 모여서 함께 화장하면서 관계를 만들 수 있다.

　　③ 신경을 많이 쓴 화장보다는 간단한 화장이 더 매력 있다.

　　④ 화장을 신경 써서 하면 여성의 매력이 높게 느껴질 수 있다.

06 ① 경쟁이 없을 때 실적이 향상될 수 있다.

　　② 경쟁의 과정을 통해 근심이 사라지게 된다.

　　③ 라이벌과의 경쟁이 긍정적 결과를 가져온다.

　　④ 사람들은 라이벌에게 크게 신경을 쓰지 않는다.

유형 10

담화 상황 고르기

[23, 35번] 대화나 공식적인 인사말을 듣고 담화 상황을 추론하는 유형

듣기의 내용이 어떤 상황을 설명하고 있는지 고르는 유형으로, 23~24번, 35~36번 세트 문항에서 출제됩니다. '대화(중급 수준)' 1세트, '공식적인 인사말(고급 수준)' 1세트에서 각각 1문항이 나옵니다. 교수가 학생에게 인사하며 강의를 시작하는 상황, 직원이 고객에게 제품에 대해 안내하는 상황 등이 제시됩니다.

3-03.mp3

Q 기출 60회 듣기 35번

남자가 무엇을 하고 있는지 고르십시오.

① 제품의 완성 시기를 발표하고 있다.
   ➡ 제품(카메라)의 부품에서 하자(문제)가 발견된 것을 고객들에게 안내하고 있습니다. 정답이 아닙니다.

② 최근에 출시된 제품을 홍보하고 있다.
   ➡ 최근에 출시된 제품의 홍보가 아니라 최근에 발생한 카메라의 오작동 문제에 대해 말하고 있습니다. 정답이 아닙니다.

✔ 제품 결함에 대해 사과의 말을 전하고 있다.
   ➡ '결함'은 '(제품. 서비스의) 문제'와 비슷한 뜻의 단어입니다. 남자는 카메라의 부품에서 결함이 나타난 문제에 대해 사과의 말을 전하고 있으므로, 담화 상황으로 적절합니다.

④ 신제품 출시 지연에 대해 양해를 구하고 있다.
   ➡ 신제품이 나오는 것이 늦어지고 있어 고객들에게 양해를 구하는 내용은 나오지 않았습니다. 정답이 아닙니다.

• 듣기대본 •

남자: 저희 회사의 카메라를 사랑해 주시는 고객 여러분께 감사드립니다. 최근 발생한 카메라 오작동 문제에 대해 말씀드리고자 합니다. 먼저 사용에 불편을 드려 진심으로 죄송합니다. 문제가 발생한 제품들을 수거하여 면밀히* 점검하였습니다. 점검 결과 카메라 내 특정 부품에서 하자가 발견되었습니다. 이는 모두 작년에 생산된 것인데 생산 과정에서 문제가 있었던 것으로 확인되었습니다. 작년에 출고된 제품은 원하시는 경우 언제든 새 제품으로 무상 교환해 드리겠습니다. 다시금 고객 여러분께 사죄의 말씀을 드립니다.

*면밀하다: 자세하고 빈틈이 없다.

'담화 상황 고르기' 유형 분석

'담화 상황 고르기' 유형은 처음 두세 문장 정도만 집중하여 들어도 어떤 상황인지 금방 파악할 수 있습니다. '대화'와 '공식적인 인사말'로 나누어 알아봅시다.

❶ 대화(중급 수준): 일상생활에서 구체적인 정보를 묻고, 확인하고, 변경하는 등의 내용이 출제됩니다. 취미, 여가 등의 주제와 관련이 있는 내용이 자주 나옵니다. 남자와 여자 중 누가 무엇을 하는지 확인해야 합니다.

담화 상황	선택지
호텔 이용 문의	• 등산로의 위치를 확인하고 있다. • 호텔까지 가는 길에 대해 묻고 있다. • 여행하려는 곳에 숙박 예약을 하고 있다. • 호텔에서 진행하는 프로그램에 대해 문의하고 있다.
정장 대여 문의	• 정장 대여 방법을 알아보고 있다. • 정장 대여 날짜를 문의하고 있다. • 정장 대여 가격을 확인하고 있다. • 정장 대여 예약을 변경하고 있다.
운전면허증 재발급 문의	• 면허증 재발급 방법을 문의하고 있다. • 면허증 재발급 기간을 확인하고 있다. • 면허 시험장의 위치를 알아보고 있다. • 면허증 발급을 위한 서류를 요청하고 있다.

❷ 공식적인 인사말(고급 수준): 공식적인 상황에서 소개하고, 안내하고, 양해를 구하는 등의 내용이 출제됩니다. 경제, 정치, 예술 등의 분야와 관련이 있는 내용이 자주 나옵니다. 남자 또는 여자 중 한 사람이 혼자 말하는데, 말하는 목적이 무엇인지 파악해야 합니다.

담화 상황	선택지
시장 당선 감사 인사	• 시에서 만든 편의 시설을 소개하고 있다. • 시민이 원하는 것이 무엇인지 조사하고 있다. • 시민을 위한 정책을 펼칠 것을 다짐하고 있다. • 시의 발전을 위해 자신을 지지해 달라고 부탁하고 있다.
신입생 입학 축하 인사	• 졸업생들의 업적을 소개하고 있다. • 전문 지식의 습득을 강조하고 있다. • 인격 함양의 중요성을 당부하고 있다. • 생명 과학의 발전 가능성을 진단하고 있다.
영화계 선배 소개	• 선배의 업적을 소개하고 있다. • 선배의 영화를 홍보하고 있다. • 선배가 만든 작품을 설명하고 있다. • 선배에 대한 지지를 부탁하고 있다.

주제별 어휘노트

≫ 경제에 대한 어휘

가속화
속도가 더욱 빨라지게 됨.
예 고령화가 가속화되면서 여러 문제가 발생했다.

감소하다
양이나 수가 줄어들다. 또는 양이나 수를 줄이다.
예 주택 공급이 감소하면서 전세난이 생겼다.

강세
가치가 높거나 기운이 셈.
예 4차 산업 혁명으로 정보 분야가 강세를 보인다.

과도하다
정도가 지나치다.
예 과도한 규제는 경제 성장의 발목을 잡는 것이다.
참고하기
발목(을) 잡다: 어떠한 일에 꽉 잡혀서 벗어나지 못하게 하다.

빠듯하다
어떤 일을 하기에 재물이나 힘 등이 겨우 될 만해서 여유가 없다.
예 생활비가 빠듯하여 외식비를 줄이려고 한다.

수익
일이나 사업 등에서 얻은 이익.
예 수익을 창출하기 위해 기업들이 노력하고 있다.

폭등하다
물건의 값이나 주가 등이 갑자기 크게 오르다.
예 원유 가격이 폭등하고 있다는 보고를 들었다.

하락하다
값이나 가치, 등급 등이 떨어지다.
예 집값이 하락하면 발생하는 문제는 무엇입니까?

활성화
사회나 조직 등의 기능이 활발함. 또는 그러한 기능을 활발하게 함.
예 경제 활성화를 위해서는 시장에서 돈이 움직여야 한다.

유형 잡는 연습문제

| 정답과 해설 24쪽 |

3-04.mp3

[01~02] 다음을 듣고 남자가 무엇을 하고 있는지 고르십시오.

01
① 대중문화의 유형을 예를 들어 설명하고 있다.
② 인기가 많은 대중문화의 특성을 분석하고 있다.
③ 문화 소비의 불균형에 대한 현황을 제시하고 있다.
④ 대중 매체가 정보를 전달하는 방법을 파악하고 있다.

02
① 제품의 광고 시기를 발표하고 있다.
② 신제품 냉장고의 기능을 설명하고 있다.
③ 제품의 결함 처리에 대한 안내를 하고 있다.
④ 부품 가격의 상승에 대해 양해를 구하고 있다.

[03~04] 다음을 듣고 여자가 무엇을 하고 있는지 고르십시오.

03 ① 기업 운영 방법에 담긴 정신을 설명하고 있다.
② 기업 운영 방법에 대한 의견을 조사하고 있다.
③ 기업 운영 방법에 대한 문제점을 반성하고 있다.
④ 기업 운영 과정의 문제를 지적하며 혁신을 강조하고 있다.

04 ① 시에서 만든 편의 시설을 소개하고 있다.
② 시의 편의 시설 신축 과정을 보고하고 있다.
③ 관광객을 대상으로 관광지 만족도 조사를 하고 있다.
④ 관광객에게 환경 보호에 참여할 것을 요청하고 있다.

유형 **11**

화자의 태도 / 말하는 방식 고르기

[32, 46, 48, 50번] 토론, 강연, 대담을 듣고 화자의 태도 또는 말하는 방식을 고르는 유형

토론, 강연, 대담을 듣고 화자의 태도나 말하는 방식이 어떤지 고르는 유형으로, 31~32번, 45~46번, 47~48번, 49~50번 세트 문항에서 출제됩니다. 이 유형은 중급 수준(토론)~고급 수준 (강연, 대담)으로 출제됩니다. 어려운 주제가 자주 출제되므로, 문제를 주의해서 풀어야 합니다. 사회, 역사, 예술 분야의 내용을 알아 두면 도움이 됩니다.

3-05.mp3

Q 기출 60회 듣기 50번
여자의 태도로 알맞은 것을 고르십시오.

✔ 기록물의 가치를 높이 평가하고 있다.
> ➡ 여자는 조선 후기 왕들의 일기인 '일성록'이 한국뿐만 아니라 세계 역사에도 매우 중요한 것 임을 이야기하고 있으므로, 정답입니다.

② 기록물의 활용 방안을 강구하고 있다.
> ➡ 여자는 기록물의 가치를 이야기하고 있을 뿐, 이를 어떻게 활용할지에 대해서는 이야기하지 않았습니다.

③ 기록물에 대한 맹신을 경계하고 있다.
> ➡ 여자는 기록물을 무조건적으로 믿는 행동을 조심해야 한다고 말한 적이 없습니다.

④ 기록물의 훼손 가능성을 우려하고 있다.
> ➡ 기록물이 잘못될까 봐 걱정하는 내용이 나오지 않았습니다.

─• 듣기대본 •─

> **여자**: 이것은 조선 후기 왕들의 일기인 '일성록'입니다. 하루의 반성문이란 뜻을 가진 이 책은 왕의 소소한 일상에서부터 국정 업무 전반을 왕의 시점으로 기록한 것인데요. 당시의 왕들은 '일성록'을 신하들이 볼 수 있게 하여 국정 업무에 참고하게 했습니다. 이 일기에는 백성들의 상소와 처리 과정은 물론 그에 대한 왕의 심경까지 기록되어 있고, 18세기부터 20세기에 걸친 세계정세 변화와 동서양의 사회 문화적 교류 양상까지도 상세히 적혀 있습니다. '일성록'은 단순한 일기를 넘어 한국뿐만 아니라 세계 역사에도 매우 중요한 사료로 인정받고 있습니다.

■ '화자의 태도 고르기' 유형 분석

'화자의 태도/말하는 방식 고르기' 유형에서 '화자의 태도 고르기'는 화자의 주관적인 의견이 포함된 내용이 선택지에 나옵니다. 이 유형은 담화의 유형, 담화의 주제, 선택지의 내용이 매회 다르게 출제되고 있습니다. 주로 공식적인 내용과 경제, 사회 분야의 주제를 다룹니다. '촉구하다, 회의적이다, 반박하다, 토로하다, 유보하다' 등 고급 수준의 어휘 지식이 필요합니다.

■ 기출에 나온 선택지

담화 유형	담화 주제	선택지
인터뷰	좌석별 가격 차등제	• 새로운 제도의 확대를 염려하고 있다. • 새로운 제도의 시행을 촉구하고 있다. • 새로운 제도의 문제점을 비판하고 있다. • 새로운 제도의 필요성에 공감하고 있다.
	커피의 가격	• 현재의 상황을 비판하고 있다. • 자신의 주장을 합리화하고 있다. • 문제에 대한 해결책을 제시하고 있다. • 상대방의 의견을 긍정적으로 평가하고 있다.
토론	생계형 범죄	• 상대방 의견에 반대하고 있다. • 제도의 문제점을 지적하고 있다. • 문제 해결 방안에 공감하고 있다. • 상대가 제시한 근거를 의심하고 있다.
	재학생 대상 창업 지원 사업	• 사업의 효과를 회의적으로 바라보고 있다. • 사례를 들어 상대방의 주장을 반박하고 있다. • 상황을 분석하면서 발생할 문제를 염려하고 있다. • 상대의 의견을 일부 인정하며 다른 주장을 하고 있다.
대담	적정 인구	• 적정 인구의 계산 방식을 비판하고 있다. • 적정 인구 판정의 어려움을 토로하고 있다. • 적정 인구 논의의 영향에 대해 우려하고 있다. • 적정 인구 논의의 적절한 방향을 제시하고 있다.
뉴스 · 보도	국가 지정 번호	• 제도에 대한 평가를 유보하고 있다. • 제도의 긍정적인 효과를 기대하고 있다. • 제도 시행을 위한 국민의 협조를 당부하고 있다. • 제도 시행의 문제를 지적하며 시정을 촉구하고 있다.
강연	조선 후기 왕의 일기 '일성록'	• 기록물의 가치를 높이 평가하고 있다. • 기록물의 활용 방안을 강구하고 있다. • 기록물에 대한 맹신을 경계하고 있다. • 기록물의 훼손 가능성을 우려하고 있다.

유형 11 화자의 태도 / 말하는 방식 고르기

3-06.mp3

Q 기출 60회 듣기 46번
여자가 말하는 방식으로 알맞은 것을 고르십시오.

① 호박의 가공 과정을 살피고 있다.

　▶ 여자는 호박의 특성과 가치를 설명하고 있을 뿐, 호박의 가공 과정은 설명하지 않았습니다. 정답이 아닙니다.

② 호박의 개념을 다시 정의하고 있다.

　▶ 여자는 호박의 개념이 무엇인지 정의하지 않았습니다. 정답이 아닙니다.

③ 호박의 유형을 파악해 비교하고 있다.

　▶ 여자가 호박에 어떤 종류가 있는지 유형을 파악하거나 비교하는 내용은 없습니다. 정답이 아닙니다.

✔ 호박의 특징과 가치를 설명하고 있다.

　▶ 여자는 호박이 무엇으로 만들어진 것인지와 그 특성을 이야기하고 있습니다. 그리고 호박이 얼마나 비싼 가격에 팔리는지도 이야기합니다. 따라서 정답은 ④번입니다.

─• 듣기대본 •─

여자: 오늘은 채소가 아닌 보석 '호박'에 대해 얘기해 보죠. 호박은 나무에서 흘러나온 수액이 굳어져서 생긴 것인데요. 일반적인 보석처럼 광물로 만들어진 게 아니라서 바닷물에 뜰 정도로 가볍습니다. 또 다른 보석들은 보통 흠집이나 불순물이 없어야 가치를 인정받지만 호박은 다릅니다. 워낙 투명하기 때문에 내부의 불순물이 그대로 보이는데, 불순물이 잘 보일수록 가치가 높습니다. 그래서 수천만 년 전의 생태계를 보여 주는 고대 곤충*이나 식물의 잎 등이 들어가 있으면 다이아몬드만큼이나 비싼 가격에 팔리기도 합니다.

'화자의 말하는 방식 고르기' 유형 분석

'화자의 태도/말하는 방식 고르기' 유형에서 '화자의 말하는 방식 고르기'는 바로 앞의 연관 유형인 '화자의 태도 고르기'와 번갈아서 출제되고 있습니다. 선택지의 문장 형태가 '~고 있다'로 통일되어 출제됩니다. '설명, 정의, 비교' 등의 말하기 방식을 알아 두면 문제를 잘 풀 수 있습니다. 자주 출제되는 서술 방식은 아래와 같습니다.

① 정의: 어떤 사물이나 말의 뜻을 분명하게 하는 것

　　예 사과는 사과 나무의 열매이다.

② 요약: 말 혹은 글의 중심 내용을 간단하게 정리하는 것

　　예 결론을 요약하면 첫째 ~, 둘째 ~, 셋째 ~라고 할 수 있습니다.

③ 묘사: 어떤 대상이나 사물, 현상 등을 언어로 그림을 그리듯이 표현하는 것

　　예 그 사람의 얼굴은 달걀형이고 머리가 길다. 눈썹은 진하고 눈이 크다. 코가 높고 입이 작다.

④ 비교: 둘 이상의 사물이나 현상을 두고 유사점, 차이점을 밝히는 것

　　예 전쟁과 운동은 둘 다 이기기 위해서 싸운다는 공통점이 있지만 전자는 사람의 생명을 위협하며 후자는 사람들의 협력을 가져온다.

⑤ 분석: 대상을 작은 부분이나 요소로 분해하는 것

　　예 식물은 뿌리, 줄기, 잎, 꽃으로 되어 있다. 뿌리는 식물을 지탱하는 작용을 한다.

⑥ 분류: 여러 가지가 섞여 있을 때 종류가 같은 것끼리 묶는 것

　　예 사과, 포도, 키위, 바나나는 모두 과일이다.

기출에 나온 '화자의 말하는 방식' 선택지

담화 유형	담화 주제	선택지
강연	색소폰의 발명과 특징	• 색소폰의 위상 변화를 설명하고 있다. • 색소폰의 연주 방법을 비교하고 있다. • 색소폰의 발명 과정을 요약하고 있다. • 색소폰의 세부 형태를 묘사하고 있다.
	친환경 포장재의 개발	• 친환경 제품의 문제점을 비판하고 있다. • 과학 기술이 지닌 한계점을 지적하고 있다. • 환경 오염 실태를 자료를 바탕으로 분석하고 있다. • 과학 기술 분야의 노력을 예를 들어 설명하고 있다.
대담	전통 공예 전승자 육성 정책	• 새로운 정책의 문제점을 예측하고 있다. • 기존 정책의 개선 방향을 제시하고 있다. • 새로운 정책의 시행 결과를 분석하고 있다. • 기존 정책의 내용을 기준별로 분류하고 있다.

≫ 동식물에 대한 어휘

가로수
길을 따라 줄지어 심은 나무.
　예 가로수는 도시의 공기를 정화한다.

곤충*
나비, 잠자리, 벌 등과 같이 머리, 가슴, 배 세 부분으로 되어 있고 몸에 마디가 많은 작은 동물.
　예 모기는 사람에게 유해한 곤충이다.

꿈틀거리다
몸의 한 부분을 자꾸 비틀거나 구부리며 움직이다.
　예 나뭇가지 위에서 뱀이 꿈틀거리고 있다.

나뭇가지
나무의 큰 줄기에서 여러 갈래로 뻗어 나간 가는 줄기.
　예 나뭇가지 위에 눈이 쌓여 하얗게 되었다.

날아다니다
여기저기 날아서 다니다.
　예 벌들이 꿀을 찾아 날아다니고 있다.

납작하다
사물의 모양이 판판하고 넓게 퍼져 있다.
　예 갈치는 몸이 가늘고 길며 옆으로 납작하다.

트다
식물의 싹, 움, 순 따위가 벌어지다.
　예 봄이 되면 각종 식물의 싹이 트기 시작한다.

자라다
생물이 부분적으로 또는 전체적으로 점점 커지다.
　예 식물은 광합성을 통해 양분을 만들어 자라난다.

짐승
몸에 털이 나고 네 발을 가진, 사람이 아닌 동물.
　예 동물원에서는 온갖 새와 짐승을 볼 수 있다.

유형 잡는 연습문제

| 정답과 해설 25쪽 |

🎧 3-07.mp3

01 다음을 듣고 남자의 태도로 알맞은 것을 고르십시오.

① 상대방의 의견에 반대하고 있다.

② 선거의 문제점을 지적하고 있다.

③ 문제 해결 방안에 공감하고 있다.

④ 상대방이 제시한 근거를 의심하고 있다.

02 다음을 듣고 여자의 태도로 알맞은 것을 고르십시오.

① 빌딩 농장의 운영을 회의적으로 보고 있다.

② 사례를 들어 상대방의 주장에 반박하고 있다.

③ 상황을 분석하면서 발생할 수 있는 문제를 염려하고 있다.

④ 상대방의 의견을 일부 인정하면서 다른 주장을 하고 있다.

03 다음을 듣고 남자가 말하는 방식으로 알맞은 것을 고르십시오.

① 다이아몬드의 가공 과정을 살피고 있다.

② 다이아몬드의 가치 평가 기준을 설명하고 있다.

③ 다이아몬드를 최초로 발견한 시기를 설명하고 있다.

④ 다이아몬드의 종류와 유명한 역대 소유주를 소개하고 있다.

04 다음을 듣고 여자가 말하는 방식으로 알맞은 것을 고르십시오.

① 친환경 제품 사용의 문제점을 비판하고 있다.

② 에코백 제작 과정을 구체적으로 설명하고 있다.

③ 일회용품의 사용 실태를 분석하여 제시하고 있다.

④ 환경 운동의 다양한 유형을 자세히 소개하고 있다.

세트 문항 맛보기

유형 | 10 담화 상황 고르기 ➕ 유형 | 09 일치하는 내용 고르기

- 듣기 영역 [23~24번], [35~36번]에서 출제되는 세트 문항입니다.
- 세트 문항 맛보기는 유형을 보여 주기 위한 장치로, 별도의 음원은 제공하지 않습니다. 수록한 듣기 대본을 읽고 유형 학습을 하기 바랍니다.

[01~02] 다음을 듣고 물음에 답하십시오. [각 2점]

• 듣기대본 •

여자: 여보세요. 제가 운전면허증을 잃어버려서 다시 발급을 받고 싶은데요. 어떻게 하면 되나요?

남자: 운전면허 시험장으로 오시면 당일에 받을 수 있습니다. 오실 때 신분증을 꼭 챙겨 오셔야 하고요.

여자: 인터넷으로는 신청이 안 되나요? 면허 시험장이 너무 멀어서요.

남자: 인터넷으로도 가능합니다. 신청하실 때 가까운 경찰서를 지정해서 면허증을 받으시면 돼요. 그런데 시간은 두 주 정도 걸립니다.

기출 64회 듣기 23번

01 여자가 무엇을 하고 있는지 고르십시오.

① 면허증 재발급 방법을 문의하고 있다.

② 면허증 재발급 기간을 확인하고 있다.

③ 면허 시험장의 위치를 알아보고 있다.

④ 면허증 발급을 위한 서류를 요청하고 있다.

세부 내용 파악하기에서 다루는 유형 | 10 담화 상황 고르기

유형 해설 ▶ 이 유형은 대화를 듣고 여자 혹은 남자가 무엇을 하고 있는지를 선택하는 유형입니다. 대화에 제시된 구체적인 정보를 정확히 듣는 것이 핵심입니다. 문제를 풀 때는 가장 먼저 남자와 여자 중 누구의 행동을 묻고 있는지를 확인합니다. 시험지에 맞는 것과 틀린 것을 메모하면서 풀면 좋습니다.

정답 해설 ▶ ① 여자는 면허증을 잃어버려서 다시 발급을 받고 싶다고 하며 재발급 방법을 묻고 있습니다.

오답 해설 ▶ ② 여자는 면허증 재발급 기간을 물어보지 않았습니다. 남자가 여자에게 부가적으로 제시한 정보입니다.

③ 여자는 면허 시험장의 위치를 이미 알고 있습니다. 시험장이 너무 멀다고 이야기했습니다.

④ 여자는 면허증 발급을 위한 서류를 요청하지 않았습니다.

02 들은 내용과 같은 것을 고르십시오.

① 경찰서에서도 면허증을 받을 수 있다.

② 여자는 인터넷으로 신청서를 제출했다.

③ 여자는 면허 시험장에서 가까운 곳에 있다.

④ 인터넷을 이용하면 당일에 면허증 발급이 가능하다.

🔎 세부 내용 파악하기에서 다루는 (유형 | 09 일치하는 내용 고르기)

유형 해설 ▶ 이 유형은 대화의 내용과 일치하는 것을 선택하는 유형입니다. 선택지의 기간, 장소 등이 대화에 제시된 것과 같은지 확인해야 합니다.

정답 해설 ▶ ① 남자는 여자에게 인터넷으로 운전면허증을 신청할 경우 가까운 경찰서를 지정해서 면허증을 받으면 된다고 말했습니다. 그러므로 경찰서에서도 면허증을 받을 수 있는 것이 맞습니다.

오답 해설 ▶ ② 여자는 운전면허증 재발급 방법을 문의하고 있습니다. 이에 대해 남자가 인터넷으로 재발급 신청을 할 수 있다고 안내했을 뿐, 여자가 인터넷으로 신청서를 제출한 것은 아닙니다.

③ 여자는 면허 시험장이 멀다고 말했습니다.

④ 인터넷을 이용하면 시간이 두 주 정도 걸린다고 남자가 이야기했습니다.

세트 문항 맛보기

유형 | 09   일치하는 내용 고르기 ➕ 유형 | 11   화자의 태도/말하는 방식 고르기

● 듣기 영역 [45~46번], [47~48번], [49~50번]에서 출제되는 세트 문항입니다.
● 세트 문항 맛보기는 유형을 보여 주기 위한 장치로, 별도의 음원은 제공하지 않습니다. 수록한 듣기 대본을 읽고 유형 학습을 하기 바랍니다.

[03~04] 다음을 듣고 물음에 답하십시오. [각 2점]

• 듣기대본 •

여자: 우리 몸의 장기를 다른 사람에게 이식하는 장기 이식 기술의 가장 큰 어려움은 바로 거부 반응이었습니다. 이식한 부위의 서로 다른 면역 체계 때문에 사망에 이르기도 했는데요. 1970년대 이 면역력 문제를 해결하는 의료 기술이 개발되면서, 이식 성공률이 획기적으로 높아졌고 지금은 심장이나 뼈, 피부까지도 이식이 가능하게 됐지요. 그런데 이러한 의료 기술의 발전에도 불구하고 여전히 필요한 만큼의 장기 기증은 이루어지지 않고 있습니다. 이를 해결하기 위해 현재 인공 장기를 이식하는 연구가 한창이라고 하니 장기 이식의 새로운 가능성이 열릴 것으로 기대됩니다.

기출 60회 듣기 49번

03 들은 내용과 같은 것을 고르십시오.

① 현재 인공 장기 이식 연구가 진행 중에 있다.
② 면역력 해결을 위한 기술이 곧 개발될 것이다.
③ 과거에는 장기 이식의 거부 반응이 많지 않았다.
④ 장기 이식 중 뼈를 이식하는 것은 아직 불가능하다.

🔍 세부 내용 파악하기에서 다루는 유형 | 09 일치하는 내용 고르기

유형 해설 이 유형은 앞서 학습한 것과 마찬가지로 듣기 내용과 일치하는 내용이 무엇인지 파악하는 유형입니다. 남자와 여자가 주고받는 대화보다 조금 더 전문적인 내용이 제시되므로 정확한 내용 파악에 집중하여야 합니다.

정답 해설 ① 장기 이식 기술의 큰 어려움이던 면역력 문제를 해결하는 의료 기술이 개발되었지만, 필요한 만큼의 장기 기증이 이루어지지 않아 현재 인공 장기를 이식하는 연구가 활발하게 진행되고 있다고 말했습니다. 참고로, '한창'은 '어떤 일이 잘 진행되고 있다'는 의미입니다.

오답 해설 ② 면역력 해결을 위한 의료 기술은 이미 개발되어, 이식 성공률이 획기적으로 높아졌다고 말했습니다.

③ 과거에는 면역 체계의 거부 반응이 많아 사망에 이르는 일도 있었다고 말했습니다.

④ 의료 기술의 발전으로 뼈까지도 이식이 가능하게 되었다고 말했습니다.

기출 60회 듣기 50번

04 여자의 태도로 알맞은 것을 고르십시오.

① 장기 기증에 동참하기를 촉구하고 있다.

② 장기 이식 기술의 미래를 낙관하고 있다.

③ 장기 기증으로 생길 문제를 예측하고 있다.

④ 장기 이식 기술의 실패 원인을 진단하고 있다.

🔍 세부 내용 파악하기에서 다루는 (유형 | 11 **화자의 태도/말하는 방식 고르기**)

유형 해설 ▶ 이 유형은 화자가 주제에 대해 어떤 태도로 말하고 있는지 선택하는 유형입니다. 주제를 대하는 태도가 긍정적일 수도 있고 부정적일 수도 있습니다. 현황을 전달하는 것일 수도 있고 미래의 상황을 예측하는 것일 수도 있습니다. 마지막 부분에 초점을 두고 들으면 어떻게 마무리되었는지에 따라 화자의 태도를 파악할 수 있습니다.

정답 해설 ▶ ② 여자는 인공 장기를 이식하는 연구가 활발히 이루어져 장기 이식의 새로운 가능성이 열릴 것으로 기대된다고 말했습니다. 이것은 미래를 낙관적으로(긍정적으로) 보는 것입니다.

오답 해설 ▶ ① 여자는 장기 기증이 부족하다는 것을 이야기하고 있을 뿐, 이에 동참하기를 촉구하지는 않았습니다.

③ 여자는 장기 기증으로 생길 문제에 대해 예측하지 않았습니다.

④ 여자는 장기 이식 기술의 실패 원인이 무엇인지 이야기하지 않았습니다.

합격 잡는 실전문제에서 더 풀어 보기 ▶

합격 잡는 실전문제

3-08.mp3

[01~04] 다음을 듣고 들은 내용과 같은 것을 고르십시오.

기출 60회 듣기 14번
01 ① 점검은 내일 할 예정이다.

② 오전에 점검이 모두 끝난다.

③ 비상벨이 여러 번 울릴 것이다.

④ 점검이 시작되면 밖으로 나가야 한다.

02 ① 응모 기간은 두 달 동안이다.

② 자신이 원하면 이름을 2개 응모해도 된다.

③ 응모를 하는 모든 사람들에게 상금을 준다.

④ 아파트에 살고 싶어 하는 주부를 찾고 있다.

기출 60회 듣기 22번
03 ① 지하에 창고를 새로 만들었다.

② 남자는 빈 교실의 환기 문제를 해결했다.

③ 여자는 지난주에 선생님들과 회의를 했다.

④ 지하에 있는 교실에 에어컨을 모두 설치했다.

04 ① 사람들은 주변 사람들과 같은 제품을 구입하려고 하는 경향이 있다.

② 물건 구입을 할 때는 그 물건을 얼마나 필요로 하는지가 가장 중요하다.

③ 물건을 사기 전에는 반드시 주변 사람들에게 그 물건의 정보를 물어봐야 한다.

④ 사람들은 유행에 뒤처지지 않기 위해서 주변 사람들이 사용하는 제품을 사려고 한다.

[05~06] 다음을 듣고 물음에 답하십시오.

기출 52회 듣기 23번
05 남자가 무엇을 하고 있는지 고르십시오.

① 박물관 관람 예약을 하고 있다.

② 박물관의 위치를 안내하고 있다.

③ 박물관 이용에 대해 문의하고 있다.

④ 박물관에 사전 예약을 확인하고 있다.

기출 52회 듣기 24번
06 들은 내용과 같은 것을 고르십시오.

① 이 박물관의 관람권은 환불받을 수 없다.

② 이 박물관에는 음식을 가지고 들어갈 수 없다.

③ 이 박물관은 표를 예매하지 않아도 이용이 가능하다.

④ 이 박물관에서는 자체적으로 식당을 운영하고 있다.

[07~08] 다음을 듣고 물음에 답하십시오.

07 여자가 무엇을 하고 있는지 고르십시오.

① 회사의 기술을 소개하고 있다.
② 전문 지식의 습득을 강조하고 있다.
③ 개성 유지의 중요성을 당부하고 있다.
④ 전자 제품 분야의 미래를 예측하고 있다.

08 들은 내용과 같은 것을 고르십시오.

① 이 회사는 국내 전자 제품 분야에서 1위 진입을 앞두고 있다.
② 이 회사는 대학에서 업무를 연습하는 시스템을 활용하고 있다.
③ 이 회사는 앞으로 직장 선후배 간의 소통을 위해 노력할 것이다.
④ 이 회사는 소비자로부터 큰 관심을 받은 제품을 생산한 적이 있다.

[09~10] 다음을 듣고 물음에 답하십시오.

기출 52회 듣기 45번

09 들은 내용과 같은 것을 고르십시오.

① 우유 단백질 포장재는 산소 차단율이 높다.
② 탄수화물 포장재는 환경 오염의 주된 원인이다.
③ 탄수화물 포장재의 미세 구멍을 줄이는 데 성공했다.
④ 우유 단백질 포장재는 음식으로 만든 최초의 포장재이다.

기출 52회 듣기 46번

10 여자가 말하는 방식으로 알맞은 것을 고르십시오.

① 친환경 제품의 문제점을 비판하고 있다.

② 과학 기술이 지닌 한계점을 지적하고 있다.

③ 환경 오염 실태 자료를 바탕으로 분석하고 있다.

④ 과학 기술 분야의 노력을 예를 들어 설명하고 있다.

[11~12] 다음을 듣고 물음에 답하십시오.

11 남자의 중심 생각으로 가장 알맞은 것을 고르십시오.

① 중소기업의 임금이 늘어나야 한다.

② 취업난은 대기업 때문에 생긴 것이다.

③ 대기업에 과도한 부담을 주는 것은 옳지 않다.

④ 대기업에서는 신규 채용을 줄이지 말아야 한다.

12 남자의 태도로 가장 알맞은 것을 고르십시오.

① 상대방의 의견을 존중하면서 타협점을 찾고 있다.

② 구체적인 사례를 들어 자신의 의견을 주장하고 있다.

③ 다른 대안을 제시하며 상대방의 의견을 강하게 반박하고 있다.

④ 상대방 주장의 논리적인 오류를 지적하며 강하게 비난하고 있다.

II

쓰기

얼마나 출제되나요?

● 총 4문항

어떻게 공부하나요?

● 다양한 주제에 대해 장문을 구성하는 연습을 해
  야 합니다.

● 유형별로 글을 쓸 때 자주 사용하는 어휘와 문법
  표현들을 익혀야 합니다.

PREVIEW

유형 미리 보기

유형 01 실용문 빈칸에 알맞은 말 쓰기

유형 02 설명문 빈칸에 알맞은 말 쓰기

유형 03 자료를 설명하는 글 쓰기

유형 04 주제에 대해 글 쓰기

정해진 시간 내에
답안을 완성하는 것도
중요하겠구나!

쓰기 워밍업

토픽 II의 듣기, 쓰기, 읽기 영역 중에서 가장 고민이 되고 어려운 영역이 바로 '쓰기'입니다. 글쓰기가 어렵게 느껴진다면 우선 자신이 '쓰기'를 공부할 때 어떤 것을 어려워하는지 알아보고 개선해야 합니다. 수험생들이 '쓰기'에서 많이 고민하는 4가지는 무엇이고, 이 고민을 해결하기 위해 필요한 기술은 무엇일까요?

고민 하나
이 주제에 관심이 없어요.
뭘 써야 할지 모르겠어요.

관심이 없지만 생각을 만들어 내고 잘 정리하는 기술이 필요합니다.

고민 둘
열심히 써도
글의 내용이 너무 짧아요.

생각이 부족한 부분이 있는지 확인해야 하며, 글의 내용을 길게 만드는 기술이 필요합니다.

고민 셋
길게 쓰지만
5급, 6급을 받지 못해요.

글에 어색한 부분이 없는지 확인해야 하며, 글을 고급으로 써 내는 기술이 필요합니다.

고민 넷
나는 열심히 썼는데
무엇을 썼는지 알 수 없다고 해요.

주제와 생각을 잘 정리해서 쓰는 기술이 필요합니다.

여러분의 고민을 해결하기 위해서는 생각을 정리하는 기술(생각 확장, 개요 정리 기술)과 내용을 작성하는 기술(글을 다양한 느낌으로, 길게, 고급으로 만드는 기술)이 필요합니다.

❶ **생각을 정리하는 기술**을 배우고 난 후에는,
⇨ 모르는 주제가 나와도 생각을 잘 만들어 낼 수 있습니다.
⇨ 쓰고 싶은 내용을 잘 정리해서 깔끔한 글을 쓸 수 있습니다.
⇨ 누가 읽더라도 이 글의 주제가 무엇인지 금방 알 수 있는 글을 쓸 수 있습니다.

❷ **내용을 작성하는 기술**을 배우고 난 후에는,
⇨ 하나의 문법을 반복하지 않고, 여러 문법을 사용하여 다양한 느낌으로 글을 쓸 수 있습니다.
⇨ 시험에서 채워야 하는 글자 수를 충족하며 글을 길게 쓸 수 있습니다.
⇨ 고급 수준에 맞는 어려운 문법과 어휘를 사용해서 5급, 6급을 받을 수 있습니다.

나아가 답안을 작성할 때 꼭 알아야 할 ❸ **원고지 작성법**까지 정복하면,
여러분은 '쓰기'를 잘하기 위한 기본기를 모두 갖출 수 있습니다.

❶ 생각을 정리하는 기술

● 생각을 확장하는 방법

1. 브레인스토밍

브레인스토밍은 머릿속에서 생각나는 모든 것을 자유롭게 써 보는 것입니다.

처음부터 완벽한 문장을 만들려고 하면 글을 쓰는 것이 쉽지 않기 때문에 시험을 준비할 때 이 방법을 사용해 보는 것이 좋습니다. 주제만 놓고, 3분에서 5분 정도 생각나는 모든 것을 써 보세요. 그중에서 글로 쓰기에 적당한 단어나 표현들이 나올 수 있습니다.

2. 마인드맵

마인드맵은 곧 생각의 지도입니다.

'가지'를 그려 가면서 생각의 지도를 넓혀 나가는 것입니다. 브레인스토밍과 다른 점은 주제와 관련된 것들을 하나하나 생각하면서 그와 연결된 단어와 문장, 이미지 등을 그려 낸다는 것입니다.

● 개요를 정리하는 방법

개요란 글을 작성하기 위해 세운 계획을 말합니다.

개요는 주제를 쓰고, 서론과 본론, 결론에 어떤 내용이 들어가면 좋을지 정리하여 작성합니다.

문장형	명사형
주제 고령화 사회의 문제 해결 방안을 생각해 보자. **서론** 출산율이 낮아지고 평균 수명이 높아져 고령화 사회가 되고 있다. **본론** 문제점1: 경제 활동 인구가 감소한다. 문제점2: 노인들이 노후 생활에서 정신적 외로움을 느낀다. **결론** 방안1: 노인들도 경제 활동이 가능한 환경을 만든다. 방안2: 정신적 외로움을 덜 수 있는 상담 등을 지원한다.	**주제** 고령화 사회의 문제 해결 방안 모색 **서론** 출산율 저하로 인한 평균 수명 증가 **본론** 문제점1: 경제 활동 인구 감소 문제점2: 노후 생활에서 느끼는 정신적 외로움 **결론** 방안1: 노인 경제 활동을 위한 환경 조성 방안2: 정신적 외로움 해소를 위한 상담 등 지원

서론과 본론, 결론에 따라 전개되는 글의 내용이 달라지도록 구성해야 합니다.

본론에 들어가는 항목이 2~3개일 때, 각 항목의 분량이 서로 비슷해야 합니다.

❷ 내용을 작성하는 기술

● 글에 다양한 느낌을 만드는 기술

사람마다 언어의 습관이 있습니다. 특정한 문법을 너무 자주 사용하지는 않습니까?
다양한 느낌, 다양한 색깔의 글을 작성하려는 노력이 필요합니다. 글의 스타일은 하나로 가면서,
다양한 색깔을 섞는다고 생각하면서 글을 써 보세요.

쓰기 연습

시험 결과가 좋을 것입니다.		시험 결과가 좋을 것입니다.
•	→	• 시험 결과가 좋을 것이라고 생각합니다.
•		• 시험 결과가 당연히 좋을 것이라고 생각합니다.
•		• 시험 결과가 좋을 것으로 예상하고 있습니다.
•		• 시험 결과가 좋을 수밖에 없다고 생각하고 있습니다.
•		• 좋은 시험 결과가 나올 것이라고 기대하고 있습니다.

● 글을 길게 만드는 기술

열심히 쓰지만, 글의 내용이 짧아서 걱정인가요? 글을 자신감 있게, 더 길게 쓰고 싶은가요?
한 문장에 4~5자씩만 더 써도 이 문제를 해결할 수 있습니다. 함께 생각해 봅시다.

> 현대인에게 돈은 어떤 의미가 있을까? 우리의 생활에서 '돈'은 '세상 그 무엇보다 소중한 것'이
> 되어 버린 것 같다. 부자가 되고 싶다고 말하는 청소년들, 직장인들이 많다. 하지만 돈은 많아질수
> 록 지켜야 한다는 부담감이 커진다. (128자)

↓

현대인에게 돈은 어떤 의미로 받아들여지고 있을까? 우리의 생활에서 '돈'은 '세상 그 무엇보다 소중한 것'이 되어 버렸다고 <u>해도 과언이 아닐 것이다</u>. 자신의 꿈이 부자라고 말하는 청소년, 직장인들을 쉽게 찾아 볼 수 있다. 하지만 돈은 많아질수록 지켜야 한다는 부담감이 <u>커질 수밖에 없다</u>는 점을 기억해야 한다. (173자)

'~해도 과언이 아닐 것이다.', '-ㄹ 수밖에 없다.' 등의 표현을 사용하여 글의 난도는 약간 올라가고, 글의 길이가 길어졌습니다.

● 글을 고급으로 만드는 기술

'듣기', '읽기'에서는 틀리는 문제가 거의 없는데, 유독 '쓰기'가 힘든가요?

1~2년 한국어를 공부하고 토픽 시험을 봐도 원하는 등급을 받지 못하는 경우가 많습니다. 쓰기가 싫거나, 쓰기를 못해서일 수도 있지만 열심히 쓰면서도 '고급' 수준에 맞게 쓰지 못하기 때문일 수도 있습니다. 따라서 '고급' 수준에 맞는 문법과 어휘를 사용하여 글의 내용을 고급으로 만드는 연습이 필요합니다. 글을 더 고급으로 작성하기 위해서는 평소에 한국어 책, 신문, 인터넷 기사 등을 자주 읽어 보아야 합니다.

어릴 때 교육을 받는 것은 좋은 점이 많다. 그러나 나쁜 점도 있는 것을 생각하면 어릴 때 교육을 받는 것은 안 좋다. 교육은 학생이 좋아해야 하고 배우고 싶은 마음이 있어야 하기 때문이다. 아이는 계속 자라고 아직 모르는 것이 많아서 자기가 배우고 싶은 것과 배우고 싶지 않은 것을 잘 모른다. 그래서 아이는 아닌데 부모님이 마음대로 아이를 교육할 때가 많은 것이다. 그래서 조기 교육을 하는 것은 별로이다.

조기 교육의 장점에도 불구하고 위의 문제점을 고려하였을 때 교육을 실시하는 것은 적절하지 않다고 생각한다. 진정한 교육이란 학습자의 자발성과 내적 동기를 전제로 이루어진다고 생각하기 때문이다. 아이는 발달 중에 있고 경험이 적기 때문에 자신이 무엇을 배우고 싶은지 명확히 인지하지 못할 가능성이 크다. 이는 아이의 동기보다 보호자의 바람이 조기 교육에 더 큰 영향을 미치게 되는 이유이기도 하다. 이러한 이유로 조기 교육을 실시하는 것에 반대한다. 기출 60회 54번 모범 답안 일부

'조기 교육', '장점', '문제점', '고려하다', '실시하다', '자발성', '내적 동기', '명확하다', '이러한 이유로' 등의 고급 표현과 다양한 문법을 사용해서 글의 수준이 올라가고 길이도 길어졌습니다.

❸ 원고지 작성법

● 기본 작성 원칙

(1) 글자는 한 칸에 한 자씩 쓴다.

| | 현 | 대 | | 사 | 회 | 는 | | 정 | 보 | 화 | | 사 | 회 | 이 | 다 | . | | | |

(2) 글을 처음 시작할 때와 문단이 바뀔 때는 그 줄의 첫 칸을 비우고 둘째 칸부터 쓴다.

	음	주		운	전		사	고	는		전	체		교	통	사	고	의
9	%	를		차	지	한	다	.		특	히		주	말	과		심	야	에
음	주		운	전		사	고	가		많	이		일	어	난	다	.	따	라
서		이	를		예	방	할		방	법	을		찾	아	야		한	다	.
	우	선		사	고	의		심	각	성	을		알	려	야		한	다	.

(3) 줄의 끝 칸에서 띄어쓰기를 해야 하는 경우에는 다음 줄의 첫 칸을 비우지 않는다.

	한	라	산	은		한	국	에	서		해	발		고	도	가		가	장
높	은		산	이	다	.													

● 숫자와 알파벳

(1) 알파벳 대문자, 로마자 숫자, 낱자로 된 아라비아 숫자는 한 칸에 한 자씩 쓴다.

| | K | O | R | E | A | | I | Ⅱ | Ⅲ | | 3 | . | 1 | | 운 | 동 | | | |

(2) 대문자로 시작되는 영어 단어의 대문자는 한 칸에 한 자를 쓰고, 소문자는 한 칸에 두 자씩 쓴다.

| | K | or | ea | | an | d | | J | ap | an | | | | | | | | | |

(3) 두 자 이상의 아라비아 숫자와 알파벳 소문자는 한 칸에 두 자씩 쓴다.

| | 20 | 15 | 년 | | 10 | 월 | | 15 | 일 | | a | 와 | | ab | | 중 | 에 | 서 | |

문장 부호

(1) 문장 부호는 한 글자로 취급한다. 따라서 한 칸에 하나씩 표시한다.

	"	수	희	야	,		점	심	은		먹	었	니	?	"				

(2) 느낌표(!)나 물음표(?) 등은 한 칸의 가운데에 쓰지만, 쉼표(,), 마침표(.), 큰따옴표(" "), 작은따옴표(' ') 등은 칸의 한쪽에 치우치도록 쓴다.

	?		!		,		.		"	...	.	"		'	...	...	'	

(3) 모든 문장 부호는 앞말에 붙여 쓰고 다음 한 칸을 비운다. 단, 마침표 뒤에 따옴표가 오면 마침표와 따옴표를 같은 칸에 쓴다.

	"	맛	있	어	요	?		다	행	이	에	요	."					

(4) 마침표(.), 쉼표(,), 쌍점(:) 등의 부호는 한 칸을 비우지 않아도 된다.

	여	름	에	는		역	시		바	다	가		좋	다	.	여	행	을

쓰기 연습

다음 글을 원고지에 작성해 보세요.

> 지난 10월 21일 한국형 우주 발사체 '누리호'가 발사되었다. 고도 700km에 도달 후 위성 모사체 분리에 성공하였지만, 궤도에는 안착하지 못했다. 그러나 전문가들은 "이번 누리호의 발사를 실패라고 단정 짓기 힘들다"고 말했다.

↓

	지	난		10	월		21	일		한	국	형		우	주		발	사	체		'	누	리	호
'	가		발	사	되	었	다	.	고	도		70	0	km	에		도	달	한		후		위	성
모	사	체		분	리	에		성	공	하	였	지	만	,		궤	도	에	는		안	착	하	지
못	했	다	.		그	러	나		전	문	가	들	은		"	이	번		누	리	호	의		발	사
를		실	패	라	고		단	정		짓	기		힘	들	다	"	고		말	했	다	.			

❹ 유형별 주요 기출 문법과 어휘

● 51번유형

1. 문법

① -(으)려면: 가려면, 이동하려면, 구입하려면, 이용하려면, 지원하려면, 신청하려면 등

② -ㄴ/은/는: 싼, 필요한, 좋은, 새로운, 즐거운, 모르는, 재미있는, 원하는, 구하는, 찾는 등

③ -아/어/여서: 모아서, 모여서, 몰라서, 시작해서, 없어서, 있어서, 어려워서, 필요해서 등

④ -ㅂ/습니다: 모집합니다, 감사합니다, 드립니다, 바랍니다, 아쉽습니다, 찾습니다 등

⑤ -ㄴ/은/는데: 어려운데, 쉬운데, 준비했는데, 결혼하는데, 개업하는데, 시작하는데 등

2. 어휘

① 간단하다	② 거의	③ 농구	④ 만약	⑤ 대학
⑥ 도착	⑦ 편리	⑧ 편안	⑨ 모든	⑩ 바뀌다
⑪ 박물관	⑫ 방법	⑬ 부르다	⑭ 부탁	⑮ 사용
⑯ 상품	⑰ 아르바이트	⑱ 안내문	⑲ 왜냐하면	⑳ 팔다

● 52번유형

1. 문법

① -는 데: 듣는 데, 오는 데, 먹는 데, 아는 데, 확인하는 데, 결정하는 데, 선택하는 데 등

② -아/어/여도: 알아도, 사라져도, 감소해도, 상승해도, 변경해도, 파악해도, 착각해도 등

③ -기도 하다: 영향을 주기도 하다, 건강에 해롭기도 하다, 증가하기도 하다, 좋아지기도 하다 등

④ -(으)ㄹ수록: 모르는 경우일수록, 우울할 때일수록, 시간이 지날수록, 알면 알수록 등

⑤ -(으)ㄹ 것이라고: 들려줄 것이라고, 개선될 것이라고, 변화할 것이라고, 성장할 것이라고 등

2. 어휘

① 가능성	② 각오	③ 겉모습	④ 곧이어	⑤ 구체적
⑥ 관련	⑦ 내성적	⑧ 따지다	⑨ 대비	⑩ 대처
⑪ 마음가짐	⑫ 무시	⑬ 밝혀내다	⑭ 번거롭다	⑮ 실은
⑯ 역사적	⑰ 점차	⑱ 철저히	⑲ 특징	⑳ 필요성

53번 유형

1. 문법

① ~에 대해: '아이를 꼭 낳아야 하는가'에 대해 조사하였다, 대중교통 선호도에 대해 설문 조사를 실시하였다, 조기 교육 실태에 대해 알아보았다 등

② ~라고 응답하다: '그렇다'/'아니다'/'긍정적이다'라고 응답하다 등

③ ‒아/어 보면: 살펴보면, 알아보면, 지켜보면, 확인해 보면 등

④ ~으로 나타났다: 급증한/감소한 것으로 나타났다, 1위인 것으로 나타났다 등

⑤ ~을/를 보였다: 증가율/감소율을 보였다, 증가하는/감소하는 추세를 보였다 등

2. 어휘

① 개선	② 게다가	③ 급격히	④ 급속히	⑤ 넘어서다
⑥ 단위	⑦ 대개	⑧ 대략	⑨ 뒤따르다	⑩ 디지털
⑪ 뚜렷하다	⑫ 명확하다	⑬ 비롯되다	⑭ 비하다	⑮ 실업
⑯ 업계	⑰ 오르내리다	⑱ 인력	⑲ 저렴하다	⑳ 최저/최고

54번 유형

1. 문법

① ‒는 데: 경쟁하는 데(에), 개선하는 데(에), 발달하는 데(에), 성장하는 데(에) 등

② ‒기도 하다: 중요한 시기이기도 하다, 어렵기도 하다, 행동을 하기도 하다 등

③ ‒는 점이다: 과도기라는 점이다, 문제가 된다는 점이다, 쉽지 않다는 점이다 등

④ ‒(으)ㄹ 경우: 과도할 경우, 이루어질 경우, 간과할 경우, 악용할 경우, 침해할 경우 등

⑤ ‒ㄴ/은/는지: 정확한지, 배우고 싶은지, 감당할 수 있는지, 가능성이 있는지, 틀림없는지 등

2. 어휘

① 강요	② 공적/사적	③ 공정성	④ 그르다	⑤ 극단적이다
⑥ 끼치다	⑦ 내적	⑧ 다각적이다	⑨ 마땅히	⑩ 반발
⑪ 보장	⑫ 분쟁	⑬ 불안정	⑭ 생애	⑮ 선별하다
⑯ 신중하다	⑰ 야기하다	⑱ 원활하다	⑲ 제도적	⑳ 침해

유형 **01** # 실용문 빈칸에 알맞은 말 쓰기

[51번] 제시된 실용문의 빈칸에 알맞은 말을 쓰는 유형

이 유형에서는 잃어버린 물건을 찾는 글, 도서관 이용 방법을 묻는 글, 집을 팔거나 구하는 글 등 일상생활에서 일어나는 상황에 대한 글이 제시됩니다. 빈칸에 들어가는 내용은 고급 수준으로 작성하지 않아도 괜찮습니다. 초급~중급 수준의 표현이면 됩니다. 이후에 나오는 유형에서 장문 작성에 시간이 많이 필요하므로, 51번 문제는 빠르게 풀고 넘어갑시다.

Q 기출 60회 쓰기 51번
다음 글의 ㉠과 ㉡에 알맞은 말을 각각 쓰시오.

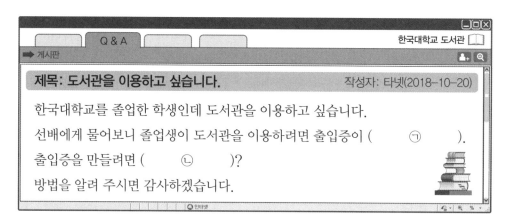

㉠ **필요하다고 합니다 / 있어야 한다고 합니다**

➡ 도서관을 이용하기 위해 출입증이 '필요'하다는 내용이 들어가야 합니다. '-(으)려면'과 호응하는 '-아/어/여야 합니다' 등의 표현을 사용하며, 격식체를 적절하게 사용해야 합니다.

㉡ **어떻게 해야 합니까 / 어떻게 해야 됩니까**

➡ 이메일을 쓴 사람은 도서관을 이용하기 위해 출입증을 만들려고 합니다. 따라서 출입증을 만들기 위해 어떻게 해야 하는지를 묻는 질문이 들어가야 합니다. '어떻게 하다'의 의미를 나타내는 어휘를 사용하며, 격식체를 적절하게 사용해야 합니다.

 개선 전 발문에서는 '한 문장으로 쓰시오.'라고 제시되었습니다. 본 교재에서는 앞으로의 시험 대비를 위해 개선된 발문으로 수록하였습니다.

채점 기준

㉠	• 내용(3점): '출입증이'와 호응하는 '필요하다/있어야 하다' 등의 의미를 나타내는 어휘를 사용한다. • 형식(2점): '선배에게 물어보니'와 호응하는 간접 화법 '-다고 하다/듣다' 등의 표현을 사용한다.
㉡	• 내용(2점): '어떻게 하다'의 의미를 나타내는 어휘를 사용한다. '무엇을 하다', '어디로 가다'와 같은 의미도 정답으로 처리한다. • 형식(3점): '만들려면'과 호응하는 '-아/어/여야 하다' 등의 표현을 사용한다.

※ 해당 채점 기준은 국립국제교육원에서 제공한 모범 답안 및 채점 기준표를 분석하여 제시한 것입니다.

'실용문 빈칸에 알맞은 말 쓰기' 유형 분석

'실용문 빈칸에 알맞은 말 쓰기' 유형은 이메일, 인터넷 게시글, 안내문, 광고문 등 다양한 실용문의 내용을 파악하여, 빈칸(㉠, ㉡)의 앞뒤 내용과 잘 어울리면서 문법적으로 알맞은 말을 써 넣어야 합니다. 제시된 글의 제목을 보면 빈칸에 대강 어떤 내용이 들어가면 좋을지 떠오를 것입니다. 3급 수준으로 공부를 했더라도 충분히 풀 수 있는 쉬운 문제이므로, 포기하지 말고 답을 써 보기 바랍니다. 반드시 어려운 문법이나 어휘를 사용할 필요는 없고, 표현을 정확하게 쓸 수 있어야 합니다.

이 유형의 제시문 주제로는 '모집 안내, 공사 안내, 변경 안내, 개최 안내, 문의 사항' 등의 내용이 자주 출제됩니다. '학교, 병원, 도서관, 회사, 서점' 등의 장소와 관련된 표현들을 알아 두면 도움이 됩니다. '회원 모집, 공사, 안내, 노선, 변경' 등의 기본적인 단어들과 이 단어들과 함께 자주 사용하는 표현들을 함께 외워 두면 답안을 금방 쓸 수 있습니다.

자주 출제되는 주제별 표현

주제	표현
모집 안내	㉠ 회원을 모집합니다. 　수강생을 모집합니다. ㉡ 어려울 것 같다고요? 　한 번도 해 본 적이 없어서 걱정되시나요?
공사·이동·변경 안내	㉠ 공사가 진행됩니다. 　수업 시간이 변경되어 안내해 드립니다. ㉡ 잘 확인해 보시기 바랍니다. 　착오가 없도록 잘 살펴보시기 바랍니다.
물건 나눔	㉠ 필요 없는 물건을 나눠 드립니다. 　이 물건들을 무료로 드리려고 합니다. ㉡ 필요하신 분들은 연락 바랍니다. 　필요한 물건이 있으면 와서 가져가세요.

참고하기 　'-(으)려면 -아/어/여야 합니다' 표현을 사용한 예문

• 버스를 타려면 버스 정류장에 가야 합니다.
• 학생증을 만들려면 학생종합센터에 가야 합니다.
• 한국어를 잘하려면 말하기 연습을 해야 합니다.
• 좋은 경영자가 되려면 직원들과 소통을 자주 해야 합니다.

>> **공공 기관에 대한 어휘**

🖉 **거치다**
어떤 과정을 겪거나 단계를 밟다.
예 심사를 거쳐 그 결과를 통보하겠습니다.

🖉 **공과금**
전기료, 전화료, 수도료 등과 같이 국가나 공공 단체가 국민에게 부과하는 세금.
예 공과금을 제때 납부하지 않으면 안 된다.

🖉 **기관**
사회생활에서 일정한 역할을 하거나 목적을 이루기 위해 설치한 기구나 조직.
예 여러 공공 기관이 투표 장소로 활용된다.

🖉 **문의하다**
궁금한 것을 물어서 의논하다.
예 궁금하신 것은 이메일로 문의하시기 바랍니다.

🖉 **발급하다**
기관에서 증명서 등을 만들어 내주다.
예 신용 카드를 새로 발급하였다.

🖉 **보안**
중요한 정보 등이 빠져나가서 위험이나 문제가 생기지 않도록 안전한 상태로 유지하고 보호함.
예 인터넷 사용 시 항상 보안에 유의하여야 한다.

🖉 **부치다**
편지나 물건 등을 보내다.
예 고향에 있는 가족에게 편지와 엽서를 부쳤다.

🖉 **증명서**
어떤 사실이 진실임을 밝히는 문서.
예 증명서는 어떤 용도로 발급받으려고 하십니까?

🖉 **항의하다**
어떤 일이 올바르지 않거나 마음에 들지 않아 반대하는 뜻을 주장하다.
예 정부의 새로운 정책에 항의하는 사람이 있다.

유형 잡는 연습문제

[01~04] 다음 글의 ⊙과 ⓒ에 알맞은 말을 각각 쓰시오.

01

동아리 회원 모집

수화 동아리 '우리'입니다.

이번에 신학기를 맞이하여 (⊙   ).

수화에 관심이 있고 열심히 노력할 수 있다면 모두 환영합니다.

수업을 들어야 해서 모임에 (ⓒ   )?

걱정하지 마세요. 학교 수업을 마치고 저녁에 모여서 연습을 합니다.

다음 주 월요일까지 아래 번호로 연락 주세요.

010-****-****

⊙ _____

ⓒ _____

02

사은품을 드립니다.

루미 마트를 이용하시는 여러분! 안녕하세요?

루미 마트에서는 물건을 3만 원 이상 (⊙   ).

물건을 많이 사면 (ⓒ   )?

아니요. 사은품은 얼마를 사든 딱 한 개만 드립니다.

사은품을 드리는 행사는 이번 달까지만 합니다.

⊙ _____

ⓒ _____

03

김영준 과장님께

안녕하세요? 교육팀 김유정입니다.
오늘 보고서 제출 때문에 연락드렸습니다.
제가 아직 (㉠   ).
회의에 필요한 자료인데 늦어서 죄송합니다.
내일까지 (㉡   ).
메일을 읽으신 후에 답장 주시면 감사하겠습니다.

김유정 드림.

○ 인터넷

㉠ _____

㉡ _____

04

김치 만들기 안내

김치를 먹어 본 적이 있나요?
이번 주말에 (㉠   ),
맛있게 만들어서 많은 외국인 친구들과 나눠 먹어 보세요,
김치를 만들기 위해 필요한 (㉡   ),
그래서 아무것도 가지고 올 필요가 없습니다,
그럼, 이번 주말에 만나요!

㉠ _____

㉡ _____

설명문 빈칸에 알맞은 말 쓰기

[52번] 제시된 설명문의 빈칸에 알맞은 말을 쓰는 유형

이 유형은 실용문의 빈칸에 알맞은 말을 쓰는 유형보다 어려운 유형입니다. 문법과 어휘의 수준이 더 높으므로 글의 맥락을 잘 파악해야 적절한 답을 적을 수 있습니다. 먼저 글이 어떤 내용인지를 보고 빈칸의 앞뒤 문장이 빈칸을 사이에 두고 내용을 이어 가는지, 아니면 그 내용이 반전되는지를 파악할 수 있어야 합니다.

기출 64회 쓰기 52번

Q 다음 글의 ㉠과 ㉡에 알맞은 말을 각각 쓰시오.

별은 지구에서 멀리 떨어져 있다. 그래서 별빛이 지구까지 오는 데 많은 시간이 걸린다. 지구와 가장 가까운 별의 빛도 지구까지 오는 데 4억 년이 걸린다. 만약 우리가 이 별을 본다면 우리는 이 별의 현재 모습이 아니라 4억 년 전의 (㉠   ). 이처럼 별빛은 오랜 시간이 지나야 지구에 도달한다. 그래서 어떤 별이 사라져도 우리는 그 사실을 바로 알지 못하고 아주 오랜 시간이 (㉡   ).

㉠ <u>모습을 보는 것이다 / 모습을 보게 되는 것이다</u>

    ➡ 지구와 가장 가까운 별의 빛이 지구까지 오는 데 4억 년이 걸린다고 했으므로 우리가 보는 별의 모습은 4억 년 전의 모습입니다.

㉡ <u>지나야 알 수 있다 / 지난 후에야 알 수 있다</u>

    ➡ 별빛이 지구까지 오는 데 많은 시간이 걸리므로, 우리는 별이 사라지는 것도 아주 오랜 시간이 지나야 알 수 있다는 내용이 적절합니다.

 문장 성분의 적절한 호응도 고려해야 합니다.

┌─ 채점 기준 ─

㉠	• 내용 요소(2점): '모습'을 나타내는 어휘를 사용한다. '모습'과 호응하는 '보다', '보게 되다' 등의 의미를 가지는 어휘를 사용한다. • 형식 요소(3점): '만약 우리가 이 별을 본다면(조건)'과 호응하는 '-는 것이다(결과)'와 같은 표현을 사용한다.
㉡	• 내용 요소(2점): '오랜 시간이'와 호응하는 '지나다', '흐르다' 등의 의미를 가진 어휘를 사용한다. • 형식 요소(3점): '그 사실을 바로 알지 못하고 아주 오랜 시간이'와 호응하는 '-(하)고 나서야', '지난 후에야' 등과 같은 표현을 사용한다.

※ 해당 채점 기준은 국립국제교육원에서 제공한 모범 답안 및 채점 기준표를 분석하여 제시한 것입니다.

감 잡는 개념 정리

'설명문 빈칸에 알맞은 말 쓰기' 유형 분석

'설명문 빈칸에 알맞은 말 쓰기' 유형은 짧은 설명문의 내용을 파악하여 빈칸(㉠, ㉡)에 들어갈 말을 써 넣어야 합니다. 바로 앞서 학습한 실용문 유형보다는 약간 어렵지만, 어려운 문법을 많이 사용해야 하는 유형은 아닙니다. 생각한 내용을 잘 나타낼 수 있는 어휘를 많이 알고 있는 것이 중요합니다.

이 유형에서 제시되는 설명문의 주제는 특별히 정해져 있지 않고 다양합니다. 전문적인 지식이 없어도 풀 수 있는 일상생활과 일반적인 상식에 대한 글이 자주 나오고 있습니다.

알아 두면 좋은 연결 접속사

문장과 문장을 연결하는 단어를 잘 보고 빈칸에 들어갈 내용을 예상하여 문장을 완성해 봅시다.

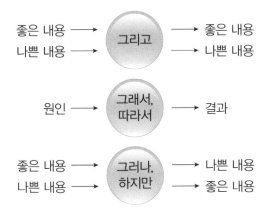

기출에 나온 주제

① 사회와 개인의 관계
② 기회를 잘 이용하는 방법
③ 어려운 일을 대하는 태도
④ 영화 속 주인공이 착한 이유
⑤ 사건 보도에서 고려해야 할 사항
⑥ 개인 정보 공개와 시청자의 알 권리

주제별 어휘노트

>> **과학에 대한 어휘**

가상
사실이 아닌 것을 지어내어 사실처럼 생각함.
예 가상 세계와 현실 세계를 혼동하다.

곡선
곧지 않고 굽은 선.
예 곡선 구간을 빠르게 달리면 몸이 쏠리게 된다.

공학
전자, 전기, 기계, 항공, 토목, 컴퓨터 등 공업의 이론과 기술 등을 체계적으로 연구하는 학문.
예 공학 기술의 발달이 인공 지능 기술 개발을 이끌었다.

미생물
맨눈으로 볼 수 없는 아주 작은 생물.
예 진공 포장은 미생물의 번식을 막는다.

변하다
무엇이 다른 것이 되거나 성질이 달라지다.
예 출렁이는 파도의 에너지가 전기로 변합니다.

성분
화합물이나 혼합물을 구성하는 각각의 원소나 물질.
예 약을 복용하기 전에 포함된 성분을 확인하다.

융합하다
다른 종류의 것이 녹아서 서로 구별이 없게 하나로 합해지다. 또는 다른 종류의 것을 녹여서 서로 구별이 없게 하나로 합하다.
예 교육에 AI 기술을 융합하는 것이 새로운 흐름이다.

증발하다
어떤 물질이 액체 상태에서 기체 상태로 변하다.
예 액체가 증발할 때는 주변의 열을 빼앗는다.

첨단
시대나 학문, 유행 등의 가장 앞서는 자리.
예 현대는 첨단 과학의 시대이자 정보화 시대이다.

유형 잡는 연습문제

[01~04] 다음 글의 ㉠과 ㉡에 알맞은 말을 각각 쓰시오.

01

　　여름철만 되면 우리의 안방에 불청객인 모기가 많아진다. 어떻게든 (　　㉠　　) 약을 뿌려 보기도 하지만, 여럿이 함께 있어도 유독 모기에 잘 물리는 사람이 있다. 이런 사람은 대체로 뚱뚱하고 땀을 많이 흘리는 편이다. 모기는 후각이 예민해서 땀을 흘릴 때 발생되는 이산화 탄소를 감지해 그 대상을 찾아내기 때문이다. 열이 많고 땀을 많이 흘리는 아이들이 (　　㉡　　) 바로 이 때문이다.

㉠ _____

㉡ _____

02

　　현대인들은 바쁜 일정과 피로 누적으로 아침 식사를 건너뛰는 경우가 많다. 그러나 가급적 아침 식사를 (　　㉠　　). 뇌는 포도당을 에너지원으로 활용하는데, 아침 식사를 하지 않으면 두뇌 회전에 필요한 포도당이 부족해져 집중력과 사고력이 떨어지기 때문이다. 또한, 아침 식사를 거르면 (　　㉡　　) 점심 때 폭식을 할 확률이 높아져 식생활의 균형도 깨지게 된다. 피곤하고 바쁘더라도 건강한 삶을 위해 아침 식사를 챙겨 먹는 습관을 지녀야 한다.

㉠ _____

㉡ _____

03

> 　가정은 사회의 체제에서 긴 역사를 지닌 가장 소규모 단위의 집단이다. 사람이 태어나 가장 먼저 타인과 함께 살아가면서 언어를 배우고, 생활 습관, 문화 등을 배우며 하나의 인간으로 성장하는 곳이기도 하다. 그러나 이러한 가정이 점점 (　ㄱ　). 가정에서 긍정적인 경험을 하지 못한 아이들은 학업에 집중할 수 없게 되므로, 부모는 보다 많은 시간을 (　ㄴ　). 그 소통이 아름다운 가정의 시작이 되기 때문이다.

ㄱ _____

ㄴ _____

04

> 　농민들은 1년의 시간을 공들여 농산물을 재배하고 수확한다. 최근 이를 기회로 삼아 농산물 절도가 기승을 부리고 있다. 농산물 절도는 농민들의 1년 동안의 수고를 (　ㄱ　). 이러한 피해를 막기 위해서는 조금 귀찮더라도 농산물을 보관하는 장소에 보안 장치를 설치하여 (　ㄴ　). 또한, 외출 시에는 이웃에게 미리 알려서 집이 비어 있을 때 누군가가 오면 경찰에 연락할 수 있게 하는 것도 좋은 예방법이다.

ㄱ _____

ㄴ _____

유형 03 자료를 설명하는 글 쓰기

[53번] 자료를 보고 설명하는 글을 쓰는 유형

이 유형에서 제시되는 자료에서는 정도를 숫자로 표시하는 '수치'를 확인할 수 있습니다. 제시된 주제에 대해 어떠한 조사 결과가 나왔는지, 그 결과가 나온 이유는 무엇인지 등을 써야 합니다. 자신의 주관적인 생각은 쓰지 않고 주어진 정보를 객관적으로 전달하는 것이 중요합니다.

Q 기출 60회 쓰기 53번

다음은 '인주시의 자전거 이용자 변화'에 대한 자료이다. 이 내용을 200~300자의 글로 쓰시오. 단, 글의 제목은 쓰지 마시오.

① 인주시의 자전거 이용자 수가 지속적으로 증가하고 있음을 알 수 있습니다.
② 이러한 변화가 나타난 이유를 작성해야 합니다.
③ 자료에 나온 자전거 이용 목적을 글에 활용하여야 합니다.

● 채점 기준 ●

과제1	자전거 이용자 수 그래프를 읽고, 연도별 자전거 이용자 수와 증가하고 감소한 정도를 제시한다.
과제2	자전거 이용자 수의 변화 이유를 밝힌다. ① 자전거 도로 개발 ② 자전거 빌리는 곳 확대
과제3	자전거 이용 목적 그래프를 읽는다. ① 이용 목적, 증가폭을 제시한다. ② 이용 목적별 증가폭을 비교한다.

※ 해당 채점 기준은 국립국제교육원에서 제공한 모범 답안 및 채점 기준표를 분석하여 제시한 것입니다.

내용 코칭 　　　　　　문법·어휘 코칭

	인	주	시	의		자	전	거		이	용	자		변	화	를		살	펴	보	면	,		자	전

설명하는 대상(인주시의 자전거 이용자 변화)이 무엇인지 제시하였습니다.

거		이	용	자		수	는		20	07	년		4	만		명	에	서		20	12	년	에		는

9	만		명	,		20	17	년	에		는		21	만		명	으	로	,		지	난		10	년	간

약		5	배		증	가	하	였	다	.		특	히		20	12	년	부	터		20	17	년	까	지

100

자전거 이용자 수의 변화를 그래프의 내용대로 적절하게 작성했습니다. '특히'를 사용하여 변화 이유를 강조합니다.

자	전	거		이	용	자		수	가		증	가	한		이	유	는		자	전	거		도	로

자전거 이용자 수 증가 이유①: 자전거 도로 개발

가		개	발	되	고		자	전	거		빌	리	는		곳	이		확	대	되	었	기		때

자전거 이용자 수 증가 이유②: 자전거 빌리는 곳 확대

문	인		것	으	로		보	인	다	.		자	전	거		이	용		목	적	을		보	면	,

자전거 이용 목적별 증가폭을 순위에 맞게 잘 작성했습니다.

10	년	간		운	동		및		산	책	은		4	배	,		출	퇴	근	은		14	배	,		기

200

타	는		3	배		늘	어	난		것	으	로		나	타	났	으	며	,		출	퇴	근		시

중·고급 수준에서는 '~할 때'보다 '~ 시'라고 써 보면 좋습니다.

이	용	이		가	장		높	은		증	가	율	을		보	였	다	.

너무 짧은 문장으로 글을 쓰는 것보다는 30~35자 정도 길이의 문장을 작성하는 것이 좋고, '그리고, 그래서, 이와 같은' 등의 연결하는 말도 조금씩 사용하는 것이 좋습니다.
'글의 제목은 쓰지 마시오'라는 기본 원칙도 꼭 지켜야 합니다. 200~300자 원고지에 글을 쓸 때 글의 제목을 쓰면 많은 칸을 차지해 버리기 때문에 금지됩니다.

■ '자료를 설명하는 글 쓰기' 유형 분석

'자료를 설명하는 글 쓰기' 유형에서는 2~3가지의 수치(통계) 및 이유·현황 등과 같은 조사 결과가 자료로 제시됩니다. 여러 자료들을 최대한 빠른 시간 내에 파악하고 해석할 수 있어야 합니다. 이 유형은 자료의 종류에 따라 사용할 수 있는 표현들을 많이 알아 두면 좋습니다.

■ 자주 출제되는 자료 유형별 표현

자료 유형	표현
분류	• ~에는 ~이/가 있다 • ~은/는 ~와/과 ~(으)로 나눌 수 있다
원인과 결과 (현황)	• ~(으)로 인해 ~게 된 것이다 • ~의 원인은 ~인 것으로 나타났다
설문 조사 결과	• ~ 원인으로 ~을/를 들 수 있다 • ~은/는 ~을/를 차지하고 있다 • ~년 사이에 ~이/가 ~게 되었다 • 그중에서 ~은/는 ~%로 나타났다 • ~은/는 ~에 그쳤다/이르렀다/달한다 • 마지막으로 ~라는 기타 의견도 있었다 • 그다음으로 ~이/가 ~로 그 뒤를 이었다 • ~이/가 큰 영향을 미친 것으로 여겨진다 • ~에서 ~에 대해 설문 조사를 실시하였다 • 조사 결과, ~이/가 ~로 가장 높게 나타났다 • 위와 같은 설문 조사를 통해 ~을/를 알 수 있다 • 그 뒤를 이어서 ~이/가 ~로 2위, ~이/가 3위를 차지하였다 • ~와/과 비교해 봤을 때 두드러지게 증가세(감소세)를 보이고 있다 • ~을/를 대상으로 조사한 결과, ~라고 응답한 경우가 가장 많았다 • ~(으)로는 ~이/가 가장 높게 나타났으며, 다음으로 ~, ~ 순이었다 • 이런 추세라면 앞으로 ~에 이를 것으로 보인다/기대된다/예상된다

■ 기출에 나온 주제

① 환경 오염의 원인과 현황
② 고령화 사회의 원인과 현황
③ 성별에 따라 선호하는 직업
④ 1인 가구 증가의 원인과 현황
⑤ 스마트폰 중독의 원인과 현황
⑥ 연령대에 따라 필요하다고 생각하는 문화 시설
⑦ 직업에 따라 필요하다고 생각하는 직장 내 재교육

유형 잡는 연습문제

01 다음은 '연령대에 따라 선호하는 주거 형태와 주거 선택 시 중요하게 생각하는 요인'에 대한 자료이다. 이 내용을 200~300자의 글로 쓰시오. 단, 글의 제목은 쓰지 마시오.

> 20대와 40대 성인 남녀 총 1,000명을 대상으로 선호하는 주거 형태와, 주거를 선택할 때 중요하게 생각하는 요인이 무엇인지 설문 조사를 하였다. 설문 조사의 결과는 다음과 같다.

20대		40대	

〈선호하는 주거 형태〉
기타 3%
자가 7%
전세 30%
월세 60%

〈주거 선택 시 중요하게 생각하는 요인〉

순위	요인
1위	주거 비용
2위	주거 지역의 위치
3위	주거 공간의 구조

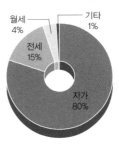

〈선호하는 주거 형태〉
월세 4%
기타 1%
전세 15%
자가 80%

〈주거 선택 시 중요하게 생각하는 요인〉

순위	요인
1위	주거 지역의 위치
2위	주거 비용
3위	주거 공간의 구조

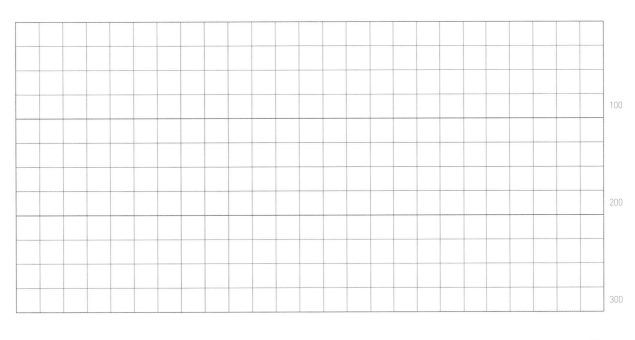

100

200

300

02 다음은 '1인 가구 변화'에 대한 자료이다. 이 내용을 200~300자의 글로 쓰시오. 단, 글의 제목은 쓰지 마시오.

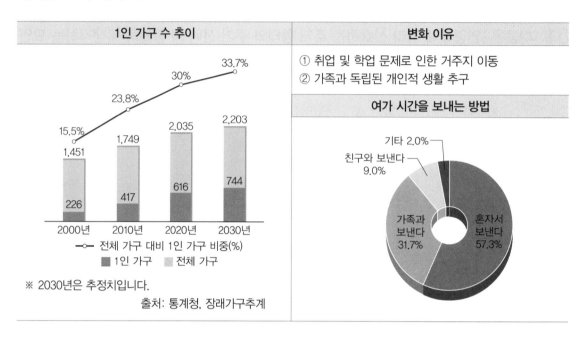

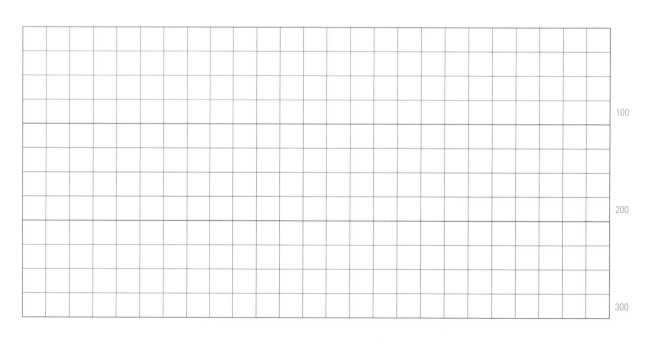

유형 04 주제에 대해 글 쓰기

[54번] 제시된 글과 질문을 읽고 주제에 대해 글을 쓰는 유형

이 유형은 주제에 대한 자신의 생각을 긴 글로 작성하는 유형입니다. 단, 문제에서 제시된 3개의 질문에 대한 답이 글에 반드시 포함되어야 합니다. 3개의 질문에 대한 답을 서술하다 보면 자연스럽게 하나의 글을 완성할 수 있습니다. 사회적인 현상과 관련이 있는 주제가 출제되므로 평소에 생각한 내용을 쓰되, 초급 수준의 내용을 반복하며 분량만 채워서는 안 됩니다.

Q 기출 64회 쓰기 54번

다음을 참고하여 600∼700자로 글을 쓰시오. 단, 문제를 그대로 옮겨 쓰지 마시오.

> 사람은 누구나 청소년기를 거쳐 어른이 된다. 아동에서 어른으로 넘어가는 이 시기에 많은 청소년들은 혼란과 방황을 겪으며 성장한다. 아래의 내용을 중심으로 '청소년기의 중요성'에 대한 자신의 생각을 쓰라.

- 청소년기가 중요한 이유는 무엇인가?
- 청소년들은 이 시기에 주로 어떤 특징을 보이는가?
- 청소년의 올바른 성장을 돕기 위해 어떤 노력이 필요한가?

◆ 채점 기준 ◆

과제1 (서론)	청소년기가 중요한 이유가 무엇인지 제시한다. ① 청소년기에 형성된 자아 정체성이 삶의 전 영역에 영향을 미친다. ② 사회 구성원이 되기 위해 준비한다.
과제2 (본론)	청소년기의 특징을 2∼3가지 설명한다. ① 자아 정체성이 다 형성되지 않아 심리적으로 불안정하다. ② 기존의 제도나 자신을 억압하려는 어른에 대해 저항한다. ③ 옳고 그름의 기준이 정립되지 않아 주변의 영향을 받기가 쉽다.
과제3 (결론)	청소년의 올바른 성장을 돕기 위한 노력을 제시한다. ① 가정에서의 노력: 청소년이 건강한 자아 정체성을 형성할 수 있도록 정서적으로 지원해야 한다. ② 사회에서의 노력: 심리 상담 센터, 위탁 시설 운영 등 제도적으로 지원해야 한다.

※ 해당 채점 기준은 국립국제교육원에서 제공한 모범 답안 및 채점 기준표를 분석하여 제시한 것입니다.

내용 코칭　　　　문법·어휘 코칭

|청|소|년|기|는| |자|아| |정|체|성|을| |찾|아| |가|는| |과|도|기|란|

(1) 서론: 청소년기가 중요한 이유　　아동에서 청소년으로 넘어가는 시기를 '과도기'라는 고급 어휘를 사용하여 표현하였습니다.

|점|에|서| |사|람|의| |생|애| |중| |가|장| |중|요|한| |시|기|이|다|.|

|청|소|년|기|에| |형|성|된| |자|아| |정|체|성|은| |진|로|나| |인|간|관|

청소년기가 중요한 이유①: 자아 정체성을 형성하는 시기

|계| |뿐| |아|니|라| |삶|의| |전| |영|역|에| |지|속|적|인| |영|향|을| |100|

|미|친|다|.| |또|한| |이| |시|기|는| |청|소|년|이| |올|바|른| |사|회|

|구|성|원|이| |되|기| |위|해| |준|비|하|는| |시|기|이|기|도| |하|다|.|

청소년기가 중요한 이유②: 사회 구성원이 되기 위해 준비하는 시기

| |그|러|나| |청|소|년|은| |아|직| |자|아|가| |형|성|되|지| |않|았|기|

(2) 본론: 청소년기의 특징

|때|문|에| |심|리|적|으|로| |불|안|정|해|지|기| |쉽|다|.| |특|히| |가|치| |200|

청소년기의 특징①: 심리 불안정

|관|의| |혼|란|,| |타|인|의| |평|가|,| |또|래| |집|단| |내|의| |압|박|감|

|등|은| |청|소|년|들|이| |불|안|정|함|을| |느|끼|게| |되|는| |주|된|

|요|인|이|다|.| |또|한| |청|소|년|은| |기|존|의| |제|도|에| |저|항|하|거|

청소년기의 특징②-ㄱ: 기존 제도에 대한 저항

|나| |자|신|을| |억|압|하|는| |어|른|에| |대|해| |강|한| |반|항|심|을| |300|

청소년기의 특징②-ㄴ: 억압하려는 어른에 대한 반항심

|보|이|기|도| |한|다|.| |그|뿐| |아|니|라| |청|소|년|은| |아|직| |옳|고|

'또', '게다가'와 같은 의미입니다.　　청소년기의 특징③: 옳고 그름의 기준이 정립되지 않음

|그|름|의| |기|준|이| |정|립|되|지| |않|았|기| |때|문|에| |주|변| |환|

|경|의| |영|향|을| |받|기| |쉽|다|.| |이|러|한| |특|성|으|로| |인|하|여|

청소년기의 특징을 바탕으로 나타나는 현상을 서술하였습니다.

|어|떤| |청|소|년|은| |일|탈|이|나| |돌|발|적|인| |행|동|을| |하|며| |400|

| 극 | 단 | 적 | 인 | | 경 | 우 | | 자 | 신 | 과 | | 사 | 회 | 에 | | 해 | 를 | | 끼 | 치 | 는 | | 행 | 동 |

'해를 끼치다'라는 고급 표현을 적절히 사용하였습니다.

| 을 | | 하 | 기 | 도 | | 한 | 다 | . | | | | | | | | | | | | | | | | |

| | 청 | 소 | 년 | 이 | | 건 | 강 | 하 | 게 | | 청 | 소 | 년 | 기 | 를 | | 보 | 내 | 고 | | 미 | 래 | 의 |

(3) 결론: 청소년의 올바른 성장을 돕기 위한 노력

| 인 | 재 | 로 | | 성 | 장 | 하 | 도 | 록 | | 돕 | 기 | | 위 | 해 | 서 | 는 | | 가 | 정 | 과 | | 사 | 회 | 의 | 500

| 다 | 각 | 적 | 인 | | 노 | 력 | 이 | | 필 | 요 | 하 | 다 | . | | 가 | 정 | 에 | 서 | 는 | | 청 | 소 | 년 | 의 |

'다각적'은 '여러 가지 부분의'와 같은 의미입니다.　　　　　노력①: 가정에서 청소년을 위해 해야 할 노력

| 특 | 성 | 을 | | 성 | 장 | 을 | | 위 | 한 | | 하 | 나 | 의 | | 과 | 정 | 으 | 로 | | 이 | 해 | 하 | 고 |

| 청 | 소 | 년 | 이 | | 건 | 강 | 한 | | 자 | 아 | | 정 | 체 | 성 | 을 | | 형 | 성 | 할 | | 수 | | 있 | 도 |

| 록 | | 정 | 서 | 적 | 으 | 로 | | 지 | 원 | 할 | | 필 | 요 | 가 | | 있 | 다 | . | | 사 | 회 | 에 | 서 | 는 | 600

노력②: 사회에서 청소년을 위해 해야 할 노력

| 청 | 소 | 년 | | 심 | 리 | | 상 | 담 | | 센 | 터 | 나 | | 방 | 황 | 하 | 는 | | 청 | 소 | 년 | 을 | | 위 |

| 한 | | 위 | 탁 | | 시 | 설 | 을 | | 운 | 영 | 하 | 는 | | 등 | 의 | | 제 | 도 | 적 | | 지 | 원 | 을 | |

| 통 | 해 | | 청 | 소 | 년 | 의 | | 올 | 바 | 른 | | 성 | 장 | 을 | | 도 | 울 | | 수 | | 있 | 을 | | 것 |

| 이 | 다 | . | | | | | | | | | | | | | | | | | | | | | | | 700

핵심적인 내용을 중급과 고급의 표현을 사용하여 작성해야 합니다.
한자어, 어려운 문법 등도 함께 사용해야 합니다.
주제와 관련된 질문들의 답을 생각하고 나열하면 자연스럽게 '서론 - 본론 - 결론'의 구조를 갖출 수 있습니다.

▨ '주제에 대해 글 쓰기' 유형 분석

'주제에 대해 글 쓰기' 유형은 문제에서 글의 주제와 주제에 대한 질문 3가지를 제시합니다. 각 질문에 대한 대답을 '서론–본론–결론'으로 구성하여 글을 써 내려가는 연습을 해야 합니다. 워밍업에서 공부한 '개요를 정리하는 방법'을 참고하여 핵심적인 내용만 간단하게 정리하여 개요를 작성하고, 글을 완성해야 합니다.

▨ '서론 - 본론 - 결론'의 구성

서론	글을 시작하며 주제에 대해 조금 알려 주는 느낌을 주어야 한다.
본론	2~3가지 정도의 중심 문장을 생각하여 내용에 살을 덧붙인다.
결론	• 서론과 본론에서 가장 중요한 내용을 모아 글을 정리한다. • 중 · 고급 어휘와 문법을 다양하게 활용할 수 있도록 노력한다.

▨ 알아 두면 좋은 설명 방법과 표현

대조	• 이에 반해(서) ~ • ~으나, ~은/는 반면에 • 반면에 ~에서 차이가 있다
비교	• ~라는 점에서 비슷하다 • ~다는 점에서 비슷하다 • ~와/과 ~의 공통점은 ~다는 것이다
예시	• 예를 들면 • 이외에도, ~이/가 있다 • 또 다른 예로, ~이/가 있다 • 이러한 예들로 ~을/를 알 수 있다 • ~을/를 보여 주는 두 가지 예가 있다 • ~의 일례로 ~(는 것)을 들 수 있다
이유 · 인과	• 그 결과 ~게 되었다　　　• 그러므로 ~해야 한다 • 왜냐하면 ~기 때문이다　• 그것이 ~의/~는 이유이다 • 따라서 ~는 것이 중요하다　• 이러한 이유 때문에 ~해야 한다
조건 · 가정 · 추측	• 이것이 ~다고 가정해 보자 • 만일 ~다면 ~(으)ㄹ 것이다 • 만일 ~가 없다면, ~(으)ㄹ 것이다 • ~다면 어떻게 해야 하는 것인가? • 이 글에서는 ~이/가 ~다고 생각한다 • ~(으)ㄹ 때는 ~가 가장 필요하다고 생각한다 • ~을 한다면 ~의/~라는 이점이 있을 것이다 • ~에 관한 한(~할 때) ~만으로는 적당하지/충분하지 않을 수도 있다

≫ 가치관에 대한 어휘

◢ 고유
한 사물이나 집단 등이 본래부터 지니고 있는 특별한 것.
예 김치는 한국 고유의 전통 음식입니다.

◢ 구세대
이전의 세대. 또는 나이든 사람들의 세대.
예 구세대와 신세대 간의 사고방식이 다르다.

◢ 금기
종교 또는 관습적인 이유로 하면 안 되거나 피해야 하는 일.
예 각 사회마다 금기되는 언어 표현들이 존재한다.

◢ 속담
옛날부터 사람들 사이에서 전해져 오는 교훈이 담긴 짧은 말.
예 속담은 역사적 생활 체험이 반영된 것이다.

◢ 어긋나다
기대에 맞지 않거나 정해진 기준에서 벗어나다.
예 예의범절에 어긋나는 행동을 하지 않도록 하자.

◢ 차별하다
둘 이상을 차등을 두어 구별하다.
예 성별, 연령으로 상대방을 차별해서는 안 된다.

◢ 통하다
마음이나 의사 등이 다른 사람에게 잘 전달되거나 이해되다.
예 마음이 잘 통하는 친구 몇 명이면 충분하다.

◢ 편견
공평하고 올바르지 못하고 한쪽으로 치우친 생각.
예 편견에 빠지면 상대방을 있는 그대로 볼 수 없다.

◢ 피하다
원치 않은 일을 당하거나 어려운 일이 일어나지 않게 하다.
예 갈등을 피하기만 하지 말고 맞서야 한다.

유형 잡는 연습문제

01 다음을 참고하여 600~700자로 글을 쓰시오. 단, 문제를 그대로 옮겨 쓰지 마시오.

> 최근 한국에서는 멋지고 예쁜 외모를 중시하는 일이 많아지고 있다. 이러한 현대 사회의 특성을 참고하여, 아래의 내용을 중심으로 '몸짱 열풍'에 대해 자신의 생각을 쓰라.

- 몸짱 열풍의 의미는 무엇인가?
- 몸짱 열풍이 심한 경우 어떤 문제점들이 발생하는가?
- 몸짱 열풍의 문제점을 해결하기 위한 방법에는 무엇이 있는가?

다음 장에서 답안 작성하기

● **개요 정리** ●

서론	본론	결론

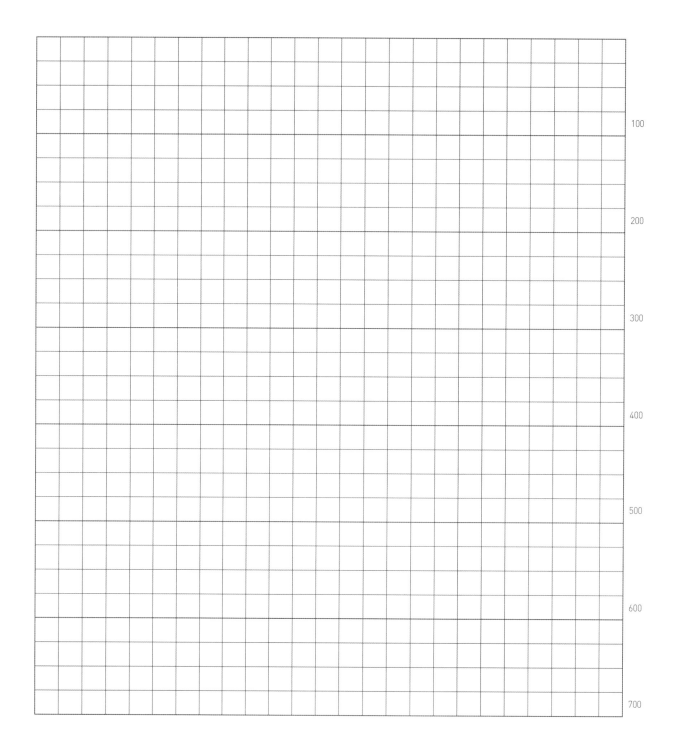

100

200

300

400

500

600

700

02 다음을 참고하여 600~700자로 글을 쓰시오. 단, 문제를 그대로 옮겨 쓰지 마시오.

> 고령화 사회가 되면서 실버산업이 활성화되고 있다. 아래의 내용을 중심으로 '실버산업'에 대해 자신의 생각을 쓰라.

- 실버산업의 의미는 무엇인가?
- 실버산업의 사례로는 어떤 것들이 있는가?
- 실버산업의 전망은 어떠하다고 생각하는가?

다음 장에서 답안 작성하기

• 개요 정리 •

서론	본론	결론

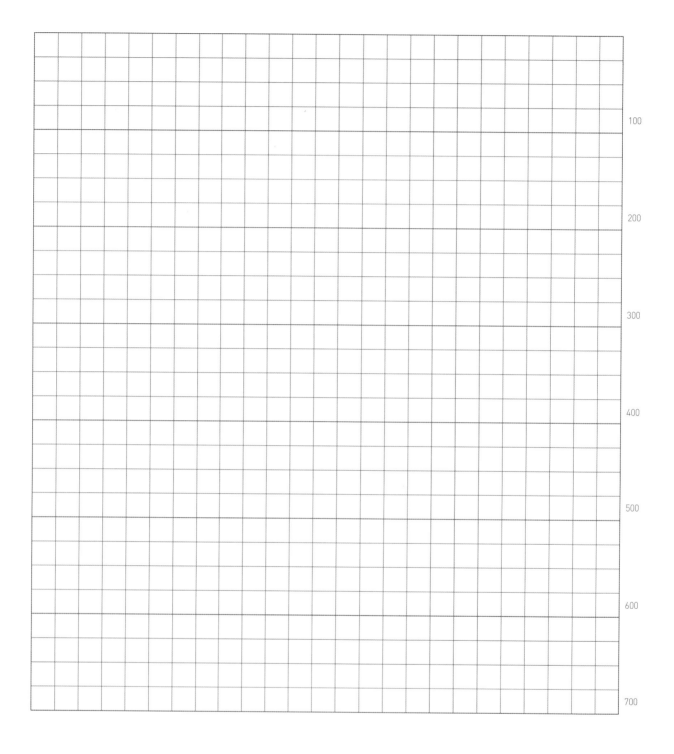

				100
				200
				300
				400
				500
				600
				700

에듀윌이
너를
지지할게

ENERGY

모든 것은 꿈에서 시작된다.

꿈 없이 가능한 일은 없다.

먼저 꿈을 가져라.

오랫동안 꿈을 그리는 사람은

마침내 그 꿈을 닮아간다.

– 앙드레 말로(Andre Malraux)

합격 잡는 실전문제

[01~04] 다음 글의 ㉠과 ㉡에 알맞은 말을 각각 쓰시오.

기출 64회 쓰기 51번

01

> 수미 씨, 그동안 고마웠습니다.
> 저는 다음 달이면 홍콩으로 일을 (㉠   ).
> 제가 원하는 회사에 취직을 해서 기쁘지만
> 수미 씨를 자주 못 볼 것 같아 아쉽습니다.
> 선물을 준비했는데 선물이 수미 씨 마음에 (㉡   ).

㉠ _____

㉡ _____

02

> ### 도서관 2층 공사 안내
>
> △△대학교 학생들에게 안내합니다.
> 다음 주 월요일부터 (㉠   ).
> 그래서 앞으로 한 달 동안은 도서관 2층을 이용할 수 없습니다.
> 하지만 1층과 3층은 (㉡   ).
> 계속해서 도서관을 많이 이용해 주시기 바랍니다.

㉠ _____

㉡ _____

기출 52회 쓰기 51번

03

□□×

✉마이클

수미 씨,

지난번에 책을 (㉠   ) 고맙습니다.

수미 씨의 책 덕분에 과제를 잘할 수 있었습니다.

그런데 책을 언제 (㉡   )?

시간을 말씀해 주시면 찾아가겠습니다.

그럼 답장 기다리겠습니다.

🌐 인터넷

㉠ _____

㉡ _____

04

📌 **농구단 신규 회원 모집** 📌

여러분, 안녕하세요? 이번 달 5일부터 한 달 동안 (㉠   ).

학생과 성인은 요일을 나누어서 연습을 합니다.

중학생과 고등학생은 평일, (㉡   ).

신청은 인터넷으로 하실 수 있고, 회비는 한 달에 5만 원입니다.

함께 모여서 즐겁게 운동하고 건강해집시다!

㉠ _____

㉡ _____

[05~08] 다음 글의 ㉠과 ㉡에 알맞은 말을 각각 쓰시오.

기출 60회 쓰기 52번

05

> 사람들은 음악 치료를 할 때 환자에게 주로 밝은 분위기의 음악을 들려줄 것이라고 생각한다. 그러나 환자에게 항상 밝은 분위기의 음악을 (㉠). 치료 초기에는 환자가 편안한 감정을 느끼는 것이 중요하다. 그래서 환자의 심리 상태와 비슷한 분위기의 음악을 들려준다. 그 이후에는 환자에게 다양한 분위기의 음악을 들려줌으로써 환자가 다양한 감정을 (㉡).

㉠ _____

㉡ _____

06

> 간판은 가게의 얼굴이라는 말이 있다. 그만큼 가게의 홍보에 간판이 중요한 역할을 하고 있기 때문에 간판을 더 크게, 그리고 더 화려하게 만들고자 하는 경우가 많다. 이것 때문에 (㉠). 우선 간판이 너무 커서 한 건물에 여러 개의 간판이 있을 경우 보기에도 답답하고, 무게를 이기지 못해 간판이 떨어질 가능성도 있다. 또한 건물의 겉모습이 (㉡). 앞으로 간판의 모양을 깨끗하게 정리하여 도시의 이미지를 개선해 나가야 할 것이다.

㉠ _____

㉡ _____

07

우리는 기분이 좋으면 밝은 표정을 짓는다. 그리고 기분이 좋지 않으면 표정이 어두워진다. 왜냐하면 (㉠   ). 그런데 이와 반대로 표정이 우리의 감정에 영향을 주기도 한다. 그래서 기분이 안 좋을 때 밝은 표정을 지으면 기분도 따라서 좋아진다. 그러므로 우울할 때일수록 (㉡   ) 것이 좋다.

㉠ _____

㉡ _____

08

사람들은 자동차 열쇠를 어딘가에 두고 깜박하거나, 조금 전에 무엇을 먹었는지조차 (㉠   ). 그리고 이러한 일이 반복되면, 기억력이 떨어진 것에 대해 스트레스를 느끼곤 합니다. 하지만 기억력이 떨어지는 현상에 대해서 (㉡   ). 왜냐하면, 안 좋은 일까지 빠짐없이 기억하면서 심리적으로 괴로움을 느끼는 것보다는 적당히 잊어버리는 것이 정신 건강에 도움이 되기 때문입니다.

㉠ _____

㉡ _____

09 다음은 '온라인 쇼핑 시장의 변화'에 대한 자료이다. 이 내용을 200~300자의 글로 쓰시오. 단, 글의 제목은 쓰지 마시오.

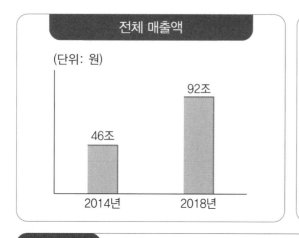

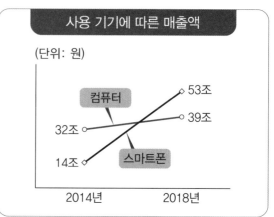

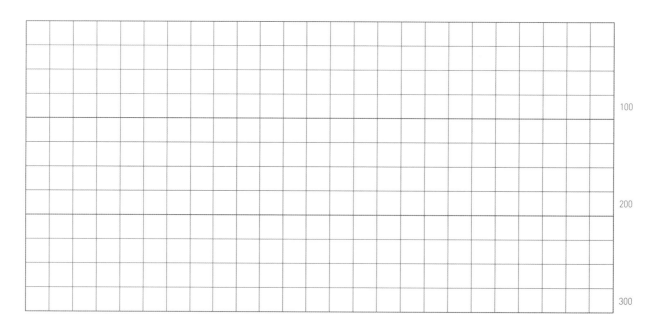

10 다음은 '자연재해의 피해'에 대한 자료이다. 이 내용을 200~300자의 글로 쓰시오. 단, 글의 제목은 쓰지 마시오.

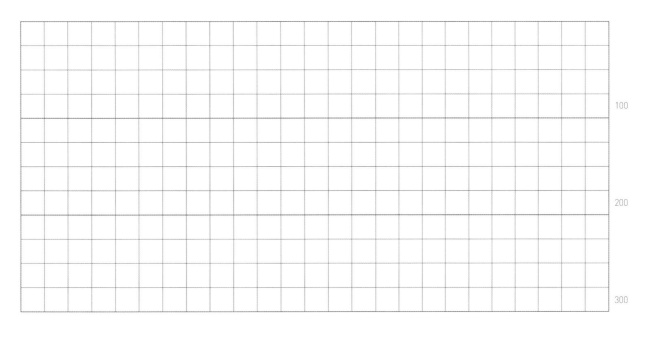

20년간 자연재해로 인한 피해자 발생 비율	자연재해의 유형과 피해
기타 3% 극심한 기온 변화 6% 태풍 15% 가뭄 24% 홍수·폭설 52%	① 가뭄: 오랫동안 비가 오지 않음. 　→ 식수가 부족해지고 농작물이 말라 죽음. ② 홍수: 한꺼번에 많은 비가 내림. 　→ 논밭, 집 등이 물에 잠김. ③ 폭설: 한꺼번에 많은 눈이 내림. 　→ 교통이 끊기는 등의 피해를 줌.

11 다음을 참고하여 600~700자로 글을 쓰시오. 단, 문제를 그대로 옮겨 쓰지 마시오.

> 요즘은 아이가 학교에 들어가기 전 어릴 때부터 악기나 외국어 등 여러 가지를 교육하는 경우가 많다. 이러한 조기 교육은 좋은 점도 있지만 문제점도 있다. 아래의 내용을 중심으로 '조기 교육의 장점과 문제점'에 대해 자신의 의견을 쓰라.

- 조기 교육의 장점은 무엇인가?
- 조기 교육의 문제점은 무엇인가?
- 조기 교육에 찬성하는가, 반대하는가? 근거를 들어 자신의 의견을 쓰라.

● 개요 정리 ●

서론	본론	결론

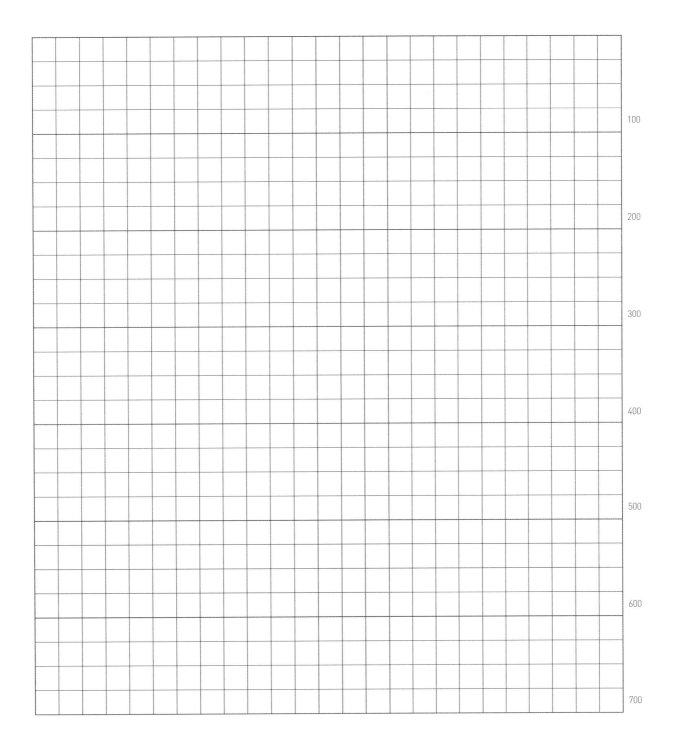

12 다음을 참고하여 600~700자로 글을 쓰시오. 단, 문제를 그대로 옮겨 쓰지 마시오.

공교육이 무너지고 있다고 말하는 시대이다. 많은 학생들이 학교 교육을 믿고 의지하기보다는 학원, 과외 등을 통해 공부를 하고 있다. 이러한 사교육이 급증하면서 많은 문제점이 나타나고 있다. '사교육'의 현황과 문제점에 대해 아래의 내용을 중심으로 자신의 생각을 쓰라.

• 사교육의 현황은 어떠한가?
• 사교육이 심해지면서 나타나는 문제점은 무엇인가?
• 문제점을 해결하기 위한 방법에는 어떤 것들이 있는가?

•—● 개요 정리 ●—•

서론	본론	결론

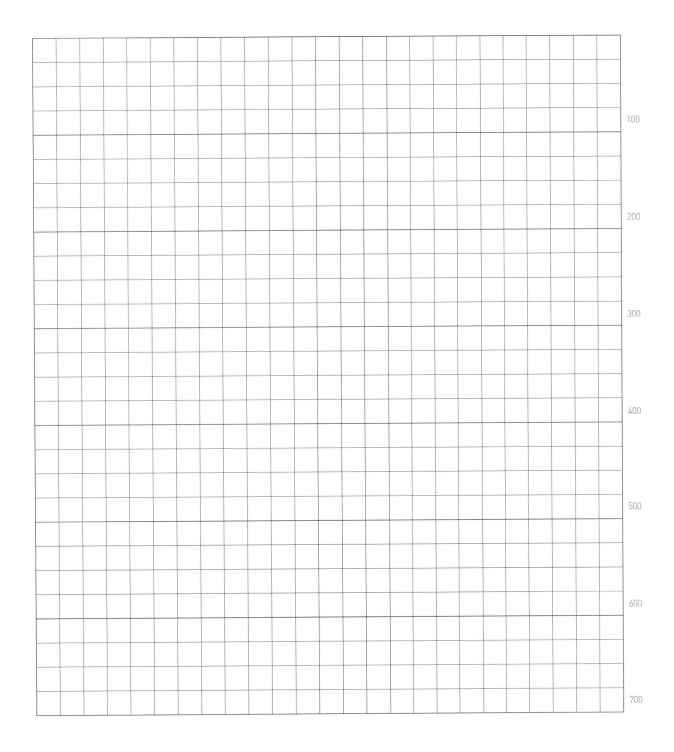

100
200
300
400
500
600
700

13 다음을 참고하여 600~700자로 글을 쓰시오. 단, 문제를 그대로 옮겨 쓰지 마시오.

> 우리는 살면서 서로의 생각이 달라 갈등을 겪는 경우가 많다. 이러한 갈등은 의사소통이 부족해서 생기는 경우가 대부분이다. 의사소통은 서로의 관계를 유지하고 발전시키는 데 중요한 요인이 된다. '의사소통의 중요성과 방법'에 대해 아래의 내용을 중심으로 자신의 생각을 쓰라.

- 의사소통은 왜 중요한가?
- 의사소통이 잘 이루어지지 않는 이유는 무엇인가?
- 의사소통을 원활하게 하는 방법은 무엇인가?

● 개요 정리 ●

서론	본론	결론

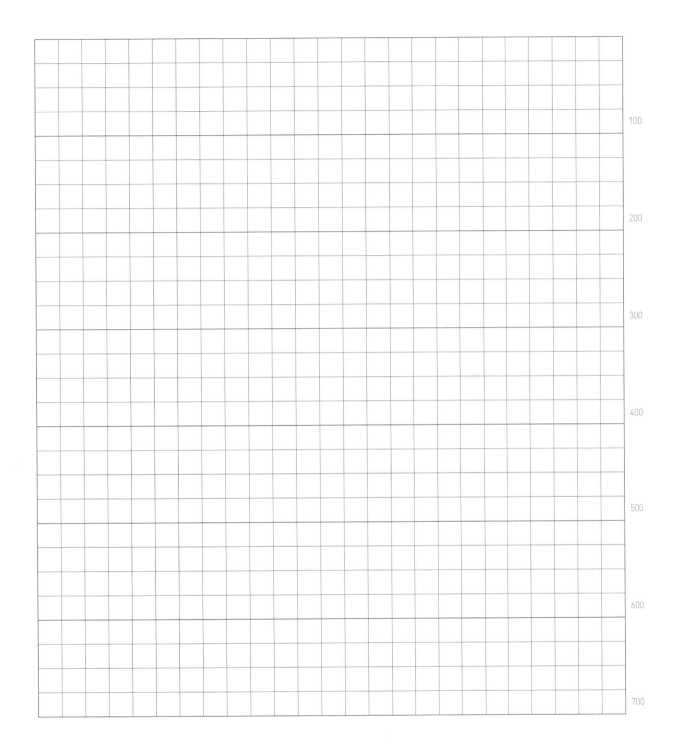

III

읽기

얼마나 출제되나요?

- 단독 35문항 + 세트 15문항 ⋯▸ 총 50문항

어떻게 공부하나요?

- 글의 종류에 따라 출제 유형이 다르므로, 글의 종류에 맞는 읽기와 풀이 방법을 알아야 합니다.
- 목표 풀이 시간 내에 문제를 풀 수 있도록 연습해야 합니다.

❶ 읽기 제시문의 종류

◉ 시각 자료(그림, 도표, 그래프 등)

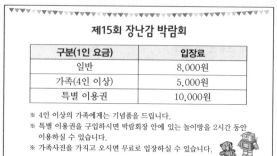

제15회 장난감 박람회

구분(1인 요금)	입장료
일반	8,000원
가족(4인 이상)	5,000원
특별 이용권	10,000원

※ 4인 이상의 가족에게는 기념품을 드립니다.
※ 특별 이용권을 구입하시면 박람회장 안에 있는 놀이방을 2시간 동안 이용하실 수 있습니다.
※ 가족사진을 가지고 오시면 무료로 입장하실 수 있습니다.

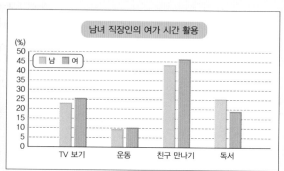

남녀 직장인의 여가 시간 활용

1. 시각 자료란?

① 시각 자료는 표현하고자 하는 내용을 구체적으로 전달하기 위해 그림이나 도표, 그래프 등을 이용한 자료를 말합니다.
② 안내, 설명하고자 하는 내용의 전달력을 높입니다.
③ 객관적인 조사 결과를 간략한 그림으로 요약·정리하여 쉽고 빠르게 확인할 수 있습니다.

2. 어떻게 읽나요?

① 안내, 설명하고자 하는 주제가 무엇인지 확인해야 합니다.
② 통계나 도표에서 각 항목의 순위를 파악할 수 있어야 합니다.
③ 통계나 도표를 보고 수치가 어떤 경향(상승, 유지, 감소 등)을 보이는지 파악해야 합니다.

3. 어떻게 나오나요?

유형 | 07 **일치하는 내용 고르기** → 안내문과 그래프 등의 시각 자료가 주어지고, 제시된 시각 자료와 일치하는 내용을 고르는 문제가 출제됩니다.

설명문

김장은 엄동 3~4개월간을 위한 채소 저장의 방법으로 한국에서 늦가을에 행하는 독특한 주요 행사이다. 이때 담근 김치를 보통 김장 김치라고 한다. 「김장 김치는 배추·무를 주재료로 하고, 미나리·갓·마늘·파·생강과 같은 향신미의 채소를 부재료로 하여 소금·젓갈·고춧가루로 간을 맞추어 시지 않게 겨우내 보관해 두고 먹는 침채류의 하나이다.」 비타민 A·C가 많이 들어 있으며, 김치가 익는 동안에 생긴 유산이 유산균의 번식을 억제하기 때문에 정장 작용을 하여 비위를 가라앉혀 주는 역할을 한다.

출처: '김장', 네이버 지식백과(두산백과)

이 글의 중심 소재 / → 김장 김치에 대한 소개 / 김장 김치의 효과

1. 설명문이란?

① 설명문은 읽는 사람에게 어떤 지식이나 정보를 이해시키기 위해 객관적이고 논리적으로 쓴 글입니다.

② 읽는 사람을 이해시키기 위해 쉽게 풀어 쓴 평이한 문장으로 작성됩니다.

2. 어떻게 읽나요?

① 무엇에 대해 쓴 글인지를 확인해야 합니다.

② 무엇의 어떤 점에 대해 설명한 내용인지를 확인해야 합니다.

③ 대상을 설명하기 위해 사용된 자료의 내용을 참고해야 합니다.

3. 어떻게 나오나요?

유형 | 01   빈칸에 알맞은 말 고르기

유형 | 04   주제 고르기

유형 | 07   일치하는 내용 고르기

유형 | 08   알맞은 순서로 배열한 것 고르기

→ 설명문은 '문맥 파악하기', '중심 내용 파악하기', '세부 내용 파악하기' 영역에서 제시됩니다.

● 기사문

기출 지문 살펴보기 : **52회 25번**

소비 심리 '봄바람', 백화점 매출 기지개

기출 지문 살펴보기 : **64회 11번**

지난 24일에 '제7회 소비자 선정 최고 브랜드 대상' 시상식이 인주신문사 대강당에서 개
<u>언제</u>　　　　　　　　　　　　　<u>왜 (최고 브랜드를 가리기 위해)</u>　　<u>무엇이</u>　　　　　　<u>어디서</u>
최됐다. 이 상은 소비자의 온라인 투표로 수상 브랜드가 선정되어 의미가 크다. 지난해와
　　　　　　　　　　　　　　　<u>어떻게</u>
같이 100개 브랜드가 상을 받았는데「올해는 처음으로 친환경 화장품 브랜드 두 개가 포
　　　　　　　　　　　　　　　　　　　→ 시상식의 의의
함되었다.」

1. 기사문이란?

① 기사문은 실제 사건이나 상황의 전개를 신문이나 뉴스, 잡지와 같은 매체를 통해 독자에게
　알려 주는 글입니다.
② 객관성과 정확성을 지니며, 평이한 문장으로 작성됩니다.
③ '누가(who), 언제(when), 어디서(where), 무엇을(what), 어떻게(how), 왜(why)'를 포함하
　여 작성됩니다.

2. 어떻게 읽나요?

① 기사문의 제목을 보고 어떤 내용이 나올지를 예상할 수 있어야 합니다.
② 새로운 내용인지, 주관이 들어가지 않고 객관적으로 잘 쓰였는지를 확인해야 합니다.
③ 기사문에 사용된 관용 표현, 속담 등의 숨겨진 의미를 파악해야 합니다.
④ 기사문이 무엇을 전달하려고 하는지를 알 수 있어야 합니다.

3. 어떻게 나오나요?

유형│03　**중심 내용/화제 고르기**

유형│04　**주제 고르기**　　→

유형│07　**일치하는 내용 고르기**

- '유형03 중심 내용/화제 고르기'에서는 신문 기사
　의 제목을 보고 적절한 설명(중심 내용)을 고르는
　문제가 출제됩니다.
- 기사문은 주로 '중심 내용 파악하기', '세부 내용
　파악하기' 영역에서 제시됩니다.

논설문

'비교'할 줄 아는 능력은 공감에 꼭 필요한 조건이지만, 이것은 행복을 느끼는 데 방해가
될 수도 있다. 예를 들어, 어떤 사람이 입사 시험에 합격했을 때 그 사람이 느끼는 감정에
공감하려면 내가 그와 유사한 상황에 처해 있었을 때 느꼈던 감정을 떠올릴 수 있어야 할
것이다. 즉, 나의 예전 상황과 상대의 지금 상황을 '비교'할 수 있는 능력이 공감에 필요하
다. 하지만, 나는 A라는 회사에 합격했고 상대는 B라는 회사에 합격했는데 사실 내가 가
고 싶었던 회사가 B였다면, 「상대의 합격과 나의 합격을 비교하지 않아야 훨씬 더 큰 행복
감을 느낄 수 있을 것이다.」

→ 필자의 주장

출처: '행복 소통의 심리', 커뮤니케이션북스, 2013. 02. 25.

1. 논설문이란?

① 논설문은 주장이나 의견을 내세우거나 사실의 진위를 밝혀 독자들이 이에 동의하도록 설득
하는 글입니다.

② 주관적이며, 상대방을 설득하려는 의도를 담고 있습니다.

2. 어떻게 읽나요?

① 필자가 무엇에 대해 어떻게 생각하고 있는지를 파악해야 합니다.

② 필자가 주장하는 내용의 근거(자료)가 무엇인지를 확인해야 합니다.

③ 필자가 대상을 어떠한 태도로 바라보고 있는지를 확인해야 합니다.

3. 어떻게 나오나요?

유형 | 01 　**빈칸에 알맞은 말 고르기**

유형 | 04 　**주제 고르기**

유형 | 05 　**필자의 의도/목적 고르기**

유형 | 10 　**필자의 태도 고르기**

→

• 논설문은 '문맥 파악하기', '중심 내용 파악하기',
'세부 내용 파악하기' 영역에서 제시됩니다.

• 주관적인 견해가 들어간 글이기 때문에 '필자의
의도/목적 고르기' 문제가 출제되고 있습니다.

● 비평문

지문 살펴보기 ｜ 예시

　　작가는 이러한 여러 쌍의 이야기를 정교하게 엮어 나가면서 인형극을 극중극으로 끌어

들였는데, 이렇듯 치밀한 구성은 '이야기성'을 상실한 채 알 듯 모를 듯 난해하기만 한 최

근 연극 성향에 자극이 되고도 남음이 있는 것이었다. 그러나 한편으로는 진한 감동만큼

아쉬움도 많은 공연이었다. 먼저 작품의 스토리가 지닌 장점을 무대가 충분히 받쳐 주지

못한 것을 들 수 있다. 특히 극 진행 전반을 지나치게 회전 무대에만 의지함으로써 다양한

시공간 처리가 매끄럽지 못하고 산만한 느낌을 주었다. 위 무대와 아래 무대 역시 기능적

으로 나뉘어져 있으며 주로 활용되는 아래 무대는 전체 무대 공간에 비해 왜소해 보여 답

답했다. 따라서 뮤지컬 특유의 약동하는 힘을 표현하기에 한계가 있는 무대로 보였다.

→ 연극(희곡)에 대한 비평문

→ 필자의 평가　　→ 평가의 근거

출처: '서울연극제 비평모음', 연합뉴스

1. 비평문이란?

① 비평문은 문학, 미술, 음악, 연극 등 예술 작품이나 예술 활동을 종합적으로 평가하는 글입
　니다.

② 논리적이며, 예술 작품이나 예술 활동에 대한 필자의 평가가 들어가 주관적입니다.

2. 어떻게 읽나요?

① 비평의 대상이 된 작품의 대략적인 내용을 알고 있어야 합니다.

② 비평의 대상이 예술 갈래 중 어디에 포함되는지 알면 좋습니다.

③ 필자가 어떠한 태도로 대상을 평가하고 있는지를 파악해야 합니다.

④ 필자가 비평하는 내용에 근거가 충분한지를 확인해야 합니다.

3. 어떻게 나오나요?

유형 | 04　주제 고르기

유형 | 07　일치하는 내용 고르기

유형 | 10　필자의 태도 고르기

→

• 비평문은 주로 '중심 내용 파악하기', '세부 내용
　파악하기' 영역에서 제시됩니다.

• 주관적인 견해가 들어간 글이기 때문에 '필자의
　태도 고르기' 문제가 출제되고 있습니다.

● 감상문

지문 살펴보기 : 예시

저자도 나처럼 이루고 싶은 것이 정말 많았다. 그동안 나는 이루고 싶은 것들과 내가 인
→ 도서 감상문
연이 없다고 생각해서 접어 두고, 미뤄 두고, 포기했다. 그런데 저자는 일단 하나하나씩
원하는 바를 적어 보기 시작했다. 그리고 바로 실천하여 런던행 비행기표를 끊었다. 나보
다 포기해야 할 것이 훨씬 많은 안정적인 삶을 살고 있었는데도 과감히 실천한 부분이 너
무 멋있었고 본받아야겠다고 생각했다. 저자는 벌써 32가지를 이뤄 냈는데 꿈을 이뤄 내
겠다는 열망을 가지고 살다 보니 이루게 되었다고 한다. 「나도 지금 가지고 있는 꿈을 이
→ 앞으로의 다짐
뤄 내겠다고 굳게 다짐했으니 실천에 옮길 것이다.」 우선 겁이 나서 도전하지 못했던 오디
션을 다음 주에 보기로 했는데, 그 결과에 따라 휴학을 하거나 전공을 바꿀 수도 있다.

1. 감상문이란?

① 감상문은 우리가 일상생활에서 어떤 현상이나 사물을 보고 느낀 바를 솔직하게 표현한 글입
니다.
② 감동이나 교훈을 주는 내용이 많습니다.

2. 어떻게 읽나요?

① 글의 내용을 여유로운 마음으로 읽어야 합니다.
② 글쓴이가 어떤 상황에 처해 있는지를 파악해야 합니다.
③ 글쓴이의 감정이 어떠한지를 그 사람의 입장에서 생각해 봅니다.

3. 어떻게 나오나요?

유형 | 09 문장이 들어갈 위치 고르기 →

• 시험에서는 감상문과 유사하지만 도서의 내용을
'소개'하는 성격이 강한 글이 주로 제시됩니다.
• 감상문은 시험에서 약간 낮은 비중으로 출제되
고 있습니다.

● 수필

지문 살펴보기 : 예시

아파트에 자연이 있다면 그것은 인위적인 자연이다. 아파트 안에서 키워지는 꽃이나 나
<u>이 글의 소재</u>　　　　아파트를 바라보는 필자의 태도(부정적)
무들은 자연의 그것이 아니라, 깊이 없는 사물들에 다름 아니다. 자연의 상실은 아파트에
서의 삶을 더욱 엷게 만든다. 그 삶을 약간이나마 두껍게 해 주는 것이 음악일 것이라고
생각되지만 ― 또는 나 같은 사람에겐 시나 소설이다. ― 그것들만으로 충분하지는 않다.
그런데도 나는 아파트에서 살 수밖에 없다. 나의 적은 월급으로는 가정부를 두어야 버텨
낼 수 있는 땅집에서 견뎌 내기가 힘들기 때문이다. 나는 아파트에 살면서 내 아이들에게
가장 부끄러움을 느낀다. 그 아이들은 비록 아파트에서 태어나지는 않았으나, 삶에서 가
장 중요하다고 하는 아이 시절을 아파트 단지 안에서 보냈다. 그리고 아직도 보내고 있다.
그들이 보고 느끼는 것은 아파트의 회색 시멘트와 잔가지가 잘 정돈된 가로수들뿐이다.

출처: '두꺼운 삶과 얇은 삶', 김현

1. 수필이란?
① 수필은 일상생활에서 보고, 듣고, 느낀 것을 자유롭게 쓴 글입니다.
② 자유로운 형식의 글로, 다양한 소재를 다루며 필자의 개성을 엿볼 수 있습니다.

2. 어떻게 읽나요?
① 필자가 자신이 처한 상황에 대처하는 태도를 통해 필자의 삶의 방식을 확인해야 합니다.
② 필자가 사용하는 단어(긍정적 어휘, 부정적 어휘)를 통해 필자의 감정을 파악해야 합니다.
③ 필자가 서술한 내용에 어떠한 교훈이 담겨 있는지를 고민해 봐야 합니다.

3. 어떻게 나오나요?

유형 | 06 **인물의 태도/심정 고르기**

유형 | 07 **일치하는 내용 고르기**   →

유형 | 10 **필자의 태도 고르기**

• 수필은 주로 '중심 내용 파악하기', '세부 내용 파
악하기' 영역에서 제시됩니다.

• 주관적인 견해가 들어간 글이기 때문에 '인물의
태도/심정 고르기' 문제가 출제되고 있습니다.

❷ 담화 표지로 서술 방식 파악하기

글에서 내용을 연결할 때 사용하는 담화 표지를 잘 파악하면, 글의 내용을 더 잘 이해할 수 있습니다. 담화 표지란 대화나 글에서 특정한 역할을 해 주는 표시를 말합니다. 담화 표지를 사용하여 부연, 추가, 예고, 강조, 요약, 예시, 열거를 나타낼 수 있습니다.

● 부연

부연이란 앞에서 서술한 내용을 다시 가지고 와서 자세한 설명을 이어 가는 것을 말합니다.
부연을 할 때 쓸 수 있는 담화 표지에는 **이런, 이러한, 이와 같은, 이처럼, 앞에서 말한 바와 같이** 등이 있습니다.

> **기출 지문 살펴보기** : **64회 17번**

샌드위치나 샐러드 등은 오래 보관할 수 없어 신선할 때 팔아야 한다. **이런** 식품을 영업 마감 시간을 앞두고 사람들에게 할인된 가격으로 판매하는 서비스가 큰 호응을 얻고 있다.

● 추가

추가란 제시된 내용에 같은 내용을 더 보태는 것을 말합니다.
추가를 할 때 쓸 수 있는 담화 표지에는 **또, 또한, 그리고, 이뿐만 아니라, 이와 더불어** 등이 있습니다.

> **기출 지문 살펴보기** : **64회 32번**

날개 무늬나 모양이 조금만 달라도 다른 종이라고 판단한 기존의 분류가 틀렸음을 배추 흰나비 16만여 마리의 무늬를 비교해서 밝혔다. **또한** 그때까지 한자어나 외래어로 명명된 나비에 '떠들썩팔랑나비'와 같은 고유어 이름을 지어 주는 데 앞장섰다.

유형 01

빈칸에 알맞은 말 고르기

[1~2, 16~18, 19, 21, 28~31, 44, 49번] 글을 읽고 빈칸에 들어갈 말을 고르는 유형

빈칸에 들어갈 문법, 구, 부사어를 고르는 유형으로, 읽기에서 13문항이나 출제되는 중요한 유형입니다. 단독 문항에서는 제시된 1문장~4문장의 빈칸에 들어갈 문법, 구를 골라야 합니다. 세트 문항에서는 빈칸에 들어갈 구를 고르는 문제가 출제됩니다. 알맞은 부사어를 고르는 문항은 세트 문항 중 19번에서만 출제됩니다.

Q 기출 64회 읽기 1번

( )에 들어갈 말로 가장 알맞은 것을 고르십시오.

나는 주말에는 보통 영화를 ( ) 운동을 한다.

① 보지만

　　❍ '-지만'은 앞뒤에 반대(상반)되는 내용이 옵니다. 영화와 운동은 반대되는 단어가 아니므로 정답이 아닙니다. ①번이 답이 되기 위해서는 '나는 주말에는 보통 영화를 보지만, 이번 주말에는 전시회에 가기로 했다.'와 같이 고쳐 써야 합니다.

✔ 보거나

　　❍ '-거나'는 여러 개의 항목 중 하나를 선택하는 것을 표현할 때 사용합니다. 주말에 일상적으로 하는 일로 영화를 보는 것과 운동을 하는 것 두 가지 중 하나를 선택하는 내용이 제시되었으므로, 정답입니다.

③ 보려고

　　❍ '-(으)려고'는 어떤 일을 하려는 의도나 목적을 나타낼 때 사용합니다. 영화를 보려고 운동을 하는 것은 연결이 자연스럽지 않습니다. ③번이 답이 되기 위해서는 '나는 주말에는 보통 영화를 보려고 집 근처에 있는 영화관에 간다.'와 같이 빈칸 뒤에 영화를 보기 위해 무언가를 한다는 내용이 제시되어야 합니다.

④ 보더니

　　❍ '-더니'는 경험한 것에 대해 이야기할 때 사용합니다. ④번이 답이 되기 위해서는 '영화를 보더니 웃었어요.', '영화를 보더니 재미있다고 했어요.' 등의 문장으로 고쳐 써야 합니다. 정답이 아닙니다.

'빈칸에 알맞은 문법 고르기' 유형 분석

'빈칸에 알맞은 문법 고르기' 유형은 '빈칸에 알맞은 말 고르기' 유형 중 읽기 영역의 가장 처음에 등장하는 유형으로, 문장을 읽고 빈칸에 들어갈 적절한 선택지를 찾아야 합니다. 읽기에서 가장 쉬운 문항이므로, 중급 수준의 학습자들도 점수를 얻을 수 있습니다. 난도는 높지 않지만, 급하게 풀려고 하면 실수를 할 수도 있습니다. 누가 하는 행동인지, 시간(과거, 현재, 미래)이 언제인지 등을 잘 살펴보고 문제를 풀어야 합니다.

선택지를 다 읽고 나서 문제를 풀지 말고, 선택지가 없다고 생각하고 빈칸에 무엇이 들어가면 좋을지를 먼저 생각해 보기 바랍니다. 그 후 선택지에서 생각한 것과 같거나 비슷한 문법을 선택하는 것이 좋습니다. 선택지를 다 읽고 난 후에 답을 고르려 하면 오히려 헷갈리는 경우가 많기 때문입니다.

알아 두어야 할 문법 표현

- –(으)ㄹ 정도로
- –(으)ㄹ까 봐
- –(으)려고
- –(으)며
- –(으)면서
- (이)나
- (이)라도
- –거나
- –거든요
- –게 되다
- –게 하다
- –고 해서
- –(ㄴ/는)다면
- –ㄴ/은/는데
- –다가
- –더라도
- –던데요
- –도록 하다
- –던지
- –든지
- –아/어 놓다
- –아/어 두다
- –아/어 있다
- –아/어지다
- –아/어도
- –아/어야
- –았/었으면 하다
- –았/었을 텐데
- –자마자
- –지 그래요

참고하기 '–'가 있는 것은 그 앞에 동사나 형용사가 오며, '–'이 없는 것은 그 앞에 명사가 옵니다.

기출에 나온 선택지의 문법 표현

구분	선택지			
A회	보지만	보거나	보려고	보더니
	닮아 간다	닮기도 한다	닮았나 보다	닮은 적이 없다
B회	보든지	보다가	보려면	보고서
	알게 되었다	알도록 했다	알아도 된다	알아야 한다
C회	보아야	보려고	보거나	보는데
	하든지	하도록	하다가	하더니
D회	가는 편이다	가는 중이다	가기로 했다	간 적이 있다
	지나거나	지나도록	지나거든	지날수록

빈칸에 알맞은 말 고르기

Q 기출 60회 읽기 16번
( )에 들어갈 말로 가장 알맞은 것을 고르십시오.

> 원래 악수는 상대를 안심시키기 위한 행동이었다. 중세 시대의 기사들은 칼과 같은 무기를 가지고 다니다가 적과 싸울 때 꺼내 들었다. 하지만 ( ) 때에는 악수를 하면서 손에 무기가 없음을 보여 주었다. 이렇게 안전을 확인시켜 주기 위한 행동이 오늘날에는 반가움과 존중을 표시하는 인사법이 되었다.

✔ 싸울 생각이 없을
➡ '하지만' 뒤에는 앞에서 이야기한 것과 반대되는 내용이 와야 합니다. 빈칸의 앞에 적과 싸울 때 칼을 꺼내 든다는 내용이 나왔고, 빈칸의 뒤에는 악수를 하면서 손에 무기가 없음을 보여 준다는 내용이 나왔습니다. 즉, '싸우지 않으려는 때'를 설명하고 있으므로, 정답은 ①번입니다.

② 상대의 도움을 받았을
➡ '하지만'의 앞에 상대의 도움을 받지 않았을 때 무기를 꺼냈다는 내용이 제시되지 않았으므로, 정답이 아닙니다.

③ 자신의 잘못을 사과할
➡ 싸울 때 칼을 꺼내 들었다는 내용과 상반되는 내용이라고 볼 수는 있지만, 악수를 하면서 무기가 없음을 보여 주어 자신의 잘못을 사과한다는 내용까지 유추하기는 어렵습니다.

④ 무기를 새로 구해야 할
➡ 빈칸 앞에 제시된 내용과 관련이 없으므로, 정답이 아닙니다.

 천천히 읽으면 시간이 부족할 수 있으므로 지문에서 핵심적인 단어와, 문장과 문장을 연결하는 말을 빠르게 파악해야 합니다.
빈칸 근처에 '그러나, 하지만, 그래서, 그러므로, 그런데' 등과 같은 접속사가 있다면 꼭 확인하세요.

■ '알맞은 구 고르기' 유형 분석

빈칸에 들어갈 3~4개 정도의 단어로 구성된 구절을 고르는 유형입니다. 빈칸의 앞뒤를 살펴 빈칸에 들어갈 내용으로 적절한 것을 선택해야 합니다.

그러나, 하지만, 그럼에도 불구하고 (   ) ~

⇨ 앞과 반대되는 내용이 빈칸에 들어가는 것이 적절합니다.

그래서, 따라서, 그러므로, 그렇기 때문에 (   ) ~

⇨ 앞 문장의 내용이 원인이 되고, 이에 대한 결과가 빈칸에 들어가야 합니다.

~는 이유는 (   ) **때문이다.** ~

⇨ 빈칸이 포함된 문장 뒤에 그 이유의 구체적인 사례가 나올 가능성이 높습니다. 따라서 뒤의 문장을 보고 원인을 유추하여 적어야 합니다.

~라는 말이 있다. **그런데** (   ) ~

⇨ 앞 내용과 같은 주제이지만 새롭게 등장한 연구 결과, 개념, 사건에 대한 내용이 제시될 가능성이 높습니다.

■ '알맞은 부사어 고르기' 유형 분석

부사어는 문장의 첫 부분이나 중간 부분에 위치하는 경우가 많습니다. 부사어의 뜻과, 함께 사용하는 문법을 알아 두어야 합니다.

어휘	의미	예문
과연	아닌 게 아니라 정말로	<u>과연</u> 그게 사실일까?
드디어	무엇 때문에 그 결과로	<u>드디어</u> 시험이 끝났다.
만약	혹 모르는 뜻밖의 경우에	<u>만약</u> 내일 비가 온다면 쉬어야지.
아마	짐작할 때 그럴 가능성이 크다	<u>아마</u> 거기 있을 거야.
아무리	정도가 매우 심함	공부를 <u>아무리</u> 해도 성적이 <u>형편없다</u>.
	비록 그렇다 하더라도	그는 아무리 실수를 해도 용서받는다.
오히려	일반적인 생각과는 반대로	자기가 잘못하고 <u>오히려</u> 큰소리친다.
	그럴 바에는 차라리	머리를 숙이느니 오히려 죽는 게 낫다.
하필	다른 방법을 사용하지 않고 왜	<u>하필</u> 오늘같이 더운 날 청소를 해야 돼?

>> 여가에 대한 어휘

🖉 **거닐다**
가까운 거리를 이리저리 한가롭게 걷다.
예 주말에 야외를 거닐며 산책을 하다.

🖉 **경치**
자연이나 지역의 아름다운 모습.
예 이 산은 아름다운 경치를 자랑하는 곳이다.

🖉 **구경하다**
눈으로 보거나 직접 경험하다.
예 동물원에서 동물을 구경했다.

🖉 **대회**
여러 사람이 실력이나 기술을 겨루는 행사.
예 제5회 한국어 말하기 대회가 내일 열립니다.

🖉 **머물다**
도중에 멈추거나 일시적으로 어떤 곳에 묵다.
예 조용한 곳에 머물며 휴식을 즐기고 싶다.

🖉 **여유롭다**
시간이나 공간, 돈 등이 넉넉하여 남음이 있다.
예 그녀는 오랜만의 휴식을 여유롭게 즐겼다.

🖉 **연휴**
휴일이 이틀 이상 계속됨. 또는 그 휴일.
예 연휴를 맞이한 영화관이 많은 인파로 붐볐다.

🖉 **일정**
일정한 기간 동안 해야 할 일. 또는 그 일을 하기 위해 짜 놓은 계획.
예 일정을 하루 뒤로 미루려고 합니다.

🖉 **편안하다**
몸이나 마음이 편하고 좋다.
예 편안하고 깊은 잠에 빠졌다.

유형 잡는 연습문제

[01~04] ( )에 들어갈 말로 가장 알맞은 것을 고르십시오.

01

> 다른 사람과 대화를 할 때는 적당한 거리를 ( ) 한다.

① 유지해야   ② 유지하는
③ 유지했고   ④ 유지하니까

02

> 오후 5시에 시작된 회의가 너무 길고 힘들어서 빨리 ( ).

① 끝나고 있었다   ② 끝나게 되었다
③ 끝났으면 했다   ④ 끝나는 듯했다

03

> 저녁을 먹으려고 주방에서 요리를 하고 ( ) 친구에게 전화가 왔다.

① 있거나   ② 있는데
③ 있든지   ④ 있어서

04

밤하늘의 별들을 조금이라도 열심히 들여다본 이들이라면 얼핏 흰색으로만 보이는 별들이 실은 (   ) 빛나고 있다는 사실을 알 것이다. 이 다양한 색의 별빛은 지루해 보이는 밤하늘을 무채색의 흑백이 아닌 섬세한 컬러의 세상으로 만들어 준다. 별의 색은 물질이 아니라 온도에 의해 결정된다. 그럼 어떤 온도가 어떤 색으로 나타나게 될까?

① 차가운 온도의 색으로　　　　　　　② 굉장히 밝은 흰색으로
③ 진한 하나의 빨간색으로　　　　　　④ 각기 다른 여러 가지 색으로

05

비타민 D는 칼슘 흡수를 돕는 필수 영양소이다. 백인은 평균적으로 하루 15~20분, 일주일에 사흘 정도 햇볕을 쬐면 비타민 D가 필요한 만큼 충분히 형성되는 것으로 알려져 있다. 하지만 피부 전문가들은 암이나 노화 등을 걱정하면서까지 일부러 햇볕을 쬘 필요는 없다고 말한다. 음식 섭취나 약 복용을 통해 비타민 D를 (   ) 것이다.

① 만들어 낼 수가 없다는　　　　　　② 공급하는 것은 어렵다는
③ 충분히 공급할 수 있다는　　　　　④ 먹어도 햇볕을 쬐어야 한다는

의미가 비슷한 말 고르기

[3~4번] 밑줄 친 부분과 의미가 가장 비슷한 말을 고르는 유형

제시된 문장의 밑줄 친 부분과 의미가 가장 비슷한 표현을 고르는 유형입니다. 읽기 영역 초반에 2문제가 단독 문항으로 출제됩니다. 문법적 지식을 묻는 문항으로, 다양한 문법 표현을 알고 있어야 합니다.

Q 기출 60회 읽기 3번
밑줄 친 부분과 의미가 가장 비슷한 것을 고르십시오.

> 동생은 차를 <u>타기만 하면</u> 멀미를 한다.

① 탈 만해서
> ▶ '~ 만하다'는 어떤 일을 할 때 큰 불편함이 없다는 뜻입니다. 멀미를 하는 것은 차를 '탈 만한'것이 아니므로, 정답이 아닙니다. '멀미약을 먹었더니 차를 탈 만해서 ~'와 같이 '앞에 나온 행동이 가능하다'의 의미를 담은 문장에서 사용합니다.

② 타는 탓에
> ▶ '타기 때문에'의 의미이므로, 정답이 아닙니다. '동생이 비를 맞고 차를 탄 탓에 좌석 시트가 다 젖었다.'와 같이 부정적인 상황의 원인을 설명하는 문장에서 사용합니다.

✔ 탈 때마다
> ▶ '-기만 하면'은 '~을/를 할 때마다'의 의미입니다. '차를 타기만 하면 멀미를 한다'는 것은 '차를 탈 때마다 멀미를 한다'는 뜻이므로, 밑줄 친 부분과 의미가 가장 비슷합니다.

④ 타는 동안
> ▶ '-는 동안'은 '무엇을 하는 시간에'를 의미하며, 기간을 나타냅니다. '동생은 차를 타는 동안 멀미를 한다.'는 자연스러운 문장이지만, 밑줄 친 부분과 의미가 비슷하지 않아 정답이 아닙니다.

 한국어 공부를 할 때 의미가 비슷한 문법을 묶어서 함께 공부하면, 문제를 쉽게 풀 수 있습니다.

'의미가 비슷한 말 고르기' 유형 분석

'의미가 비슷한 말 고르기' 유형은 문장의 밑줄 친 부분과 의미가 가장 비슷한 선택지를 골라야 합니다. 초급~중급 수준으로 출제되는 편이므로, 문제를 빨리 풀고 길이가 긴 지문의 문제에서 시간을 더 사용해야 합니다. 제시된 문장 전체의 의미가 무엇인지 고민하면서 시간을 보내지 말고, 밑줄 친 부분만 읽고 바로 선택지에서 비슷한 것을 선택하면 됩니다. 즉, 이 유형의 문제를 풀 때에는 문장 전체를 보지 않아도 된다는 점을 반드시 기억해야 합니다. 비슷한 의미로 사용되는 문법들을 묶음으로 기억해 두고 5~10초 안에 문제를 풀고 넘어가면, 장문이 제시되는 30번 이후의 문제를 풀 때 시간이 부족하지 않습니다.

기출에 나온 문법 표현

의미	문법 표현	의미	문법 표현
순서	-고서	조건	-기만 하면
	-고서야		-거든
	-기(가) 무섭게		-(ㄴ/는)다면
	-았/었더니		-는 한
	-자마자		-다 보면
이유	-기에	선택	-아/어서는
	-길래		-거나
	-ㄴ/은/는 덕분에		-느니
	-ㄴ/은/는 바람에		-(ㄴ/는)다기보다(는)
	-ㄴ/은/는 탓에		-ㄴ/은/는 대신(에)
	-ㄴ/은/는 통에		-든지
	-아/어서 그런지		-(으)ㄹ만 하다
	-(으)로 인해(서)		-(으)ㄹ 게 아니라
	하도 -아/어서	계획	-(으)려던 참이다
대조	-건만		-(ㄴ/는)다는 것이
	-ㄴ/은/는 반면(에)		-(으)ㄹ까 하다
	-더니	상태, 지속	-아/어 오다
	-(으)면서도		-ㄴ/은/는 채(로)
반복	-곤 하다	완료	-고 말다
	-기 일쑤이다		-아/어 버리다
	-아/어 대다		-아/어 내다

≫ 주거 생활에 대한 어휘

골고루
빼놓지 않고 이것저것 모두.
예 반찬을 골고루 먹는 것이 건강에 좋다.

먹음직스럽다
음식이 먹고 싶은 마음이 들 정도로 맛있어 보이다.
예 먹음직스러운 갈비를 만들어 봅시다.

발효
효모나 미생물에 의해 유기물이 분해되고 변화하는 작용.
예 막걸리는 누룩을 발효시켜 만드는 술이다.

분리수거
쓰레기를 종류별로 따로 모아서 거두어 감.
예 재활용을 위해 분리수거를 하고 있다.

비좁다
공간이나 자리가 매우 좁다.
예 물건을 정리하자 비좁았던 공간이 넓어졌다.

영양소
탄수화물, 단백질, 비타민 등 생물의 성장과 에너지 공급을 위한 영양분이 들어 있는 물질.
예 당분은 에너지를 만들어 내는 영양소이다.

의식주
인간 생활의 기본 요소인 옷과 음식과 집.
예 의식주 생활이 점점 서구화되어 가고 있다.

익히다
고기, 채소, 곡식 등의 날것을 열을 가해 맛과 성질이 달라지게 하다.
예 고기와 감자, 당근을 익혀 갈비찜을 만들었다.

주거비
집세나 수도 요금 등과 같이 집에서 살아가는 데 드는 비용.
예 물가가 올라 주거비가 갈수록 증가하고 있다.

유형 잡는 연습문제

[01~04] 밑줄 친 부분과 의미가 가장 비슷한 것을 고르십시오.

01

> 갑자기 비가 <u>오는 바람에</u> 손에 들고 있던 서류가 다 젖어 버렸다.

① 온 탓에 ② 온 사이에
③ 온 김에 ④ 온 대신에

02

> 친구를 깜짝 놀라게 해 주려고 책상 아래에 숨어서 <u>없는 체했다</u>.

① 없는 척했다 ② 없는 듯했다
③ 없는 편이다 ④ 없기 마련이다

03

우리 회사에 관심이 없는 것을 보니 곧 다른 회사로 <u>갈 모양이다</u>.

① 가기도 한다   ② 갈 것만 같다

③ 갈 리가 없다   ④ 간 적이 없다

04

백화점에서 본 그 가방의 가격은 깜짝 <u>놀랄 만큼</u> 비쌌다.

① 놀랄까 봐   ② 놀라는 대로

③ 놀랄 정도로   ④ 놀라는 대신에

세트 문항 맛보기

목표 풀이 시간 🕐 3분

유형 01 빈칸에 알맞은 말 고르기 **+** **유형 04** 주제 고르기

• 읽기 영역 [19~20번]에서 출제되는 세트 문항입니다. 개선된 평가틀에서 20번 문항 유형이 '일치하는 내용 고르기'에서 '주제 고르기'로 바뀌었습니다.

• **유형 04** 주제 고르기는 대유형 '중심 내용 파악하기'에서 자세히 공부할 수 있습니다.

[01~02] 다음을 읽고 물음에 답하십시오. [각 2점]

시각 장애인의 안내견은 주인과 있을 때 행인에게 관심을 두지 않는다. (   ) 안내견이 주인을 남겨 두고 행인에게 다가간다면 이는 주인이 위험에 처해 있다는 뜻이다. 안내견은 주인에게 문제가 발생하면 곧장 주변 사람에게 달려가 도움을 요청하도록 훈련을 받기 때문이다. 안내견이 행인의 주위를 맴돌면 안내견을 따라가 주인의 상태를 확인하고 구조 센터에 연락해야 한다.

기출 60회 19번

01 (   )에 들어갈 말로 가장 알맞은 것을 고르십시오.

① 비록　　　　　　　　　　　② 물론

③ 만약　　　　　　　　　　　④ 과연

🔧 문맥 파악하기에서 다루는 **유형 01 빈칸에 알맞은 말 고르기**

유형 해설 ▶ 이 유형은 빈칸에 들어갈 알맞은 말을 선택하는 유형입니다. 빈칸에 알맞은 말은 한 개의 부사어일 때도 있고, 단어 여러 개일 때도 있습니다. 이 유형의 문제를 풀 때에는 빈칸의 앞과 뒤의 내용을 살펴보고 글의 흐름을 파악하는 것이 매우 중요합니다. '그러나, 그래서, 그리고' 등의 연결하는 말, '과연, 물론, 만약,' 등의 부사어의 의미를 알아 두면 좋습니다.

정답 해설 ▶ ③ 안내견이 주인을 남겨 두고 행인에게 다가가는 것은 주인이 위험에 처해 있다는 것을 뜻한다고 했습니다. 이 문장은 과거에 있었던 일이나 현재 일어나고 있는 일을 설명하는 것이 아니라, 일어날지도 모르는 상황을 가정하여 설명하고 있으므로, '만약'이 빈칸에 들어갈 말로 가장 적절합니다.

오답 해설 ▶ ① '비록 −ㄹ지라도, −지마는'의 형태가 있어야 문장의 호응이 성립합니다.
② '물론'은 '당연하다'는 뜻입니다. 이미 알고 있는 내용을 재확인할 때 사용하는 표현입니다. 이 글에서와 같이 처음 알려 주는 사실을 서술할 때에는 적절하지 않습니다.
④ '과연'은 기대했던 것 이상의 상황에 대해 서술할 때 사용하며 이 글의 내용과는 맞지 않습니다.

02 윗글의 주제로 가장 알맞은 것을 고르십시오.

① 안내견이 주인 곁을 떠나지 않도록 해야 한다.

② 안내견은 주인 이외의 사람에게 관심을 갖지 않게 해야 한다.

③ 안내견이 주인 없이 다가오면 문제 상황을 확인하고 도와야 한다.

④ 안내견은 항상 주변의 사람들에게 관심을 갖도록 훈련을 받아야 한다.

중심 내용 파악하기에서 다루는 **유형 | 04 주제 고르기**

유형 해설 ▶ 이 유형은 대유형 '중심 내용 파악하기'의 '주제 고르기' 유형입니다. 전체적인 글의 주제로 가장 적절한 문장을 선택하면 됩니다. 자세한 학습은 186쪽에서 하기 바랍니다.

정답 해설 ▶ ③ 안내견은 일반적으로는 주인과 있을 때 다른 사람에게 관심을 두지 않지만, 주인이 위급할 때는 주변 사람에게 달려가 도움을 청한다고 했습니다. 그리고 마지막 문장에서 이러한 상황을 보게 된다면 문제가 무엇인지 확인하고 구조 센터에 연락하는 방법으로 도움을 주어야 한다고 했으므로, 이 글의 주제는 ③번이 가장 적절합니다.

오답 해설 ▶ ①, ② 안내견은 상황에 따라 주인의 곁을 떠나 주변인에게 도움을 요청할 수 있도록 교육해야 합니다.
④ 주변 사람들에게 관심을 갖도록 훈련시켜야 한다는 내용은 없습니다.

목표 풀이 시간 3분 30초

유형|01 빈칸에 알맞은 말 고르기 ➕ 유형|07 일치하는 내용 고르기

● 읽기 영역 [21~22번]에서 출제되는 세트 문항입니다. 개선된 평가틀에서 22번 문항 유형이 '중심 생각 고르기'에서 '일치하는 내용 고르기'로 바뀌었습니다.

● 유형|07 일치하는 내용 고르기는 대유형 '세부 내용 파악하기'에서 자세히 공부할 수 있습니다.

[03~04] 다음을 읽고 물음에 답하십시오. [각 2점]

내비게이션은 목적지까지 길을 안내해 주는 기기이다. 내비게이션이 없이 낯선 곳에 갔다가 길을 못 찾아 (   ) 본 적이 있는 사람이라면 내비게이션이 얼마나 편리한지 느꼈을 것이다. 그러나 우리의 뇌는 스스로 정보를 찾았을 때 그 정보를 오래 기억하는 특성이 있다. 따라서 지나치게 디지털 기기에만 의존하다 보면 정보를 찾고 기억하는 능력이 점점 줄어들어 결국 그 능력을 사용할 수 없게 될지도 모른다.

기출 64회 21번

03 (   )에 들어갈 말로 가장 알맞은 것을 고르십시오.

① 앞뒤를 재어   ② 진땀을 흘려
③ 발목을 잡아   ④ 귀를 기울여

❀ 문맥 파악하기에서 다루는 유형|01 빈칸에 알맞은 말 고르기

유형 해설 ▶ 이 유형은 빈칸에 들어갈 알맞은 말을 선택하는 유형입니다. 앞에서 다룬 '빈칸에 알맞은 말 고르기' 유형은 알맞은 '부사어'를 고르는 유형이고, 이 유형은 단어 여러 개가 모인 구 또는 관용 표현을 고르는 유형입니다. 빈칸의 앞뒤에 어떤 내용이 있는지 확인한 후 문맥에 맞는 적절한 내용을 찾아야 합니다.

정답 해설 ▶ ② 빈칸에는 내비게이션이 없이 낯선 곳에 갔다가 길을 못 찾을 때 어려움을 겪었던 내용이 들어가야 합니다. 그래야 빈칸 뒤의 '내비게이션이 얼마나 편리한지를 느꼈다'는 내용이 자연스럽게 연결되기 때문입니다. 선택지 중에서 '고생하다', '힘들다'의 의미를 지는 관용 표현은 '진땀을 흘리다'입니다.

오답 해설 ▶ ① '앞뒤를 재다'는 이익이 되는 것과 아닌 것을 계산해 본다는 의미입니다.
③ '발목을 잡다'는 앞으로 나아가지 못하게 방해를 한다는 의미입니다.
④ '귀를 기울이다'는 다른 사람의 말을 집중하여 듣는다는 의미입니다.

04 윗글의 내용과 같은 것을 고르십시오.

① 내비게이션은 잘못된 정보로 혼란을 주기도 한다.

② 내비게이션을 많이 사용하면 할수록 기억력이 향상된다.

③ 디지털 기기를 잘 활용하면 정보를 찾는 능력을 키우는 데 도움이 된다.

④ 스스로 찾은 정보가 디지털 기기를 통해 얻은 정보보다 기억에 오래 남는다.

📍세부 내용 파악하기에서 다루는 (유형 | 07 **일치하는 내용 고르기**)

유형 해설 ▶ 이 유형은 대유형 '세부 내용 파악하기'의 '일치하는 내용 고르기' 유형입니다. 자세한 학습은 214쪽에서 하기 바랍니다.

정답 해설 ▶ ④ 우리의 뇌는 스스로 정보를 찾았을 때 그 정보를 오래 기억한다고 했습니다.

오답 해설 ▶ ① 글에 제시되지 않은 내용입니다.

②, ③ 지나치게 내비게이션 등 디지털 기기에만 의존하다 보면 정보를 찾고 기억하는 능력이 점점 줄어들어 그 능력을 사용할 수 없게 될지도 모른다고 했습니다.

합격 잡는 실전문제에서 더 풀어 보기

합격 잡는 실전문제

[01~04] (   )에 들어갈 말로 가장 알맞은 것을 고르십시오.

기출 52회 읽기 1번

01

> 해가 뜨는 것을 (   ) 아침 일찍 일어났다.

① 보아야 ② 보려고

③ 보거나 ④ 보는데

02

> 주말에 집에서 청소를 하고 (   ) 친구가 영화를 보러 가자고 했다.

① 있거나 ② 있는데

③ 있어서 ④ 있든지

기출 52회 읽기 16번

03

> 사람들은 일반적으로 쓴맛을 꺼린다. 이것은 (   ) 본능과 관계가 있다. 식물 중에는 독성이 있어 몸에 해로운 것들이 있다. 그런데 이런 독이 있는 식물은 보통 쓴맛이 난다. 따라서 사람들은 무의식적으로 쓴맛이 나는 것을 위험하다고 여기고 이를 거부하게 되는 것이다.

① 지나친 과식을 피하려는 ② 자신의 몸을 보호하려는

③ 맛없는 음식을 멀리하려는 ④ 입맛이 변하는 것을 막으려는

04

　　손목 터널 증후군은 장시간 손목을 굽히고 있거나, 과도하게 손목을 사용했을 때 손목에 통증이 오는 것이다. 컴퓨터와 스마트폰을 자주 이용하는 사람들은 이 질환에 걸리기 쉽다. 손목 터널 증후군을 예방하기 위해서는 의자 높이를 책상에 맞게 적절하게 조절해 손목이 (　　　　　　　　　　) 해야 한다. 중간중간 손목 운동을 해 주는 것도 도움이 된다.

① 아픈 증세가 완화되도록　　　　② 신경을 누르지 않게
③ 과도하게 구부러지지 않게　　　　④ 일상생활에 지장을 주지 않게

[05~06] 밑줄 친 부분과 의미가 가장 비슷한 것을 고르십시오.

기출 52회 읽기 4번

05

다음 주가 개강이니 방학도 다 <u>끝난 거나 마찬가지이다.</u>

① 끝난 셈이다　　　　② 끝난 탓이다
③ 끝나기 마련이다　　　　④ 끝나기 나름이다

06

문제점을 <u>말했다고 해서</u> 그렇게 민감하게 반응할 줄은 예상하지 못했다.

① 말했다면　　　　② 말했다시피
③ 말했다거나　　　　④ 말했기로서니

목표 풀이 시간 3분

해파리는 몸의 95%가 물로 구성되어 있어 열량이 낮다. 그래서 해파리를 먹고 사는 동물이 거의 없다고 알려져 있었다. 하지만 새나 펭귄, 뱀장어 등 많은 동물들에게 해파리는 좋은 먹잇감이다. 해파리에는 비타민이나 콜라겐 같은 영양 성분이 있기 때문이다. (   ) 해파리는 바다 어디에나 있고 도망치지 않아 사냥하기 쉽기 때문이다.

기출 64회 읽기 19번

07 (   )에 들어갈 말로 가장 알맞은 것을 고르십시오.

① 과연   ② 만약

③ 게다가   ④ 이처럼

08 윗글의 주제로 가장 알맞은 것을 고르십시오.

① 해파리는 열량이 낮아 동물들에게 좋은 먹이가 될 수 없다.

② 해파리가 많은 동물들의 먹이가 되어 생태계에 악영향을 준다.

③ 영양 성분이 있고 잡기가 용이한 해파리는 많은 동물들의 먹잇감이 된다.

④ 해파리는 영양 성분이 많아 동물뿐만 아니라 사람에게도 좋은 식재료이다.

[09~10] 다음을 읽고 물음에 답하십시오.

목표 풀이 시간 3분 30초

> 기업들이 상품을 ( ) 많이 만들어도 소비자가 이를 구매하지 않으면 아무런 소용이 없다. 요즘처럼 경기가 좋지 않아 돈이 잠을 자고 있을 때, 부자들의 명품 구매는 경제 활성화에 크게 도움이 된다. 이들이 소비한 금액은 상품을 만들어 판매하는 업체로도 가지만, 중간 유통업체나 회사로도 흘러가서 경제 전체에 영향을 끼친다. 이와 같이 국가 경제의 측면에서 볼 때, 명품 시장은 소비를 늘리는 데 기여하고 있다고 할 수 있다.

09 ( )에 들어갈 말로 가장 알맞은 것을 고르십시오.

① 결코   ② 드디어

③ 아무리   ④ 어쩌면

10 윗글의 주제로 가장 알맞은 것을 고르십시오.

① 기업들은 경기가 좋지 않을 때 명품의 판매를 더 늘린다.
② 명품 구매에 사용한 금액은 국가 경제에 부담을 안겨 준다.
③ 기업은 소비자의 구매 욕구를 자극하는 명품을 만들어야 한다.
④ 부자들의 명품 구매는 불경기의 극복에 긍정적인 영향을 미친다.

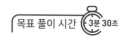
문자 교육은 빠를수록 좋다고 믿는 부모들이 있다. 이들은 자신의 아이가 또래보다 글자를 더 빨리 깨치기를 바라며 문자 교육에 (   ). 그런데 나이가 어린 아이들은 아직 다양한 능력들이 완전히 발달하지 못해 온몸의 감각을 동원하여 정보를 얻는다. 이 시기에 글자를 읽는 것에 집중하다 보면 다른 감각을 사용할 기회가 줄어 능력이 고르게 발달하는 데 어려움이 있을 수 있다.

기출 60회 읽기 21번

11 (   )에 들어갈 말로 가장 알맞은 것을 고르십시오.

① 손을 뗀다　　　　　　　② 이를 간다

③ 담을 쌓는다　　　　　　④ 열을 올린다

12 윗글의 내용과 같은 것을 고르십시오.

① 문자 교육을 빨리 시작하려는 부모들이 점점 늘고 있다.

② 아이들은 서로 비슷한 시기에 글자를 배우는 것이 좋다.

③ 너무 이른 문자 교육은 균형 있는 발달을 방해할 수 있다.

④ 문자 교육은 다른 감각을 향상시키는 데에도 도움이 된다.

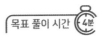

[13~14] 다음을 읽고 물음에 답하십시오. 목표 풀이 시간 4분

> 우리가 사용하는 물품의 종류가 다양해지고 일회용품의 사용이 증가하면서 쓰레기의 종류 역시 더 다양해졌고 그 양도 많아졌다. 그 결과 제대로 처리하지 못하고 함부로 버린 쓰레기들이 생겨났고, 태평양 곳곳에 일명 '쓰레기섬'이 생겼다. 섬의 90% 이상은 인간이 버린 비닐과 플라스틱으로 이루어져, '플라스틱 아일랜드'라고도 불린다. 최근 환경 문제가 중요한 사안으로 논의되면서 이러한 해양 투기가 점점 줄어드는 추세이지만 이는 (   ) 것이라고 할 수 있다. 우리가 만든 쓰레기 재앙은 곧 우리에게 돌아온다는 사실을 기억해야만 할 것이다.

13 (   )에 들어갈 말로 가장 알맞은 것을 고르십시오.

① 가재는 게 편인

② 소 잃고 외양간 고치는

③ 하나를 보면 열을 안다는

④ 발 없는 말이 천 리 간다는

14 윗글의 내용과 같은 것을 고르십시오.

① 태평양을 제외한 해양에 쓰레기섬이 생겼다.

② 다회용품의 사용이 쓰레기섬의 발생을 야기했다.

③ 쓰레기섬의 쓰레기가 결국에 인간에게 영향을 미칠 것이다.

④ 환경 문제에 대한 관심이 커지면서 비닐과 플라스틱의 사용량이 줄어들고 있다.

유형 03 중심 내용/화제 고르기

[5~8, 25~27번] 신문 기사의 제목 또는 광고나 안내문을 읽고 중심 내용/화제를 고르는 유형

'중심 내용 고르기(신문 기사)'는 25~27번에서 출제되며, 신문 기사의 제목을 보고 기사의 제목이 설명하는 중심 내용을 고르는 유형입니다. '화제 고르기'는 5~8번에서 출제되며, 광고나 안내문이 무엇에 관해 이야기하는지(화제)를 고르는 유형입니다.

Q 기출 60회 읽기 27번
다음 신문 기사의 제목을 가장 잘 설명한 것을 고르십시오.

> 제2공장 정상 가동, 반도체 공급 안정은 미지수
> └── 내용 ❶ ──┘   └── 내용 ❷ ──┘

① 제2공장이 정상적으로 가동됨에 따라 반도체 공급이 안정되었다.

　　➡ 제목에서 '반도체 공급 안정은 미지수'라고 했습니다. '미지수'란 '예측할 수 없다'는 뜻입니다. 따라서 반도체 공급이 안정될지 예측할 수 없다는 의미이므로, 정답이 아닙니다.

❷ 제2공장이 반도체 생산을 시작했지만 공급이 안정될지는 불확실하다.

　　➡ 공장이 정상 가동한다는 것은 반도체 생산이 시작되었다는 것을 의미합니다(내용 ❶). 그리고 생산은 시작되었지만 공급 안정은 '미지수'라고 했습니다(내용 ❷). 이때 '미지수'가 예측할 수 없어 불확실하다는 의미이므로, 정답은 ②번입니다.

③ 반도체가 안정적으로 공급되기 위해서는 제2공장의 가동이 필수적이다.

　　➡ 제2공장의 가동은 이미 시작되었습니다. 제2공장은 정상적으로 가동되고 있지만 반도체 공급 안정이 미지수라고 했으므로, 정답이 아닙니다.

④ 반도체 공급이 안정적으로 이루어지면서 제2공장도 정상 가동될 수 있었다.

　　➡ 제2공장이 정상적으로 가동되지만, 반도체 공급이 안정적으로 이루어질지는 알 수 없다(미지수)고 했으므로, 정답이 아닙니다.

'중심 내용 고르기(신문 기사)' 유형 분석

'중심 내용 고르기(신문 기사)' 유형은 신문 기사의 제목을 보고 제목의 내용을 충분히 설명하고 있는 문장을 답으로 골라야 합니다. 제목에는 두 가지 내용이 제시되는데, 정답을 선택할 때 두 가지 내용이 모두 바르게 설명된 것을 찾아야 합니다. 신문 기사의 제목에는 한자어, 관용 표현 등이 사용됩니다. 이때 관용 표현은 표면적인 의미 외에 내포된 의미가 있으므로 주의해야 합니다.

이 유형은 단독 문제 중에서는 고급 수준의 유형입니다. 한자 문화권이 아닌 학습자들에게는 제목에 사용된 한자어의 의미를 유추하는 것이 어려울 수 있습니다. 한자어는 5~6급 정도의 수준 혹은 그보다 조금 더 어려운 표현들이 제시됩니다. 쉬운 수준의 고유어가 고급 수준의 한자어로 모양만 바꾸어서 사용되고 있으니 '증가-많아지다', '감소-줄어들다' 등과 같이 한자어와 고유어의 표현을 묶음으로 정리해 보는 것도 좋습니다. 50문항 중 3문항이 출제되므로 기사 제목에서 자주 사용되는 주요 표현을 학습해 둡시다.

기출에 나온 신문 기사 제목 관련 표현

표현	의미
건설사 아파트 할인	분양 건설 회사들이 아파트를 저렴한 가격에 내놓았다.
때 이른 더위	보통 때보다 빠르게 더위가 시작되었다.
물가 관리 빨간 불	물건의 가격을 관리하는 부분에 심각한 문제가 생겼다.
백화점 매출 '쑥쑥'	백화점 매출이 증가하고 있다.
볼거리 많아져	즐겁게 구경할 만한 것들이 많아졌다.
상품 매출 연일 상승 곡선	상품이 팔리는 것이 여러 날 계속하여 많아지고 있다.
서울 비 오락가락	서울에 비가 내렸다 그쳤다를 반복하고 있다.
수요자 반응 썰렁	물건을 사야 하는 사람들의 반응이 별로이다.
예전보다 포근한 봄 날씨	예전보다 따뜻한 봄 날씨이다.
외국인 국내 유입 증가	우리나라로 들어오는 외국인이 많아졌다.
인구 감소 속도 늦출 듯	인구가 줄어드는 속도가 느려질 것이다.
효과 놓고 의견 엇갈려	효과에 대한 사람들의 의견이 다르다.
훨훨 날다	어떤 일에 대한 상황이 좋아지고 있다.

유형 03 중심 내용/화제 고르기

Q 기출 64회 읽기 6번
다음은 무엇에 대한 글인지 고르십시오.

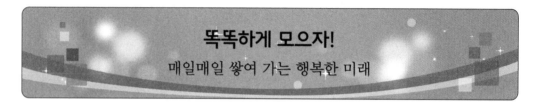

똑똑하게 모으자!
매일매일 쌓여 가는 행복한 미래

① 병원

    ◐ 병원은 무언가를 모으는 것과는 그다지 관련이 없는 장소입니다. 정답이 아닙니다.

☑ 은행

    ◐ 은행은 돈을 모으는 곳이며, 꾸준히 모은 돈은 행복한 미래를 준비하는 데 도움이 될 수 있습니다.

③ 여행사

    ◐ 여행사는 어딘가로 떠나는 것과 관련이 있습니다. 무언가를 모으는 곳이 아니므로, 정답이 아닙니다.

④ 체육관

    ◐ 체육관은 운동을 하고 건강한 몸을 만드는 곳입니다. 정답이 아닙니다.

💬 제시된 광고문이 무엇을 홍보하고자 하는지 빠르게 파악하여야 합니다. 평소에 버스나 지하철 등을 탈 때, 벽면에 부착되어 있는 광고를 읽으며 내용이 무엇인지 파악하는 연습을 해 둔다면 정답을 빠르게 찾을 수 있을 것입니다.

'화제 고르기' 유형 분석

'화제 고르기' 유형은 광고나 안내문이 무엇에 대해 이야기하는지(화제)를 찾아야 합니다. 초급~중급 수준의 문항이므로, 시험에 나온 문제는 모두 맞혀서 점수를 받아야 합니다. 장소, 물건, 물품 구입 등과 관련한 내용이 제시됩니다. 문제를 풀 때는 광고나 안내문을 읽고 연상되는 단어를 빠르게 선택하면 됩니다. 예를 들어, '멋진 작품을 감상할 수 있습니다.'와 같은 광고가 제시된다면 '전시회 안내'가 정답일 가능성이 높고, '햇빛이 많이 들지 않는 곳에 두어야 합니다.', '어린아이의 손에 닿지 말아야 합니다.' 등의 안내문이 문제에 제시된다면 '보관 방법'이 정답일 가능성이 높습니다.

기출에 나온 주요 화제 관련 어휘 및 표현

화제	어휘에 따른 표현
물건	• 에어컨: 더위, 바람 • 냉장고: 신선도, 온도, 조절하다 • 선풍기: 바람, 자연, 시원하다, 맑다, 깨끗하다 • 침대: 잠, 눕다, 편안하다 • 신문: 세상, 읽다 • 휴지: 깨끗하다, 풀리다, 닦이다 • 주스: 비타민, 야채, 병 • 우유: 영양소, 좋다, 신선하다, 마시다
장소	• 은행: 지갑, 안정, 내일, 모으다, 쌓이다 • 병원: 수술, 아프다, 참다 • 안경점: 글씨, 흐리다, 보이다 • 식당: 재료, 가격, 가족, 모임, 단체, 환영, 신선하다 • 마트: 용품, 세일, 기회
제품	• 이용 방법: 사용, 가능, 환불, 쿠폰, 할인권 • 이용 안내: 자료실, 동안, 열다, 빌리다 • 문의 방법: 고객 게시판, 상담원, 통화, 궁금하다 • 주의 사항: 검사, 꼭, 보관하다, 닫다, 안 되다, 피하다 • 접수 방법: 기한, 서류, 이메일, 파일 • 배달 안내: 구매, 주문, 드리다
설명	• 전화 예절: 목소리, 공공장소, 소음 • 환경 보호: 쓰레기, 산, 강, 보호 • 자연 보호: 숲, 강, 푸르다, 지키다 • 교통안전: 길, 반갑다, 지키다 • 화재 예방: 불씨, 등산, 담배, 라이터, 실천, 지키다
모임 · 모집	• 사원 모집: 미래, 여러분, 성장하다, 나가다, 기다리다 • 봉사 활동: 시간, 능력, 이웃, 재능, 모이다

》 생활용품에 대한 어휘

가구
집 안에서 쓰이는 침대, 옷장, 식탁 등과 같은 도구.
예 가구를 구입하기 위해 백화점에 갔다.

가전제품
가정에서 사용하는 전기 기구.
예 가전제품이 낡아서 새것으로 바꾸었다.

내놓다
물건을 밖으로 꺼내 놓다.
예 책장 안에 있던 책을 모두 방 밖으로 내놓았다.

데우다
찬 것을 따뜻하게 하다.
예 따뜻하게 데운 우유를 자기 전에 마신다.

보관하다
물건을 맡아서 간직하여 두다.
예 반드시 뚜껑을 닫아서 보관해야 한다.

부드럽다
음식을 입 안에서 씹는 느낌이 딱딱하거나 질기지 않다.
예 부드럽게 빻은 가루약을 물에 타서 마셨다.

선풍기
전기의 힘으로 바람을 일으켜 더위를 쫓는 기계.
예 요즘 선풍기는 리모컨으로 조작할 수 있다.

세면도구
얼굴을 씻거나 머리를 감거나 면도를 하는 데 쓰는 비누, 칫솔, 수건 등과 같은 여러 가지 물건.
예 여행할 때는 세면도구를 챙겨야 한다.

조절하다
균형에 맞게 바로잡거나 상황에 알맞게 맞추다.
예 음악 소리가 너무 커서 음량을 작게 조절했다.

유형 잡는 연습문제

[01~02] 다음 신문 기사의 제목을 가장 잘 설명한 것을 고르십시오.

01

> 해외 도서 시장 전자책 인기 급상승, 국내 시장 회의적

① 해외에서 전자책이 그다지 인기가 없는 현상이 국내에 영향을 미치고 있다.

② 해외에서 전자책이 많은 인기를 끌면서 국내에서 출판된 책이 잘 팔리지 않는다.

③ 전자책의 인기가 갑자기 높아졌지만, 해외와 국내 모두에서 판매율이 좋지 않다.

④ 해외에서는 전자책이 갑자기 큰 관심을 받고 있지만, 국내에서는 긍정적인 반응을 기대하기 어렵다.

02

> 휴대폰 제작 공장 대형 화재 발생, 세 시간 만에 진화해

① 휴대폰을 만들다가 불이 났고, 세 시간 넘게 불이 꺼지지 않았다.

② 휴대폰을 만드는 공장에서 큰불이 났지만 세 시간 만에 불을 껐다.

③ 휴대폰을 만드는 과정에서 큰 다툼이 있었지만 곧 문제가 해결되었다.

④ 휴대폰을 만드는 공장에서 큰불이 나더라도 세 시간이면 불을 끌 수 있다.

[03~05] 다음은 무엇에 대한 글인지 고르십시오.

03

외국어를 배우고 싶으세요?

기초부터 쉽고 친절하게 가르쳐 드리겠습니다.

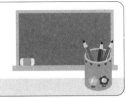

① 학원　　　　　　　　　　② 식당

③ 병원　　　　　　　　　　④ 은행

04

하루에 30분 이상 걷기!
하루에 10번 이상 웃기!

적은 노력으로도 충분합니다.

① 학교 관리　　　　　　　　② 안전 관리

③ 건강 관리　　　　　　　　④ 공원 관리

05

• 다른 물건으로 바꾸려면 구입한 후 3일 이내에 오셔야 합니다.

• 물건을 구입한 영수증을 반드시 가져오셔야 합니다.

① 구입 안내　　　　　　　　② 제품 소개

③ 교환 안내　　　　　　　　④ 판매 장소

주제 고르기

[20, 35~38, 45번] 글을 읽고 글의 주제를 고르는 유형

이 유형은 50문항 중 6문항이 출제됩니다. 그중 20번, 45번은 세트 문항으로 출제되고 있습니다. 주제는 대부분의 문항에서 문장으로 제시됩니다. 중급 수준의 문장, 고급 수준의 문장이 모두 나옵니다. 어려운 한자어, 문장과 문장을 연결하는 표현을 잘 알아야 주제를 빠르게 찾을 수 있습니다.

Q 기출 64회 읽기 35번
다음을 읽고 글의 주제로 가장 알맞은 것을 고르십시오.

> 문화재 복원 작업은 복원*된 부분이 자연스러워야 하고 그 과정에서 문화재가 추가로 손상되지 않아야 한다. 이 때문에 정확한 측정으로 복원할 부분을 원래 모습과 동일하게 만들어 내는 것은 복원의 성공을 결정하는 중요한 요건이다. 최근 3D 스캐너와 프린터가 등장하여 이러한 요건을 충족할 수 있게 되면서 정밀하고 안전한 문화재 복원이 가능해졌다.

✔ 첨단 장비 덕분에 문화재 복원이 수월해졌다.
> ➡ 최근 3D 스캐너와 프린터가 등장하여 정밀하고 안전한 문화재 복원이 가능해졌다는 것이 글의 주된 내용입니다. '첨단'이라는 단어의 뜻을 알아 두시기 바랍니다.

② 문화재는 손상 예방을 위한 사전 관리가 중요하다.
> ➡ 문화재 손상을 막기 위해 미리 관리를 하는 것이 아니라, 이미 손상되어 있는 문화재를 추가적인 손상 없이 복원하는 것에 대해 이야기하고 있습니다. 정답이 아닙니다.

③ 복원 환경 탓에 원본이 변형되는 경우가 많아지고 있다.
> ➡ 글에서 제시되지 않은 내용이므로, 정답이 아닙니다.

④ 복원 기술자를 대상으로 한 3D 장치 사용 교육이 필요하다.
> ➡ 복원 기술자를 대상으로 한 3D 장치 사용 교육이 필요하다는 내용은 없으므로, 정답이 아닙니다.

 전체적인 글의 중심 내용을 찾아야 합니다. 글의 일부 내용에 대한 설명은 맞지만 전체적인 글의 주제는 아닌 선택지가 나올 수 있습니다. 문제에서 글의 주제가 무엇인지 묻고 있다는 것을 잊으면 안 됩니다.

감 잡는 개념 정리

'주제 고르기' 유형 분석

'주제 고르기' 유형은 전체적인 글의 주제로 가장 적절한 문장을 선택해야 합니다. 글의 일부만 읽고서는 주제를 파악할 수 없으므로 전체를 빠르게 읽고 글의 중심 내용이 무엇인지를 찾아야 합니다. 글의 내용과 같은 것을 고르는 유형이 아니라는 점에 주의해야 합니다.

자주 출제되는 표현

구분	표현
'무엇'에 많은 사람들이 관심을 가질 때 (현황)	• ~에 이르렀다 • ~이/가 많아졌다 • ~의 효능이 입증되고 있다 • ~에 대한 관심이 커지고 있다 • ~이/가 ~(으)로 주목받고 있다 • ~에 대한 발전이 이루어지고 있다
'무엇'이 더 필요하거나 '무엇'의 변화가 요구될 때 (촉구)	• ~의 개발이 요구된다 • ~을/를 마련해야 한다 • ~이/가 증가되어야 한다 • ~에 박차를 가해야 한다 • ~이/가 실시되어야 한다 • ~이/가 변화되어야 한다 • ~의 ~이/가 확대되어야 한다 • ~을/를 고려한 ~이/가 필요하다

⇨ '무엇'은 글의 소재를 뜻합니다. 즉, '무엇이 어떠하다', '무엇이 어떠해야 한다' 등이 주제 문장이라고 생각하면 됩니다. '무엇'의 현재 상황을 설명하는 것인지, '무엇'의 문제점을 지적하고 있는 것인지 등을 파악하는 연습을 해 봅시다.

기출에 나온 주제와 예문

주제	예문
올바른 결정과 선택의 방법	• 고민할수록 더 좋은 선택을 할 수 있다. • 선택의 폭이 넓어지면 결정이 더 어려워진다. • 선택을 할 때는 먼저 방해 요인을 없애야 한다. • 후회 없는 선택을 하려면 풍부한 정보가 필요하다.
리얼리티 방송 프로그램이 주의할 점	• 새로운 형식의 방송 프로그램 개발이 요구된다. • 출연자의 입장을 고려한 방송 제작이 필요하다. • 방송 제작에 시청자의 요구가 수용되어야 한다. • 다양한 시청자 참여 프로그램을 마련해야 한다.
수질 오염의 심각성과 이를 해결하기 위한 노력	• 수질 오염이 심각한 상황에 이르렀다. • 수질 오염에 대해 걱정하는 사람들이 많다. • 수질 오염으로 물을 안심하고 먹기가 어렵다. • 수질 오염을 막기 위한 노력을 빨리 해야 한다.

주제별 어휘노트

>> 역사에 대한 어휘

기원전
예수가 태어난 해를 기준으로 한 달력에서 기준 연도의 이전.
예 기원전 5세기에 만든 유물인 것으로 추정된다.

물려주다
부모님이나 앞 세대가 재산, 직업, 지위 등을 전해 주다.
예 왕이 자녀들에게 수많은 재산을 물려주었다.

번성
세력이 커져서 널리 퍼짐.
예 그리스·로마 시대에 문화가 번성했다.

복원하다*
원래의 상태나 모습으로 돌아가게 하다.
예 훼손된 그림을 복원하여 본래의 색을 되찾아 주었다.

분쟁하다
갈라져 다투다.
예 두 나라가 국경을 두고 분쟁하다.

약탈하다
폭력을 사용하여 남의 것을 빼앗다.
예 가난하고 힘없는 농민들의 재물을 약탈하다.

이주
개인이나 종족, 민족 등의 집단이 원래 살던 지역을 떠나 다른 지역으로 이동해서 삶.
예 인종 차별을 경험한 이들은 다른 곳으로 이주했다.

전쟁
대립하는 나라나 민족이 군대와 무기를 사용하여 서로 싸움.
예 수많은 사람이 전쟁에서 목숨을 잃었다.

후손
자신의 세대에서 여러 세대가 지난 뒤의 자녀.
예 후손에게 물려주기 위한 보물을 소중히 간직하다.

훼손하다
무너뜨리거나 깨뜨려 상하게 하다.
예 문화재를 훼손하면 법에 따라 처벌을 받게 된다.

유형 잡는 연습문제

[01~04] 다음을 읽고 글의 주제로 가장 알맞은 것을 고르십시오.

01

> 샐러드. 예전엔 주로 식전에 작은 그릇에 담겨져 나왔다. '풀'이라면 질색인 어린이, 고기 좋아하는 어른의 눈에는 있으나 마나 한, 식탁의 '아웃사이더'였다. 그런데 이제 샐러드가 사이드 메뉴인 시대는 지났다. 본식과 어깨를 나란히 할 정도로 대접을 받는다. 요리법도 지중해식, 페루식, 이탈리안식, 멕시칸식 등 지역 특색에 따라 다양하다. 드레싱의 종류는 셀 수 없을 정도다. 샐러드 한 접시는 한 끼 식사로도 손색이 없다. 영양 과잉, 고칼로리 시대를 사는 현대인에게 샐러드는 새로운 여름 보양식이다.

① 샐러드를 모든 사람들이 즐겨 먹는 것은 아니다.
② 샐러드는 지역에 따라 요리법이 다양한 음식이다.
③ 샐러드가 현대인에게 하나의 식사로 자리 잡고 있다.
④ 샐러드는 영양이 적절하고 칼로리가 낮아 다이어트에 좋다.

02

> "질소 충전 비닐봉지를 샀는데 덤으로 안에 과자가 들어 있더라." 제과 업체의 과대 포장을 비꼬며 인터넷에서 인기를 끌었던 게시물 내용이다. 실제로 한 소비자 문제 연구소가 과자 20종의 포장 비율을 직접 측정한 결과, 85%인 17개 제품 내용물 부피가 포장의 절반에도 못 미쳤다고 한다. 심한 경우, 과자 포장과 내용물을 비교해 본 결과 내용물에 비해 포장 상자가 최대 5배나 되는 것으로 나타났다.

① 과자의 과대 포장 문제가 심각한 상태이다.
② 과대 포장은 소비자들에게 인기를 끌고 있다.
③ 과자의 과대 포장의 현황을 제대로 파악해야 한다.
④ 과자의 포장을 어떻게 하느냐는 소비자 문제 연구소에 달려 있다.

03

4차 산업 혁명의 시대를 맞아 정보가 홍수처럼 넘쳐 나고 있다. 자신에게 유용한 지식을 빠르게 얻기 위해 핵심만 정리한 내용을 보려는 사람들도 함께 늘어나고 있다. 하지만 이렇게 요약된 정보를 받기만 하다 보면 스스로 대상의 상태를 관찰하고 특성을 파악하는 능력이 부족해진다. 수박 겉핥기식으로 접한 정보가 모두 사실이라고 믿어 버리기도 쉬워진다. 또한 무비판적으로 정보를 수용하는 것은 사고 발달에 부정적 영향을 줄 수 있다.

① 정보의 일방적인 수용은 대상을 파악하는 능력을 둔화시킨다.
② 사람들이 4차 산업 혁명에 적응하기 위해 정보를 찾아 모으고 있다.
③ 정보의 양이 과도하면 사람들이 어떤 정보가 옳은지 판단하기 어려워진다.
④ 스스로 대상의 특성을 파악하지 못할 때는 잘 정리된 정보를 제공받는 것이 좋다.

04

번아웃 증후군은 열정적으로 일에 집중하던 사람이 신체적 · 정신적으로 심각하게 피로함을 느끼며 기력이 떨어지는 현상을 뜻한다. 주로 달성하고자 하는 목표 수준이 지나치게 높은 사람에게서 많이 나타난다. 번아웃 증후군은 감기, 두통 같은 만성적인 질환에 걸리는 원인이 되고 감정에도 악영향을 끼치므로 이와 같은 증상이 나타나기 전에 예방해야 한다. 예를 들어 힘든 일에 대해 이야기할 대화 상대를 만들거나 능동적으로 운동을 하면 좋다. 또한 정해진 업무 시간 내에 일을 해결하고 나머지 시간에는 푹 쉬는 것도 도움이 된다.

① 번아웃 증후군이 미치는 영향을 분석해야 한다.
② 번아웃 증후군의 원인을 분류한 후 치료해야 한다.
③ 번아웃 증후군의 극복에 필요한 시간을 알아야 한다.
④ 번아웃 증후군이 나타나지 않도록 미리 노력해야 한다.

필자의 의도/목적 고르기

[48번] 제시된 글을 읽고 필자가 글을 쓴 이유를 고르는 유형

이 유형은 제시된 논설문 등을 읽고 필자(글쓴이)의 의도/목적을 고르는 유형으로, 48~50번 세트 문항에서 1개 문항이 출제됩니다. '빈칸에 알맞은 말 고르기', '일치하는 내용 고르기' 유형과 함께 출제되며, 제시문의 길이가 길기 때문에 앞 문항을 빨리 풀면서 아낀 시간을 충분히 사용하여 문제를 풀어야 합니다.

Q 기출 60회 읽기 48번
다음 글을 읽고 글을 쓴 목적으로 가장 알맞은 것을 고르십시오.

> 4차 산업은 그 분야가 다양하지만 연구 개발이 핵심 원동력이라는 점에서 공통점을 갖고 있다. 이러한 점을 고려하여 정부는 신성장 산업에 대한 세제 지원을 확대하기로 했다. 미래형 자동차, 바이오 산업 등 신성장 기술에 해당하는 연구를 할 경우 세금을 대폭 낮춰 준다는 점에서 고무적인 일이다. 하지만 현재의 지원 조건이라면 몇몇 대기업에만 유리한 지원이 될 수 있다. 해당 기술을 전담으로 담당하는 연구 부서를 두어야 하고 원천 기술이 국내에 있는 경우에만 지원이 가능하기 때문이다. 혜택이 큰 만큼 일정한 제약을 두려는 정부의 입장을 이해하지 못하는 것은 아니다. 그러나 이번 정책의 목적이 단지 연구 개발 지원에 있는 것이 아니라 연구 개발을 유도하고 독려하고자 하는 것이라면 해당 조건을 완화하거나 단계적으로 적용할 필요가 있다.

① 투자 정책이 야기할 혼란을 경고하려고
   ➡ '투자 정책'이 아닌 '세제 지원 정책'에 대해 이야기하고 있으므로, 정답이 아닙니다.

☑ 세제 지원 조건의 문제점을 지적하려고
   ➡ 필자는 정부의 세제 지원이 몇몇 대기업에만 유리한 지원이 될 수 있다는 문제점을 지적하고, 세제 지원을 받을 수 있는 조건을 완화하거나 단계적으로 적용할 것을 주장하고 있습니다.

③ 연구 개발에 적절한 분야를 소개하려고
   ➡ 글에 제시되지 않은 내용입니다.

④ 신성장 산업 연구의 중요성을 강조하려고
   ➡ 연구 개발이 4차 산업의 핵심 원동력이라는 중요성은 이야기했으나, 이를 지원하기 위한 세제 혜택 조건의 문제점을 지적하는 것이 글의 주목적입니다.

'필자의 의도/목적 고르기' 유형 분석

'필자의 의도/목적 고르기' 유형은 필자가 자신의 주장이나 의견, 사실의 진위를 밝혀 독자들이 동의하도록 설득하는 논설문이 제시됩니다. 필자가 대상을 어떻게 생각하고 어떤 태도로 말하고 있는지를 파악해야 합니다.

자주 출제되는 표현

목적	표현
촉구 · 주장	• ~을/를 요청하기 위해 • ~을/를 요구하기 위하여 • ~을/를 역설하기 위해서 • ~을/를 주장하기 위해 • ~을/를 지지하기 위하여 • ~을/를/하도록 촉구하기 위해 • ~의 구체적 방안을 제시하기 위해서
비판	• ~을 경고하려고 • ~를 고발하기 위해 • ~를 지적하기 위해서
설명	• ~을/를 소개하려고 • ~을/를 강조하려고 • ~을/를 알려 주기 위해 • ~을/를/에 대해 설명하기 위해서 • ~의 과정/원리/효과/방법을 설명하기 위해
제안	• ~을/를 제안하기 위해 • ~을/를 제기하기 위해서
기타	• ~의 원인을 분석하기 위해 • ~의 주의 사항을 알려 주려고 • ~과 …의 관계를 파악하기 위해

기출에 나온 주제

대주제	소주제
제도	• 무분별한 특허 출원 • 자치경찰제 시행의 확대 • 개인 정보 삭제 법안 제정 • 신성장 기술 세제 지원 확대
사회	• 창의적 기술 혁신 • 현대 사회의 사회적 갈등
인문	새로운 생각의 틀
경제	정부의 소득 주도 성장 정책

》 사회 문제에 대한 어휘

공존
두 가지 이상의 현상이나 성질, 사물이 함께 존재함.
⬥ 두 나라의 문화가 한 사회에 공존하다.

끔찍하다
보기 힘들 정도로 무섭다.
⬥ 전쟁은 생각만 해도 끔찍한 일이다.

급변
상황이나 상태가 갑자기 달라짐.
⬥ 새 정책으로 경제 구조에 급변이 일어났다.

복구
고장 나거나 파괴된 것을 이전의 상태로 되돌림.
⬥ 가뭄으로 피해를 입은 지역이 복구되었다.

부실하다
내용이 충실하지 못하거나 실속이 없다.
⬥ 아이들에게 제공되는 급식이 부실하다.

시급하다
시간적인 여유가 없이 몹시 급하다.
⬥ 장마철에 대비한 상하수도의 정비가 시급하다.

시사하다
어떤 것을 미리 알아차릴 수 있도록 간접적으로 나타내거나 일러 주다.
⬥ 그 보도는 우리의 교육 현실을 시사하고 있다.

어수선하다
마음이나 분위기가 안정되지 못하고 불안하다.
⬥ 여러 범죄들로 사회의 분위기가 어수선하다.

쟁점
서로 다투는 데 중심이 되는 내용.
⬥ 쟁점을 정확하게 파악한 후 발언을 하십시오.

유형 잡는 연습문제

[01~03] 다음을 읽고 글을 쓴 목적으로 가장 알맞은 것을 고르십시오.

01

> 보편 복지는 대상자의 자격과 조건을 부여하지 않고 필요로 하는 누구에게나 복지를 제공하는 방식을 말한다. 부모의 소득에 관계없이 모든 학생들에게 무료로 제공되는 무상 급식이 보편 복지의 예라고 할 수 있다. 모든 만 3~5세 유아에게 무상으로 제공하는 교육·보육 과정 역시 보편 복지에 해당한다. 반면 선별 복지는 빈민이나 저소득층 등으로 복지 혜택의 대상자를 제한하는 복지 정책을 말한다. 저소득층이나 노동 능력이 없는 고령자 등을 기초 생활 수급 대상자로 정하고 생계비의 일부를 정부가 지원하는 것이 선별적 복지 정책의 예다. 보편 복지는 광범위한 대상자를 지원함으로써 사회 안전망을 강화할 수 있지만 국가 재정의 악화를 가져올 수 있고, 선별 복지는 일부 대상자를 지원함으로써 공공 지출을 아낄 수 있지만 복지 사각지대가 발생할 수 있다. 이러한 문제점을 보완하기 위해서는 주거 형태, 가족 관계, 월 수익 등을 정확히 파악한 데이터를 가지고 분석적으로 접근하여 복지 정책을 개선하는 과정이 필요하다. 또한 보편 복지와 선별 복지의 대상을 명확하게 설정할 필요가 있다.

① 정부의 복지 정책을 지지하기 위해

② 정부의 복지 정책 개편을 요구하기 위해

③ 보편 복지와 선별 복지의 개념을 설명하기 위해

④ 저소득층을 위한 복지 정책 마련을 촉구하기 위해

02

　　스토킹은 타인이 두려움을 느낄 정도로 쫓아다니거나 타인을 괴롭게 하는 범죄 행위이다. 다수의 피해자들이 공포를 느끼고 신고를 하는 상황이 증가함에도 불구하고 그동안은 이를 법적으로 처벌할 근거가 뚜렷하지 않았다. 스토킹 범죄에 대한 처벌이 필요하다는 사회적 요구에 따라 법안이 발의된 지는 오래되었으나 국회의 문턱을 넘지 못하여 법률이 제정되지 못했던 탓이다. 그러나 최근 스토킹 범죄 처벌법이 발의된 지 20여 년 만에 법안이 국회를 통과하여 관련 범죄자들을 처벌할 수 있게 되었다. 이 법에 따라 정당한 이유 없이 상대방이 동의하지 않는데도 따라다니거나, 생활 주변 장소에서 지켜보는 등의 위협적 행동을 할 경우 최대 5년 이하 징역이나 5,000만 원 이하의 벌금에 처할 수 있게 되었다. 또한 피해자가 신고하는 경우 경찰이 긴급하게 접근 금지 조치를 할 수 있게 되어 앞으로는 스토킹 범죄로 인한 피해가 크게 감소할 것으로 보인다.

① 법률 개정을 촉구하기 위해
② 법률 적용 사례를 알려 주기 위해
③ 법률 제정의 의의를 강조하기 위해
④ 법률 제정의 구체적 방안을 제시하기 위해

03

　　최근 공공 기관의 일부 직원들이 개인 정보를 무단으로 확인하거나 유출하는 사례가 빈번하게 발생하여 문제가 되고 있다. 장기 요양 보험 신청자 중 수십 명의 개인 정보를 빼낸 후 요양 기관의 운영자에게 전달하여 사적 이익을 추구하거나 자녀의 결혼식 청첩장을 발송하기 위해 지인의 주소를 불법적으로 열람한 사례도 있었다. 이와 같이 개인 정보를 무단으로 열람하거나 제3자에게 제공하는 것은 분명한 불법적 행위이다. 적발된 직원들은 사적으로 타인의 정보를 열람하고 유출한 것에 대해 반성한다는 발언은 했지만 이에 대한 처벌은 받지 않았다. 게다가 문제가 발생한 공공 기관은 개인 정보를 우수하게 관리한 공공 기관으로 평가를 받아 공공 기관의 평가에 허점이 크다는 사실이 드러났다. 공공 기관은 개인이 일탈적 행위를 하는 것을 방지하는 것이 어렵다고 하며 책임을 회피하지 말고, 타인의 정보를 함부로 활용하는 이와 같은 상황을 바로잡을 수 있도록 해야 할 것이다.

① 공공 기관 평가 기준의 개선안을 제안하기 위해
② 공공 기관의 개인 정보 열람 기준 완화를 촉구하기 위해
③ 공공 기관의 개인 정보 유출 처분 현황을 소개하기 위해
④ 공공 기관의 개인 정보 악용에 대한 대책 마련을 요구하기 위해

인물의 태도 / 심정 고르기(수필 · 소설)

[23, 42번] 밑줄 친 부분에 나타난 인물의 심리를 고르는 유형

수필이나 소설을 읽고 밑줄 친 부분에 나타난 인물의 태도 또는 심정을 고르는 유형입니다. '일치하는 내용 고르기' 유형과 세트 문항으로 출제됩니다. 23~24번 세트에서는 비교적 짧은 수필이 제시되고, 42~43번 세트에서는 소설의 일부가 제시됩니다. 인물의 심정을 나타내는 핵심 어휘는 최근 점점 더 어렵게 출제되는 추세입니다.

Q 기출 64회 읽기 23번
밑줄 친 부분에 나타난 '나'의 심정으로 가장 알맞은 것을 고르십시오.

> 놀이공원 매표소에서 아르바이트를 했다. 아르바이트가 처음이라 실수를 하지 않으려고 늘 긴장하면서 일을 했다. 어느 날, 놀러 온 한 가족에게 인원수만큼 표를 줬다. 그런데 그 가족을 보내고 나서 이용권 한 장의 값이 더 결제된 것을 알아챘다. 바로 카드사에 전화해 고객의 전화번호를 물었지만 상담원은 알려 줄 수 없다고 했다. 하지만 내 연락처를 고객에게 전달해 주겠다고 했다. 일을 하는 내내 일이 손에 잡히지 않았다. 퇴근 시간 무렵 드디어 그 가족에게서 전화가 왔다. 내가 한 실수에 <u>화를 낼지도 모른다는 생각에 떨리는 목소리</u>로 상황을 설명하자 그 가족은 "놀이 기구를 타고 노느라 문자 메시지가 온 줄 몰랐어요. 많이 기다렸겠어요."라고 하며 따뜻하게 말해 주었다.

✔ 걱정스럽다
 ➡ '나'는 자신의 실수로 인해 피해를 입은 가족들이 화를 낼지도 모른다고 생각했습니다. 걱정하는 마음 때문에 목소리가 떨린 것입니다.

② 불만스럽다
 ➡ '나'는 피해를 입은 가족이 화를 낼지도 몰라 불안해하는 것이지 자신의 실수에 상대방에게 불만을 느끼는 것이 아닙니다.

③ 후회스럽다
 ➡ '나'의 실수로 인해 피해를 입은 가족들이 화를 낼지도 모른다는 생각에 걱정했을 뿐, 자신의 실수를 후회하는 심정은 나타나 있지 않습니다.

④ 당황스럽다
 ➡ '나'는 자신의 실수를 이미 알고 있어 피해를 입은 가족이 화를 낼지 모른다고 생각하고 있습니다. 예상하지 못한 일을 경험했을 때 느끼는 '당황스럽다'는 감정은 어울리지 않습니다.

감 잡는 개념 정리

■ '인물의 태도/심정 고르기(수필·소설)' 유형 분석

'인물의 태도/심정 고르기(수필·소설)' 유형은 중급 수준의 수필, 중고급 수준의 소설이 제시됩니다. 밑줄 친 부분에 드러난 인물의 태도와 심정을 나타내는 적절한 형용사를 선택하면 됩니다. 글의 전체적인 내용과 분위기를 파악하면 어렵지 않게 문제를 풀 수 있습니다. 인물의 태도나 심정을 나타내는 형용사를 꼼꼼하게 학습해 둡시다.

■ 기출에 나온 표현

감정 표현	의미
기대에 들뜨다	좋은 일을 앞두고 있어서 기대하며 설레는 마음이다.
안도하고 있다	어떤 일이 잘 진행되어 마음에 안정을 느끼다.
흐뭇하다	매우 만족스럽다.
희열을 느끼다	매우 기쁘고 즐거운 마음을 느끼다.
마음이 홀가분하다	어려운 일이 해결되거나 해야 할 일을 끝내서 마음이 시원하다.
괘씸하다	다른 사람에게 기대와는 다른 행동을 당하여 미운 마음이 들다.
야속하다	상대방이 나를 배려해 주거나 소중하게 생각하지 않는 행동을 하여 섭섭한 마음이 생기다.
원망하고 있다	불평불만을 품고 미워하다.
초조하다	마음이 불안하다.
씁쓸하다	싫거나 언짢은 기분이 조금 나다.
가슴이 먹먹하다	너무 슬픈 일이나 안타까운 일이 있어서 가슴이 답답하다.
안타깝다	• 뜻대로 되지 않아 속상하다. • 다른 사람의 상황이 좋지 않아 마음이 아프다.
처량하다	• 마음이 많이 외롭고 쓸쓸하다. • 초라하고 가엾다.
허탈하다	어떤 일에 크게 실망해서 기운이 빠지고 정신이 멍하다.
위로하고 있다	따뜻한 말이나 행동으로 괴로움을 덜어 주거나 슬픔을 달래 주다.
격려하고 있다	다른 사람을 응원하고 있다.
거만하다	지나치게 자랑을 하는 모습이다.
담담하다	어떤 사건이 있지만 마음이 차분하고 평온하다.

▶ 주제별 어휘노트

≫ 심리에 대한 어휘

✎ **겁내다**
무서워하거나 두려워하는 마음을 나타내다.
㉠ 그 아이는 뱀을 몹시 겁낸다.

✎ **공포**
두렵고 무서움.
㉠ 아파트에 화재가 발생하여 사람들이 공포에 떨었다.

✎ **긴장감**
마음을 놓지 못하고 정신을 바짝 차리고 있는 느낌.
㉠ 중요한 일을 앞두면 누구나 긴장감을 느낀다.

✎ **막막하다**
아득하고 막연하다.
㉠ 회사를 그만두어 살길이 막막하다.

✎ **소심하다**
겁이 많아 대담하지 못하고 지나치게 조심스럽다.
㉠ 소심한 사람도 상황에 따라 대범해진다.

✎ **실망스럽다**
기대하던 대로 되지 않아 희망을 잃거나 마음이 몹시 상한 데가 있다.
㉠ 실망스러운 결과를 맞이하면 피하고 싶어진다.

✎ **죄책감**
저지른 죄나 잘못에 대하여 책임을 느끼는 마음.
㉠ 잘못에 대해 책임감을 느끼는 것이 죄책감이다.

✎ **증후군**
직접적인 원인이 무엇인지 분명하지 않은 채 한꺼번에 나타나는 여러 가지 병적인 증세.
㉠ 새집 증후군은 화학 성분으로 인해 생긴다.

✎ **허전하다**
의지할 곳이 없어지거나 무엇을 잃은 것처럼 서운한 느낌이 있다.
㉠ 허전함을 채우느라 음식을 먹는 사람도 있다.

유형 잡는 연습문제

01 다음을 읽고 밑줄 친 부분에 나타난 '나'의 심정으로 가장 알맞은 것을 고르십시오.

> 나의 막내아들은 지난봄에 초등학교 1학년이 되어야 했을 나이다. 벌써 2년 전의 일이다. 그때 이 아이는 '신장 종양'이라고 하는 매우 드문 아동병에 걸렸다. 그러나 곧 수술을 받고 지금까지 건강하게 자라 왔다. 그런데 오늘, 그 병이 재발한 것을 비로소 알았고, 오늘의 의학으로는 치료 방법이 없다는 참으로 무서운 선고를 받은 것이다.
>
> 아이의 손목을 하나씩 잡고 병원 문을 나서는 우리 내외는 천 근 쇳덩이가 가슴을 눌러 숨 쉬기도 어려웠다. 아무것도 모르는 어린것은 시골서 보지 못한 높은 건물과 자동차의 홍수, 사람의 물결들이 신기하고 재미있는 모양이었다. 그에게는 티끌만 한 근심도 없었다. <u>나는 그의 얼굴을 바로 보지 못했다.</u> 자기의 마지막 날을 알지 못한다는 것은 사람을 맹목으로 만들기 쉬울 것이다. 그러나 또한 얼마나 다행스러운 일인가.
>
> "아빠, 구두."
>
> 그는 구두 가게를 손가락으로 가리켰다. 구두가 신고 싶었었나 보다. 우리 내외는 그가 가리킨 가게로 들어가, 낡은 운동화를 벗기고 가죽신 한 켤레를 사서 신겼다. 어린것의 두 눈은 천하라도 얻은 듯 기쁨으로 빛났다. 우리는 그의 기쁜 얼굴을 차마 슬픈 눈으로 볼 수가 없어서 마주 보고 웃어 주었다.

① 분노를 느끼다   ② 가슴이 먹먹하다

③ 시원섭섭하다   ④ 마음이 뿌듯하다

02 다음을 읽고 밑줄 친 부분에 나타난 '나'의 심정으로 가장 알맞은 것을 고르십시오.

어느 날 퇴근을 해 보니, 초등학교 5학년의 개구쟁이 칠팔 명이 마루에 둘러앉아 있었다. 묻지 않아도 막내의 친구들이었다. 그날 저녁에 막내는 야구 방망이 하나만 사 달라고 졸랐다. 조르는 대로 다 사 줄 수는 없는 일이지만 너무도 간절히 원하기 때문에 나는 사 주마고 약속을 했다. 그리고 다음날 퇴근을 할 때 야구 방망이 하나를 사다 주었다. 그 다음날부터 막내는 늦게 돌아왔다. 어떤 때는 하늘에 별이 떠야, 방망이에 글러브를 꿰어 메고 새카만 거지 아이가 되어 돌아오는 것이다. 그리고는 한 삼 년 굶은 것처럼 밥을 먹었다.

"왜 이렇게 늦었니?"

"야구 연습 좀 하느라고요."

"이 캄캄한 밤에 공이 보이니?"

"……."

"또 이렇게 늦으면 혼날 줄 알아."

"……."

그러나 그 다음날도 여전히 늦었다. 초등학교 5학년짜리들이 야구를 한다면 그건 취미 활동쯤에 불과한 것이다. 그런데 무엇에 쏠려서 별이 떠야 돌아오는 것일까?

"왜 이렇게 늦었니?"

"……."

"말 못하겠니?"

"내일 모레가 시합이에요."

"무슨 시합?"

"5학년 각 반 대항 시합인데 우리가 꼭 이겨야 해요."

① 당황스럽다   ② 사랑스럽다

③ 부담스럽다   ④ 염려스럽다

세트 문항 맛보기

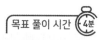
목표 풀이 시간 4분

──────────────────────────────

유형 06 인물의 태도/심정 고르기(수필·소설) ➕ 유형 07 일치하는 내용 고르기

──────────────────────────────

● 읽기 영역 [23~24번], [42~43번]에서 출제되는 세트 문항입니다.
● 유형 07 일치하는 내용 고르기는 대유형 '세부 내용 파악하기'에서 자세히 공부할 수 있습니다.

[01~02] 다음을 읽고 물음에 답하십시오. [각 2점]

그때 소희네는 이사를 앞두고 있었는데 엄마는 그렇게 집을 나가 돌아오지 않았다. 작별 인사는커녕 아무 신호도 낌새도 없이 휙 사라졌다. (중략) 엄마가 집 나가고 열흘쯤 지났을 땐가, 소희가 텔레비전을 보고 있는데 본희가 현관에서 신을 신으며 잠깐 나갔다 오겠다고 했다.

"잠깐 어디?" "친구네." "친구 누구?" 소희가 눈을 맞추려 했지만 본희는 돌아보지 않았다. "늦으면 친구네서 자고 올지도 몰라. 기다리지 말고 자." 돌아서 나가는 본희가 멘 가방이 이상하게 커 보여 소희는 자리에서 벌떡 일어났다. 가만히 서 있다가 갑자기 현관문을 열고 맨발로 뛰어나가 계단을 올라가는 본희 뒷모습에 대고 외쳤다. "언니야, 올 거지?" 본희는 멈춰 섰지만 돌아보지 않았다. <u>소희는 묻고 또 물었다.</u> (중략)

한참 있다가, 몇 년은 지난 거 같은데 몇 시간쯤밖에 안 지난 한밤중에 언니가 문자를 했다. 소희는 언니가 올 때까지 휴대 전화를 손에 꼭 쥐고 문자를 보고 또 보았다. 그러지 않으면 문자가 감쪽같이 날아갈 것 같았다.

삼겹살 사 가지고 갈게. 라면 끓여 먹지 말고 기다려.

기출 64회 읽기 42번
01 밑줄 친 부분에 나타난 '소희'의 심정으로 가장 알맞은 것을 고르십시오.

① 불안하다　　　　　　　　② 흡족하다
③ 실망스럽다　　　　　　　④ 감격스럽다

🔆 중심 내용 파악하기에서 다루는 유형 06 인물의 태도/심정 고르기(수필·소설)

유형 해설 ▶ 이 유형은 인물의 태도/심정을 선택하는 유형입니다. 수필이나 소설을 읽고 밑줄 친 부분에 나타난 인물의 심정을 선택하면 됩니다. 밑줄 친 문장 앞에 어떤 이야기가 나왔는지를 살펴보면서 인물이 어떤 감정을 느끼고 있을지 예측해야 합니다. 밑줄 친 부분에는 보통 인물의 감정을 추측하기 쉬운 내용이 나오므로, 글이 길다고 해서 부담을 느낄 필요는 없습니다.

① 소희는 엄마가 집을 나가 돌아오지 않았기 때문에 언니 본희도 집을 나가 돌아오지 않을까 봐 걱정하고 있습니다. 본희에게 돌아오냐고 묻고 또 묻는 것에서 불안한 심정이 나타나 있습니다.

② '흡족하다'는 '만족하다'와 비슷한 뜻입니다. 소희의 심정과 거리가 멉니다.
③ 소희는 본희에게 '실망스럽다'는 기분을 느끼고 있지 않습니다.
④ '감격스럽다'는 '크게 감동을 받다'라는 뜻입니다. 소희의 심정과 거리가 멉니다.

기출 64회 읽기 43번
02 윗글의 내용으로 알 수 있는 것을 고르십시오.

① 본희는 밤늦게 소희에게 연락을 줬다.
② 엄마는 이사하는 날에 집으로 돌아왔다.
③ 본희는 소희를 데리고 친구 집에 놀러 갔다.
④ 소희는 엄마를 기다리며 휴대 전화를 놓지 못했다.

🔍 세부 내용 파악하기에서 다루는 (유형 | 07 일치하는 내용 고르기)

이 유형은 대유형 '세부 내용 파악하기'의 '일치하는 내용 고르기' 유형입니다. 자세한 학습은 214쪽에서 하기 바랍니다.

① 본희는 소희에게 삼겹살을 사 가지고 갈 것이니 라면을 끓여 먹지 말고 기다리라고 문자 메시지를 보냈습니다.

② 엄마는 이사를 앞두고 집을 나가 돌아오지 않았습니다.
③ 본희는 소희를 집에 두고 친구 집에 놀러 갔습니다.
④ 소희는 언니인 본희를 기다리며 휴대 전화를 놓지 못했습니다.

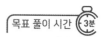

목표 풀이 시간 3분

유형|01) 빈칸에 알맞은 말 고르기 ➕ (유형|04) 주제 고르기

● 읽기 영역 [44~45번]에서 출제되는 세트 문항입니다.
● (유형|01) 빈칸에 알맞은 말 고르기는 대유형 '문맥 파악하기'에서 자세히 공부할 수 있습니다.

[03~04] 다음을 읽고 물음에 답하십시오. [각 2점]

성대하고 까다로운 제사 준비 탓에 유교 예법을 비판하는 사람들이 많다. 하지만 현재 우리가 지키고 있는 예법은 (   ) 잘못된 예법이 전해져 온 것이다. 유교 전문가들은 제사든 차례든 조상을 공경하는 마음과 자손들의 화목이 중요하다고 말한다. 선조들은 제사를 드릴 때 좋은 음식을 많이 준비하는 것보다 그 음식을 준비하는 마음과 정성을 중시했던 것이다. 유서 깊은 집안에서는 이러한 제사의 본질을 제대로 이해하여 상차림은 간소하게 하되 집안사람들이 모두 모여 함께 제사를 드리는 경우가 많다. 형식보다 정성이 중요하다는 유교의 가르침을 지키고 있는 것이다.

기출 64회 읽기 45번
03 (   )에 들어갈 말로 가장 알맞은 것을 고르십시오.

① 상차림이 간소화된
② 후손들의 바람이 반영된
③ 유교의 본뜻을 살리지 못한
④ 현실에 맞게 축소되지 않은

⚙️ 문맥 파악하기에서 다루는 (유형|01 빈칸에 알맞은 말 고르기)

유형해설 ▶ 이 유형은 대유형 '문맥 파악하기'의 '빈칸에 알맞은 말 고르기' 유형입니다. 19~20번 세트 문항에서는 길이가 약간 짧고 중급 수준의 지문이 제시되나, 44~45번 세트 문항에서는 길이가 약간 긴 고급 수준의 지문이 제시됩니다. 글의 전체 내용을 읽은 후 적절한 내용을 선택해야 하는데, 보통 빈칸의 뒤에 빈칸에 들어갈 내용에 대한 구체적인 내용이 제시되는 경우가 많습니다. 고급 수준의 제시문을 잘 읽기 위해서는 한자어 어휘 학습을 꾸준히 하는 것이 중요합니다. 자세한 학습은 160쪽에서 하기 바랍니다.

정답해설 ▶ ③ 빈칸이 위치한 문장에 '하지만'이 있으므로 앞선 문장과 반대되는 내용이 빈칸에 들어가야 합니다. 또한 뒤 문장에서 유교 예법은 조상을 공경하는 마음과 자손들의 화목이 중요하다고 했습니다. 따라서 '유교의 본뜻을 살리지 못한' 잘못된 예법이 전해져 왔다는 내용이 적절합니다.

① 빈칸의 뒤에서 상차림을 간소화한 것을 제사의 본질을 제대로 이해한 사례로 제시하였습니다.

② 빈칸의 뒤에서 후손들의 바람이 반영된 잘못된 예법의 사례가 제시되지 않았습니다.

④ 빈칸의 뒤에서 현실에 맞게 축소해야 한다는 주장이 제시되지는 않았습니다.

기출 64회 읽기 44번
04 윗글의 주제로 알맞은 것을 고르십시오.

① 조상을 모시는 제사상 차림은 점차 간소화되고 있다.

② 유교 문화는 후손들에 의해 유동적으로 변화되고 있다.

③ 명절에 제사를 드리는 전통은 예법에 맞게 유지되고 있다.

④ 유교 예법에서 중요한 것은 정성을 다해 예를 갖추는 것이다.

💡 중심 내용 파악하기에서 다루는 [유형 | 04 주제 고르기]

이 유형은 글의 주제로 알맞은 것을 고르는 유형입니다. 글을 읽고 전체적인 주제로 적절한 문장을 골라야 합니다. 글의 내용과 일치해도 글의 주제가 맞는지 점검해야 합니다.

④ 유교 예법에서 중요한 것은 형식(음식을 많이 준비하는 것)이 아니라 정성을 다하는 것이라는 이야기를 하고 있습니다. 따라서 ④번이 글의 주제로 알맞습니다.

① 현재 조상을 모시는 제사상 차림에 음식을 많이 준비하는 것이 잘못된 예법이라고 이야기했습니다. 간소화되는 추세라는 이야기는 하지 않았습니다.

② 현재 우리가 지키고 있는 예법은 잘못된 예법이 전해져 온 것이라고 했습니다. 유교 문화가 후손들에 의해 유동적으로 변화되고 있다는 것에 대해서는 이야기하지 않았습니다.

③ 현재 우리가 지키고 있는 예법은 잘못된 예법이라고 했으므로, 적절한 내용이 아닙니다.

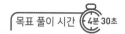
목표 풀이 시간 4분 30초

유형 | 05) 필자의 의도/목적 고르기 ⊕ (유형 | 01) 빈칸에 알맞은 말 고르기 ⊕

유형 | 07) 일치하는 내용 고르기

- 읽기 영역 [48~50번]에서 출제되는 세트 문항입니다.
- 유형 | 01) 빈칸에 알맞은 말 고르기는 대유형 '문맥 파악하기'에서,
  유형 | 07) 일치하는 내용 고르기는 대유형 '세부 내용 파악하기'에서 자세히 공부할 수 있습니다.

[05~07] 다음을 읽고 물음에 답하십시오. [각 2점]

올해 '자치경찰제'가 전국으로 확대될 예정이다. 자치경찰제는 지방 자치 단체가 경찰의 운영 및 관리를 담당하도록 하는 제도를 말한다. 이 제도가 실시되면 경찰이 지역 주민의 삶에 밀착돼 지역 특성에 맞는 다양한 서비스를 주민들에게 제공할 수 있을 것으로 보인다. 그러나 제도적 취약점과 예측되는 부작용이 있을 수 있다. 무엇보다 현장에서의 혼선이 예상된다. 제도에 따르면 자치경찰은 교통사고나 가정 폭력 조사 등 생활 안전 부분을 담당하고 국가 보안이나 전국 단위의 수사는 지금처럼 국가경찰이 맡는다. 이처럼 경찰 조직이 이중 구조일 때 어려움을 겪는 것은 국민이 될 수 있다. 영역 구분이 애매한 사건이 발생하면 자치경찰과 국가경찰이 함께 출동하거나 사건을 서로 떠넘기다가 신속하고 치밀한 대응이 이뤄지지 않을 수 있기 때문이다. (   ) 치안의 질이 떨어진다면 새 제도의 시행 의의가 퇴색될 수 있을 것이다.

기출 64회 읽기 48번
05 윗글을 쓴 목적으로 가장 알맞은 것을 고르십시오.

① 제도 확대 시행의 의의를 강조하기 위해서
② 제도 시행의 구체적 방안을 제시하기 위해서
③ 제도의 취지와 주민 요구의 차이를 설명하기 위해서
④ 제도 시행 후 생길 수 있는 문제를 지적하기 위해서

💡 중심 내용 파악하기에서 다루는 (유형 | 05 필자의 의도/목적 고르기)

유형 해설 ▶ 이 유형은 필자가 글을 쓴 목적을 고르는 유형입니다. 주로 사회·경제 분야를 다룬 논설문이 출제됩니다. 논설문에는 특정 주제에 대해 찬성하거나 반대하는 필자의 의견이 나타나는 표현이 등장합니다.

정답 해설 ▶ ④ 필자는 제도가 시행된 후 나타날 수 있는 문제점을 제시하며, '새 제도의 시행 의의가 퇴색될 수 있을 것'이라고 했습니다. 따라서 제도 시행 후 생길 수 있는 문제를 지적하기 위해 글을 쓴 것입니다.

기출 64회 읽기 49번
06 (   )에 들어갈 말로 가장 알맞은 것을 고르십시오.

① 경찰들의 업무 과다로   ② 업무의 충돌과 혼선으로

③ 자치경찰의 배치 감소로   ④ 제도의 단계적 시행으로

⚙ 문맥 파악하기에서 다루는 (유형 | 01 빈칸에 알맞은 말 고르기)

유형 해설 이 유형은 대유형 '문맥 파악하기'의 '빈칸에 알맞은 말 고르기' 유형입니다. 자세한 학습은 160쪽에서 하기
바랍니다.

정답 해설 ② 빈칸의 앞에서 경찰 조직이 이중 구조일 때 발생할 수 있는 혼란을 제시하고 있습니다. 따라서 빈칸에
'업무의 충돌과 혼선으로'가 들어가는 것이 가장 적절합니다.

오답 해설 ①, ③ 글에 제시되지 않은 내용입니다.
④ 제도의 단계적 시행을 우려하는 것이 아니라, 자치경찰제의 전국 확대를 우려하고 있습니다.

07 윗글의 내용과 같은 것을 고르십시오.

① 자치경찰제는 특정 지역에서만 확대될 예정이다.

② 자치경찰제 확대 이후에 생활 안전은 국가경찰이 담당한다.

③ 자치경찰제의 확대는 국민 안전의 질을 보장하기 어려울 수 있다.

④ 자치경찰제가 실시되면 전국 단위의 수사는 국가경찰과 자치경찰이 나누어 한다.

🔎 세부 내용 파악하기에서 다루는 (유형 | 07 일치하는 내용 고르기)

유형 해설 대유형 '세부 내용 파악하기'의 '일치하는 내용 고르기' 유형입니다. 자세한 학습은 214쪽에서 하기 바랍
니다.

정답 해설 ③ 필자는 자치경찰제의 확대가 치안의 질을 떨어뜨릴 수 있다고 주장하고 있습니다.

합격 잡는 실전문제에서 더 풀어 보기

합격 잡는 실전문제

[01~02] 다음 신문 기사의 제목을 가장 잘 설명한 것을 고르십시오.

기출 60회 읽기 25번

01

> 출산율 또 하락, 정부 대책 효과 없어

① 정부가 대책을 세워 노력했으나 출산율은 다시 떨어졌다.

② 정부는 출산율이 낮아지지 않도록 효과적인 정책을 마련하였다.

③ 정부의 정책 중 시급히 개선되어야 할 부분이 출산 관련 정책이다.

④ 출산과 관련한 정부의 지원이 축소되자 출산율이 급격히 낮아졌다.

02

> 쾌청한 주말, 고속 도로는 '북적', 서울 중심 도로는 '한산'

① 날씨가 좋은 주말, 고속 도로와 서울 도심에 차량이 많이 몰렸다.

② 날씨가 좋은 주말, 고속 도로는 복잡했고 서울은 차량이 별로 없었다.

③ 날씨가 좋은 주말 동안 고속 도로에는 차량이, 서울에는 사람이 많았다.

④ 날씨가 좋은 주말 동안 서울 도심으로 이동하기 위해 고속 도로를 이용하는 사람이 많았다.

[03~04] 다음은 무엇에 대한 글인지 고르십시오.

기출 60회 읽기 8번

03

- 검사 전날 밤 9시 이후에는 아무것도 드시면 안 됩니다.
- 정확한 검사를 위해 음주를 피하십시오.

① 상품 안내   ② 주의 사항

③ 사용 순서   ④ 장소 문의

04

처리 속도는 빠르게, 저장 용량은 넉넉하게!

여러분의 학교 과제, 회사 일을 더 빨리 끝낼 수 있게 도와드립니다.

① 컴퓨터   ② 냉장고

③ 선풍기   ④ 청소기

[05~07] 다음을 읽고 글의 주제로 가장 알맞은 것을 고르십시오.

기출 60회 읽기 37번

05

 유명 드라마가 소설책으로 출간되는 일이 많아졌다. 소설이 인기를 끌면 그 후에 영상물로 제작되던 것과는 반대되는 현상이 생긴 것이다. 이러한 현상의 영향 탓인지 처음부터 영상물을 염두에 두고 글을 쓰는 소설가들이 늘고 있다. 그러나 이와 같이 영상물 중심으로 창작과 출판이 이루어진다면 순수 문학이 가진 고유한 특성들이 하나둘씩 사라질지도 모른다.

① 작가들의 창작열을 높이기 위한 보상 체계 마련이 시급하다.

② 출판물의 판매를 늘리기 위해 영상물을 활용한 홍보가 필요하다.

③ 영상물이 책으로 많이 출간되어야 출판 시장이 활성화될 수 있다.

④ 영상물이 갖는 영향력이 커지면 순수 문학이 위기를 맞을 수 있다.

06

> 초소형 카메라는 의료용 및 산업용으로 만들어져 각 현장에서 유용하게 사용되고 있다. 그러나 원래의 목적에 맞지 않게 타인의 신체를 몰래 촬영하는 용도로 악용되는 사례가 늘고 있다. 이러한 악용을 원천적으로 방지하기 위해서는 신상 정보를 등록해야만 카메라의 판매 및 유통이 가능하도록 법적 규제를 강화할 필요가 있다.

① 의료용 및 산업용 초소형 카메라의 사용처를 확대해야 한다.
② 초소형 카메라가 더 유용하게 사용될 수 있도록 개발해야 한다.
③ 초소형 카메라가 악용되는 것을 막기 위한 대책이 마련되어야 한다.
④ 원활한 판매 및 유통을 위해 초소형 카메라의 등록 과정을 간소화해야 한다.

07

> 정해진 출퇴근 시간 없이 하루에 정해진 근무 시간을 채우면 되는 '출퇴근 시간 자율제'가 인기를 끌고 있다. 이 제도를 실시하면 직원들은 자신의 상황에 따라 일하기 편한 시간에 근무를 하면 되므로 시간을 효율적으로 사용할 수 있다는 장점이 있다. 직원이 편한 시간에 근무하고 나머지 시간을 잘 활용할 수 있기 때문에 생산성이 높아져 결과적으로 회사의 매출 신장에도 도움이 된다. 회사와 직원 모두를 만족하게 하는 이 제도의 비중이 높아져야 한다.

① 출퇴근 시간 자율제의 활용이 확대되어야 한다.
② 출퇴근 시간 자율제로 여가 시간이 길어지고 있다.
③ 출퇴근 시간 자율제의 발전에 대한 고민이 요구된다.
④ 출퇴근 시간 자율제는 회사의 매출 상승에 기여한다.

[08~09] 다음을 읽고 물음에 답하십시오.

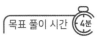

목표 풀이 시간 4분

　　우리는 30대 초반에 같은 직장에서 일했다. 문 씨는 항상 필요한 말만 하고 굳은 표정만 지었고, 난 명랑한 대신 덜렁대는 편이었다. 그래도 가끔 집안일로 이야기를 나누면서 친해졌다. 그러던 어느 날, 그가 한 5년간 사우디아라비아로 일하러 간다고 했다. 더 많은 돈을 벌기 위해 다른 일에 도전한다는 것이다. 그는 경비를 좀 꾸어 달라고 어렵게 부탁을 했다. 그리고 며칠 후 직장을 그만두고 떠났다. 한데 그는 두 달 만에 되돌아왔다. (중략) 그렇게 만나지도, 목소리를 듣지도 못한 채 43년이 지났다. 완전히 잊고 산 세월이었다. "다 지난 일인데 뭘……. 어디 사세요? 뭐 해요?" 반가운 마음에 허둥대며 말했다. "여전하시네요." 전화기 너머 문 씨가 웃는 것 같았다. 그리고 다음 날 통장 확인을 해 보니 내가 꿔 준 돈의 열 배가 넘는 돈이 들어 있었다. 나는 눈이 동그래졌다. 큰돈을 빌려준 것도 아닌데 내 연락처를 기억했다가 돈을 갚다니.

08 밑줄 친 부분에 나타난 '나'의 심정으로 가장 알맞은 것을 고르십시오.

① 감동하다
② 경악하다
③ 안도하다
④ 시원섭섭하다

09 윗글의 내용과 같은 것을 고르십시오.

① 나는 사우디아라비아에 가서 일하기 위해 문 씨에게 돈을 빌렸었다.
② 나는 문 씨의 연락을 받고 싶지 않아서 문 씨를 잊은 채로 살아왔다.
③ 나는 문 씨에게 돈을 빌려준 후에, 너무 오래되어 그 일을 잊고 있었다.
④ 문 씨는 사우디아라비아에서 5년 동안 일을 하고 돌아와 나에게 돈을 갚았다.

목표 풀이 시간 4분

예쁘고 멋쟁이인 박영은 선생님을 새 담임으로 맞이한 것은 우리 모두에게 가슴 떨리는 일이었다. 먼젓번 담임 선생님의 말은 죽어라고 안 듣던 말썽꾸러기들이 박 선생님 앞에서는 고개도 제대로 못 들고 수줍어했다. 우리 반은 당장 전교에서 제일 말 잘 듣고 가장 깨끗한 반이 되었다. 나도 박 선생님에게 잘 보이고 싶은 마음이 태산 같았지만 늘 그렇듯이 머리가 따라 주지를 않았다. 아마 이번 시험에서도 모든 과목이 50점을 넘지 못했을 것이다. 아이들이 모두 떠난 교실에서 나는 몸을 비비 꼬며 창밖에서 놀고 있는 아이들에게 시선을 주고 있었다. (중략) 선생님이 마침내 입을 연 것은 20분이나 시간이 지나서였다. (중략)

"동구를 가만히 보면, 아는데 말을 못하는 적도 많은 것 같아. 그러다 보니 자신감도 없어지고."

나의 간지럽고 아픈 부분을 이렇게나 간결하게 짚어 준 사람이 내 인생에 또 있으랴. 공부 못하는 죄를 추궁당하는 것이 아니라 공부 못하는 서러움을 이해받는 것은 생애 처음 있는 일이었다. 안 그래도 물러 터진 내 마음은 완전히 물에 만 휴지처럼 흐물흐물해져서, 예쁘고 멋진 데다 현명하기까지 한 박 선생님 앞에서 때 아닌 눈물까지 한 방울 선을 보일 뻔했다.

기출 52회 읽기 42번

10 밑줄 친 부분에 나타난 '나'의 심정으로 가장 알맞은 것을 고르십시오.

① 난처하다   ② 담담하다

③ 감격스럽다   ④ 의심스럽다

기출 52회 읽기 43번

11 윗글의 내용과 같은 것을 고르십시오.

① 나는 담임 선생님께 인정을 받고 싶다.

② 반 아이들은 요즘 교실 청소를 잘 하지 않는다.

③ 반 아이들은 예전 담임 선생님 말을 잘 들었다.

④ 담임 선생님은 내가 공부를 못해서 화를 내셨다.

[12~13] 다음을 읽고 물음에 답하십시오. 목표 풀이 시간 3분 30초

외국인과의 식사 자리는 식은 죽 먹기 같으면서도 어렵다. 가까워질 수 있는 기회이면서도 자칫 그 문화를 모르면 무례한 사람으로 오해받기 십상이다. 중국인들은 생선을 뒤집는 것을 배의 전복으로 여겨 불길하게 여기므로 생선을 뒤집어 먹지 않으며, 이와 비슷한 이유에서 식사 중 그릇 위에 젓가락을 두는 것도 (　　　　　) 때문에 피한다는 걸 알아 두자. 한편 유럽은 담당 직원이 처음부터 끝까지 한 테이블을 책임지는 문화이다. 때문에 유럽인과 식사 시 다른 직원을 불러서도 안 되고, 필요한 게 있어도 담당 직원이 직접 테이블로 오거나 눈이 마주칠 때까지 기다려야 한다.

12 (　　　)에 들어갈 말로 가장 알맞은 것을 고르십시오.

① 식사에 방해되기　　　　　　② 불운을 상징하기

③ 적대감을 표하기　　　　　　④ 재물이 따라온다고 보기

13 윗글의 주제로 가장 알맞은 것을 고르십시오.

① 유럽에서는 담당 직원에게 필요한 사항을 요청하면 된다.

② 중국에서는 생선을 뒤집지 않은 상태로 두고 먹어야 한다.

③ 외국인과 식사를 할 때는 멀리 앉는 것이 현명한 방법이다.

④ 외국인과 식사할 때는 그 나라의 문화를 알고 행동해야 한다.

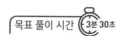

원고 마감이 임박하거나 시험공부 시간이 부족하면 사람은 본능적으로 놀라운 집중력을 발휘한다. 그래서 시간 부족 상태가 되어야만 일을 효율적으로 할 수 있다고 믿는 사람들이 많다. 그러나 효율성만 믿고 (   ) 것은 어리석은 일이다. 시간에 쫓기면 사람들은 한 가지에만 집중할 뿐 그 외에 다른 것에는 주의를 기울이지 못하게 되기 때문이다. 이런 상황은 실제로 상당히 위험할 수 있다. 단적인 예로 소방관들은 구조 현장으로 이동하는 과정에서 안전벨트를 매지 않아 사고를 당하는 경우가 매우 많다. 일 초가 급한 상황에서 인명 구조에만 집중한 나머지 차 문을 닫거나 안전벨트를 채우는 기본적인 일을 잊어서 생긴 결과이다. 이처럼 시간적 여유가 부족해지면 집중했던 일은 성공적으로 처리할 수 있겠지만 나머지 많은 것들은 놓칠 수 있다.

기출 60회 읽기 45번

14 (   )에 들어갈 말로 가장 알맞은 것을 고르십시오.

① 성급히 일을 처리하는

② 무턱대고 일을 미루는

③ 관심사를 무한히 늘리는

④ 전적으로 하나에만 매달리는

기출 60회 읽기 44번

15 윗글의 주제로 가장 알맞은 것을 고르십시오.

① 인간의 집중력은 시간적인 제약이 많을수록 높아진다.

② 인간에게 시간 부족은 효율적인 일 처리의 원동력이 된다.

③ 단시간 내에 일을 처리해도 성공적으로 일을 마칠 수 있다.

④ 시간 부족은 인간의 시야를 좁혀 부정적인 영향을 미칠 수 있다.

[16~18] 다음을 읽고 물음에 답하십시오. 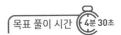 목표 풀이 시간 4분 30초

특허법은 독창적인 기술을 최초로 발명한 사람에게 기술에 대한 독점적 사용권을 부여하는 대신 그 기술을 사회에 공개할 의무를 부과한다. 공개된 기술 공유를 통해 사회 전체의 기술력을 높이는 것이 특허의 취지이다. 이런 취지에 부합하여 실제로 특허 제도는 기술 혁신과 산업 발전에 크게 이바지해 왔다. 그런데 최근 들어 특허의 본래 취지가 변질되어 기술 개발보다 독점권 확보를 우선하는 현상이 두드러지게 나타나고 있다. (   ) 상태에서 마구잡이 특허 출원으로 권리부터 선점해 놓고 기술을 개발하려는 경우가 비일비재한 것이다. 이 때문에 정작 신기술 개발에 힘들게 성공한 사람들이 권리를 확보하지 못하는 경우가 자주 발생하곤 한다. 특허는 발명의 대가로 당연히 보호받을 가치가 있다. 하지만 그것은 기술 개발에 성공해 사회 발전에 공헌하는 경우에 한해서이다. 무분별한 특허 출원으로 기술 발전을 저해한다면 이는 특허가 가진 본래의 취지를 훼손하는 것이다.

기출 52회 읽기 48번

16 윗글을 쓴 목적으로 알맞은 것을 고르십시오.

① 특허 심사 절차를 설명하기 위해서

② 특허권의 필요성을 역설하기 위해서

③ 특허의 실질적 가치를 분석하기 위해서

④ 특허 출원 남용의 문제를 제기하기 위해서

기출 52회 읽기 49번

17 (   )에 들어갈 말로 가장 알맞은 것을 고르십시오.

① 특허가 만료되지 않은

② 신기술을 특허로 인정받은

③ 기술이 완벽하게 개발되지 않은

④ 기존의 기술과 차별성을 확인한

18 윗글의 내용과 같은 것을 고르십시오.

① 특허의 목적은 기술을 사회에 공개하는 것이다.

② 특허 출원을 남용하는 것은 기술 발전에 독이 된다.

③ 특허법은 기술을 발명한 사람의 기술을 비밀로 한다.

④ 기술을 완벽히 개발한 후에 독점권 확보 신청을 할 수 있다.

[19~21] 다음을 읽고 물음에 답하십시오.

긴급 구호 상황에서 가장 중요한 것은 깨끗한 물의 공급이다. 그렇지만 가난한 나라는 오염된 물을 정수할 수 있는 시설이 없다. 이들을 위해 특별히 개발한 이 물탱크는 물을 운반할 수 있는 수로를 인공적으로 만들 수 있어 물이 필요한 곳이면 어디나 쇠 파이프를 조립해 깨끗한 물을 공급한다. 또 '라이프 세이버'라는 물통은 오염된 물을 담아 펌프질을 하면 (   ) 구호품이다. 그러나 가난으로 절망에 빠진 이들이 원하는 것은 구호품만이 아니라 가난의 문제를 해결할 수 있는 정의이다. 즉, 부유한 나라와 가난한 나라 간의 격차를 없애기 위한 정책이 한시라도 빨리 세워져야 한다. 아직도 전 세계 부자 85명의 재산이 세계 70억 인구의 절반에 해당하는 가난한 이들의 재산을 합친 것과 비슷할 정도로 부의 불평등이 심하다. 가난의 불공정성으로부터 자유로워지는 미래를 위해 노력해야 한다.

19 윗글을 쓴 목적으로 가장 알맞은 것을 고르십시오.

① 불평등 해소를 위한 정책 마련을 요구하기 위하여

② 가난한 이들을 돕는 방법의 사례를 제시하기 위하여

③ 긴급 구호 상황에서 일어나는 현상을 설명하기 위하여

④ 재난 구호를 위해 만든 물품의 사용을 홍보하기 위하여

20 ( )에 들어갈 말로 가장 알맞은 것을 고르십시오.

① 가난의 문제를 해결하는

② 물이 더 이상 나오지 않는

③ 더 많은 물을 운반할 수 있는

④ 안에서 정수가 자동으로 되는

21 윗글의 내용과 같은 것을 고르십시오.

① 재산이 특정한 사람들에게 몰려 있다.

② 부는 전 세계에 공평하게 분배되어 있다.

③ 가난한 사람들이 원하는 것은 구호품뿐이다.

④ 가난한 나라는 오염된 물을 정수하는 시설을 만든다.

유형 07

일치하는 내용 고르기

[9~12, 22, 24, 32~34, 47, 50번] 글 또는 그래프를 읽고 일치하는 내용을 고르는 유형

제시된 내용과 일치하는 내용을 고르는 유형으로, 단독 문항과 세트 문항 모두 출제되며, 비중이 높습니다. 안내문, 그래프, 설명문, 논설문 등이 제시되며, 안내문과 그래프가 제시될 때는 초급 수준으로 쉽게 출제됩니다. 기사문, 설명문과 기타 종류의 글에서는 경우 중급~고급 초반 수준으로 제시됩니다.

Q 기출 64회 읽기 10번
다음 글 또는 그래프의 내용과 같은 것을 고르십시오.

① 1위 순위의 직업이 바뀌었다.

　　● 2008년과 2018년 모두 고등학생 희망 직업 1위는 교사로, 바뀌지 않았습니다.

② 공무원은 순위의 변화가 없었다.

　　● 공무원은 2008년 3위에서 2018년 4위로 순위의 변화가 있습니다.

☑ 군인이 새롭게 5위 안에 들었다.

　　● 2008년에는 순위에 없던 군인이 2018년에 새롭게 5위 안에 들었습니다.

④ 간호사는 4위로 순위가 떨어졌다.

　　● 간호사는 2008년 4위였다가 2018년에 2위로 순위가 올랐습니다.

 풀이 시간을 절약하고 싶다면 선택지를 먼저 읽고, 해당 선택지에 제시된 정보가 맞는지를 안내문 또는 그래프에서 확인해 보세요. 안내문 또는 그래프의 내용을 확인한 다음 선택지를 읽으면, 결국에는 다시 한 번 내용이 맞는지 확인하게 되어 시간을 낭비할 수 있습니다.

감 잡는 개념 정리

■ '안내문 또는 그래프에서 일치하는 내용 고르기' 유형 분석

'일치하는 내용 고르기' 유형 중 안내문 또는 그래프를 읽고 일치하는 내용을 고르는 유형입니다. 제시된 숫자, 요일, 시간, 기간 등의 정보와 일치하는 선택지를 고르는 문제로, 제시문의 내용과 선택지의 내용을 꼼꼼하게 확인하면 되는 쉬운 수준으로 출제됩니다. 그래프가 제시되는 문항은 조금 더 어려운 편입니다. 통계 조사 그래프가 나올 때는 무엇이 몇 위인지 파악하는 것이 중요합니다.

■ 기출에 나온 주제 및 표현

❶ '안내문에서 일치하는 내용 고르기'의 주제 및 표현

주제	표현
대회	대회, 일시, 참가 대상, 내용, 참가비 등
축제	축제, 일시, 장소, 대상, 참가비, 신청 방법, 접수 등
여가	기간, 장소, 행사 내용, 체험 행사, 단체 요금, 입장료, 할인 등
동아리	동아리, 지원, 사업, 신청 대상, 지원 금액, 사업 기간 등

❷ '그래프에서 일치하는 내용 고르기'의 주제 및 표현

주제	표현
직업	희망, 직업, 순위, 공무원, 간호사, 교사, 공무원, 들다, 떨어지다 등
노후	봉사 활동, 취미 활동, 경제 활동, 종교 활동, 비율, 높다, 많다 등
신문	신문, 세대, 비율, 텔레비전, 보다 등
쇼핑	구입, 식료품, 가방, 판매, 화장품, 의류, 팔리다, 줄다, 늘다 등
동물	반려동물, 가게, 인터넷, 주인, 키우다 등
건강	잠, 운동, 아침, 남녀, 밥, 건강 검진 등
청소년 고민 상담	남녀, 부모님, 상담, 해결, 혼자, 고민 등

유형 07 일치하는 내용 고르기

Q 기출 60회 읽기 33번
다음을 읽고 글의 내용과 같은 것을 고르십시오.

> 눈물은 약 98%가 물로 이루어져 있다. 나머지 성분은 눈물을 흘리는 상황에 따라 달라진다. 먼지 같은 외부의 물리적 자극 때문에 흘리는 눈물에는 세균에 저항할 수 있는 단백질이 포함되어 있다. 슬플 때 흘리는 눈물에는 항균 물질뿐만 아니라 스트레스로 인해 체내에 쌓인 물질도 들어 있다. 그래서 슬플 때 울고 나면 신체에 해로운 물질이 몸 밖으로 나가 기분이 나아진 것 같은 느낌을 받는다.

① 눈물 속에 있는 단백질은 기분을 좋게 만든다.

> ➡ 눈물 속에 있는 단백질은 세균에 저항하는 역할을 한다고 했습니다. 단백질이 기분을 좋게 하는 것이 아니라 눈물을 흘릴 때 스트레스로 인해 체내에 쌓인 물질이 나가서 기분이 나아진다고 느끼는 것입니다.

② 슬퍼서 흘리는 눈물에는 항균 물질이 빠져 있다.

> ➡ 물리적 자극 때문에 흘리는 눈물뿐만 아니라 슬플 때 흘리는 눈물에도 항균 물질이 들어 있다고 했습니다.

✔ 슬플 때 흘리는 눈물 속에는 몸에 나쁜 물질이 포함되어 있다.

> ➡ 슬플 때 울고 나면 신체에 해로운 물질이 몸 밖으로 나가기 때문에 기분이 나아진 것 같은 느낌을 받는다고 했습니다. '해롭다'는 '나쁘다'와 비슷한 의미입니다.

④ 물리적 자극으로 흘리는 눈물이 슬플 때의 눈물보다 성분이 더 다양하다.

> ➡ 슬플 때 흘리는 눈물이 물리적 자극으로 흘리는 눈물보다 성분이 더 다양합니다. 슬플 때 흘리는 눈물에는 항균 물질뿐만 아니라 스트레스로 인해 체내에 쌓인 물질도 들어 있기 때문입니다.

 선택지의 일부 단어나 표현이 글의 내용과 일치한다고 해서 섣불리 정답으로 선택해서는 안 됩니다. 정답으로 고른 선택지의 모든 내용이 글의 내용과 일치하는지를 꼼꼼하게 확인하면서 문제를 풀어 봅시다.

감 잡는 개념 정리

'글에서 일치하는 내용 고르기' 유형 분석

'일치하는 내용 고르기' 유형 중 글을 읽고 일치하는 내용을 고르는 유형입니다. 안내문 또는 그래프를 읽고 일치하는 내용을 찾는 유형보다 조금 더 어렵게 출제됩니다. 기사문, 설명문, 논설문 등이 제시되고, 일상, 건강, 예술, 사회 등 다양한 주제를 다룹니다. 일상, 여가, 오락 등을 다루는 글은 상대적으로 쉽고, 예술, 사회, 제도 등을 다루는 글은 어려운 편입니다. 최근 화제가 되었던 주제에 관심을 가지면 도움이 됩니다.

기출에 나온 주제 및 표현

제시문	주제	표현
기사문	일상	카페, 식당, 조리실, 주방, 요리사 등
	건강	손, 뇌, 왼손, 오른손, 기능, 유지, 건강, 움직임 등
	식음료	카카오, 단백질, 지방, 칼슘, 콩나물, 영양가, 비타민, 피로 회복, 감기 예방, 집중력 향상 등
	여가와 오락	만화, 공연, 연인, 관람, 볼거리, 먹을거리, 만화방, 조명, 커피, 문화 공간, 극장, 영화, 간식, 전시 등
설명문	인물	박사, 종류, 분류, 기존, 학자, 당시 등
	사회	카메라, 현장, 타인, 촬영, 신상, 정보, 규제, 강화, 언어, 비판, 메일, 메시지, 비혼, 선택, 독신, 통계, 실상, 대폭 등
	예술	책장, 그림, 학문, 궁중, 형식, 활용, 일상 용품, 물감, 화가, 회화, 기법, 현대, 보자기, 조각, 조화로움, 아름다움 등
	경제	저축, 방식, 주택 마련, 분산, 목돈, 은퇴, 위조 방지, 수표, 인쇄, 고액권, 금융 거래, 유아 용품, 생활용품, 미디어, 방송, 시장, 운영자, 구매, 경제 변화 등
	역사	조선 시대, 사관, 왕, 주변, 정치적, 책임, 언행, 권력 등
	과학	증가, 피해, 연구, 환경, 생존 등
	제도	휴가, 캠페인, 참여, 근로자, 집중력, 관광 업계, 사기, 의약품, 처방, 이력, 의료 기관, 환자, 방지, 증진 등
	동식물	북극곰, 나팔꽃, 지표, 환경 변화, 생물, 환경 오염, 대기 오염, 수질 오염, 측정, 역할, 동물, 개체, 조절, 사자, 동물원, 낙타, 환경 개선, 하루살이, 수명, 애벌레, 퇴화, 저장 등
논설문	제도	분야, 재해 감시, 국토 조사, 인명 구조, 본격화, 정부, 주도, 대중화, 보안, 테러, 위험, 악용, 위험성, 최소화, 투자, 기술 등
	정치	진보, 보수, 자유, 중시, 정책, 상호 균형, 방향 등
	경제	사이트, 모바일, 서비스, 기업, 합병, 결정, 예측, 경쟁력, 결합, 작업, 소규모, 몸집, 콘텐츠 등

주제별 어휘노트

>> 언론에 대한 어휘

구독
책이나 잡지, 신문 등을 구입하여 읽음.
예 잡지를 정기 구독하면 사은품을 준다.

논하다
사물의 이치나 일의 옳고 그름을 조리 있게 자세히 말하다.
예 개인 정보 공유의 범위와 방법에 대해 논하다.

댓글
어떤 사람이 인터넷에 올린 글에 대하여 다른 사람이 짤막하게 답하여 올리는 글.
예 악성 댓글의 문제점을 분명히 알아야 한다.

배포
신문이나 책 등을 널리 나누어 줌.
예 요즘은 신문을 배포하는 일이 드물다.

싣다
글이나 사진 등을 책이나 신문 등에 인쇄해서 내다.
예 잡지에 광고를 실을 때는 광고비를 지불한다.

여론
한 사회의 사람들이 공통적으로 가지고 있는 의견.
예 공무원의 비리를 밝히라는 여론이 일고 있다.

인쇄하다
글자나 글, 그림 등을 종이나 천 등에 기계로 찍어 내다.
예 홍보 전단지를 인쇄하여 여러 곳에 배포하였다.

저작권
창작물에 대해 저작자나 그 권리를 이어받은 사람이 가지는 권리.
예 모든 창작물은 만드는 즉시 저작권이 생긴다.

추구하다
목적을 이루기 위해 계속 따르며 구하다.
예 상품 광고를 통해 상업적 이윤을 추구하다.

유형 잡는 연습문제

[01~05] 다음 글 또는 그래프의 내용과 같은 것을 고르십시오.

01

제15회 장난감 박람회

구분(1인 요금)	입장료
일반	8,000원
가족(4인 이상)	5,000원
특별 이용권	10,000원

※ 4인 이상의 가족에게는 기념품을 드립니다.
※ 특별 이용권을 구입하시면 박람회장 안에 있는 놀이방을 2시간 동안 이용하실 수 있습니다.
※ 가족사진을 가지고 오시면 무료로 입장하실 수 있습니다.

① 3인의 가족은 입장료를 할인받을 수 있다.
② 4명의 가족이 오면 기념품을 받을 수 없다.
③ 가족사진을 가지고 가면 입장료를 내지 않아도 된다.
④ 특별 이용권을 구입하면 하루 종일 놀이방을 이용할 수 있다.

02

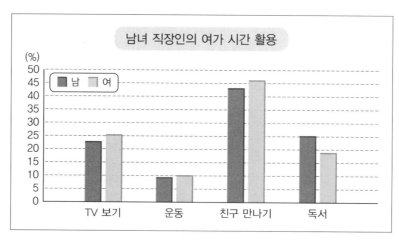

① 독서를 하는 남자 직장인이 여자 직장인보다 더 적다.
② 남녀 모두 여가 시간에 가장 많이 하는 것은 TV 보기이다.
③ 남녀 모두 여가 시간에 친구를 만나는 것을 가장 많이 한다.
④ 여가 시간에 운동을 하는 남자 직장인이 여자 직장인보다 많다.

03

> 강원도 평창에서는 오는 12월 1일 토요일부터 12월 2일 일요일까지 송어 축제를 개최한다. 남녀노소 누구나 축제 참여가 가능하며, 참가비는 한 사람에 15,000원이다. 단, 7세 이하의 아동은 참가비를 받지 않는다. 참가비를 내면 송어 낚시를 한 후에 요리를 해 먹을 수도 있다. 축제에 참가하고자 하는 사람은 11월 30일까지 인터넷으로 접수를 해야 한다.

① 축제는 이틀 동안만 진행된다.
② 7살 아이는 10,000원만 내면 된다.
③ 이 축제에는 성인만 참가할 수 있다.
④ 축제에 참가하려면 전화로 신청해야 한다.

04

> 최근 컴퓨터와 스마트폰의 사용이 증가하면서 눈의 피로와 시력 저하를 호소하는 사람들이 늘고 있다. 아이들은 갑자기 시력이 나빠지고, 수험생과 직장인들은 눈의 피로와 안구 건조에 시달리고 있다. 이러한 눈에 대한 각종 고민을 해결해 주는 반가운 제품이 등장했다. 안경처럼 5분간 착용하고 있으면 기계가 자동으로 움직이며 눈에 휴식과 운동, 마사지, 명상을 제공해 눈의 피로를 풀어 준다.

① 눈이 나빠지면 눈이 피곤해지는 경우가 많다.
② 수험생과 직장인은 눈이 건조해서 힘들어한다.
③ 이 제품을 5분 동안 쓰고 있으면 시력이 좋아진다.
④ 눈의 피로를 풀어 주려면 컴퓨터를 사용해야 한다.

05

> 비언어는 스피치를 전달하는 데 매우 중요한 요소로, 크게 음성과 몸짓으로 나눌 수 있다. 비언어 분야의 권위 있는 학자의 연구에 따르면 메시지를 전달할 때의 효과 면에서 말의 내용은 7%, 음성은 38%, 몸짓은 55%의 영향을 미친다고 한다. 이 연구 결과는 똑같은 내용을 말한다고 해도 어떠한 음성과 어떠한 몸짓으로 말하느냐에 따라 이해력, 설득력, 호소력에서 차이가 난다는 것으로 이해할 수 있다. 스피치를 할 때 특히 신경 써야 할 중요한 몸짓 언어에는 제스처, 표정, 시선, 자세가 있다.

① 스피치를 할 때 가장 중요한 것은 내용이다.
② 비언어는 몸짓 언어만을 이야기하는 것이다.
③ 음성보다 몸짓이 메시지에 더 큰 영향을 미친다.
④ 음성의 변화는 메시지 전달에 영향을 주지 않는다.

알맞은 순서로 배열한 것 고르기

[13~15번] 제시된 문장을 알맞은 순서로 배열한 것을 고르는 유형

이 유형은 제시된 4개의 문장을 가장 적절한 순서로 배열한 것을 고르는 유형입니다. 단독 문항으로만 출제됩니다. 문장이 모여서 문단을 이루는 과정을 파악하는 능력을 확인하고자 출제됩니다. 자신이 배열한 문장이 자연스럽게 읽히는지 확인해야 합니다.

Q 기출 64회 읽기 13번
다음을 순서에 맞게 배열한 것을 고르십시오.

> (가) 회사의 1층 로비를 외부인에게 개방하는 회사가 많아졌다.
> (나) 사람들은 작품을 감상하고 커피를 마시면서 시간을 보낸다.
> (다) 미술관과 카페를 만들어 사람들이 와서 즐길 수 있게 한 것이다.
> (라) 이 공간을 이용하는 사람이 늘면서 회사의 이미지도 좋아지고 있다.

✔ (가) – (다) – (나) – (라)

   ↪ 일반적인 상황을 제시한 (가)가 첫 번째 문장으로 가장 적절합니다. 회사의 1층 로비를 외부인에게 개방하는 회사가 많아진 것과 그 이유를 설명하고, 효과를 제시하는 것이 가장 자연스럽습니다.

② (나) – (라) – (다) – (가)

   ↪ (나)가 첫 번째 문장으로 오면 사람들이 어디에서 시간을 보내는지 알 수 없습니다. 회사 1층 로비와 미술관, 카페에 대한 설명을 먼저 하는 것이 자연스럽습니다. 정답이 아닙니다.

③ (다) – (나) – (라) – (가)

   ↪ (다)에 사용된 '~게 한 것이다'는 앞서 제시된 내용이 있고, 이와 관련하여 이어서 설명할 때 사용하는 표현입니다. 따라서 (다)는 첫 번째 문장이 될 수 없으므로, 정답이 아닙니다.

④ (라) – (나) – (가) – (다)

   ↪ (라) 문장의 처음에 오는 '이'는 앞에서 말한 것을 지칭할 때 사용하는 표현입니다. 따라서 (라)는 첫 번째 문장이 될 수 없으므로, 정답이 아닙니다.

 앞서 나온 내용에 대해 다시 설명하는 표현이 포함된 문장은 글의 첫 번째 문장 위치에 올 수 없습니다.

감 잡는 개념 정리

■ '알맞은 순서로 배열한 것 고르기' 유형 분석

'알맞은 순서로 배열한 것 고르기' 유형은 순서가 섞여 있는 4개의 문장을 알맞은 순서로 다시 배열한 선택지를 골라야 합니다. 가장 첫 번째 문장은 일반적인 현상, 새로운 이야기 등 읽기의 시작이 되는 내용을 선택하는 것이 가장 좋습니다. 첫 문장을 선택한 다음에는, 선택지에 배열되어 있는 순서대로 빠르게 읽었을 때 자연스럽게 읽히는지 확인하고 답을 선택합니다.

■ 자주 출제되는 첫 번째 문장의 예

- 언어를 사용하는 능력은 손가락과 밀접한 관련성이 있다.
- 좋은 작가를 한발 앞서 발견하려면 작가의 창의성에 주목해야 한다.
- 어떤 일에 집중을 하거나 스트레스를 받으면 이를 악물게 되는 경우가 있다.
- 귀걸이는 사람의 몸을 치장하기 위한 장신구 중 가장 일찍부터 사용되었다.

⇨ 개념이나 사실에 대해 정의를 내리거나 설명을 하는 문장이 첫 번째 문장으로 자주 활용됩니다.

■ 첫 번째 문장을 찾을 때 주의 사항

① '이러한, 그런, 이것은, 그리고, 이는, 하지만, 그래서, 그렇지만, 이와 같이' 등의 표현으로 시작하는 문장은 첫 번째 문장이 될 수 없습니다. 첫 번째 문장은 그보다 앞서 제시된 내용이 없어야 하기 때문입니다.
② '~ 때문이다'로 끝나는 문장은 첫 번째 문장이 될 수 없습니다. 어떤 결과를 먼저 제시하고 이어서 원인을 설명할 때 사용하는 표현이기 때문입니다.
③ '과거, 현재, 미래'의 시제와 '원인, 결과' 등의 문장 관계를 잘 살펴보아야 합니다.

유형 잡는 연습문제

[01~04] 다음을 순서에 맞게 배열한 것을 고르십시오.

01

> (가) 종이 신문을 보는 사람의 수가 점차 감소하고 있다.
>
> (나) 하지만 이러한 것이 종이 신문을 완전히 대체할 수는 없다.
>
> (다) 종이 신문을 읽음으로써 얻을 수 있는 가치들이 남아 있기 때문이다.
>
> (라) 요즘은 인터넷으로 언제든지 뉴스를 볼 수 있기 때문이다.

① (가) – (다) – (라) – (나)　　　　② (가) – (라) – (나) – (다)

③ (다) – (가) – (나) – (라)　　　　④ (다) – (나) – (가) – (라)

02

> (가) 그런데 메시지의 양은 급격히 늘어났으나, 질적인 문제점이 발생했다.
>
> (나) 통신 기술의 발달로 빠르게 메시지를 주고받을 수 있게 되었다.
>
> (다) 진정한 소통을 위해서 어떻게 해 나가는 것이 좋을지 고민이 필요하다.
>
> (라) 대화가 필요할 때 편하게 연락할 수 있는 사람이 마땅하지 않은 것이다.

① (나) – (가) – (라) – (다)　　　　② (나) – (라) – (다) – (가)

③ (라) – (나) – (다) – (가)　　　　④ (라) – (다) – (가) – (나)

03

(가) 그리고 어두운 색의 옷을 입은 사람도 잘 문다고 한다.

(나) 그러므로 밝은 색 옷을 입고, 진한 화장을 피하는 것이 좋다.

(다) 모기는 열을 잘 느끼기 때문에 열이 나는 사람을 잘 문다.

(라) 화장품 냄새가 강하게 나는 사람도 잘 물리는 편이다.

① (가) – (라) – (나) – (다)　　② (가) – (나) – (다) – (라)

③ (다) – (가) – (라) – (나)　　④ (다) – (나) – (가) – (라)

04

(가) 제품이 개발되는 과정에서 환경 오염이 있지는 않았는지 생각해 봐야 한다.

(나) 그러나 전자 제품을 선택할 때 겉모양만 보고 판단해서는 안 된다.

(다) 정부는 이러한 제품 개발 과정을 확인하고 규제하는 제도를 실시할 예정이다.

(라) 요즘 전자 제품들은 멋진 디자인으로 소비자를 유혹한다.

① (가) – (나) – (다) – (라)　　② (가) – (다) – (라) – (나)

③ (라) – (다) – (가) – (나)　　④ (라) – (나) – (가) – (다)

문장이 들어갈 위치 고르기

[39~41번] 제시된 글에서 문장이 들어갈 적절한 위치를 고르는 유형

글의 흐름을 파악하여 주어진 문장을 적절한 자리에 배치하는 유형입니다. 단독 문항으로만 출제됩니다. 제시되는 글의 길이가 아주 긴 것은 아니지만, 글의 내용을 잘 확인하고 내용의 앞과 뒤를 꼼꼼하게 살펴보아야 문장이 들어갈 적절한 위치를 찾을 수 있습니다. 단독 문항 중에서는 '알맞은 순서로 배열한 것 고르기' 유형만큼 어려운 유형에 속합니다.

Q 기출 60회 읽기 39번
주어진 문장이 들어갈 곳으로 가장 알맞은 것을 고르십시오.

> 도시의 거리는 온통 상점으로 가득 차 있다. (㉠) 하지만 상점은 거리에 활력을 불어넣어 걷고 싶은 거리를 만드는 데 중요한 역할을 한다. (㉡) 상점은 단순히 물건을 파는 공간이 아니라 보행자들에게 볼거리와 잔재미를 끊임없이 제공하는 거대한 미술관이 되어 준다. (㉢) 또 밤거리를 밝히는 가로등이며 보안등이자 거리의 청결함과 쾌적함을 지켜 주는 파수꾼이 되기도 한다. (㉣)

> 상업적 공간으로 채워진 거리를 보며 눈살을 찌푸리는 이들도 많다.

✔ ① ㉠
> ◯ ㉠의 다음 문장이 '하지만'으로 시작되며, 내용이 반전됩니다. 이후에 상점으로 가득 찬 도시의 거리가 지니는 장점이 이어지므로, 주어진 문장은 ㉠에 들어가야 합니다.

② ㉡
> ◯ 상점의 장점을 나열하고 있는 중에 단점을 말하는 문장이 들어가는 것은 자연스럽지 않습니다.

③ ㉢
> ◯ ㉢의 뒤 문장은 '또'로 시작하며 장점을 말하고 있으므로, 주어진 문장이 들어가는 것은 자연스럽지 않습니다.

④ ㉣
> ◯ ㉣의 앞에서는 상점의 장점을 말하고 있으므로, 마지막에 '눈살을 찌푸리는 이들도 많다'는 부정적인 내용이 연결되는 것은 자연스럽지 않습니다.

 개선 전 발문에서는 주어진 문장이 <보기>로 제시되었으나, 본 교재에서는 앞으로의 시험 대비를 위해 개선된 발문으로 수록하였습니다.

감 잡는 개념 정리

■ '문장이 들어갈 위치 고르기' 유형 분석

'문장이 들어갈 위치 고르기' 유형은 단락 안에서 문장이 들어갈 적절한 위치를 선택해야 합니다. 주어진 문장을 글에 제시된 4개의 위치에 한 번씩 빠르게 넣어 보고 문장의 연결이 적절한지 확인해 보는 것이 좋습니다.

■ 주어진 문장이 들어갈 위치를 빠르게 찾는 방법

주어진 문장을 먼저 읽고, 이 문장의 앞뒤에 어떤 내용이 오는 것이 적절할지 생각한 후 단락의 전체적인 흐름을 보는 것이 좋습니다.

문장의 앞	주어진 문장	문장의 뒤
로봇 공학이 발전하고 있는 현재의 상황	이제 로봇이 인간과 비슷한 감정을 느끼고 인간과 교감하는 세상이 도래할 것이다.	로봇이 인간과 교감하는 상황에 대한 상상이나 예시

단락 전체를 먼저 읽으면 그 글이 이미 완성된 단락처럼 보여서 주어진 문장이 어디에 들어가야 하는지 알기 어려울 수 있습니다. 그러므로 우선 주어진 문장을 읽고 이 문장의 앞뒤에 어떤 내용이 올지를 생각한 후에 적절한 위치를 글에서 선택해야 합니다.

■ 기출에 나온 주제

대주제	소주제
제도	• 착한 운전 마일리지 제도 • 희망 택시 지원 사업
사회	• 가로등 설치에 대한 찬반 • 플라스틱 병 재활용 • 회식 문화의 변화 • 친환경 가게
일상	• 기차 승객 신발 분실 사건 • 어머니와 미역국의 추억 • 오미자의 효과 • 비 오는 날 이불 빨래 사건 • 꽃차의 효과와 복용 주의법 • 회사 지각 사건 • 자동차 사고
경제	마트의 소비자 구매 유도 방식
기타	• 화재 발생 원인이 될 수 있는 생수병 • 동식물의 의사 표현 방식

주제별 어휘노트

≫ 대중문화에 대한 어휘

각광
많은 사람들의 관심 또는 사회적 주목과 인기.
예 한국 노래가 해외에서 각광을 받고 있다.

다채롭다
여러 가지 색, 종류, 모양 등이 어울려 다양하고 화려하다.
예 그림의 느낌이 다채롭고 신선했다.

등장하다
소설, 연극, 영화 등에 어떤 인물이 나타나다.
예 그 배우가 등장한 장면은 정말 인상적이었다.

시상식
잘한 일이나 뛰어난 성적을 칭찬하는 상장, 상품, 상금 등을 주는 의식.
예 시상식에서 대상을 받은 배우가 출연한 작품이다.

악영향
나쁜 영향.
예 청소년에게 악영향을 끼치는 영화가 있다.

연출하다
영화, 연극, 방송 등에서 각본에 따라 모든 일을 지시하고 감독하여 하나의 작품으로 만들다.
예 이 작품을 연출한 감독은 벌써 70세가 되었다.

제작하다
재료를 가지고 새로운 물건이나 예술 작품을 만들다.
예 드라마를 제작할 때 많은 기업의 후원을 받았다.

펴내다
책이나 신문 등을 만들어 세상에 내놓다.
예 베스트셀러 작가가 신간을 펴내 관심을 끌고 있다.

흥행
연극이나 영화 등의 공연이 상업적으로 큰 수익을 거둠.
예 영화의 흥행을 위해 모두가 아이디어를 냈다.

유형 잡는 연습문제

[01~04] 주어진 문장이 들어갈 곳으로 가장 알맞은 것을 고르십시오.

01

　　우리 사회는 욕에 대해 지나치게 관대하다. 단순한 버릇이나 어린 행동으로 보는 경향이 있다. (㉠) 남에게 의도적으로 상처를 입히려는 폭력성이 욕을 통해 집단적으로 사용된다. 악성 댓글을 다는 사이버 폭력이 일상이 되기도 한다. 대부분의 학교 폭력도 언어 폭력에서 시작한다. (㉡) 욕은 단순히 불쾌한 단어만 뱉는 것으로 끝나지 않는다. (㉢) 부정적인 감정을 상대방에게 강렬하게 전달하는 기능을 가지고 있기 때문에 다른 어떤 단어보다 강력한 힘을 지닌다. (㉣)

하지만 욕은 감정과 의도를 포함한 일종의 폭력이다.

① ㉠　　　　　　② ㉡　　　　　　③ ㉢　　　　　　④ ㉣

02

　　숙면을 위한 음식에는 혈액 순환을 도와 불면증 해소에 도움을 주는 양파가 있다. (㉠) 편안한 숙면을 돕는 사과와 숙면을 유도하는 트립토판이 많이 함유되어 있는 바나나도 좋다. (㉡) 피로 해소에 도움을 주는 마늘과 마음을 안정시켜 숙면에 도움을 주는 연근도 추천한다. (㉢) 잠자리에 들 때 너무 배가 고프거나 너무 부르지 않도록 해야 하며, 운동을 하면 체온이 높아지므로 잠들기 3시간 전에는 운동을 끝내는 것이 좋다. (㉣)

이 밖에도 숙면을 위한 생활 습관을 지키는 것이 중요하다.

① ㉠　　　　　　② ㉡　　　　　　③ ㉢　　　　　　④ ㉣

03

식중독은 상한 음식을 먹은 뒤 복통, 설사, 구토, 발열 같은 증세가 생기는 질환이다. (㉠) 더울 때에 배탈이 나서 고생을 해 본 적이 있는 사람이면 건강의 소중함을 느꼈을 것이다. (㉡) 여름철 식중독에 대한 상식을 잘 알아 두면 건강한 여름을 지내기에 도움이 될 수 있다. (㉢) 구토, 설사를 하면 탈수를 예방하기 위하여 매일 적은 양의 음료수나 맑은 과일 주스를 천천히 마시는 게 좋다. (㉣) 음식은 조금씩 자주 먹고 섬유소가 적은 부드러운 음식을 먹는다.

덥고 습한 날씨가 되면 균이 번식하기 쉽고 음식이 상하기 쉬워 이 질환에 걸리는 일이 많다.

① ㉠　　　　　② ㉡　　　　　③ ㉢　　　　　④ ㉣

04

건전지에도 금속 물질이 들어 있어 목걸이나 팔찌처럼 몸에 지니고 다니면 벼락을 맞을 수 있다는 이야기가 있다. (㉠) 그러나 그 이야기는 사실과 다르다는 것이 최근에 확인되었다. (㉡) 휴대 전화 통화가 벼락을 일으킬 수 있다는 얘기도 근거가 없다. (㉢) 휴대 전화에서 발생하는 전자기파는 벼락의 전자기파와 전혀 다른 주파수여서 상관이 없기 때문이다. (㉣)

실험 결과 벼락에 맞을 확률은 높은 곳에 있을수록 높았지만 몸에 지닌 물건과는 상관이 없는 것으로 밝혀졌다.

① ㉠　　　　　② ㉡　　　　　③ ㉢　　　　　④ ㉣

유형

10

필자의 태도 고르기

[46번] 논설문에 나타난 필자의 태도를 고르는 유형

듣기 영역의 '화자의 태도/말하는 방식 고르기'와 유사한 유형으로, 논설문을 읽고 글에 나타난 필자의 태도를 선택하는 유형입니다. 46~47번 세트 문항에서 출제됩니다. 문항 유형이 밑줄 친 부분에 나타난 필자의 태도를 고르는 유형에서 글 전체에 드러나 있는 필자의 태도를 고르는 유형으로 바뀌었습니다. 필자가 주장하고 있는 내용이 무엇인지와 이를 어떻게 서술하고 있는지를 정확히 파악할 수 있어야 합니다.

Q 기출 64회 읽기 50번
다음을 읽고 글에 나타난 필자의 태도로 가장 알맞은 것을 고르십시오.

> 올해 '자치경찰제'가 전국으로 확대될 예정이다. 자치경찰제는 지방자치단체가 경찰의 운영 및 관리를 담당하도록 하는 제도를 말한다. 이 제도가 실시되면 경찰이 지역 주민의 삶에 밀착돼 지역 특성에 맞는 다양한 서비스를 주민들에게 제공할 수 있을 것으로 보인다. 그러나 제도적 취약점과 예측되는 부작용이 있을 수 있다. 무엇보다 현장에서의 혼선이 예상된다. 제도에 따르면 자치경찰은 교통사고나 가정 폭력 조사 등 생활 안전 부분을 담당하고 국가 보안이나 전국 단위의 수사는 지금처럼 국가경찰이 맡는다. 이처럼 경찰 조직이 이중 구조일 때 어려움을 겪는 것은 국민이 될 수 있다. 영역 구분이 애매한 사건이 발생하면 자치경찰과 국가경찰이 함께 출동하거나 사건을 서로 떠넘기다가 신속하고 치밀한 대응이 이뤄지지 않을 수 있기 때문이다. 업무의 충돌과 혼선으로 치안의 질이 떨어진다면 새 제도의 시행 의의가 퇴색될 수 있을 것이다.

① 자치경찰과 지역 주민의 관계 변화에 대해 예상하고 있다.
   ➡ 자치경찰과 지역 주민의 관계가 아니라 자치경찰제 전국 확대 후 주민의 치안에 미치는 영향을 예상하고 있으므로, 정답이 아닙니다.

② 자치경찰제가 주민에게 미칠 긍정적 영향을 기대하고 있다.
   ➡ 자치경찰제가 주민에게 미칠 부정적 영향을 우려하고 있으므로, 정답이 아닙니다.

③ 자치경찰제가 제공해야 할 서비스의 조건을 강조하고 있다.
   ➡ 자치경찰제가 다양한 서비스를 제공할 것이라고는 했으나, 그 조건을 강조하지는 않았습니다.

✔ 자치경찰제가 국민의 보호를 소홀하게 할 수 있음을 우려하고 있다.
   ➡ 필자는 자치경찰제가 자치경찰과 국가경찰의 업무 충돌과 혼란을 가져와 치안의 질을 떨어뜨릴 수 있다는 점을 염려하고 있습니다.

 개선된 평가틀에 따라 문항 형식을 일부 수정하여 수록하였습니다.

■ '필자의 태도 고르기' 유형 분석

'필자의 태도 고르기' 유형은 비교적 긴 논설문이 제시됩니다. 논설문에서 필자는 어떤 주제에 대해 좋은 평가를 할 수도 있고 걱정을 할 수도 있으며, 미래를 전망할 수도 있습니다. 시험의 후반부로 갈수록 어려운 한자어와 문법이 나오기 때문에 글을 읽는 것이 어려워 시간이 오래 걸릴 수 있습니다. 이 유형에서는 필자의 우려(걱정, 염려, 고민), 제안, 예측 등이 주요한 '태도'로 제시됩니다.

■ 기출에 나온 필자의 태도 관련 표현

태도	표현
예측	• ~을/를 예측하고 있다 • ~에 대해 예상하고 있다
주장	• ~을/를 강조하고 있다 • ~을/를 제안하고 있다 • ~을/를 주장하고 있다 • ~ 문제를 제기한다 • ~에 대해 고민한다 • ~을/를 강력히 요구하고 있다 • ~을/를 강하게 옹호하고 있다
긍정	• ~을/를 인정하고 있다 • ~을/를 높이 평가하고 있다 • ~에 대해 감탄하고 있다 • ~에 대해 공감하고 있다 • ~을/를 긍정적으로 평가하고 있다 • ~의 긍정적 측면을 인정하고 있다 • ~에게 미칠 긍정적 영향을 기대하고 있다
우려	• ~을/를 우려한다 • ~을/를 걱정한다 • ~을/를 지적하고 있다 • ~에 대해 고민한다 • ~에 대해 회의적이다 • ~에 대해 비판하고 있다 • ~에 대해 경계하고 있다 • ~에 대해 염려하고 있다 • ~이/가 가져올 혼란을 걱정한다 • ~을/를 심각하게 우려하고 있다
기타	• ~을/를 가정하고 있다 • ~을/를 동정하고 있다

참고하기 이 유형의 기출 주제는 '필자의 의도/목적 고르기' 유형에서 출제된 주제와 동일합니다.

주제별 어휘노트

≫ 환경에 대한 어휘

거두다
익은 곡식이나 열매를 모아서 가져오다.
예 한국에서는 가을에 곡식을 거둔다.

고갈되다
자원이나 물질 등이 다 써서 없어지다.
예 천연 자원이 고갈되지 않도록 막아야 한다.

공해
산업이나 교통의 발달 등으로 사람과 생물의 생활 환경이 입게 되는 여러 가지 피해.
예 기차, 자동차 등이 소음 공해의 원인이다.

넘치다
어떤 것이 지나치게 많이 있다.
예 일회용품이 넘쳐 나서 문제가 되고 있다.

보존
중요한 것을 잘 보호하여 그대로 남김.
예 자연을 보존하여 후손에게 물려줍시다.

손상시키다
어떤 물건을 깨거나 상하게 하다.
예 자연을 손상시키면 인간에게 피해가 온다.

온난화
지구의 기온이 높아지는 일.
예 온난화의 영향으로 봄과 가을이 짧아졌다.

우거지다
풀이나 나무 등이 자라서 무성해지다.
예 삼림이 우거진 곳으로 휴가를 떠날 예정이다.

재활용
쓰고 버리는 물건을 다른 데에 다시 사용하거나 사용할 수 있게 함.
예 폐기물을 재활용하는 산업이 육성되어야 한다.

유형 잡는 연습문제

[01~03] 다음을 읽고 글에 나타난 필자의 태도로 가장 알맞은 것을 고르십시오.

01

　　감정적인 배출구로 눈물을 이용한다는 점에서는 사람을 따라올 동물은 없다. 사람은 감정을 표출하는 용도로 눈물을 영리하게 이용할 줄 아는 존재다. 우리는 아프거나 슬플 때는 물론이거니와 심지어 기쁘거나 화가 머리끝까지 나거나 감동했을 때도 눈물을 흘린다. 흥미로운 것은 감정 상태에 따라서 눈물의 성분이 약간씩 달라진다는 것이다. 특히 감정을 표현하는 눈물 속에는 감정을 조절하는 물질들이 평소에 분비되는 눈물보다 더 많이 포함되어 있다고 한다. 눈물을 흘리면 어떤 감정들이 해소되는 것은 단순히 심리적인 것이 아니라, 이런 생화학적 이유도 있기 때문이다.

① 눈물을 흘리는 감정 표현 방법에 대해 비판하고 있다.
② 감정을 조절하지 못하는 사람들에 대해 염려하고 있다.
③ 감동했을 때 눈물을 흘리는 행동을 하라고 권유하고 있다.
④ 눈물을 흘릴 때 어떤 감정이 풀리는 것의 이유를 설명하고 있다.

02

　　안구 건조증은 건조한 겨울철에 걸리기 쉬운 질환이다. 대표적인 증상은 눈에 무언가가 들어간 것 같은 이물감, 눈의 자극감 또는 가려움, 시야가 흐릿하게 보이는 불편함 등이다. 안구 건조증은 안구가 건조해지면서 눈꺼풀에 있는 기름샘과 눈물샘에서 기름과 눈물의 분비량이 부족해져 발생한다. 사람들은 안구 건조증의 증상이 나타나도 경미한 질환으로 치부하고 약국에서 구입한 인공 눈물을 사용해 스스로 치료하려 한다. 하지만 증상의 정도를 파악하지 않은 채 인공 눈물만으로 해결하려는 것은 바람직하지 않다. 증세가 심한 경우 인공 눈물만으로 빠른 기간에 완치되지 않기 때문에 정확한 진단과 처방을 받아야 한다.

① 안구 건조증은 걱정할 일이 아니라고 설득하고 있다.
② 현상의 원인에 대한 일반적인 의견을 비판하고 있다.
③ 인공 눈물을 주입하면 안 된다고 강하게 주장하고 있다.
④ 현상의 원인과 해결 방법을 구체적으로 설명하고 있다.

03

　　인터넷의 발달은 외국어 번역 분야에 혁신을 일으켰다. 이제 번역가들은 종이를 넘겨 가며 일일이 단어를 찾을 필요 없이 클릭 한 번으로 모든 단어의 뜻을 확인할 수 있다. 또 사용자들이 직접 용례를 작성할 수 있는 오픈 사전 덕분에 신조어나 특수어 등 특별한 단어의 뜻풀이나 실생활에서 더 자주 사용되고 있는 의미도 찾을 수 있게 되었다. 그러나 인터넷 시대에 모국어 구사력과 문해력*을 키우는 것을 소홀히 해서는 안 된다. 노트북, 스마트폰 같은 기기가 인간의 사고와 판단 기능을 상당 부분 대체하게 된 만큼, 어떤 능력을 더 중요하게 여겨야 하는지에 대한 통찰이 필요하다. 인터넷 사전이 사람이 해야 할 번역 작업의 양을 대폭 줄여 주었지만, 적절하게 번역된 문장인지를 판단하고 표현을 더 수정할지 여부를 결정하는 것은 여전히 사람의 몫이다. 세밀한 작업은 기계에 맡길 수 있다. 하지만 기계가 내놓은 결과에 대한 판단은 앞으로도 인간이 수행해야 할 일이다.

*문해력: 글을 읽고 이해하는 능력

① 번역 작업에 있어 인간의 사고력과 판단력이 중요함을 강조하고 있다.
② 사용자들이 직접 용례를 작성할 수 있는 오픈 사전에 대해 비판하고 있다.
③ 인터넷의 발달로 인해 번역가라는 직업이 사라질 수 있음을 우려하고 있다.
④ 전문 번역가들은 인터넷 사전이 아닌 종이 사전을 사용해야 한다고 주장하고 있다.

세트 문항 맛보기

목표 풀이 시간 3분 30초

유형 | 10   필자의 태도 고르기(논설문) ➕   유형 | 07   일치하는 내용 고르기

● 읽기 영역 [46~47번]에서 출제되는 세트 문항입니다.
● 두 문항 모두 대유형 '세부 내용 파악하기'에서 알아야 할 유형입니다.

[01~02] 다음을 읽고 물음에 답하십시오. [각 2점]

1인 미디어 시대가 되면서 개인 방송을 이용한 새로운 시장 형태가 등장해 주목받고 있다. 이 시장은 SNS를 통해 제품이 유통되고 판매된다는 특징이 있다. 대표적인 판매 방식은 1인 미디어 운영자가 방송 중에 특정 물건을 의도적으로 노출하여 구매를 유도하는 것이다. 이때 관심이 생긴 시청자는 그 운영자에게서 물건을 산다. SNS 계정만 있으면 누구든지 판매를 시작할 수 있으며 제품 홍보부터 구매까지 모든 과정이 SNS상에서 이루어진다. 덕분에 초기 사업 비용이 거의 들지 않는다는 장점이 있다. 이와 같은 시장 형태가 전체 소비 시장에 미치는 영향력은 아직 미미하다. 하지만 개별 사업자의 수가 무한하게 늘 수 있기 때문에 향후 경제 변화를 이끌 핵심 시장으로의 성장이 예상된다.

01 윗글에 나타난 필자의 태도로 가장 알맞은 것을 고르십시오.

① 개인 방송을 이용한 시장이 쇠퇴할 것이라고 예상하고 있다.
② 1인 미디어가 경제 변화의 핵심이 될 것이라고 전망하고 있다.
③ 1인 미디어 시장의 구조에 변화가 일어나야 함을 강조하고 있다.
④ 개별 사업자의 수가 늘어나 기존 시장을 위협할 것을 우려하고 있다.

세부 내용 파악하기에서 다루는   유형 | 10 **필자의 태도 고르기(논설문)**

유형 해설 ▶ 이 유형은 논설문에 나타난 필자의 태도를 고르는 유형입니다. 필자의 태도가 '예상하고 있다, 기대하고 있다, 강조하고 있다' 등 '~고 있다'의 형태로 선택지에 나옵니다.

정답 해설 ▶ ② 필자는 1인 미디어 시장이 경제 변화를 이끌 핵심 시장이 될 것이라고 예측하고 있습니다.

오답 해설 ▶ ① 개인 방송을 이용한 시장이 쇠퇴하지 않고 발전할 것이라고 예상하고 있습니다.
③ 1인 미디어 시장의 구조에 변화가 필요하다는 내용은 나오지 않았습니다.

④ 개별 사업자의 수가 늘어나 핵심 시장으로 성장하게 될 것이라고 예상하고 있으나, 기존 시장에 미치는 영향은 나오지 않았습니다.

기출 64회 읽기 47번

02 윗글의 내용과 같은 것을 고르십시오.

① 1인 미디어 운영자는 이 시장의 운영에 참여할 수 없다.

② 이 시장의 운영자들은 시장 경제에 부정적인 영향을 미친다.

③ 1인 미디어 시청자는 방송을 보다가 제품을 구매할 수 있다.

④ 이 시장을 처음 시작할 때는 충분한 자본 투자가 필수적이다.

세부 내용 파악하기에서 다루는 **유형 | 07 일치하는 내용 고르기**

유형 해설 이 유형은 제시된 내용과 일치하는 내용을 고르는 유형입니다. 자세한 학습은 214쪽에서 하기 바랍니다.

정답 해설 ③ '방송 중에 특정 물건을 의도적으로 노출하여 구매를 유도'할 수 있다고 했습니다. 그리고 이때 관심이 생긴 시청자는 물건을 구매한다고 했습니다.

오답 해설 ① 1인 미디어 운영자는 이 시장의 운영에 참여할 수 있습니다.

② 이 시장의 운영자들이 시장 경제에 부정적 영향을 준다는 내용은 없습니다.

④ 이 시장을 처음 시작할 때는 초기 사업 비용이 거의 들지 않는다고 했습니다.

합격 잡는 실전문제에서 더 풀어 보기 〉

Ⅲ. 읽기 | 233

합격 잡는 실전문제

[01~06] 다음 글 또는 그래프의 내용과 같은 것을 고르십시오.

기출 52회 읽기 9번

01

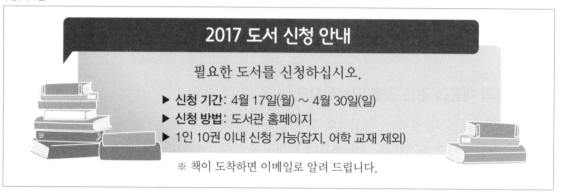

① 신청할 수 없는 책 종류가 있다.

② 책이 도착하면 전화로 연락해 준다.

③ 사월 한 달 동안 도서 신청을 받는다.

④ 필요한 책은 이메일로 신청을 해야 한다.

02

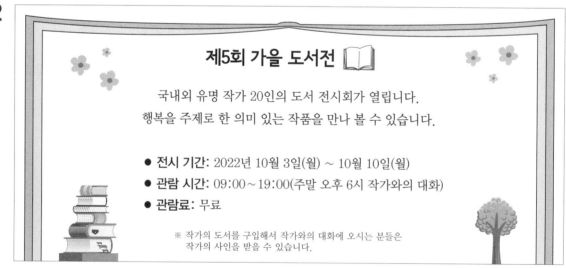

① 이 도서전은 올해 처음 열리는 행사이다.

② 이 전시회에는 우리나라의 작가들만 참여한다.

③ 책을 사 가면 언제든지 작가의 사인을 받을 수 있다.

④ 도서전 기간 중에는 작가와의 대화 시간이 두 번 준비되어 있다.

기출 60회 읽기 12번

03

　　최근 한 아파트에서는 힘들게 일하는 택배 기사, 청소원 등을 위한 무료 카페를 열어서
화제가 되고 있다. 이 카페는 언제든 부담 없이 음료를 마시면서 쉴 수 있는 곳이어서 이
용자들이 만족해하고 있다. 주민들은 처음에는 관심을 안 보였지만 지금은 카페에 음료
와 간식을 제공하는 등 많은 도움을 주고 있다.

① 이 카페에 간식을 가져다주는 주민들이 생겼다.

② 카페를 열 때 아파트 주민들이 적극적으로 도왔다.

③ 이 카페는 아파트 주민들이 돈을 벌기 위해서 열었다.

④ 택배 기사들이 카페의 운영에 참여해 화제가 되고 있다.

04

　　바나나는 그냥 날로 먹거나 샐러드나 디저트용 음식에 첨가해서, 혹은 과자, 음료 등 가
공식품으로 먹는 등 일상생활에서 쉽게 접할 수 있는 과일이다. 현재 전 세계적으로 수백
종의 바나나가 자라고 있다. 하지만 이 중 우리가 일반적으로 식용하는 바나나는 단 1종
에 불과하다. 나머지는 야생 바나나들인데, 이 야생 바나나는 열매 속에 크고 딱딱한 씨
를 가득 품고 있어 먹기가 여간 곤란한 게 아니다. 처음 재배할 당시만 해도 바나나 열매
가 아닌 뿌리를 캐 먹으려고 했던 것이, 씨 없는 돌연변이가 나타나면서 오늘날의 바나나
가 된 것이다.

① 바나나는 처음에는 뿌리만 있었다.

② 바나나는 원래 씨가 있는 과일이었다.

③ 야생 바나나는 더 달콤하고 맛이 좋다.

④ 먹을 수 있는 바나나의 종이 다양하다.

05

> 최근 한 나라에서 4,400년 전에 만들어진 무덤이 발견됐다. 이 무덤의 주인은 당시 왕으로 밝혀졌으며 무덤 벽에는 고대 문자와 다양한 색의 그림이 가득했다. 이 무덤은 오랜 시간이 지났지만 색이 거의 그대로 보존되어 있어 역사적 가치가 높다고 전문가들은 전했다. 무덤의 일부는 일반인에게도 곧 공개될 예정이다.

① 무덤의 주인이 누구인지 찾고 있다.
② 무덤 안을 구경하는 사람들이 많아졌다.
③ 무덤 안의 그림은 색의 상태가 좋은 편이다.
④ 무덤 바닥에서 다양한 문자와 그림이 발견됐다.

06

> 눈 밑 떨림 증상은 자신의 의지와 관계없이 눈 밑의 근육이 떨리는 현상이다. 눈 밑 떨림의 원인은 여러 가지이지만 주로 신경이 근육을 자극하는 부위가 민감해져 발생하는 경우가 많다. 일반적으로 눈과 주변 근육의 탈수 현상, 피로, 스트레스 및 영양소 불균형 때문에 나타난다는 게 전문가들의 설명이다. 마그네슘이 부족해지면 눈꺼풀에 경련이 일어난다. 따라서 마그네슘을 많이 섭취할 필요가 있다. 눈꺼풀 떨림의 원인인 마그네슘은 견과류, 연어, 우유 등에 많이 함유되어 있는 것으로 알려져 있다.

① 눈꺼풀이 경련을 하면 마그네슘이 부족해진다.
② 눈 밑 떨림 증상은 다양한 원인으로 인해 발생한다.
③ 마그네슘을 많이 섭취하면 눈꺼풀에 경련이 일어난다.
④ 신경이 근육을 자극하는 것에 둔해지면 눈 밑 떨림이 온다.

[07~11] 다음을 순서대로 맞게 배열한 것을 고르십시오.

기출 60회 읽기 14번

07

> (가) 요금을 내려고 보니 가방 어디에서도 지갑을 찾을 수 없었다.
> (나) 감사의 인사를 전하는 나에게 아주머니는 환하게 웃어 주셨다.
> (다) 회사에 지각할 것 같아서 막 출발하려는 버스를 뛰어가서 탔다.
> (라) 그냥 내리려는데 뒤에 서 있던 아주머니가 대신 요금을 내 주셨다.

① (가)-(다)-(나)-(라) ② (가)-(라)-(다)-(나)
③ (다)-(가)-(라)-(나) ④ (다)-(나)-(라)-(가)

08

> (가) 이를 강하게 물면 치아에 금이 가거나 타격을 줄 수 있다는 것이다.
> (나) 어떤 일에 집중을 하거나 스트레스를 받으면 이를 악물게 되는 경우가 있다.
> (다) 게다가 이를 반복적으로 강하게 무는 것은 만성 두통의 원인이 될 수 있다고 한다.
> (라) 하지만 이러한 행동은 치아 건강에 좋지 않다는 연구 결과가 발표되었다.

① (가)-(나)-(다)-(라) ② (가)-(라)-(다)-(나)
③ (나)-(가)-(라)-(다) ④ (나)-(라)-(가)-(다)

기출 64회 읽기 15번

09

> (가) 선택에 대한 부담으로 구매를 망설이다가 포기하기도 한다.
> (나) 선택에 대한 고객의 부담을 줄여 구매를 유도하려는 것이다.
> (다) 그래서 마트에서는 품목별로 몇 가지의 제품만 매장에 진열한다.
> (라) 소비자는 선택의 폭이 넓을수록 물건을 고를 때 어려움을 겪는다.

① (나)-(가)-(라)-(다) ② (나)-(라)-(가)-(다)
③ (라)-(가)-(다)-(나) ④ (라)-(다)-(가)-(나)

10

> (가) 밤과 낮의 온도 차이가 커지는 계절이 되면 건강에 신경을 써야 한다.
> (나) 우선 가벼운 옷 위에 입을 수 있는 다른 옷을 가지고 다니는 것이 좋다.
> (다) 온도의 차이가 커지면 피부가 건조해져서 수분이 더 필요하기 때문이다.
> (라) 물을 자주 마시고 몸을 따뜻하게 해 주는 차를 마시는 것도 도움이 된다.

① (가)-(라)-(나)-(다)　　　　② (가)-(나)-(라)-(다)
③ (나)-(다)-(가)-(라)　　　　④ (나)-(가)-(다)-(라)

기출 52회 14번
11

> (가) 시대가 변하면서 회식 문화가 바뀌고 있는 것이다.
> (나) 직장에서는 좋은 업무 분위기를 위해서 회식을 한다.
> (다) 예전에는 직장에서 회식을 할 때면 주로 술을 마셨다.
> (라) 그러나 요즘에는 회식 대신에 공연을 관람하거나 맛집을 탐방하는 경우가 늘고 있다.

① (나)-(다)-(가)-(라)　　　　② (나)-(다)-(라)-(가)
③ (다)-(가)-(나)-(라)　　　　④ (다)-(나)-(라)-(가)

[12~14] 주어진 문장이 들어갈 곳으로 가장 알맞은 것을 고르십시오.

기출 64회 읽기 39번
12

> 왕관은 과거 지배 계층이 착용했던 대표적인 장신구이다. (㉠) 장식도 화려하게 더해져 그것을 쓴 왕의 지위를 더욱 돋보이게 했다. (㉡) 오늘날 왕관이 가졌던 힘과 지위의 의미는 약화되었으나 고귀한 이미지는 남아 여러 디자인에서 발견된다. (㉢) 아름다움이 강조되어야 할 신부의 머리 장식이나 여러 액세서리에 왕관이 활용되고 있는 것이다. (㉣)

> 그래서 백성들이 구하기 힘든 매우 귀하고 값비싼 재료로 만들어졌다.

① ㉠　　　　② ㉡　　　　③ ㉢　　　　④ ㉣

13

> 한 연구팀이 냄새가 나지 않는 무취 상태의 조건을 알아냈다. (㉠) 사람의 코는 다양한 냄새 중에 농도가 짙은 것 위주로 냄새를 맡는다. (㉡) 그런데 서로 다른 냄새 입자를 동일한 양으로 섞으면 사람의 코는 냄새가 거의 나지 않는 것처럼 느낀다는 것이다. (㉢) 여기에서 착안해 악취를 없애는 기술을 연구하고 있다. (㉣) 이 기술이 개발되면 심한 악취 환경에서 작업하는 사람들의 어려움을 줄여 줄 수 있을 것이다.

> 악취에 동일한 양의 다른 냄새들을 더해 악취를 느끼지 못하게 하는 것이 목표이다.

① ㉠   ② ㉡   ③ ㉢   ④ ㉣

14

> 본격적인 장마철이 다가오면서 습기를 어떻게 제거할지에 대한 관심이 높아지고 있다. 대표적인 습기 제거 방법은 습기 제거제를 사용하는 것이다. (㉠) 습기 제거제 속에 들어 있는 염화 칼슘은 수분을 잘 흡수하는 성질을 갖고 있다. (㉡) 그러나 습기 제거제가 없어도 수분을 쉽게 제거할 수 있다. (㉢) 우리 주변에서 흔히 찾을 수 있는 습기 제거제는 바로 신문지다. 신문지를 옷 사이에 넣어 두면 습기를 빨아들여 곰팡이가 생기는 것을 방지할 수 있다. (㉣)

> 또한 커피 찌꺼기 역시 습기 제거에 효과 만점이다.

① ㉠   ② ㉡   ③ ㉢   ④ ㉣

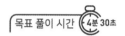

보수와 진보의 개념은 정치뿐만 아니라 경제 분야에서도 사용된다. 경제적 관점에서 보수와 진보는 시장 경제를 조절하는 두 축인 시장과 국가의 역할에 대한 견해에 따라 구분된다. 자유를 중시하는 보수주의자들은 자유가 최대한 보장될 때 경제 성장이 가능하다고 본다. 그래서 경제를 시장의 자율에 맡기고 정부는 최소한의 역할만을 담당해야 한다고 주장한다. 반면 평등을 우선시하는 진보주의자들은 시장을 자율에 맡기기보다 국가가 개입해야 한다고 생각한다. 그래야 시장 경제 체제의 문제점인 불평등을 해소할 수 있다고 주장한다. 보수와 진보 중 어느 하나의 입장만이 옳다고 단정하기는 어렵다. 경제 발전을 위해서는 보수가 추구하는 바가 필요하며 경제 발전에 따른 문제점을 해결하기 위해서는 진보의 정책들이 요구된다. 보수와 진보가 서로 보완하여 상호 균형을 이룰 때 경제는 더 발전적인 방향으로 나아갈 수 있을 것이다.

15 윗글에 나타난 필자의 태도로 가장 알맞은 것을 고르십시오.

① 보수주의자의 자유 보장 관점을 긍정적으로 평가하고 있다.

② 시장 경제 체제의 불평등은 해소할 수 없다고 주장하고 있다.

③ 경제 성장을 위한 국가의 노력이 부족한 문제를 지적하고 있다.

④ 경제 발전을 위해 보수와 진보가 적절히 어우러질 것을 제안하고 있다.

기출 52회 읽기 47번

16 윗글의 내용과 같은 것을 고르십시오.

① 경제 성장을 위해서는 국가가 시장을 주도해야 한다.

② 시장 경제를 제어할 수 있는 주체는 시장이 유일하다.

③ 진보주의자가 보수주의자에 비해 자유에 더 가치를 둔다.

④ 경제 성장으로 인한 문제 해결에는 진보적 관점이 필요하다.

[17~18] 다음을 읽고 물음에 답하십시오.

> 슈마허가 언급한 적정 기술은 첨단 기술로부터 소외된 다수를 위한 기술이다. 주로 가난한 나라나 저소득층 사람들의 삶의 질을 향상시키기 위한 것으로, 해당 지역의 환경과 문화 및 경제적인 상황을 고려하여 필요한 물건을 만든다. 전기가 부족한 곳에는 페트병에 표백제를 섞은 물을 담아 집안을 밝게 해 주는 전구, 줄을 이용해 굴리면서 끌고 갈 수 있는 물통, 태양열을 이용한 난방 기구 등이 이 기술로 만들어진 물건들이다. 그렇기 때문에 적정 기술은 첨단 기술은 아니지만 활용도가 높고, 환경을 지키면서도 인간의 삶에 이롭다. 이 기술은 지역 주민의 빈곤 해소와 생활 개선에 큰 도움이 되고 있다.

17 윗글에 나타난 필자의 태도로 가장 알맞은 것을 고르십시오.

① 적정 기술의 도입에 반대하고 있다.

② 전기가 부족한 사회에 대한 불만을 말하고 있다.

③ 환경을 지키는 기술이 없는 현실을 비판하고 있다.

④ 적정 기술의 활용에 긍정적인 태도를 보이고 있다.

18 윗글의 내용과 같은 것을 고르십시오.

① 적정 기술의 지속적인 유지를 위해서는 선진국의 도움이 필요하다.

② 빈곤한 나라와 저소득층에 수입을 만들어 주는 것이 적정 기술이다.

③ 해당 지역의 사람들에게 적정 기술을 교육하여 보급하도록 노력하고 있다.

④ 적정 기술은 첨단 기술의 혜택을 받을 수 없는 가난한 나라에 도움이 되는 기술이다.

어떠한 일도 갑자기 이루어지지 않는다.
한 알의 과일, 한 송이의 꽃도 그렇게 되지 않는다.

나무의 열매조차 금방 맺히지 않는데,
하물며 인생의 열매를 노력도 하지 않고
조급하게 기다리는 것은 잘못이다.

– 에픽테토스(Epictetus)

마무리 모의고사

마무리 모의고사를 풀기 전에

❶ 듣기는 본격적인 듣기 내용이 시작되기 전에, 먼저 보기를 빠르게 확인한 후 어떤 내용이 나올지 미리 짐작해 보세요.

❷ 읽기 세트 문항은 목표 풀이 시간을 설정해 두고 시간 내에 풀 수 있도록 연습하세요.

❸ 모든 문제를 풀고 나서, 자신이 취약한 유형이 무엇인지 파악하고, 취약한 유형은 앞에서 배운 이론을 복습하는 것이 좋습니다.

❹ 듣기와 읽기 영역을 풀 때에는 에듀윌의 자동채점 서비스를 이용해 보세요.

❺ 자, 이제 심호흡을 하고 듣기 음원을 재생하세요.

TOPIK II 듣기 [01~50번]

[01~03] 다음을 듣고 가장 알맞은 그림 또는 그래프를 고르십시오. [각 2점]

01

02

03 ①
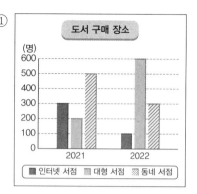

②
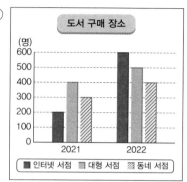

③

④
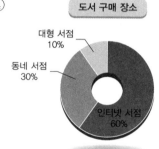

[04~08] 다음을 듣고 이어질 수 있는 말로 가장 알맞은 것을 고르십시오. [각 2점]

04 ① 어서 일을 끝내고 가도록 하세요.
　　② 그렇게 스트레스가 많은지 몰랐어요.
　　③ 좋은 여행지를 빨리 찾아 봐야겠어요.
　　④ 일을 빨리 끝내고 좋은 곳에 놀러 가세요.

05 ① 좋은 성적을 받았다니 정말 다행이네요.
　　② 늦잠을 자서 시험을 보러 가지 못했어요.
　　③ 다음에는 좋은 성적을 받을 수 있을 거예요.
　　④ 문제가 그렇게 어려울지 예상하지 못했어요.

06 ① 좋은 집을 빨리 찾아야 할 텐데요.
　　② 내일 제가 부동산에 같이 가 줄게요.
　　③ 집이 학교에서 가까워서 다니기 편해요.
　　④ 오늘 부동산에서 집주인을 만나기로 했어요.

07 ① 시간이 얼마나 걸릴지 모르겠어요.

② 그럼 주말에 같이 선물을 사러 가요.

③ 다른 걸로 바꿔 주면 좋을 것 같아요.

④ 그렇게 비싼 선물을 샀다니 놀랍네요.

08 ① 지하철에서 잃어버린 것 같아.

② 아직 아무 연락도 오지 않았어.

③ 빨리 찾아야 할 텐데 걱정이다.

④ 그래도 새로 산 것이라서 잘 돼.

[09~12] 다음을 듣고 남자가 이어서 할 행동으로 가장 알맞은 것을 고르십시오. [각 2점]

09 ① 다른 사무실에 가서 자료를 복사해 온다.

② 복사기 회사에 전화해서 수리를 요청한다.

③ 복사기에 종이가 걸려 있지 않은지 확인한다.

④ 다른 사무실에 가서 복사기 수리를 요청한다.

10 ① 회사에 늦을 것 같다고 전화를 한다.

② 택시를 타러 지하철역 밖으로 나간다.

③ 여자와 함께 택시를 타고 회사에 간다.

④ 지하철이 왜 늦는 것인지 확인해 본다.

11 ① 민정 씨에게 전화를 걸어 본다.

② 상담을 받기 위해 교수님께 간다.

③ 민정 씨를 만나러 강의실에 간다.

④ 강의실에서 발표 수업 준비를 한다.

12 ① 밖에 나가 다른 곳에서 일을 한다.

② 약국에 가서 녹색 약을 사 먹는다.

③ 여자와 함께 등산을 하러 밖으로 간다.

④ 점심시간에 공원에 가서 휴식을 취한다.

[13~16] 다음을 듣고 들은 내용과 같은 것을 고르십시오. [각 2점]

13 ① 천 원은 축제의 입장료로 내는 것이다.

② 몽골과 태국의 전통 춤을 배울 수 있다.

③ 11개 나라의 전통 음식을 먹어 볼 수 있다.

④ 접시는 다른 부스에 갈 때마다 받을 수 있다.

14 ① 국내에서 해외 대학의 입학시험을 볼 수 있다.

② 해외 대학에 다녀온 사람들의 정기 모임이 있다.

③ 설명회는 오후 두 시부터 세 시간 동안 진행된다.

④ 설명회는 유학을 가려고 하는 사람들을 위한 행사이다.

15 ① 음식물 쓰레기를 가루로 만들면 냄새가 강해진다.

② 음식물 처리기의 무게는 1킬로그램이어서 매우 가볍다.

③ 음식물 처리기는 음식물 쓰레기를 눌러서 버리는 것이다.

④ 음식물 처리기는 음식물 쓰레기의 냄새를 사라지게 한다.

16 ① 맨발 걷기는 심장 질환자에게 위험하다.

② 흙길보다 시멘트 길이 맨발 걷기에 좋다.

③ 크림이나 오일을 바르고 맨발로 걸어야 한다.

④ 맨발로 걸으면 스트레스 해소에 도움이 된다.

[17~20] 다음을 듣고 남자의 중심 생각으로 가장 알맞은 것을 고르십시오. [각 2점]

17 ① 전자책은 가독성이 떨어진다.

② 전자책이 종이책보다 더 편리하다.

③ 전자책은 종이책보다 가격이 싸서 좋다.

④ 전자책은 책을 읽는 느낌을 받기가 어렵다.

18 ① 연예인들이 사회 문제에 관심이 많은 것은 불필요한 일이다.

② 연예인이 사회 문제에 의견을 내놓는 것은 의미 있는 일이다.

③ 연예인들은 다른 나라에 가서 사회 문제에 대해 말해야 한다.

④ 연예인도 사회 구성원이므로 사회 문제를 일으켜서는 안 된다.

19 ① 인터넷에는 비슷한 정보가 많아 헷갈리기 쉽다.

② 인터넷에서 찾은 자료는 정확하지 않은 내용이 많다.

③ 과제를 할 때 인터넷에서 다양한 자료를 찾아야 한다.

④ 과제를 할 때는 정확하게 확인된 자료를 활용해야 한다.

20 ① 공부에 지친 청소년들의 몸은 연극을 통해 풀어야 한다.

② 수업 시간에 연극을 체험하면서 예술을 경험하도록 해야 한다.

③ 연극으로 청소년들이 스트레스를 풀고 마음을 편하게 할 수 있다.

④ 학생들이 지나치게 공부에만 집중하는 현실을 바꾸어 나가야 한다.

[21~22] 다음을 듣고 물음에 답하십시오. [각 2점]

21 남자의 중심 생각으로 가장 알맞은 것을 고르십시오.

① 자신이 소비하는 내역을 기록해 두어야 한다.

② 비싼 옷을 자주 사는 것은 돈을 낭비하는 것이다.

③ 무엇을 살 것인지 미리 계획을 세워 놓는 것이 좋다.

④ 월급이 얼마나 남았는지 통장을 자주 확인해야 한다.

22 들은 내용과 같은 것을 고르십시오.

① 여자는 비싼 음식을 자주 먹는 편이다.

② 여자는 싼 물건을 여러 개 사는 습관이 있다.

③ 여자는 월급을 적게 받기 때문에 남은 돈이 없다.

④ 여자는 자신이 돈을 얼마나 쓰는지 잘 모르고 있다.

23 남자가 무엇을 하고 있는지 고르십시오.

① 매장에서 메뉴의 특성을 알아보고 있다.

② 기획서의 작성 방법을 몰라서 문의하고 있다.

③ 새로운 커피 메뉴의 기획서 검토를 요청하고 있다.

④ 새로운 커피 메뉴의 가격을 결정하려고 고민하고 있다.

24 들은 내용과 같은 것을 고르십시오.

① 남자는 더 비싼 재료를 쓰려고 한다.

② 여자는 기획서를 긍정적으로 평가했다.

③ 남자는 새로운 커피 메뉴를 개발하려고 한다.

④ 김 대리가 남자에게 모르는 것을 물어보았다.

[25~26] 다음을 듣고 물음에 답하십시오. [각 2점]

25 남자의 중심 생각으로 가장 알맞은 것을 고르십시오.

① 직무 능력을 미리 준비하면 회사 생활에 도움이 된다.

② 학교는 과제 작성 방법을 구체적으로 가르쳐 줘야 한다.

③ 회사 생활을 할 때 기획서나 보고서 작성이 매우 중요하다.

④ 발표를 하기 전에 연습을 많이 해 두어야 실수하지 않는다.

26 들은 내용과 같은 것을 고르십시오.

① 과제는 작성 후에 수정할 수 없다.

② 학생들은 스스로 발표 주제를 정한다.

③ 발표의 평가는 교사가 담당하게 된다.

④ 직무 능력 교육은 졸업 후에 실시한다.

[27~28] 다음을 듣고 물음에 답하십시오. [각 2점]

27 여자가 말하는 의도로 알맞은 것을 고르십시오.

① 축제의 참여를 권유하기 위해

② 축제의 문제점을 비판하기 위해

③ 축제가 시끄러운 것을 항의하기 위해

④ 축제의 즐거움과 장점을 강조하기 위해

28 들은 내용과 같은 것을 고르십시오.

① 축제 기간에는 학교에 사람이 많지 않다.

② 이 축제는 기억에 남을 만한 축제가 되었다.

③ 학교 축제에는 술을 마신 사람들이 많이 있다.

④ 노래 부르기 대회는 이번에 처음 하는 것이다.

[29~30] 다음을 듣고 물음에 답하십시오. [각 2점]

29 남자가 누구인지 고르십시오.

① 주택 관리사　　　　　　　② 교육 전문가

③ 사회 복지사　　　　　　　④ 심리 상담가

30 들은 내용과 같은 것을 고르십시오.

① 이 일은 돈을 많이 벌 수 없는 일이다.

② 이 일을 하면 복지 혜택을 받을 수 없다.

③ 이 일을 하다 보면 사람들에게 욕을 하기도 한다.

④ 이 일은 경제적으로 부유한 사람들이 하는 일이다.

[31~32] 다음을 듣고 물음에 답하십시오. [각 2점]

31 여자의 중심 생각으로 가장 알맞은 것을 고르십시오.

① 아이들은 어릴 때 책을 많이 읽어야 한다.

② 아이들의 교육 방법은 부모가 결정하는 것이 좋다.

③ 아이들이 다양한 사물을 만지는 것은 위험한 일이다.

④ 다양한 경험을 하는 것이 아동의 뇌 발달에 도움이 된다.

32 여자의 태도로 가장 알맞은 것을 고르십시오.

① 구체적인 사례를 들어 자신의 의견을 뒷받침하고 있다.

② 현재의 문제점을 강하게 지적하고 의견을 제시하고 있다.

③ 유명한 사람의 이야기를 인용하여 주제를 설명하고 있다.

④ 설문 조사 결과를 바탕으로 상대방의 주장을 지지하고 있다.

[33~34] 다음을 듣고 물음에 답하십시오. [각 2점]

33 무엇에 대한 내용인지 알맞은 것을 고르십시오.

① 동물과 인간의 식량

② 음식과 사회적 지위

③ 생명 유지 활동 방법

④ 음식의 다양한 의의

34 들은 내용과 같은 것을 고르십시오.

① 사회적 지위에 따라 음식 조리법이 다르다.

② 동물은 식량 자원을 자급자족할 수가 있다.

③ 대다수의 동물도 조리를 해서 음식을 먹는다.

④ 생존을 위해서는 영양분을 꼭 섭취해야 한다.

[35~36] 다음을 듣고 물음에 답하십시오. [각 2점]

35 남자가 무엇을 하고 있는지 고르십시오.

① 대학 구성원의 업적을 소개하고 있다.

② 취업률 향상을 위해 노력할 것을 강조하고 있다.

③ 기존에 있다가 사라진 전공이 무엇인지 안내하고 있다.

④ 전문 직업인을 양성하는 대학의 특징을 소개하고 있다.

36 들은 내용과 같은 것을 고르십시오.

① 이 학교의 학생들은 인문 지식의 함양을 목표로 하고 있다.

② 이 학교는 기존에 있던 전공 이외에 새로운 전공을 개설했다.

③ 이 학교는 직업 교육을 할 때 졸업생이 신입생을 가르치도록 했다.

④ 이 학교는 학생들이 다양한 기업에 취업할 수 있는 기회를 제공한다.

[37~38] 다음을 듣고 물음에 답하십시오. [각 2점]

37 여자의 중심 생각으로 가장 알맞은 것을 고르십시오.

① 소비자는 브랜드에 대해 아는 것, 기억하는 것이 많다.

② 브랜드가 제시하는 속성으로 브랜드의 미래를 예측할 수 있다.

③ 브랜드의 속성, 소비자의 이해가 브랜드 관리에서 고려할 점이다.

④ 브랜드 파워는 브랜드가 얼마나 오랫동안 유지되느냐에 달려 있는 것이다.

38 들은 내용과 같은 것을 고르십시오.

① 브랜드 관리의 핵심은 브랜드 개발자에게 있다.

② 브랜드 관리는 브랜드의 앞날을 예상하는 것이다.

③ 브랜드 속성은 어느 하나의 것으로 집중되어야 한다.

④ 브랜드 파워는 기업가의 인식에서 발견할 수 있는 것이다.

[39~40] 다음을 듣고 물음에 답하십시오. [각 2점]

39 이 대화 전의 내용으로 가장 알맞은 것을 고르십시오.

① '섬 학교'를 만들기 위해 섬에 들어왔다.

② 도시의 경쟁을 떠나 외딴섬으로 들어왔다.

③ 도시에서 경쟁을 하기 위해 섬에서 떠났다.

④ 섬에서 살아 보려고 했지만 결국 그 일을 포기했다.

40 들은 내용과 같은 것을 고르십시오.

① 남자는 회사를 운영하고 있다.

② 남자는 사람들 때문에 도시로 갔다.

③ 남자는 외부의 지식을 섬에 전할 것이다.

④ 남자는 무형 문화재 보유자로 지정이 되었다.

[41~42] 다음을 듣고 물음에 답하십시오. [각 2점]

41 이 강연의 중심 내용으로 가장 알맞은 것을 고르십시오.

① 냄새를 좋게 만들기 위해서 향수 등을 사용해야 한다.

② 냄새는 정보를 제공하고 분위기를 형성하는 역할을 한다.

③ 냄새가 좋으면 대화를 할 때 대화의 분위기가 더 좋아진다.

④ 냄새가 사람마다 다른 이유는 감정의 변화가 있기 때문이다.

42 들은 내용과 같은 것을 고르십시오.

① 자연적인 냄새는 나쁜 냄새여서 사람들이 싫어한다.

② 냄새는 자연적인 것과 인공적인 것으로 구분할 수 있다.

③ 향수나 화장품에서 나는 냄새는 분위기에 영향을 미치지 않는다.

④ 자연적인 냄새는 사람마다 다르지 않아 개인의 정보를 얻을 수 없다.

[43~44] 다음을 듣고 물음에 답하십시오. [각 2점]

43 무엇에 대한 내용인지 알맞은 것을 고르십시오.

① 지구 온난화로 빙하 얼음이 녹아 육지가 물에 잠기고 있다.

② 지구 온난화는 자연적인 현상으로 생각만큼 걱정할 일이 아니다.

③ 지구 온난화로 전 세계 빙하 얼음의 대부분이 녹아서 사라지고 있다.

④ 지구 온난화의 영향이 있지만 빙하 얼음은 잘 유지되고 있는 상태이다.

44 빙하가 녹는 현상을 심각하게 우려할 일이 아니라고 하는 이유로 맞는 것을 고르십시오.

① 환경 보호 운동으로 지구 온난화가 약화되고 있기 때문에

② 그만큼의 바닷물이 증발하여 눈이 되어 다시 얼음이 되기 때문에

③ 빙하 얼음이 많이 있는 지역의 지구 온난화가 심하지 않기 때문에

④ 바닷물이 모두 녹아도 육지가 잠길 만큼 바닷물이 상승하지 않기 때문에

[45~46] 다음을 듣고 물음에 답하십시오. [각 2점]

45 들은 내용과 같은 것을 고르십시오.

① 많은 사람들이 약의 내용물을 버린다.

② 약의 종류에 따라 유통 기한이 상이하다.

③ 약의 포장 박스에만 유통 기한이 적혀 있다.

④ 약의 낱알 포장에 유통 기한이 크게 쓰여 있다.

46 여자의 태도로 알맞은 것을 고르십시오.

① 유통 기한이 지난 의약품의 판매 현황을 설명하고 있다.

② 약의 유통 기한 표기 방법을 개선해야 함을 주장하고 있다.

③ 약의 포장 박스에만 유통 기한을 적어야 함을 주장하고 있다.

④ 약의 판매 방법에 관한 정부의 조치가 적절함을 강조하고 있다.

47 들은 내용과 같은 것을 고르십시오.

① 난청이 심한 환자는 수술로 청력을 회복할 수가 없다.

② 기업이 수술비를 지원하여 수술을 하는 일은 이제 끝났다.

③ 남자는 난청 환자에게 200만 원을 들여 보청기를 선물했다.

④ 120명의 환자들이 기업의 도움으로 무료로 난청 수술을 받았다.

48 남자의 태도로 알맞은 것을 고르십시오.

① 기업의 지원을 받은 것을 당연하게 생각하고 있다.

② 난청 환자들에게 도움을 주기 위해 온 힘을 쏟고 있다.

③ 가난한 난청 환자들의 경제적 상황이 나아지기를 바란다.

④ 난청 환자들을 위해 자신이 한 일에 부끄러움을 느끼고 있다.

[49~50] 다음을 듣고 물음에 답하십시오. [각 2점]

49 들은 내용과 같은 것을 고르십시오.

① 한옥은 온도의 변화에 잘 대응하도록 만들어졌다.

② 한옥은 추위에는 강하지만 더위에는 약한 집이다.

③ 한옥은 나무와 불의 거리가 멀도록 배치해 두었다.

④ 한옥처럼 나무와 불을 같이 놓는 건축이 많이 있다.

50 남자의 태도로 알맞은 것을 고르십시오.

① 한옥의 생활 양식의 문제점을 분석하고 있다.

② 한옥의 특성을 구체적인 근거를 들어 설명하고 있다.

③ 한옥의 건축 방식이 건강에 좋다는 것을 강조하고 있다.

④ 한옥의 나무와 불의 공간 배치에 의문을 제기하고 있다.

[51~52] 다음 글의 ㉠과 ㉡에 알맞은 말을 각각 쓰시오. [각 10점]

51

가구 공짜 나눔

제가 이번에 이사를 가는데, 이사를 가는 집이 좁습니다. 그래서 (　　㉠　　).
침대, 옷장, 책상 2개 등이 있습니다.
다음 주 주말에 이사를 가기 때문에 (　　㉡　　).
꼭 필요한 분들만 연락 주세요.

㉠ _____

㉡ _____

52

　　사람의 뇌는 감정의 영향을 많이 받는다. 특히 누군가를 (　　㉠　　). 그래서 좋아하는 사람에게서는 단점을 찾아내기가 어렵고, 그의 모든 점이 다 좋아 보이는 것이다. 그런데 이런 감정이 줄어들면 (　　㉡　　). 그래서 그 모습이 싫어서 헤어지는 일도 생긴다.

㉠ _____

㉡ _____

53 다음은 '국내 인구 이동의 변화'에 대한 자료이다. 이 내용을 200~300자의 글로 쓰시오. 단, 글의 제목은 쓰지 마시오. [30점]

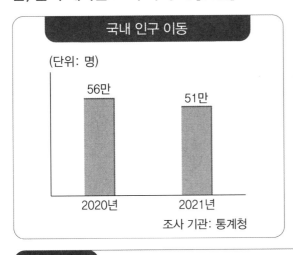

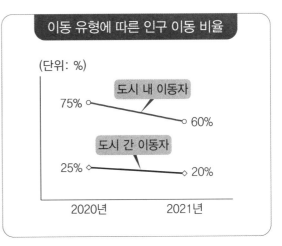

감소 원인	• 2020년 – 주택 거래량 증가 • 2021년 – 주택 거래량 감소

54 다음을 참고하여 600~700자로 글을 쓰시오. 단, 문제를 그대로 옮겨 쓰지 마시오. [50점]

> 요즘 1인 가구가 증가하고 있다. 이러한 부분을 고려하여, '1인 가구 정책'에 대해 아래의 내용을 중심으로 자신의 생각을 쓰라.
>
> • 1인 가구가 증가하고 있는 원인은 무엇인가?
> • 1인 가구로 생활할 때 어떤 점이 어려운가?
> • 1인 가구 생활의 어려움을 해결하기 위해 어떤 정책이 필요한가?

＊원고지 쓰기 예

	우	리	는		스	마	트	폰		없	이	는		단		한		시	간	도		버	티	지
못	할		수	도		있	다	.																

제1교시 듣기, 쓰기 시험이 끝났습니다. 제2교시는 읽기 시험입니다.

마무리 모의고사 제1회 **2교시**

| 정답과 해설 82쪽 |

자동채점 서비스

TOPIK II 읽기 [01~50번]

[01~02] ( )에 들어갈 말로 가장 알맞은 것을 고르십시오. [각 2점]

01

> 은영 씨는 집에 ( ) 청소와 빨래를 했다.

① 도착해도   ② 도착한다면

③ 도착하더라도   ④ 도착하자마자

02

> 오늘 오전에는 혼자 영어 수업을 ( ) 친구를 만나러 갔다.

① 듣든지   ② 듣거나

③ 듣고 나서   ④ 듣다 보면

[03~04] 밑줄 친 부분과 의미가 가장 비슷한 것을 고르십시오. [각 2점]

03

> 이 시간에 동대문에 가 봐야 문을 연 곳은 한 곳도 없을 것이다.

① 간다고 해도   ② 간다고 치고

③ 가기는 하지만   ④ 갈지도 몰라서

04

> 인선 씨는 같은 과 친구인 데다가 회사 동료이기도 하다.

① 친구일 테니까   ② 친구인 셈치고

③ 친구인 체해서   ④ 친구일 뿐만 아니라

[05~08] 다음은 무엇에 대한 글인지 고르십시오. [각 2점]

05

모르는 곳이 있어도 걱정하지 마세요.
어느 곳이든 찾아 갈 수 있게 도와줍니다.

① 사전　　　　② 가방　　　　③ 시계　　　　④ 지도

06

좋은 재료로 건강하게!
어머니의 마음으로 만듭니다.

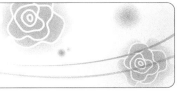

① 미술관　　　　② 식당　　　　③ 여행사　　　　④ 치과

07

조심!
달리거나 걷지 말고 한 줄로 서서 타세요.
넘어지면 많은 사람들이 다칠 수 있습니다.

① 경제 활동　　　　② 건강 관리　　　　③ 봉사 활동　　　　④ 안전 관리

08

- 햇빛이 많이 들어오지 않는 곳에 두어야 합니다.
- 아이가 쉽게 만질 수 있는 곳에 놓으면 안 됩니다.

① 재료 안내　　　　② 구입 방법　　　　③ 주의 사항　　　　④ 제품 소개

09

제1회 반려동물 문화 축제

- **기간**: 2022년 5월 28일(토) ~ 5월 29일(일) 2일간
- **장소**: 세종특별자치시 호수 공원
- **행사 내용**: 토크 콘서트, 반려동물 음식 요리 대회, 반려동물 훈련 시범 등

※ 이 외에도 함께 즐기고 체험할 수 있는 많은 행사가 준비되어 있습니다.
※ 반려동물과 함께 오시는 분들께는 기념 선물을 드립니다.

① 이 행사는 올해 처음 열리는 것이 아니다.

② 평일 오후에도 축제에서 열리는 행사에 참여할 수 있다.

③ 자신이 키우는 동물을 데리고 오면 선물을 받을 수 있다.

④ 축제에서 반려동물에게 줄 음식을 만드는 법을 알려 준다.

10

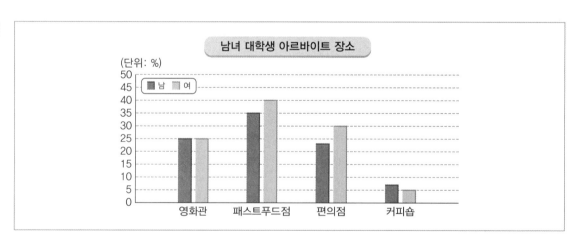

① 여자는 커피숍보다 편의점에서 일하는 경우가 더 많다.

② 남녀 모두 편의점에서 아르바이트를 하는 경우가 가장 많다.

③ 남녀 중 영화관보다 편의점에서 일하는 경우가 더 많은 성별은 남자이다.

④ 남자 대학생 중 영화관과 편의점에서 아르바이트를 하는 사람은 절반 이상이다.

11

국내 최대 규모의 국화 축제가 인주시에서 열린다. 기간은 9월 16일부터 10월 15일까지이며, 입장료는 무료이다. 축제는 녹색바이오단지에서 오전 9시부터 오후 6시까지 진행되며, 문의 사항은 그림파크문화재단(045-560-9971)에 물어볼 수 있다. 행사장 내 주차장이 매우 좁아 가급적 대중교통을 이용하는 것이 좋으며, 대중교통을 이용하는 사람들을 위해 지하철역 앞에서 국화 축제 장소까지 무료 셔틀버스를 운영한다.

① 축제는 보름 동안 이어진다.
② 축제 장소의 주차장은 사용할 수 없다.
③ 지하철역에서 축제 장소까지 공짜로 갈 수 있다.
④ 심야 시간대에도 축제를 관람하는 것이 가능하다.

12

엄마와 아기는 서로 눈을 맞추며 사랑을 키워 간다. 눈을 맞추는 과정에서 '사랑의 묘약'으로 불리는 옥시토신 호르몬이 분비되기 때문이다. 엄마의 애정 어린 돌봄은 아기의 옥시토신 호르몬 분비를 더욱 자극해 아기가 엄마를 더 많이 사랑하게 하고, 아기가 엄마를 바라볼 때 눈을 맞추면 엄마의 옥시토신도 더 많아진다. 이렇게 애정을 주고받는 방법은 다른 종 사이에서는 나타나지 않지만, 사람과 개 사이에는 예외적으로 이 시스템이 작동한다. 사람이 개와 눈을 맞추거나 말을 걸고 만지는 경우에 옥시토신의 농도가 높아지는 것이다.

① 눈을 맞출 때 옥시토신이 나오는 종은 인간뿐이다.
② 엄마와 아기가 눈을 맞추면 옥시토신이 나오게 된다.
③ 옥시토신 호르몬이 분비되면 엄마와 아기가 눈을 맞춘다.
④ 엄마가 아기를 사랑으로 돌보아도 호르몬에는 변화가 없다.

13

(가) 사탕이나 탄산음료가 치아에 좋지 않다는 것은 누구나 잘 알고 있다.

(나) 레드 와인은 치아의 색을 변하게 하며, 화이트 와인은 치아를 썩게 만든다.

(다) 하지만 이런 식품 못지않게 설탕을 숨기고 있는 것들이 있다.

(라) 겉으로 보기에는 괜찮아 보이지만 치아 건강을 해치는 와인이 그중 하나이다.

① (가) – (나) – (라) – (다) 　　② (가) – (다) – (라) – (나)

③ (다) – (가) – (라) – (나) 　　④ (다) – (나) – (라) – (가)

14

(가) 앞으로 학부모들은 안심하고 아이를 놀이터에 보낼 것이다.

(나) 또한 혹시 모를 사고를 대비하여 CCTV도 설치되어 있다.

(다) 우선 부드러운 바닥재를 사용하여 아이들이 다치지 않도록 하고 있다.

(라) 안전에 신경을 쓰지 않던 어린이 놀이터가 달라지고 있다.

① (다) – (나) – (가) – (라) 　　② (다) – (라) – (가) – (나)

③ (라) – (나) – (다) – (가) 　　④ (라) – (다) – (나) – (가)

15

(가) 반면 여러 사람이 함께 작업을 하면 그들이 가진 다양한 경험을 나눌 수 있다.

(나) 혼자 일을 할 때는 주변의 도움을 받기 어렵고, 모든 일을 혼자 해야 한다.

(다) 그러다 보면 정보의 부족, 경험의 부족으로 일의 완성도가 떨어지기 쉽다.

(라) 또한 주어진 일을 짧은 시간 안에 마무리할 가능성도 더 커지게 된다.

① (나) – (다) – (가) – (라) 　　② (나) – (다) – (라) – (가)

③ (다) – (가) – (나) – (라) 　　④ (다) – (라) – (가) – (나)

16

가상 현실을 (   ) 보이는 화면이 얼마나 진짜 같은지가 중요하다. 특히 해상도, 반응 속도 측면에서 더 그렇다. 해상도를 높여 인위적으로 만들어 낸 화면이라는 느낌이 들지 않도록 해야 하며, 고개를 돌릴 때 풍경의 전환 속도가 빠르고 사물의 변화가 자연스러워야 한다. 실제로 우리 눈으로 보는 것만큼 넓은 시야로 장면을 한 번에 보여 줄 수도 있어야 한다.

① 진짜로 변화시키려면
② 기술을 발달시키려면
③ 실제처럼 느끼게 하려면
④ 사실적인 소리처럼 만들려면

17

가슴 아픈 과거의 경험에서 빠져나오지 못하는 사람이 있는 반면, 그것을 좋은 경험으로 여기는 사람도 있다. 이것은 인생의 한 부분에만 집중하지 않고 인생 전체를 넓은 시야로 바라볼 때에야 가능한 것이다. 부분만 보면 나쁜 일이 많아 보일 수 있지만 인생 전체를 놓고 생각해 보면 (   ) 것을 알게 된다. 이와 같이 과거를 대하는 태도는 현재와 미래의 삶에 영향을 미친다.

① 좋은 일도 많았다는
② 기억을 하지 못한다는
③ 슬픈 일이 더 많았다는
④ 안 좋은 일이 있었다는

18

고양이들이 사람 주변에 머물게 된 배경에 대하여 과학자들은 '보상의 방법' 때문일 것이라고 추정합니다. 곡식 재배를 망치는 쥐들이 고양이를 보고 농가에 오지 못하자, 이를 기뻐한 사람들이 고양이들에게 음식을 주기 시작했습니다. (   ) 고양이들이 온순해졌다는 것입니다. 그렇지만 고양이에게는 야생의 습성이 많이 남아 있기 때문에 주인과 거의 스킨십을 하지 않습니다.

① 쥐를 많이 잡아먹고 다니면서
② 쥐들이 농가에 오지 않게 되면서
③ 사람들이 기뻐하는 모습을 보면서
④ 인간이 주는 음식에 익숙해지면서

[19~20] 다음을 읽고 물음에 답하십시오. [각 2점]

과거와 현재가 함께 숨 쉬는 재래시장은 누구에게나 아련한 추억의 장소이다. 그 누군가는 재래시장을 생활 속 타임머신이라고 했다. 그런 재래시장이 점차 사라지고 있다. (   ) 재래시장의 빈 자리는 첨단과 디지털, SNS가 채우겠지만, 우리는 큰 아쉬움과 슬픔을 느끼게 될 것이다. 재래시장을 없애려고만 하는 사람들은 이 이야기들을 귓등으로 듣지 말아야 한다. 잃고 나서야 소중함을 절절히 깨닫지 말고, 재래시장의 미래를 우리와 함께 지켜나가길 바란다.

19 (   )에 들어갈 말로 가장 알맞은 것을 고르십시오.

① 기필코   ② 오히려
③ 아마도   ④ 반드시

20 윗글의 주제로 가장 알맞은 것을 고르십시오.

① 재래시장이 사라지지 않도록 노력해야 한다.
② 사람들은 재래시장을 SNS로 홍보해야 한다.
③ 첨단과 디지털과 SNS를 사용하지 말아야 한다.
④ 재래시장은 과거와 현재를 함께 느낄 수 있어야 한다.

적당량의 카페인은 일시적으로 졸음을 막아 준다. 하지만 카페인을 지나치게 섭취하면 부작용이 크다. 카페인은 칼슘이 흡수되는 것을 방해하고 이뇨 작용을 통해 칼슘이 소변으로 나가게 만든다. 카페인은 커피뿐만 아니라 일반적인 청량음료에도 많이 들어 있다. 만약 뼈 성장이 이루어지는 청소년기부터 20대 초반에 적정량 이상의 카페인을 과다 섭취하면 칼슘이 원활하게 공급되지 않아 키 성장이 더뎌지고 성인이 된 후에는 골다공증이 유발될 수 있다. 따라서 (   ) 일을 겪지 않기 위해서는 어려서부터 카페인 섭취에 더 주의를 기울일 필요가 있다.

21 (   )에 들어갈 말로 가장 알맞은 것을 고르십시오.

① 미운 놈 떡 하나 더 주는   ② 소 잃고 외양간 고치는

③ 공든 탑이 무너지는   ④ 친구 따라 강남 가는

22 윗글의 내용과 같은 것을 고르십시오.

① 청소년기에 골다공증이 오는 것은 카페인 섭취 때문이다.

② 칼슘이 몸에 많아지게 하려면 카페인 섭취를 삼가야 한다.

③ 긴 시간 동안 잠을 자지 않으려면 카페인을 섭취하면 된다.

④ 카페인은 칼슘이 소변으로 나가는 것을 막아 주는 일을 한다.

어린 시절에 누구나 그렇듯이 나는 늘 먹고 싶은 것이 많았고, 그것을 사 먹을 돈은 없었다. 그래서 항상 슈퍼에서 먹고 싶은 빵과 과자를 친구들이 한가득 사 가는 것을 부러운 눈으로 바라보기만 했다. 그러다 비가 꽤 많이 오던 어느 날이었다. 아무리 생각해도 돈이 부족하지만, 오늘만은 맛있는 빵을 먹고 싶다는 생각이 들었다. 그 순간 내 손에 들려 있던 커다란 우산이 눈에 들어왔다. 결국 빵 하나를 우산 사이에 슥 집어넣고 슈퍼에서 나오려고 하는데, 주인아저씨가 갑자기 나를 불렀다. 심장이 쿵 하고 내려앉는 것 같았다. 나는 그대로 뒤도 돌아보지 않고 빗속을 뛰어 집으로 돌아와 버렸다.

23 밑줄 친 부분에 나타난 '나'의 심정으로 가장 알맞은 것을 고르십시오.

① 두렵다   ② 섭섭하다

③ 답답하다   ④ 설레다

24 윗글의 내용과 같은 것을 고르십시오.

① 내가 과자를 사는 것을 친구가 부러워했다.

② 비가 오는 날 슈퍼에서 우산을 훔쳐 버렸다.

③ 주인아저씨는 내가 빵을 훔쳤다고 화를 냈다.

④ 나는 빵이 먹고 싶어서 슈퍼에서 빵을 훔쳤다.

25

> 야생 동물의 농가 습격 잦아, 조속한 대책 마련 필요

① 야생 동물이 농가를 자주 습격하는 것에 대한 대책은 이미 마련되었다.
② 야생 동물을 습격하는 농가가 많아서 이를 해결하기 위한 대책 마련이 필요하다.
③ 야생 동물이 농가를 공격하는 일이 자주 있기 때문에 대책을 빨리 마련해야 한다.
④ 야생 동물이 농가를 습격하는 일 때문에 농부들이 긴급히 대책 회의를 열기로 했다.

26

> 가계부 작성, '술술' 새어 나가는 돈 잡아

① 가계부를 쓰지 않으면 돈이 새어 나간다.
② 가계부를 작성할 때 얼마를 사용했는지 잘 적어야 한다.
③ 돈이 새어 나가고 있어서 가계부를 썼지만 효과가 없었다.
④ 가계부를 작성하면 나도 모르게 사용하는 돈을 아낄 수 있다.

27

> 자기 계발서 인기 시들, 인문학 강의 각광

① 자기 계발서의 인기가 계속 이어져 인문학 강의가 많아지고 있다.
② 자기 계발서의 인기가 많아지고 인문학 강의도 인기를 끌고 있다.
③ 자기 계발서의 인기가 떨어지고 인문학 강의가 큰 인기를 얻고 있다.
④ 자기 계발서에 대한 관심이 줄어들고 인문학 강의도 반응이 좋지 않다.

28

> 노벨 물리학상, 노벨 화학상 등 과학 분야의 노벨상을 가장 창의적인 사람들에게 주는 상이라고 불러도 과언이 아닐 것이다. 그런데 이 노벨상 수상자들 모두가 단 하나의 기발한 아이디어만으로 그러한 업적을 쌓을 수 있었던 것은 아니다. 이들은 평균적으로 20대 중반에서 30대 초반에 박사 학위를 받고, 40세 정도에 노벨상급 연구를 완성하며, 50대 후반에 이르러서야 노벨상 수상의 영예를 얻었다. 자신의 전문 분야에서 인정받아도, 노벨상이라는 업적을 쌓는 데는 십수 년이 걸린 것이다. 진정으로 창의적이려면 ( ) 가치 있는 결과를 만드는 노력이 중요하다.

① 가급적 아무것도 하지 않고
② 연구는 몇 개만 하고 토론을 계속해서
③ 창의적인 아이디어 한 가지를 개발해서
④ 한 분야에서 오랜 기간 연구를 거듭하여

29

> 불면증이란 잠을 충분히 잘 기회가 있는데도 잠들지 못하는 것을 말한다. 이렇게 되면 낮 시간에 피곤을 느끼거나 계속 졸게 되어 생활에 지장을 준다. 밤낮이 뒤바뀐 불규칙한 생활로 과로와 스트레스가 심한 연예인 중에는 불면증 환자가 많다. 불면증으로 인한 수면 부족은 여러 가지 문제를 일으킨다. 먼저 집중력을 저하시켜 업무에 나쁜 영향을 미치고 예기치 못한 사고를 유발할 수 있다. 게다가 수면 부족은 식욕 억제 호르몬의 분비를 줄여 ( ).

① 낮에 느낀 피곤을 사라지게 한다.
② 충분한 수면을 취할 수 있게 한다.
③ 식사를 못 해 체중이 줄어들게 한다.
④ 식사량 증가에 따른 비만도 유발한다.

30

좋은 리더가 되려면 구성원이 무엇을 원하는지, 무엇을 기대하는지를 알고, 그와 일치하는 방향으로 의사 결정 과정을 진행해야 한다. 그런데 많은 리더들이 본인은 소통을 잘하고 있다고 생각하지만, 사실은 (   ) 흔하다. 소통의 핵심은 의미 공유이기 때문에, 서로 간의 생각의 차이를 해결할 때 참된 소통에 가까워질 수 있다. 리더든 구성원이든 서로 상대의 생각과 의견을 오해하지 않기 위해 노력하는 습관이 중요하다.

① 생각의 오해를 줄이려고 하는 경우가
② 서로의 생각 차이를 인지하는 경우가
③ 일방적으로 메시지를 전달하는 경우가
④ 적절한 소통으로 일이 해결되는 경우가

31

문화는 사회가 공유한 삶의 방식이나 가치관, 상징체계, 인간의 지적·정신적·창의적 활동의 결과물이다. 즉, 공유된 삶의 방식이나 가치관, 상징체계 등이 다른 사회라면 문화도 다르다는 의미가 된다. 사회가 하나로만 존재하지 않듯이 문화도 (   ). 그리고 작은 단위의 사회가 모여 전체 사회를 이루듯이, 문화도 다양한 하위문화를 통해 전체 문화를 형성한다.

① 창의적 의식이 중요하다
② 하나로만 존재하지 않는다
③ 자연환경의 영향을 받는다
④ 큰 나라의 것이 더 뛰어나다

[32~34] 다음을 읽고 글의 내용과 같은 것을 고르십시오. [각 2점]

32

근무 시간이 길고 관계를 중요하게 생각하는 문화가 강한 환경은 상대방의 감정에 더 많이 노출되면서 감정이 쉽게 전염될 수 있는 구조이다. 특히, 리더는 성과에 대한 압박으로 스트레스가 크고, 부정적인 감정에 쉽게 노출되는 편이다. 이들은 자신의 부정적인 감정을 쉽게 표현할 수 있는 위치에 있기 때문에, 리더로 인한 감정 전염은 조직에 직접적인 영향을 미칠 수 있다.

① 근무 시간이 긴 경우 리더의 감정에 영향을 많이 받을 수 있다.
② 리더의 감정이 부정적이라고 해도 조직에는 그다지 영향력이 없다.
③ 상대방의 감정에 노출이 되지 않는 곳은 관계를 중요하게 생각한다.
④ 리더의 아래에 있는 사람은 부정적인 감정을 쉽게 드러내는 위치에 있다.

33

스마트워크는 사무실이 아니더라도 언제 어디서나 업무를 효율적으로 볼 수 있는 유연한 근무제를 뜻한다. 스마트워크는 국가는 물론 기업과 근로자에게도 매력적인 개념이다. 스마트워크는 출퇴근 시간에 교통량을 감소시켜 사회적 비용을 절약할 뿐 아니라, 환경 보호에도 도움이 된다. 기업에는 비용 절약과 생산성 향상, 근로자에게는 일과 삶의 조화 등의 이익을 가져다줄 수 있어 비즈니스 혁신 도구로 주목받고 있다.

① 스마트워크는 환경을 보호하기 위한 운동이다.
② 스마트워크는 국가에는 부정적인 결과를 가져온다.
③ 스마트워크는 기업과 근로자 모두에게 좋은 제도이다.
④ 스마트워크는 사무실에서 시간을 유연하게 사용하는 것이다.

34

　　만약 체중을 줄일 계획이 있다면 그 마감 기한을 내년 초여름까지라고 대략적으로 정하는 것보다 구간을 나누어 각 구간별 목표를 정하는 것이 낫다. 큰 단위로 다이어트의 목표를 달성할 기간을 설정하면 식이 조절이나 운동을 마감 기한의 후반으로 미루기 십상이다. 이에 반해 구간을 나누어 그 구간 내에 일정한 목표를 달성해 나가다 보면 자신도 모르는 사이에 목표한 만큼의 체중이 되어 있을 것이다. 막연하면서도 장기적인 계획은 행동으로 이어질 수 없으며 긍정적인 목표 달성에서 멀어지게 만들어 버린다. 기간을 작게 쪼개어 기간별로 달성할 작고도 명확한 계획을 세우는 것이 목표 달성의 지름길이다.

① 계획이 구체적으로 세워지면 목표는 없어도 된다.
② 계획이 구체적이어야 실천으로 옮기기가 수월하다.
③ 다이어트는 2년, 3년 등을 기준으로 계획을 세워야 한다.
④ 몸무게를 줄이려면 끝나는 시간은 정하지 않는 것이 좋다.

[35~38] 다음을 읽고 글의 주제로 가장 알맞은 것을 고르십시오. [각 2점]

35

　　우리는 문화라는 단어는 중립적으로 받아들이는 반면, 예술이라는 단어는 상대적으로 어렵게 받아들인다. 문화라는 용어는 다양하고 많은 경우에 사용되어 익숙한 데 비해, 예술은 비교적 엄격하게 사용되면서 세련되고 고상하고 어려운 이미지로 생각한다. 여기서 고상한 고급 예술과 저급하고 단순한 대중문화라는 두 가지로 나누어 말하려는 것은 아니다. 왜 우리는 대중 매체를 통해 제공되는 대중문화는 많이 소비하면서 예술을 소비하는 데는 소홀한 것인지 생각해 보고자 하는 것이다.

① 예술은 익숙한 대중문화로 변화를 시도할 필요가 있다.
② 예술이라는 것은 저급한 대중문화와 수준이 다른 것이다.
③ 예술을 지나치게 다양한 경우에 사용하는 것은 옳지 않다.
④ 예술이 대중문화만큼 소비되지 않는 문제를 고민해야 한다.

36

　　21세기형 수평적 의사소통은 연령이나 지위로 인해 생기는 커뮤니케이션상의 유리한 지점을 어느 정도 내려놓을 때 참된 효과를 발휘할 수 있다. 그런데 권위를 가지고 있는 사람이 먼저 그 권위를 내려놓아야 가능해지는 수평적 의사소통은 말처럼 쉽지만은 않다. 또, 이렇게 기성세대가 애써 권위를 먼저 내려놓는다 해도 신세대가 이를 외면한다면 상호 소통이 이루어지기가 힘들다. 소통은 혼자가 아닌 '두 개체' 또는 두 사람 이상이 하는 것이기 때문에, 어느 한쪽만 노력해서 얻을 수 있는 성과는 극히 제한적이다.

① 기성세대와 신세대 간의 상호 소통이 어렵다.
② 수평적 의사소통은 나이와 지위를 고려하여 이루어진다.
③ 권위를 가지고 있는 사람이 권위를 내려놓고 의사소통을 해야 한다.
④ 수평적 의사소통을 위해서는 기성세대와 신세대가 함께 노력해야 한다.

37

　　화이트 와인은 레드 와인보다 떫은맛이 적고 당도가 높아 와인에 입문하려는 사람들에게 인기가 좋지만 치아 건강에는 그다지 좋지 않다. 화이트 와인에 든 산 성분이 치아 에나멜을 부식시켜 치아가 착색되게 하기 때문이다. 이런 현상을 막으려면 화이트 와인을 마실 때 치즈를 함께 먹으면 좋다. 치즈의 단백질과 칼슘 등의 성분이 입안에 남아 있는 산 성분을 완화시켜 준다.

① 치즈는 와인을 마시고 입안에 남은 산을 완화시켜 준다.
② 치아 에나멜이 부식되면 음식을 먹을 때 치아가 착색된다.
③ 화이트 와인을 마실 때는 착색이 되지 않게 유의해야 한다.
④ 화이트 와인을 마시면 치아가 손상되므로 마시지 말아야 한다.

38

　　자전거 사고 발생이 증가하고 있다. 도로 위를 질주하는 자전거 셋 중 하나는 전조등과 후미등도 제대로 갖추지 않았다. 심지어는 심야에 술을 마시고 자전거를 운전하다가 보행자와 충돌하는 경우도 빈번하다. 이 때문에 심야 시간대에 자전거 사고를 처리하기 위해 구급 대원들이 출동하기도 한다. 자전거로 여가 생활을 즐기는 사람들은 점차 늘고 있지만, 자전거 운전자의 안전 의식은 현저하게 떨어지는 것이 우리의 현실이다.

① 음주를 한 후 자전거 운전을 하는 것은 위험하다.
② 자전거 운전자와 보행자는 서로 배려를 해야 한다.
③ 심야 시간대에 자전거를 운전하는 것은 위험한 일이다.
④ 자전거 운전자는 안전 수칙을 지키도록 노력해야만 한다.

[39~41] 주어진 문장이 들어갈 곳으로 가장 알맞은 것을 고르십시오. [각 2점]

39

　　과학자들이 화석에 주목하는 이유는 다양하다. (㉠) 그중 하나는 과거의 인류에서 현재 인류의 골격으로 골격이 변화한 과정을 탐구하고자 해서이다. (㉡) 그러나 그 외의 부분이 어떻게 진화하였는지에 대해서는 정보를 구할 방법이 없어 충분한 연구가 진행되지 못했다. (㉢) 과거의 인류는 지방과 근육의 비중이 현대의 인류와 유사했는지, 장기의 크기와 위치는 비슷했는지 등 밝혀야 할 것들이 아직 많다. 이것이 인류의 진화 과정에 대한 연구를 멈추지 말아야 하는 이유이다. (㉣)

　　화석에는 과거 인류의 뼈나 치아 등이 그대로 남아 있어 그동안 연구의 성과가 있었다.

① ㉠　　　　　　② ㉡　　　　　　③ ㉢　　　　　　④ ㉣

40

누구나 말을 할 때 단어를 발화하는 동시에 목소리나 표정, 시선, 움직임, 고갯짓과 같은 비언어를 사용한다. (㉠) 비언어는 주로 언어적 메시지를 보완·강조하는 역할을 한다. (㉡) 따라서 언어적 메시지와 비언어적 메시지를 서로 일치시키는 것이 매우 중요하다. (㉢) 이때 청중은 대개 언어적 메시지보다는 비언어적 메시지에 연사의 마음가짐과 정서 상태가 더 잘 반영되어 있다고 믿는다. (㉣)

그렇지 않을 경우 언어적 메시지와 비언어적 메시지 사이에 생기는 차이 때문에 청중이 혼란스러워할 수 있다.

① ㉠   ② ㉡   ③ ㉢   ④ ㉣

41

잠든 줄 알았던 고양이가 갑자기 야옹거리거나 입술을 바르르 떠는 것을 보고 깜짝 놀라는 일이 종종 있다. (㉠) 고양이도 꿈을 꾸거나 잠꼬대를 하는 것일까? (㉡) 사실 고양이는 수면 시간이 길기 때문에 잠과 꿈을 연구하는 학자들의 실험 대상이 되는 일이 흔하다. (㉢) 잠든 고양이의 뇌파를 측정해 보면 사람이 꿈을 꾸고 있을 때와 비슷한 뇌파를 보인다. (㉣) 그래서 고양이도 수면 중에 꿈을 꾸며 잠꼬대도 하고 몸부림을 치기도 하는 것이다.

즉, 고양이도 수면 중 사람과 마찬가지로 깊은 잠과 얕은 잠의 단계를 반복하며 꿈을 꾸는 것이다.

① ㉠   ② ㉡   ③ ㉢   ④ ㉣

어느 날 어머님이 갑자기 병이 들어서 두 달 동안을 병석에 앓아눕게 되었다. 추운 겨울철이었기 때문에 우리 모자는 그야말로 기한에 주리고 떨게 되었었다. 이웃 사람들이 이 딱한 꼴을 보다 못해서 나를 호떡 파는 곳에다가 취직을 시켜 주었다. 낮에는 주린 배를 움켜 잡고서 그래도 학교엘 나가고, 밤에는 호떡 상자를 메고 다니면서 밤늦게까지 호떡을 팔면 겨우 그날의 밥벌이는 되었던 것이다. 어느 날 밤 나는 호떡 상자를 어깨 위에 메고서는 '김이 무럭무럭 나는 맛 좋은 호떡 사이소. 호떡.' 하고 외치면서 골목길을 지나가고 있었다. 마침 길가에 있던 조그마한 초가집 들창문이 덜커덩 열리더니 거무스레한 중년 남자의 얼굴이 불쑥 나타났다.

"호떡 5전어치만 주라."

중년 남자는 돈을 쥔 손을 쑥 내밀었다.

어스름 램프불이 졸고 있는 좁은 방 안에는 나보다 나이 어린 두 오누이가 있었고, 그 옆에는 어머님인 듯한 중년 부인이 바느질을 하고 있었다. 호떡 한 개 값은 1전이고, 5전어치를 한꺼번에 사면 덤으로 한 개씩 더 끼워서 주던 때였다. 중년 남자는 호떡 여섯 개를 받아서는 오누이에게 각각 두 개씩을 나누어 주고는 나머지 두 개 중에서 한 개를 중년 부인에게 주었다. 그리고는 덜커덩 창문이 닫히고 말았다. 창문의 닫힌 방 안에서는 도란도란 정겨운 이야기 소리와 함께 네 식구들이 호떡 먹는 소리가 잔잔하게 들려왔다. 나는 어릴 때 한 번도 이러한 가족적 분위기를 맛본 일이 없었다.

42 밑줄 친 부분에 나타난 '나'의 심정으로 가장 알맞은 것을 고르십시오.

① 부러워하고 있다   ② 즐거워하고 있다
③ 뿌듯해하고 있다   ④ 흐뭇해하고 있다

43 윗글의 내용으로 알 수 있는 것을 고르십시오.

① 나는 학교를 그만두고 일을 했다.
② 나는 중년 남자에게 호떡을 팔았다.
③ 중년 남자는 나에게 호떡 한 개를 주었다.
④ 호떡을 파는 것은 돈을 많이 버는 일이었다.

최근 치매 노인들을 대상으로 한 독서 치료가 호응을 얻고 있다. 치매 노인 독서 치료는 노인에게 책을 읽게 하거나 읽어 준 다음, 토론이나 역할 놀이, 그림, 율동, 노래 등의 다양한 활동을 병행해 문제를 해결하는 방식으로 진행된다. 치료를 위해 선택되는 도서는 비판적인 내용보다는 긍정적인 삶을 주제로 하고, 과거를 회상할 수 있는 옛날이야기, 풍속, 문화를 소재로 하는 경우가 많다. 노인들은 (   ) 자신의 지나온 과거, 해결하지 못한 문제, 자신의 욕구 등에 대해 자발적으로 이야기한다. 그러한 대화는 서로를 이해하고 협동과 신뢰를 쌓는 매개가 되며, 인지력 향상, 정서적 안정을 가져다준다.

44 (   )에 들어갈 말로 가장 알맞은 것을 고르십시오.

① 책 속의 인물이나 대상과의 동일시를 통해

② 비판적인 내용의 도서를 읽고 불신을 키우고

③ 책을 읽게 하는 독서 치료에 거부감을 느끼고

④ 책에서 어떠한 도움을 얻지 못해 지쳐 버리고

45 윗글의 주제로 가장 알맞은 것을 고르십시오.

① 치매 노인들은 지나온 과거에 대해 자주 이야기한다.

② 질병으로 인해 글을 읽을 수 없는 것은 곤란한 일이다.

③ 독서 치료는 치매 노인들의 삶에 긍정적인 영향을 준다.

④ 긍정적인 삶을 주제로 한 도서를 읽어야 건강에 도움이 된다.

보건복지부가 발표한 한국인의 평균 나트륨 섭취량은 권장량의 2.4배 이상이다. 어떻게 해야 한국인의 나트륨 섭취를 효과적으로 줄일 수 있을까. 전문가들은 국물류 섭취를 줄일 것을 제안한다. 국이나 찌개에 간을 맞추기 위해 소금을 넣기 때문이다. 이때 소금 대신 간장으로 간을 맞추는 것이 국물류를 통한 나트륨 섭취를 줄이는 방법이 될 수 있다. 또 가급적 장류나 젓갈류, 양념류, 조미료의 섭취도 피하는 것이 좋다. 인스턴트 가공식품이나 식빵에도 많은 양의 나트륨이 함유되어 있어 주의해야 한다. 라면, 즉석식품, 소시지 등 가공식품을 구입하여 섭취할 때는 영양 성분 표시를 통해 나트륨 함량을 확인하는 것이 바람직하다.

46 윗글에 나타난 필자의 태도로 가장 알맞은 것을 고르십시오.

① 나트륨의 섭취에 주의할 것을 당부하고 있다.

② 국이나 찌개를 먹지 말라고 강하게 주장하고 있다.

③ 전문가들의 의견에 반박하여 반대 의견을 내세우고 있다.

④ 다양한 식품을 섭취하는 것이 영양의 균형에 이로움을 설명하고 있다.

47 윗글의 내용과 같은 것을 고르십시오.

① 국물을 조금씩 더 마시면 나트륨 섭취를 줄이는 효과가 있다.

② 가공식품에는 나트륨이 얼마나 들어 있는지 알 방법이 없다.

③ 섭취를 하지 말아야 하는 것은 가장 자주 섭취하는 김치이다.

④ 일상적으로 섭취하는 음식에 상당한 양의 나트륨이 함유되어 있다.

화장품 원료의 유해성을 알아보기 위한 동물 실험에는 토끼, 쥐, 햄스터, 기니피그 등 체구가 작은 동물이 주로 쓰인다. 눈에 바르는 화장품 원료를 검사할 때는 토끼의 눈꺼풀을 고정해 놓고 자극에 민감한 안구에 화장품 원료를 바른다. 토끼가 사람에 비해 눈물의 양이 적어 고통을 유발하는 물질을 주입하더라도 눈을 깜박거리지 않아 화학 물질의 주입이 용이하다는 이유에서이다. 토끼의 몸에 헤어스프레이를 계속해서 뿌리는 자극성 실험을 하거나, 일부러 몸에 상처를 내고 화장품 원료를 발라 염증이 발생하는지 확인하기도 한다. 실험 과정에서 느끼는 고통은 동물에 따라, 또 화장품 원료에 따라 차이가 있지만, 대다수 (   ). 극심한 고통을 겪다가 죽는 일은 태반이고, 실험에서는 살아남아도 신체가 심하게 손상된 채 안락사로 죽게 된다. 화장품 개발 과정에서 동물 실험은 신제품에 사용할 원료의 안전성을 검증하기 위해 실시된다. 그러나 동물들의 고통이 따르는 잔인한 실험 내용이 사람에게 실제 적용되는 비율은 20% 정도에 불과하다고 한다. 더 이상 과잉 실험으로 인해 동물들이 고통에 시달리게 해서는 안 될 것이다.

48 윗글을 쓴 목적으로 가장 알맞은 것을 고르십시오.

① 화장품 개발을 위한 동물 실험의 비윤리성을 고발하기 위해
② 화장품에 새로 적용하는 원료의 안전성 검증을 촉구하기 위해
③ 화장품 개발을 위한 동물 실험의 현황을 자세히 설명하기 위해
④ 화장품 원료의 무해함을 확인하는 실험의 필요성을 주장하기 위해

49 (   )에 들어갈 말로 가장 알맞은 것을 고르십시오.

① 화장품의 안정성이 확인된다
② 동물의 가격에도 차이가 있다
③ 사람에게 화장품은 꽤 유용하다
④ 동물들이 겪는 운명은 정해져 있다

50 윗글의 내용과 같은 것을 고르십시오.

① 화장품 원료는 무해하다.
② 실험 과정에서 동물들이 죽는 일이 많다.
③ 동물은 자연에 놓아두고 실험을 진행한다.
④ 동물 실험에는 체구가 큰 동물을 많이 쓴다.

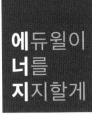

아는 세계에서 모르는 세계로 넘어가지 않으면
우리는 아무것도 배울 수 없다.

– 클로드 베르나르(Claude Bernard)

TOPIK II 듣기 [01~50번]

[01~03] 다음을 듣고 가장 알맞은 그림 또는 그래프를 고르십시오. [각 2점]

01

①

②

③

④

02

①

②

③

④

03

① 최근 영화관 이용객 비율

40대 12%
10대 23%
30대 30%
20대 35%

② 최근 영화관 이용객 비율

40대 25%
10대 15%
20대 20%
30대 40%

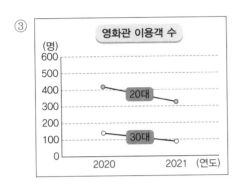

③ 영화관 이용객 수

(명)
600
500
400
300
200
100
0
2020   2021 (연도)
20대
30대

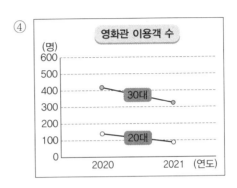

④ 영화관 이용객 수

(명)
600
500
400
300
200
100
0
2020   2021 (연도)
30대
20대

[04~08] 다음을 듣고 이어질 수 있는 말로 가장 알맞은 것을 고르십시오. [각 2점]

04
① 새로 산 지 얼마 안 됐는데 마음에 들어요.
② 그래도 사기로 한 건데 잘 알아보고 사야죠.
③ 바꿔 보니까 역시 새로 나온 휴대폰이 좋아요.
④ 아직 고장 난 부분이 없고 사용하기도 편해서요.

05
① 전시회에는 누구든지 갈 수 있어.
② 전시회가 지난주에 벌써 다 끝났어.
③ 이번 주말에 시작하니까 보러 가자.
④ 화가를 직접 만나지 못해서 아쉬워.

06
① 빨리 먹어 볼 걸 그랬어요.
② 열심히 해 볼 걸 그랬어요.
③ 좋아하지만 잘하지는 못해요.
④ 음식을 다 먹었을지도 몰라요.

07 ① 우산을 가지고 올걸.

② 비가 조금밖에 안 왔네.

③ 날씨가 더우니까 힘들어.

④ 날씨가 좋아서 다행이야.

08 ① 수정해서 제출하겠습니다.

② 다음 주에 초대하려고 합니다.

③ 사람이 너무 많은 것 같습니다.

④ 일정을 확인해서 알려 드리겠습니다.

[09~12] 다음을 듣고 여자가 이어서 할 행동으로 가장 알맞은 것을 고르십시오. [각 2점]

09 ① 백화점에서 수업 재료를 산다.

② 남자에게 회원 번호를 알려 준다.

③ 백화점 회원 가입을 신청하러 간다.

④ 도자기 수업 비용을 남자에게 낸다.

10 ① 자신의 의견을 사원들에게 말한다.

② 사장님에게 조사 결과를 보고한다.

③ 다른 회사 제품의 디자인을 확인한다.

④ 추가 디자인 샘플을 몇 개 더 제작한다.

11 ① 세미나에 참석할 예상 인원을 확인한다.

② 세미나의 행사 순서를 새롭게 조정한다.

③ 총무팀에 행사에 참석해 달라고 부탁한다.

④ 더 넓은 공간을 사용할 수 있도록 총무팀에 요청한다.

12 ① 다른 곳에 둔 것은 아닌지 돌아다녀 본다.

② 도서관 보안실에 가서 CCTV를 확인한다.

③ 화장실에 가서 노트북이 있는지 확인한다.

④ 친구들에게 노트북을 가지고 있는지 물어본다.

[13~16] 다음을 듣고 들은 내용과 같은 것을 고르십시오. [각 2점]

13 ① 독서 토론 대회는 이번에 처음 열리는 대회이다.

② 감상문은 대회에서 정해 준 책을 읽고 써야 한다.

③ 이 대회에는 예선이 없고 바로 본선으로 이어진다.

④ 대회에 참가하는 모든 학생들은 문화 체험을 할 수 있다.

14 ① 이 공사는 3주 동안 진행될 것이다.

② 현재 엘리베이터는 사용할 수 없다.

③ 공사 중에는 2층에 걸어서 가야 한다.

④ 공사를 할 때 엘리베이터를 탈 수 없다.

15 ① 장난감과 책을 대여하는 기간은 2주이다.

② 장난감과 책을 만 원에 살 수 있는 곳이 있다.

③ 아동 놀이 체험실의 이용료는 1년에 만 원이다.

④ 장난감과 도서 대여 시스템은 비경제적이지만 유용하다.

16 ① 옥수수와 감자로 만든 술이 인기가 많다.

② 이 지역은 전통술의 상품화에 실패하였다.

③ 이 지역에는 여행자들이 찾아오지 않는다.

④ 전통술을 만드는 방법이 잘 기록되어 있다.

[17~20] 다음을 듣고 여자의 중심 생각으로 가장 알맞은 것을 고르십시오. [각 2점]

17 ① 혼자 살 때는 음식을 사 먹는 것이 좋다.

② 요리를 해 먹는 것은 불편하고 부담스럽다.

③ 음식을 만드는 시간에 좀 더 쉬는 것이 좋다.

④ 음식은 사 먹는 것보다 만들어 먹는 것이 낫다.

18 ① 한복은 실용적으로 만들어졌다.

② 한복은 입을 일이 거의 없던 옷이다.

③ 한복을 입어 보는 것은 재미있는 일이다.

④ 한복을 전시하는 것은 의미 있는 일이다.

19
① 햄버거의 광고와 실제 모양을 비슷하게 만들어야 한다.
② 햄버거는 광고와 실물이 비슷하지 않아도 알아볼 수 있다.
③ 햄버거의 광고는 야채가 신선해 보이도록 만들어야 한다.
④ 햄버거를 광고와 비슷한 모양으로 만들려면 시간이 많이 걸린다.

20
① 어린이들이 투명 우산을 쓰면 앞을 잘 볼 수 있다.
② 어린이 교통사고의 원인은 앞을 잘 보지 못하기 때문이다.
③ 어린이들은 비 오는 날 안전을 위해 투명 우산을 써야 한다.
④ 어린이들을 대상으로 회사의 제품을 광고해야 효과가 뚜렷하다.

[21~22] 다음을 듣고 물음에 답하십시오. [각 2점]

21 여자의 중심 생각으로 가장 알맞은 것을 고르십시오.
① 친구의 생일을 잊어버리지 말고 잘 기억해야 한다.
② 마음에 안 드는 선물보다는 돈을 주는 것이 더 낫다.
③ 선물 대신 돈을 주는 것은 정성이 들어 있지 않아 별로이다.
④ 상대방이 잘 사용하지 않을 것 같은 선물은 주지 말아야 한다.

22 들은 내용과 같은 것을 고르십시오.
① 여자는 친구의 생일 선물을 못 샀다.
② 마음에 안 드는 선물을 돈으로 바꿨다.
③ 현금을 주면 받는 사람이 쓰기 편리하다.
④ 여자의 친구는 생일 선물로 돈을 달라고 했다.

23 여자가 무엇을 하고 있는지 고르십시오.

① 대형 쓰레기 배출 방법에 대해 문의하고 있다.

② 전기장판과 악기의 사용 방법에 대해 묻고 있다.

③ 시청에서 쓰레기를 수거해 가는 것을 돕고 있다.

④ 이사를 가기 위해 이삿짐센터에 접수를 하고 있다.

24 들은 내용과 같은 것을 고르십시오.

① 대형 쓰레기는 시청에서 가져간다.

② 시청에서 오면 수수료를 내야 한다.

③ 대형 쓰레기 수거는 무료로 해 준다.

④ 대형 쓰레기 배출 신청은 시청에 가서 하면 된다.

[25~26] 다음을 듣고 물음에 답하십시오. [각 2점]

25 남자의 중심 생각으로 가장 알맞은 것을 고르십시오.

① 상사는 부하 직원에게 관심을 가져야 한다.

② 프로그램을 운영해 직원을 하나로 묶어야 한다.

③ 토론을 통해 업무 처리 능력을 향상시켜야 한다.

④ 회사 생활을 잘하려면 감사를 표현할 줄 알아야 한다.

26 들은 내용과 같은 것을 고르십시오.

① 토론 발표 후에 감사의 편지를 낭독한다.

② 이 프로그램은 일주일에 한 번씩 운영된다.

③ 감사의 편지는 정해진 사람에게만 써야 한다.

④ 토론의 주제는 직원들이 자발적으로 결정한다.

[27~28] 다음을 듣고 물음에 답하십시오. [각 2점]

27 남자가 말하는 의도로 알맞은 것을 고르십시오.

① 다양한 신문사의 특성을 설명하기 위해

② 신문사 통합의 방법을 확인해 보기 위해

③ 신문에 실린 정보의 정확성을 비판하기 위해

④ 신문사의 개성과 역할에 의문을 제기하기 위해

28 들은 내용과 같은 것을 고르십시오.

① 각기 다른 신문에 유사한 사진이 실렸다.

② 신문사는 각자 다른 역할을 해내고 있다.

③ 모든 신문의 1면 사진은 항상 똑같은 것이다.

④ 각 신문사 1면에 실린 사진은 한 명의 기자가 찍었다.

[29~30] 다음을 듣고 물음에 답하십시오. [각 2점]

29 남자가 누구인지 고르십시오.

① 교육 전문가   ② 정부 관계자

③ 정신과 의사   ④ 그림책 작가

30 들은 내용과 같은 것을 고르십시오.

① 그림책을 많이 읽으면 아이의 마음이 치료된다.

② 그림책은 아이의 움직이는 마음을 그린 것이다.

③ 그림책은 아이들 모두에게 같은 효과를 보인다.

④ 그림책은 아동의 마음을 알고 소통하기 위해 사용한다.

31 남자의 중심 생각으로 가장 알맞은 것을 고르십시오.

① 짧은 시간에 폭발적으로 문화를 알려야 한다.

② 시대의 변화 속도에 맞추어 새로운 문화를 만들어 내야 한다.

③ 이미 형성되어 있는 문화의 콘텐츠를 잘 활용하는 것이 중요하다.

④ 이미 만들어진 콘텐츠보다 인터넷을 활용한 새로운 콘텐츠를 개발해야 한다.

32 남자의 태도로 가장 알맞은 것을 고르십시오.

① 비교를 통해 상대방 의견과의 차이점을 강조하고 있다.

② 상대방의 의견에 대해 부드럽게 반박하며 의견을 내놓고 있다.

③ 상대방이 제기한 의견에 대해 강하게 동조하며 지지하고 있다.

④ 실험 결과의 내용을 토대로 하여 자신의 의견을 주장하고 있다.

33 무엇에 대한 내용인지 알맞은 것을 고르십시오.

① 전략을 짜는 기술의 한계

② 프레젠테이션이 중요한 이유

③ 사업의 제안에서 성공하는 방법

④ 거절의 원인을 알아야 하는 이유

34 들은 내용과 같은 것을 고르십시오.

① 사업의 성공을 위해서는 발표자 선정이 중요하다.

② 새로운 기회를 얻으려면 늘 준비되어 있어야 한다.

③ 계약을 거절당했을 때는 그 이유를 파악해야 한다.

④ 상대가 원하는 것을 미리 알아차리도록 노력해야 한다.

35 남자가 무엇을 하고 있는지 고르십시오.

① 조선의 예술 문화의 유형에 대해 설명하고 있다.

② 박물관의 전시 구성과 관람 방법을 안내하고 있다.

③ 온라인 전시의 활성화가 예술에 미친 영향을 알리고 있다.

④ 박물관에 장애인을 배려한 시설이 필요함을 강조하고 있다.

36 들은 내용과 같은 것을 고르십시오.

① 이 박물관은 총 7개의 전시실로 구성되어 있다.

② 이 박물관은 현대 상류 계층의 삶을 관람객에게 보여 준다.

③ 이 박물관의 모든 전시는 온라인 영상으로 관람이 가능하다.

④ 이 박물관의 관람을 예약하려면 방문 전날까지 예약을 완료해야 한다.

[37~38] 다음을 듣고 물음에 답하십시오. [각 2점]

37 여자의 중심 생각으로 가장 알맞은 것을 고르십시오.

① 미각력은 사람에 따라 크게 차이가 난다.

② 미각력이 변화하면 좋아하는 음식이 변하게 된다.

③ 미각력은 사람의 건강을 결정하는 데 영향을 미친다.

④ 미각력이 차이가 나는 원인을 파악하는 것이 필요하다.

38 들은 내용과 같은 것을 고르십시오.

① 미각력은 병을 치료하는 데 큰 도움이 된다.

② 마른 사람은 살찐 사람보다 단맛을 덜 느낀다.

③ 사람들은 미각력을 중요하게 생각하지 않는다.

④ 짠맛을 잘 느끼는 사람은 당뇨병에 걸리기 쉽다.

[39~40] 다음을 듣고 물음에 답하십시오. [각 2점]

39 이 대화 전의 내용으로 가장 알맞은 것을 고르십시오.

① 사람들은 미래를 위해 노력하고 있다.

② 사람들은 늘 시간에 쫓겨 살아가고 있다.

③ 사람들은 돈을 모으기 위해 일을 늘리고 있다.

④ 사람들은 살 날이 얼마 남지 않았다고 생각하고 있다.

40 들은 내용과 같은 것을 고르십시오.

① 노인들은 마지막 시간을 예상하며 산다.

② 우리는 아이들의 숙제를 걱정하고 있다.

③ 현대인들은 자신의 여가 활동을 즐긴다.

④ 현대인이 하는 모든 일은 모두 중요하다.

[41~42] 다음을 듣고 물음에 답하십시오. [각 2점]

41 이 강연의 중심 내용으로 가장 알맞은 것을 고르십시오.

① 소비자에게 제품의 주요 특징을 설명해 주어야 한다.

② 소비자들에게 더 다양하고 많은 정보를 제공해야 한다.

③ 소비자들의 감성을 자극하는 마케팅을 시도해 봐야 한다.

④ 소비자가 원하는 방식으로 마케팅 활동 전략을 짜야 한다.

42 들은 내용과 같은 것을 고르십시오.

① 마케팅은 유행을 따라가야 한다.

② 소비자들의 소비 성향은 변화한다.

③ 소비자들은 과장 광고를 싫어한다.

④ 감성 광고는 지금도 유행하고 있다.

[43~44] 다음을 듣고 물음에 답하십시오. [각 2점]

43 무엇에 대한 내용인지 알맞은 것을 고르십시오.

① 수원 화성은 동서양의 건축술이 조화된 건축물이다.

② 수원 화성은 정조가 아버지에 대한 효심으로 건축한 성이다.

③ 수원 화성은 서양의 건축 방법을 사용한 과학적인 건축물이다.

④ 수원 화성을 원래대로 만들 수 있게 된 것은 다행스러운 일이다.

44 수원 화성을 완벽하게 복원할 수 있었던 이유로 맞는 것을 고르십시오.

① 동양과 서양의 건축 전문가가 함께 복원을 했기 때문에

② 수원 화성의 건축 과정이 철저히 기록되어 있었기 때문에

③ 동양의 건축 양식을 사용하여 무너지지 않게 만들었기 때문에

④ 수원 화성의 옛날 모습을 알고 있는 사람들이 만들었기 때문에

[45~46] 다음을 듣고 물음에 답하십시오. [각 2점]

45 들은 내용과 같은 것을 고르십시오.

① 직원들은 회사 광고를 통해 자신을 인정받는다.

② 임금이 높아질수록 직원들의 충성도가 올라간다.

③ 회사는 직원들을 회사 광고에 출연하도록 해야 한다.

④ 임금은 동종 업계에서 모두 동일하게 지급해야 한다.

46 남자의 태도로 알맞은 것을 고르십시오.

① 구체적인 근거를 제시하며 의견을 주장하고 있다.

② 각각의 견해에 대해서 논리적으로 분석하고 있다.

③ 기준을 제시하며 내용을 구체적으로 분류하고 있다.

④ 조사 결과를 바탕으로 문제의 해결책을 제시하고 있다.

[47~48] 다음을 듣고 물음에 답하십시오. [각 2점]

47 들은 내용과 같은 것을 고르십시오.

① 청년 일자리의 확보를 위해 투자가 중요하다.
② 청년 일자리의 구조적 부분을 개선해야 한다.
③ 청년 일자리를 마련하기 위해 노력해야 한다.
④ 청년 일자리는 임금을 높게 설정하여야 한다.

48 남자의 태도로 알맞은 것을 고르십시오.

① 기업 간 임금 격차의 해소를 촉구하고 있다.
② 청년 일자리의 구조적 문제점을 진단하고 있다.
③ 청년들에게 취업에 대한 인식 변화를 요구하고 있다.
④ 청년 일자리 확보를 위한 대기업의 노력을 설명하고 있다.

[49~50] 다음을 듣고 물음에 답하십시오. [각 2점]

49 들은 내용과 같은 것을 고르십시오.

① 태권도를 할 때는 손발을 이용하여 방어만 해야 한다.
② 문명의 발달은 스트레스가 줄어드는 데 도움이 되었다.
③ 다른 무술과 달리 태권도는 발을 이용하는 기술이 많다.
④ 태권도에 발 기술이 많은 것은 남을 공격하기 위해서이다.

50 여자의 태도로 알맞은 것을 고르십시오.

① 태권도의 효과와 특징을 구체적으로 설명하고 있다.
② 태권도의 기술 체계 보존의 중요성을 강조하고 있다.
③ 태권도와 다른 무도와의 차이점을 재연을 통해 분석하고 있다.
④ 태권도가 건강에 좋음을 실험 결과를 인용하여 설명하고 있다.

[51~52] 다음 글의 ㉠과 ㉡에 알맞은 말을 각각 쓰시오. [각 10점]

51

외국어 수강생 모집

△△ 외국어 학원에서 안내드립니다.

이번에 저희 학원에서 (㉠   ).

외국어를 배우고 싶거나 외국 문화에 관심이 있는 분이라면 꼭 오시기 바랍니다.

쓰기와 읽기는 잘할 수 있는데, (㉡   )?

걱정하지 마세요. 한 반에 5명만 있기 때문에 외국어로 말하기 연습을 많이 할 수 있습니다.

다음 달 5일까지 신청을 받습니다.

㉠ _____

㉡ _____

52

햇빛이 강한 날에는 직사광선을 직접 맨눈으로 보는 것은 위험하다. 선글라스를 착용하거나 모자를 써 가능한 한 (㉠   ). 눈이 그대로 햇빛에 노출되면 눈에 무리가 갈 수 있기 때문이다. 또한 선글라스를 선택할 때는 색이 지나치게 짙으면 시야가 어두워 위험할 수 있으므로 (㉡   ) 선택하는 것이 좋다.

㉠ _____

㉡ _____

53 다음은 '오디오 북 이용자 수의 변화'에 대한 자료이다. 이 내용을 200~300자의 글로 쓰시오. 단, 글의 제목은 쓰지 마시오.

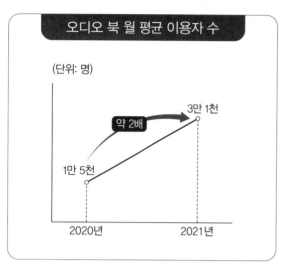

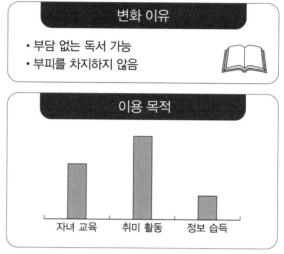

54 다음을 참고하여 600~700자로 글을 쓰시오. 단, 문제를 그대로 옮겨 쓰지 마시오. [50점]

대부분의 부모들은 자신이 자녀를 교육하는 방법이 맞는지 고민한다. 이러한 부분을 고려하여, '올바른 부모의 역할'에 대해 아래의 내용을 중심으로 자신의 생각을 쓰라.

- 올바른 부모의 역할은 무엇이라고 생각하는가?
- 올바른 부모의 역할을 하기 위해 어떤 노력이 필요한가?
- 올바른 부모가 되기 위해 주의해야 할 것에는 무엇이 있는가?

* 원고지 쓰기 예

	우	리	는		스	마	트	폰	이		없	이	는		단		한		시	간	도		버	티
지		못	할		수	도		있	다	.														

제1교시 듣기, 쓰기 시험이 끝났습니다. 제2교시는 읽기 시험입니다.

TOPIK Ⅱ 읽기 [01~50번]

[01~02] ( )에 들어갈 말로 가장 알맞은 것을 고르십시오. [각 2점]

01

> 미뤄 두었던 숙제를 ( ) 이번 주에 정신이 없었다.

① 하더니   ② 하려면

③ 하도록   ④ 하느라고

02

> 무슨 일이 ( ) 내일까지는 비행기표를 예매해야 한다.

① 있겠지만   ② 있더라도

③ 있으니까   ④ 있는데도

[03~04] 밑줄 친 부분과 의미가 가장 비슷한 것을 고르십시오. [각 2점]

03

> 상대방에 대한 기대가 크면 클수록 실망도 <u>큰 법이다</u>.

① 큰 척한다   ② 큰 탓이다

③ 크기를 바란다   ④ 크기 마련이다

04

> 미래를 계획하고 준비하지 <u>않으면</u> 더 이상 성장하지 못할 것이다.

① 않은 지   ② 않을 겸

③ 않는 한   ④ 않은 덕분에

05

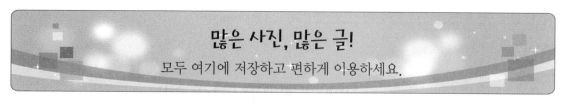

많은 사진, 많은 글!

모두 여기에 저장하고 편하게 이용하세요.

① 컴퓨터　　　② 냉장고　　　③ 선풍기　　　④ 세탁기

06

문화를 배우는 시간!

옛날 사람들이 사용하던 물건을 직접 볼 수 있답니다!

① 박물관　　　② 안경점　　　③ 방송국　　　④ 우체국

07

하루 종일 맑고 시원합니다.
산으로 바다로 놀러 가기에 좋은 날입니다!

① 봉사 안내　　　② 환경 보호　　　③ 날씨 정보　　　④ 직업 정보

08

• 백화점이나 마트에서 살 수 있습니다.
• 10만 원 이상 사면 10% 할인을 해 드립니다.

① 문의 방법　　　② 구입 안내　　　③ 사용 방법　　　④ 상품 안내

[09~12] 다음 글 또는 그래프의 내용과 같은 것을 고르십시오. [각 2점]

09

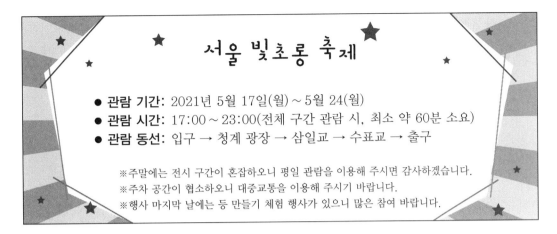

① 전체 구간을 보는 데 30분이면 충분합니다.

② 이 축제는 일주일간 진행되지만, 주말에는 쉽니다.

③ 등 만들기 체험을 하고 싶다면 24일에 가야 합니다.

④ 많은 차를 주차할 수 있는 공간이 준비되어 있습니다.

10

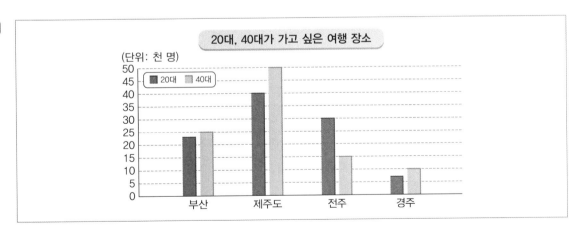

① 20대는 40대보다 전주에 덜 가고 싶어 한다.

② 20대가 40대보다 제주도를 더 많이 선택했다.

③ 20대가 40대보다 경주에 더 많이 가고 싶어 한다.

④ 20대와 40대 모두 가장 가고 싶은 곳은 제주도이다.

11

인주시 예술의 전당 전시관에서 종이 문화 축제가 개최될 예정이다. 기간은 7월 26일부터 8월 24일까지이며, 전시관은 무료 입장이 가능하다. 종이 체험 행사에 참여하기 위해서는 5,000원의 재료비를 내야 하며, 축제 첫날은 개막식 행사로 종이 체험 행사가 진행되지 않는다. 이 외에도 다양한 체험 행사 및 사물놀이 공연이 준비되어 있다. 궁금한 것은 종이 문화 축제 인터넷 홈페이지에 문의하면 된다.

① 이번 축제에서는 모든 것이 무료이다.
② 축제에서 사물놀이를 배워 볼 수 있다.
③ 26일에는 종이 체험 행사가 열리지 않는다.
④ 궁금한 점은 전화로 물어보면 안내를 해 준다.

12

첫인상은 소통의 시작이다. 일단 형성된 첫인상은 일관성을 유지하려는 심리 때문에 쉽게 바뀌지 않는다. 작은 장점 여러 개를 강조하는 것보다 큰 장점 한 개를 강조하는 것이 더 좋은 인상을 형성할 수 있으며, '따뜻하다 – 차갑다'는 특성이 다른 특성보다 더 큰 비중을 차지한다. 이것은 어떤 대상의 특성을 의미하기 때문에, 대상에 대한 인상의 하나로 여길 수 있다.

① 첫인상이 자주 바뀌는 것은 자연스러운 현상이다.
② 작은 장점 여러 개를 강조하면 첫인상이 나빠진다.
③ 큰 장점 하나를 보이는 것이 첫인상에 더 유리하다.
④ 따뜻하거나 차가워 보이는 것은 별로 중요하지 않다.

13

> (가) 필요한 양만큼만 구입할 수 있다는 것도 그중 하나이다.
> (나) 그래서 불필요한 물건을 사게 되어 낭비를 하게 된다.
> (다) 사람들이 재래시장을 선호하는 이유는 다양하다.
> (라) 반면, 대형 마트에서는 여러 개를 묶어서 파는 경우가 대부분이다.

① (다) – (가) – (라) – (나)   ② (다) – (라) – (나) – (가)
③ (라) – (가) – (나) – (다)   ④ (라) – (다) – (나) – (가)

14

> (가) 어떤 사람들은 대화를 할 때 감정적이어선 안 된다고 주장한다.
> (나) 그런데 막상 대화를 나누다 보면 이성만 가지고 대화하는 것이 더 어려움을 알게 된다.
> (다) 이성적인 판단이나 객관적인 정보를 전달하는 것이 더 중요하다고 보는 것이다.
> (라) 특히 의견 차이나 분쟁이 있을 때는 적정한 감정 표현을 하는 것이 필수적이다.

① (가) – (다) – (나) – (라)   ② (가) – (라) – (나) – (다)
③ (다) – (가) – (라) – (나)   ④ (다) – (나) – (라) – (가)

15

> (가) 그러나 실내 공기는 실내의 여러 물건들에서 나오는 성분들로 오염되어 있다.
> (나) 외부보다 실내 공기가 더 깨끗하고 안전하다고 여기는 사람들이 많다.
> (다) 따라서 반드시 환기를 해야 하는데, 이때 창문을 여는 간단한 방법을 사용할 수 있다.
> (라) 예상과 달리 환풍기나 공기 청정기는 공기를 깨끗하게 하는 데 별 효과가 없다.

① (나) – (가) – (다) – (라)   ② (나) – (라) – (다) – (가)
③ (다) – (가) – (나) – (라)   ④ (다) – (나) – (라) – (가)

[16~18] (　　)에 들어갈 말로 가장 알맞은 것을 고르십시오. [각 2점]

16

　　발표의 중심이 되는 핵심 내용을 청중이 쉽게 이해하고 기억할 수 있도록 구성하여 전달할 때 비로소 좋은 스피치가 된다. 그러기 위해서는 무엇보다도 정보의 우선순위를 고려해 정보를 선별해야 한다. 내용상 필요하지만 시간 제약 때문에 정해진 시간 안에 다 (　　　　　　　　) 차라리 전달하지 못하는 나머지 내용은 별도의 유인물로 준비해 청중에게 전달하는 것이 훨씬 효과적이다.

① 모를 경우에는　　　　　　　　② 다루지 못할 경우에는
③ 기억을 못할 경우에는　　　　　④ 다룰 수 있는 경우에는

17

　　우리는 실제로 일어나지도 않을 걱정을 자주 한다. 일어나지 않을 일에 대한 걱정이 40 퍼센트, 이미 일어난 일에 대한 걱정이 30퍼센트, 안 해도 될 사소한 걱정이 22퍼센트, 어찌할 수 없는 일에 대한 걱정이 5퍼센트라고 한다. 결국 걱정이 있어도 정작 우리가 (　　　　　　　) 3퍼센트에 지나지 않는 것이다.

① 고민하는 비율은　　　　　　　② 경험을 하는 것은
③ 걱정을 하는 사람은　　　　　④ 해결할 수 있는 걱정거리는

18

　　유머의 대표적인 예에는 유머 광고가 있다. 잘 계산되고 구성된 유머는 소비자의 경계심을 풀고 광고주에게 친밀감을 느끼게 하는 데 큰 효과가 있다고 한다. 여러 연구에서도 광고에서 유머의 사용이 주위에 미치는 영향을 분석한 결과, 유머는 다른 광고 소재들보다 주의 집중에 긍정적 효과가 있다는 사실을 밝혀냈다. 따라서 현대와 같이 복잡한 환경에서 유머의 사용은 사람들의 주의를 끄는 데 (　　　　　　　).

① 긍정적으로 작용할 수가 없다
② 미치는 영향이 확실하지 않다
③ 꽤 효과적인 전략이 될 수 있다
④ 다른 광고 소재와 별 차이가 없다

[19~20] 다음을 읽고 물음에 답하십시오. [각 2점]

　　웃는 얼굴에 침 못 뱉는다는 옛말이 있다. (　　　　) 어떤 이가 웃는 얼굴로 상대방에게 다가간다면 그는 마음을 열고 친근감을 느끼게 된다는 뜻이다. 최근 한 연구에서 웃는 얼굴이 타인에게 신뢰감을 줄 수 있다는 사실이 과학적으로 밝혀졌다. 관련 실험에서 피실험자들은 화가 난 얼굴을 한 사람보다 미소를 짓는 얼굴을 한 사람에게 훨씬 더 높은 신뢰감을 보였다. 또한 '약간 미소 짓는' 얼굴과 '약간 찡그린' 얼굴을 비교했을 때에도 '약간 미소 짓는' 얼굴에 더 높은 신뢰점수를 주었다.

19 (　　　)에 들어갈 말로 가장 알맞은 것을 고르십시오.

① 만약 　　　　　　　　　② 정말
③ 특히 　　　　　　　　　④ 하필

20 윗글의 주제로 가장 알맞은 것을 고르십시오.

① 웃는 얼굴이 타인에게 호감을 준다.

② 웃는 얼굴이 신뢰감을 주는 이유가 밝혀졌다.

③ 약간 웃는 얼굴이 약간 화가 난 얼굴보다 낫다.

④ 해외에서 웃는 얼굴에 대해 실험한 것은 이례적인 일이다.

[21~22] 다음을 읽고 물음에 답하십시오. [각 2점]

결혼을 하면 살이 찐다는 말은 과연 사실일까? 기혼 남성들은 미혼 남성들에 비해 열량이 낮은 유기농 음식과 저염 음식을 많이 섭취하는 것으로 조사되었다. 하지만 기혼 남성이 미혼 남성보다 운동을 적게 한다는 사실도 조사됐다. 결혼을 하면 건강에 이롭고 열량이 적은 음식을 먹어 살이 빠지기 쉬워 보이지만 운동량이 (   ) 줄어들어 결과적으로 체중이 증가하는 것이다.

21 (   )에 들어갈 말로 가장 알맞은 것을 고르십시오.

① 눈에 들게   ② 코가 빠지게

③ 입이 닳도록   ④ 눈에 띄게

22 윗글의 내용과 같은 것을 고르십시오.

① 결혼을 하면 안 좋은 음식을 많이 먹어 체중이 증가한다.

② 결혼한 남성들은 미혼 남성보다 몸에 좋은 음식을 먹는다.

③ 운동량을 늘리지만 음식을 많이 먹어서 체중이 늘어나는 것이다.

④ 미혼 남성들은 결혼한 남성들보다 운동을 훨씬 적게 하는 편이다.

얼마 전, 바람이 몹시 차가운 겨울이었다. 나는 몸이 많이 찬 편이라서 겨울에 남들보다 추위를 더 심하게 느끼는 편이다. 그날따라 버스가 늦게 오는 바람에 몸이 얼음같이 차가운 상태였다. 버스 안은 퇴근하는 사람들로 꽉 차 있어 손잡이를 잡는 것도 쉽지 않았다. 사람들이 하나둘 내리고, 나도 곧 내릴 때가 되어서 내리는 문 앞에 섰다. 그때, 한 아주머니께서 나에게 "젊은 사람이 왜 이렇게 손이 차가워? 얼음 같네."라며 말을 거셨다. 우연히 손이 스쳤던 모양이다. 나는 원래 몸이 차가운 편이라고 대답하고, 빨리 내릴 생각만을 하고 있었다. 그런데 갑자기 아주머니께서 본인의 딸과 나의 나이가 비슷해 보여 그런다며 조심스럽게 차가운 내 손을 잡아 주셨다. <u>손이 따뜻해지면서 퇴근길의 지친 마음도 녹아서 사라지는 것 같았다.</u> 몇 분 동안 일어난 일이지만 오래도록 잊지 못할 특별한 추억이 된 일이었다.

23 밑줄 친 부분에 나타난 '나'의 심정으로 알맞은 것을 고르십시오.

① 서운하다   ② 불만스럽다

③ 감동적이다   ④ 희망적이다

24 윗글의 내용과 같은 것을 고르십시오.

① 나는 아주머니의 딸과 얼굴이 닮았다.

② 아주머니는 잡을 곳이 없어서 내 손을 잡았다.

③ 나는 아주머니가 손을 잡아 주는 것이 싫지 않았다.

④ 아주머니는 나의 차가운 손이 스친 것을 불쾌하게 여겼다.

25

> 현대인의 과도한 스트레스 증가, 불면으로 이어져

① 잠을 잘 수 없어서 현대인의 스트레스가 심해지고 있다.

② 줄어든 스트레스 때문에 현대인들은 잠을 잘 잘 수 있게 됐다.

③ 현대인들이 스트레스가 많아지면서 잠을 못 자는 일이 생겼다.

④ 스트레스가 너무 많은 현대인들은 잠을 자기 어려워질 것이다.

26

> 기차 이용객 급증, 고속버스 이용객 '뚝'

① 기차 이용객과 고속버스 이용객이 빠른 속도로 늘어나고 있다.

② 기차가 버스보다 속도가 빨라서 이용객이 빠른 속도로 많아지고 있다.

③ 기차 이용객이 많아진 것 때문에 고속버스 이용객이 줄어들게 될 것이다.

④ 기차는 이용객이 갑자기 많아졌지만 고속버스 이용객은 많이 줄어들었다.

27

> 재능 기부, 신 기부 풍속도로 자리 잡아

① 새로운 기부 방법을 만들면서 재능을 사용하고 있다.

② 재능 기부가 아닌 새로운 기부 문화가 생겨나고 있다.

③ 재능을 기부하면서 돈도 기부하는 새로운 방법이 있다.

④ 돈이 아닌 재능을 기부하는 새로운 기부 문화가 생겼다.

28

조리형 샌들은 뒤꿈치를 지지해 주는 부분이 없고 바닥이 물렁하기 때문에 발목에 ( ). 혹시나 발을 잘못 디디게 되면 순간적으로 발바닥에 있는 근육이 늘어나 심한 통증을 유발하기도 한다. 발가락을 꽉 조이는 신발은 발가락을 기형으로 만들고, 엄지발가락 안쪽에 염증을 일으킨다. 바닥이 딱딱한 신발은 충격을 제대로 완화하지 못해 발에서 무릎, 허리까지 그 충격이 전해진다.

① 상처가 날 수 있다   ② 무리가 갈 수 있다

③ 양말을 신을 수 있다   ④ 힘이 강해질 수 있다

29

청소년들은 컴퓨터 게임을 하면서 몰입할 때의 시간과 독서를 할 때의 시간을 다르게 인식한다. 게임을 할 때는 자기가 할애한 시간을 실제보다 짧게 인식하는 경향을 보인다. 한 시간 동안 게임을 했어도 체감상 40분 정도 한 것으로 인식하고, 독서는 30분을 하고도 한 시간이나 한 것으로 인식한다. 이와 같이 십 대 아이들은 ( ) 제외하고는 시간이 너무나 지루하고 느리게 흐른다고 인식하면서 살고 있다.

① 자신이 신나게 몰입할 수 있는 일을 할 때를

② 실제보다 시간을 길게 인식하게 되는 경우를

③ 부모가 정확하게 시간을 정해 주지 않을 때를

④ 컴퓨터 게임을 하거나 독서를 하고 있을 때를

30

선글라스의 렌즈 색상은 (   ) 것이 좋다. 회색은 모든 색을 자연 그대로 볼 수 있어 어떤 상황에서든 가장 보편적으로 착용하는 색상이다. 녹색은 눈의 피로감을 덜어 주고 시원한 시야를 제공하여 야외 활동을 할 때나 낚시처럼 한곳에 오래 집중해야 할 때 효과적이다. 밤이나 흐린 날에 더욱 밝게 보이게 하는 노란색은 야간 운전이나 스포츠 활동에 적합하다. 갈색은 단파장의 광선을 흡수·차단하므로 눈병을 앓고 있거나 백내장 수술 후 눈을 보호하는 데 적합하다.

① 밝은색을 사용하는　　　　　　② 한 가지만 선택하는

③ 용도에 따라 선택하는　　　　　④ 선호도에 따라 달리하는

31

당신은 만약 낯선 누군가가 위험에 처해 있다면, 그냥 무시하고 지나칠 것인가 아니면 나서서 그 사람을 도울 것인가? 그런 상황을 떠올려 본다면 쉽게 대답을 하기는 어려울 것이다. 더구나 나 혼자가 아니라 많은 사람과 함께 그런 상황에 처한 경우라면, '내가 아니라도 누군가가 도와주겠지.' 하며 지나칠 가능성이 크다. 이처럼 상황에 관여하고 있는 사람이 많을수록 어려움이나 위험에 처해 있는 사람을 (   ) '방관자 효과' 라고 한다.

① 상상해 보고 판단하는 것을　　　② 유심히 보고 아는 체하는 것을

③ 도울 가능성이 줄어드는 현상을　④ 다른 사람에게 부탁하는 현상을

32

요즘 한 지역 단체는 수거해 온 헌책을 깨끗하게 손질하는 일을 하고 있다. 우선 책을 수거한 뒤, 판매할 수 있는 책들을 가리는 선별 작업을 거친다. 선별된 책은 겉표지를 살짝 깎아 내는 '커팅' 작업을 한다. 커팅된 책은 다시 소독약을 뿌려 세심하게 닦는다. 이 과정을 거친 헌책은 새 책과 다름없다. 이 단체는 이처럼 가공한 책을 주민 센터에서 판매하고, 그 수익금은 동네 서점 살리기에 사용한다. 현재 이 사업은 주민들의 열렬한 호응을 얻고 있어 앞으로가 기대되고 있다.

① 이 단체는 헌책을 새 책으로 만드는 일을 곤란해한다.
② 수거를 해 온 헌책은 모두 가공하여 판매를 하게 된다.
③ 가공을 거쳐 새 책이 되면 동네 서점에서 이 책을 판다.
④ 헌책은 여러 과정을 거치면 새 책과 비슷한 상태가 된다.

33

왕의 밥상, 즉 수라상 역시 음식 구성이나 식사 방법은 일반인과 마찬가지로 밥과 반찬을 기본으로 하였다. 왕의 일상적인 식사는 아침, 점심, 저녁의 세끼 수라 이외에 참참이 드는 간식으로 구분되었다. 그 외 아침 수라 이전에 가볍게 드는 쌀죽인 죽수라가 있었다. 수라상의 반찬은 왕의 식성이나 기호에 따라 그 종류와 양이 달라질 수 있었다. 그러나 이 또한 수라상을 차리는 기본 방식의 테두리 안에서 가능했다.

① 왕의 밥상을 준비하는 기본적인 원칙이 있었다.
② 왕의 식사는 수라와 죽수라로 구분되어 있었다.
③ 왕은 아침 식사를 하기 전에는 아무것도 먹지 않았다.
④ 왕의 밥상에는 늘 같은 종류와 양의 반찬이 올라왔다.

34

　　눈이 붓거나 충혈되거나 감염이 된 경우에는 콘택트 렌즈를 착용하지 말아야 한다. 또, 렌즈를 타인과 공유하거나 렌즈를 착용한 채로 파마나 머리를 염색하는 일도 가급적 삼가야 한다. 여성들에게 있어 렌즈 착용 시 가장 큰 고민은 화장, 특히 눈 화장과 관련해 나타난다. 렌즈는 화장을 하기 전 착용해야 하며, 반대로 눈 화장을 지우기 전에 렌즈를 제거해야 한다. 충혈이나 통증, 팽창 혹은 자극감이 있을 때에는 안과 전문의와 상담해야 한다.

① 렌즈를 착용한 상태에서는 화장을 해서는 안 된다.
② 눈이 빨갛게 되거나 부었을 때는 안과에 가야 한다.
③ 파마나 염색을 하는 것은 여성의 건강에 좋지 않다.
④ 콘택트 렌즈를 착용하면 감염이 되는 일이 생길 수 있다.

[35~38] 다음을 읽고 글의 주제로 가장 알맞은 것을 고르십시오. [각 2점]

35

　　한 대학의 연구소에는 6주간 건강한 성인 500명을 대상으로 수면 시간과 식습관이 어떠한지 실험을 실시하였다. 처음 3주는 하루에 10시간 동안, 다음 3주는 하루에 5시간 미만의 시간 동안만 수면을 취하게 하여 신체의 리듬에 혼란을 주었다. 실험 결과 수면을 취하는 시간이 감소할수록 체중이 증가했다. 피곤하고 잠을 못 자면 몸이 더 마를 것으로 예상하지만 신체의 리듬이 깨지면서 실험 대상자들의 몸이 생존을 위해 영양분을 저장했기 때문이다.

① 수면 시간과 식습관을 분석하는 태도가 중요하다.
② 일정한 시간에 잠을 자지 않으면 몸이 피곤해진다.
③ 잠을 충분히 못 자면 신체의 리듬이 달라지게 된다.
④ 수면을 충분히 취하지 않으면 오히려 살이 찌게 된다.

36

　학교에서 영어 교육을 십수 년을 받고도 외국인과 한마디도 제대로 대화하지 못하는 학생이 대다수이다. 한국의 비효율적인 공교육을 믿지 못하는 학부모들은 너도나도 아이들을 학원과 해외로 내몰고 있다. 그러나 이런 학부모들의 행동이 지나치다고 비난할 수만은 없다. 영어의 중요성이 커진 오늘날, 외국어가 개인과 국가의 경쟁력이 되었다. 그러므로 공교육에서 영어에 노출되는 환경을 적극적으로 형성해 줄 필요가 있다.

① 학부모들은 아이들의 외국어 공부 교육 방안을 고민해야 한다.
② 외국인과 의사소통을 못하는 학생들의 문제점을 파악해야 한다.
③ 공교육에서 외국어를 경험할 수 있는 프로그램을 마련해야 한다.
④ 학생과 부모의 입장을 고려한 외국어 사교육이 활발해져야 한다.

37

　좋아하는 일을 하면서 자아 실현을 이루고 수입도 창출하기 위하여 취업에서 창업으로 눈을 돌리는 청년들이 많아지고 있다. 하지만 창업은 생각보다 훨씬 더 많은 시간을 들이고 돈을 투자하여야 한다는 위험이 있다. 성공에 대한 의지와 인내심이 강한 사람은 자신의 창업 아이템이 매력적이지 않거나 시장성이 부족하다고 생각하면 융통성 있게 다른 아이템으로 바꾸고 그것을 끝까지 밀고 나가 마침내 창업에 성공한다. 반면, 창업을 만만히 보고 도전한 사람은 쉽게 포기해 창업에 실패하기 십상이다. 성공을 위해서는 굳은 마음과 끈기가 있어야 하는 법이다.

① 장기적인 창업 도전을 위해서 경제력을 갖춰야 한다.
② 창업을 위해서는 성공하겠다는 확고한 의지가 있어야 한다.
③ 성공적인 창업을 위해서는 다른 사람의 도움도 받아야 한다.
④ 재능과 취미를 살리는 곳에 취업하기 위한 도전을 계속해야 한다.

38

맞벌이 부부가 증가하면서 많은 부모가 아이를 가정 어린이집에 맡기고 있다. 이때 일하는 부모의 입장에서는 보육 서비스의 질은 선택 사항이 아니다. 집과 가깝고 긴 시간 동안 안정적으로 보육 서비스를 받을 수 있는지가 중요하다. 그러나 정부에서 제대로 관리하지 않는 가정 어린이집은 근무 환경이 열악해 보육 교사가 안정적으로 서비스를 제공하기 어렵다. 따라서 공공성 강화를 통한 질 높고 안정적인 보육 서비스를 제공하기 위해 국공립 어린이집의 확충이 필요하다.

① 정부는 국공립 어린이집을 늘려야 한다.
② 가정 어린이집에 정부의 지원이 대폭 증가되어야 한다.
③ 보육 교사들의 보육 서비스 질 향상을 위한 교육을 해야 한다.
④ 가정 어린이집에서 긴 시간 동안 아이들을 돌봐 주어야 한다.

[39~41] 주어진 문장이 들어갈 곳으로 가장 알맞은 것을 고르십시오. [각 2점]

39

요즘은 대형 마트 등에서 한꺼번에 장을 보는 일이 많다. (㉠) 식구가 많아 음식을 자주 해 먹는 경우에는 소비가 빠르기 때문에 재료를 미리 사다 놓으면 편하다. (㉡) 하지만 싱글은 다르다. (㉢) 요리 재료는 아무리 냉장고에 넣어 둔다고 해도 며칠만 지나면 상하거나, 상하지 않더라도 맛이 떨어지기 마련이다. (㉣) 재료를 한꺼번에 사다 놓고 제때 처치하지 못해 버리는 일이 자꾸 생기면, 장 보는 게 부담스러워지고 요리하는 것도 점점 재미없어진다.

외식이 잦아 집에서 밥을 먹지 않는 경우가 많고, 요리를 해도 재료가 조금씩밖에 필요하지 않다.

① ㉠   ② ㉡   ③ ㉢   ④ ㉣

40

'행복' 하면 '핑크'를 빼놓을 수 없다. 핑크는 선천적으로 마음을 편안하게 하고 긴장을 누그러뜨리는 색이기 때문이다. (㉠) 어느 실험에서 파란색을 칠한 벽을 보고 아령을 들게 했더니 사람들이 평소보다 아령을 굉장히 빨리빨리 드는 결과가 나왔다. (㉡) 이들을 아주 충분히 쉬게 한 뒤, 다시 핑크색을 칠한 벽을 보고 아령을 들게 했다. (㉢) 아령을 드는 횟수가 급격하게 줄어들었다. 측정해 보니 몇 초 만에 근육 강도가 감소했더라는 것이다. (㉣)

결과는 어떻게 나타났을까?

① ㉠　　　　　② ㉡　　　　　③ ㉢　　　　　④ ㉣

41

사람들은 계단이 텅 비었는데도 줄지어 에스컬레이터를 탄다. (㉠) 에스컬레이터를 이용하는 사람 중 대다수가 운동할 시간이 부족하다고 한다. (㉡) 그런데 왜 계단으로 다니지 않는 걸까? 우리가 늘 하는 많은 일을 '자동 반사 행동'이라 한다. (㉢) 늘 하던 일이다 보니 별생각 없이 자동으로 하는 것이다. 이런 행동을 바꾸기란 몹시 어렵지만 장점을 강조하면 바꿀 수도 있다. (㉣)

계단 양 끝에 센서를 달아서 계단을 밟을 때 즉흥 연주가 되도록 만들어서 사람들이 즐겁게 계단을 오르내리도록 만드는 것이 대표적인 사례이다.

① ㉠　　　　　② ㉡　　　　　③ ㉢　　　　　④ ㉣

큰아이가 육군 훈련소에 입소하는 날이라 아침부터 분주하였다. 논산 훈련소까지 배웅할 계획이라 마음이 더 앞섰다. 먼 길을 내달려 훈련소에 도착하였다. 입소식에서 '충성' 하며 사열대의 부모들에게 목청껏 인사하는 소리에 섞여 휴대 전화가 요란하게 울렸다. 아버지 곁을 지키던 형의 전화다. 아버지 병세가 갑자기 심해져 중환자실로 옮겼으며 현재 산소 호흡기에 의존하는 상태이니 병원으로 오라는 전갈이다. 정말이지 깜짝 놀랐다. 그렇게 위중한 병은 아닐 것이라는 안이함이 있었나 보다……. 마음이 급해졌다. 가슴이 뛰며 눈물이 핑 돌았다. 아내와 서둘러 고속 도로에 몸을 실었다. 논산에서 부산 병원까지는 내달려도 네 시간은 족히 걸릴 거리이기에 호흡이 거칠어졌다. 큰 위기는 넘겼으니 서둘지 말라는 형의 당부에도 가속 페달에 힘이 가해졌다. 늦게서야 도착하니 형제들 모두 기다리고 있었다. 다행히 하루 두 차례인 면회 시간이 임박해 중환자실로 향했다. 문이 열린다. 아! 사랑스런 아버지다. 평소의 선한 모습 그대로 평안히 두 눈 꼭 감은 채 호흡기에 의지하여 가는 숨을 이어 가고 있었다.

42 밑줄 친 부분에 나타난 '나'의 심정으로 가장 알맞은 것을 고르십시오.

① 든든해하고 있다　　　　　　② 불안해하고 있다
③ 감격하고 있다　　　　　　　④ 답답해하고 있다

43 윗글의 내용으로 알 수 있는 것을 고르십시오.

① 나의 아버지는 평안한 모습으로 돌아가셨다.
② 나는 논산에서 부산까지 급하게 뛰어서 달려갔다.
③ 나의 큰아이가 아버지에게 중환자실로 오라고 전화를 했다.
④ 나는 아버지가 위독해서 병원에 갔는데, 아버지는 돌아가시지 않았다.

인터넷에서는 많은 사람들이 여러 활동에 자유롭게 참여할 수 있다. 이에 따라 대다수 이용자들이 정보를 소비하는 동시에 생산하는 능동적이고 똑똑한 소비자가 되고 있다. 많은 이용자가 온라인에서 자신의 의견을 자유롭게 개진하거나 다른 사람의 글에 댓글을 달고, 서로의 사진이나 동영상 등을 게시하는 등 (   ) 네트워크를 형성하고 있다. 이와 관련하여 유통 기한을 정하거나 이를 삭제, 수정, 영구적인 파기를 요청할 수 있는 '잊힐 권리'의 보장에 대한 논의가 뜨겁다. 인터넷에서 생성·저장·유통되는 개인의 사진이나 정보에 대한 개인의 소유권을 강화할 필요성이 커졌기 때문이다.

44 (   )에 들어갈 말로 가장 알맞은 것을 고르십시오.

① 경제적인 활동을 하면서
② 사진의 매력을 과시하면서
③ 일방적인 정보 전달을 반복하면서
④ 이용자들과 지식·정보를 공유하면서

45 윗글의 주제로 가장 알맞은 것을 고르십시오.

① 인터넷은 많은 이용자가 지식을 공유하고 있어 중요하다.
② 인터넷상의 정보를 수정, 삭제하는 권리가 잊힐 권리이다.
③ 개인의 사진이나 정보가 인터넷에 올라가면 쉽게 공유된다.
④ 잊힐 권리를 보장하기 위한 구체적인 방법을 모색해야 한다.

현대의 도시민들은 하루 시간 중 80% 이상을 다양한 실내 공간에서 보낸다. 그런데 노인과 어린이처럼 면역력이 약하고 실내에서 활동하는 시간이 많은 건강 민감 계층에게 적절하게 관리되지 않은 실내 공기는 건강을 위협하는 중요한 요인이 될 수 있다. 하지만 실내 오염이 건강에 미치는 영향, 오염 원인, 관리 방법에 대한 인식은 미흡하여 적절한 대응과 실천으로 이어지지 못하고 있다. 실내 공기 관련 정보를 얻는 주요 경로는 방송과 인터넷 등의 언론 매체이며, 강연이나 교육은 거의 없었다. 따라서 어린이집과 경로당의 관리자나 이용자가 실내 공기 질을 관리할 수 있도록 방안을 모색해야 한다.

46 윗글에 나타난 필자의 태도로 가장 알맞은 것을 고르십시오.

① 현대의 도시민의 삶을 불쌍하게 바라보고 있다.

② 실내 공기의 관리가 중요함을 강하게 주장하고 있다.

③ 실내 오염의 위험성을 구체적인 예를 들어 설명하고 있다.

④ 노인과 어린이의 건강 관리 방법에 문제가 있음을 지적하고 있다.

47 윗글의 내용과 같은 것을 고르십시오.

① 실내 공기를 관리하는 방법이 구체적으로 잘 알려져 있지 않다.

② 노인과 어린이들은 공기가 오염되지 않는 실내에서 활동하고 있다.

③ 실내 공기와 관련된 정보를 얻는 주요 경로는 건강 민감 계층의 이용 시설이다.

④ 실내 공기 오염이 건강에 미치는 영향의 심각성에 대한 공감대가 형성되어 있다.

요즘 서점가 베스트셀러 코너에는 상대를 설득하는 말의 기술, 꾸준한 습관으로 승자가 되는 비밀을 알려 주겠다는 자기 계발서들이 즐비하다. '성공하는 삶'을 살고 있지 않다면, 그렇게 살 수 있도록 자신을 돌아보고 현재를 개선해야 하지 않겠냐는 불안 심리를 이용한 마케팅 전략이 먹혀 들어간 결과이다. 물론 자기 계발서를 소비하는 사람들을 비난할 수는 없다. 하지만 내가 진정으로 원하는 것이 무엇이고, 어떤 삶을 살고 싶은지에 대한 (   ), 자기 계발서를 맹신하여 책에 나온 그대로 따라 하려는 태도는 결국 자존감 하락으로 이어질 수도 있다. '자기 계발'을 위해 산 책이 '자기 부정'이라는 독이 되는 것이다. 게다가 한 권의 책 구매로 자아를 탈바꿈할 수 있으리라는 바람은 과한 욕심이다.

48 윗글을 쓴 목적으로 가장 알맞은 것을 고르십시오.

① 현대인들이 간과해 온 성공의 비법을 공유하기 위해

② 자기 계발서에만 의존하는 태도에 변화가 필요함을 주장하기 위해

③ 사람들의 불안한 심리를 이용한 도서 마케팅의 효과를 설명하기 위해

④ 자기 계발을 위한 지나친 노력이 오히려 실패로 돌아오는 사례들을 제시하기 위해

49 (   )에 들어갈 말로 가장 알맞은 것을 고르십시오.

① 주위 사람들의 조언을 구하지 않으면

② 자신의 정체성 파악이 앞서지 않으면

③ 사람들의 반응을 미리 확인해 보지 않으면

④ 생각을 하기 전에 자기 계발서를 먼저 찾아서 읽지 않으면

50 윗글의 내용과 같은 것을 고르십시오.

① 서점에서 책을 많이 읽으면 성공할 수 있다.

② 자기 계발서를 소비하는 사람들은 미련한 사람들이다.

③ 자기 계발서를 읽고 똑같이 따라 하는 것은 적절하지 않다.

④ 자기 계발서의 내용을 잘 따라 하면 자아 탈바꿈도 가능하다.

끝이 좋아야 시작이 빛난다.

– 마리아노 리베라(Mariano Rivera)

에듀윌 한국어능력시험 TOPIK Ⅱ 종합서

발 행 일	2025년 4월 4일 초판
저 자	김지학
펴 낸 이	양형남
개 발	정상욱, 김진우
펴 낸 곳	(주)에듀윌
등록번호	제25100-2002-000052호
주 소	08378 서울특별시 구로구 디지털로34길 55 코오롱싸이언스밸리 2차 3층
I S B N	979-11-360-3724-4(14710) / 979-11-360-3723-7(14710) (세트)

www.eduwill.net

대표전화 1600-6700

여러분의 작은 소리
에듀윌은 크게 듣겠습니다.

본 교재에 대한 여러분의 목소리를 들려주세요.
공부하시면서 어려웠던 점, 궁금한 점,
칭찬하고 싶은 점, 개선할 점, 어떤 것이라도 좋습니다.

에듀윌은 여러분께서 나누어 주신 의견을
통해 끊임없이 발전하고 있습니다.

에듀윌 도서몰 book.eduwill.net
· 부가학습자료 및 정오표: 에듀윌 도서몰 → 도서자료실
· 교재 문의: 에듀윌 도서몰 → 문의하기 → 교재(내용, 출간) / 주문 및 배송

한국어능력시험 TOPIK II

1교시 (듣기)

성 명
(Name)

한 국 어
(Korean)

영 어
(English)

수험번호

8

결시자의 영어 성명 및 수험번호 기재 후 표기

시 확인란

결시
확인란

답안지 표기 방법(Marking examples)

바른 방법(Correct) ●

바르지 못한 방법(Incorrect) ⊘ ⊙ ⦿ ⊗ ◍

※ 위 사항을 지키지 않아 발생하는 불이익은 응시자에게 있습니다.

감독관
확인

본인 및 수험번호 표기가
정확한지 확인

(인)

번호	답 란			
1	①	②	③	④
2	①	②	③	④
3	①	②	③	④
4	①	②	③	④
5	①	②	③	④
6	①	②	③	④
7	①	②	③	④
8	①	②	③	④
9	①	②	③	④
10	①	②	③	④
11	①	②	③	④
12	①	②	③	④
13	①	②	③	④
14	①	②	③	④
15	①	②	③	④
16	①	②	③	④
17	①	②	③	④
18	①	②	③	④
19	①	②	③	④
20	①	②	③	④

번호	답 란			
21	①	②	③	④
22	①	②	③	④
23	①	②	③	④
24	①	②	③	④
25	①	②	③	④
26	①	②	③	④
27	①	②	③	④
28	①	②	③	④
29	①	②	③	④
30	①	②	③	④
31	①	②	③	④
32	①	②	③	④
33	①	②	③	④
34	①	②	③	④
35	①	②	③	④
36	①	②	③	④
37	①	②	③	④
38	①	②	③	④
39	①	②	③	④
40	①	②	③	④

번호	답 란			
41	①	②	③	④
42	①	②	③	④
43	①	②	③	④
44	①	②	③	④
45	①	②	③	④
46	①	②	③	④
47	①	②	③	④
48	①	②	③	④
49	①	②	③	④
50	①	②	③	④

한국어능력시험 TOPIK II
1 교시 (쓰기)

성 명 (Name)	한 국 어 (Korean)	
	영 어 (English)	

수 험 번 호

					8						
⓪	⓪	⓪	⓪	⓪		⓪	⓪	⓪	⓪	⓪	⓪
①	①	①	①	①		①	①	①	①	①	①
②	②	②	②	②		②	②	②	②	②	②
③	③	③	③	③		③	③	③	③	③	③
④	④	④	④	④		④	④	④	④	④	④
⑤	⑤	⑤	⑤	⑤		⑤	⑤	⑤	⑤	⑤	⑤
⑥	⑥	⑥	⑥	⑥		⑥	⑥	⑥	⑥	⑥	⑥
⑦	⑦	⑦	⑦	⑦		⑦	⑦	⑦	⑦	⑦	⑦
⑧	⑧	⑧	⑧	⑧	●	⑧	⑧	⑧	⑧	⑧	⑧
⑨	⑨	⑨	⑨	⑨		⑨	⑨	⑨	⑨	⑨	⑨

결 시 확인란	결시자의 영어 성명 및 수험번호 기재 후 표기	◯

답안지 표기 방법(Marking examples)

바른 방법(Correct)	바르지 못한 방법(Incorrect)
●	⊗ ⊖ ⊙ ⊘ ■

※ 위 사항을 지키지 않아 발생하는 불이익은 응시자에게 있습니다.

감독관 확 인	본인 및 수험번호 표기가 정확한지 확인	(인)

주관식 답안은 정해진 답란을 벗어나거나 답란을 바꿔서 쓸 경우 점수를 받을 수 없습니다.
(Answers written outside the box or in the wrong box will not be graded.)

51	㉠	
	㉡	

52	㉠	
	㉡	

53 아래 빈칸에 200자에서 300자 이내로 작문하십시오 (띄어쓰기 포함).
(Please write your answer below; your answer must be between 200 and 300 letters including spaces.)

(50)
(100)
(150)
(200)
(250)
(300)

※ 54번은 뒷면에 작성하십시오. (Please write your answer for question number 54 at the back.)

주 관 식 답 란 (Answer sheet for composition)

54

아래 빈칸에 600자에서 700자 이내로 작문하십시오 (띄어쓰기 포함).
(Please write your answer below; your answer must be between
600 and 700 letters including spaces.)

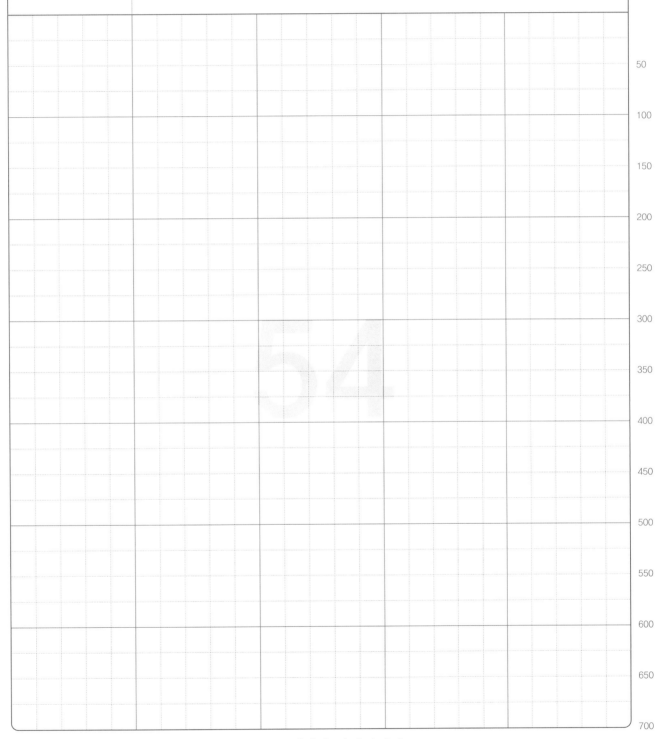

50
100
150
200
250
300
350
400
450
500
550
600
650
700

한국어능력시험 TOPIK II
2교시 (읽기)

성 명 (Name)	한 국 어 (Korean)	
	영 어 (English)	

수 험 번 호

8											

결 시 확인란: 결시자의 영어 성명 및 수험번호 기재 후 표기

답안지 표기 방법(Marking examples)

바른 방법(Correct)	바르지 못한 방법(Incorrect)
●	⊘ ⊗ ◐ ◑

※ 위 사항을 지키지 않아 발생하는 불이익은 응시자에게 있습니다.

본인 및 수험번호 표기가 정확한지 확인

감 독 관 확 인 (인)

번호	답			란
1	①	②	③	④
2	①	②	③	④
3	①	②	③	④
4	①	②	③	④
5	①	②	③	④
6	①	②	③	④
7	①	②	③	④
8	①	②	③	④
9	①	②	③	④
10	①	②	③	④
11	①	②	③	④
12	①	②	③	④
13	①	②	③	④
14	①	②	③	④
15	①	②	③	④
16	①	②	③	④
17	①	②	③	④
18	①	②	③	④
19	①	②	③	④
20	①	②	③	④

번호	답			란
21	①	②	③	④
22	①	②	③	④
23	①	②	③	④
24	①	②	③	④
25	①	②	③	④
26	①	②	③	④
27	①	②	③	④
28	①	②	③	④
29	①	②	③	④
30	①	②	③	④
31	①	②	③	④
32	①	②	③	④
33	①	②	③	④
34	①	②	③	④
35	①	②	③	④
36	①	②	③	④
37	①	②	③	④
38	①	②	③	④
39	①	②	③	④
40	①	②	③	④

번호	답			란
41	①	②	③	④
42	①	②	③	④
43	①	②	③	④
44	①	②	③	④
45	①	②	③	④
46	①	②	③	④
47	①	②	③	④
48	①	②	③	④
49	①	②	③	④
50	①	②	③	④

한국어능력시험 TOPIK II

1교시 (듣기)

성 명 (Name)	한국어 (Korean)	
	영 어 (English)	

수 험 번 호

8

번호	답 란			
1	①	②	③	④
2	①	②	③	④
3	①	②	③	④
4	①	②	③	④
5	①	②	③	④
6	①	②	③	④
7	①	②	③	④
8	①	②	③	④
9	①	②	③	④
10	①	②	③	④
11	①	②	③	④
12	①	②	③	④
13	①	②	③	④
14	①	②	③	④
15	①	②	③	④
16	①	②	③	④
17	①	②	③	④
18	①	②	③	④
19	①	②	③	④
20	①	②	③	④

번호	답 란			
21	①	②	③	④
22	①	②	③	④
23	①	②	③	④
24	①	②	③	④
25	①	②	③	④
26	①	②	③	④
27	①	②	③	④
28	①	②	③	④
29	①	②	③	④
30	①	②	③	④
31	①	②	③	④
32	①	②	③	④
33	①	②	③	④
34	①	②	③	④
35	①	②	③	④
36	①	②	③	④
37	①	②	③	④
38	①	②	③	④
39	①	②	③	④
40	①	②	③	④

번호	답 란			
41	①	②	③	④
42	①	②	③	④
43	①	②	③	④
44	①	②	③	④
45	①	②	③	④
46	①	②	③	④
47	①	②	③	④
48	①	②	③	④
49	①	②	③	④
50	①	②	③	④

결 시 확인란	결시자의 영어 성명 및 수험번호 기재 후 표기	◯

답안지 표기 방법(Marking examples)

바른 방법(Correct)	바르지 못한 방법(Incorrect)
●	⊽ ⊙ ◑ ⊗ ▨

※ 위 사항을 지키지 않아 발생하는 불이익은 응시자에게 있습니다.

감 독 관 확 인	본인 및 수험번호 표기가 정확한지 확인	(인)

한국어능력시험 TOPIK II

1 교시 (쓰기)

| 성 명
(Name) | 한 국 어
(Korean) | |
| | 영 어
(English) | |

수 험 번 호

주관식 답안은 정해진 답란을 벗어나거나 답란을 바꿔서 쓸 경우 점수를 받을 수 없습니다.
(Answers written outside the box or in the wrong box will not be graded.)

51	㉠	
	㉡	
52	㉠	
	㉡	

53 아래 빈칸에 200자에서 300자 이내로 작문하십시오 (띄어쓰기 포함).
(Please write your answer below; your answer must be between 200 and 300 letters including spaces.)

결시자의 영어 성명 및
수험번호 기재 후 표기

결 시
확인란

답안지 표기 방법(Marking examples)

바른 방법(Correct)   바르지 못한 방법(Incorrect)

※ 위 사항을 지키지 않아 발생하는 불이익은 응시자에게 있습니다.

감독관
확 인   본인 및 수험번호 표기가
정확한지 확인   (인)

※ 54번은 뒷면에 작성하십시오. (Please write your answer for question number 54 at the back.)

주 관 식 답 란 (Answer sheet for composition)

아래 빈칸에 600자에서 700자 이내로 작문하십시오 (띄어쓰기 포함).
(Please write your answer below; your answer must be between
600 and 700 letters including spaces.)

50
100
150
200
250
300
350
400
450
500
550
600
650
700

한국어능력시험 TOPIK II

2교시 (읽기)

성 명 (Name)	한 국 어 (Korean)	
	영 어 (English)	

수 험 번 호

					8						

결 시 확 인 란	결시자의 영어 성명 및 수험번호 기재 후 표기	○

답안지 표기 방법(Marking examples)

바른 방법(Correct)	바르지 못한 방법(Incorrect)
●	✓ · ◐ ✗ ✖

※ 위 사항을 지키지 않아 발생하는 불이익은 응시자에게 있습니다.

감 독 관 확 인	본인 및 수험번호 표기가 정확한지 확인	(인)

번호	답 란
1	① ② ③ ④
2	① ② ③ ④
3	① ② ③ ④
4	① ② ③ ④
5	① ② ③ ④
6	① ② ③ ④
7	① ② ③ ④
8	① ② ③ ④
9	① ② ③ ④
10	① ② ③ ④
11	① ② ③ ④
12	① ② ③ ④
13	① ② ③ ④
14	① ② ③ ④
15	① ② ③ ④
16	① ② ③ ④
17	① ② ③ ④
18	① ② ③ ④
19	① ② ③ ④
20	① ② ③ ④

번호	답 란
21	① ② ③ ④
22	① ② ③ ④
23	① ② ③ ④
24	① ② ③ ④
25	① ② ③ ④
26	① ② ③ ④
27	① ② ③ ④
28	① ② ③ ④
29	① ② ③ ④
30	① ② ③ ④
31	① ② ③ ④
32	① ② ③ ④
33	① ② ③ ④
34	① ② ③ ④
35	① ② ③ ④
36	① ② ③ ④
37	① ② ③ ④
38	① ② ③ ④
39	① ② ③ ④
40	① ② ③ ④

번호	답 란
41	① ② ③ ④
42	① ② ③ ④
43	① ② ③ ④
44	① ② ③ ④
45	① ② ③ ④
46	① ② ③ ④
47	① ② ③ ④
48	① ② ③ ④
49	① ② ③ ④
50	① ② ③ ④

한국어 전문 교수 직강!
TOPIK 유형 특강 무료 제공

단 10강으로 한국어능력시험 TOPIK
합격에 가까워집니다

- 한입에 떠먹여 주는 TOPIK II 유형 특강(총 10강)
- 연습문제로 배우는 유형별 풀이 비법
- 목표 등급에 맞는 학습 전략

유형 특강 수강 경로

| ▶ 유튜브 '에듀윌 자격증' 채널 | ▶ | TOPIK II 검색 | ▶ | 원하는 강의 바로 시청 |

'에듀윌 도서몰(book.eduwill.net) 내 동영상강의실 >
TOPIK'에서도 수강하실 수 있습니다.

도서몰로
바로 가기

최신판

에듀윌 한국어능력시험
TOPIK II 종합서
+무료특강

정답과 해설

eduwill

최신판

에듀윌 한국어능력시험

TOPIK II 종합서

+무료특강

2024 최신판

에듀윌 한국어능력시험
QUICK TOPIK II
기출유형 종합서

정답과 해설

유형 | 01 일치하는 그림/도표 고르기

01 ④

┌ • 듣기대본 •
남자: 정말 축하해요. 아! 이거 받으세요.
여자: 와 주신 것만으로도 감사한데, 이런 것까지 주셔서 정말 고마워요.
남자: 그림이 멋있네요. 그동안 노력한 보람이 있겠어요.

남자가 여자에게 무언가를 주며 그림이 멋있다면서 그동안 노력했다고 칭찬을 하고 있으므로, 정답은 ④번입니다.

오답 해설

① 여자가 남자에게 무엇을 주는 것이 아니라 남자가 여자에게 건네야 합니다.
② 남자가 그림을 그리는 사람이 아니고, 여자가 그림을 그리는 사람입니다.
③ 남자와 여자는 전시회의 관람객인 것으로 유추할 수 있으므로, 대화 상황과 맞지 않습니다.

02 ①

┌ • 듣기대본 •
남자: 구두를 하나 사려고 하는데요. 요즘 유행하는 것은 어떤 건가요?

여자: 이건 어떠세요? 손님 옷 색깔과 잘 어울릴 것 같은데요.
남자: 저는 검정색 구두는 신지 않아서요. 다른 색으로 보여 주세요.

구두를 사려고 하는 손님인 남자가, 직원인 여자에게 다른 구두를 보여 달라고 부탁하고 있으므로, 정답은 ①번입니다.

오답 해설

② 남자는 옷을 사려고 온 것이 아니라 구두를 사러 왔습니다.
③ 남자가 결제를 하려는 상황이 아닙니다.
④ 남자는 여자에게 다른 구두를 보여 달라고 했을 뿐, 구두를 신어 보지는 않았습니다.

03 ①

┌ • 듣기대본 •
여자: 성인 남녀 300명에게 여행의 목적에 대해 조사한 결과, 휴식이 가장 큰 목적인 것으로 나타났으며, 출장과 문화 습득, 기타가 그 뒤를 이었습니다. 휴식을 위해 여행을 하는 사람들은 대부분 국외로 여행을 떠나는 경우가 많은데, 이는 각박한 일상생활에서 벗어나 여유를 즐기고 싶기 때문일 것으로 예상됩니다.

조사 결과, 여행의 목적은 휴식, 출장, 문화 습득, 기타의 순서로 나타났다고 하였습니다. 따라서 정답은 ①번입니다.

오답 해설

② 제시된 여행의 목적에 대한 조사 결과가 듣기의 내용과 맞지 않습니다.
③, ④ 조사에서 연도별 추이는 말하지 않았습니다.

04 ②

┌ • 듣기대본 •
남자: 20대 대학생을 대상으로 도서 구매 장소를 조사한 결과, 인터넷 서점을 가장 많이 이용하는 것으로 나타났습니다. 그다음으로는 대형 서점과 동네 서점이 뒤를 이었는데, 대형 서점

이용객은 지난해에 비해 크게 늘어난 것으로 조사되었습니다.

도서 구매 장소의 조사 결과를 지난해와 비교하고 있으므로, 정답은 ②번입니다.

오답해설
① 대형 서점의 이용객이 지난해보다 늘어났다고 했습니다.
③, ④ 연도에 따른 이용객의 변화를 확인할 수 없습니다.

유형 | 02 이어지는 말 고르기

01 ②

• 듣기대본 •
여자: 준호 씨, 요즘도 매일 아침 운동을 해요?
남자: 네. 이제 세 달쯤 됐는데, 몸도 가벼워지고 기분도 좋아지는 것 같아요.
여자: _____

남자는 여자에게 운동의 장점을 말하고 있습니다. 이에 대해 긍정적으로 반응하는 내용을 골라야 하므로, 정답은 ②번입니다.

오답해설
①, ④ 대화의 내용과 상관이 없습니다.
③ 여자보다는 남자가 말할 내용으로 적절합니다.

02 ②

• 듣기대본 •
남자: 선생님, 제가 몸살 때문에 오늘 수업에 못 갈 것 같습니다. 죄송합니다.
여자: 그랬군요. 오늘 수업 내용은 다음 주에 따로 설명을 해 줄게요. 걱정하지 마세요.
남자: _____

학생이 선생님에게 수업을 빠지게 되는 사정을 말하고 양해를 구하고 있으므로, 다음 수업에는 꼭 나오겠다고 말하는 것이 적절합니다. 따라서 정답은 ②번입니다.

오답해설
① 모임에 대한 내용은 나오지 않았습니다.
③ 남자가 수업에 빠지는 상황에 어울리지 않습니다.
④ 남자는 지금 몸살에 걸려 아픈 상태입니다.

03 ③

• 듣기대본 •
남자: 다음 주에 열리는 회의에 사용할 보고서입니다. 혹시 문제가 있는지 검토를 부탁드립니다.
여자: 틀린 부분은 없네요. 그런데 회의를 할 장소는 정해졌나요?
남자: _____

회의를 할 장소가 정해졌는지에 대해 답해야 하므로, 정답은 ③번입니다.

오답해설
① 여자는 남자에게 틀린 부분이 없다고 답했습니다.
② 여자는 남자에게 회의 참석 인원을 물어보지 않았습니다.
④ 회의는 다음 주에 열린다고 했으므로 이미 회의가 끝났다는 말은 적절하지 않습니다.

04 ①

• 듣기대본 •
여자: 제가 휴대 전화를 택시에 두고 내렸는데요.
남자: 그래요? 휴대 전화가 어떻게 생겼는지 설명해 주시겠어요?
여자: _____

잃어버린 휴대 전화의 모양에 대해 설명해야 하므로, 정답은 ①번입니다.

오답해설
② 여자는 휴대 전화를 사러 온 것이 아닙니다.
③ 남자가 여자에게 휴대 전화를 보여 주고 여자의 것이 맞는지 물어보는 상황이 아닙니다.
④ 여자가 기다리는 상황이 아닙니다.

05 ④

• 듣기대본 •
남자: 안녕하십니까. 무엇을 도와드릴까요?
여자: 이걸 제주도로 보내려고 하는데요. 내일까지 도착해야 하는 물건이에요.
남자: _____

여자는 택배를 보내려 하고 있습니다. 남자는 도착하는 시간을 확인하여 답해야 하므로, 정답은 ④번입니다.

① 물건을 보내는 요금에 대해서 이야기하지 않았습니다.

② 아직 물건을 보내기 전이므로 확인할 수 없는 내용입니다.

③ 물건을 구입하고 있는 상황이 아닙니다.

06 ①

• 듣기 대본 •

> 여자: 거실이 너무 좁아서 답답해 보였는데, 벽을 하얀
> 색으로 칠하고 나니까 훨씬 보기 좋지 않아요?
>
> 남자: 네, 맞아요. 그런데 벽에 아무것도 없으니까 좀
> 허전한 것 같아요. 사진이나 그림을 걸어 두는
> 게 어때요?
>
> 여자: _____

남자가 벽에 사진이나 그림을 걸어 두는 것이 좋겠다고 하
였으므로, 정답은 ①번입니다.

② 거실의 밝기에 대해 이야기하지 않았습니다.

③ 남자는 그림을 걸어 두는 것이 어떻겠냐고 제안했습
니다.

④ 특정한 사진에 대해 이야기하지 않았습니다.

유형 | 03) 알맞은 행동 고르기

01 ②

• 듣기 대본 •

> 여자: 저, 책을 빌리려고 하는데 어제 학생증을 잃어
> 버렸어요.
>
> 남자: 학생증을 분실했을 경우에는 1층 사무실에 가
> 서 임시로 도서관 출입증을 만들어야 합니다.
> 사진을 찍어서 가지고 오시면 처리해 드리겠
> 습니다.
>
> 여자: 사진이요? 지금 빨리 도서관 출입증을 만들어
> 야 하는데···. 학교 안에 사진을 찍을 수 있는
> 곳이 있는지 알려 주시겠어요?
>
> 남자: 네. 학생회관 2층으로 가시면 사진관이 있습
> 니다.

임시로 사용할 도서관 출입증을 만들기 위해서 사진을 찍
는 것이 우선이므로, 정답은 ②번입니다.

① 책을 반납하는 것은 학생증을 잃어버린 상황과 관련이
없습니다.

③ 여자는 학생증을 이미 잃어버렸습니다. 학생증을 사무
실에 맡겨 둔 것이 아닙니다.

④ 사진을 찍은 후에 도서관 출입증을 만들 수 있습니다.

02 ①

• 듣기 대본 •

> 여자: 고객 상담 센터죠? 휴대 전화 요금이 너무 많
> 이 나와서 확인을 하고 싶은데요.
>
> 남자: 아, 그러세요? 휴대 전화 요금이 어떻게 얼마
> 가 나온 것인지 이메일 고지서는 받으셨나요?
>
> 여자: 아니요. 그런 이메일은 받지 못했어요. 이메
> 일로 고지서를 받아 볼 수 있나요?
>
> 남자: 네. 지금 바로 발송해 드리도록 하겠습니다. 1
> 분 뒤에 확인해 보시면 됩니다.

남자 상담원이 이메일로 휴대 전화 요금 고지서를 보내 준
다고 했으므로, 정답은 ①번입니다.

② 남자가 여자에게 이메일을 보낼 예정입니다.

③ 대화가 끝난 후에 바로 이어서 할 행동이 아닙니다.

④ 고지서는 이메일로 받을 예정입니다.

03 ③

• 듣기 대본 •

> 여자: 유경 씨가 다음 주에 회사를 그만둔다고 하는데,
> 이번 주말에 송별 파티라도 하는 게 어때요?
>
> 남자: 좋은 생각이에요. 사무실 직원들 수가 많으니
> 까 조금 큰 파티 장소가 필요하겠죠? 제가 한
> 번 알아볼게요.
>
> 여자: 고마워요. 주말이라 장소를 찾는 게 어려울 수
> 도 있겠네요. 저는 유경 씨가 혹시 파티에 오
> 기 어려운 건 아닌지 물어봐야겠어요. 이따가
> 만나기로 했거든요.
>
> 남자: 네, 그러세요.

남자는 파티 장소를 알아보고, 여자는 유경 씨가 파티에 올
수 있는지를 물어보기로 했으므로, 정답은 ③번입니다.

① 유경 씨를 위한 송별 파티입니다.
② 파티 장소는 남자가 알아보기로 했습니다.
④ 남자가 하기로 한 일입니다.

04 ④

여자: 이거 어제 산 옷인데 집에 가서 보니까 이 부분에 얼룩이 있었어요.

남자: 영수증을 좀 보여 주시겠습니까? 문제가 있는 물건을 실수로 판매한 것 같습니다. 죄송합니다. 환불해 드릴까요?

여자: 아니요, 저는 이 옷이 마음에 들어서요. 새 옷으로 교환을 해 주세요.

남자: 알겠습니다. 지금 바로 처리해 드리겠습니다.

여자는 문제가 없는 새 옷으로 교환하기를 원하고 있으므로, 정답은 ④번입니다.

① 여자는 다른 옷을 원한다고 말하지 않았습니다.
② 남자는 가게 직원으로, 여자의 옷을 바꿔 줄 뿐이지 여자에게 새 옷을 구입해 줄 필요는 없습니다.
③ 여자는 환불이 아니라 교환을 원하고 있습니다.

05 ②

남자: 이번 체육 대회 말이에요. 어디에서 하는 게 좋을까요?

여자: 지난번에 놀러 갔었던 체육공원을 예약하는 게 어때요? 야외에 식당도 있어서 체육 대회가 끝나면 회식도 할 수 있을 것 같은데.

남자: 그럼 지은 씨가 체육공원을 예약해 주시겠어요? 저는 다른 회식 장소를 좀 더 찾아 볼게요. 날씨가 너무 더워서 실내에서 회식을 하는 것도 고민을 해 봐야 할 것 같아서요.

여자: 네, 그래요. 그럼 이따가 다시 봐요.

남자는 회식을 할 장소를 찾아 본다고 하였으므로, 정답은 ②번입니다.

① 체육 대회를 준비 중이지, 바로 하러 가는 것이 아닙니다.

③ 체육 대회는 체육공원에서 하기로 결정했습니다.
④ 여자가 이어서 할 행동입니다.

06 ①

여자: 지난 주말에 면 요리에 대한 다큐멘터리 봤어요? 맨날 먹는 면에도 역사가 있다는 것을 알 수 있어 재미있더라고요.

남자: 그렇군요. 저도 봤으면 좋았을 텐데……. 다시 방송하지 않을까요?

여자: TV에서는 다시 방송하지 않을 거래요. 프로그램 홈페이지에서 영상을 찾아 보세요. 아, 먼저 홈페이지에 회원 가입을 해야 영상을 볼 수 있어요.

남자: 네, 알았어요. 고마워요.

프로그램 홈페이지에서 영상을 볼 수 있는데, 먼저 회원 가입을 해야 한다고 했으므로, 정답은 ①번입니다.

② 지난 주말에 다큐멘터리를 이미 방영했으며, 남자는 프로그램 홈페이지에 가서 영상을 볼 것입니다.
③ 회원 가입을 한 후에 이어서 할 행동입니다.
④ TV에서는 재방송을 하지 않는다고 했습니다.

유형 04 담화 참여자 고르기

01 ④

여자: 첫인상에 대한 사람들의 고정 관념에 대해 설명을 해 주셨는데요, 이런 고정 관념이 실제 생활에 어떤 영향을 주게 되나요?

남자: 첫인상의 고정 관념이 주는 영향의 예로, 교사의 경우를 들어 보겠습니다. 많은 교사들은 첫 시험을 잘 본 학생에 대해서는 '똑똑한' 학생이라는 첫인상을 갖게 되는데, 이 학생이 기말시험을 못 보면 '집에 무슨 일이 있나?' 하고 생각합니다. '능력 있는' 학생인데 외부의 어떤 원인 때문에 기말시험을 못 보았을 것이라고 생각하는 것이죠. 반면에, 첫 시험을 못 본 학

생에 대해서는 '그저 그런' 학생이라는 첫인
상을 갖게 되는데, 이 학생이 기말시험을 잘
보면 '커닝한 건 아닐까?' 하고 생각하기도 합
니다. 이와 같이 첫인상에 대한 고정 관념은
그다음 행동의 평가에까지 큰 영향을 줄 수 있
습니다.

첫인상의 고정 관념이 생활에 미치는 영향에 대해 설명하
고 있습니다. 이는 심리와 연관됩니다. 정답은 ④번입니다.

오답 해설
① 남자가 설명을 하면서 '교사'라는 직업을 예로 든 것입
니다. 교사가 남자의 직업은 아닙니다.
②, ③ 설계사와 기획자는 대화의 내용과 관련이 없습니다.

02 ②

• 듣기대본 •
> **여자:** 이런 전통 춤의 흐름을 이어 가는 것이 쉽지
> 않으시겠어요.
>
> **남자:** 아무래도 시대의 변화를 빠르게 반영하는 대중
> 문화의 흐름과 다른 면이 있다 보니 쉽지 않은
> 부분이 많습니다. 정확한 정보나 책을 가지고
> 공부하는 것이 아니라 스승님들의 춤을 보고
> 따라 하면서 익혀야 하는 것이 가장 어렵습니
> 다. 동일한 방법으로 후배들에게 춤을 전수해
> 야 한다는 것이 또 다른 부담이 되기도 하지요.
>
> **여자:** 많은 관객들이 전통 춤을 보실 수 있게 된다면
> 그 매력에 흠뻑 빠지실 텐데요.
>
> **남자:** 아직 전통 춤을 보여 드릴 기회가 적은 것이
> 아쉬울 따름입니다.

남자는 스승님에게 전통 춤을 배우고 이를 후배들에게 알
려 주며, 사람들에게 전통 춤을 보여 준다고 했습니다. 따
라서 남자는 전통 춤을 공연하는 사람이므로, 정답은 ②번
입니다.

오답 해설
① 남자는 전통 춤을 보여 주는 사람이지 홍보를 하는 사람
이 아닙니다.
③ 남자는 전통 춤과 관련된 책을 쓰는 사람이 아닙니다.
④ 전통 춤의 의상에 대한 내용은 대화에 나오지 않았습
니다.

03 ②

• 듣기대본 •
> **남자:** 그럼 좋은 향을 만들어 내는 것이 주요한 업무
> 이실 텐데요. 그것과 함께 어떤 일을 하게 되
> 나요?
>
> **여자:** 향을 만든다고 해서 단순히 향을 만드는 '연구
> 자'에 머물지는 않습니다. 제품 기획자이자 마
> 케터 역할도 해야 하죠. 화장품 회사에서 일을
> 하는 경우 제품 개발 단계부터 참여해 고객의
> 특성, 제품 콘셉트 등을 연구해 결정합니다.
> '20대 중반 여성을 위한 색조 화장품'을 개발
> 한다면 대상 고객의 소득 수준, 취향과 최신
> 유행까지 고려해 적절한 콘셉트를 기획해야
> 합니다. 전문적으로 향을 만드는 경우 3,000
> 가지 향을 구분할 수 있는 분도 있습니다. 사
> 과를 구성하는 향만 해도 100여 개에 이르죠.
> 그만큼 향의 종류는 보통 사람들이 생각하는
> 것보다 훨씬 다양합니다.

'향을 만드는 사람'은 조향사이므로, 정답은 ②번입니다.

오답 해설
① 요리사는 음식의 향을 만들어 내기는 하겠지만, 대화의
내용과는 관련이 없습니다.
③ 디자이너는 향을 만들거나 화장품을 만드는 일과는 관
련이 없습니다.
④ 컬러리스트는 사람들에게 어울리는 색깔을 선택하여
도움을 주는 직업입니다.

04 ②

• 듣기대본 •
> **남자:** 일자리를 얻는 것이 하늘의 별 따기처럼 어려
> 운 때에 일을 만드는 직업을 가지고 계시다고
> 요? 구체적으로 설명해 주실 수 있을까요?
>
> **여자:** 저는 사람들이 새로운 진로를 열어 가도록 돕
> 고 있습니다. 창직을 하는 원리와 방법, 그리고
> 절차를 정리하여 체계적으로 제시하고 있지요.
> 창직 전문가로서 청소년과 일자리 소외 계층,
> 퇴직 예정자들을 만나 직업에 대한 정보를 제
> 공하고 있습니다.
>
> **남자:** 기존의 직업군에서만 일을 찾는 것에 한계를

느낀 분들에게 희소식이 될 것 같습니다.
> **여자:** 네. 여러 학교와 기업에서 지속적으로 문의를 해 주고 계십니다.

여자는 사람들이 새로운 진로를 열어 가도록 돕고 있으며, 창직(새로운 직종을 만드는 것)을 한다고 했습니다. 새로운 일자리를 만들고 알려 주는 일을 하는 것이므로, 여자는 일자리를 발굴하는 사람입니다. 따라서 정답은 ②번입니다.

① 여자는 회사원을 관리하는 사람이 아닙니다.
③ 여자는 청소년을 교육하는 일이 아니라 청소년에게 일자리에 대한 정보를 주는 일을 합니다.
④ 여자는 창업 비용을 지원하는 사람이 아니라 새로운 일자리를 만들어 내고 알려 주는 사람입니다.

유형 | 05 담화 전/후의 내용 고르기

01 ④

> • 듣기 대본 •
> **여자:** 요즘 인기 있는 게임 개발자로 활약을 하고 계시는데요, 앞에서 이야기하신 것처럼 안정적인 직업을 가지고 계시다가 게임 개발자를 직업으로 선택하신 이유는 무엇인가요?
> **남자:** 어린 시절부터 게임에 관심이 많기는 했지만 게임 개발자를 꿈꾸었던 적은 없었습니다. 그러다 우연히 멀티 플레이 게임의 가능성을 발견했고, 그것을 계속해서 개발하면 더 성공할 수 있겠다는 자신감을 가지고 이 일을 시작하게 되었습니다. 그래서 오랫동안 하던 수학 교사를 그만두게 된 것이고요. 게임 개발을 막 시작하던 당시 게임 개발자는 지금처럼 주목받는 직업이 아니었습니다. 그러나 지금은 게임이 영화나 스포츠와 마찬가지로 하나의 문화로 자리 잡았다는 점에서 시대가 많이 변했다고 생각합니다.

여자가 대담을 시작하면서 안정적인 직업을 가지고 있다가 게임 개발자를 선택한 이유를 묻고 있습니다. 따라서 정답은 ④번입니다.

① 어린 시절에 게임에 관심이 많았을 뿐 게임을 개발한 것은 아닙니다.
② 대화에 나오지 않은 내용입니다.
③ 게임 개발자가 되기 위해 수학 공부를 한 것이 아니라, 수학 교사를 그만두었습니다.

02 ③

> • 듣기 대본 •
> **남자:** 그렇게 엄청난 비용이 든다면 플로리스트에 도전하는 것이 참 쉽지 않을 것 같은데요. 이것이 귀국을 결심하신 이유 중 하나가 되셨다고요?
> **여자:** 네. 그렇습니다. 플로리스트가 되기 위해 해외로 유학 오는 한국 학생들은 갈수록 늘어나는데, 이 수업을 듣는 것에 막대한 비용이 드는 것을 보고 한국에 돌아가서 제가 배운 것을 알려야겠다고 생각하게 되었습니다. 또, 유학생들이 한국에 돌아와 해외에서 배운 것과 같은 디자인을 선보이려면 수입 꽃을 써야 하는 것도 가격의 부담이 큰 부분이었습니다. 그래서 한국에서 나오는 제철 꽃들로도 얼마든지 멋진 작품을 만들 수 있다는 것을 보여 주고 싶었습니다. 이제는 국내에서도 얼마든지 이론과 실습을 겸한 세계적인 꽃 장식을 익힐 수 있도록 다양한 플로리스트 수업을 진행하고 있습니다.

남자가 대담을 시작하면서 '그렇게 엄청난 비용이 든다면 플로리스트에 도전하는 것이 참 쉽지 않을 것 같은데요.'라고 했으므로, 정답은 ③번입니다.

① 플로리스트가 되기 위한 유학에 비용이 많이 든다고는 했으나, 유학 비용 때문에 귀국을 하는 학생이 많다는 내용은 없습니다.
② 플로리스트가 되기 위한 유학에 드는 비용에 대해서만 이야기했습니다. 세계적으로 유학에 지출되는 비용에 대한 이야기는 하지 않았습니다.
④ 앞에서 대화했을 내용으로 적절하지 않습니다. 여자의 마지막 말과도 맞지 않습니다.

03 ②

여자: 현재 전 지구적으로 해수면 상승, 빙하 후퇴 등의 기후 변화가 일어나고 있습니다. 이러한 기후 문제가 국가 간 분쟁의 원인이 되는 이유는 무엇인가요?

남자: 기후 변화의 원인을 제공하는 국가와 피해를 입는 국가가 다르기 때문입니다. 어떤 나라가 열심히 발전을 하는 동안 다른 나라의 국민들은 영문도 모른 채 자신의 나라가 해수면의 상승으로 인해 물에 잠길 수도 있는 위협을 받게 되는 것이지요. 이제 이와 같이 기후의 변화로 야기되는 문제를 겪은 나라들을 위해 어떤 노력을 할 수 있는지 구체적으로 논의해 보도록 하지요.

남자는 마지막에 기후 변화로 피해를 겪은 나라를 위해 어떤 노력을 할 수 있는지 논의해 보자고 했습니다. 구체적인 노력으로 피해 국가들을 위한 보상 방안을 마련하는 것이 그 방법이 될 수 있으므로, 정답은 ②번입니다.

① 이 대화 다음에는 기후 변화가 미치는 영향이 아니라 기후 변화로 인해 발생한 문제를 해결하기 위한 방법이 제시되어야 합니다.
③ 대화에서 가뭄에 대한 내용은 제시되지 않았습니다.
④ 기후 분쟁이 줄어드는 상황이 아니라 이로 인해 피해를 입은 나라를 위한 방안이 나와야 합니다.

04 ②

남자: 세계화, 국제화 시대에는 '현지화 전략'이 중요하다고 하는데요. 나라마다 존재하는 가치관의 차이를 고려해야 하기 때문인 것 같습니다. 현지화 전략의 구체적인 의미와 성공 사례를 말씀해 주실 수 있을까요?

여자: 현지화 전략이란 기업이 목표로 하는 시장의 여러 사항을 고려하여 서비스나 재화를 생산하고 유통하는 과정을 말합니다. 현지의 문화, 관습, 자연환경, 언어 등을 고려할 수 있겠지요. 예를 들어 한 유명 치킨 프랜차이즈는 진출한 나라의 각 지방마다 다른 메뉴를 구비하고 있습니다. 각 지역의 주식이 무엇인지를 고려하는 고객 맞춤형 전략을 사용하여 성공한 것입니다. 반면 현지화 전략을 사용했음에도 시장에서 퇴출당하기도 합니다.

여자는 현지화 전략을 사용했음에도 시장에서 퇴출하는 경우가 있음을 이야기했습니다. 따라서 정답은 그 사례를 제시하는 ②번입니다.

① 현지화 전략이 어느 시기에만 효과가 있다는 이야기는 제시되지 않았고 이후에 이어질 내용으로도 적절하지 않습니다.
③ 현지인이 경영을 해야 하는 이유가 나오지 않았으므로 대화 뒤에 이어질 내용으로 적절하지 않습니다.
④ 음식 사업에 대한 이야기가 대화 다음에 이어지는 것은 자연스럽지 않습니다.

합격 잡는 실전문제
52쪽

01 ①	02 ③	03 ③	04 ①	05 ④
06 ③	07 ②	08 ①	09 ④	10 ④
11 ②	12 ①	13 ③	14 ①	15 ③
16 ④				

01 ①

남자: 공을 잘 들고 앞쪽을 봐.
여자: 이렇게? 그다음에는 어떻게 해?
남자: 천천히 걸어가면서 공을 굴려 봐.

일치하는 그림/도표 고르기

남자는 여자에게 공을 잘 들고 앞쪽을 보라고 했습니다. 그리고 여자에게 천천히 걸어가라고 했습니다. ①번 그림과 ③번 그림 중 여자가 앞쪽을 보고 있는 그림은 ①번뿐입니다. 따라서 정답은 ①번입니다.

② 남자는 여자에게 공을 잘 들고 있으라고 했고 여자는 그 말대로 행동합니다. 하지만 ②번 그림에서는 여자와 남자 모두에게 공이 없으므로 정답으로 적절하지 않습니다.

③ 대화에서는 남자가 여자에게 공을 어떻게 해야 하는지를 알려 주고 있습니다. 그런데 ③번은 여자가 남자에게 공을 어떻게 해야 하는지를 알려 주고 있습니다.

④ 남자가 공을 들고 있고 여자가 신발끈을 묶고 있으므로 대화의 상황과 다릅니다.

02 ③

• 듣기대본 •

남자: 이걸 좀 보내려고 하는데요. 얼마를 내야 하나요?

여자: 크기와 무게를 확인해야 알 수 있습니다. 여기 위에 놓아 주시겠어요?

남자: 네, 알겠습니다. 여기 있습니다.

유형) 일치하는 그림/도표 고르기

남자가 물건을 보내려 하고 여자는 가격을 알기 위해서 물건의 크기와 무게를 확인해야 한다고 했으므로, 정답은 ③번입니다.

오답 해설

① 그림 속 여자와 남자는 직원과 손님의 관계가 아니므로 정답이 아닙니다.

② 그림 속 여자와 남자는 모두 직원이며, 물건을 어디에 보내고 있지 않으므로 정답이 아닙니다.

④ 그림 속 남자는 택배 회사의 직원이며, 여자에게 물건을 가져다주고 있으므로 정답이 아닙니다.

03 ③

• 듣기대본 •

남자: 2015년 이후 영화관을 찾는 관객 수가 계속해서 감소하고 있습니다. 관객 수가 줄고 있는 이유로는 '여가 활동이 다양해져서'가 가장 많았고, '영화를 모바일로 보는 경우가 늘어서', '관람료가 올라서'가 그 뒤를 이었습니다.

유형) 일치하는 그림/도표 고르기

2015년 이후 영화관을 찾는 관객 수가 계속해서 감소하고 있다고 말했습니다. 그런데 관객 수가 계속 감소하고 있는 그래프는 없습니다. 그리고 관객 수가 줄고 있는 이유로 '여가 활동이 다양해져서'가 가장 많다고 하였으므로, 정답은 ③번입니다.

오답 해설

① 이 그래프는 영화관 관객 수가 2015년부터 2017년까지는 증가하고, 2018년에 감소한 그래프이므로 정답이 아닙니다.

② 이 그래프는 영화관 관객 수가 2017년에 증가하였다가, 2018년에 조금 감소한 그래프이므로 정답이 아닙니다.

④ 관객 수 감소 이유로 '여가 활동이 다양해져서'가 가장 많다고 하였으므로 정답이 아닙니다.

04 ①

• 듣기대본 •

남자: 2020년 이후 대학 진학률은 감소하다가 2022년 다시 상승하고 있습니다. 고등학생이 대학에 진학하는 목적으로는 '취업 준비'가 가장 많았고, '능력 계발', '지식 습득', '기타'가 그 뒤를 이었습니다.

유형) 일치하는 그림/도표 고르기

대학 진학 목적으로 '취업 준비'가 가장 많다고 하였으므로, 정답은 ①번입니다.

오답 해설

② '능력 계발'이 아니라 '취업 준비'가 대학 진학의 목적으로 가장 많다고 했습니다.

③, ④ 대학 진학률은 감소하다가 상승하고 있다고 했으므로 두 그래프에서 나타내는 것과 듣기의 내용이 다릅니다. 또한 취업률의 변화는 이야기하지 않았습니다.

05 ④

• 듣기대본 •

남자: 약 좀 사 가지고 올게. 머리가 계속 아프네.

여자: 지금 이 시간에도 문을 연 약국이 있을까?

남자: _____

유형) 이어지는 말 고르기

여자는 지금 시간에도 문을 연 약국이 있는지 궁금해합니다. 이 질문에 대한 적절한 대답은 지금 문을 연 약국이 있는지 없는지를 알려 주는 것입니다. 따라서 정답은 ④번입니다.

오답 해설

① 남자는 머리가 계속 아파 약을 사러 간다고 했습니다.

② 약이 필요한 것은 남자로, 여자에게 약을 사다 준다고 말하는 것은 적절하지 않습니다.

③ 남자는 약을 사 가지고 오겠다고 했습니다. 따라서 여자의 질문에 약국이 문을 안 열었다고 대답하는 것은 자연스럽지 않습니다.

06 ③

• 듣기대본 •

여자: 날씨가 많이 흐리네요. 오늘 오후부터 저녁 늦게까지 비가 온다고 했어요.

남자: 그래요? 저는 그런 줄도 모르고 우산을 안 가지고 나왔는데.

여자: _____

(유형) **이어지는 말 고르기**

오후부터 비가 온다고 했고 남자는 우산을 가지고 있지 않으므로, 여자가 남자에게 우산을 사라고 알려 주는 말이 이어지는 것이 적절합니다. 따라서 정답은 ③번입니다.

(오답 해설)

① 눈이 내린다는 내용은 나오지 않습니다.

② 남자가 비 오는 날 음악 듣는 것을 좋아한다고 말하지 않았습니다.

④ 비가 오다가 그쳤다는 내용은 나오지 않습니다.

07 ②

• 듣기대본 •

남자: 고객님, 그럼 이 카드로 하실 거지요?

여자: 네. 그런데 카드는 바로 나오나요?

남자: 그럼요. 서류 작성은 제가 도와드릴게요. 신분증 주시겠어요?

여자: 네, 잠깐만요.

(유형) **알맞은 행동 고르기**

남자는 여자에게 신분증을 달라고 했고 여자는 남자에게 잠깐만 기다리라고 했습니다. 여자는 곧 신분증을 꺼내 남자에게 줄 것입니다. 따라서 정답은 ②번입니다.

(오답 해설)

① 남자는 여자에게 신분증을 달라고 했습니다. 서류를 찾아 달라고 한 것이 아닙니다.

③ 카드를 보여 주는 것은 여자가 아닌 남자가 한 행동이며 이 대화의 다음이 아니라 대화의 시작 부분에 이미 있었던 일이므로, 정답이 아닙니다.

④ 남자는 여자에게 신청서를 작성하라는 이야기를 하지 않았습니다.

08 ①

• 듣기대본 •

여자: 백화점 카드를 만들고 싶은데 어떻게 해야 하나요?

남자: 카드 신청서를 작성하신 후에 5분만 기다리시면 카드가 발급됩니다.

여자: 오늘 구입한 물건도 적립을 할 수 있나요?

남자: 네. 신청한 카드를 받으신 후에, 이미 구입한 물건의 영수증을 보여 주시면 적립이 됩니다.

(유형) **알맞은 행동 고르기**

'백화점 카드', '카드 신청서' 등의 단어를 통해 여자는 고객, 남자는 백화점 직원이라는 것을 알 수 있습니다. 여자는 백화점 카드를 만들고자 하므로 카드신청서를 작성하는 것이 적절합니다. 정답은 ①번입니다.

(오답 해설)

②, ④ 카드 신청서를 작성해서 카드를 받은 후 할 일입니다.

③ 구입한 물건의 영수증을 보여 주면 적립이 된다고 하였고, 기다려야 한다는 말은 없습니다. 이는 카드를 받은 후 할 일입니다.

[09~10]

• 듣기대본 •

여자: 정원의 꽃들이 참 예쁘네요. 선생님은 여기에서 어떤 일을 하시나요?

남자: 이곳은 제가 작년부터 환자들에게 정원 가꾸기를 가르치고 있는 곳인데요. 저는 약을 사용하지 않고 식물을 이용해 그분들의 몸과 마음의 회복을 돕는 활동을 하고 있어요. 식물을 재배하면서 자연스럽게 치료 효과를 얻게 하는 거죠.

여자: 구체적으로 어떤 활동을 통해서 치료가 이루어지나요?

남자: 정원 가꾸기, 식물 재배하기, 꽃을 이용한 작품 만들기 등의 활동이 대표적인데요. 이런 크고 작은 신체 활동은 운동 능력을 향상시킬 수 있어요. 또한 식물의 향기를 맡으면서 느끼는 기쁨을 치료에 이용하는 것이죠. 정원에서 함께 재배한 식물을 판매함으로써 경제적으로 어려움을 겪고 있는 환자들에게 작은 도움도 드리고 있고요.

09 ④

유형 담화 참여자 고르기

남자는 식물을 이용해 사람들의 몸과 마음의 회복을 돕는 활동을 하고 있다고 했습니다. 따라서 정답은 ④번입니다.

오답 해설
① 남자는 식물의 향기를 분석하는 사람이 아니며, 사람들에게 향기를 맡게 하는 기쁨을 치료에 이용한다고 했습니다.
② 남자는 식물을 관리하는 사람이 아니라 식물을 가꾸는 방법을 다른 사람에게 가르쳐 주는 사람입니다.
③ 남자는 식물의 재배 방법을 연구하는 사람이 아니라 사람들에게 그 방법을 알려 주는 사람입니다.

10 ④

유형 일치하는 내용 고르기

남자는 식물을 가꾸는 크고 작은 신체 활동이 운동 능력을 향상시킬 수 있다고 했습니다. 따라서 정답은 ④번입니다.

오답 해설
① 남자는 약을 만드는 사람이 아닙니다.
② 정원에서 함께 재배한 식물을 판매한다고 했습니다.
③ 남자는 환자들에게 정원 가꾸는 법을 배우는 것이 아니라 환자들에게 정원 가꾸는 법을 가르칩니다.

[11~12]

• 듣기대본 •

여자: 요즘 조금만 힘들어도 하던 일을 그만두는 사람들이 많다고 합니다. 이 직업도 만만치 않아

보이는데, 어떤 점들을 고려해서 이 직업을 준비하는 것이 좋을까요?
남자: 이 직업을 갖기 위해서는 동물에 대해 끊임없는 관심과 애정을 갖는 것이 가장 중요합니다. 동물의 습성을 파악하여 동물에 따라 적절한 방법으로 급식 및 급수를 해야 하며, 동물의 청결 상태를 유지하기 위해서 여러모로 신경을 쓸 부분이 많기 때문입니다. 특히 동물의 건강 상태를 잘 파악하기 위해서 동물의 변이나 움직임, 울음소리 등도 잘 관찰해야 합니다. 때로는 동물을 보러 오는 관객들의 질문이 있을 때 동물에 대해 설명도 할 수 있어야 합니다. 요즘 동물에 관심을 가지는 사람들이 많아지면서 지원자가 점차 늘고 있는 추세인데, 이런 점들을 잘 알고 지원을 하는 것이 좋습니다.

11 ②

유형 담화 참여자 고르기

동물의 건강을 관리하고 생활을 돌보아 주는 직업은 '동물 사육사'입니다. 따라서 정답은 ②번입니다.

오답 해설
①, ④ 이 직업과 관련된 내용이 나오지 않았습니다.
③ 동물에 관한 내용을 이야기하였지만, 애견 미용에 관한 내용은 말하지 않았습니다.

12 ①

유형 일치하는 내용 고르기

동물의 습성에 따라 적절한 방법으로 급식, 급수를 해야 한다고 하였으므로, 정답은 ①번입니다.

오답 해설
② 동물에 따라 적절한 급식 및 급수를 해야 한다고 했습니다.
③ 가장 처음에 동물에 대해 끊임없는 관심과 애정을 갖는 것이 가장 중요하다고 했습니다.
④ 동물의 건강 상태를 잘 파악하기 위해 동물을 잘 관찰해야 하는 것입니다.

• 듣기대본 •

여자: 국외로 유출된 문화재가 이렇게 많은데, 어떤 방법으로 이런 문화재들을 다시 본국으로 가져올 수 있을까요?

남자: 관련된 국제 협약이 1970년에 마련되었고, 1990년대 후반부터 문화재 환수에 대한 관심이 높아지면서 국가 간 논의와 공조가 활발해졌습니다. 문화재 환수에는 정부 간 대여나 기증 등의 방식이 있는데요. 기증을 통한 영구적 환수가 바람직하겠지만 나라마다 문화재 보호에 관한 법이 서로 달라서 이것이 쉽지는 않습니다. 현재는 대여하는 방식으로 일시적 환수가 이루어지는 경우가 많습니다.

13 ③

유형) **담화 전/후의 내용 고르기**

대화의 첫 부분에서 여자는 '국외로 유출된 문화재가 이렇게 많'다고 말하며 이런 문화재들을 다시 본국으로 가져올 수 있는 방법이 무엇인지를 남자에게 물었습니다. 그러므로 이 대화의 바로 앞에서는 국외로 유출된 문화재의 수가 많다는 이야기를 했을 것입니다. 따라서 정답은 ③번입니다.

오답 해설

① 문화재 환수에는 정부 간 대여나 기증 등의 방식이 있다고 했습니다. 이것은 민간 주도가 아니라는 뜻입니다.

② 해외에 있는 문화재를 대여하여 전시하는 것이 아니라 다른 나라에 유출된 우리 문화재가 많은 것에 대해 이야기했을 것입니다.

④ 문화재 환수를 위해 다른 나라와 협정을 체결하는 내용은 이 대화 뒤에 올 수 있는 내용입니다.

14 ①

유형) **일치하는 내용 고르기**

남자는 기증을 통한 영구적(시간의 제한이 없는) 환수가 바람직하겠지만 나라마다(각국에 따라) 문화재 보호에 관한 법이 서로 다르다고 이야기했습니다. 따라서 정답은 ①번입니다.

오답 해설

② 문화재 환수가 활발해지기 시작한 것은 1990년대 후반

③ 현재는 대여하는 방식으로 일시적 환수가 이루어지는 경우가 많다고 했습니다.

④ 문화재 환수와 관련된 국제 협약은 1970년에 마련되었다고 했습니다.

• 듣기대본 •

여자: 대중문화 안에 들어 있는 정서도 일부 젊은 세대에게는 익숙하지만 다른 세대로부터 호응을 받기 어려워졌습니다. 어떻게 해결을 해야 할까요?

남자: 이 현상으로 인해 나타나는 가장 큰 문제점은 중장년층이 문화에서 소외된다는 것입니다. 이와 같은 문제점을 해결하기 위해서는 특정 세대만 향유하는 것이 아닌, 세대를 초월한 문화를 형성해 나가는 것이 중요합니다. 예를 들어 여러 연령대의 세대가 함께 문화를 누릴 수 있도록 가요 프로그램 등의 TV 프로그램에도 여러 세대가 함께 출연하여 서로 공감하는 무대를 만들어 간다면 더할 나위 없이 좋을 것입니다. 이 외에도 각 세대가 서로 사용하는 언어의 양상을 배울 수 있는 가벼운 교육이나 소통을 하는 것도 좋은 방안이 될 수 있습니다. 주민 센터 등에서는 이와 관련된 소통 프로그램을 운영해 오고 있습니다.

15 ③

유형) **담화 전/후의 내용 고르기**

각 세대가 서로 사용하는 언어를 알아 가는 것이 좋은 방안이라고 말했으므로, 정답은 ③번입니다.

오답 해설

① 이런 내용은 나오지 않았습니다.

② 세대 차이로 인한 문제에 대해서는 앞에서 언급하였고, 그 문제를 해결하기 위한 노력을 이야기하는 중입니다. 대화 뒤에 이어질 내용으로 적절하지 않습니다.

④ 대중문화의 문제점이 아니라 대중문화 내 세대 차이로 인한 문제를 극복하기 위한 노력을 말하고 있습니다.

16 ④

일치하는 내용 고르기

남자가 '세대를 초월한 문화를 형성해 나가는 것이 중요합니다.'라고 하였으므로, 정답은 ④번입니다.

오답 해설

①, ② 남자가 직접 가요 프로그램에 출연하여 공감하는 무대를 만들거나 소통 교육을 하지는 않았습니다. 세대를 초월한 문화를 형성하기 위한 해결책의 예를 들었을 뿐입니다.

③ 남자는 중장년층이 문화에서 소외되는 것을 가장 큰 문제점으로 보고 있습니다.

유형 | 06~08

유형 잡는 연습문제

유형	06	01 ④	02 ③	03 ④	04 ②
유형	07	01 ④	02 ③	03 ④	04 ②
유형	08	01 ④	02 ④	03 ②	04 ③

유형 | 06 중심 생각 고르기

01 ④

• 듣기 대본 •

남자: 요즘 공동생활 주택에서 지내고 있다면서? 불편하지 않아?

여자: 글쎄. 부엌이나 거실은 공동으로 사용하지만 방은 혼자서 사용하니까 생각보다 괜찮아. 집값 부담도 적고 같은 또래의 친구들끼리 모여 있으니까 서로 의지가 돼.

남자: 그렇구나. 나라면 공동생활을 하는 건 좀 불편할 것 같은데……. 아무리 개인 공간이 있다고 해도 서로 신경 쓸 일도 많을 거고, 친구들도 마음대로 부를 수 없으니까.

여자: 나도 처음에는 그랬지. 그런데 공동생활을 하면서 익숙해지면 신경이 쓰이기보다는 오히려 가족 같은 느낌이 들곤 해.

남자는 다른 사람과 함께 사는 것이 불편하다고 생각하고 있으므로, 정답은 ④번입니다.

오답 해설

① 남자의 중심 생각이 아닙니다.

② 대화에 나오지 않은 내용입니다.

③ 여자의 생각입니다.

02 ③

• 듣기 대본 •

여자: 오늘은 박 교수님을 모시고 발표자가 프레젠테이션에서 주의해야 할 사항이 무엇인지 이야기를 들어 보겠습니다. 교수님, 발표 시 어떤 점에 신경을 써야 할까요?

남자: 가장 먼저 자신의 아이디어를 누가 듣는지 알아야 합니다. 같은 메시지라고 할지라도 받아들이는 사람에 따라 발표를 하는 접근 방식이 달라지기 때문입니다. 먼저 청중의 눈높이를 파악하고 거기에 맞춰야 하는 것이지요. 예를 들어 같은 금연 캠페인도 청중에 따라 접근 방식이 달라질 수 있습니다. '금연하자'는 메시지는 같겠지만, 이를 20대 남녀 흡연자에게 전달하는 방법과 중학생 흡연자에게 전달하는 방법은 다릅니다.

자신의 아이디어를 누가 듣는지에 따라 발표를 하는 접근 방식이 달라져서 듣는 사람(청중)의 눈높이를 먼저 파악해야 한다고 했으므로, 정답은 ③번입니다.

오답 해설

① 남자는 청중에 따라 아이디어를 전달하는 방법이 다르다는 점을 말하고 있습니다.

② 금연 캠페인은 프레젠테이션의 전달 방법을 언급하기 위한 예시일 뿐입니다.

④ 대화에 나오지 않은 내용입니다.

03 ④

• 듣기 대본 •

남자: 사장님께서는 회사 안에 직원들을 위한 놀이방을 만드셨다고 들었습니다. 아이도 아닌 직원들을 위해 놀이방을 만든 것은 무슨 이유 때문인가요?

여자: 우리 회사는 광고를 만들어 내는 곳이기 때문에, 무엇보다도 창의적인 아이디어가 필요합니다. 요즘 사원들 중에서는 이 아이디어를 찾기 위해 무조건 오랜 시간 책상에 붙어 앉아서 열심히 자료를 찾는 경우가 많습니다. 그러나 책상만 지키고 앉아 있는 것보다는 게임이나 운동을 하면서 쉬거나, 잠시 낮잠을 자면서 스트레스를 푸는 것이 더 나은 방법이라는 생각이 들었습니다. 그래서 앞으로도 직원들이 놀이방에서 더 다양한 활동을 할 수 있도록 지원할 계획입니다.

여자는 창의적인 아이디어를 만들어 내기 위해 휴식이 필요하다고 생각하고 있으므로, 정답은 ④번입니다.

오답 해설
①, ②, ③ 여자의 중심 생각으로 보기 어렵습니다.

04 ②

• 듣기 대본 •

남자: 오늘은 문화 평론가 이은영 씨를 모시고 '채색 아트'에 대해서 이야기를 나누어 보겠습니다. 박사님, 시작해 주시죠.

여자: 현대인들은 빠른 속도로 발전해 가며 점점 더 복잡해지는 사회 속에서 극심한 스트레스를 받고 있습니다. 그런데 채색 앨범을 펼치고 밑그림에 고운 색을 하나하나 칠하다 보면, 잠시 동안이라도 우리는 스마트폰에서 눈을 떼고 눈앞의 색에 집중할 수 있습니다. 채색 아트를 즐기는 사람들도 처음에는 거의 대부분 과연 색을 칠하는 단순한 행위만으로도 스트레스 해소가 가능한가에 대해 회의적이었습니다. 그러나 호기심으로 시작하게 된 사람도 예외 없이 놀라운 휴식과 힐링을 경험하면서 채색 아트에 점차 몰입하게 된다고 입을 모으고 있습니다.

출처: '한국을 뒤흔든 12가지 트렌드: 색칠 공부하는 프랑스, 스트레스에 색을 입히다', 네이버 캐스트

현대인들이 채색 아트를 하면서 스트레스를 푼다고 하였으므로, 정답은 ②번입니다.

오답 해설
① 현대 사회가 복잡하게 발전하고 있는 것입니다.
③ 듣기 내용과 일치하지만, 중심 생각은 아닙니다.
④ 채색 아트의 문제점에 대해 말하지 않았습니다.

유형 07 **중심 내용/화제 고르기**

01 ④

• 듣기 대본 •

여자: 최근 멸치 가루, 버섯 가루 등 천연 조미료의 판매량이 급증하고 있다고 하네요. 여러분도 주방에 몇 개씩은 구비하고 계실 텐데요. 천연 조미료가 관심을 받게 된 이유는 아마도 최근에 여러 매체에서 화학조미료 섭취가 건강에 해롭다고 언급한 것이 영향을 미쳤던 게 아닐까 싶습니다. 그런데 천연 조미료든 화학조미료든 허용량에 맞게 섭취하면 안전합니다. 화학조미료의 상당수는 천연 조미료에서 필요하지 않은 성분을 제거하는 과정을 거쳐 만들어집니다. 이렇게 만들어진 화학조미료 및 식품은 식약청에서 철저한 검증을 거쳐 판매와 사용이 허가되므로 지나친 양을 섭취하지 않으면 문제될 것이 없습니다. 또한 우리 몸속에서 이루어지는 온갖 작용들도 엄밀히 말하면 모두 화학적인 작용입니다. 화학조미료가 만들어지는 과정도 이러한 화학적 작용 중 하나일 뿐입니다.

언론 매체에서 화학조미료가 인체에 유해하다고 이야기했으나 실제로는 허용량에 맞게 섭취하면 안전한다는 것을 강연에서 설명하고 있습니다. 따라서 정답은 ④번입니다.

오답 해설
① 화학조미료를 일일 권장량을 지켜 섭취해야 한다는 내용은 강연에 제시되지 않았습니다.
② 천연 조미료에 비해 화학조미료의 만족도가 크다는 내용은 강연에 제시되지 않았습니다.
③ 현대인들이 화학조미료보다 천연 조미료를 선호하는 것은 사실이지만, 강연의 중심 내용은 화학조미료를 선호하지 않는 이유가 사람들의 오해 때문이라는 것입니다.

02 ③

• 듣기대본 •

남자: 불안은 정신적으로 무질서한 상태를 뜻합니다. 특정 대상에게 느끼는 '공포'라는 감정과 달리 대상이 부재한 것으로 인해 느끼게 되는 감정이지요. 불안은 때로 생존에 꼭 필요한 감정입니다. 잠시 등산을 간 상황을 상상해 볼까요? 여러분 앞에 큰 뱀 한 마리가 나타난다면 어떻게 행동하시겠습니까? 대부분의 사람들은 깜짝 놀라 도망을 가거나 방어할 도구를 찾을 것입니다. 이는 불안이 생존에 도움을 준 것입니다. 이뿐만 아니라 경기 직전이나 시험 전날 느끼는 약간의 불안은 운동 선수가 경기에 집중하게 하며 수험생이 시험에 집중하도록 만듭니다. 그러나 지나친 불안을 느끼는 것은 불안 장애로 보아야 합니다. 이런 경우 교감 신경의 긴장이 높아져 흥분 상태가 지속되어 근육이 딱딱하게 굳어 버리거나 만성적인 피로를 느끼기도 합니다.

생존의 위협을 받을 때나 중요한 일이 있을 때 불안을 느끼는 것이 도움이 될 수 있다고 이야기하였습니다. 따라서 정답은 ③번입니다.

오답 해설

① 불안 장애가 근육을 굳게 하거나 만성 피로를 유발한다는 등 증상에 대해 언급하였지만, 중심 내용이 아닙니다.

② 불안이 '공포'와 달리 대상의 부재로 인해 느끼는 감정인 것은 맞지만, 이는 중심 내용이 아닙니다.

④ 생존을 위해서 불안을 없애야 한다는 내용은 제시되지 않았습니다. 적당한 수준의 불안은 도움이 된다는 것이 중심 내용입니다.

03 ④

• 듣기대본 •

여자: 최근 대다수의 직장인이 새로운 스트레스를 받고 있습니다. 바로 신기술로 인한 스트레스인데, 스트레스의 원인과 유형이 연령대에 따라 다르게 나타나는 것으로 조사되었습니다. 우선 젊은 연령층은 최신 기기에 심하게 의존하는 기술 의존형 스트레스를 받고 있습니다. 스마트폰 등의 기계가 없으면 심리적으로 큰 불안을 느끼는 증상을 보입니다. 한편 나이가 많은 연령층은 기술 불안형 스트레스를 받는 것으로 나타납니다. 이들은 신기술과 최신 기기에 익숙하지 않아 이런 기기를 업무에 활용해야 할 때 심리적으로 불안해합니다.

신기술로 인해 발생하는 스트레스의 유형인 기술 의존형 스트레스와 기술 불안형 스트레스에 대해 설명하고 있습니다. 따라서 정답은 ④번입니다.

오답 해설

① 신기술을 위협하는 정책에 대해서는 이야기하지 않았습니다.

② 최신 기기를 대하는 태도가 아니라 최신 기기로 인한 스트레스의 유형을 설명했습니다.

③ 신기술로 인한 심리적 불안의 유형을 제시했을 뿐, 이를 예방하는 방법은 나오지 않았습니다.

04 ②

• 듣기대본 •

남자: 질소는 공기 부피의 80%가량을 차지하는 기체로, 공기보다 가벼우며 물에 잘 녹지 않습니다. 그리고 다른 물질에 잘 반응하지 않는다는 특성이 있습니다. 과자를 사면 과자 대신 질소를 산다는 말을 들어 본 적이 있으실 텐데요. 앞서 말한 특성을 지닌 질소가 과자의 식감을 유지하며 제품이 부서지지 않게 보호하는 역할을 하는 것입니다. 최근 각광을 받고 있는 분자 요리도 액화 상태의 질소를 사용해 재료를 급속도로 차갑게 만들어 식재료에서 새로운 맛과 질감이 느껴지도록 한 것입니다. 또한 질소는 자동차의 안전 장치인 에어백에도 사용합니다. 자동차 충돌 사고가 발생할 때 질소가 에어백을 풍선처럼 팽창하게 하여 운전자를 보호합니다.

과자, 분자 요리, 에어백 등 질소가 활용되는 다양한 사례들을 소개하고 있으므로, 정답은 ②번입니다.

오답 해설

① 질소가 공기 중에서 어떠한 원리로 순환하는지 이야기하지 않았습니다.

③ 자동차의 안전 장치인 에어백에 대해 이야기하였지만 그것은 듣기 내용 중 일부분이며, 전체적으로는 질소의 활용 방법에 대해 예를 들어 설명하였습니다.

④ 분자 요리가 각광을 받고 있다는 내용이 제시되었지만 듣기 내용 중 일부일 뿐입니다.

유형 08 **화자의 의도/목적 고르기**

01 ④

• 듣기대본 •

> **남자**: 그렇게 많이 사면 다 먹을 수 있겠어? 많이 사면 싸기는 하지만, 싸다고 해서 많이 샀다가 다 먹지 못해서 버리게 되면 결국 손해잖아.
>
> **여자**: 이 정도는 다 먹을 수 있어. 음식은 부족한 것보다는 넉넉한 게 낫잖아. 이것도 맛있어 보이는데? 갑자기 이것저것 사고 싶어진다.
>
> **남자**: 이것저것 둘러보다 보면 당장 필요하지 않은 것도 집어 들게 되는 경우가 많아. 그래서 나는 장을 보러 갈 때 살 물건의 목록을 적어서 가는 편이야. 너도 그렇게 해 봐. 낭비도 안 되고 좋아.
>
> **여자**: 나도 무조건 다 사겠다는 건 아니야. 하지만 살까 말까 조금 고민이 된다는 말이지.
>
> **남자**: 만일 살까 말까 망설여진다면, 다음에 사기로 하고 내려놓는 것이 현명한 방법이래. 오늘은 이것만 사자.

남자는 여자에게 장보기 목록을 적는 것, 고민이 되는 것은 다음에 사는 것 등의 적절한 장보기 방법을 권유하고 있으므로, 정답은 ④번입니다.

오답 해설

① 남자는 대량 구매는 낭비라고 생각하고 있습니다.

② 다양한 장보기 방법을 확인하는 것은 남자의 말하기 목적이 아닙니다. 남자는 여자에게 낭비하지 않는 장보기 방법을 알려 주려고 합니다.

③ 남자는 많은 양을 사려고 하는 여자에게 조금만 살 것을 권유하고 있을 뿐, 책임을 묻고 있지는 않습니다.

02 ④

• 듣기대본 •

> **남자**: 은영 씨, 이번 한국어 말하기 대회 어땠어요?

> 저는 준비하면서 고민도 많고 너무 힘들었던 것 같아요.
>
> **여자**: 저는 그동안 배운 한국어로 사람들 앞에서 발표하는 일이 재미있었어요. 3등이긴 하지만 상금을 받은 것도 기분이 정말 좋았어요.
>
> **남자**: 그랬군요. 저는 주제가 딱 한 가지로 정해져 있으니까 자유로운 생각을 하기가 어려웠어요. 주제가 여러 개 제시되고 그중 자신이 원하는 것을 선택해서 발표했으면 좋겠어요.
>
> **여자**: 다음 학기에 한국어 말하기 대회가 열리기 전에 선생님께 영진 씨 의견을 이야기해 보세요.

남자는 한국어 말하기 대회의 주제가 한 가지로 정해져 있어서 자유롭게 생각하기가 어려웠다고 하며, 주제가 여러 개였으면 좋겠다고 불만을 말하고 있습니다. 따라서 정답은 ④번입니다.

오답 해설

① 남자는 한국어 말하기 대회가 의미가 있는 행사라고 말하지 않았습니다.

② 남자는 한국어 말하기 대회에 이미 참여했습니다. 다른 사람에게 참여를 부탁하지도 않았습니다.

③ 남자는 한국어 말하기 대회의 효과에 대해서는 말하지 않았습니다.

03 ②

• 듣기대본 •

> **여자**: 어제 그 기사 봤어? 아직까지도 세계 곳곳에 결식아동이 많은가 봐. 정말 안타까운 일이야.
>
> **남자**: 나도 그 기사 봤어. 그런 빈곤 국가의 아이들이 불쌍하기도 하고. 마음이 편하지 않았어.
>
> **여자**: 그래서 나는 해외 아동 후원을 얼마 전에 시작했는데, 후원 아동으로부터 사진도 오고 편지도 오니까 가족 같은 느낌도 들고 아이가 커 가는 모습도 볼 수 있어서 뿌듯하더라고.
>
> **남자**: 그래? 나도 예전부터 하고 싶다는 생각은 있었지만 선뜻 실천으로 옮기지는 못했어.
>
> **여자**: 나도 처음에는 그랬는데, 요즘은 인터넷의 활성화로 작은 노력만으로도 실천할 수 있더라. 더 많은 사람들이 작은 실천으로 보람도 느끼

고, 아이들에게 도움도 주었으면 좋겠어.

여자는 더 많은 사람이 보람도 느끼고 결식아동에게 도움을 주었으면 좋겠다고 말하고 있습니다. 따라서 정답은 ②번입니다.

오답 해설

①, ④ 여자는 기사를 통해 결식아동 현황을 설명하면서, 이들을 돕기 위해 작은 노력이라도 실천하는 것이 바람직하다고 말하고 있습니다.

③ 아동 후원을 하고 있지만, 이것을 자랑하려고 말하는 것은 아닙니다.

04 ③

• 듣기대본 •

여자: 바로 옆에 있는 회사가 다음 달부터 자율 근무제를 시행한대요. 요즘 자율 근무제를 적용하는 회사가 점점 많아지고 있어요.

남자: 그래요? 저는 정해진 시간에 출근과 퇴근을 하는 게 편해요. 매일 다른 시간에 출퇴근을 하면 오히려 생활이 불안정할 것 같아서요.

여자: 저는 우리 회사도 자율 근무제를 시행했으면 좋겠어요. 하루에 8시간만 채우면 출근과 퇴근 시간을 자유롭게 조절할 수 있다는 게 매력적이니까요. 늦게 일어난 날은 여유 있게 출근해도 되고요.

남자: 우리 회사가 자율 근무제를 시행한다면 저도 일주일에 하루쯤은 늦잠을 자고 천천히 출근하고 싶네요.

여자는 출근과 퇴근 시간을 자유롭게 조절할 수 있는 자율 근무제에 대해 긍정적으로 생각하고 있습니다. 따라서 정답은 ③번입니다.

오답 해설

① 여자는 자율 근무제가 변화하는 과정에 대해 말하지 않았습니다.

② 여자는 자율 근무제의 방식을 바꾸고 싶다고 말하지 않았습니다.

④ 여자는 자율 근무제의 영향을 파악하고 싶은 것이 아니라 자율 근무제의 장점을 말하고 싶어 합니다.

합격 잡는 실전문제   78쪽

01 ①	02 ②	03 ①	04 ④	05 ③
06 ④	07 ③	08 ②	09 ①	10 ③
11 ①	12 ④	13 ①	14 ①	15 ③
16 ③				

01 ①

• 듣기대본 •

여자: 김 선생님, 올해 학교 홍보 용품은 뭐가 좋을까요? 작년처럼 우리 학교 이름이 들어간 수첩으로 할까요?

남자: 글쎄요. 수첩은 학생들이 잘 사용하지 않아서 학교 홍보에 효과가 없는 것 같아요. 작년에 학생들 반응도 별로였고요. 이번에는 우산이 어떨까요? 우산은 자주 사용하는 거니까 우산에 학교 이름을 새기면 학교를 알리는 데 좋을 거예요.

여자: 네, 알겠습니다. 그런데 무슨 색깔로 하는 게 좋을까요?

남자: 글쎄요. 다른 선생님들과 같이 결정하도록 하죠.

유형 **중심 생각 고르기**

남자는 작년에 홍보 용품으로 사용한 수첩이 홍보에 효과가 없는 것 같다고 말하며, 학생들이 자주 사용하는 우산이 좋은 홍보 용품이라고 생각하고 있습니다. 따라서 정답은 ①번입니다.

오답 해설

② 우산의 색깔은 다른 선생님들과 같이 결정하기로 했습니다. 대화의 중심 내용은 우산을 홍보 용품으로 결정하는 것입니다.

③ 올해는 수첩을 홍보 용품으로 사용하지 않기로 했습니다.

④ 수첩에 메모하는 습관에 대해 이야기하지 않았습니다.

02 ②

• 듣기대본 •

여자: 요즘 건물을 튼튼하게 짓지 않아 여러 안전사고가 발생하고 있는데요. 공사를 할 때 특별히 주의해야 할 점이 있을까요?

남자: 공사를 할 때는 사람도 동원이 되지만, 각종 기계를 많이 사용하게 되지요. 사람도 나이가 들면 병이 생기고 병원에 가게 되는 것처럼, 공사에서 자주 사용하는 기계들도 오래 사용하면 작동이 잘 되지 않고 고장도 많이 납니다. 이로 인해 각종 사고가 발생할 수 있어 많은 주의가 필요합니다. 그래서 날씨가 너무 덥거나 추울 때 기계의 상태가 어떤지를 수시로 살펴보고, 사고가 나지 않도록 미리 점검을 해 두는 편입니다.

유형 중심 생각 고르기

기계의 고장으로 인해 사고가 날 수 있으므로 미리 기계를 점검해 둔다고 했습니다. 즉, 안전한 공사를 위해 기계의 관리가 중요하다는 의미이므로, 정답은 ②번입니다.

오답 해설
① 공사를 할 때 지켜야 하는 안전 수칙에 대해 말하고 있지 않습니다.
③ 공사를 대충 하는 회사에 대해 이야기하지 않았습니다.
④ 날씨가 너무 덥거나 추울 때 기계를 더 잘 관리할 필요가 있다고 하였을 뿐, 공사를 하지 말아야 한다고는 말하지 않았습니다.

03 ①

• 듣기 대본 •

남자: 목재가 건축 재료로 다시 주목받게 된 이유는 무엇인가요?
여자: 새롭게 개발된 목재 가공 기술 덕분인데요. 이 기술을 사용해 단단하게 압축된 특수 목재를 만듭니다. 이 목재는 휘거나 틀어지지 않고, 강도도 전보다 훨씬 세졌습니다. 또 철근, 콘크리트보다 가볍고 유연해서 지진에도 강하고요. 공사 시간 단축 효과도 있는데요. 최근 18층짜리 목조 기숙사 건물이 70일 만에 지어져 화제가 됐었죠. 이런 점들로 인해 세계적으로 목조 건물에 대한 관심이 높아지고 있는 겁니다.

유형 중심 생각 고르기

여자는 휘거나 틀어지지 않으며, 지진에도 강하고, 공사 시

간 단축 효과도 있는 특수 목재의 장점을 설명하고 있습니다. '장점'의 비슷한 말이 '이점'입니다. 따라서 정답은 ①번입니다.

오답 해설
② 여자는 목조 건물의 높이를 제한해야 한다고 이야기하지 않았습니다.
③ 여자는 목조 건물을 짓는 것을 신중히 해야 한다는 이야기를 하지 않았고, 특수 목재의 장점으로 인해 목조 건물에 대한 관심이 높아지고 있다고 말했습니다.
④ 여자는 특수 목재 가공 기술의 장점만을 이야기했을 뿐, 단점은 이야기하지 않았습니다.

04 ④

• 듣기 대본 •

여자: 직원들을 위해 컴퓨터 사용법을 교육해야 할까요?
남자: 제 생각에 컴퓨터 정도는 요즘 어디에서나 사용법을 쉽게 찾아 볼 수 있기 때문에 회사에서 별도로 교육을 할 필요가 있나 싶어요.
여자: 그런 면도 있지요. 그런데 직원들을 대상으로 실시한 설문 조사 결과를 보니까, 70%가 넘는 직원들이 업무 능력 향상을 위해 컴퓨터 사용법을 배우고 싶다고 했더라고요. 강사를 초빙하거나 직원들을 교육 기관에 보내는 등의 방법을 고민해 봐야 할 것 같아요.
남자: 제 예상보다 컴퓨터 사용법을 배우고 싶어 하는 직원들이 많군요.

유형 중심 생각 고르기

여자는 설문 조사 결과를 바탕으로 컴퓨터 사용법 교육이 필요하다고 생각하고 있으므로, 정답은 ④번입니다.

오답 해설
① 회사에서 컴퓨터 사용법을 알려 주지 않아도 된다는 것은 남자의 생각입니다.
② 직원들의 업무 능력이 좋지 않다는 내용은 나오지 않았습니다.
③ 대화와 관련이 없는 내용입니다.

[05~06]

[05~06]

• 듣기대본 •

남자: 최근 조사 자료를 보면 여행객들이 호텔을 선택할 때 가장 많이 참고하는 게 이용 후기라고 해요.

여자: 맞아요. 우리도 후기 관리에 더 신경을 써야 할 것 같아요. 우리 호텔은 고객 만족도는 높은 데 비해 이용 후기는 적은 편이잖아요.

남자: 그래서 고객들에게 후기 작성에 대해 적극적으로 알려야 할 것 같아요. 후기를 많이 남길 수 있도록 하는 이벤트도 해 보고요.

여자: 좋네요. 그럼 어떤 이벤트가 좋을지 한번 생각해 봐요.

05 ③

유형 **중심 생각 고르기**

남자는 여행객들이 호텔을 선택할 때 많이 참고하는 것이 이용 후기라고 했고, 고객이 이용 후기를 많이 남길 수 있도록 해야겠다고 말하고 있습니다. 따라서 정답은 ③번입니다.

오답 해설

① 남자는 여행객들의 성향을 조사하는 것이 아니라 이용 후기 활성화에 신경을 쓰려고 합니다.

② 여자가 호텔에 대한 고객의 만족도는 높지만 이용 후기가 적다고 말했고, 남자는 이를 해결하기 위해 고객이 후기를 많이 남길 수 있도록 하는 이벤트를 생각하게 되었습니다.

④ 고객이 후기를 많이 남기게 하는 것이 남자와 여자가 생각하는 목표입니다. 후기 분석의 필요성에 대한 내용은 강조하지 않았습니다.

06 ④

유형 **일치하는 내용 고르기**

여자는 자신이 일하는 호텔이 고객 만족도가 높다고 이야기했습니다. 따라서 정답은 ④번입니다.

오답 해설

① 이 호텔에서는 앞으로 후기 작성 이벤트를 할 예정입니다. 지금 하고 있는 것은 아닙니다.

② 남자는 호텔과 관련된 자료를 조사할 예정이 없습니다.

③ 이 호텔을 이용한 고객들이 후기를 많이 남기지 않아서 여자와 남자는 후기가 많아지게 하는 방법을 고민하고 있습니다.

[07~08]

• 듣기대본 •

남자: 요즘 연예인들이 사회적인 문제에 대해 자신의 입장을 밝히거나 시위 현장을 직접 방문하는 등 정치 참여가 부쩍 늘고 있습니다. 이에 대해 어떻게 생각하시는지요?

여자: 연예인의 발언은 일부 청소년들의 무조건적인 추종을 불러올 수 있기 때문에 주의가 필요합니다. 활발히 사회 참여를 하는 연예인이라고 하더라도 사회·정치적인 전문성도 없이 특정 사건에 대해 개인적 견해를 밝히는 것은 일반인이 개인의 견해를 밝히는 것과는 그 파급력이 다르기 때문입니다. 외국 연예인들도 사회·정치 분야에 참여를 하고 있지만, 우리나라처럼 다양한 분야에 참여하기보다는 한 분야에서 오랫동안 연구하여 전문가적 시각으로 참여하는 경우가 많습니다. 이런 노력을 한 뒤에 발언하는 것이 적절하다는 것이죠.

07 ③

유형 **중심 생각 고르기**

여자는 연예인들이 사회적인 문제에 대해 전문 지식 없이 말하는 것이 일부 청소년들에게 안 좋은 영향을 줄 수 있음을 강조하고 있습니다. 이것은 연예인이 사회적 문제에 대해 의사를 표현할 때 주의를 해야 한다는 의미입니다. 따라서 정답은 ③번입니다.

오답 해설

①, ②, ④ 듣기에 나오지 않은 내용입니다.

08 ②

유형 **일치하는 내용 고르기**

남자가 요즘 연예인들의 정치 참여가 부쩍 늘고 있다고 말했으므로, 정답은 ②번입니다.

① 청소년들의 영향력이 큰 것이 아니라, 연예인의 영향력이 큰 것입니다.

③ 듣기에 나오지 않은 내용입니다.

④ 외국의 연예인들은 다양한 분야에 참여하기보다는 한 분야에서 오랫동안 연구한다고 했습니다.

[09~10]

• 듣기대본 •

남자: 어두운 밤, 나방들이 빛을 향해 모여든다. 나비와 비슷하지만 나비와는 다른 대접을 받아온 나방. 사람들은 나방이 밤에만 나온다고 생각하지만 꽃에 앉아 꽃가루를 모으고 있는 이 나방처럼 낮에 활동하는 것들도 있다. 색깔이 칙칙하다는 것도 우리의 편견이다. 나비보다 색이 다양하고 무늬가 화려한 경우도 많다. 나방의 몸에 붙어 있는 가루들도 사람들이 나방을 싫어하는 이유 중의 하나이다. 인체에 해로운 성분이라는 오해 때문이다. 그러나 이것이 병을 유발하거나 특별한 화학 작용을 일으키는 경우는 없다. 나방의 애벌레는 식물의 잎을 먹어 해충으로 인식된다. 하지만 사실 숲의 생태계에서 보면 그들은 없어서는 안 될 존재이다. 대량 번식하는 나방의 애벌레는 새들의 가장 중요한 먹이인 것이다.

09 ①

유형 **중심 내용/화제 고르기**

나방이 밤에만 나온다고 생각하는 것, 색깔이 칙칙하다고 생각하는 것, 인체에 해로운 성분을 묻히고 다닌다고 생각하는 것은 모두 잘못 알려져 있는 부분이라고 설명하고 있습니다. 따라서 정답은 ①번입니다.

② 듣기 내용과는 일치하지만 중심 내용은 아닙니다.

③ 듣기 내용과는 일치하지만 중심 내용이 아닙니다. 남자가 강조하는 중심 내용은 나방에 대한 오해를 바로잡는 것입니다.

④ 나방의 애벌레는 숲의 생태계에서 없어서는 안 될 존재라고 했지만, 이는 중심 내용이 아닙니다.

10 ③

유형 **일치하는 내용 고르기**

나방의 몸에 있는 가루는 인체에 해롭다고 오해를 받지만 사실은 해롭지 않습니다. '병을 유발하거나 특별한 화학 작용을 일으키는 경우는 없다'고 했습니다. 따라서 정답은 ③번입니다.

① 나방의 애벌레는 새들의 가장 중요한 먹이입니다.

② 나방도 꽃에 앉아 꽃가루를 모은다고 했습니다.

④ 나방은 숲의 생태계에서 없어서는 안 될 존재입니다.

[11~12]

• 듣기대본 •

여자: 여러 사람이 모여서 함께 경험했던 일에 대해 이야기를 나누다 보면 재미있는 경험을 하게 됩니다. 같은 상황을 겪었는데도 각자가 기억하는 모습이 다르다는 점입니다. 이것은 인간이 과거의 기억을 떠올릴 때 현재의 삶과 연관하여 기억을 재구성하기 때문입니다. 그리고 이렇게 재구성된 기억은 실제 과거의 기억을 대체하여 마치 사실처럼 인식하게 됩니다. 이것은 안 좋은 기억들을 지워 '현재의 나'를 더 좋은 모습으로 만들어 간직하려는 과정에서 자신도 모르는 사이에 일어나는 현상이라고 합니다.

11 ①

유형 **중심 내용/화제 고르기**

기억의 재구성이 일어나는 이유가 무엇인지를 설명하고 있으므로, 정답은 ①번입니다.

12 ④

유형 **일치하는 내용 고르기**

'이것(기억을 재구성하는 것)은 ~ 자신도 모르는 사이에 일어나는 현상'이라고 말했습니다. 따라서 정답은 ④번입니다.

① 사람들은 모든 기억이 아니라, 과거의 기억 중 '안 좋은

기억'을 지우고 싶어 한다고 말했습니다.
② 기억이 다시 구성되면, 그 이후에는 그것을 사실로 인식하게 된다고 말했습니다.
③ 같은 일을 경험하고도 기억하는 내용이 다르다고 말했습니다.

[13~14]

• 듣기 대본 •

남자: 수미 씨, 이번 단합 대회 정말 좋지 않았어요? 저는 부서원들이랑 운동도 하고 음식도 같이 해 먹으니까 더 친해진 것 같아요.

여자: 그렇긴 한데 저는 좀 피곤했어요. 장소가 멀어서 이동하는 데 시간도 꽤 걸렸고요.

남자: 좀 피곤하긴 해도 서로 소통할 기회도 생기고, 가끔 교외로 나가 바람을 쐬는 것도 괜찮지 않아요?

여자: 단합 대회를 밖으로 나가서만 해야 하는 건 아니잖아요. 단합이나 소통을 위한 거라면 회사 안에서도 가능할 것 같아요.

13 ①

(유형) **화자의 의도/목적 고르기**

남자는 조금 피곤하긴 해도 단합 대회를 통해 소통하고 바람을 쐬는 것이 좋다고 생각하고 있습니다. 그래서 단합 대회를 부정적으로 생각하는 여자에게 단합 대회의 긍정적인 면을 전달하고 있으므로. 정답은 ①번입니다.

(오답 해설)
② 남자는 여자와 단합 대회에 참여한 후에 이야기를 나누고 있습니다. 참여를 부탁할 필요가 없습니다.
③ 단합 대회의 방식을 바꾸고 싶다는 것은 여자의 생각입니다.
④ 남자는 단합 대회의 문제를 지적하지 않았습니다.

14 ①

(유형) **일치하는 내용 고르기**

단합 대회에서 음식을 같이 해 먹고 친해졌다고 말했으므로, 정답은 ①번입니다.

(오답 해설)
② 여자는 단합 대회에 참여해서 피곤했다고 말했습니다.

③ 여자는 단합 대회를 밖에 나가서 했다고 말했습니다.
④ 남자는 단합 대회에서 부서원들과 운동을 했다고 말했습니다.

[15~16]

• 듣기 대본 •

여자: 멋진 걸 보고 감상하는 것은 좋은데, 다른 사람이 보는 걸 방해하면서까지 박물관에서 저렇게 큰 소리로 대화를 나누는 건 별로인 것 같아.

남자: 맞아. 박물관은 혼자만 관람할 수 있는 공간이 아니니까 다른 사람들을 배려해야 할 텐데.

여자: 가족이나 단체가 관람하는 경우에 가끔 너무 시끄러운 경우가 있더라고. 그건 아닌 것 같은데.

남자: 아마 그 사람들은 박물관에서 어떤 것을 함께 보고 감상하는 일이 즐겁기 때문에 다른 사람들을 위해 조심해야 한다는 생각을 하지 못했을 거야.

여자: 하지만 다른 사람들과 한 공간에 있다는 걸 의식하고 최소한의 예의는 지켜야 하는 거 아닐까?

15 ③

(유형) **화자의 의도/목적 고르기**

여자는 박물관에서 시끄럽게 대화를 나누는 사람에 대한 불만을 이야기하고 있으므로, 정답은 ③번입니다.

(오답 해설)
① 여자는 단체 관람의 장점을 이야기하지 않았습니다.
② 여자는 관람을 잘 하는 방법을 설명하고자 하는 것이 아닙니다.
④ 여자는 남자에게 조용히 해 달라는 부탁을 하려고 하는 것이 아닙니다.

16 ③

(유형) **일치하는 내용 고르기**

여자가 박물관에서 시끄럽게 관람하는 사람들의 태도를 지적하며 '최소한의 예의는 지켜야 하는 거 아닐까?'라고 말했으므로, 정답은 ③번입니다.

(오답 해설)
① 박물관의 공간에 대한 내용을 이야기하지 않았습니다.

② 모든 단체 관람객이 관람 태도에 문제가 있는 것이 아니라 '가끔 시끄러운 경우'가 있다고 말했습니다.

④ 박물관에서 자신이 느낀 점을 다른 사람과 이야기해야 한다고 말하지 않았습니다.

유형 | 09~11

유형 잡는 연습문제

유형	09	01 ①	02 ①	03 ③	04 ④	05 ④
		06 ③				
유형	10	01 ③	02 ③	03 ①	04 ①	
유형	11	01 ①	02 ④	03 ②	04 ①	

유형 | 09 일치하는 내용 고르기

01 ①

• 듣기 대본 •

여자: 운전 도중에 문자 메시지를 확인하다가 사고가 나는 경우가 많더라.

남자: 응. 그런데 요즘에 그런 사고를 막기 위해서 운전석에 있을 때는 아예 문자를 받을 수 없도록 하는 기술이 특허를 받았대.

여자: 음주 운전을 하려고 하면 시동이 걸리지 않는 기술도 개발 중이라고 하던데. 차 가격은 조금 비싸겠지만 안전을 위해서라면 얼마든지 구입할 수 있을 것 같아.

남자: 이런 차가 2~3년 안에 나온다니, 기대가 돼.

여자가 '운전 도중에 문자 메시지를 확인하다가 사고가 나는 경우가 많다'고 했으므로, 정답은 ①번입니다.

오답 해설

② 음주 운전을 하려고 하면 시동이 걸리지 않게 하는 기술은 개발 중입니다.

③ 운전석에 있을 때 문자를 받을 수 없는 차의 가격에 대한 정확한 정보는 대화에서 나오지 않았습니다.

④ 오히려 사고를 막을 수 있는 방법이라고 할 수 있습니다.

02 ①

• 듣기 대본 •

남자: 관리 사무소에서 안내 말씀드리겠습니다. 오늘 오후 3시부터 오후 6시까지 아파트 수도 시설 점검을 실시할 예정입니다. 점검 중에는 단수가 될 예정이며, 차가운 물과 따뜻한 물 모두 사용하실 수 없습니다. 점검하는 동안에는 아파트 전체에 물이 나오지 않으니, 사용하실 물을 미리 받아 두시기 바랍니다. 조금 불편하시더라도 양해해 주시면 감사하겠습니다.

점검은 3시부터 6시까지 3시간이므로, 정답은 ①번입니다.

오답 해설

② 점검을 하는 동안에는 물이 아예 나오지 않습니다.

③ 불편을 양해해 달라고 부탁하였고, 불편한 점이 있으면 연락을 하라는 내용은 나오지 않았습니다.

④ 점검을 하는 동안은 물이 나오지 않으므로 점검 전에 물을 받아 두어야 합니다.

03 ③

• 듣기 대본 •

남자: 우리 회사의 한국 백화점이 개점 20주년을 맞이했습니다. 이제 우리 회사는 총 5개의 백화점과 인터넷 쇼핑몰을 가진 연 매출 2조 원의 유통 기업으로 성장을 하였습니다. 모두 소비자 여러분의 성원 덕분입니다. 그래서 이번 주말부터 일주일간 개점 20주년을 기념해 다양한 감사 이벤트를 진행합니다. 10만 원 이상 물건을 구입하신 분들께는 라면 한 박스를 드리며, 유명 가수들을 초청해 청춘 콘서트도 진행합니다. 이외에도 이벤트 기간 동안 회원 가입을 하시는 분들께는 장미로 만든 비누를 선물로 드립니다.

회원 가입을 하면 장미로 만든 비누를 선물로 준다고 했으므로, 정답은 ③번입니다.

오답 해설

① 이벤트는 일주일간 진행됩니다.

② 백화점을 포함한 이 회사의 총 매출이 2조 원입니다.

④ 10만 원 이상 구입하는 사람에게만 라면 한 박스를 줍니다.

04 ④

남자: 행복이라는 것은 무엇일까요? 현대 과학은 다양한 실험과 연구를 통해 행복이라는 감정이 반드시 물질적 소유나 외모, 지능과 연관되어 있지 않다고 입증하고 있습니다. 물질적 소유, 즉 소득과 행복이 전혀 관계없는 것은 아니지요. 하지만 연구 결과에 따르면, 소득이 일정 정도 이상이 되면 행복과는 관련이 없어지는 것으로 나타난다고 합니다. 행복은 더 많은 돈과 물질 등을 가질 때 경험하게 되는 것이 아니라, 현재 자신이 가진 것을 인정하고 감사할 때 경험할 수 있는 것입니다. 현재의 나와 나의 상황에 대해 긍정적이고 자신감 있는 태도를 갖는 것은, 행복을 느끼게 하고 미래를 개척하는 데도 도움이 될 것입니다.

출처: "'행복해지는 과학'은 있다. 일상 속에 얼마든지", 한겨레, 2014. 11. 06.

남자는 현재 자신이 가진 것을 인정하고 감사할 때 행복을 경험할 수 있다고 말했으므로, 정답은 ④번입니다.

오답 해설

① 실험과 연구 결과를 통해 행복과 물질적 소유 등의 상관관계에 대해 밝히고 있습니다.
② 행복은 돈과 물질 등을 가질 때 경험하게 되는 것이 아니라고 말했습니다.
③ 소득이 일정 정도 이상이 되면 행복과 관련이 없어진다고 말했습니다.

05 ④

여자: 화장은 단순히 외모에 대한 평가를 높이는 것이 아니라 사회, 심리적인 효과를 지니고 있습니다. 화장은 커뮤니케이션을 원활하고 효과적으로 행하기 위한 수단인 동시에 관계성을 증진하기 위한 도구가 되기도 하지요. 실제로 화장을 하면 보다 단정하고 여성스러우며, 매력적이고 성숙하다는 평가를 받는 경우가 많습니다. 평균적인 매력을 지닌 여성에게 '전혀 화장을 하지 않은 상태', '간단한 화장',

'신경을 많이 쓴 화장'의 3단계로 화장을 시키고 사진을 찍어서 다른 여성들에게 제시한 결과, 높은 단계의 화장일수록 매력도와 여성다움이 높게 인식됐다고 합니다.

출처: '비언어 커뮤니케이션', 커뮤니케이션북스, 2014. 04. 15.

'높은 단계의 화장일수록 매력도와 여성다움이 높게 인식됐다.'라고 했으므로, 정답은 ④번입니다.

오답 해설

① 화장은 외모에 대한 평가를 높일 뿐만 아니라 사회, 심리적인 효과를 지닌다고 말했습니다.
② 화장하는 것 자체가 관계성 증진의 도구가 되기도 한다는 의미입니다.
③ 간단하게 한 화장보다 신경을 많이 쓴 화장이 더 매력이 있게 느껴진다고 말했습니다.

06 ③

여자: 누군가 당신을 라이벌로 여긴다는 것은 당신이 아직 경주 중인 사람이며, 당신이 다음번에는 어떤 일을 해낼지 사람들이 신경을 쓰고 있다는 의미입니다. 라이벌과 반복해서 경쟁하다 보면 근심이 늘기도 하지만, 흥미와 성취감도 올라갑니다. 한 경제학자는 경쟁이 성취에 끼치는 영향을 측정하는 실험을 했습니다. 참가자들은 문제를 맞힐 때마다 돈을 받았는데, 혼자 문제를 풀 때보다 라이벌과 맞서는 과정에서 실적이 극적으로 올라갔습니다. 뿐만 아니라, 음악가들은 경쟁 과정 속에서 창작을 하고자 하는 욕구가 일어나 명곡을 만들어 내기도 합니다.

라이벌과의 경쟁을 통해 실적이 올라가고, 명곡이 나오는 효과가 있다고 했으므로, 정답은 ③번입니다.

오답 해설

① 경쟁을 통해 실적이 향상된다고 했습니다.
② 경쟁의 과정으로 인해 근심이 늘지만, 다른 장점도 공존한다고 하였습니다.
④ 라이벌과 경쟁을 하며 성취를 이루는 것으로 보아, 사람들은 라이벌에게 신경을 쓰는 것임을 유추할 수 있습니다.

01 ③

• 듣기대본 •

남자: 우리의 문화 소비는 편식이 심합니다. 대부분의 사람들은 인터넷, TV, 스마트폰, 컴퓨터가 제공하는 영상·게임·만화·대중음악 등의 문화만을 경험하곤 합니다. 이와 함께 영화 상영관 및 대형 공연장에서 제공하는 영화·뮤지컬·대형 오페라 등을 소비하는 데에만 집중합니다. 이와 같이 대중 매체를 통해 정보가 전달되는 대중문화는 많은 사람들이 경험을 하지만, 그렇지 않은 국악, 연극, 클래식 음악, 예술 영화, 발레, 미술 등 순수 예술 중심의 문화 콘텐츠를 소비하는 경우는 찾아 보기가 어렵습니다.

출처: '문화 예술 교육의 이해', 커뮤니케이션북스, 2014. 04. 15.

대중문화는 많은 사람들이 소비하지만, 순수 예술 중심의 문화 콘텐츠를 소비하는 경우는 적다고 말하고 있으므로, 정답은 ③번입니다.

오답 해설

① 대중문화의 유형에 어떠한 것이 있다고 설명하지 않았습니다.
② 인기가 많은 대중문화의 특성에 대해 말하지 않았습니다.
④ 대중 매체가 정보를 전달한다고는 하였지만, 그 방법에 대해서는 말하지 않았습니다.

02 ③

• 듣기대본 •

남자: 저희 회사의 냉장고를 이용해 주시는 고객 여러분께 감사드립니다. 최근 발생한 냉장고 화재 문제에 대해 설명드리고자 합니다. 먼저 화재로 인해 피해를 입으신 고객 여러분께 진심으로 죄송하다는 말씀을 드립니다. 10년 전 생산한 냉장고에 부착된 특정 부품의 노후가 화재의 원인으로 확인되었습니다. 10년 전 생산된 냉장고를 사용 중이신 고객분들께서 수리 신청을 하실 경우 해당 부품을 무상 교환해 드리겠습니다. 저희 제품으로 인해 화재가 발생하지 않도록 해당되는 고객 여러분께서는 빠르게 수리 신청을 해 주시기 바랍니다. 다시 한 번 죄송하다는 말씀을 드리며 최대한 빠르게 조치할 것을 약속드립니다.

남자는 냉장고에 부착된 부품이 노후하여 화재가 발생할 수 있다는 문제점(결함)이 있어, 이를 처리하기 위해 부품을 무상으로 교환해 준다는 안내를 하고 있습니다. 따라서 정답은 ③번입니다.

오답 해설

① 제품의 광고 시기에 대해 이야기하지 않았습니다.
② 신제품 냉장고가 아닌 10년 전 생산된 냉장고의 화재 문제에 대해 이야기하고 있습니다.
④ 10년 전 생산된 냉장고의 부품을 무상으로 교환해 준다고 했을 뿐, 부품 가격 상승에 대해 이야기하지 않았습니다.

03 ①

• 듣기대본 •

여자: 우리 기업이 만들어진 지 벌써 30년이 되었습니다. 작은 기업으로 시작해 큰 기업으로 성장한 지금까지 우리 회사가 지켜 온 하나의 가치가 있습니다. 바로 교육의 힘으로 사람들에게 꿈과 희망을 주자는 것입니다. 교육을 통해서 사람들은 희망을 키우고 미래를 생각하며, 나아가 이 세상도 아름답게 바꿀 수 있습니다. 특히 이번에 시작하는 특별 과정은 소외 계층을 위해 무료로 학습을 지원하는 과정으로, 어려운 가정의 아이들의 미래에 힘을 실어 줄 수 있을 것이라고 기대하고 있습니다. 이 특별 과정은 매년 100명씩 신청자를 받아 계속 진행할 예정입니다.

여자는 '교육의 힘으로 사람들에게 꿈과 희망을 주자'는 기업 운영 정신에 대해 설명하고 있으므로, 정답은 ①번입니다.

오답 해설

② 여자는 기업 운영 방법에 대한 의견을 조사하지 않았습니다.
③ 여자는 기업 운영 방법에 대한 문제점을 이야기하지 않았습니다.
④ 여자는 기업 운영 과정의 문제를 지적하지 않았으며, 지

금까지 지켜 온 기업 운영 가치를 실현하는 방법으로 이번에 시작하는 특별 과정을 소개하고 있습니다. 기업 운영 과정의 혁신을 강조하는 것이 아닙니다.

04 ①

• 듣기 대본 •

> **여자:** 저희 시를 찾아와 주시는 분들께 감사드립니다. 저희 시는 올해 5억 원의 예산을 투입하여 해수욕장 근처에 다양한 편의 시설을 마련하였습니다. 우선 방문객의 편의를 위해 주차 공간과 쉼터를 조성하였으며 방문객들이 추억을 남길 수 있도록 포토존을 만들었습니다. 야외 무대를 만들어 방문객들을 위한 공연도 자주 선보이려고 합니다. 공중화장실을 새롭게 짓고 샤워실도 만들어 이용에 불편함이 없도록 하였습니다. 저희 시를 찾아오시는 관광객분들이 이와 같은 편의 시설을 이용하며 편히 쉬고 즐기실 수 있기를 바랍니다.

여자는 시에서 올해 새로 만든 편의 시설을 소개하고 있으므로, 정답은 ①번입니다.

오답 해설

② 여자는 다 만들어진 시의 편의 시설을 소개하고 있으며, 어떻게 편의 시설을 지었는지는 설명하지 않았습니다.

③ 관광객을 대상으로 관광지 만족도 조사를 하는 내용은 나오지 않았습니다.

④ 여자는 관광객에게 관광지에 와서 편의 시설을 편하게 이용하고 즐길 것을 권하고 있을 뿐, 환경 보호에 참여할 것을 요청하지는 않았습니다.

유형 | 11 **화자의 태도/말하는 방식 고르기**

01 ①

• 듣기 대본 •

> **여자:** 선거의 여론 조사 결과를 선거일 이전에 공표하는 방향으로 가야 한다고 생각합니다. 국민의 알 권리를 보장하기 위해서 말입니다.
>
> **남자:** 여론 조사 결과가 선거일 전에 공표되면 국민들의 투표 결과에 악영향을 미치는 것은 아닐까요?

> **여자:** 비공식적인 경로를 통해 여론 조사에 대한 잘못된 정보를 얻는 것보다는 빨리 공표하는 것이 유권자들에게 낫다고 봅니다.
>
> **남자:** 정확한 정보를 알 권리도 중요하겠습니다만, 선거일 전날 결과를 공표한 것을 본 유권자가 우세한 후보에게 투표를 해 버린다면 자신의 판단으로 선거에 참여한다고 보기 어려워질 것입니다.

여자는 선거의 여론 조사 결과를 선거일 이전에 공표하는 것이 낫다고 주장했으며, 남자는 이에 반대하는 의견을 말했습니다. 따라서 정답은 ①번입니다.

오답 해설

② 남자는 선거의 문제점을 지적하는 것이 아니라 선거일 이전에 여론 조사 결과를 발표하는 것에 문제가 있다고 말했습니다.

③ 여자는 문제 해결 방안이라기보다는 하나의 주장을 말했으며, 남자는 이에 공감하지 않았습니다.

④ 남자는 여자가 제시한 근거를 의심하지 않았으며, 일부 인정했습니다.

02 ④

• 듣기 대본 •

> **남자:** 빌딩 형태의 실내 농장에서 재배된 작물들은 어찌 보면 공장에서 만든 인스턴트식품이 아닐까 생각합니다. 작물은 햇볕이 있는 땅에서 자라야지요.
>
> **여자:** 저도 햇볕이 가득한 땅, 즉 자연 속에서 자라나는 작물이 좋다고 생각합니다. 그러나 좁은 공간에서 많은 양의 작물을 생산하기에는 빌딩 농장만큼 좋은 방법이 없습니다.
>
> **남자:** 작물이 흙 속에서 뿌리를 내리고 바람도 맞고 비도 맞으며 자라야 품질이 우수해질 수 있는 것입니다.
>
> **여자:** 양질의 작물을 재배하는 것보다는 식량난을 해결하기 위해 경제적으로 식량을 생산하는 것이 우선입니다.

여자는 자연 속에서 자라는 작물이 좋다는 남자의 말을 인정하지만, 다른 생각이 있음을 말했습니다. 따라서 정답은 ④번입니다.

① 빌딩 농장의 운영을 회의적으로 보고 있는 사람은 여자가 아니라 남자입니다.

② 여자는 사례를 들어 이야기하지 않았습니다.

③ 여자는 빌딩 농장 운영으로 발생할 수 있는 문제를 염려한 적이 없습니다.

03 ②

• 듣기대본 •

남자: 오늘은 결혼식 예물로 흔히 쓰이는 '다이아몬드'에 대해 이야기해 보겠습니다. 다이아몬드는 순수한 탄소로 이루어진 지구상에서 가장 단단한 물체입니다. 변치 않는 사랑과 승리를 상징하는 것으로 여겨져 고대부터 현대에 이르기까지 많은 이들에게 사랑을 받고 있지요. 다이아몬드는 무색에 가까울수록, 그리고 투명도가 높을수록, 무게가 무겁고 크기가 클수록 더 귀합니다. 이런 자연적인 요소 이외에도 보석의 낭비는 적게 하고 빛의 굴절이 잘 되도록 연마하면 가치가 더욱 올라갑니다.

남자는 다이아몬드의 가치가 어떤 기준으로 결정되는지를 설명했습니다. 색, 투명도, 무게, 크기, 연마 방법이 그 사례로 제시되었으므로, 정답은 ②번입니다.

① 남자는 다이아몬드를 어떻게 가공하는지 구체적인 과정을 설명하지 않았습니다.

③ 남자는 다이아몬드를 언제 최초로 발견했는지 이야기하지 않았습니다.

④ 남자는 다이아몬드의 종류나 역대 소유주를 소개하지 않았습니다.

04 ①

• 듣기대본 •

여자: 근래에 일회용 컵 대신 텀블러를, 비닐봉지 대신 에코백을 사용하는 사람들을 쉽게 볼 수 있습니다. 그런데 이와 같은 제품을 구매한 뒤 자주 사용하지 않는다면 환경에 그다지 긍정적인 것은 아닙니다. 에코백을 만들 때 사용하는 목화의 재배 과정에서 배출되는 온실가스를 처리하는 비용이 비닐을 만드는 데 드는 비용보다 비싸기 때문입니다. 텀블러도 마찬가지입니다. 일회용 컵의 사용을 줄이기 위해서는 최소 40번 이상은 사용해야 환경 보호의 효과가 있습니다. 수집용으로 에코백과 텀블러를 구입하는 소비자가 늘어나 제품을 무분별하게 생산하는 사례가 늘어나는 것도 또 하나의 논란거리입니다. 친환경 제품이 일회용품처럼 사용되지 않도록 현명한 소비자가 되어야 할 것입니다.

여자는 친환경 제품을 구입한 후 자주 사용하지 않을 때 오히려 환경에 악영향을 줄 수 있다는 문제점에 대해 말하고 있습니다. 따라서 정답은 ①번입니다.

② 여자는 에코백을 생산할 때 발생하는 온실가스 처리 비용이 비닐을 만드는 비용보다 비싸다고 이야기했을 뿐, 에코백의 제작 과정을 구체적으로 설명하지 않았습니다.

③ 여자는 일회용품 사용 현황이 어떤지 분석하여 제시하지 않았습니다.

④ 여자는 환경 운동의 여러 유형을 제시하지 않았습니다.

합격 잡는 실전문제   102쪽

01 ③	02 ②	03 ③	04 ①	05 ③
06 ③	07 ③	08 ④	09 ①	10 ④
11 ③	12 ③			

01 ③

• 듣기대본 •

여자: 주민 여러분, 오늘은 아파트 소방 시설 점검이 있습니다. 1동부터 5동은 오전 아홉 시부터 열두 시까지, 6동부터 10동은 오후 한 시부터 네 시까지 점검합니다. 오늘 점검 중에는 비상벨이 여러 번 울릴 예정이니 놀라지 마시고 하던 일을 계속하시기 바랍니다.

유형 일치하는 내용 고르기

안내 방송에서 오늘은 아파트 소방 시설 점검이 있으며, 점검 중 비상벨이 여러 번 울릴 예정이라고 했습니다. 따라서 정답은 ③번입니다.

오답 해설

① 점검은 내일이 아니라 오늘 합니다.
② 6동부터 10동은 오후 네 시까지 점검합니다.
④ 점검이 시작되면 밖으로 나가야 한다는 말은 하지 않았습니다. 비상벨에 놀라지 말고 하던 일을 계속하라고 했습니다.

02 ②

• 듣기 대본 •

여자: 우리 건설사에서 이번에 새로 지은 아파트의 이름을 찾습니다. 주부라면 누구나 응모가 가능하며, 응모가 가능한 기간은 6월 20일부터 7월 19일까지입니다. 한 사람이 제출할 수 있는 아파트 이름의 개수는 1개부터 3개까지입니다. 채택된 분에게는 100만 원의 상금을 드리며, 응모에 참여하신 모든 분들께는 기념품을 드립니다. 많은 관심 바랍니다. 감사합니다.

유형 일치하는 내용 고르기

아파트 이름을 1개부터 3개까지 제출할 수 있다고 했으므로, 2개를 응모하는 것도 가능합니다. 따라서 정답은 ②번입니다.

오답 해설

① 응모 기간은 6월 20일부터 7월 19일까지, 즉 한 달 동안입니다.
③ 채택된 사람에게만 상금을 준다고 했습니다. 응모에 참여한 모든 사람에게 주는 것은 기념품입니다.
④ 아파트에 살고 싶어 하는 주부를 찾는 것이 아니라, 아파트의 이름을 지어 줄 주부를 찾는 것입니다.

03 ③

• 듣기 대본 •

여자: 교장 선생님, 지난주에 선생님들과 회의가 있었는데요. 지하에 있는 빈 교실을 창고나 토론방으로 이용하자는 의견이 있었습니다.

남자: 음, 창고보다는 토론방이 더 낫지 않을까요? 학생들이 팀 과제를 준비하면서 편하게 얘기 나눌 공간이 부족하다는 말이 많았잖아요.

여자: 그런데 그 교실은 어둡고 환기가 잘 안되는데 토론방으로 괜찮을까요? 에어컨도 설치가 안 돼 있고요.

남자: 그건 해결이 가능하지 않을까요? 거기를 창고로 쓰긴 좀 아까워요.

유형 일치하는 내용 고르기

여자는 지난주에 선생님들과 회의를 한 내용을 교장 선생님에게 전달하고 있으므로, 정답은 ③번입니다.

오답 해설

① 지하에 있는 빈 교실을 창고로 이용하자고 한 것이지 창고를 새로 만든 것이 아닙니다.
② 남자는 빈 교실의 환기 문제는 해결할 수 있을 것이라고 말했을 뿐, 남자가 이 문제를 해결한 것은 아닙니다.
④ 지하에 있는 교실에는 에어컨이 설치되어 있지 않다고 여자가 말했습니다.

04 ①

• 듣기 대본 •

여자: 교수님, 이번에 사람들의 구매 의도와 관련된 심리에 대해 세미나를 진행하셨는데요. 특별히 강조하고 싶은 부분이 있으신가요?

남자: 사람들은 물건을 구입할 때 주변 사람들이 그 물건을 사용하고 있는지를 중요하게 생각합니다. 자신과 가까운 사람이 사용하는 물건을 보고 그 물건의 장점을 알게 되고, 모르는 것이 있을 때는 그 사람에게 물어보고 빠르게 해결할 수 있기 때문입니다. 이와 같은 이유로 사람들은 물건을 사기 전에 주변 사람들에게 어떤 제품을 사용하고 있는지 물어보고, 그와 동일한 제품을 구매하는 경우가 많습니다.

유형 일치하는 내용 고르기

남자는 주변 사람들이 사용하는 물건을 보면서 장점을 잘 알게 되고, 모르는 것이 있으면 빨리 물어볼 수 있기 때문에 동일한(같은) 제품을 구매하려는 경우가 많다고 했습니다. 따라서 정답은 ①번입니다.

② 이런 내용은 나오지 않았습니다.
③ 물건을 구입할 때 반드시 주변 사람들에게 정보를 물어 봐야 한다는 것이 아니라, 그 물건이 주변 사람들이 사용하고 있는 제품일 때 구매에 영향을 미칠 수 있다는 내용입니다.
④ 유행이 뒤처지지 않기 위해서가 아니라, 그 물건에 대한 정보를 빠르게 얻을 수 있어서 주변 사람들이 사용하는 제품을 구입합니다.

[05~06]

● 듣기대본 ●

남자: 여보세요. 어린이 박물관이죠? 오늘 2시 표 예매했는데요. 혹시 일찍 도착하면 1시에도 들어갈 수 있는지 해서요.
여자: 네, 안녕하세요? 그러시면 입구에서 2시 관람권은 환불받으시고 1시 관람권을 새로 사시면 됩니다.
남자: 네, 알겠습니다. 그런데 혹시 박물관 안에 식사가 가능한 곳이 있나요?
여자: 따로 식당은 마련되어 있지 않습니다. 대신 3층에 가족 쉼터가 있는데요. 거기에서 준비해 오신 음식을 드실 수 있습니다.

05 ③

(유형) **담화 상황 고르기**

남자는 박물관에 몇 시에 들어갈 수 있는지, 식사가 가능한 곳이 있는지를 여자에게 물었습니다. 이것은 박물관의 이용에 대해 문의한 것이므로, 정답은 ③번입니다.

① 남자는 이미 박물관 표를 예매했으며, 관람 예약을 하고 있지 않습니다.
② 남자는 박물관의 위치를 안내하지 않았습니다.
④ 남자는 박물관에 사전 예약한 것을 확인하지 않았습니다.

06 ③

(유형) **일치하는 내용 고르기**

여자는 남자에게 관람권을 새로 살 수 있다고 했습니다. 따

라서 정답은 ③번입니다.

① 여자가 이 박물관의 관람권은 환불을 받을 수 있다고 말했습니다.
② 여자가 이 박물관 3층에서 준비해 온 음식을 먹을 수 있다고 말했습니다.
④ 여자가 이 박물관에서는 자체적으로 식당을 운영하고 있지 않고, 대신 가족 쉼터가 있다고 말했습니다.

[07~08]

● 듣기대본 ●

여자: 신입 사원 여러분, 취업을 축하합니다. 우리 회사는 지난 60여 년간 전자 제품 기술 발전을 이끌어 왔으며, 올해 전자 제품 분야에서 국내 1위를 차지하는 성과를 달성해 냈습니다. 이곳에서 여러분은 대학에서 학업을 통해 쌓은 지식을 구체화하는 방식을 익히며 한 사회의 구성원이며 인재로서 중요한 역할을 담당하게 될 것입니다. 저는 여러분이 자신만의 개성을 잃지 않으면서 이 회사의 구성원으로 성장해 나가는 것을 포기하지 않기를 바랍니다. 우리 회사는 급속하게 변화하는 사회의 흐름을 반영하는 제품을 개발해야 합니다. 이를 위해서는 여러분의 신선하고 기발한 아이디어가 필요합니다. 그리고 여러분의 개성이 변질되지 않고 살아 숨 쉬어야만 합니다. 그러면 그동안 우리 회사가 소비자로부터 각광받은 제품을 여러분의 손으로 직접 만드는 날을 앞당길 수 있을 것입니다.

07 ③

(유형) **담화 상황 고르기**

여자는 신입 사원들에게 각자의 개성을 지켜야 한다고 말하며 그것이 회사의 발전에 도움이 되기를 바라고 있습니다. 따라서 정답은 ③번입니다.

① 여자는 회사의 기술을 소개하지 않았습니다.
② 여자는 전문 지식의 습득을 강조하지 않았으며, 개성을 잃지 말고 일할 것을 당부하고 있습니다.
④ 여자는 전자 제품 분야의 미래를 예측하지 않았습니다.

08 ④

일치하는 내용 고르기

여자는 마지막 부분에서 그동안 회사가 소비자로부터 각광을 받은 제품을 개발하였다고 말했습니다. '각광을 받다'는 '인기를 끌다', '큰 관심을 받다'와 비슷한 의미입니다. 따라서 정답은 ④번입니다.

① 여자는 이 회사가 국내 전자 제품 분야에서 1위를 달성했다고 말했습니다. 1위 진입을 앞두고 있는 것이 아닙니다.
② 여자는 이 회사에 대학에서 업무를 연습하는 시스템이 있다고 말하지 않았습니다.
③ 여자는 이 회사가 직장 선후배 간의 소통을 위해 노력할 것이라고 말하지 않았습니다. 사원 각자의 개성을 살려 일할 것을 강조하고 있습니다.

[09~10]
• 듣기 대본 •

여자: 비닐 포장재도 환경 오염의 원인 중 하나입니다. 그래서 과학 기술 분야에서는 친환경적인 소재 개발에 몰두해 왔는데요. 그중 하나가 음식 성분을 이용한 포장재입니다. 먼저 시도됐던 것은 탄수화물로 만든 포장재인데요. 미세 구멍이 많은 이 포장재는 산소를 제대로 막아 내기 어려워 기존 포장재를 대체하기에는 역부족이었죠. 최근에는 우유에 들어 있는 단백질로 포장재를 만드는 데 성공했습니다. 이건 먹어도 해롭지 않고, 버려도 잘 썩을 뿐만 아니라 산소도 더 잘 차단합니다. 앞으로 대량으로 생산할 수 있는 기술력이 확보된다면 비닐 포장재로 인한 심각한 환경 오염 문제가 크게 개선될 겁니다. 이렇게 과학 기술은 생활의 편리함을 가져올 뿐만 아니라 환경 문제를 해결하는 데도 적극 활용되고 있습니다.

09 ①

일치하는 내용 고르기

우유 단백질 포장재는 산소를 잘 차단한다고 했으므로, 정답은 ①번입니다.

② 탄수화물 포장재는 친환경적인 소재이기 때문에 환경 오염 문제를 개선할 수 있습니다.
③ 탄수화물 포장재의 미세 구멍을 줄이는 데 성공했는지는 말하지 않았습니다.
④ 우유 단백질 포장재 이전에 탄수화물로 만든 포장재가 개발되었습니다.

10 ④

화자의 태도/말하는 방식 고르기

과학 기술 분야에서 친환경적인 소개를 개발한 예를 제시하며, 과학 기술이 생활을 편리하게 할 뿐 아니라 환경 문제 해결에도 활용된다는 것을 설명했습니다. 따라서 정답은 ④번입니다.

① 여자는 친환경 제품의 장점을 사람들에게 알리고 있습니다.
② 여자는 과학 기술이 지닌 한계점을 지적하지 않았고, 과학 기술의 가능성을 긍정적으로 보고 있습니다.
③ 여자가 환경 오염 실태 자료를 바탕으로 분석한 내용이 없습니다.

[11~12]
• 듣기 대본 •

여자: 취업이 하늘의 별 따기라고 하는데, 하반기 채용이 본격화되어야 하는 이 시기에 대기업들이 새로 뽑는 신입 사원의 수를 줄인다는 것은 말도 안 됩니다.

남자: 하지만 경기 침체의 상황에서 기업이 손해를 감수하며 채용 계획을 확대하는 것은 무리 아닐까요? 대기업에 과도한 부담을 주는 것이 취업난의 좋은 해결책이라고 볼 수는 없습니다.

여자: 물론 그것이 취업난의 유일한 해결책이라고 보지는 않습니다. 그렇지만 대기업이 채용 인원을 줄이는 것은 중소기업과 비교했을 때 그 여파가 매우 큽니다. 현재 직원들의 임금을 조금이라도 삭감하고 취업난을 해결하여 전체적인 경제의 활성화를 꾀해야 하지 않을까요?

남자: 그것은 잘못된 생각인 것 같습니다. 대기업이

해결사로 등장하는 것보다는 취업난이 해결
되도록 정부에서 다양한 분야의 일자리를 새
롭게 창출하는 것이 더 나은 방법이라고 생각
합니다.

11 ③

유형 **중심 생각 고르기**

남자는 대기업에 과도한 부담을 주는 것이 취업난을 해결
하기 위한 좋은 방법이라고 생각하지 않습니다. 따라서 정
답은 ③번입니다.

오답 해설

① 남자는 중소기업의 임금이 늘어나야 한다고 말하지 않
　았습니다.
② 남자는 취업난이 대기업 때문에 생긴 것이라고 말하지
　않았습니다. 취업난을 해결하기 위해 대기업이 나서야
　한다는 것은 좋은 생각이 아니라고만 주장했습니다.
④ 남자는 대기업이 취업난의 해결사로 등장하는 것은 좋
　은 해결책이 아니라고 말했습니다. 이는 대기업에서 신
　규 채용 인원을 줄이지 말아야 한다는 의견과는 반대됩
　니다.

12 ③

유형 **화자의 태도 / 말하는 방식 고르기**

남자는 정부에서 여러 분야의 일자리를 새롭게 창출하는
것이 나을 것이라는 대안을 제시하며, 여자의 의견에 반대
하고 있습니다. 따라서 정답은 ③번입니다.

오답 해설

① 남자는 상대방의 의견에 반대했을 뿐, 타협점을 찾지 않
　았습니다.
② 남자는 구체적인 사례를 들지 않았습니다.
④ 남자는 상대방의 주장에 반대하고는 있지만, 논리적인
　오류를 지적하지는 않았습니다.

유형 잡는 연습문제

유형 01 **01** ㉠ 동아리 회원을 모집합니다 / 수화 동아리에서 함께 활동할 분들을 모집합니다

    ㉡ 참여하지 못할 것 같다고요 / 참석이 어려울 것 같다고요

    02 ㉠ 구매하시는 분들께 사은품을 드립니다 / 구매하시는 고객분들께 사은품을 증정합니다

    ㉡ 사은품을 더 많이 받을 수 있냐고요 / 사은품을 2개 받을 수 있냐고요

    03 ㉠ 보고서를 다 작성하지 못했습니다 / 보고서 작성을 완료하지 못했습니다

    ㉡ 꼭 다 쓰겠습니다 / 반드시 보고서 작성을 마치겠습니다

    04 ㉠ 김치 만들기를 합니다 / 김치 만들기 체험 시간을 갖습니다

    ㉡ 재료는 모두 준비되어 있습니다 / 모든 재료를 완벽하게 구비해 놓았습니다

유형 02 **01** ㉠ 모기에 물리지 않으려고 / 모기에 물리지 않기 위해

    ㉡ 모기에 많이 물리는 것은 / 모기에 쉽게 물리는 것은

    02 ㉠ 하는 것이 좋다 / 거르지 않는 것이 건강에 이롭다

    ㉡ 배가 고파지기 때문에 / 공복 상태가 장시간 지속되어

    03 ㉠ 그 역할을 담당하지 못하고 있다 / 순기능을 잃어 가고 있다

    ㉡ 아이들과 보내도록 노력해야 한다 / 자녀들과 보내며 자주 대화를 해야 한다

    04 ㉠ 없어지게 하는 안 좋은 범죄이다 / 헛수고로 만드는 파렴치한 범죄이다

    ㉡ 다른 사람이 들어오지 못하게 해야 한다 / 낯선 사람들의 진입을 어렵게 하는 것이 좋다

유형 03 **01~02** 해설의 답안 참조

유형 04 **01~02** 해설의 답안 참조

유형 01 실용문 빈칸에 알맞은 말 쓰기

01

㉠ 제시문은 동아리 회원 모집을 홍보하는 글입니다. ㉠에는 회원을 모집한다는 내용이 들어가면 됩니다.

㉡ 뒤에서 수업을 마치고 연습을 한다고 했습니다. 참여 시간을 걱정하는 사람들에게 하는 질문이 들어가야 합니다.

02

㉠ 제시문은 사은품 증정 행사를 안내하는 글입니다. 물건을 구매하면 사은품을 증정한다는 내용이 들어가면 됩니다.

㉡ 뒤 문장에서 얼마를 사든 사은품은 한 개만 준다고 했으므로, 많이 사면 사은품을 더 주는지 묻는 내용이 들어가야 합니다.

03

㉠ 빈칸 뒤에 '늦어서 죄송합니다.'라는 표현이 나왔으므로 보고서를 다 쓰지 못해 죄송하다는 내용이 들어가야 합니다.

㉡ 오늘 제출할 자료인데 늦었으므로, 내일까지는 반드시 보고서를 제출하겠다는 내용이 들어가야 합니다.

04

㉠ 제시문은 김치 만들기 행사를 안내하는 글입니다. 김치를 만든다는 것을 안내하는 문장이 들어가는 것이 적절합니다.

ⓒ 빈칸 뒤의 '그래서 ~'라는 문장으로 보아, 재료 등 필요한 것이 모두 준비되어 있다는 내용이 들어가는 것이 적절합니다.

(유형|02) 설명문 빈칸에 알맞은 말 쓰기

01

㉠ 빈칸 뒤에 약을 뿌린다는 내용이 나왔습니다. 이 내용과 어울리려면, 모기에 물리지 않기 위해 노력하는 내용이 들어가야 합니다. '-려고', '-기 위해'와 같은 표현을 쓸 수 있습니다.

ⓒ 빈칸 앞에서 뚱뚱하고 땀을 많이 흘리는 편인 사람이 모기에 잘 물린다고 했습니다. 열이 많고 땀을 많이 흘리는 경우 모기에게 잘 물린다고 한 내용을 다시 한 번 강조하면 됩니다.

02

㉠ 빈칸 뒤의 '~ 때문이다.'라는 문장에서 아침 식사를 거를 때의 문제점에 대해 이야기하고 있으므로, 아침 식사를 거르지 않는 것이 좋다는 내용이 들어가야 합니다.

ⓒ 점심에 폭식을 하게 되는 이유를 적절하게 작성하면 됩니다. 빈칸 앞에서 '아침 식사를 거르면'이라는 내용이 나왔으므로 빈칸에는 배가 고프다는 내용이 오면 됩니다.

03

㉠ 뒤의 문장에서 '가정에서 긍정적인 경험을 하지 못한 아이들'에 대해 이야기하고 있으므로, 가정이 제 역할을 하지 못한다는 내용이 들어가야 합니다.

ⓒ 뒤의 문장에서 '소통'에 대해 이야기하고 있으므로, 부모와 자녀 사이에 소통이 필요하다는 내용 또는 부모와 자녀가 함께 보내는 시간이 많아져야 한다는 내용이 들어가야 합니다.

04

㉠ 농민들이 1년 동안 노력하여 수확한 농산물을 훔쳐 가는 것이므로, 모든 수고를 없어지게 한다는 내용이 들어가야 합니다. '헛수고'와 같은 의미로 '허사'라는 표현도 쓸 수 있습니다.

ⓒ 보안 장치를 설치해서 물건을 훔치고자 하는 사람이 들어오는 것을 미리 막아야 한다는 내용이 들어가는 것이 적당합니다.

(유형|03) 자료를 설명하는 글 쓰기

01

20	대	와		40	대		성	인	남	녀		1,00	0	명	을		대	상	으	로
선	호	하	는		주	거		형	태	와		주	거	를		선	택	할		때	중 요 하
게		생	각	하	는		요	인	이		무	엇	인	지		조	사	한		결	과 를 살
펴	보	자	.		우	선		20	대	는		월	세	를		원	하	는		비	중 이 가 장
높	았	으	며	,		그	다	음	으	로		전	세	와		자	가	가		뒤	를 이 었 다 .
반	면	,		40	대	는		자	가	를		원	하	는		비	중	이		1	위 였 으 며 ,
그	다	음	으	로		전	세	와		월	세	를		원	함	을		알		수	있 었 다 .
또	한		주	거	를		선	택	할		때		중	요	하	게		생	각	하	는 요 인
으	로	,		20	대	는		주	거		비	용	,		주	거		지	역	의	위 치 , 주 거
공	간	의		구	조		순	으	로		꼽	았	으	며	,		40	대	는		주 거 지 역
의		위	치	를		가	장		중	요	하	게		생	각	한	다	고		답	했 다 .

어휘·문법

선호하다
여럿 가운데서 어떤 것을 특별히 더 좋아하다.

요인
사물이나 사건 등이 성립되는 중요한 원인. ⑩ 경제적 요인.

잇다④
바로 뒤를 잇따르다. ⑩ 인사말에 이어 사회자는 참가자들을 소개했다.

연령대에 따라 선호하는 주거 형태가 무엇인지 비교하여 서술하고 20대와 40대가 주거를 선택할 때 무엇을 중요하게 생각하는지를 제시하면 됩니다. 20대는 주거를 선택할 때 주거 비용, 주거 지역의 위치, 주거 공간의 구조의 순서로 중요하게 생각하며, 40대는 주거 지역의 위치를 가장 중요하게 생각한다는 등의 내용을 작성하면 됩니다.

02

> 1인 가구는 2000년 이후 지속적으로 증가하고 있다. 전체 가구 수에서 1인 가구가 차지하는 비중도 계속 늘어나는 추세이다. 이와 같은 추세라면 2030년에는 전체 가구 수의 약 33%를 차지할 것으로 전망된다. 이처럼 1인 가구가 늘어나는 것은 취업 및 학업 문제로 거주지를 이동하거나, 가족과 독립된 개인적 생활을 추구하기 때문이다. 이러한 1인 가구의 증가 추세는 여가 시간을 보내는 방법과도 연관된다. 관련 조사에서 여가 시간을 혼자 보낸다고 답한 사람이 50% 이상인 것으로 보아, 이는 자연스러운 결과라고 할 수 있다.

'1인 가구 수 추이' 그래프를 보고 2000년부터 2030년까지 증가하는 추세를 수치와 함께 설명합니다. 그리고 '변화 이유'를 통해 1인 가구가 늘어나는 원인을 '여가 시간을 보내는 방법'과 연관 지어 제시하면 됩니다.

유형 04 주제에 대해 글 쓰기

01

> 현대 사회에서 외모 중시, 외모 만능주의라는 말은 예전부터 존재해 왔다. 그러나 기존의 외모 중시가 예쁘고 멋진 얼굴에 치중된 것이라면, 최근에는 몸매도 외모의 범주 중 하나로 포함되고 있다. 즉, 미의 기준이 얼굴에서 몸 전체로 확장된 것이다. 이것을 '몸짱 열풍'이라고 한다. 몸짱 열풍이 불면서 여성들은 체중 줄이기에, 남성들은 복근 만들기에 열을 올리고 있는 모습을 쉽게 찾아볼 수 있다.
> 물론 건강을 지키기 위해 운동을 하는 것은 좋은 일이다. 그러나 지나친 몸짱 열풍으로 인해 몸매에 자신이 없는 사람들은 자신감을 잃거나 자신의 몸매에 대해 창피함을 느끼기까지 한다. 또한, 운동을 하는 과정도 자신의 외모를 관리하는 것으로 여겨, 운동을 하는 데 쓰는 비용보다 운동복을 구매하는 데 쓰는 비용이 더 크다는

이야기도 들린다. 웃을 일만은 아닐 것이다. 게다가 하루에 10시간 이상을 운동에만 소모하는 경우도 심심찮게 보게 된다.

　이러한 몸짱 열풍의 문제점을 해결하기 위해서는 '건강한 몸'의 진정한 의미를 정립해야 한다. 그리고 자신의 경제력이나 하는 일을 고려하지 않은 채로 몸을 만드는 것에만 집중하는 생활 습관을 바로잡고, 균형 있게 건강을 유지하는 삶을 살도록 해야 할 것이다.

정립하다
방법, 내용, 이론, 법칙 등을 정하여 세우다.
예 새로운 목표를 정립해야 한다.

몸짱 열풍에 대한 간략한 설명과 그것이 발생시키는 문제점 2~3개, 문제점을 해결하기 위한 방법 2~3개를 제시하면 됩니다. 모범 답안의 '서론 – 본론 – 결론'을 살펴봅시다.

서론	'몸짱 열풍'의 의미와 '몸짱 열풍'이 불고 있는 현대 사회의 세태를 제시한다.
본론	'몸짱 열풍'의 부정적 영향을 소개한다. ① 지나친 몸짱 열풍으로 어떤 사람들은 자신의 몸매에 대해 자신감을 잃기도 한다. ② 운동을 하는 것보다 운동복 구매에 더 많은 비용을 투자한다. ③ 운동을 하는 데 너무 많은 시간을 할애한다.
결론	'몸짱 열풍'의 문제점을 해결하기 위한 방안을 제안한다. ① '건강한 몸'의 진정한 의미를 정립해야 한다. ② 생활 습관을 고치고, 균형 있게 건강을 유지하는 삶을 살아야 한다.

02

한국을 포함하여 전 세계 대부분의 나라에서 노령 인구층이 급속하게 증가하고 있다. 이들은 대부분 노후를 대비하여 어느 정도의 경제력을 갖추고 있으며, 이제 경제를 좌우하는 커다란 소비층으로 등장하고 있다. 이러한 소비 구조의 변화에 따라 노인들을 대상으로 다양한 상품을 판매하고 서비스를 제공하는 것이 이른바 실버산업이다.

　노인을 위한 실버산업은 사회 전반으로 확산되고 있다. 예를 들자면, 많은 노인들이 모여 생활하는 대규모의 실버타운, 노인을 위한 요양 병원, 노인을 위한 다양한 제품 등을 들 수 있다. 노인을 위한 컴퓨터, 휴대 전화, 신발 등이 모두 실버산업과 관련이 있는 것들이다. 또한 노인들의 여가 생활, 평생 교육을 위한 교육 프로그램도 모두 실버산업의 범주에 속한다.

　기존에는 자식들에게 육체적, 경제적으로 의지하는 노인들이 많았으나, 근래에는 많은 노인들이 자녀들과 주거 생활을 분리하고 있다. 손주를 양육하는 것도 필수가 아닌 선택이 되었다. 노년의

어휘 · 문법

좌우하다
어떤 일에 영향을 주어 지배하다. 예 재료의 신선함이 음식의 맛을 좌우한다.

이른바
사람들이 흔히 말하는 바대로. 예 그녀는 매우 아름다워 이른바 절세미인으로 불린다.

범주
같은 성질을 가진 부류나 범위. 예 꽃과 나무는 모두 식물이라는 범주에 속한다.

근래
가까운 요즘. 예 그는 근래에 보기 드물게 마음씨가 고운 사람이다.

생활을 즐겁고 풍족하게 누리기 위해 지출을 아끼지 않고 있다. 현재에도 많은 노인들이 실버산업의 결과물들을 향유하고 있고, 앞으로도 실버산업 시장은 확대될 전망이며 이 산업의 성장세는 쉽게 가라앉지 않을 것이다.

600

실버산업이 무엇인지와 실버산업의 사례 2~3개를 서술합니다. 그리고 서술한 내용을 바탕으로 실버산업의 전망을 작성하면 됩니다. 모범 답안의 '서론 – 본론 – 결론'을 살펴봅시다.

서론	노령 인구층 증가에 따라 이들을 대상으로 다양한 서비스를 판매·제공하는 것이 실버산업이라고 소개한다.
본론	실버산업의 다양한 사례를 제시한다. ① 실버타운, 요양 병원, 노인을 위한 다양한 제품을 제공한다. ② 노인들의 여가 생활, 평생 교육을 위한 교육 프로그램을 만든다.
결론	실버산업의 미래를 전망한다. ① 예전과 다르게 자식들에게 육체적, 경제적으로 의지하지 않는다. ② 노년 생활을 즐겁고 풍족하게 누리기 위한 지출이 증가하고 있다. ③ 위와 같은 현상들로 미루어 보아, 실버산업은 계속해서 커질 것이다.

합격 잡는 실전문제

138쪽

01 ㉠ 하러 갑니다 / 하러 갈 예정(계획)입니다

ⓛ 들면 좋겠습니다 / 들었으면 좋겠습니다

02 ㉠ 도서관 2층을 공사합니다 / 도서관 2층을 공사할 예정입니다 / 도서관 2층을 공사할 예정이니 참고하시기 바랍니다

ⓛ 공사를 하지 않습니다 / 공사를 하지 않아서 평소처럼 이용할 수 있습니다 / 공사를 하지 않으므로 평소와 다름없이 이용하시면 됩니다

03 ㉠ 빌려줘서 / 빌려주셔서

ⓛ 돌려주면 되겠습니까 / 돌려드리면 됩니까 / 돌려드리면 되겠습니까

04 ㉠ 농구단 회원을 모집합니다 / 함께 농구를 할 사람을 모집합니다

ⓛ 성인은 주말에 연습을 합니다 / 성인은 주말에 모임을 갖습니다 / 성인은 주말에 운동을 합니다

05 ㉠ 들려주는 것은 아니다 / 사용하는 것은 아니다

ⓛ 느끼도록 한다 / 느끼게 한다

06 ㉠ 안 좋은 점이 있다 / 생기는 단점도 있다 / 부작용도 만만치 않다

ⓛ 지저분해진다 / 복잡하고 어지러워진다 / 복잡하고 어지러워져 도시의 미관을 해친다

07 ㉠ 감정이 표정에 영향을 주기 때문이다

ⓛ 밝은 표정을 짓는 / 밝은 표정을 하는 / 표정을 밝게 짓는 / 표정을 밝게 하는

08 ㉠ 기억하지 못하는 경우가 많습니다 / 잊어버리는 일을 종종 겪곤 합니다 / 금방 기억이 나지 않는 일을 종종 겪습니다

ⓛ 크게 걱정하지 않아도 됩니다 / 그다지 걱정할 필요는 없습니다 / 크게 염려를 할 필요는 없습니다

09~13 해설의 답안 참조

01

유형) **실용문 빈칸에 알맞은 말 쓰기**

㉠ 제시문은 편지입니다. 편지를 쓴 사람은 다음 달에 홍콩으로 갑니다. 그동안 고마웠던 수미 씨에게 선물과 함께 감사의 마음을 전하고 있습니다. 빈칸 뒤에서 회사에 취직해서 수미 씨를 자주 못 볼 것 같다고 하고 있으므로, 빈칸에는 홍콩으로 일을 하러 간다는 내용을 작성하면 됩니다.

㉡ 선물을 받는 사람이 좋아했으면 좋겠다는 내용을 작성하면 됩니다. '마음에'와 호응하는 표현인 '들다'를 사용합니다.

02

유형) **실용문 빈칸에 알맞은 말 쓰기**

㉠ 제시문은 공사 안내문입니다. '도서관 2층 공사 안내'라는 제목을 보고, 공사를 한다는 내용을 예상할 수 있습니다. 빈칸 뒤에 '그래서 ~'라는 문장을 보면, 공사가 도서관 2층을 이용할 수 없는 이유라는 것을 알 수 있습니다.

㉡ 도서관 2층을 공사한다는 내용 다음에 '하지만'이 나온 뒤 1층과 3층에 대한 내용이 나오므로, 1층과 3층은 공사를 하지 않을 것입니다. 1층과 3층은 공사를 하지 않으므로 예전과 같이 이용할 수 있다는 내용을 덧붙이면 더 좋은 답이 됩니다.

03

유형) **실용문 빈칸에 알맞은 말 쓰기**

㉠ 제시문은 마이클이 수미 씨에게 보낸 이메일입니다. 수미 씨의 책으로 과제를 잘할 수 있었고 고맙다는 내용이 있으므로, 빈칸에는 책을 '빌려주어' 고맙다는 내용이 들어가야 합니다.

㉡ 빈칸 앞의 '언제'와 빈칸 뒤의 '찾아가겠습니다.'를 볼 때, 빈칸에는 책을 언제 돌려줄지를 묻는 내용을 작성하면 됩니다.

04

유형) **실용문 빈칸에 알맞은 말 쓰기**

㉠ 제시문은 농구단의 신규 회원 모집을 홍보하는 글입니다. 제목에 나와 있는 내용과 같이, 농구단의 신규 회원을 모집한다는 내용이 들어가야 합니다.

㉡ 빈칸 앞에 '중학생과 고등학생, 평일'이라는 표현이 나왔습니다. 따라서 연령대에 따라 서로 다른 시간에 연습을 한다(모임을 가진다)는 내용이 들어가면 적절합니다.

05

유형) **설명문 빈칸에 알맞은 말 쓰기**

㉠ 빈칸이 있는 문장이 '그러나'로 시작되었고, 그 앞의 문장이 사람들이 음악 치료를 할 때 밝은 분위기의 음악을 들려줄 것이라고 생각한다는 내용입니다. 따라서 빈칸에는 이러한 사람들의 생각과 반대되는 내용이 들어가야 합니다.

㉡ 빈칸이 있는 문장은 다양한 분위기의 음악을 들으면 환자들이 다양한 감정을 느끼게 된다는 내용입니다. '들려줌으로써 환자가 다양한 감정을'과 호응하는 '느끼게 한다' 등의 표현이 들어가야 합니다.

06

유형) **설명문 빈칸에 알맞은 말 쓰기**

㉠ 빈칸 뒤 '우선 ~', '또한 ~'의 문장에서 간판의 문제점에 대해 이야기하고 있습니다. 따라서 문제가 있다는 의미를 담은 문장이 들어가야 합니다.

ⓒ 빈칸의 뒤에 '간판의 모양을 정리하여 도시의 이미지를 개선해야 한다.'라는 내용이 있습니다. 따라서 건물의 겉모습을 좋게 만드는 문제점이 있다는 것을 지적하는 내용이 들어가야 합니다.

07

(유형) 설명문 빈칸에 알맞은 말 쓰기

㉠ 빈칸이 있는 문장에 '왜냐하면'이 사용되었습니다. 바로 앞 문장에서 '기분이 좋지 않으면 표정이 어두워진다'고 했으므로, 빈칸에는 감정이 표정에 영향을 준다는 내용을 쓰면 됩니다. '왜냐하면'과 호응하는 표현인 '~기 때문이다'를 사용합니다.

ⓒ 빈칸 앞의 내용에서 밝은 표정을 지으면 기분도 좋아진다고 했으므로, 우울할 때일수록 밝은 표정을 지어야 한다는 내용이 들어가야 합니다. '밝은 표정을 짓는', '표정을 밝게 짓는'과 같이 뒤에 나온 '~ 것'과 호응하는 표현을 씁니다.

08

(유형) 설명문 빈칸에 알맞은 말 쓰기

㉠ 빈칸 앞에 열쇠를 어디에 두었는지 깜박한다는 내용이 나왔습니다. 빈칸 뒤에서도 기억력이 떨어지는 것에 대한 설명이 이어지고 있으므로, 무엇을 먹었는지 기억하지 못하기도 한다는 내용을 작성하면 됩니다. 바로 앞에서 사용한 '깜박하다'가 아닌 다른 표현으로 작성해야 합니다.

ⓒ 빈칸 뒤 '왜냐하면 ~'의 문장에서 무언가를 적당히 잊어버리는 것이 정신 건강에 도움이 된다고 했습니다. 따라서 빈칸에는 기억력이 떨어지는 것에 대해 걱정할 필요가 없다는 내용이 들어가야 합니다.

09

온라인 쇼핑 시장의 변화에 대해 조사한 결과, 온라인 쇼핑 시장의 전체 매출액은 2014년에 46조 원, 2018년에 92조 원으로 4년 만에 크게 증가한 것으로 나타났다. 사용 기기에 따른 매출액은 컴퓨터의 경우 2014년에 32조 원, 2018년에 39조 원으로 소폭 증가한 반면 스마트폰은 2014년에 14조 원, 2018년에 53조 원으로 매출액이 큰 폭으로 증가하였다. 이와 같이 온라인 쇼핑 시장이 변화한 원인은 온라인으로 다양한 상품 구매가 가능해졌고 스마트폰이 컴퓨터에 비해 쇼핑 접근성이 높기 때문이다.

어휘 · 문법

~에 따른
어떤 조건이나 기준, 상황에 근거하여. 기본형은 '따르다'.
⑩ 계절에 따른 기온 변화가 심하다.

접근성
교통수단 등을 이용하여 특정 지역이나 시설로 접근할 수 있는 가능성. ⑩ 접근성이 높다./좋다.

(유형) 자료를 설명하는 글 쓰기

온라인 쇼핑 시장의 변화 현황과 변화 원인을 서술하면 됩니다. 이때 매출액의 증가나 감소를 보여 주는 그래프의 구체적인 수치를 참고하여 씁니다.

10

자연재해에는 가뭄, 홍수, 폭설 등이 있다. 해마다 자연재해로 인해 여러 피해가 발생한다. 20년간 피해자가 가장 많이 발생한 자연재해는 홍수와 폭설이었다. 한꺼번에 많은 양의 비가 내리는

어휘 · 문법

곳곳
여러 곳. 또는 이곳저곳.

홍수는 논밭, 집 등이 물에 잠기는 피해를 준다. 또한, 단시간에 많은 양의 눈이 내리는 폭설로 인해 도심에서는 교통이 끊기기도 한다. 홍수와 폭설 다음으로는 가뭄이 가장 많은 피해자를 발생시켰는데, 가뭄은 곳곳에 식수가 부족해지고 농작물이 말라 죽는 문제를 야기한다. 뒤이어 태풍, 극심한 기온 변화 등이 피해자를 발생시킨 대표적인 자연재해이다.

예 세계 곳곳에서 폭우와 지진 등 자연재해가 발생한다.

극심하다
상태나 정도가 지나칠 정도로 매우 심하다. 예 작년 여름에는 극심한 가뭄에 시달렸다.

유형 · 자료를 설명하는 글 쓰기

자연재해로 인한 피해자 발생 비율, 자연재해의 유형과 피해에 대해 자료에 나와 있는 내용을 순서대로 배치하여 작성하면 됩니다.

11

요즘은 학교에 들어가지 않은 아이들에게 다양한 교육을 실시하는 경우가 많다. 어릴 때부터 이루어지는 조기 교육은 좋은 점도 있지만 문제점도 있다.

　먼저 조기 교육의 가장 큰 장점은 아이의 재능을 일찍 발견하고 아이가 가진 잠재력을 극대화할 수 있다는 점이다. 예를 들어 예체능계의 유명인 중에는 어릴 때부터 체계적인 교육을 받은 경우가 많다. 또 다른 조기 교육의 장점은 아이의 학업 경쟁력을 높일 수 있다는 점이다. 이 외에도 조기 교육에서의 다양한 경험은 아이의 세계관을 넓히는 데 도움이 된다.

　그러나 조기 교육은 부모의 강요에 의해 이루어질 수 있다는 문제점이 있다. 이로 인해 아이는 스트레스를 받거나, 억압적인 학습 경험의 반발로 학업에 흥미를 느끼지 못할 수 있다. 또한 조기 교육이 과도하게 이루어질 경우, 아이들의 정서 발달에 부정적인 영향을 미칠 수 있다.

　조기 교육의 장점에도 불구하고 위의 문제점을 고려하였을 때 조기 교육을 실시하는 것이 적절하지 않다고 생각한다. 진정한 교육이란 학습자의 자발성과 내적 동기를 전제로 이루어진다고 생각하기 때문이다. 아이는 발달 중에 있고 경험이 적기 때문에 자신이 무엇을 배우고 싶은지 명확히 인지하지 못할 가능성이 크다. 이는 아이의 동기보다 보호자의 바람이 조기 교육에 더 큰 영향을 미치게 되는 이유이기도 하다. 이러한 이유로 조기 교육을 실시하는 것에 반대한다.

어휘 · 문법

이루어지다
어떤 상태나 결과가 생기거나 만들어지다. 예 논의/분석/참여가 이루어지다.

극대화하다
더 이상 커질 수 없을 만큼 커지다. 또는 그렇게 만들다. 예 성과를 극대화하다.

-계
'계통'의 뜻을 더하는 단어. 예 예체능계. / 동양계.

세계관
세계와 그 세계를 이루고 있는 인간 및 인생의 의의와 가치에 대한 생각. 예 기독교적 세계관.

고려하다
어떤 일을 하는 데 여러 가지 상황이나 조건을 신중하게 생각하다. 예 시기를 고려하다.

조기 교육의 장점과 문제점, 조기 교육에 대한 찬성 혹은 반대의 의견을 중급과 고급의 표현을 사용하여 작성해야 합니다. 이때 적절한 근거를 들어 찬성 혹은 반대의 입장을 전달해야 합니다. 모범 답안의 '서론 – 본론 – 결론'을 살펴봅시다.

서론	조기 교육의 현황을 제시하고, 조기 교육에는 장점과 단점이 있다고 소개한다.
본론	조기 교육의 장점과 단점을 상세히 나열한다. ① 조기 교육의 장점 　• 아이의 재능을 빨리 발견하고 잠재력을 극대화할 수 있다. 　• 학업 경쟁력을 높일 수 있다. 　• 아이의 세계관을 넓힐 수 있다. ② 조기 교육의 단점 　• 부모의 강요로 이루어지는 경우, 스트레스를 받거나 학업에 흥미를 느끼지 못할 수 있다. 　• 조기 교육이 과도하게 이루어지는 경우, 정서 발달에 부정적 영향을 미칠 수 있다.
결론	조기 교육에 대해 반대하는 의견과 근거를 제시한다. – 학습자의 자발성과 내적 동기가 있어야 진정한 교육이 이루어질 수 있다.

12

　사교육을 받기 시작하는 연령이 점점 어려지고, 사교육으로 학습하는 교과가 나날이 증가하고 있는 추세이다. 사교육이 성행하던 초기에는 국어, 영어, 수학 등의 교과만을 별도로 학습했으나, 요즘은 각종 악기와 체육 활동까지도 사교육의 영역에 포함되고 있다. 이뿐만 아니라 글쓰기, 친구들과 친해지기 등 일상생활에서도 사교육이 활성화되고 있다.

　이와 같이 사교육이 심화되면서 발생하는 문제는 손으로 꼽을 수 없을 만큼 다양하다. 가장 큰 문제는 공교육의 목표인 지성 함양과 인성 교육보다는 단순히 성적이 좋은 아이를 만드는 것을 우선한다는 것이다. 또한 아침부터 밤늦게까지 모든 끼니를 외식으로 해결하게 되면서 영양 섭취에도 문제가 생긴다. 그리고 학교 수업이 끝난 후에 학원에서 공부를 하고 집에 돌아와서도 숙제를 하느라 오랜 시간을 보내므로 수면 시간도 충분하지 않다.

　이러한 문제를 해결하기 위해서는 공교육보다 사교육을 우선시하는 사회적인 분위기가 개선되어야 하며, 학부모들은 자녀들의 성적을 중시하기보

어휘·문법

초기
어떤 기간의 처음이 되는 시기. 예 건국 초기. / 초기 계획.

손으로 꼽다
손가락으로 셀 수 있을 만큼 많지 않다. 예 그 도서관은 세계에서 손가락에 꼽을 수 있을 정도로 규모가 크다. / 담배가 해로운 이유는 손으로 꼽을 수 없을 만큼 많다.

함양
지식이나 능력, 성품 등을 기르고 닦음. 예 학생들의 인격 함양을 위해서 봉사 활동을 가기로 했다.

동일시되다
서로 다른 둘 이상의 대상이 똑같은 것으

다는 자녀의 올바른 인성이 더욱더 중요하다는 것을 깨달아야 한다. 그리고 정부에서는 지나친 사교육으로 인해 교육이 경쟁과 동일시되지 않도록 사교육을 적절하게 제한하는 정책을 마련해야 한다.

로 보이다. 예 사실이 상상과 동일시되다.

(유형) **주제에 대해 글쓰기**

제시된 질문에 대한 답을 스스로 생각해 보고, 각 질문에 대한 답을 바탕으로 하여 서론, 본론, 결론의 내용을 작성하면 됩니다. 사교육을 받아 본 적이 없다면, 인터넷이나 신문 등에서 접한 사교육의 문제점을 생각하면서 글의 내용을 풍성하게 써 보기 바랍니다. 문제를 해결하기 위한 방법을 구체적으로 작성하여야 글의 설득력을 높일 수 있습니다. 모범 답안의 '서론 – 본론 – 결론'을 살펴봅시다.

서론	사교육의 비중이 점점 커지고 있는 현황을 서술한다.
본론	사교육이 심화되면서 나타나는 문제점을 밝힌다. ① 지성 함양과 인성 교육보다는 성적 향상에만 목표가 치우칠 수 있다. ② 영양 섭취 문제가 발생하고, 수면 시간이 충분하지 못하다.
결론	지나친 사교육으로 인한 문제점을 해결하기 위한 방법을 제시한다. ① 사회적 분위기가 개선되어야 한다. ② 학부모는 성적보다 자녀의 올바른 인성이 더 중요하다는 걸 깨달아야 한다. ③ 정부에서는 사교육을 적절하게 제한하는 정책을 마련해야 한다.

13

어떤 일을 다른 사람들과 함께 계획하고 추진하기 위해서는 그 사람들과의 원활한 인간관계가 필요하다. 그리고 인간관계를 원활하게 하기 위해서는 많은 대화가 요구되며, 이 과정에서 의사소통 능력이 중요한 역할을 한다. 일반적으로 의사소통은 타인과의 소통의 시작이므로 의사소통이 제대로 이루어지지 않는 경우 오해와 불신이 생기며, 경우에 따라서는 분쟁으로까지 이어질 수 있다.

그런데 이러한 의사소통이 항상 원활히 이루어지는 것은 아니다. 사람들은 서로 다른 생활 환경과 경험을 가지고 있고, 이는 사고방식과 가치관의 차이로 이어지게 된다. 각자의 타고난 언어 습관이나 대화를 하는 방식이 달라 의사소통이 어려운 경우도 있다. 이러한 차이들이 모여 의사소통을 어렵게 함과 동시에 새로운 갈등을 야기

어휘·문법

추진하다②
어떤 목적을 위해서 일을 밀고 나아가다. 예 개발을 추진하다. / 사업을 추진하다.

원활하다
막힘이 없이 순조롭고 매끄럽다. 예 원활하게 추진하다. / 이동이 원활하다.

분쟁
서로 물러서지 않고 치열하게 다툼. 예 영토 분쟁. / 분쟁이 끝나다.

-ㄴ/은/는지
뒤에 오는 말의 내용

하기도 한다.
따라서 원활한 의사소통을 위해서는 적극적인
노력이 필요하다. 나의 말이 상대를 불편하게 하 500
는 것은 아닌지 항상 생각하며 이야기하여야 한
다. 다음으로 다른 사람의 말을 잘 듣는 자세가
필요하다. 마음을 열고 다른 사람의 이야기를 듣
는 것은 상대를 이해하는 데 꼭 필요하기 때문
이다. 이를 통해 서로가 가질 수 있는 편견과 600
오해를 해결할 수 있다.

에 대한 막연한 이유나 판단을 나타내는 연결 어미. 예 혹시 다친 건 아닌지 걱정이 됩니다.

(유형) **주제에 대해 글 쓰기**

의사소통이 중요한 이유와 의사소통이 잘 안 되는 이유, 의사소통을 원활하게 하는 방법을 서술해야 합니다. 이때 의사소통을 원활하게 하는 방법과 그 방법이 어떤 면에서 효과가 있을지에 대해 구체적으로 제시하면 더 좋습니다. 모범 답안의 '서론 – 본론 – 결론'을 살펴봅시다.

서론	의사소통이 중요한 이유를 서술한다. ① 원활한 인간관계를 위해서는 많은 대화가 필요하고, 이때 의사소통 능력이 중요하다. ② 의사소통이 제대로 이루어지지 않는 경우, 오해와 불신이 생길 수 있다.
본론	의사소통이 잘 이루어지지 않는 이유를 제시한다. ① 사람들이 서로 다른 생활 환경과 경험을 가지고 있어서 사고방식과 가치관에 차이가 생긴다. ② 사람마다 각자의 타고난 언어 습관이나 대화를 하는 방식이 다르다.
결론	원활한 의사소통을 위한 방법을 소개한다. ① 나의 말이 상대를 불편하게 하는 것은 아닌지 생각하며 말한다. ② 다른 사람의 말을 잘 들으려는 자세가 필요하다.

유형 | 01~02

유형 잡는 연습문제

유형	01	02	03	04	05
유형	01	①	③	②	④	③
유형	02	①	①	②	③	

유형 | 01 빈칸에 알맞은 말 고르기

01 ①

> 다른 사람과 대화를 할 때는 적당한 거리를 (유지해야) 한다.

'~할 때는 ~해야 한다'의 표현이 사용된 문장이므로, 정답은 ①번입니다.

오답 해설

② '~ 적당한 거리를 유지하는 것이 좋다.'와 같이 사용해야 합니다.

③ '~ 유지했고 ~도 했다.'와 같이 사용해야 합니다.

④ '유지하니까'는 맥락상 앞 내용과 연결하여 문장을 만들기가 어렵습니다. '~ 유지하니까 ~하게 되었다.'와 같이 사용해야 합니다.

02 ③

> 오후 5시에 시작된 회의가 너무 길고 힘들어서 빨리 (끝났으면 했다).

회의가 길고 힘들다는 내용으로 보아, 회의가 빨리 '끝났으면 했다'가 빈칸에 들어가는 것이 적절합니다. 따라서 정답은 ③번입니다.

오답 해설

① 어떤 일이 끝나고 있는 도중이었음을 나타낼 때 사용할 수 있는 표현입니다.

② 앞에 회의가 빨리 끝나게 된 이유가 나와야 합니다.

④ 이 문장의 앞 내용과 연결되지 않습니다. 짐작이나 추측할 때 사용할 수 있는 표현입니다.

03 ②

> 저녁을 먹으려고 주방에서 요리를 하고 (있는데) 친구에게 전화가 왔다.

상황이나 배경을 설명하는 '-는데'가 들어가는 것이 적절하므로, 정답은 ②번입니다.

오답 해설

①, ③ 선택을 할 때 사용하는 문법 표현으로, 제시된 문장과는 어울리지 않습니다.

④ '요리를 하고 있어서 친구의 전화를 못 받았다.'와 같이 사용해야 합니다.

04 ④

> 밤하늘의 별들을 조금이라도 열심히 들여다본 이들이라면 얼핏 흰색으로만 보이는 별들이 실은 (각기 다른 여러 가지 색으로) 빛나고 있다는 사실을 알 것이다. 이 다양한 색의 별빛은 지루해 보이는 밤하늘을 무채색의 흑백이 아닌 섬세한 컬러의 세상으로 만들어 준다. 별의 색은 물질이 아니라 온도에 의해 결정된다. 그럼 어떤 온도가 어떤 색으로 나타나게 될까?

빈칸 뒤의 문장에서 '다양한 색의 별빛', '섬세한 컬러의 세상'이라고 했으므로, 흰색으로만 보이는 별들이 실은 '각기 다른 여러 가지 색으로' 빛나고 있다는 말이 들어가는 것이 적절합니다. 따라서 정답은 ④번입니다.

오답 해설

①, ②, ③ 빈칸 뒤에 이어지는 문장과 관련이 없습니다.

05 ③

> 비타민 D는 칼슘 흡수를 돕는 필수 영양소이다. 백인은 평균적으로 하루 15~20분, 일주일에 사흘 정도 햇볕을 쬐면 비타민 D가 필요한 만큼 충분히 형성되는 것으로 알려져 있다. 하지만 피부 전문가들은 암이나 노화 등을 걱정하면서까지 일부러 햇

볕을 쬘 필요는 없다고 말한다. 음식 섭취나 약 복용을 통해 비타민 D를 (충분히 공급할 수 있다는) 것이다.

출처: '선탠을 하면 자외선 차단에 도움이 된다?', 한겨레. 2015. 04. 19.

빈칸 앞의 문장에서 일부러 햇볕을 쬘 필요가 없다고 한 이유를 설명하는 말을 고르면 됩니다. 음식 섭취나 약 복용을 통해 비타민 D를 충분히 공급할 수 있다고 하는 것이 문맥상 자연스러우므로, 정답은 ③번입니다.

오답 해설

①, ② 일부러 햇볕을 쬘 필요는 없다고 했으므로, 음식 섭취나 약 복용을 통해 비타민 D를 충분히 만들어 낼(공급할) 수 있습니다.

④ 앞에서 일부러 햇볕을 쬘 필요는 없다고 했습니다.

유형 | 02 **의미가 비슷한 말 고르기**

01 ①

> 갑자기 비가 <u>오는 바람에(온 탓에)</u> 손에 들고 있던 서류가 다 젖어 버렸다.

'오는 바람에'는 '온 것 때문에'라는 의미로 사용되었습니다. 따라서 비가 '온 탓에' 서류가 젖어 버렸다는 표현이 맥락상 자연스러우므로, 정답은 ①번입니다.

오답 해설

② '비가 온 사이에 ~ (다른 일이 있었다)'와 같이 사용해야 합니다.

③ '-ㄴ 김에'는 '~을 하면서 그 기회에 함께 ~하다'의 의미이므로, 이 문장과 어울리지 않습니다.

④ '~이/가 -은/는 대신에 ~을/를 하였다.'와 같이 사용해야 합니다.

02 ①

> 친구를 깜짝 놀라게 해 주려고 책상 아래에 숨어서 <u>없는 체했다(없는 척했다)</u>.

'-는 체하다'는 '앞말이 뜻하는 행동이나 상태를 거짓으로 그럴듯하게 꾸밈을 나타내는 말'로, '-는 척하다'와 같은 의미입니다. 따라서 정답은 ①번입니다.

오답 해설

② '없는 것 같았다.'와 비슷한 의미로, 제시된 문장에서 사용하기에 적절하지 않습니다.

③ '없는 것에 가깝다.'라는 의미이므로, 적절하지 않습니다.

④ '없는 것이 당연하다.'라는 의미이므로, 적절하지 않습니다.

03 ②

> 우리 회사에 관심이 없는 것을 보니 곧 다른 회사로 <u>갈 모양이다(갈 것만 같다)</u>.

'~ 모양이다'는 '짐작이나 추측을 나타내는 말'로, '~ 것만 같다'가 이와 가장 유사한 의미입니다. 따라서 정답은 ②번입니다.

오답 해설

① '~에 가기도 하고 …에 가기도 한다.'와 같이 사용해야 합니다.

③ '갈 리가 없다'는 '다른 회사로 갈 가능성이 절대로 없다.'라는 의미인데, 문장에서는 다른 회사로 갈 가능성이 있다고 보고 있으므로, 적절하지 않습니다.

④ '~은/는 ~에 간 적이 없다.'와 같이 사용해야 합니다.

04 ③

> 백화점에서 본 그 가방의 가격은 깜짝 <u>놀랄 만큼(놀랄 정도로)</u> 비쌌다.

'놀랄 만큼'은 '놀랄 정도로'와 유사한 의미입니다. 따라서 정답은 ③번입니다.

오답 해설

① '백화점에서 본 그 가방의 가격은 네가 놀랄까 봐 말하지 않겠어.'와 같이 사용할 수 있습니다.

② '-는 대로'는 '-자마자'와 비슷하게 사용하는 문법 표현으로, 이 문장과는 어울리지 않습니다.

④ '놀라지 않고'의 의미로 사용할 수 있는 표현입니다.

<table>
<tr><td colspan="5">**합격 잡는 실전문제**　　174쪽</td></tr>
<tr><td>01 ②</td><td>02 ②</td><td>03 ②</td><td>04 ③</td><td>05 ①</td></tr>
<tr><td>06 ④</td><td>07 ③</td><td>08 ③</td><td>09 ③</td><td>10 ④</td></tr>
<tr><td>11 ④</td><td>12 ③</td><td>13 ②</td><td>14 ③</td><td></td></tr>
</table>

01 ②

> 해가 뜨는 것을 (보려고) 아침 일찍 일어났다.

유형 빈칸에 알맞은 말 고르기

문맥상 해가 뜨는 것을 보기 위해 아침 일찍 일어났다는 의미가 되어야 자연스럽습니다. 따라서 어떤 행동을 할 의도를 나타내는 연결 어미인 '-려고'가 결합된 '보려고'가 들어가는 것이 알맞으므로, 정답은 ②번입니다.

오답 해설

① '-아야'는 앞의 일이 뒤의 일의 조건임을 나타내는 연결 어미입니다. '해가 뜨는 것을 보아야 기분이 상쾌하다.'와 같이 사용할 수 있습니다.

③ '-거나'는 어느 것이든 선택될 수 있음을 나타내는 연결 어미입니다. '해가 뜨는 것을 보거나 그대로 늦잠을 자거나 할 것이다.'와 같이 사용할 수 있습니다.

④ '-는데'는 뒤의 말을 하기 위하여 그 대상과 연관된 상황을 미리 말할 때에 쓰는 연결 어미입니다. '해가 뜨는 것을 보는데 전화벨이 울렸다.'와 같이 사용할 수 있습니다.

02 ②

> 주말에 집에서 청소를 하고 (있는데) 친구가 영화를 보러 가자고 했다.

유형 빈칸에 알맞은 말 고르기

청소를 하고 있었던 상황이나 배경을 설명하는 '-는데'가 사용되는 것이 자연스러우므로, 정답은 ②번입니다.

오답 해설

① 답이 되기 위해서는 '청소를 하고 있거나, 책을 읽고 있거나 해요.'와 같이 두 개 중 하나를 선택하는 내용이 와야 합니다.

③ 답이 되기 위해서는 '청소를 하고 있어서 영화를 보러

나갈 수 없어요.'와 같이 원인과 결과를 나타내는 문장이 와야 합니다.

④ 답이 되기 위해서는 '주말에는 청소를 하고 있든지 요리를 하고 있든지 해.'와 같이 둘 중 무엇을 선택하는 의미를 전달하는 문장이 와야 합니다.

03 ②

> 사람들은 일반적으로 쓴맛을 꺼린다. 이것은 (자신의 몸을 보호하려는) 본능과 관계가 있다. 식물 중에는 독성이 있어 몸에 해로운 것들이 있다. 그런데 이런 독이 있는 식물은 보통 쓴맛이 난다. 따라서 사람들은 무의식적으로 쓴맛이 나는 것을 위험하다고 여기고 이를 거부하게 되는 것이다.

유형 빈칸에 알맞은 말 고르기

마지막 문장 '사람들은 무의식적으로 쓴맛이 나는 것을 위험하다고 여기고 이를 거부하게 되는 것이다.'를 보면 빈칸에 들어갈 내용을 쉽게 알 수 있습니다. 사람들이 쓴맛을 꺼리는 이유는 '자신의 몸을 보호하려는' 본능과 관계가 있기 때문입니다. 따라서 정답은 ②번입니다.

오답 해설

①, ③, ④ 제시된 글과 관련이 없는 내용입니다.

04 ③

> 손목 터널 증후군은 장시간 손목을 굽히고 있거나, 과도하게 손목을 사용했을 때 손목에 통증이 오는 것이다. 컴퓨터와 스마트폰을 자주 이용하는 사람들은 이 질환에 걸리기 쉽다. 손목 터널 증후군을 예방하기 위해서는 의자 높이를 책상에 맞게 적절하게 조절해 손목이 (과도하게 구부러지지 않게) 해야 한다. 중간중간 손목 운동을 해 주는 것도 도움이 된다.

유형 빈칸에 알맞은 말 고르기

첫 번째 문장에서 '장시간 손목을 굽히고 있거나, 과도하게 손목을 사용했을 때' 손목 터널 증후군이 온다고 했습니다. 이를 통해 손목 터널 증후군을 예방하려면 손목이 '과도하게 구부러지지 않게' 해야 한다는 것을 알 수 있습니다. 따

라서 정답은 ③번입니다.

오답 해설

① 정답이 되기 위해서는 증세가 나타난 후에 하는 행동이 제시되어야 합니다.

② 손목이 신경을 눌러 손목 터널 증후군이 온다는 내용은 제시되지 않았습니다.

④ 문맥상 손목 터널 증후군을 방지하기 위한 행동이 빈칸에 들어가야 하므로 적절하지 않습니다.

05 ①

다음 주가 개강이니 방학도 다 <u>끝난 거나 마찬가지이다(끝난 셈이다)</u>.

유형 의미가 비슷한 말 고르기

밑줄 친 부분 중 '마찬가지'에서 정답을 유추할 수 있습니다. '마찬가지'란 '같다'는 의미로, 제시된 문장에서는 '끝난 것이나 같다.'라는 뜻입니다. '끝난 셈이다.' 역시 '끝난 것이나 같다.'라는 의미이므로, 정답은 ①번입니다.

오답 해설

② '~ 탓이다'는 '~ 때문이다'와 비슷한 의미입니다.

③ '~ 마련이다'는 당연히 그럴 것임을 나타내는 말입니다.

④ '끝나다'에 '나름이다'가 결합한 것은 어색하며, 밑줄 친 부분과 의미가 비슷하지도 않습니다. '~ 나름이다'는 무엇을 하기에 달림을 나타내는 말로, '끝도 끝 나름이다.'와 같이 사용할 수 있습니다.

06 ④

문제점을 <u>말했다고 해서(말했기로서니)</u> 그렇게 민감하게 반응할 줄은 예상하지 못했다.

유형 의미가 비슷한 말 고르기

밑줄 친 부분은 '문제점을 말했다고 하더라도'라는 의미입니다. 이와 비슷한 것은 '말했기로서니'이므로, 정답은 ④번입니다.

오답 해설

① 답이 되기 위해서는 '문제점을 말했다면 그 사람이 화를 냈을 것이다.'와 같은 문장이어야 합니다.

② 답이 되기 위해서는 '이미 말했다시피 그런 문제점들이

있었다.'와 같은 문장이어야 합니다.

③ 답이 되기 위해서는 '문제점을 말했다거나 지적했다면 그럴 만한 이유가 있었을 것이다.'와 같은 문장이어야 합니다.

[07~08]

해파리는 몸의 95%가 물로 구성되어 있어 열량이 낮다. 그래서 해파리를 먹고 사는 동물이 거의 없다고 알려져 있었다. 하지만 새나 펭귄, 뱀장어 등 많은 동물들에게 해파리는 좋은 먹잇감이다. 해파리에는 비타민이나 콜라겐 같은 영양 성분이 있기 때문이다. (게다가) 해파리는 바다 어디에나 있고 도망치지 않아 사냥하기 쉽기 때문이다.

07 ③

유형 빈칸에 알맞은 말 고르기

빈칸 앞은 해파리에는 영양 성분이 있다는 내용이고, 빈칸 뒤는 해파리를 쉽게 사냥할 수 있다는 내용입니다. 모두 해파리가 좋은 먹잇감인 이유를 설명한 것이므로 나열의 의미가 있는 '게다가'가 알맞습니다. 따라서 정답은 ③번입니다.

오답 해설

① '과연'은 생각과 실제가 같을 때 '과연 내 생각대로다.'와 같이 사용할 수 있습니다.

② '만약'을 사용하려면 뒤에 가정하는 내용이 나와야 합니다.

④ '이처럼'을 사용하려면 앞 문장의 내용을 이어 주는 내용이 뒤에 나와야 합니다.

08 ③

유형 주제 고르기

해파리는 비타민이나 콜라겐 같은 영양 성분이 있고 사냥하기 쉬워 좋은 먹잇감이 된다는 내용이 글의 주제라고 볼 수 있습니다. 따라서 정답은 ③번입니다.

오답 해설

① 해파리는 열량이 낮지만 다른 장점이 많아 동물들에게 좋은 먹잇감이라고 했습니다.

② 동물들이 해파리를 많이 먹는다는 내용은 제시되었으나 이것이 생태계에 나쁜 영향을 준다는 내용은 없습니다.
④ 해파리가 사람이 먹기에 좋은 식재료라는 내용은 없습니다.

[09~10]

> 기업들이 상품을 (아무리) 많이 만들어도 소비자가 이를 구매하지 않으면 아무런 소용이 없다. 요즘처럼 경기가 좋지 않아 돈이 잠을 자고 있을 때, 부자들의 명품 구매는 경제 활성화에 크게 도움이 된다. 이들이 소비한 금액은 상품을 만들어 판매하는 업체로도 가지만, 중간 유통 업체나 회사로도 흘러가서 경제 전체에 영향을 끼친다. 이와 같이 국가 경제의 측면에서 볼 때, 명품 시장은 소비를 늘리는 데 기여하고 있다고 할 수 있다.

09 ③

유형 빈칸에 알맞은 말 고르기

문맥상 '많이 만들어도' 앞에는 정도가 매우 심하다는 의미의 '아무리'가 들어가는 것이 자연스러우므로, 정답은 ③번입니다.

오답 해설

① '결코 ~해서는 안 된다.'와 같은 문장 형태가 되어야 호응이 적절합니다.
② '드디어 ~게 되었다.'와 같은 문장 형태가 되어야 호응이 적절합니다.
④ '어쩌면 ~을지도 모른다.'와 같은 문장 형태가 되어야 호응이 적절합니다.

10 ④

유형 주제 고르기

부자들의 명품 구매가 경제 활성화에 크게 도움이 된다고 했습니다. 경제 활성화는 불경기를 극복하는 것과 같으므로, 정답은 ④번입니다.

오답 해설

① 기업들이 경기가 좋지 않을 때 명품의 판매를 더 늘린다는 내용은 없습니다.

② 명품 구매에 사용된 금액은 오히려 국가 경제 활성화에 도움이 된다고 했습니다.
③ 기업이 어떠한 명품을 만들어야 한다는 내용은 글에 제시되지 않았습니다.

[11~12]

> 문자 교육은 **빠를수록** 좋다고 믿는 부모들이 있다. 이들은 자신의 아이가 또래보다 글자를 더 빨리 깨치기를 바라며 문자 교육에 (열을 올린다). 그런데 나이가 어린 아이들은 아직 다양한 능력들이 완전히 발달하지 못해 온몸의 감각을 동원하여 정보를 얻는다. 이 시기에 글자를 읽는 것에 집중하다 보면 다른 감각을 사용할 기회가 줄어 능력이 고르게 발달하는 데 어려움이 있을 수 있다.

11 ④

유형 빈칸에 알맞은 말 고르기

빈칸 앞에 자신의 아이가 또래보다 글자를 더 빨리 알기를 바라는 부모에 대한 이야기가 제시되어 있습니다. 그러므로 빈칸에 아이에게 문자를 열심히 가르친다는 내용이 와야 자연스럽습니다. '열을 올리다'는 어떤 일을 열심히 한다는 의미의 관용 표현이므로, 정답은 ④번입니다.

오답 해설

① '손을 떼다'는 어떤 일에 더 이상 관여하지 않는다는 뜻입니다.
② '이를 갈다'는 복수 등을 하고 싶은 마음이 있다는 뜻입니다.
③ '담을 쌓다'는 어떤 일을 아예 하지 않고 거리를 둔다는 뜻입니다.

12 ③

유형 일치하는 내용 고르기

나이가 어릴 때 글자를 읽는 것에 집중하다 보면 다른 감각을 사용할 기회가 줄어 능력이 고르게 발달하는 데 어려움이 있을 수 있다고 했으므로, 정답은 ③번입니다.

오답 해설

①, ② 글에 제시되지 않은 내용입니다.

④ 온몸의 감각을 동원하여 정보를 얻는 어린 시기에 문자 교육에 치중하면 능력이 고르게 발달하는 데 방해가 될 수 있습니다.

[13~14]

> 우리가 사용하는 물품의 종류가 다양해지고 일회 용품의 사용이 증가하면서 쓰레기의 종류 역시 더 다양해졌고 그 양도 많아졌다. 그 결과 제대로 처리 하지 못하고 함부로 버린 쓰레기들이 생겨났고, 태 평양 곳곳에 일명 '쓰레기섬'이 생겼다. 섬의 90% 이상은 인간이 버린 비닐과 플라스틱으로 이루어 져, '플라스틱 아일랜드'라고도 불린다. 최근 환경 문제가 중요한 사안으로 논의되면서 이러한 해양 투기가 점점 줄어드는 추세이지만 이는 (소 잃고 외양간 고치는) 것이라고 할 수 있다. 우리가 만든 쓰레기 재앙은 곧 우리에게 돌아온다는 사실을 기 억해야만 할 것이다.

13 ②

유형 **빈칸에 알맞은 말 고르기**

'소 잃고 외양간 고친다'라는 말은 어떤 일이 벌어지고 난 뒤에 그 일을 해결하려고 해도 소용이 없다는 의미로, 빈칸 에 들어갈 말로 적절합니다. 따라서 정답은 ②번입니다.

오답 해설

① '가재는 게 편'이란 서로 비슷한 것끼리 어울린다는 뜻 입니다. 가재와 게는 갑각류로 비슷하게 생겼다는 것에 서 유래했습니다.
③ '하나를 보면 열을 안다'는 작은 부분을 보고 전체를 안 다는 뜻입니다. 즉, 일부분만 보아도 전체를 미루어 알 수 있다는 것입니다.
④ '발 없는 말이 천 리 간다'는 소문이 빠르게 퍼진다는 뜻 입니다. 사람의 말은 비록 발이 없지만, 아주 멀리까지 순 식간에 퍼질 수 있다는 것입니다.

14 ③

유형 **일치하는 내용 고르기**

필자는 마지막 문장에서 우리가 만든 쓰레기 재앙이 우리 에게 돌아온다고 경고하고 있으므로, 정답은 ③번입니다.

오답 해설

① 태평양 곳곳에 쓰레기섬이 생겼다고 했습니다.
② 일회용품의 사용이 증가하여 쓰레기의 양이 많아졌고, 그 결과 쓰레기섬이 생겼습니다.
④ 해양 투기가 줄었을 뿐 비닐과 플라스틱의 사용이 줄었 다는 내용은 없습니다.

유형 | 03~06

유형 잡는 연습문제

유형	03	**01** ④	**02** ②	**03** ①	**04** ③	**05** ③
유형	04	**01** ③	**02** ①	**03** ①	**04** ④	
유형	05	**01** ②	**02** ③	**03** ④		
유형	06	**01** ②	**02** ④			

유형 | 03 **중심 내용/화제 고르기**

01 ④

> 해외 도서 시장 전자책 인기 급상승, 국내 시장 회의적

해외 도서 시장에서는 전자책의 인기가 갑자기 빠르게 상승 했으나, 국내 시장에서는 아직 전자책에 대해서 큰 기대를 품고 있지 않다는 의미입니다. 따라서 정답은 ④번입니다.

오답 해설

① 해외에서 전자책의 인기가 매우 높아졌다고 했습니다.
② 국내에서 출판된 책의 판매에 대한 내용은 없습니다.
③ 해외에서 전자책의 인기가 상승했다고 하였으므로, 판 매율이 좋았을 것임을 알 수 있습니다.

02 ②

> 휴대폰 제작 공장 대형 화재 발생, 세 시간 만에 진화해

휴대폰을 만드는 공장에서 큰불이 났으나, 세 시간 만에 불 을 껐다는 의미입니다. 따라서 정답은 ②번입니다.

① 불은 세 시간 만에 꺼졌습니다.
③ 다툼, 문제의 해결은 이 신문 기사의 제목과 관련이 없습니다.
④ 이번 대형 화재는 세 시간 만에 진화했지만, 무조건 큰 불을 세 시간 안에 끌 수 있다는 내용은 없습니다.

03 ①

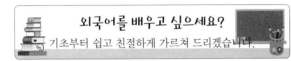

외국어를 배우고 싶으세요?
기초부터 쉽고 친절하게 가르쳐 드리겠습니다.

'가르쳐 드리겠습니다('가르쳐 주겠다'의 높임 표현)'라고 했으므로, 정답은 ①번입니다.

②, ③, ④ 모두 외국어를 가르쳐 주는 곳이 아닙니다.

04 ③

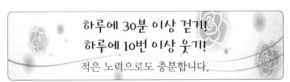

하루에 30분 이상 걷기!
하루에 10번 이상 웃기!
적은 노력으로도 충분합니다.

30분 이상 걷기와 10번 이상 웃기는 어렵지 않게 할 수 있다고 말하고 있습니다. 걷기와 웃기 모두 건강에 도움이 되는 활동으로, 정답은 ③번입니다.

①, ②, ④ 걷기나 웃기는 학교 관리, 안전 관리, 공원 관리와 관련이 없습니다.

05 ③

• 다른 물건으로 바꾸려면 구입한 후 3일 이내에 오셔야 합니다.
• 물건을 구입한 영수증을 반드시 가져오셔야 합니다.

물건을 구입한 후에 이를 다른 물건으로 바꿀 때의 방법을 설명하고 있으므로, 정답은 ③번입니다.

① 물건을 구입하는 것에 대해 안내하고 있지 않습니다.
② 제품을 소개하는 내용이 아닙니다.
④ 제품을 판매하는 곳이 어디인지 알 수 없습니다.

유형 | 04 **주제 고르기**

01 ③

> 샐러드. 예전엔 주로 식전에 작은 그릇에 담겨져 나왔다. '풀'이라면 질색인 어린이, 고기 좋아하는 어른의 눈에는 있으나 마나 한, 식탁의 '아웃사이더'였다. 그런데 이제 샐러드가 사이드 메뉴인 시대는 지났다. 본식과 어깨를 나란히 할 정도로 대접을 받는다. 요리법도 지중해식, 페루식, 이탈리안식, 멕시칸식 등 지역 특색에 따라 다양하다. 드레싱의 종류는 셀 수 없을 정도다. 샐러드 한 접시는 한 끼 식사로도 손색이 없다. 영양 과잉, 고칼로리 시대를 사는 현대인에게 샐러드는 새로운 여름 보양식이다.
>
> 출처: '샐러드, 메인 메뉴가 되다', 헤럴드 경제. 2015. 05. 02.

식사 전에 간단히 먹거나 필요 없는 음식으로 여겨졌던 샐러드가 현대인에게는 식사를 대신할 정도가 되었다는 내용을 주제로 전달하고 있으므로, 정답은 ③번입니다.

①, ② 글의 내용과 일치하는 내용이지만 글의 주제는 아닙니다.
④ 다이어트에 대한 내용이 제시되지 않았으며, 주제로 보기는 어렵습니다.

02 ①

> "질소 충전 비닐봉지를 샀는데 덤으로 안에 과자가 들어 있더라." 제과 업체의 과대 포장을 비꼬며 인터넷에서 인기를 끌었던 게시물 내용이다. 실제로 한 소비자 문제 연구소가 과자 20종의 포장 비율을 직접 측정한 결과, 85%인 17개 제품 내용물 부피가 포장의 절반에도 못 미쳤다고 한다. 심한 경우, 과자 포장과 내용물을 비교해 본 결과 내용물에 비해 포장 상자가 최대 5배나 되는 것으로 나타났다.
>
> 출처: '허풍쟁이 과자 포장', 경향신문. 2014. 03. 20.

과자 포장의 과도함을 지적하고 있으므로, 정답은 ①번입니다.

② 소비자들에게 인기를 끈 것은 과대 포장을 비꼰(비웃은)

게시물입니다.

③ 과자 포장의 현황을 파악한 내용은 글에 이미 제시되어 있습니다.

④ 소비자 문제 연구소는 포장의 정도를 확인하는 역할을 합니다. 과자 포장의 방법을 결정하는 역할을 한다는 내용은 없습니다.

03 ①

> 4차 산업 혁명의 시대를 맞아 정보가 홍수처럼 넘쳐 나고 있다. 자신에게 유용한 지식을 빠르게 얻기 위해 핵심만 정리한 내용을 보려는 사람들도 함께 늘어나고 있다. 하지만 이렇게 요약된 정보를 받기만 하다 보면 스스로 대상의 상태를 관찰하고 특성을 파악하는 능력이 부족해진다. 수박 겉핥기식으로 접한 정보가 모두 사실이라고 믿어 버리기도 쉬워진다. 또한 무비판적으로 정보를 수용하는 것은 사고 발달에 부정적 영향을 줄 수 있다.

요약된 정보를 받기만 하다 보면 대상의 특성을 파악하는 능력이 부족해진다고 하였습니다. 따라서 정답은 ①번입니다.

오답 해설

② 사람들이 유용한 지식을 얻으려 한다는 내용은 있으나. 글의 주제로 보기는 어렵습니다.

③ 정보의 양이 증가했다는 내용은 있으나, 어떤 정보가 옳은지 판단하는 것의 어려움은 나오지 않았습니다. 주제로 적절하지 않습니다.

④ 글의 주제와 반대되는 내용입니다. 요약된 정보를 받기만 하면 스스로 대상의 특성을 파악하기 어려워진다고 했습니다.

04 ④

> 번아웃 증후군은 열정적으로 일에 집중하던 사람이 신체적 · 정신적으로 심각하게 피로함을 느끼며 기력이 떨어지는 현상을 뜻한다. 주로 달성하고자 하는 목표 수준이 지나치게 높은 사람에게서 많이 나타난다. 번아웃 증후군은 감기, 두통 같은 만성적인 질환에 걸리는 원인이 되고 감정에도 악영향을

끼치므로 이와 같은 증상이 나타나기 전에 예방해야 한다. 예를 들어 힘든 일에 대해 이야기할 대화 상대를 만들거나 능동적으로 운동을 하면 좋다. 또한 정해진 업무 시간 내에 일을 해결하고 나머지 시간에는 푹 쉬는 것도 도움이 된다.

번아웃 증후군에 걸리면 신체적 · 감정적으로 어려움을 겪게 된다고 했습니다. 그래서 이러한 증상을 겪지 않도록 증상이 나타나기 전에 미리 대화나 운동을 하고 휴식을 취하는 것이 좋다고 했으므로, 정답은 ④번입니다.

오답 해설

① 번아웃 증후군이 미치는 영향은 이미 글에서 충분히 제시했습니다.

② 번아웃 증후군의 원인을 분류해야 한다는 내용은 없습니다.

③ 번아웃 증후군을 극복하는 데 걸리는 시간에 대한 내용은 없습니다.

유형 | 05 | 필자의 의도/목적 고르기

01 ②

> 보편 복지는 대상자의 자격과 조건을 부여하지 않고 필요로 하는 누구에게나 복지를 제공하는 방식을 말한다. 부모의 소득에 상관없이 모든 학생들에게 무료로 제공되는 무상 급식이 보편 복지의 예라고 할 수 있다. 모든 만 3~5세 유아에게 무상으로 제공하는 교육 · 보육 과정 역시 보편 복지에 해당한다. 반면 선별 복지는 빈민이나 저소득층 등으로 복지 혜택의 대상자를 제한하는 복지 정책을 말한다. 저소득층이나 노동 능력이 없는 고령자 등을 기초 생활 수급 대상자로 정하고 생계비의 일부를 정부가 지원하는 것이 선별적 복지 정책의 예다. 보편 복지는 광범위한 대상자를 지원함으로써 사회 안전망을 강화할 수 있지만 국가 재정의 악화를 가져올 수 있고, 선별 복지는 일부 대상자를 지원함으로써 공공 지출을 아낄 수 있지만 복지 사각지대가 발생할 수 있다. 이러한 문제점을 보완하기 위해서는 주거 형태, 가족 관계, 월 수익 등을 정확히 파악한 데이터를 가지고 분석적으로 접근하여 복지 정

책을 개선하는 과정이 필요하다. 또한 보편 복지와 선별 복지의 대상을 명확하게 설정할 필요가 있다.

보편 복지와 선별 복지의 문제점을 보완하기 위해 복지 정책을 개선하는 과정이 필요하다고 했습니다. 따라서 정답은 ②번입니다.

① 필자는 정부의 복지 정책을 지지하는 것이 아니라 이를 개선하는 과정이 필요하다고 했습니다.
③ 글의 첫 부분에서 보편 복지와 선별 복지의 개념을 설명하기는 했지만, 이것이 글을 쓴 목적은 아닙니다.
④ 저소득층을 위한 복지 정책은 선별적 복지 정책으로, 정부가 생계비 일부를 지원하며 이미 시행되고 있습니다.

02 ③

스토킹은 타인이 두려움을 느낄 정도로 쫓아다니거나 타인을 괴롭게 하는 범죄 행위이다. 다수의 피해자들이 공포를 느끼고 신고를 하는 상황이 증가함에도 불구하고 그동안은 이를 법적으로 처벌할 근거가 뚜렷하지 않았다. 스토킹 범죄에 대한 처벌이 필요하다는 사회적 요구에 따라 법안이 발의된 지는 오래되었으나 국회의 문턱을 넘지 못하여 법률이 제정되지 못했던 탓이다. 그러나 최근 스토킹 범죄 처벌법이 발의된 지 20여 년 만에 법안이 국회를 통과하여 관련 범죄자들을 처벌할 수 있게 되었다. 이 법에 따라 정당한 이유 없이 상대방이 동의하지 않는데도 따라다니거나, 생활 주변 장소에서 지켜보는 등의 위협적 행동을 할 경우 최대 5년 이하 징역이나 5,000만 원 이하의 벌금에 처할 수 있게 되었다. 또한 피해자가 신고하는 경우 경찰이 긴급하게 접근 금지 조치를 할 수 있게 되어 앞으로는 스토킹 범죄로 인한 피해가 크게 감소할 것으로 보인다.

필자는 스토킹으로 인한 피해가 증가함에도 불구하고 관련 법률이 없어 가해자를 처벌하지 못했던 문제가 법률 제정을 통해 해소되었음을 전달하고 있습니다. 이것은 스토킹 처벌법 제정에 의의가 있음을 강조하는 것이므로, 정답은 ③번입니다.

① 법률의 '개정'은 이미 제정되어 있는 법률을 바꾸는 것을 의미하므로, 정답이 아닙니다.
② 스토킹 처벌법이 적용된 구체적 사례는 제시되지 않았습니다.
④ 법률 제정은 이미 완료되었습니다. 필자는 법률 제정의 구체적 방안을 제시하지 않았으며, 스토킹 범죄 처벌법 제정의 의의를 강조하고 있습니다.

03 ④

최근 공공 기관의 일부 직원들이 개인 정보를 무단으로 확인하거나 유출하는 사례가 빈번하게 발생하여 문제가 되고 있다. 장기 요양 보험 신청자 중 수십 명의 개인 정보를 빼낸 후 요양 기관의 운영자에게 전달하여 사적 이익을 추구하거나 자녀의 결혼식 청첩장을 발송하기 위해 지인의 주소를 불법적으로 열람한 사례도 있었다. 이와 같이 개인 정보를 무단으로 열람하거나 제3자에게 제공하는 것은 분명한 불법적 행위이다. 적발된 직원들은 사적으로 타인의 정보를 열람하고 유출한 것에 대해 반성한다는 발언은 했지만 이에 대한 처벌은 받지 않았다. 게다가 문제가 발생한 공공 기관은 개인 정보를 우수하게 관리한 공공 기관으로 평가를 받아 공공 기관의 평가에 허점이 크다는 사실이 드러났다. 공공 기관은 개인이 일탈적 행위를 하는 것을 방지하는 것이 어렵다고 하며 책임을 회피하지 말고, 타인의 정보를 함부로 활용하는 이와 같은 상황을 바로잡을 수 있도록 해야 할 것이다.

업무를 하면서 알게 된 개인의 정보를 함부로 사용하고 유출하는 것은 '악용'입니다. 필자는 개인의 정보를 악용하는 상황을 바로잡아야 한다고 하며 대책 마련을 요구하고 있습니다. 따라서 정답은 ④번입니다.

① 공공 기관 평가에 문제가 있다고는 했지만 기준이 바뀌어야 한다(개선되어야 한다)는 내용은 없습니다.
② 공공 기관의 개인 정보 열람 기준의 완화가 아닌 강화를 촉구하는 것에 가깝습니다.
③ 공공 기관의 개인 정보 유출 사례에 대해 처벌이 없었다

는 것만 제시하였습니다. 또한 이 글을 쓴 목적과도 거리가 멉니다.

01 ②

나의 막내아들은 지난봄에 초등학교 1학년이 되어야 했을 나이다. 벌써 2년 전의 일이다. 그때 아이는 '신장 종양'이라고 하는 매우 드문 아동병에 걸렸다. 그러나 곧 수술을 받고 지금까지 건강하게 자라 왔다. 그런데 오늘, 그 병이 재발한 것을 비로소 알았고, 오늘의 의학으로는 치료 방법이 없다는 참으로 무서운 선고를 받은 것이다.

아이의 손목을 하나씩 잡고 병원 문을 나서는 우리 내외는 천 근 쇳덩이가 가슴을 눌러 숨 쉬기도 어려웠다. 아무것도 모르는 어린것은 시골서 보지 못한 높은 건물과 자동차의 홍수, 사람의 물결들이 신기하고 재미있는 모양이었다. 그에게는 티끌만 한 근심도 없었다. 나는 그의 얼굴을 바로 보지 못했다. 자기의 마지막 날을 알지 못한다는 것은 사람을 맹목으로 만들기 쉬울 것이다. 그러나 또한 얼마나 다행스러운 일인가.

"아빠, 구두."

그는 구두 가게를 손가락으로 가리켰다. 구두가 신고 싶었었나 보다. 우리 내외는 그가 가리킨 가게로 들어가, 낡은 운동화를 벗기고 가죽신 한 켤레를 사서 신겼다. 어린것의 두 눈은 천하라도 얻은 듯 기쁨으로 빛났다. 우리는 그의 기쁜 얼굴을 차마 슬픈 눈으로 볼 수가 없어서 마주 보고 웃어 주었다.

출처: '슬픔에 관하여', 유달영

아들이 병으로 죽게 될 것임을 알고 차마 아들의 얼굴을 보지 못하는 아버지의 마음이 나타나 있습니다. '먹먹하다'는 '답답하다'와 비슷한 뜻으로, 정답은 ②번입니다.

오답 해설
① 화가 나는 상황이 아닙니다.
③ '시원섭섭하다'는 한편으로는 후련하고 한편으로는 아쉬운 마음이 있는 상태를 뜻하는 말입니다.
④ '뿌듯하다'는 무언가를 자랑스러워할 때 사용할 수 있는 말입니다.

02 ④

어느 날 퇴근을 해 보니, 초등학교 5학년의 개구쟁이 칠팔 명이 마루에 둘러앉아 있었다. 묻지 않아도 막내의 친구들이었다. 그날 저녁에 막내는 야구 방망이 하나만 사 달라고 졸랐다. 조르는 대로 다 사 줄 수는 없는 일이지만 너무도 간절히 원하기 때문에 나는 사 주마고 약속을 했다. 그리고 다음날 퇴근을 할 때 야구 방망이 하나를 사다 주었다. 그 다음날부터 막내는 늦게 돌아왔다. 어떤 때는 하늘에 별이 떠야, 방망이에 글러브를 꿰어 메고 새카만 거지 아이가 되어 돌아오는 것이다. 그리고는 한 삼 년 굶은 것처럼 밥을 먹었다.

"왜 이렇게 늦었니?"
"야구 연습 좀 하느라고요."
"이 캄캄한 밤에 공이 보이니?"
"……."
"또 이렇게 늦으면 혼날 줄 알아."
"……."

그러나 그 다음날도 여전히 늦었다. 초등학교 5학년짜리들이 야구를 한다면 그건 취미 활동쯤에 불과한 것이다. 그런데 무엇에 쏠려서 별이 떠야 돌아오는 것일까?

"왜 이렇게 늦었니?"
"……."
"말 못하겠니?"
"내일 모레가 시합이에요."
"무슨 시합?"
"5학년 각 반 대항 시합인데 우리가 꼭 이겨야 해요."

출처: '막내의 야구 방망이', 정진권

아들이 밤이 돼서야 집에 돌아오는 것을 걱정하는 마음이 나타나 있습니다. '염려스럽다'는 '걱정스럽다'와 비슷한 뜻입니다. 따라서 정답은 ④번입니다.

오답 해설
① 예상하지 못한 일이 일어났을 때 사용할 수 있습니다.
② 아들에게 사랑스럽다는 감정을 느낄 상황은 아닙니다.
③ 자신이 할 수 있는 것보다 무언가 더 많아 감당하기 힘들 때 느낄 수 있는 기분입니다.

합격 잡는 실전문제

01 ①	**02** ②	**03** ②	**04** ①	**05** ④
06 ③	**07** ①	**08** ①	**09** ③	**10** ③
11 ①	**12** ②	**13** ④	**14** ②	**15** ④
16 ④	**17** ③	**18** ②	**19** ①	**20** ④
21 ①				

01 ①

> 출산율 또 하락, 정부 대책 효과 없어

(유형) **중심 내용/화제 고르기**

'하락'은 '떨어진다'는 뜻을 지닌 단어입니다. 제목은 출산율 하락에 대해 정부가 대책을 내놓았지만 효과가 없었고, 출산율이 또 떨어졌다는 것을 의미하고 있습니다. 따라서 정답은 ①번입니다.

(오답 해설)

② 정부 대책이 효과가 없어 출산율은 또 낮아졌습니다.
③ 출산 정책을 빨리 개선하여야 한다는 내용은 제목에 없습니다.
④ 정부의 지원이 축소되었다는 내용은 제목에 없습니다.

02 ②

> 쾌청한 주말, 고속 도로는 '북적',
> 서울 중심 도로는 '한산'

(유형) **중심 내용/화제 고르기**

날씨가 좋은 주말 동안 고속 도로에는 차량이 많았고, 서울에는 차량이 별로 없었다는 의미입니다. 따라서 정답은 ②번입니다.

(오답 해설)

① 서울 중심 도로는 한산했다고 했습니다.
③ '서울에 사람이 많았다'는 내용은 제목에 없습니다.
④ '서울 도심으로 이동하기 위해 고속 도로를 이용하는 사람이 많았다'는 것을 제목에서 알기 어렵습니다.

03 ②

> • 검사 전날 밤 9시 이후에는 아무것도 드시면 안 됩니다.
> • 정확한 검사를 위해 음주를 피하십시오.

(유형) **중심 내용/화제 고르기**

이 글은 병원에서 검사를 하기 전에 지켜야 할 사항을 적은 안내문입니다. 검사 전날 밤부터 아무것도 먹지 말고, 술을 마시지 말라는 주의 사항을 전달하고 있습니다. 따라서 정답은 ②번입니다.

04 ①

> **처리 속도는 빠르게, 저장 용량은 넉넉하게!**
> 여러분의 학교 과제, 회사 일을 더 빨리 끝낼 수 있게 도와드립니다.

(유형) **중심 내용/화제 고르기**

과제와 회사 일을 돕고, 무언가를 빠르게 처리하며 저장할 수 있는 것은 컴퓨터입니다. 따라서 정답은 ①번입니다.

(오답 해설)

② 음식의 보관과 관련이 있습니다.
③ 더위를 식히는 것과 관련이 있습니다.
④ 청소와 관련이 있습니다.

05 ④

> 유명 드라마가 소설책으로 출간되는 일이 많아졌다. 소설이 인기를 끌면 그 후에 영상물로 제작되던 것과는 반대되는 현상이 생긴 것이다. 이러한 현상의 영향 탓인지 처음부터 영상물을 염두에 두고 글을 쓰는 소설가들이 늘고 있다. 그러나 이와 같이 영상물 중심으로 창작과 출판이 이루어진다면 순수 문학이 가진 고유한 특성들이 하나둘씩 사라질지도 모른다.

(유형) **주제 고르기**

필자는 처음부터 영상물 제작을 생각하며 소설을 쓰는 작가들이 많아지면서, 순수 문학의 고유성이 사라질 것을 염려하고 있습니다. 따라서 정답은 ④번입니다.

(오답 해설)
① 보상 체계에 관한 내용은 제시되지 않았습니다.
② 출판물의 판매를 위한 홍보 방안을 이야기 하지 않았습니다.
③ 영상물이 책으로 많이 출간되면서 생길 수 있는 상황을 우려하고 있습니다.

06 ③

> 초소형 카메라는 의료용 및 산업용으로 만들어져 각 현장에서 유용하게 사용되고 있다. 그러나 원래의 목적에 맞지 않게 타인의 신체를 몰래 촬영하는 용도로 악용되는 사례가 늘고 있다. 이러한 악용을 원천적으로 방지하기 위해서는 신상 정보를 등록해야만 카메라의 판매 및 유통이 가능하도록 법적 규제를 강화할 필요가 있다.

(유형) **주제 고르기**

초소형 카메라를 악용하는 사례를 방지해야 한다고 했습니다. 이는 초소형 카메라가 악용되는 것을 막기 위한 대책을 마련해야 한다는 의미입니다. 따라서 정답은 ③번입니다.

(오답 해설)
①, ② 초소형 카메라가 의료 및 산업 현장에서 유용하게 사용되고 있다는 이야기는 있으나, 이 글은 초소형 카메라의 악용을 방지하는 것에 초점을 두고 있습니다.
④ 글에 초소형 카메라의 원활한 판매와 유통이 필요하다는 내용은 없습니다.

07 ①

> 정해진 출퇴근 시간 없이 하루에 정해진 근무 시간을 채우면 되는 '출퇴근 시간 자율제'가 인기를 끌고 있다. 이 제도를 실시하면 직원들은 자신의 상황에 따라 일하기 편한 시간에 근무를 하면 되므로 시간을 효율적으로 사용할 수 있다는 장점이 있다. 직원이 편한 시간에 근무하고 나머지 시간을 잘 활용할 수 있기 때문에 생산성이 높아져 결과적으로 회사의 매출 신장에도 도움이 된다. 회사와 직원 모두를 만족하게 하는 이 제도의 비중이 높아져야 한다.

(유형) **주제 고르기**

'출퇴근 시간 자율제'의 여러 장점을 들고 그 제도의 비중이 높아져야 한다고 말하고 있으므로, 정답은 ①번입니다.

(오답 해설)
② 직원들은 시간을 효율적으로 활용할 수 있다는 것에서 근무를 하지 않는 시간(여가)이 길어진다고 유추할 수 있습니다. 하지만 이 글의 주제로 볼 수는 없습니다.
③ 글에 출퇴근 시간 자율제가 앞으로 발전해야 한다는 내용은 없습니다.
④ 맞는 내용이지만, 이 글의 주제로 볼 수는 없습니다.

[08~09]

> 우리는 30대 초반에 같은 직장에서 일했다. 문 씨는 항상 필요한 말만 하고 굳은 표정만 지었고, 난 명랑한 대신 덜렁대는 편이었다. 그래도 가끔 집안 일로 이야기를 나누면서 친해졌다. 그러던 어느 날, 그가 한 5년간 사우디아라비아로 일하러 간다고 했다. 더 많은 돈을 벌기 위해 다른 일에 도전한다는 것이다. 그는 경비를 좀 꾸어 달라고 어렵게 부탁을 했다. 그리고 며칠 후 직장을 그만두고 떠났다. 한데 그는 두 달 만에 되돌아왔다. (중략) 그렇게 만나지도, 목소리를 듣지도 못한 채 43년이 지났다. 완전히 잊고 산 세월이었다. "다 지난 일인데 뭘…… . 어디 사세요? 뭐 해요?" 반가운 마음에 허둥대며 말했다. "여전하시네요." 전화기 너머 문 씨가 웃는 것 같았다. 그리고 다음 날 통장 확인을 해 보니 내가 꿔 준 돈의 열 배가 넘는 돈이 들어 있었다. <u>나는 눈이 동그래졌다.</u> 큰돈을 빌려준 것도 아닌데 내 연락처를 기억했다가 돈을 갚다니.

08 ①

(유형) **인물의 태도/심정 고르기(수필·소설)**

'크게 느끼어 마음이 움직이다.'라는 의미의 '감동하다'가 적절합니다. 따라서 정답은 ①번입니다.

오답 해설

② '좋지 않은 일로 깜짝 놀라다.'라는 뜻입니다. 빌려준 돈
의 열 배를 되돌려 받은 것은 좋지 않은 일이라 볼 수 없
습니다.

③ '어떤 일이 해결되어 마음이 편해지다.'라는 뜻입니다.

④ '한편으로는 후련하고 다른 한편으로는 서운하다.'라는
뜻입니다.

09 ③

유형 일치하는 내용 고르기

만나지도, 목소리를 듣지도 못한 채 43년이 지났고, 완전히
잊고 살았다고 했으므로, 정답은 ③번입니다.

오답 해설

① 문 씨가 '나'에게 돈을 빌렸습니다.

② '나'는 문 씨의 연락을 받고 싶지 않았던 것이 아니라,
시간이 지나면서 잊고 살았던 것입니다.

④ 문 씨는 사우디아라비아에서 두 달 만에 돌아왔고, 43
년이 지난 후에 '나'에게 돈을 갚았습니다.

[10~11]

예쁘고 멋쟁이인 박영은 선생님을 새 담임으로
맞이한 것은 우리 모두에게 가슴 떨리는 일이었다.
먼젓번 담임 선생님의 말은 죽어라고 안 듣던 말썽
꾸러기들이 박 선생님 앞에서는 고개도 제대로 못
들고 수줍어했다. 우리 반은 당장 전교에서 제일 말
잘 듣고 가장 깨끗한 반이 되었다. 나도 박 선생님
에게 잘 보이고 싶은 마음이 태산 같았지만 늘 그렇
듯이 머리가 따라 주지를 않았다. 아마 이번 시험에
서도 모든 과목이 50점을 넘지 못했을 것이다. 아이
들이 모두 떠난 교실에서 나는 몸을 비비 꼬며 창밖
에서 놀고 있는 아이들에게 시선을 주고 있었다.
(중략) 선생님이 마침내 입을 연 것은 20분이나 시
간이 지나서였다. (중략)

"동구를 가만히 보면, 아는데 말을 못하는 적도
많은 것 같아. 그러다 보니 자신감도 없어지고."

나의 간지럽고 아픈 부분을 이렇게나 간결하게
짚어 준 사람이 내 인생에 또 있으랴. 공부 못하는
죄를 추궁당하는 것이 아니라 공부 못하는 서러움

을 이해받는 것은 생애 처음 있는 일이었다. 안 그
래도 물러 터진 내 마음은 완전히 물에 만 휴지처럼
흐물흐물해져서, 예쁘고 멋진 데다 현명하기까지
한 박 선생님 앞에서 때 아닌 눈물까지 한 방울 선을
보일 뻔했다.

10 ③

유형 인물의 태도/심정 고르기(수필·소설)

'나'는 '나'의 간지럽고 아픈 부분을 선생님이 알아주어서
감동했습니다. 따라서 '크게 감동하다'라는 의미인 '감격
스럽다'가 가장 적절한 단어이므로, 정답은 ③번입니다.

오답 해설

① '난처하다'는 어떻게 행동할지 결정할 수 없어 불편하
다는 의미입니다.

② '담담하다'는 특별한 기분을 느끼지 않는 것을 의미합
니다. '나'는 감격하는 감정을 느끼고 있으므로 정답이
아닙니다.

④ '나'는 선생님을 의심하고 있지 않습니다.

11 ①

유형 일치하는 내용 고르기

'나'는 새로운 선생님께 잘 보이고 싶었다고 했습니다. 즉,
선생님께 인정을 받고 싶은 것입니다. 따라서 정답은 ①번
입니다.

오답 해설

② 새로운 담임 선생님을 맞이한 후 우리 반은 전교에서 가
장 깨끗한 반이 되었다고 했습니다.

③ 반 아이들은 예전 담임 선생님의 말을 잘 듣지 않는 말
썽꾸러기였다고 했습니다.

④ 담임 선생님은 '나'에게 화를 내지 않고, '나'의 마음을
이해해 주었습니다.

[12~13]

외국인과의 식사 자리는 식은 죽 먹기 같으면서
도 어렵다. 가까워질 수 있는 기회이면서도 자칫 그
문화를 모르면 무례한 사람으로 오해받기 십상이다.
중국인들은 생선을 뒤집는 것을 배의 전복으로 여겨

불길하게 여기므로 생선을 뒤집어 먹지 않으며, 이와 비슷한 이유에서 식사 중 그릇 위에 젓가락을 두는 것도 (불운을 상징하기) 때문에 피한다는 걸 알아 두자. 한편 유럽은 담당 직원이 처음부터 끝까지 한 테이블을 책임지는 문화이다. 때문에 유럽인과 식사 시 다른 직원을 불러서도 안 되고, 필요한 게 있어도 담당 직원이 직접 테이블로 오거나 눈이 마주칠 때까지 기다려야 한다.

출처: '함부로 웃다, 카드 쓰려다, 저녁 회식하다 낭패 봤다... 기업들 올린 글로벌 에티켓', 경향신문, 2015. 04. 10.

12 ②

유형) 빈칸에 알맞은 말 고르기

중국인들은 생선을 뒤집는 것을 불길하게 여긴다고 했습니다. 빈칸이 있는 문장에서 그릇 위에 젓가락을 두는 것을 피하는 것이 이와 비슷한 이유 때문이라고 했으므로, 불운을 상징하기 때문이라고 보는 것이 적절합니다. 따라서 정답은 ②번입니다.

오답 해설

①, ③ 식사에 방해되거나 적대감을 표하기 때문에 그릇 위에 젓가락을 두지 않는다는 내용을 유추할 만한 근거가 부족합니다.

④ 재물이 따라오는 것은 좋은 일이므로 이를 피한다는 것은 적절하지 않습니다.

13 ④

유형) 주제 고르기

중국, 유럽 등 나라마다 다른 식사 문화를 소개하며 그에 따른 행동을 알려 주고 있으므로, 정답은 ④번입니다.

오답 해설

①, ② 맞는 내용이지만, 이 글의 주제로 볼 수는 없습니다.

③ 외국인과의 식사 자리는 심적으로 가까워질 수 있는 기회이지만 주의를 해야 한다고 했을 뿐, 외국인과 가까운 자리에 앉지 말라는 내용은 없습니다.

[14~15]

원고 마감이 임박하거나 시험공부 시간이 부족하면 사람은 본능적으로 놀라운 집중력을 발휘한다.

그래서 시간 부족 상태가 되어야만 일을 효율적으로 할 수 있다고 믿는 사람들이 많다. 그러나 효율성만 믿고 (무턱대고 일을 미루는) 것은 어리석은 일이다. 시간에 쫓기면 사람들은 한 가지에만 집중할 뿐 그 외에 다른 것에는 주의를 기울이지 못하게 되기 때문이다. 이런 상황은 실제로 상당히 위험할 수 있다. 단적인 예로 소방관들은 구조 현장으로 이동하는 과정에서 안전벨트를 매지 않아 사고를 당하는 경우가 매우 많다. 일 초가 급한 상황에서 인명 구조에만 집중한 나머지 차 문을 닫거나 안전벨트를 채우는 기본적인 일을 잊어서 생긴 결과이다. 이처럼 시간적 여유가 부족해지면 집중했던 일은 성공적으로 처리할 수 있겠지만 나머지 많은 것들은 놓칠 수 있다.

14 ②

유형) 빈칸에 알맞은 말 고르기

글의 처음에 시간 부족이 일의 효율성을 높인다는 내용이 제시되었습니다. 그런데 빈칸의 문장이 '그러나'로 시작하고 있으므로 앞의 내용을 부정하는 내용이 나와야 합니다. 따라서 정답은 ②번입니다. '무턱대고'는 '잘 헤아려 보지도 아니하고 마구'라는 뜻입니다.

오답 해설

① 빈칸의 앞에 일을 성급하게 처리하는 것에 대한 내용이 없습니다.

③ 빈칸의 앞에 관심사를 늘리는 것에 대한 내용이 없습니다.

④ 빈칸의 앞에 하나에만 매달리는 것에 대한 내용이 없습니다.

15 ④

유형) 주제 고르기

시간적 여유가 부족해지면 집중했던 일은 성공적으로 처리할 수 있겠지만 나머지 많은 것들을 놓치는 부정적인 영향이 있을 수 있다고 했습니다. 따라서 정답은 ④번입니다.

오답 해설

① 시간이 부족하면 인간은 놀라운 집중력을 발휘한다고 했으나, 이 글은 시간적 여유 부족으로 인해 나머지 많은 것들을 놓칠 수 있다는 점을 강조하고 있습니다.

② 시간이 부족해야 일을 효율적으로 할 수 있다고 믿는 사람들이 많다고 했으나, 이 글의 주제로 보기는 어렵습니다.

③ 시간적 여유가 부족하면 나머지 것들을 놓칠 수 있다는 것을 예를 들어 설명했습니다.

[16~18]

> 특허법은 독창적인 기술을 최초로 발명한 사람에게 기술에 대한 독점적 사용권을 부여하는 대신 그 기술을 사회에 공개할 의무를 부과한다. 공개된 기술 공유를 통해 사회 전체의 기술력을 높이는 것이 특허의 취지이다. 이런 취지에 부합하여 실제로 특허 제도는 기술 혁신과 산업 발전에 크게 이바지해 왔다. 그런데 최근 들어 특허의 본래 취지가 변질되어 기술 개발보다 독점권 확보를 우선하는 현상이 두드러지게 나타나고 있다. (기술이 완벽하게 개발되지 않은) 상태에서 마구잡이 특허 출원으로 권리부터 선점해 놓고 기술을 개발하려는 경우가 비일비재한 것이다. 이 때문에 정작 신기술 개발에 힘들게 성공한 사람들이 권리를 확보하지 못하는 경우가 자주 발생하곤 한다. 특허는 발명의 대가로 당연히 보호받을 가치가 있다. 하지만 그것은 기술 개발에 성공해 사회 발전에 공헌하는 경우에 한해서이다. 무분별한 특허 출원으로 기술 발전을 저해한다면 이는 특허가 가진 본래의 취지를 훼손하는 것이다.

16 ④

유형 **필자의 의도/목적 고르기**

필자는 무분별한 특허 출원의 현황을 비판하고 있습니다. '남용'은 '적절하게 사용하지 않고 마구 사용하는 것'을 의미하므로, 정답은 ④번입니다.

오답 해설

① 특허 심사의 절차를 설명하지 않았습니다.

② 특허권이 왜 필요한지 역설(강조)하지 않았습니다.

③ 특허의 실질적 가치가 어떠한지 분석하지 않았습니다.

17 ③

유형 **빈칸에 알맞은 말 고르기**

빈칸의 앞에서 '기술 개발보다 독점권 확보를 우선하는 현상이 두드러지게 나타나고 있다'고 했습니다. 따라서 정답은 ③번입니다.

오답 해설

① 특허 만료와 관련이 없습니다.

② 신기술을 특허로 인정받기 위한 과정에 대해 이야기하고 있습니다. 이미 특허로 인정받은 신기술에 대한 내용이 아닙니다.

④ 기존의 기술과 차별성을 확인한 것은 이미 비교할 수 있을 만큼 기술이 개발된 상황이라 볼 수 있습니다. 글에서는 기술이 준비되지 않은 상황을 지적하고 있으므로, 빈칸에 들어갈 말로 알맞지 않습니다.

18 ②

유형 **일치하는 내용 고르기**

'무분별한 특허 출원'이 '기술 발전을 저해한다'고 했습니다. 따라서 정답은 ②번입니다.

오답 해설

① 특허의 본래 목적은 기술을 최초로 발명한 사람에게 그 기술에 대한 독점권을 부여하고 그 기술을 사회에 공개하게 하여 사회 전체의 기술력을 높이는 것입니다.

③ 특허법은 기술을 발명한 사람에게 독점적 사용권을 부여하는 대신 그 기술을 사회에 공개할 의무를 줍니다. 비밀로 하는 것이 아닙니다.

④ 특허 기술이 완벽하게 개발되지 않은 상태에서 독점권 확보를 우선으로 하여 마구잡이로 특허 출원을 하는 것이 문제라고 했습니다. 글의 내용과 맞지 않습니다.

[19~21]

> 긴급 구호 상황에서 가장 중요한 것은 깨끗한 물의 공급이다. 그렇지만 가난한 나라는 오염된 물을 정수할 수 있는 시설이 없다. 이들을 위해 특별히 개발한 이 물탱크는 물을 운반할 수 있는 수로를 인공적으로 만들 수 있어 물이 필요한 곳이면 어디나 쇠 파이프를 조립해 깨끗한 물을 공급한다. 또 '라

이프 세이버'라는 물통은 오염된 물을 담아 펌프질을 하면 (안에서 정수가 자동으로 되는) 구호품이다. 그러나 가난으로 절망에 빠진 이들이 원하는 것은 구호품만이 아니라 가난의 문제를 해결할 수 있는 정의이다. 즉, 부유한 나라와 가난한 나라 간의 격차를 없애기 위한 정책이 한시라도 빨리 세워져야 한다. 아직도 전 세계 부자 85명의 재산이 세계 70억 인구의 절반에 해당하는 가난한 이들의 재산을 합친 것과 비슷할 정도로 부의 불평등이 심하다. 가난의 불공정성으로부터 자유로워지는 미래를 위해 노력해야 한다.

출처: '재난 현장에서 가장 긴급한 문제는 물과 배설입니다', 한겨레, 2015. 06. 25.

19 ①

유형) **필자의 의도/목적 고르기**

필자는 부유한 나라와 가난한 나라의 격차를 지적하면서 불평등을 해소하기 위한 정책 마련을 요구하고 있습니다. 따라서 정답은 ①번입니다.

오답 해설

② 가난한 나라의 사람들을 돕는 사례를 제시하고 있지만 이는 정책의 마련을 요구하는 데 목적이 있습니다.
③ 긴급 구조 상황에서 어떠한 현상이 일어나는지는 나오지 않았습니다.
④ 재난 구호 물품 홍보에 대한 내용은 없습니다.

20 ④

유형) **빈칸에 알맞은 말 고르기**

빈칸의 앞에 '오염된 물을 담아'라는 부분을 통해, '라이프 세이버'가 물을 정수하는 구호품이라는 것을 알 수 있습니다. 따라서 정답은 ④번입니다.

오답 해설

① 오염된 물을 담아 펌프질을 하는 것과 가난 문제의 해결은 관련이 없습니다.
② 구호품은 재난으로 인해 어려움에 처한 사람을 돕는 역할을 담당하는 물건이므로, 물이 부족한 지역에 물이 나오지 않게 하는 것은 어울리지 않습니다.
③ 오염된 물을 담아 펌프질을 하는 것과 더 많은 물을 운반하는 것은 관련이 없습니다.

21 ①

유형) **일치하는 내용 고르기**

전 세계 부자 85명의 재산이 세계 70억 인구의 절반에 해당하는 가난한 이들의 재산과 비슷하다고 했으므로, 정답은 ①번입니다.

오답 해설

② 부의 불평등이 심하다고 했습니다.
③ 가난한 사람들은 구호품뿐만 아니라 가난의 문제를 해결할 수 있는 정의를 원한다고 했습니다.
④ 가난한 나라에는 오염된 물을 정수할 수 있는 시설이 없다고 했습니다.

유형 | 07~10

유형 잡는 **연습문제**

유형 07	01 ③	02 ③	03 ①	04 ②	05 ③
유형 08	01 ②	02 ①	03 ③	04 ④	
유형 09	01 ①	02 ③	03 ①	04 ②	
유형 10	01 ④	02 ④	03 ①		

유형 07) **일치하는 내용 고르기**

01 ③

제15회 장난감 박람회

구분(1인 요금)	입장료
일반	8,000원
가족(4인 이상)	5,000원
특별 이용권	10,000원

※ 4인 이상의 가족에게는 기념품을 드립니다.
※ 특별 이용권을 구입하시면 박람회장 안에 있는 놀이방을 2시간 동안 이용하실 수 있습니다.
※ 가족사진을 가지고 오시면 무료로 입장하실 수 있습니다.

가족사진을 가져가면 입장료가 무료이므로, 정답은 ③번입니다.

① 3인이 아니라 4인 가족부터 입장료가 할인됩니다.

② '4인 이상'은 4인부터 해당하므로, 4명의 가족이 오면 기념품을 받을 수 있습니다.

④ 2시간 동안만 놀이방을 이용할 수 있습니다.

02 ③

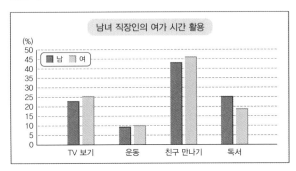

남자와 여자 모두가 가장 즐기는 여가 활동은 친구 만나기이므로, 정답은 ③번입니다.

① 독서를 하는 남자 직장인이 여자 직장인보다 더 많습니다.

② 남녀 모두 여가 시간에 가장 많이 하는 것은 친구 만나기입니다.

④ 운동을 하는 여자 직장인이 남자 직장인보다 더 많습니다.

03 ①

> 강원도 평창에서는 오는 12월 1일 토요일부터 2월 2일 일요일까지 송어 축제를 개최한다. 남녀노소 누구나 축제 참여가 가능하며, 참가비는 한 사람에 15,000원이다. 단, 7세 이하의 아동은 참가비를 받지 않는다. 참가비를 내면 송어 낚시를 한 후에 요리를 해 먹을 수도 있다. 축제에 참가하고자 하는 사람은 11월 30일까지 인터넷으로 접수를 해야 한다.

토요일과 일요일 이틀 동안만 진행된다고 했으므로, 정답은 ①번입니다.

② 7살 이하의 아동은 참가비를 받지 않는다고 했습니다.

③ 축제에는 남녀노소 누구나 참가할 수 있다고 했습니다.

④ 축제에 참가하려면 인터넷으로 접수를 해야 한다고 했습니다.

04 ②

> 최근 컴퓨터와 스마트폰의 사용이 증가하면서 눈의 피로와 시력 저하를 호소하는 사람들이 늘고 있다. 아이들은 갑자기 시력이 나빠지고, 수험생과 직장인들은 눈의 피로와 안구 건조에 시달리고 있다. 이러한 눈에 대한 각종 고민을 해결해 주는 반가운 제품이 등장했다. 안경처럼 5분간 착용하고 있으면 기계가 자동으로 움직이며 눈에 휴식과 운동, 마사지, 명상을 제공해 눈의 피로를 풀어 준다.
>
> 출처: '눈의 피로 · 시력 저하 · 노안… 이것 하나면 끝!', 데일리한국, 2014. 05. 21.

수험생과 직장인은 '안구 건조에 시달리고 있다'고 했으므로, 정답은 ②번입니다.

① 눈이 나빠져서 눈이 피곤해졌다고 하지 않았습니다. 컴퓨터와 스마트폰의 사용 때문에 눈이 나빠지고 피곤해진다고 했을 뿐입니다.

③ 이 제품을 쓰면 눈의 피로가 풀린다고 했을 뿐, 시력이 좋아진다고 하지는 않았습니다.

④ 컴퓨터를 사용하면 눈이 피로해진다고 했습니다.

05 ③

> 비언어는 스피치를 전달하는 데 매우 중요한 요소로, 크게 음성과 몸짓으로 나눌 수 있다. 비언어 분야의 권위 있는 학자의 연구에 따르면 메시지를 전달할 때의 효과 면에서 말의 내용은 7%, 음성은 38%, 몸짓은 55%의 영향을 미친다고 한다. 이 연구 결과는 똑같은 내용을 말한다고 해도 어떠한 음성과 어떠한 몸짓으로 말하느냐에 따라 이해력, 설득력, 호소력에서 차이가 난다는 것으로 이해할 수 있다. 스피치를 할 때 특히 신경 써야 할 중요한 몸짓 언어에는 제스처, 표정, 시선, 자세가 있다.
>
> 출처: '보디랭귀지와 몸짓', 네이버 지식백과

메시지 전달의 효과가 몸짓 > 음성 > 말의 내용 순으로 나타났으므로, 정답은 ③번입니다.

① 스피치를 전달하는 데 비언어가 중요한 요소라며 설명하

고 있습니다. 내용이 가장 중요하다고 하지 않았습니다.

② 비언어는 음성과 몸짓을 포함합니다.

④ 어떠한 음성과 몸짓인지에 따라 메시지를 전달할 때의 이해력, 설득력, 호소력이 달라진다고 했습니다.

유형 | 08 알맞은 순서로 배열한 것 고르기

01 ②

> (가) 종이 신문을 보는 사람의 수가 점차 감소하고 있다.
> (라) 요즘은 인터넷으로 언제든지 뉴스를 볼 수 있기 때문이다.
> (나) 하지만 이러한 것이 종이 신문을 완전히 대체할 수는 없다.
> (다) 종이 신문을 읽음으로써 얻을 수 있는 가치들이 남아 있기 때문이다.

종이 신문을 보는 사람의 수가 점차 감소하고 있다는 상황을 제시한 (가)가 첫 번째 문장으로 적절합니다. 그다음으로 감소의 원인과 대체할 수 없는 종이 신문에 대한 내용이 오는 것이 자연스럽습니다. 따라서 정답은 ②번입니다.

오답 해설

① (가)와 (다)의 연결이 자연스럽지 않습니다.

③, ④ (다)가 첫 문장으로 올 수 없습니다.

02 ①

> (나) 통신 기술의 발달로 빠르게 메시지를 주고받을 수 있게 되었다.
> (가) 그런데 메시지의 양은 급격히 늘어났으나, 질적인 문제점이 발생했다.
> (라) 대화가 필요할 때 편하게 연락할 수 있는 사람이 마땅하지 않은 것이다.
> (다) 진정한 소통을 위해서 어떻게 해 나가는 것이 좋을지 고민이 필요하다.

통신 기술의 발달로 빠르게 메시지를 주고받을 수 있게 되었다는 상황을 제시한 (나)가 첫 번째 문장으로 적절합니다. 그다음으로 이에 대한 문제점과 해결 방안에 대한 내용이 오는 것이 자연스럽습니다. 따라서 정답은 ①번입니다.

오답 해설

② (나)와 (라)의 연결이 자연스럽지 않습니다.

③, ④ (라)가 첫 문장으로 올 수 없습니다.

03 ③

> (다) 모기는 열을 잘 느끼기 때문에 열이 나는 사람을 잘 문다.
> (가) 그리고 어두운 색의 옷을 입은 사람도 잘 문다고 한다.
> (라) 화장품 냄새가 강하게 나는 사람도 잘 물리는 편이다.
> (나) 그러므로 밝은 색 옷을 입고, 진한 화장을 피하는 것이 좋다.

모기는 열을 잘 느껴서 열이 나는 사람을 잘 문다는 사실에 대해 설명한 (다)가 첫 번째 문장으로 적절합니다. 그다음으로 모기가 잘 무는 다른 경우와 모기에 물리는 것을 피하는 방법에 대한 내용이 오는 것이 자연스럽습니다. 따라서 정답은 ③번입니다.

오답 해설

①, ② (가)가 첫 문장으로 올 수 없습니다.

④ (나)가 (가)와 (라)의 앞에 오는 것이 적절하지 않습니다.

04 ④

> (라) 요즘 전자 제품들은 멋진 디자인으로 소비자를 유혹한다.
> (나) 그러나 전자 제품을 선택할 때 겉모양만 보고 판단해서는 안 된다.
> (가) 제품이 개발되는 과정에서 환경 오염이 있지는 않았는지 생각해 봐야 한다.
> (다) 정부는 이러한 제품 개발 과정을 확인하고 규제하는 제도를 실시할 예정이다.

전자 제품들이 멋진 디자인으로 소비자를 유혹한다는 최근의 상황을 제시한 (라)가 첫 번째 문장으로 적절합니다. 그다음으로 디자인으로만 제품을 선택해서는 안 된다는 주장과 그 이유, 대응에 대한 내용이 오는 것이 자연스럽습니다. 따라서 정답은 ④번입니다.

①, ② (가)가 첫 문장으로 올 수 없습니다.
③ (가)가 (나)의 앞에 오는 것이 자연스럽지 않습니다.

유형 | 09 문장이 들어갈 위치 고르기

01 ①

> 우리 사회는 욕에 대해 지나치게 관대하다. 단순한 버릇이나 어린 행동으로 보는 경향이 있다. (㉠ 하지만 욕은 감정과 의도를 포함한 일종의 폭력이다.) 남에게 의도적으로 상처를 입히려는 폭력성이 욕을 통해 집단적으로 사용된다. 악성 댓글을 다는 사이버 폭력이 일상이 되기도 한다. 대부분의 학교 폭력도 언어 폭력에서 시작한다. (㉡) 욕은 단순히 불쾌한 단어만 뱉는 것으로 끝나지 않는다. (㉢) 부정적인 감정을 상대방에게 강렬하게 전달하는 기능을 가지고 있기 때문에 다른 어떤 단어보다 강력한 힘을 지닌다. (㉣)
>
> 출처: '욕하는 아이들, 욕보는 부모들', 레이디 경향, 2015. 06. 05.

주어진 문장은 욕의 부정적인 측면에 대한 내용입니다. '하지만 ~' 앞에, 욕을 심각하게 생각하지 않는다는 내용이 나오고 주어진 문장의 '하지만 ~'으로 앞선 내용을 반박하는 흐름이 자연스러우므로, 정답은 ①번입니다.

②, ③, ④ 모두 욕의 심각성에 대해 이야기하고 있으므로, 그 중간에 '하지만'으로 시작하는 주어진 문장이 들어가는 것은 적절하지 않습니다.

02 ③

> 숙면을 위한 음식에는 혈액 순환을 도와 불면증 해소에 도움을 주는 양파가 있다. (㉠) 편안한 숙면을 돕는 사과와 숙면을 유도하는 트립토판이 많이 함유되어 있는 바나나도 좋다. (㉡) 피로 해소에 도움을 주는 마늘과 마음을 안정시켜 숙면에 도움을 주는 연근도 추천한다. (㉢ 이 밖에도 숙면을 위한 생활 습관을 지키는 것이 중요하다.) 잠자리에 들 때 너무 배가 고프거나 너무 부르지 않도록 해

> 야 하며, 운동을 하면 체온이 높아지므로 잠들기 3시간 전에는 운동을 끝내는 것이 좋다. (㉣)
>
> 출처: '숙면에 좋은 음식, 양파, 사과, 바나나', 파이낸셜 뉴스, 2015. 06. 29.

주어진 문장의 뒤에 숙면을 위한 생활 습관에 대한 내용이 와야 하므로, 정답은 ③번입니다.

①, ② 숙면에 도움을 주는 음식에 대해 이야기하고 있으므로, 주어진 문장이 중간에 들어가는 것은 적절하지 않습니다.
④ ㉣에 주어진 문장이 들어가면, 글의 흐름이 숙면을 돕는 음식에서 생활 습관으로 갑작스럽게 전환되어 자연스럽지 않습니다.

03 ①

> 식중독은 상한 음식을 먹은 뒤 복통, 설사, 구토, 발열 같은 증세가 생기는 질환이다. (㉠ 덥고 습한 날씨가 되면 균이 번식하기 쉽고 음식이 상하기 쉬워 이 질환에 걸리는 일이 많다.) 더울 때에 배탈이 나서 고생을 해 본 적이 있는 사람이면 건강의 소중함을 느꼈을 것이다. (㉡) 여름철 식중독에 대한 상식을 잘 알아 두면 건강한 여름을 지내기에 도움이 될 수 있다. (㉢) 구토, 설사를 하면 탈수를 예방하기 위하여 매일 적은 양의 음료수나 맑은 과일 주스를 천천히 마시는 게 좋다. (㉣) 음식은 조금씩 자주 먹고 섬유소가 적은 부드러운 음식을 먹는다.
>
> 출처: '식중독: 평소 알아 두어야 할 건강 상식', 삼성서울병원 건강칼럼, 네이버 지식백과

주어진 문장의 '이 질환'이 문장의 앞에서 설명되어야 하므로, 정답은 ①번입니다.

②, ③, ④ 모두 '이 질환'의 앞 내용으로 올 수 없습니다.

04 ②

> 건전지에도 금속 물질이 들어 있어 목걸이나 팔찌처럼 몸에 지니고 다니면 벼락을 맞을 수 있다는 이

야기가 있다. (㉠) 그러나 그 이야기는 사실과 다르다는 것이 최근에 확인되었다. (㉡ 실험 결과 벼락에 맞을 확률은 높은 곳에 있을수록 높았지만 몸에 지닌 물건과는 상관이 없는 것으로 밝혀졌다.) 휴대 전화 통화가 벼락을 일으킬 수 있다는 얘기도 근거가 없다. (㉢) 휴대 전화에서 발생하는 전자기파는 벼락의 전자기파와 전혀 다른 주파수여서 상관이 없기 때문이다. (㉣)

출처: '배터리를 몸에 지니고 다니면 벼락 맞을 확률 높다?', 한겨레, 2015. 02. 22.

주어진 문장의 '~으로 밝혀졌다'라는 내용으로 미루어 볼 때, 그 앞에는 어떤 사실에 대한 내용이 와야 합니다. 따라서 정답은 ②번입니다.

오답 해설

① 뒤의 문장과의 연결이 자연스럽지 않습니다.
③, ④ 휴대 전화에 대해 이야기하고 있으므로, 주어진 문장이 중간에 들어가는 것은 자연스럽지 않습니다.

유형 | 10 필자의 태도 고르기

01 ④

감정적인 배출구로 눈물을 이용한다는 점에서는 사람을 따라올 동물은 없다. 사람은 감정을 표출하는 용도로 눈물을 영리하게 이용할 줄 아는 존재다. 우리는 아프거나 슬플 때는 물론이거니와 심지어 기쁘거나 화가 머리끝까지 나거나 감동했을 때도 눈물을 흘린다. 흥미로운 것은 감정 상태에 따라서 눈물의 성분이 약간씩 달라진다는 것이다. 특히 감정을 표현하는 눈물 속에는 감정을 조절하는 물질들이 평소에 분비되는 눈물보다 더 많이 포함되어 있다고 한다. 눈물을 흘리면 어떤 감정들이 해소되는 것은 단순히 심리적인 것이 아니라, 이런 생화학적 이유도 있기 때문이다.

출처: '약도 되고 무기도 되는 눈물의 정체는 무엇?', 한겨레, 2014. 06. 06.

눈물을 흘릴 때 어떤 감정이 풀리는 것은 단순히 심리적인 것이 아니라, 화학적인 이유도 있음을 설명하고 있습니다. 따라서 정답은 ④번입니다.

02 ④

안구 건조증은 건조한 겨울철에 걸리기 쉬운 질환이다. 대표적인 증상은 눈에 무언가가 들어간 것 같은 이물감, 눈의 자극감 또는 가려움, 시야가 흐릿하게 보이는 불편함 등이다. 안구 건조증은 안구가 건조해지면서 눈꺼풀에 있는 기름샘과 눈물샘에서 기름과 눈물의 분비량이 부족해져 발생한다. 사람들은 안구 건조증의 증상이 나타나도 경미한 질환으로 치부하고 약국에서 구입한 인공 눈물을 사용해 스스로 치료하려 한다. 하지만 증상의 정도를 파악하지 않은 채 인공 눈물만으로 해결하려는 것은 바람직하지 않다. 증세가 심한 경우 인공 눈물만으로 빠른 기간에 완치되지 않기 때문에 정확한 진단과 처방을 받아야 한다.

안구 건조증이 발생하는 원인을 설명하며, 어떻게 치료해야 하는지(정확한 진단과 처방)를 설명하고 있으므로, 정답은 ④번입니다.

03 ①

인터넷의 발달은 외국어 번역 분야에 혁신을 일으켰다. 이제 번역가들은 종이를 넘겨 가며 일일이 단어를 찾을 필요 없이 클릭 한 번으로 모든 단어의 뜻을 확인할 수 있다. 또 사용자들이 직접 용례를 작성할 수 있는 오픈 사전 덕분에 신조어나 특수어 등 특별한 단어의 뜻풀이나 실생활에서 더 자주 사용되고 있는 의미도 찾을 수 있게 되었다. 그러나 인터넷 시대에 모국어 구사력과 문해력을 키우는 것을 소홀히 해서는 안 된다. 노트북, 스마트폰 같은 기기가 인간의 사고와 판단 기능을 상당 부분 대체하게 된 만큼, 어떤 능력을 더 중요하게 여겨야 하는지에 대한 통찰이 필요하다. 인터넷 사전이 사람이 해야 할 번역 작업의 양을 대폭 줄여 주었지만, 적절하게 번역된 문장인지를 판단하고 표현을 더 수정할지 여부를 결정하는 것은 여전히 사람의 몫이다. 세밀한 작업은 기계에 맡길 수 있다. 하지만 기계가 내놓은 결과에 대한 판단은 앞으로도 인간이 수행해야 할 일이다.

인터넷이 발달하여 사람이 해야 할 번역 작업의 양이 줄었지만, 번역된 문장에 대한 판단 등을 하는 인간의 사고력과 판단력은 여전히 중요함을 강조했습니다. 따라서 정답은 ①번입니다.

오답 해설

② 오픈 사전에 대해 비판하지 않았습니다.
③ 번역가라는 직업이 사라질 것이라는 내용은 나오지 않았습니다.
④ 번역가들이 종이 사전을 사용해야 한다고 주장하는 것이 아니라, 인터넷 사전을 사용할지라도 모국어 구사력과 문해력을 키우는 것을 소홀히 해서는 안 된다고 주장하고 있습니다.

합격 잡는 실전문제

234쪽

01 ①	02 ④	03 ①	04 ②	05 ③
06 ②	07 ③	08 ④	09 ③	10 ②
11 ②	12 ①	13 ④	14 ④	15 ④
16 ④	17 ④	18 ④		

01 ①

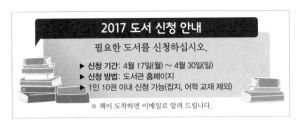

유형 일치하는 내용 고르기

잡지, 어학 교재를 제외하고 신청할 수 있다고 나와 있으므로, 정답은 ①번입니다.

오답 해설

② 책이 도착하면 전화가 아니라 이메일로 알려 줍니다.
③ 한 달 동안이 아니라 14일 동안 도서 신청을 받습니다.
④ 필요한 책은 이메일이 아니라 도서관 홈페이지에서 신청해야 합니다.

02 ④

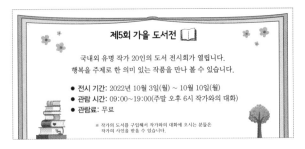

유형 일치하는 내용 고르기

작가와의 대화가 주말 오후 6시에만 열리므로, 도서전 기간 중에는 토요일, 일요일 두 번만 작가와의 대화 시간이 있습니다. 따라서 정답은 ④번입니다.

오답 해설

① 이번이 제5회이므로 처음 열리는 행사가 아닙니다.
② '국내외 유명 작가'라고 했으므로, 우리나라 작가와 외국 작가가 참여하는 것입니다.
③ 작가와의 대화 시간에 작가의 사인을 받을 수 있습니다.

03 ①

최근 한 아파트에서는 힘들게 일하는 택배 기사, 청소원 등을 위한 무료 카페를 열어서 화제가 되고 있다. 이 카페는 언제든 부담 없이 음료를 마시면서 쉴 수 있는 곳이어서 이용자들이 만족해하고 있다. 주민들은 처음에는 관심을 안 보였지만 지금은 카페에 음료와 간식을 제공하는 등 많은 도움을 주고 있다.

유형 일치하는 내용 고르기

주민들이 무료 카페에 음료와 간식을 제공한다고 했으므로, 정답은 ①번입니다.

오답 해설

② 주민들은 처음에는 관심을 보이지 않았다고 했습니다. 따라서 주민들이 카페를 열 때 적극적으로 도운 것이 아닙니다.
③ 이 카페는 무료 카페로, 돈을 벌기 위해 운영하는 곳이 아닙니다.

④ 택배 기사들은 카페의 운영에 참여하는 것이 아니라 카페를 이용할 수 있습니다.

04 ②

> 바나나는 그냥 날로 먹거나 샐러드나 디저트용 음식에 첨가해서, 혹은 과자, 음료 등 가공식품으로 먹는 등 일상생활에서 쉽게 접할 수 있는 과일이다. 현재 전 세계적으로 수백 종의 바나나가 자라고 있다. 하지만 이 중 우리가 일반적으로 식용하는 바나나는 단 1종에 불과하다. 나머지는 야생 바나나들인데, 이 야생 바나나는 열매 속에 크고 딱딱한 씨를 가득 품고 있어 먹기가 여간 곤란한 게 아니다. 처음 재배할 당시만 해도 바나나 열매가 아닌 뿌리를 캐 먹으려고 했던 것이, 씨 없는 돌연변이가 나타나면서 오늘날의 바나나가 된 것이다.
>
> 출처: "바나나도 원래는 '씨' 있는 과일이었다",
> 한겨레, 2012. 02. 03.

유형 **일치하는 내용 고르기**

원래 바나나는 열매 속에 씨를 가득 품고 있었으나, 씨가 없는 돌연변이 바나나가 나타나 오늘날의 바나나가 된 것이므로, 정답은 ②번입니다.

오답 해설

① 바나나는 뿌리와 열매가 다 있었습니다.
③ 야생 바나나는 먹기가 힘들다고 했을 뿐, 맛에 대해서는 나오지 않았습니다.
④ 일반적으로 먹는 바나나는 1종만 있다고 했습니다.

05 ③

> 최근 한 나라에서 4,400년 전에 만들어진 무덤이 발견됐다. 이 무덤의 주인은 당시 왕으로 밝혀졌으며 무덤 벽에는 고대 문자와 다양한 색의 그림이 가득했다. 이 무덤은 오랜 시간이 지났지만 색이 거의 그대로 보존되어 있어 역사적 가치가 높다고 전문가들은 전했다. 무덤의 일부는 일반인에게도 곧 공개될 예정이다.

유형 **일치하는 내용 고르기**

이 무덤은 오랜 시간이 지났지만 색이 거의 그대로 보존되어 있다고 했으므로, 정답은 ③번입니다.

오답 해설

① 무덤의 주인은 당시의 왕으로 이미 밝혀졌습니다.
② 곧 무덤의 일부가 일반인에게 공개될 예정이라고 했으므로, 무덤 안을 구경하는 사람들이 많아졌다는 내용은 적절하지 않습니다.
④ 무덤의 바닥이 아닌 벽에 고대 문자와 그림이 가득하다고 했습니다.

06 ②

> 눈 밑 떨림 증상은 자신의 의지와 관계없이 눈 밑의 근육이 떨리는 현상이다. 눈 밑 떨림의 원인은 여러 가지이지만 주로 신경이 근육을 자극하는 부위가 민감해져 발생하는 경우가 많다. 일반적으로 눈과 주변 근육의 탈수 현상, 피로, 스트레스 및 영양소 불균형 때문에 나타난다는 게 전문가들의 설명이다. 마그네슘이 부족해지면 눈꺼풀에 경련이 일어난다. 따라서 마그네슘을 많이 섭취할 필요가 있다. 눈꺼풀 떨림의 원인인 마그네슘은 견과류, 연어, 우유 등에 많이 함유되어 있는 것으로 알려져 있다.
>
> 출처: "눈꺼풀 떨림의 원인 마그네슘, '견과류·연어·우유' 등에
> 많이 함유돼", 이데일리, 2015. 06. 29.

유형 **일치하는 내용 고르기**

눈 밑 떨림 증상은 '눈과 주변 근육의 탈수 현상, 피로, 스트레스 및 영양소 불균형'과 같은 다양한 원인으로 인해 발생한다고 했으므로, 정답은 ②번입니다.

오답 해설

① 원인과 결과가 글의 내용과 반대로 되어 있습니다. 마그네슘이 부족하면 눈꺼풀에 경련이 일어난다고 했습니다.
③ 마그네슘이 부족하면 눈꺼풀에 경련이 일어난다고 했습니다.
④ 신경이 근육을 자극하는 부위가 민감해지면 눈 밑 떨림 증상이 발생한다고 했습니다. '둔하다'는 '민감하다'와 반대되는 뜻입니다.

07 ③

> (다) 회사에 지각할 것 같아서 막 출발하려는 버스를 뛰어가서 탔다.
> (가) 요금을 내려고 보니 가방 어디에서도 지갑을 찾을 수 없었다.
> (라) 그냥 내리려는데 뒤에 서 있던 아주머니가 대신 요금을 내 주셨다.
> (나) 감사의 인사를 전하는 나에게 아주머니는 환하게 웃어 주셨다.

유형 **알맞은 순서로 배열한 것 고르기**

회사에 지각할 것 같아서 버스를 탄 상황입니다. 요금을 내야 하는데 지갑이 없었고 아주머니가 대신 요금을 내 주었습니다. 이야기의 시작과 끝이 자연스럽게 이어져야 하므로, 정답은 ③번입니다.

오답 해설

①, ② (다)가 (가) 뒤에 오는 것은 자연스럽지 않습니다.
④ (라) 다음에 (나)가 와야 아주머니께 감사한 이유를 설명할 수 있습니다.

08 ④

> (나) 어떤 일에 집중을 하거나 스트레스를 받으면 이를 악물게 되는 경우가 있다.
> (라) 하지만 이러한 행동은 치아 건강에 좋지 않다는 연구 결과가 발표되었다.
> (가) 이를 강하게 물면 치아에 금이 가거나 타격을 줄 수 있다는 것이다.
> (다) 게다가 이를 반복적으로 강하게 무는 것이 만성 두통의 원인이 될 수 있다고 한다.

유형 **알맞은 순서로 배열한 것 고르기**

어떤 일에 집중하거나 스트레스를 받으면 이를 악물게 되는 경우가 있다는 일반적인 사실에 대해 설명한 (나)가 첫 번째 문장으로 적절합니다. 그다음으로 이를 악무는 행동

이 치아 건강에 좋지 않다는 연구 결과와 그에 대한 설명이 이어지는 것이 자연스럽습니다. 따라서 정답은 ④번입니다.

오답 해설

①, ② (가)가 첫 문장으로 오는 것이 자연스럽지 않습니다.
③ 이를 악무는 행동이 치아 건강에 좋지 않다는 연구 결과가 발표되었다는 내용 이후에 (가)가 나와야 합니다.

09 ③

> (라) 소비자는 선택의 폭이 넓을수록 물건을 고를 때 어려움을 겪는다.
> (가) 선택에 대한 부담으로 구매를 망설이다가 포기하기도 한다.
> (다) 그래서 마트에서는 품목별로 몇 가지의 제품만 매장에 진열한다.
> (나) 선택에 대한 고객의 부담을 줄여 구매를 유도하려는 것이다.

유형 **알맞은 순서로 배열한 것 고르기**

소비자들이 선택의 폭이 넓을수록 물건을 고르기 어려워한다는 일반적인 사실을 설명한 (라)가 첫 번째 문장으로 적절합니다. 그다음으로 소비자가 겪는 어려움과 몇 가지 제품만 진열하여 구매를 유도하는 마트에 관한 설명이 이어지는 것이 자연스럽습니다. 따라서 정답은 ③번입니다.

오답 해설

①, ② (나)가 첫 문장으로 올 수 없습니다.
④ (다) 다음에 (나)가 바로 이어져야 합니다.

10 ②

> (가) 밤과 낮의 온도 차이가 커지는 계절이 되면 건강에 신경을 써야 한다.
> (나) 우선 가벼운 옷 위에 입을 수 있는 다른 옷을 가지고 다니는 것이 좋다.
> (라) 물을 자주 마시고 몸을 따뜻하게 해 주는 차를 마시는 것도 도움이 된다.
> (다) 온도의 차이가 커지면 피부가 건조해져서 수분이 더 필요하기 때문이다.

먼저 일교차가 큰 계절에 건강에 신경을 써야 한다는 문장이 나온 뒤에 건강 관리 방법과 그 방법을 써야 하는 이유가 이어지는 것이 자연스럽습니다. 따라서 정답은 ②번입니다.

오답 해설

① (다)는 (나)의 원인이 될 수 없으므로 적절하지 않습니다.
③, ④ (나)가 첫 문장으로 올 수 없습니다. (나)의 '우선'은 앞에 어떤 이야기가 시작된 후 그 예나 방법을 제시할 때 사용합니다.

11 ②

> (나) 직장에서는 좋은 업무 분위기를 위해서 회식을 한다.
> (다) 예전에는 직장에서 회식을 할 때면 주로 술을 마셨다.
> (라) 그러나 요즘에는 회식 대신에 공연을 관람하거나 맛집을 탐방하는 경우가 늘고 있다.
> (가) 시대가 변하면서 회식 문화가 바뀌고 있는 것이다.

유형 **알맞은 순서로 배열한 것 고르기**

직장에서 회식을 하는 일반적인 상황을 제시한 (나)가 첫 번째 문장으로 적절합니다. 그다음으로 예전 직장 회식과 요즘 회식을 대조하여 회식 문화가 바뀌는 것을 이야기하는 것이 자연스럽습니다. 따라서 정답은 ②번입니다.

오답 해설

① (라) 다음에 (가)가 이어져야 자연스럽습니다.
③, ④ (다)와 다음 문장의 연결이 자연스럽지 않습니다.

12 ①

> 왕관은 과거 지배 계층이 착용했던 대표적인 장신구이다. (㉠ 그래서 백성들이 구하기 힘든 매우 귀하고 값비싼 재료로 만들어졌다.) 장식도 화려하게 더해져 그것을 쓴 왕의 지위를 더욱 돋보이게 했다. (㉡) 오늘날 왕관이 가졌던 힘과 지위의 의미

는 약화되었으나 고귀한 이미지는 남아 여러 디자인에서 발견된다. (㉢) 아름다움이 강조되어야 할 신부의 머리 장식이나 여러 액세서리에 왕관이 활용되고 있는 것이다. (㉣)

유형 **문장이 들어갈 위치 고르기**

'그래서'는 앞에 나온 원인에 대한 결과를 나타낼 때 사용하는 표현입니다. 백성들이 구하기 힘든 재료로 만든 이유는 왕관이 과거 지배 계층이 착용했던 장신구이기 때문이므로, 정답은 ①번입니다.

오답 해설

②, ③, ④ 결과를 나타내는 주어진 문장이 들어가기에는 적절하지 않습니다.

13 ④

> 한 연구팀이 냄새가 나지 않는 무취 상태의 조건을 알아냈다. (㉠) 사람의 코는 다양한 냄새 중에 농도가 짙은 것 위주로 냄새를 맡는다. (㉡) 그런데 서로 다른 냄새 입자를 동일한 양으로 섞으면 사람의 코는 냄새가 거의 나지 않는 것처럼 느낀다는 것이다. (㉢) 여기에서 착안해 악취를 없애는 기술을 연구하고 있다. (㉣ <u>악취에 동일한 양의 다른 냄새들을 더해 악취를 느끼지 못하게 하는 것이 목표이다.</u>) 이 기술이 개발되면 심한 악취 환경에서 작업하는 사람들의 어려움을 줄여 줄 수 있을 것이다.

유형 **문장이 들어갈 위치 고르기**

주어진 문장이 악취를 없애는 기술에 대한 설명이므로, 정답은 ④번입니다.

오답 해설

① 앞뒤 문장과의 연결이 자연스럽지 않습니다.
② 주어진 문장의 '목표이다'와 ㉡ 뒤 문장의 '그런데 ~'의 연결이 자연스럽지 않습니다.
③ 주어진 문장은 착안의 대상이 아니므로, '여기에서 착안해~'가 뒤에 이어지면 연결이 자연스럽지 않습니다.

14 ④

> 본격적인 장마철이 다가오면서 습기를 어떻게 제거할지에 대한 관심이 높아지고 있다. 대표적인 습기 제거 방법은 습기 제거제를 사용하는 것이다. (㉠) 습기 제거제 속에 들어 있는 염화 칼슘은 수분을 잘 흡수하는 성질을 갖고 있다. (㉡) 그러나 습기 제거제가 없어도 수분을 쉽게 제거할 수 있다. (㉢) 우리 주변에서 흔히 찾을 수 있는 습기 제거제는 바로 신문지다. 신문지를 옷 사이에 넣어 두면 습기를 빨아들여 곰팡이가 생기는 것을 방지할 수 있다. (㉣ <u>또한 커피 찌꺼기 역시 습기 제거에 효과 만점이다.</u>)

유형 **문장이 들어갈 위치 고르기**

습기 제거제 대신 사용할 수 있는 재료로 신문지가 제시되고, 그 뒤에 '또한 ~'으로 이어지며 커피 찌꺼기에 대한 내용이 나와야 자연스럽습니다. 따라서 정답은 ④번입니다.

오답 해설

①, ② 뒤에 주변에서 쉽게 찾을 수 있는 습기 제거제에 대한 설명이 이어지므로, 연결이 자연스럽지 않습니다.
③ 주어진 문장의 '또한'과 앞 문장의 연결이 자연스럽지 않습니다.

[15~16]

> 보수와 진보의 개념은 정치뿐만 아니라 경제 분야에서도 사용된다. 경제적 관점에서 보수와 진보는 시장 경제를 조절하는 두 축인 시장과 국가의 역할에 대한 견해에 따라 구분된다. 자유를 중시하는 보수주의자들은 자유가 최대한 보장될 때 경제 성장이 가능하다고 본다. 그래서 경제를 시장의 자율에 맡기고 정부는 최소한의 역할만을 담당해야 한다고 주장한다. 반면 평등을 우선시하는 진보주의자들은 시장을 자율에 맡기기보다 국가가 개입해야 한다고 생각한다. 그래야 시장 경제 체제의 문제점인 불평등을 해소할 수 있다고 주장한다. 보수와 진보 중 어느 하나의 입장만이 옳다고 단정하기는 어렵다. 경제 발전을 위해서는 보수가 추구하는 바가 필요하며 경제 발전에 따른 문제점을 해결하기 위해서는 진보의 정책들이 요구된다. 보수와 진보가 서로 보완하여 상호 균형을 이룰 때 경제는 더 발전적인 방향으로 나아갈 수 있을 것이다.

15 ④

유형 **필자의 태도 고르기**

필자는 보수와 진보의 개념과 이와 관련한 정책 중 어느 한쪽이 무조건 옳다고 말할 수 없다고 하였습니다. 그리고 두 관점을 서로 보완하여 상호 균형을 이루어야 한다고 했습니다. 이것은 보수와 진보가 조화를 이루는 것을 제안하는 것이므로, 정답은 ④번입니다.

오답 해설

① 보수주의자와 진보주의자 중 한쪽을 옹호하거나 편을 들고 있지 않습니다.
② 시장 경제 체제의 불평등을 해소할 수 없다고 주장하지 않았습니다.
③ 경제 성장을 위해 국가의 노력이 부족하다는 지적을 하지 않았으며, 경제 상황에 국가가 개입하는 현상에 대해 보수주의와 진보주의에서는 각각 어떻게 판단하는지를 전달하고 있습니다.

16 ④

유형 **일치하는 내용 고르기**

경제 발전을 위해서는 진보의 정책들이 요구되며, 경제 발전에 따른 문제점을 해결하기 위해서는 진보의 정책들(관점들)이 요구된다고 하였습니다. 따라서 ④번이 정답이 됩니다.

오답 해설

① 경제 성장을 위해서 보수주의자들은 자유가 보장되어야 한다고 했으며, 진보주의자들은 국가가 개입을 해야 한다고 했습니다. 그러나 양쪽 관점 모두 국가가 시장을 주도해야 한다고는 말하지 않았습니다.
② 시장 경제를 제어할 수 있는 주체는 시장도 있고 국가도 있다고 했습니다.
③ 보수주의자들이 자유를 중시하고 가치를 둡니다.

> 슈마허가 언급한 적정 기술은 첨단 기술로부터 소
> 외된 다수를 위한 기술이다. 주로 가난한 나라나 저
> 소득층 사람들의 삶의 질을 향상시키기 위한 것으
> 로, 해당 지역의 환경과 문화 및 경제적인 상황을 고
> 려하여 필요한 물건을 만든다. 전기가 부족한 곳에
> 는 페트병에 표백제를 섞은 물을 담아 집안을 밝게
> 해 주는 전구, 줄을 이용해 굴리면서 끌고 갈 수 있
> 는 물통, 태양열을 이용한 난방 기구 등이 이 기술로
> 만들어진 물건들이다. 그렇기 때문에 적정 기술은
> 첨단 기술은 아니지만 활용도가 높고, 환경을 지키
> 면서도 인간의 삶에 이롭다. 이 기술은 지역 주민의
> 빈곤 해소와 생활 개선에 큰 도움이 되고 있다.

17 ④

(유형) **필자의 태도 고르기**

적정 기술의 도입으로 지역 주민의 삶의 질이 향상되는 것
을 긍정적으로 설명하고 있으므로, 정답은 ④번입니다.

(오답 해설)

① 필자는 적정 기술의 도입을 긍정적으로 생각합니다.
② 전기가 부족한 곳에 적정 기술을 활용할 수 있다고 했습
　니다. 불만을 드러내지 않았습니다.
③ 적정 기술이 환경을 지킬 수 있다고 했습니다. 환경을
　지키는 기술이 없다고 비판하지 않았습니다.

18 ④

(유형) **일치하는 내용 고르기**

적정 기술이 '첨단 기술로부터 소외된', '가난한 나라나 저
소득층 사람들의 삶의 질을 향상시키기 위한 것'이라고 했
으므로, 정답은 ④번입니다.

(오답 해설)

① 선진국의 도움이 필요하다는 내용은 없습니다.
② 적정 기술이 직접적으로 경제적 이득을 가져다 준다고
　하지는 않았습니다.
③ 적정 기술 교육에 대한 내용은 없습니다.

제1회

1교시 듣기, 쓰기

245쪽

01	③	02	③	03	②	04	③	05	③
06	④	07	②	08	③	09	③	10	②
11	③	12	④	13	③	14	④	15	④
16	④	17	②	18	②	19	②	20	③
21	①	22	④	23	③	24	③	25	①
26	②	27	②	28	②	29	③	30	①
31	③	32	②	33	③	34	④	35	④
36	②	37	②	38	③	39	②	40	①
41	②	42	②	43	④	44	②	45	②
46	②	47	④	48	②	49	①	50	②

51	① 필요 없는 물건을 무료로 드립니다 / 가지고 갈 수 없는 물건을 무료로 드리려고 합니다 ⓛ 빨리 가져가시면 좋습니다 / 빨리 오셔서 가져가시면 좋을 것 같습니다
52	① 좋아하면 단점을 잘 인식하지 못한다 / 좋아하게 되면 부정적 판단을 억제한다 ⓛ 그때부터 단점이 보이기 시작한다 / 단점이 눈에 들어오기 시작한다

53	해설의 답안 참조	54	해설의 답안 참조

01 ③

• 듣기대본 •

남자: 이 방은 어때요? 창문이 커서 햇빛도 많이 들어오고 좋을 거예요.

여자: 네, 좋아 보이네요. 이 방으로 할게요.

남자: 그렇게 하세요. 지금 있는 가구들도 그대로 사용해도 돼요.

유형 **일치하는 그림/도표 고르기**

여자는 방을 구하고 있고, 남자는 가구가 있는 방을 소개해 주고 있으므로, 정답은 ③번입니다.

오답 해설

① 남자가 가구점에서 침대를 할인 판매하고 있으므로, 제시된 내용과 맞지 않습니다.

② 여자와 남자는 함께 차를 마시고 있습니다. 여자가 방을 구하고 있지 않습니다.

④ 남자는 여자에게 물건을 배달해 주러 온 것이 아닙니다.

02 ③

• 듣기대본 •

여자: 나무가 있고 하늘이 보이는 곳에서 여유 있게 걷는 것도 참 오랜만이네요.

남자: 그러게요. 높은 빌딩이 많은 도시에 이렇게 산책할 수 있는 곳이 있다는 건 좋은 일이죠.

여자: 맞아요. 직장인들도 쉬는 시간에 잠시라도 걷는 시간이 필요해요.

유형 **일치하는 그림/도표 고르기**

여자와 남자는 도시에서 나무와 하늘을 보며 산책할 수 있는 곳을 천천히 걸으며 이야기를 나누고 있으므로, 정답은 ③번입니다.

오답 해설

① 여자와 남자는 등산하지 않았습니다.

② 여자와 남자는 건물 옥상에 있는 것이 아닙니다.

④ 여자와 남자는 자동차를 타고 멀리 간 것이 아니라 함께 걷고 있습니다.

03 ②

• 듣기대본 •

남자: 최근 도서를 어디에서 구매하는지 조사한 결과를 살펴보겠습니다. 우선, 인터넷 서점을 이용하는 사람들은 2021년보다 2022년에 크게 늘어났습니다. 바쁜 현대인들이 직접 서점에 가서 도서를 구매할 시간이 없기 때문에 이러한 현상이 나타난 것으로 보입니다. 인터넷 서점 다음으로 높은 비중을 차지한 대형 서점과 동네 서점에서도 도서를 구입하는 사람들이 이전에 비해 늘어난 것으로 나타났습니다.

유형 일치하는 그림/도표 고르기

도서 구매 장소의 연도별 조사 결과를 비교하고 있으므로, 정답은 ②번입니다.

오답 해설

① 인터넷 서점의 이용객 수가 전년보다 늘어났다고 했습니다.

③, ④ 연도에 따른 이용객의 변화를 확인할 수 없습니다.

04 ③

• 듣기 대본 •

남자: 요즘 할 일이 많은데 스트레스가 많아서 그런지 집중이 안 돼요.

여자: 그럼 어디든지 떠나 보세요. 잠시 쉬고 와서 일을 하는 게 좋을 거예요.

남자: _____

유형 이어지는 말 고르기

여자는 남자에게 어딘가로 떠나는 것을 추천하고 있습니다. 따라서 남자가 그에 대해 답해야 하므로, 정답은 ③번입니다.

오답 해설

①, ② 여자가 남자에게 할 수 있는 말입니다.

④ 여자가 남자에게 할 수 있는 말이며, 이미 앞에서 남자에게 한 말과 동일한 내용입니다.

05 ③

• 듣기 대본 •

남자: 은영 씨, 시험은 잘 보고 왔어요?

여자: 아니요. 아주 쉬운 문제도 풀지 못했어요.

남자: _____

유형 이어지는 말 고르기

시험을 잘 보지 못한 여자를 위로하는 말이 이어지는 것이 적당하므로, 정답은 ③번입니다.

오답 해설

① 여자는 좋은 성적을 받지 못했습니다.

② 여자는 시험을 보고 왔습니다.

④ 여자가 남자에게 할 수 있는 말입니다.

06 ④

• 듣기 대본 •

남자: 미선 씨, 저 드디어 마음에 드는 집을 찾았어요.

여자: 잘됐네요. 그럼 계약은 했어요?

남자: _____

유형 이어지는 말 고르기

여자가 남자에게 집 계약을 했는지 물어봤으므로, 남자의 이어질 말에는 계약을 했다고 하거나 아직 하지 않았다는 내용, 혹은 이제 할 것이라는 내용이 오면 됩니다. 따라서 정답은 ④번입니다.

오답 해설

① 남자는 이미 마음에 드는 집을 찾았습니다.

② 여자가 남자에게 할 수 있는 말입니다.

③ 여자의 질문과 전혀 관련이 없는 대답입니다.

07 ②

• 듣기 대본 •

남자: 유선 씨, 지희 씨 생일 파티에 가져갈 선물은 준비했어요?

여자: 아니요. 뭘 사야 할지 몰라서 아직 못 샀어요.

남자: _____

유형 이어지는 말 고르기

선물을 사지 못했다는 여자의 말에 대한 남자의 대답으로는 같이 선물을 사러 가자는 내용이 적절합니다. 따라서 정답은 ②번입니다.

오답 해설

①, ③ 여자의 말과 관련이 없는 대답입니다.

④ 여자는 아직 선물을 사지 않았으므로, 적절한 답이 될 수 없습니다.

08 ③

• 듣기 대본 •

남자: 얼마 전에 노트북을 잃어버렸다면서?

여자: 응. 노트북이 없으니까 불편한 일이 너무 많아.

남자: _____

유형 이어지는 말 고르기

여자가 노트북을 잃어버렸다고 했으므로, 이에 대해 걱정해 주는 내용이 오면 적절합니다. 따라서 정답은 ③번입니다.

오답 해설

①, ② 여자가 할 수 있는 말입니다.
④ 여자와 남자의 대화와 전혀 관련이 없는 대답입니다.

09 ③

듣기 대본 •

여자: 민호 씨, 복사기가 좀 이상한 것 같아요.

남자: 그래요? 너무 많이 사용해서 그런 거 아닐까요? 조금 이따가 다시 사용해 봐요.

여자: 조금 전까지는 아무 문제도 없었는데 이상하네요. 아무래도 다른 사무실에 가서 자료를 복사해야겠어요.

남자: 잠깐만요. 혹시 종이가 걸렸을지도 모르니까 제가 확인해 볼게요. 그 문제가 아니라면 복사기 회사에 수리를 요청해야겠어요.

유형 알맞은 행동 고르기

복사기에 종이가 걸려 있는지 먼저 확인을 하기로 했으므로, 정답은 ③번입니다.

오답 해설

① 여자가 하려고 했던 행동입니다.
② 복사기에 종이가 걸린 문제가 아닐 경우에 남자가 할 행동입니다.
④ 대화에서 제시되지 않은 행동입니다.

10 ②

듣기 대본 •

남자: 다음 지하철이 한 시간 뒤에야 오네. 앞 역에서 사고가 났다고 하더니 정말인가 봐. 면접에 늦을 것 같은데 어떻게 하지?

여자: 회사에 조금 늦을 것 같다고 연락을 해 봐. 사고 때문인데 이해해 주겠지.

남자: 아니야. 이 회사는 면접에 늦으면 다시 기회를 주지 않을 것 같아. 그냥 지금이라도 택시를 타러 역 밖으로 나가야겠어.

여자: 그래. 어서 가 봐.

유형 알맞은 행동 고르기

회사 면접에 늦지 않기 위해 택시를 타러 역 밖으로 나간다

고 했으므로, 정답은 ②번입니다.

오답 해설

① 회사에 늦을 것 같다는 연락은 하지 않을 것입니다.
③ 남자는 여자와 함께 회사로 가는 것이 아닙니다.
④ 남자는 지하철이 왜 늦는지 이미 알고 있습니다.

11 ③

듣기 대본 •

남자: 혹시 민정 씨 못 봤어요?

여자: 조금 전에 같이 수업을 들었는데, 왜요? 아마 아직 강의실에 있을 거예요. 교수님과 상담할 일이 있다고 했거든요.

남자: 그래요? 오늘 발표 수업 준비 때문에 급하게 만날 일이 있는데 전화를 안 받아서. 알려 줘서 고마워요.

여자: 아니에요. 나중에 또 봐요.

유형 알맞은 행동 고르기

여자가 강의실에 민정 씨가 있을 것이라고 알려 주었으므로, 남자는 민정 씨를 만나러 강의실에 갈 것입니다. 따라서 정답은 ③번입니다.

오답 해설

① 민정 씨에게 전화를 걸었으나 받지 않았습니다.
② 교수님에게 상담을 받고 있는 것은 민정 씨입니다.
④ 발표 수업 준비는 민정 씨를 만난 후에 하게 될 행동입니다.

12 ④

듣기 대본 •

여자: 민우 씨, 어디 아파요? 안색이 안 좋아 보여요.

남자: 네, 머리가 좀 아파서요. 요즘 신경 쓸 일이 많아서 식사도 제대로 못 하고 잠도 거의 못 잤거든요. 두통약을 먹어도 소용이 없네요.

여자: 약을 먹는 것보다는 잠시 공원에 가서 나무를 보며 쉬는 게 어때요? 녹색을 보면 마음이 안정된대요. 약을 먹으면 그때뿐이고 건강에도 좋지 않으니까요.

남자: 그럴까요? 그럼 점심시간에 잠시 공원에 다녀와야겠어요.

여자가 남자에게 공원에 가서 휴식을 취하기를 권하였고 남자도 그러겠다고 했으므로, 정답은 ④번입니다.

오답 해설

① 남자는 점심시간에 밖에 나가서 쉬려고 합니다.
② 남자는 약을 먹어도 소용이 없다고 했으며, 여자의 제안에 따라 나무를 보며 쉬려고 합니다.
③ 여자와 등산을 가려고 나가는 것이 아닙니다.

13 ③

• 듣기대본 •

남자: 오늘은 다문화 음식 축제의 소식을 전하기 위해 나왔습니다. 안녕하세요. 다문화 음식 축제에 대해 소개를 해 주시겠습니까?

여자: 네. 우리가 다문화를 경험할 수 있는 기회는 그리 많지 않은데요, 다문화 음식 축제에서는 단돈 천 원으로 11개 나라의 전통 음식을 맛볼 수 있습니다.

남자: 참가 비용이 천 원이라면 가격이 정말 저렴하네요.

여자: 네. 천 원은 접시를 제공하기 위해 받는 비용으로, 접시를 들고 각 나라의 음식 부스를 방문해 다양한 맛을 즐길 수 있습니다. 쓰레기를 줄이기 위해 접시는 한 사람에 한 개씩만 제공할 예정입니다. 그리고 몽골과 태국 등의 전통 춤 공연까지 볼 수 있습니다.

유형 일치하는 내용 고르기

'맛볼 수 있다'는 먹어 볼 수 있다는 의미입니다. 여자가 단돈 천 원으로 11개 나라의 전통 음식을 맛볼 수 있다고 하였으므로, 정답은 ③번입니다.

오답 해설

① 천 원은 축제의 참가 비용으로 내는 돈입니다.
② 몽골과 태국 등의 전통 춤 공연을 볼 수 있는 것이지, 그 춤을 배울 수 있는 것이 아닙니다.
④ 접시는 한 사람에게 한 개씩만 제공됩니다.

14 ④

• 듣기대본 •

여자: 안내 말씀 드리겠습니다. 오늘 오후 두 시부터 네 시까지 해외 대학에 가려는 사람들을 위해 설명회를 개최할 예정입니다. 장소는 본관 3층이며, 국내에서 해외 대학에 가기 전에 준비해야 할 사항들을 알려 드립니다. 해외 대학의 전공에 대한 정보도 제공해 드리니 많은 참여 부탁드립니다.

유형 일치하는 내용 고르기

설명회는 '해외 대학에 가려는 사람들'을 위한 행사이므로, 정답은 ④번입니다.

오답 해설

① 입학시험에 대한 이야기는 제시되지 않았습니다.
② 해외 대학에 다녀온 사람들의 정기 모임에 대한 이야기는 제시되지 않았습니다.
③ 설명회는 오후 두 시부터 네 시까지, 두 시간 동안 진행됩니다.

15 ④

• 듣기대본 •

남자: 다음은 생활 경제 소식입니다. 요즘 날씨가 더워지면서 음식물 쓰레기 냄새 때문에 고생하시는 분들이 많을 것입니다. 최근 음식물 쓰레기를 냄새 걱정 없이 처리할 수 있는 음식물 처리기가 화제입니다. 이 기계는 싱크대의 배수구에 설치하게 되는데요. 음식물 쓰레기 500그램을 이 기계에 밀어 넣으면 3분 만에 잘게 갈아서 50그램의 가루로 만들어 버립니다. 게다가 이렇게 만들어진 가루는 물기가 없는 상태이기 때문에 냄새가 전혀 나지 않아 인기가 많습니다.

유형 일치하는 내용 고르기

'냄새가 전혀 나지 않'는다고 했으므로, 정답은 ④번입니다.

오답 해설

① 음식물 쓰레기를 가루로 만들면 냄새가 전혀 나지 않는다고 했습니다.
② 음식물 처리기의 무게는 제시되지 않았습니다.

③ 음식물 처리기는 음식물 쓰레기를 누르는 것이 아니라, 잘게 갈아 가루로 만듭니다.

16 ④

• 듣기 대본 •

남자: 박사님, 최근 맨발 걷기 운동이 인기를 끌고 있는데요. 맨발 걷기 운동이 이렇게 인기를 끌게 된 이유를 설명해 주시겠습니까?

여자: 네. 최근에 공원이나 여행지에서 맨발로 지압을 하거나 걷기 운동을 할 수 있는 곳을 쉽게 찾아 볼 수 있습니다. 맨발로 걷게 되면 스트레스, 수면 장애, 심장 질환이 있는 사람에게 큰 효과가 나타날 수 있습니다. 가장 중요한 것은 맨발 걷기를 한 뒤 발을 잘 관리해야 한다는 것입니다. 맨발로 걸은 후에는 반드시 발바닥을 깨끗이 씻고 크림이나 오일을 발라야 합니다. 그리고 시멘트로 된 길보다는 흙길을 걷는 것이 훨씬 몸에 좋습니다.

유형 일치하는 내용 고르기

맨발 걷기는 스트레스, 수면 장애, 심장 질환이 있는 사람에게 도움이 된다고 했으므로, 정답은 ④번입니다.

오답 해설

① 맨발 걷기는 심장 질환이 있는 사람에게 큰 효과가 나타날 것이라고 했습니다.

② 맨발로 걷기에 시멘트 길보다 흙길이 좋다고 했습니다.

③ 맨발 걷기 운동을 한 후에 발을 씻고 크림이나 오일을 발라야 한다고 했습니다.

17 ②

• 듣기 대본 •

남자: 은영 씨, 왜 전자책을 안 보고 종이책만 봐요?

여자: 저는 전자책을 보는 게 불편해요. 종이를 넘기면서 봐야 진짜로 책을 읽는 느낌도 나고 좋더라고요. 그런데 전자책을 보면 눈도 많이 아프고, 기계도 무거워요.

남자: 그래도 종이책 수십 권을 기계 하나에 넣어 다니면서 읽는 게 더 편하지 않아요? 책을 놔둘 공간도 많이 차지하지 않고요.

유형 중심 생각 고르기

남자는 기계 하나에 책 수십 권을 넣어 다닐 수 있고 책을 놔둘 공간도 많이 차지하지 않아서 전자책이 편하다고 하였으므로, 정답은 ②번입니다.

오답 해설

①, ④ 여자의 생각입니다.

③ 가격에 대한 내용은 나오지 않았습니다.

18 ②

• 듣기 대본 •

남자: 저 연예인은 사회 문제에 정말 관심이 많은가 봐요.

여자: 네. 정말 멋있네요. 연예인도 사회의 구성원이니까 사회 문제에 대해 자신의 생각을 말하는 건 멋진 일이라고 생각해요.

남자: 맞아요. 다른 나라에서는 이미 이런 일들이 자연스러운 일로 받아들여지고 있더라고요. 연예인들이 사회 문제를 해결하는 데 큰 도움이 되는 경우도 많고요.

유형 중심 생각 고르기

남자는 연예인들이 사회 문제에 대해 자신의 생각을 말하는 것을 멋진 일이라고 생각한다는 여자의 말에 동의했으며, 연예인들이 사회 문제를 해결하는 데 도움이 되는 경우가 많다고 했습니다. 따라서 정답은 ②번입니다.

오답 해설

① 남자는 이와 반대의 의견을 지니고 있습니다.

③ 제시되지 않은 내용입니다.

④ 남자와 여자의 대화 주제는 사회 문제에 대한 연예인의 생각 표현입니다. 대화 내용과 관련이 없습니다.

19 ②

• 듣기 대본 •

남자: 과제를 하기 위해 인터넷에서 자료를 찾고 있는데, 제대로 된 정보를 찾기가 어려워요.

여자: 저도 인터넷으로 자료를 찾다 보면 판단이 어려울 때가 많아요. 비슷한 정보가 여기저기 너무 많아서요.

남자: 그렇기도 하고, 확인되지 않은 내용도 사실처럼 말하는 경우가 많아서 믿을 수 있는 자료가

어떤 것인지 알 수 없더라고요.

여자: 맞아요. 저도 잘못된 정보를 사용해서 과제를 했다가 실수를 한 적이 있었어요.

유형 **중심 생각 고르기**

남자는 인터넷상의 자료들이 정확하지 않다는 점에 불만이 있으므로, 정답은 ②번입니다.

오답 해설

① 여자의 생각입니다.

③ 남자가 말한 내용이 아닙니다.

④ 남자는 인터넷에서 정확하게 확인된 자료를 찾는 것이 어렵다고 했을 뿐입니다. 남자의 중심 생각이 아닙니다.

20 ③

듣기대본

여자: 원장님께서는 청소년을 위해 연극 수업을 하고 계시는데요. 학교에서 연극 수업을 하시는 이유가 있으신가요?

남자: 요즘 청소년들은 지나친 공부로 인해 스트레스를 받습니다. 그런데 그것을 풀 수 있는 기회도, 시간도 주어지지 않는 것이 현실입니다. 그래서 연극이라는 예술 활동을 체험하면서 자신의 감정을 표출하고, 마음의 안정을 찾을 수 있도록 도움을 주려고 하는 것입니다. 이미 많은 학생들에게서 긍정적인 효과가 나타나고 있어 앞으로도 연극 수업을 계속 이어 나갈 예정입니다.

유형 **중심 생각 고르기**

연극으로 감정을 표출하여 스트레스를 풀고, 마음의 안정을 찾을 수 있다고 했으므로, 정답은 ③번입니다.

오답 해설

① 몸이 아니라, 마음에 대해 이야기하고 있습니다.

②, ④ 남자가 말한 내용이 아닙니다.

[21~22]

듣기대본

여자: 돈을 그렇게 많이 쓴 것 같지는 않은데 왜 남은 돈이 이것밖에 없지? 월급이 적은 것도 아닌데.

남자: 한 달에 보통 얼마나 쓰는데? 자기가 돈을 얼마나 쓰고 있는지부터 알아야지.

여자: 그건 잘 모르겠어. 하지만 비싼 음식을 많이 사 먹거나 비싼 옷을 사지는 않아. 그런데 이상하게 월급을 받은 후에 통장을 보면 남은 돈이 내 생각보다 적어.

남자: 비싼 것을 사지 않고 저렴한 걸 여러 개 사도 돈이 많이 들 수 있어. 주로 무엇을 사고 얼마나 쓰는지 잘 정리를 해 두었으면 낭비를 하지는 않았을 거야.

21 ①

유형 **중심 생각 고르기**

남자는 여자에게 무엇을 사고 얼마나 쓰는지를 정리해 두었으면 낭비를 하지 않았을 것이라고 했으므로, 정답은 ①번입니다.

오답 해설

②, ④ 남자가 말한 내용이 아닙니다.

③ 남자가 말한 내용이 아닙니다. 남자는 돈을 어디에, 얼마나 사용했는지를 정리해야 한다고 말했습니다.

22 ④

유형 **일치하는 내용 고르기**

여자는 한 달에 보통 얼마나 쓰냐는 질문에 잘 모르겠다고 답했으므로, 정답은 ④번입니다.

오답 해설

① 여자는 비싼 음식을 많이 사 먹지 않는다고 했습니다.

② 대화에서 알 수 없는 내용입니다.

③ 여자는 월급이 적지 않다고 했습니다.

[23~24]

듣기대본

남자: 이번에 만든 새로운 커피 메뉴에 대한 기획서입니다. 시간 되시면 평가를 부탁드려도 될까요?

여자: 한번 볼까요? 우선 전에 있던 메뉴보다 무엇이 좋아졌는지, 새로운 커피 메뉴의 장점을 설명하는 부분이 보이지 않아서 아쉽네요. 그리

고 이 가격은 우리 회사에서 판매하기에는 너무 비싼 것 같은데, 가격을 더 내릴 수 있는 방법을 생각해 보도록 하세요.

남자: 네. 알겠습니다. 더 저렴하면서도 좋은 재료가 있는지 찾아 보겠습니다.

여자: 그렇게 하세요. 모르는 부분이 있을 때는 김 대리에게 물어보면 자세히 알려 줄 거예요. 우리 매장에서 현재 판매하고 있는 메뉴의 특성도 파악해 두면 좋겠네요.

23 ③

유형 담화 상황 고르기

남자는 여자에게 새로운 커피 메뉴의 기획서를 평가해 달라고 하고 있으므로, 정답은 ③번입니다.

오답 해설

① 여자가 남자에게 권유한 행동입니다.
② 기획서는 이미 작성을 완료한 상태입니다.
④ 남자가 결정한 커피 메뉴의 가격에 여자가 의문을 제기하였습니다.

24 ③

유형 일치하는 내용 고르기

남자가 새로운 커피 메뉴에 대한 기획서를 작성했으므로, 정답은 ③번입니다.

오답 해설

① 남자는 더 저렴한 재료를 찾아 보겠다고 했습니다.
② 여자는 기획서를 대체로 부정적으로 평가했습니다.
④ 남자는 모르는 부분이 있을 때 김 대리에게 물어볼 것입니다.

[25~26]

• 듣기대본 •

여자: 교수님, 이 대학에 직무 능력을 높일 수 있는 프로그램이 있다고 들었는데요. 간단히 소개해 주시겠습니까?

남자: 직무 능력 교육 프로그램에서는 회사 생활에 필요한 여러 가지를 미리 배웁니다. 예를 들어, 회사에서 사용하는 기획서와 보고서를 과

제로작성하지요. 학교에서는 이것을 작성하는 방법은 물론, 수정하는 방법까지도 자세하게 알려 줍니다. 학생들은 다양한 주제 중 하나를 정해 회사에서 하는 것처럼 발표를 하고 서로를 평가합니다. 공부만 잘한다고 해서 회사 생활을 성공적으로 하기는 어렵기 때문에 이런 준비가 반드시 필요합니다. 이러한 준비들이 졸업 후에 학생들에게 큰 도움이 될 것입니다.

25 ①

유형 중심 생각 고르기

회사 생활에 필요한 여러 직무 능력을 준비해 두면 큰 도움이 될 것이라고 했으므로, 정답은 ①번입니다.

오답 해설

②, ③, ④ 남자가 강조하는 중심 생각이 아닙니다. 남자는 직무 능력 교육 프로그램을 통해 기획서와 보고서 작성 방법을 배우고 발표 연습을 할 수 있다고 말했을 뿐입니다.

26 ②

유형 일치하는 내용 고르기

학생들은 다양한 주제 중 하나를 정해 발표를 한다고 했으므로, 정답은 ②번입니다.

오답 해설

① 과제를 작성하는 방법과 함께 수정 방법도 자세하게 알려 준다고 했습니다.
③ 학생들이 서로의 발표를 평가합니다.
④ 졸업 전에 실시하는지, 졸업 후에 실시하는지는 알 수 없습니다.

[27~28]

• 듣기대본 •

여자: 학교가 축제 기간이라서 복잡하네요.

남자: 술을 마신 사람들도 많아서 정신이 없어요. 시끄럽기도 하고.

여자: 매번 술을 많이 마시고 노래 부르기 대회를 하는 축제는 문제가 많아 보여요. 이런 게 진정

한 축제라고 보기는 어려운 것 같은데.

남자: 이런 축제를 즐거워하지 않는 사람들도 있겠죠?

여자: 그러니까요. 술에 취해서 시끄럽게 지나가는 축제 말고, 더 의미 있고 기억에 남을 만한 축제가 되었으면 좋겠어요.

27 ②

유형 **화자의 의도/목적 고르기**

여자는 의미가 없어 보이는 축제에 대해 부정적인 의견을 말하고 있으므로, 정답은 ②번입니다.

오답 해설

① 여자는 축제에 대해 긍정적인 입장이 아니며, 남자에게 참여를 권유하지 않았습니다.

③ 여자가 축제가 시끄럽다고 불만을 이야기한 것은 맞지만, 항의하기 위해 대화를 나눈 것은 아닙니다.

④ 여자는 축제의 즐거움과 장점이 아니라 문제점을 말했습니다.

28 ③

유형 **일치하는 내용 고르기**

남자가 학교 축제에 술을 마신 사람들이 많아 정신이 없다고 했으므로, 정답은 ③번입니다.

오답 해설

① 축제 기간이라서 학교에 사람이 많다고 했습니다.

② 더 의미 있고 기억에 남을 축제가 되었으면 좋겠다고 했습니다.

④ 매번 노래 부르기 대회를 한다고 했으므로, 처음이라고 볼 수 없습니다.

[29~30]

• 듣기 대본 •

여자: 사람을 많이 대하다 보면 감정적으로 고생하는 경우도 많으실 텐데요. 어떤 마음으로 일을 하고 계신가요?

남자: 이 일을 하다 보면 복지 혜택을 받지 못하는 사람들이 구청이나 주민 센터에 찾아와 욕을 하거나 소리를 지르는 경우도 적지 않습니다. 이 때문에 사회적 약자에 대한 관심과 그들의 말을 경청하는 태도, 긍정적인 마음을 가진 사람이 이 일을 할 수 있습니다. 경제적 능력이 부족하여 최저 생활을 유지하기조차 힘든 사람들을 대상으로 일하기 때문에 그들에게 적극적으로 다가갈 수 있는 성격이 요구되는 것은 어쩌면 당연한 일일 것입니다. 경제적으로 부유해지고 싶거나 성격이 이기적이라면 이 직업을 택하지 않는 것이 본인에게도 사회에도 나은 일입니다.

출처: '사회 복지사 – 국가와 사회의 의무를 일선에서 행하다', 네이버 캐스트

29 ③

유형 **담화 참여자 고르기**

최저 생활을 유지하기조차 힘든 사람들을 대상으로 일을 한다고 했으므로, 정답은 ③번입니다.

오답 해설

① 주택 관리사는 공동 주택의 관리를 책임지는 사람입니다. 주택 관리사와 관련된 업무에 대해 말하지 않았습니다.

② 교육에 대한 내용이 아니므로 정답이 될 수 없습니다.

④ 심리 상담과 관련된 내용이 나오지 않았습니다.

30 ①

유형 **일치하는 내용 고르기**

경제적으로 부유해지고 싶다면 이 직업을 택하지 않는 것이 낫다고 했으므로, 정답은 ①번입니다.

오답 해설

② 복지 혜택을 받지 못하는 사람들에게 불만을 들을 수 있는 일이라고 했습니다. 이 일을 하면 복지 혜택을 받을 수 없다는 내용은 나오지 않았습니다.

③ 사람들에게 욕을 하는 것이 아니라 욕을 듣기도 한다고 했습니다.

④ 경제적으로 부유해지고 싶다면 이 직업을 택하지 않는 것이 낫다고 했을 뿐, 경제적으로 부유한 사람들이 하는 일이라고 말하지 않았습니다.

[31~32]

• 듣기대본 •

남자: 조기 언어 교육에 대한 여러 가지 문제점을 지적해 주셨는데요. 우선은 부모들에게 선택권을 줄 수밖에 없는 부분인 것 같습니다.

여자: 저는 지나치게 이른 시기부터 언어 교육을 받는 아이들을 보면 안타까운 마음이 듭니다. 뇌가 집중적으로 발달하는 시기에는 뇌가 다양한 경험을 할 수 있도록 해 주어야 하는데, 책만 읽고 외우는 교육이 무슨 의미가 있겠습니까?

남자: 그럼 어떤 교육을 하는 것이 어린 아이들의 뇌 발달에 도움이 될 수 있을지 말씀해 주시겠습니까?

여자: 우선은 밖에 나가서 또래 아이들과 뛰어놀며 여러 가지 감각을 느끼는 것이 좋습니다. 그리고 다양한 사물을 만지는 것도 아이들에게 좋은 자극이 됩니다.

31 ④

유형 중심 생각 고르기

또래 아이들과 뛰어놀고, 사물을 만지는 등의 다양한 경험을 하는 것이 뇌 발달에 좋다고 했으므로, 정답은 ④번입니다.

오답 해설

① 여자는 책만 읽고 외우는 교육에 부정적입니다.
② 여자가 말한 내용이 아닙니다.
③ 여자는 아이들이 다양한 사물을 만지는 것은 좋은 자극이 된다고 말했습니다.

32 ②

유형 화자의 태도/말하는 방식 고르기

여자는 조기 언어 교육의 문제점을 지적하고 이에 대한 자신의 의견을 말하고 있으므로, 정답은 ②번입니다.

오답 해설

① 여자는 구체적인 사례를 제시하지 않았습니다.
③ 여자는 유명인의 이야기를 인용하지 않았습니다.
④ 여자는 설문 조사 결과를 제시하지 않았으며, 상대방의 주장을 지지하지도 않았습니다.

[33~34]

• 듣기대본 •

남자: 사람뿐만 아니라 지구상에 살아 있는 모든 생명체는 생존하기 위해 각자 다양한 방법을 이용하여 생명 유지 활동에 필요한 영양분을 섭취해야 합니다. 사람은 날것이든 조리를 해서든 뭔가를 먹음으로써 힘을 얻습니다. 이렇게 조리를 해서 먹지는 않지만 무엇을 먹고 힘을 내는 것은 대다수 동물도 마찬가지이지요. 그러나 동물은 자연 그대로의 먹이만을 이용할 수밖에 없는 반면, 사람은 농사를 짓거나 가축을 기르는 등 다양한 식량 자원으로 자급자족할 수 있습니다. 또한, 음식은 알게 모르게 먹는 사람의 사회적 지위나 경제적 여건 등을 반영하기도 합니다. 이를 통해 음식 역시 사회를 지배하는 문화의 일부라는 것을 알 수 있습니다.

출처: '음식 인문학', 주영하, 휴머니스트, 2011. 03. 30.

33 ④

유형 주제 고르기

음식은 생명 유지 활동에 필요한 영양분이며, 사회적 지위나 경제적 여건 등을 반영하는 문화의 일부라고 했으므로, 정답은 ④번입니다.

오답 해설

①, ③ 이 부분을 집중적으로 서술하고 있지는 않습니다.
② 일부의 내용만을 담고 있습니다.

34 ④

유형 일치하는 내용 고르기

'생명 유지 활동에 필요한 영양분을 섭취해야 합니다.'라고 말하고 있으므로, 정답은 ④번입니다.

오답 해설

① 사회적 지위와 음식이 관련이 있다고 했을 뿐, 조리법이 다르다고 말하지 않았습니다.
② 동물은 자연 그대로의 먹이만을 이용할 수 있다고 했습니다.
③ 동물은 음식을 조리해서 먹지는 않는다고 했습니다.

[35~36]

• 듣기대본 •

남자: 신입생 여러분, 안녕하세요. 입학을 축하합니다. 우리 대학은 올바른 인성과 혁신적인 역량을 보유한 직업인을 키워 내는 것을 사명으로 여기고 있습니다. 전문적인 직업 교육을 통해 실천형 인재, 문제 해결형 인재, 협업형 인재를 양성하기 위해 여러 방면으로 노력을 기울여 왔습니다. 그 결과 타 대학에 비해 상대적으로 졸업생의 취업률이 높아졌으며, 학생의 학교 만족도도 매년 향상되고 있습니다. 올해부터는 기존의 학부 중심 운영에서 건축과, 전자통신과, 경영과, 사무행정과, 호텔레저과 등의 전공 중심 운영으로 탈바꿈하여 전문성을 강화하는 교육을 1학년 때부터 실시할 예정입니다. 이뿐만 아니라 군사학과, 반도체과, 아동보육과, 보건안전과를 신설하여 여러분이 더욱 다양한 분야에 진출할 수 있도록 했습니다. 앞으로도 기술 인력을 양성하여 사회와 경제의 발전에 기여하도록 하겠습니다.

35 ④

유형 **담화 상황 고르기**

남자는 신입생들에게 전문적인 직업 교육을 통해 인재를 양성하는 것을 목표로 하는 대학의 특징을 소개하고 있으므로, 정답은 ④번입니다.

오답 해설

① 대학 구성원이 누구인지, 그 사람의 업적이 무엇인지 등은 말하지 않았습니다.

② 노력을 기울여 취업률이 향상되었다고 했습니다.

③ 기존에 있다가 사라진 전공을 소개하지 않았고, 새로 만들어진 전공을 소개했습니다. '신설하다'는 무엇을 새롭게 만든다는 뜻입니다.

36 ②

유형 **일치하는 내용 고르기**

군사학과, 반도체과 등을 신설하였다고 했으므로, 정답은 ②번입니다.

오답 해설

① 올바른 인성과 혁신적인 역량을 보유한 직업인을 키우는 것을 목표로 한다고 했습니다.

③ 졸업생이 신입생을 가르치도록 했다는 내용은 없습니다.

④ 이 학교는 학생들이 다양한 기업에 취업할 수 있는 기회를 제공하는 것이 아니라, 다양한 분야에 진출할 수 있도록 전공을 개설한 것입니다.

[37~38]

• 듣기대본 •

남자: 오늘은 김지선 사장님을 모시고 성공적인 브랜드 관리는 어떻게 해야 하는 것인지 이야기를 들어 보겠습니다. 사장님, 시작해 주시죠.

여자: 성공적인 브랜드 관리는 매우 어려운 일입니다. 기업이 어느 하나의 브랜드 속성에 초점을 맞출 때, 다른 속성들은 때때로 무시되는 경우가 있기 때문입니다. 브랜드 관리는 브랜드가 제시하는 모든 속성들을 어떻게 구체적으로 나타낼 것인가를 결정하고, 브랜드의 미래를 예측하는 것입니다. 브랜드의 파워는 오랫동안 브랜드를 경험해 온 소비자의 인식에서 발견할 수 있죠. 브랜드 자산 가치를 키우기 위한 브랜드 관리의 핵심은 소비자에 대한 이해입니다. 소비자가 브랜드에 대해 아는 것, 기억하는 것, 인지하는 것, 그리고 믿는 것에 대한 브랜드 커뮤니케이션 투자는 모든 브랜드 관리의 미래에 영향을 미칠 수 있는 것입니다.

37 ③

유형 **중심 생각 고르기**

브랜드 관리는 브랜드의 속성을 어떻게 나타낼 것인가를 결정하는 것이며, 브랜드 관리의 핵심은 소비자에 대한 이해라고 했으므로, 정답은 ③번입니다.

오답 해설

①, ②, ④ 나오지 않은 내용입니다.

38 ②

일치하는 내용 고르기

브랜드 관리는 브랜드의 미래를 예측하는 것이라고 했으므로, 정답은 ②번입니다.

오답 해설

① 브랜드 관리의 핵심은 소비자에게 있다고 했습니다.
③ 어느 하나의 브랜드 속성에만 초점을 맞추지 않고 모든 속성을 고려해야 한다고 했습니다.
④ 브랜드 파워는 소비자의 인식에서 발견할 수 있다고 했습니다.

[39~40]

• 듣기대본 •

여자: 이와 같은 새로운 도전을 한다는 것이 쉽지만은 않으셨을 텐데요. 외딴섬으로 들어오신 후에 어떤 가능성을 발견하실 수 있었나요?

남자: 이 섬으로 들어온 후 섬 개발에 가능성이 있다고 본 것은 바로 사람들 때문이었습니다. 이 섬의 생활 방식은 섬사람 모두가 공유하고 있는 무형 문화재와 같은 것입니다. 다들 그 생활 방식을 매우 중요하게 생각하고 있기 때문이죠. 때문에 우리같이 도시에서 경쟁만 하다 이곳에 온 사람들도 그 가치를 이해하고, 소중히 대하는 법을 배워야만 했습니다. 그것이 섬과 함께 가는 벤처 회사 경영의 시작이 되어 지금에 이르게 되었습니다. 이제 우리는 섬에서 배운 것을 외부로 전하는 '섬 학교'라는 비즈니스를 시작하기 위해 준비하고 있습니다.

39 ②

담화 전/후의 내용 고르기

'이 섬으로 들어온 후', '우리같이 도시에서 경쟁만 하다 이곳에 온 사람들'이라고 했으므로, 정답은 ②번입니다.

오답 해설

① 섬에 들어온 후 가능성을 발견하여 '섬 학교'를 준비하고 있다고 했습니다.
③ 도시에서 경쟁만 하다 섬에 왔다고 했습니다.
④ 섬에 들어와서 생활 방식을 배우고 회사 운영을 하고 있다고 했습니다.

40 ①

일치하는 내용 고르기

남자는 벤처 회사를 경영하고 있으므로, 정답은 ①번입니다.

오답 해설

② 남자는 섬에 온 후 사람들에게서 가능성을 발견하고 사업을 하게 된 것입니다.
③ 남자는 섬에서 배운 것을 외부로 전한다고 했으므로, 반대되는 내용입니다.
④ 남자는 섬 사람들이 자신들의 생활 방식을 무형 문화재처럼 중요하게 생각한다고 했습니다. 남자가 무형 문화재로 지정된 것이 아닙니다.

[41~42]

• 듣기대본 •

남자: 냄새는 크게 자연적인 것과 인공적인 것이 있는데, 자연적인 것에는 몸에서 나는 체취와 입에서 나는 구취가 있습니다. 인공적인 냄새는 향수나 화장품에서 나는 냄새가 대표적입니다. 우리는 냄새로 대화자의 신상이나 정신 상태 등에 관한 정보를 알 수 있습니다. 사람의 몸에서는 일정한 냄새가 풍기기 때문에, 이로부터 성, 직업, 나이, 신분 등에 대한 기본 정보를 얻을 수 있습니다. 또한 냄새는 대화의 분위기 조성에 중요한 기능을 수행합니다. 사람들은 대부분 향기로운 냄새를 좋아하고, 나쁜 냄새를 싫어하기 때문에 두 사람의 신체에서 기분 좋고 향기로운 냄새가 날 때 대화의 분위기가 한층 좋아질 것입니다.

출처: '비언어 커뮤니케이션', 김우룡 · 김해영.
커뮤니케이션북스, 2014. 04. 15.

41 ②

중심 내용/화제 고르기

냄새의 다양한 기능을 설명하고 있으므로, 정답은 ②번입니다.

오답 해설

① 냄새를 좋게 만들기 위해 무엇을 해야 한다고 하지는 않았습니다.
③ 듣기 내용과 일치하지만, 중심 내용은 아닙니다.

④ 제시되지 않은 내용입니다.

42 ②

(유형) **일치하는 내용 고르기**

냄새는 크게 자연적인 것과 인공적인 것 두 가지로 나눌 수 있다고 했으므로, 정답은 ②번입니다.

(오답 해설)

① 자연적인 냄새가 나쁜 냄새여서 사람들이 싫어한다는 내용은 없습니다.
③ 좋은 향기가 분위기를 한층 좋게 한다고 했습니다. 향수나 화장품에서 나는 냄새라고 해서 분위기에 영향을 미치지 않는 것은 아닙니다.
④ 사람마다 일정한 냄새가 있고, 이를 통해 다양한 정보를 얻을 수 있다고 했습니다.

[43~44]

• 듣기 대본 •

남자: 이것은 남극의 빙하입니다. 최근 지구 온난화로 빙하 얼음이 녹는다는 우려가 지배적입니다. 하지만, 생각만큼 그렇게 걱정할 일은 아니라고 합니다. 빙하 얼음이 녹는 만큼 바닷물이 증발하여 눈이 되고, 그 눈이 다시 쌓여 얼음이 만들어지기 때문입니다. 일부 과학자들도 지구 온난화는 자연적 현상이며, 녹아내리는 빙하 얼음은 전 세계 빙하 얼음의 6%에 지나지 않는다고 지적합니다. 오히려 94%의 빙하 얼음은 그대로 유지되고 있기 때문에 극지방의 빙하 얼음은 확대되고 있는 추세라고 주장하는 과학자도 있습니다. 빙하 얼음이 언제까지 지금과 같은 상태로 보존이 될 수 있을지 계속해서 관찰과 연구를 거듭해야 합니다.

출처: '대단한 지구여행', 윤경철, 푸른길, 2011. 08. 01.

43 ④

(유형) **중심 내용/화제 고르기**

지구 온난화의 영향이 있지만, 이것은 자연적인 현상이며 대부분의 빙하는 그대로 유지되고 있다고 말했습니다. 따라서 정답은 ④번입니다.

(오답 해설)

① 제시되지 않은 내용입니다.
② 빙하 얼음이 녹는 것을 중심으로 이야기하고 있습니다.
③ 지구 온난화로 녹아내리는 빙하 얼음은 전체의 6%로, 94%의 빙하 얼음은 유지되고 있다고 했습니다.

44 ②

(유형) **일치하는 내용 고르기**

얼음이 녹는 만큼 다시 얼음이 만들어진다고 했으므로, 정답은 ②번입니다.

(오답 해설)

① 환경 보호 운동에 대해 이야기하지 않았습니다.
③, ④ 나오지 않은 내용입니다.

[45~46]

• 듣기 대본 •

여자: 약에도 유통 기한이 있습니다. 보통 알약은 1~4년, 연고는 6개월, 안약은 개봉 후 1개월 정도입니다. 하지만 많은 사람들이 포장 박스는 버리고 내용물만 보관합니다. 박스에만 유통 기한이 적혀 있을 경우, 약을 먹어야 할지 버려야 할지 혼란스럽기도 하지요. 정부에서도 이 점을 인식해 의약품의 낱알 포장에 제조 번호와 사용 기한 표시를 의무화하도록 했습니다. 그러나 글씨 크기가 너무 작아 알아보기가 쉽지 않은 것이 문제입니다. 최근 실시한 조사 결과를 보면 유통 기한이 지난 의약품 판매와 관련한 소비자 불만이 175건, 실제 위험한 일이 발생한 사례는 29건이었습니다. 어떤 방법으로 포장하든지 약의 유통 기한을 표시하면, 약을 잘못 복용하여 국민의 건강을 해치는 일은 발생하지 않을 것입니다.

출처: '약병에도 유통 기한 적어 주세요.', 경향신문, 2014. 06. 24.

45 ②

(유형) **일치하는 내용 고르기**

'알약은 1~4년, 연고는 6개월, 안약은 개봉 후 1개월 정도입니다.'라고 했으므로, 정답은 ②번입니다.

46 ②

유형 **화자의 태도/말하는 방식 고르기**

현재 약의 유통 기한 표기 방식에 문제가 있다고 했으므로,
정답은 ②번입니다.

오답 해설

① 유통 기한이 지난 의약품의 판매 현황에 대한 설명은 하
  지 않았습니다.
③ 박스에만 유통 기한이 적혀 있으면 약을 먹어야 할지 버
  려야 할지 혼란스럽다고 했습니다.
④ 유통 기한의 표기 방법에 대한 정부의 조치가 적절하지
  않음을 지적하고 있습니다. 판매 방법에 관해서는 말하
  지 않았습니다.

[47~48]

• 듣기대본 •

여자: 오늘은 난청 환자들에게 소리를 들려주는 일
  을 하고 계시는 홍 교수님을 모시고 이야기를
  나눠 보도록 하겠습니다. 가난한 환자를 위해
  기업에서 수술비를 지원받으신다고 들었는
  데, 이에 대해 간단하게 말씀해 주시죠.

남자: 난청이 심한 환자는 수술 전 200만 원을 들여
  보청기를 사야 하고, 언어 치료 등을 통해 청
  력을 제대로 회복하려면 모두 2,000여 만 원
  이 듭니다. 이러한 현실 때문에 가난한 환자는
  소리를 되찾지 못한다는 것이 큰 고민이었습
  니다. 그러다 저는 한 기업에 찾아가 환자들에
  게 소리를 선물할 수 있도록 수술비를 지원해
  달라고 제안했습니다. 다행히 회사로부터 흔
  쾌한 반응을 얻어 냈지요. 그래서 지금까지
  120명에게 혜택을 주었으며, 앞으로도 그 혜
  택을 보다 많은 사람들에게 줄 예정입니다. 이

를 위해 수술비를 지원해 줄 기업을 계속해서
설득하고 있습니다.

출처: '난청 환자의 벗: 홍성화 교수', 네이버 캐스트

47 ④

유형 **일치하는 내용 고르기**

120명이 수술비 지원 혜택을 받았다고 했으므로, 정답은
④번입니다.

오답 해설

① 난청이 심한 환자들은 수술 전에 보청기를 사야 한다고
  했으므로, 수술을 통해 청력을 회복할 수 있습니다.
② 앞으로도 보다 많은 사람들에게 기업의 수술비 지원 혜
  택을 줄 것이라고 말했습니다.
③ 나오지 않은 내용입니다.

48 ②

유형 **화자의 태도/말하는 방식 고르기**

남자는 난청 환자를 위해 수술비를 지원해 줄 기업을 계속
해서 설득하는 등 노력하고 있으므로, 정답은 ②번입니다.

오답 해설

① 남자는 지원받는 것을 당연하게 생각하지 않고 있으며,
  앞으로도 기업을 설득하는 일을 멈추지 않을 것이라고
  말했습니다.
③ 남자는 가난한 난청 환자의 경제적 상황을 개선하는 것에
  관심을 두는 것이 아닙니다.
④ 남자가 부끄러움을 느낀다고 생각할 수 있는 내용은 없
  습니다.

[49~50]

• 듣기대본 •

남자: 최근, 한옥의 건축 양식에 대한 관심이 높아지
  고 있습니다. 오늘은 그 건축 양식에 대해 말
  씀해 드리려고 합니다. 한옥의 내부에는 북방
  계 문화와 남방계 문화가 공존하고 있습니다.
  온돌과 마루가 그것이지요. 한국인들은 더울
  때에는 마루에서 생활하고, 추워지면 방으로
  들어갑니다. 이것은 대단히 훌륭한 조합이라
  할 수 있습니다. 마루를 이루는 나무와 아궁이

에서 생기는 불은 서로 상극입니다. 무엇보다도 나무는 불에 약하기 때문입니다. 그래서 세계의 어느 건축에서도 한옥처럼 이 둘을 같이 놓지 않습니다. 그러나 인간에게는 이 두 가지가 모두 필요합니다. 추위와 더위에 가장 적절하게 대응할 수 있는 방법이기 때문입니다. 한옥은 이를 해결하기 위해 서로 상극인 나무와 불을 하나의 공간에 배치했습니다. 그리고 우리는 온돌이 있기 때문에 집 안에서 신발을 벗고 생활합니다. 이런 관습은 인간의 건강에 크게 도움이 됩니다. 바로 이러한 점들이 한옥이 높이 평가받고 있는 이유입니다.

출처: '한옥: 가장 친자연적인 건축', 네이버 캐스트

49 ①

유형) **일치하는 내용 고르기**

추위와 더위에 적절하게 대응할 수 있는 방법을 한옥에서 사용했다고 했으므로, 정답은 ①번입니다.

오답 해설
② 한옥은 추위에 강하고 더위에도 강한 집입니다.
③ 나무와 불을 하나의 공간에 배치했다고 했으므로 거리가 멀지 않습니다.
④ 세계의 어느 건축에서도 한옥처럼 나무와 불을 같이 놓지 않는다고 했습니다.

50 ②

유형) **화자의 태도/말하는 방식 고르기**

남자는 한옥 건축 양식의 특성을 나무와 불의 특별한 공간 배치, 온돌 등의 구체적인 근거를 들어 설명하고 있으므로, 정답은 ②번입니다.

오답 해설
① 남자는 한옥 생활 양식의 문제점을 이야기하지 않았습니다.
③ 남자가 한옥이 건강에 좋다고 말한 것은 맞지만, 이를 강조하지는 않았습니다.
④ 남자는 한옥의 나무와 불의 공간 배치에 의문을 제기한 것이 아니라 그것을 한옥의 특성 및 장점이라고 설명했습니다.

51

유형) **실용문 빈칸에 알맞은 말 쓰기**

㉠ 필요 없는 물건을 무료로 드립니다 / 가지고 갈 수 없는 물건을 무료로 드리려고 합니다

좁은 집으로 이사를 가기 때문에 물건을 무료로 준다는 내용이 들어가면 됩니다.

㉡ 빨리 가져가시면 좋습니다 / 빨리 오셔서 가져가시면 좋을 것 같습니다

다음 주 주말에 이사를 가기 때문에 그 전에 빨리 가져가는 것이 중요할 것입니다.

52

유형) **설명문 빈칸에 알맞은 말 쓰기**

㉠ 좋아하면 단점을 잘 인식하지 못한다 / 좋아하게 되면 부정적 판단을 억제한다

뒤의 문장에서 좋아하는 사람의 단점을 찾아내기 어렵다고 했으므로, 그 내용과 연결하여 작성하면 됩니다.

㉡ 그때부터 단점이 보이기 시작한다 / 단점이 눈에 들어오기 시작한다

그 모습으로 인해 헤어지는 경우도 있다고 했으므로, 감정이 줄어들면 앞의 내용과 반대로 단점이 보이게 된다는 내용이 나오는 것이 자연스럽습니다.

53

유형) **자료를 설명하는 글 쓰기**

통계청에서 조사한 결과에 따르면 국내 인구 이동 수는 2020년에 56만 명, 2021년에는 51만 명으로 5만 명이 감소하였다. 이동 유형에 따른 인구 이동 비율을 구체적으로 살펴보면 도시 내 이동자는 1년 사이 15% 감소하였고, 도시 간 이동자는 1년 사이 5% 감소한 것으로 나타났다. 이와 같이 국내의 도시 내 이동자와 도시 간 이동자가 모두 감소한 이유는 2020년에는 주택 거래량이 증가한 것에 비해

2021년에는 주택 거래량이 감소했기 때문인 것으로 밝혀졌다.

세 가지 자료의 정보가 모두 포함되도록 글을 작성하면 됩니다. 각 연도와 수치, 수치의 증감에 대해서도 객관적인 정보를 잘 정리하여 전달하여야 합니다.

54

(유형) **주제에 대해 글 쓰기**

세계적으로 1인 가구가 증가하고 있는 추세이다. 나이가 들면서 자연스레 혼자가 되는 사람들과 자발적, 혹은 사회적 어려움으로 혼자를 택한 싱글족이 공존하는 사회가 되었다. 1인 가구가 증가하는 가장 큰 원인은 가족의 근본적인 가치가 약화되고, 개인주의가 심화되었기 때문이다. 가족과 함께 불편을 감수하며 사는 것보다 혼자서 사는 것이 편하다고 생각하는 것이다. 이 외에도 결혼을 선택하지 않는 미혼자의 증가가 또 다른 원인으로 주목받고 있다.

1인 가구로 생활할 때 심리적 고립감과 외로움이 가장 큰 어려움으로 다가온다. 또한 아플 때 간호해 줄 사람이 없다는 것, 내가 스스로 돈을 벌지 않으면 생계가 곤란하다는 것도 어려운 점이다. 그리고 가족과 함께하지 않는 노후에 대한 불안감 등도 1인 가구의 어려움이라고 할 수 있다.

이러한 어려움을 해결하기 위해 정부에서는 어떠한 정책을 마련해야 할까? 우선 1인 가구 공동체, 셰어 하우스 등의 활성화로 1인 가구의 장점을 유지하면서도 타인과 소통할 수 있는 복지 제도가 마련되어야 한다. 특히 독거노인처럼 건강 취약 계층이 1인 가구인 경우, 긴급 상황에서 의료 지원을 원활하게 할 수 있는 제도가 절실하다. 또한 각종 요금의 부과 기준도 1인 가구의 규모에 맞게 개편되는 것이 바람직하다. 다시 말해 지금까지 4인 가구를 기준으로 정책을 세우던 것에서 벗어나 1인 가구에 주목할 필요가 있다.

'1인 가구 정책'에 대한 자신의 의견을 적절하게 서술하면 됩니다. 각 질문에 대해 2가지 정도의 항목을 균형 있게 서술하면 좋습니다.

01	④	02	③	03	①	04	④	05	④
06	②	07	④	08	③	09	③	10	①
11	③	12	②	13	②	14	④	15	①
16	③	17	①	18	④	19	③	20	①
21	②	22	②	23	①	24	④	25	③
26	④	27	③	28	④	29	④	30	④
31	②	32	①	33	③	34	②	35	④
36	③	37	③	38	④	39	②	40	④
41	④	42	①	43	②	44	①	45	③
46	①	47	④	48	①	49	④	50	②

01 ④

은영 씨는 집에 (도착하자마자) 청소와 빨래를 했다.

(유형) **빈칸에 알맞은 말 고르기**

'집에 와서 바로' 무언가를 했다는 의미로 사용할 수 있는 문법 표현이 들어가야 하므로, 정답은 ④번입니다.

(오답 해설)
① '-아/어/여도'는 가정을 할 때 씁니다. '도착해도 쉴 수 없습니다.'처럼 사용해야 합니다.
② '-다면'은 가정을 할 때 씁니다. '도착한다면 무엇을 가장 먼저 할 거예요?'와 같은 질문에 적절한 표현입니다.
③ '-더라도'는 '-아/어/여도'와 같은 뜻이지만, 그 뜻이 더 강합니다. '도착하더라도 그 일을 끝내고 쉬도록 하세요.'와 같이 상대방에게 무언가를 요구하는 내용이 이어지는 것이 적절합니다.

02 ③

오늘 오전에는 혼자 영어 수업을 (듣고 나서) 친구를 만나러 갔다.

(유형) **빈칸에 알맞은 말 고르기**

'수업을 들은 후에'와 비슷한 의미가 들어가야 하므로, 정답은 ③번입니다.

①, ② 여러 가지 중에서 하나를 선택하는 내용의 문장을 만들 때 사용하기 적절합니다.

④ '오늘 오전에는'을 '요즘, 가끔' 등의 어휘로 바꾸어, '가끔 혼자 영어 수업을 듣다 보면 심심하다.'와 같은 형태로 사용해야 합니다.

03 ①

> 이 시간에 동대문에 가 봐야(간다고 해도) 문을 연 곳은 한 곳도 없을 것이다.

유형 **의미가 비슷한 말 고르기**

'간다고 해도'는 '가 봐야'와 비슷하게 쓸 수 있는 표현입니다. 따라서 정답은 ①번입니다. 참고로 '가 봐도'를 사용할 수도 있습니다.

오답 해설

② 간다고 가정을 하는 상황에서 사용할 수 있습니다.

③ 일단 그곳에 가지만 별로 기대하는 것이 없다는 내용을 말할 때 사용합니다.

④ '~에 갈지도 몰라서 카드를 가지고 왔어요.'와 같이, 혹시 갈 가능성이 있어서 무언가를 준비했다는 내용이 뒤에 이어질 때 사용하는 표현입니다.

04 ④

> 인선 씨는 같은 과 친구인 데다가(친구일 뿐만 아니라) 회사 동료이기도 하다.

유형 **의미가 비슷한 말 고르기**

그것에 더하여 무언가가 더 있다고 할 때 사용할 수 있는 표현으로, 정답은 ④번입니다.

오답 해설

① '-테니', '-텐데'는 추측을 할 때 쓸 수 있습니다. '친구일 테니까 따로 소개를 하지 않아도 되겠죠?'와 같은 문장을 만들면 적절합니다.

② 인선 씨와 실제로 친구이기 때문에, '친구인 셈치고'를 활용하면 '친구가 아니지만 친구라고 생각해 보겠다.'라는 문장이 되어 의미가 달라집니다.

③ 사실은 친구가 아니지만 '친구인 것처럼 행동하다.'의

의미가 되므로, 제시된 문장과 맞지 않습니다.

05 ④

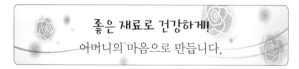

> **모르는 곳이 있어도 걱정하지 마세요.**
> 어느 곳이든 찾아 갈 수 있게 도와줍니다.

유형 **중심 내용/화제 고르기**

제시된 보기 중 모르는 곳을 찾아 가는 데 직접적으로 도움이 되는 것은 지도입니다. 따라서 정답은 ④번입니다.

오답 해설

① '사전'은 '모르는 단어를 찾아 드립니다.'와 같은 문장과 어울립니다.

② '가방'은 '소중한 물건을 넣어 두세요.'와 같은 문장과 어울립니다.

③ '시계'는 '몇 시인지 알 수 있습니다.'와 같은 문장과 어울립니다.

06 ②

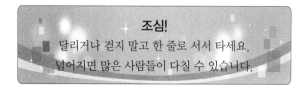

> **좋은 재료로 건강하게!**
> 어머니의 마음으로 만듭니다.

유형 **중심 내용/화제 고르기**

'건강하게!', '만듭니다.'의 표현으로 볼 때 식당이 가장 잘 어울립니다. 따라서 정답은 ②번입니다.

오답 해설

①, ③ 좋은 재료, 건강과 관련이 없습니다.

④ 어머니의 마음으로 만드는 것과 치과는 관련짓기가 어렵습니다.

07 ④

> **조심!**
> 달리거나 걷지 말고 한 줄로 서서 타세요.
> 넘어지면 많은 사람들이 다칠 수 있습니다.

유형 **중심 내용/화제 고르기**

에스컬레이터에서 안전을 지키기 위해 기억해야 할 사항

을 설명하고 있으므로, 정답은 ④번입니다.

오답 해설
① 글의 내용과 전혀 관련이 없습니다.
② 건강 관리는 몸에 병이 생기지 않게 하는 것이므로, 제시된 내용과 맞지 않습니다.
③ 다른 사람을 돕는 것과 관련된 내용은 제시되지 않았습니다.

08 ③

- 햇빛이 많이 들어오지 않는 곳에 두어야 합니다.
- 아이가 쉽게 만질 수 있는 곳에 놓으면 안 됩니다.

유형 중심 내용/화제 고르기

취급 시 지켜야 하는 사항에 대해 설명하고 있으므로, 정답은 ③번입니다.

오답 해설
① 재료에 대한 설명이라고 생각할 만한 근거가 부족합니다.
② 구입 방법을 설명하고 있지 않습니다.
④ 제품을 소개하는 것이 아니라 주의 사항을 안내하고 있습니다.

09 ③

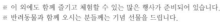
제1회 반려동물 문화 축제

- **기간:** 2022년 5월 28일(토) ~ 5월 29일(일) 2일간
- **장소:** 세종특별자치시 호수 공원
- **행사 내용:** 토크 콘서트, 반려동물 음식 요리 대회, 반려동물 훈련 시범 등

※ 이 외에도 함께 즐기고 체험할 수 있는 많은 행사가 준비되어 있습니다.
※ 반려동물과 함께 오시는 분들께는 기념 선물을 드립니다.

유형 일치하는 내용 고르기

'반려동물과 함께 오시는 분들께는 기념 선물을 드립니다.'라고 했으므로, 정답은 ③번입니다.

오답 해설
① 제1회 행사임을 볼 때 처음 열리는 것입니다.
② 이 행사는 주말 동안에만 진행되므로, 평일 오후에는 참여할 수 없습니다.

④ 반려동물에게 줄 음식을 만들어 겨루는 대회가 있는 것이지, 요리 방법을 알려 주는 것이 아닙니다.

10 ①

유형 일치하는 내용 고르기

여자 대학생이 아르바이트를 하는 장소의 비율을 보면, 커피숍은 5%, 편의점은 30%입니다. 따라서 정답은 ①번입니다.

오답 해설
② 남녀 모두 가장 많이 아르바이트를 하는 장소는 패스트푸드점입니다.
③ 여자가 남자보다 더 많습니다.
④ 남자 대학생 중 영화관과 편의점에서 아르바이트를 하는 사람의 비율을 합치면 50%가 안 되므로 절반 이상이 아닙니다.

11 ③

국내 최대 규모의 국화 축제가 인주시에서 열린다. 기간은 9월 16일부터 10월 15일까지이며, 입장료는 무료이다. 축제는 녹색바이오단지에서 오전 9시부터 오후 6시까지 진행되며, 문의 사항은 그림파크문화재단(045-560-9971)에 물어볼 수 있다. 행사장 내 주차장이 매우 좁아 가급적 대중교통을 이용하는 것이 좋으며, 대중교통을 이용하는 사람들을 위해 지하철역 앞에서 국화 축제 장소까지 무료 셔틀버스를 운영한다.

유형 일치하는 내용 고르기

지하철역 앞에서 무료로 셔틀버스를 이용할 수 있다고 했으므로, 정답은 ③번입니다.

① 축제는 한 달 동안 진행됩니다.
② 주차장은 이용할 수 있으나, 매우 좁아 많은 차가 들어 갈 수 없다고 했습니다.
④ 오후 6시에 축제가 끝나므로, 심야(밤) 시간대에는 축제 를 관람할 수 없습니다.

12 ②

> 엄마와 아기는 서로 눈을 맞추며 사랑을 키워 간 다. 눈을 맞추는 과정에서 '사랑의 묘약'으로 불리 는 옥시토신 호르몬이 분비되기 때문이다. 엄마의 애정 어린 돌봄은 아기의 옥시토신 호르몬 분비를 더욱 자극해 아기가 엄마를 더 많이 사랑하게 하고, 아기가 엄마를 바라볼 때 눈을 맞추면 엄마의 옥시 토신도 더 많아진다. 이렇게 애정을 주고받는 방법 은 다른 종 사이에서는 나타나지 않지만, 사람과 개 사이에는 예외적으로 이 시스템이 작동한다. 사람 이 개와 눈을 맞추거나 말을 걸고 만지는 경우에 옥 시토신의 농도가 높아지는 것이다.
>
> 출처: '엄마와 아기의 사랑 호르몬, 주인과 개한테도 나온다',
> 한겨레, 2015. 04. 17.

유형 일치하는 내용 고르기

엄마와 아기가 눈을 맞추는 과정에서 옥시토신 호르몬이 분비된다고 했으므로, 정답은 ②번입니다.

① 사람과 개 사이에서도 옥시토신 분비가 일어난다고 했 습니다.
③ 엄마와 아기가 눈을 맞추면 옥시토신 호르몬이 분비된 다고 했습니다.
④ 엄마가 아기를 사랑으로 돌보면 더 많은 옥시토신 호르 몬이 분비된다고 했습니다.

13 ②

> (가) 사탕이나 탄산음료가 치아에 좋지 않다는 것은 누구나 잘 알고 있다.
> (다) 하지만 이런 식품 못지않게 설탕을 숨기고 있 는 것들이 있다.
> (라) 겉으로 보기에는 괜찮아 보이지만 치아 건강을 해치는 와인이 그중 하나이다.
> (나) 레드 와인은 치아의 색을 변하게 하며, 화이트 와인은 치아를 썩게 만든다.
>
> 출처: '사탕 외에도… 치아 망치는 의외의 4가지',
> 코메디닷컴, 2015.06.19.

유형 알맞은 순서로 배열한 것 고르기

일반적인 상황(통념 또는 상식)을 제시하며 이야기를 시작 하는 (가)가 첫 문장으로 적절합니다. 이후 '하지만'으로 앞 선 이야기를 전환해 내용을 이어지게 하는 것이 자연스럽 습니다. 따라서 정답은 ②번입니다.

① (가) 다음으로는 사탕, 탄산음료 외에 치아에 안 좋은 것 이 있다는 내용의 (다)가 오는 것이 자연스럽습니다.
③, ④ (다)에 사용된 '하지만'은 앞에 다른 내용이 제시되 었어야 합니다.

14 ④

> (라) 안전에 신경을 쓰지 않던 어린이 놀이터가 달 라지고 있다.
> (다) 우선 부드러운 바닥재를 사용하여 아이들이 다 치지 않도록 하고 있다.
> (나) 또한 혹시 모를 사고를 대비하여 CCTV도 설치 되어 있다.
> (가) 앞으로 학부모들은 안심하고 아이를 놀이터에 보낼 것이다.

유형 알맞은 순서로 배열한 것 고르기

변화가 나타나고 있는 현재 상황을 다루는 내용으로 문장 을 시작하는 것이 적절합니다. 이후 구체적인 내용과 이에 대한 예측으로 마무리하는 것이 문맥상 자연스럽습니다. 따라서 정답은 ④번입니다.

①, ② (다)는 문장 앞부분에 '우선'이 있기 때문에, 그 전에 어떤 내용이 먼저 제시되어야 하므로, 첫 문장이 될 수 없습니다.
③ (나)에 사용된 '또한'으로 보아 (나)가 (다)의 앞에 오는 것은 어색합니다.

15 ①

> (나) 혼자 일을 할 때는 주변의 도움을 받기 어렵고, 모든 일을 혼자 해야 한다.
>
> (다) 그러다 보면 정보의 부족, 경험의 부족으로 일의 완성도가 떨어지기 쉽다.
>
> (가) 반면 여러 사람이 함께 작업을 하면 그들이 가진 다양한 경험을 나눌 수 있다.
>
> (라) 또한 주어진 일을 짧은 시간 안에 마무리할 가능성도 더 커지게 된다.

유형 **알맞은 순서로 배열한 것 고르기**

혼자 일을 하는 경우에 대한 일반적인 상황을 다루는 (나)가 첫 문장으로 적절합니다. 이후 혼자 일을 하는 것의 단점이 제시되고, 그에 반대되는 이야기가 나오는 것이 문맥상 자연스럽습니다. 따라서 정답은 ①번입니다.

오답 해설

② (다)와 (라)는 반대되는 이야기이므로, 연결이 적절하지 않습니다.

③, ④ (다)는 문장 앞부분에 '그러다 보면'이 있으므로, 첫 문장으로 적절하지 않습니다.

16 ③

> 가상 현실을 (실제처럼 느끼게 하려면) 보이는 화면이 얼마나 진짜 같은지가 중요하다. 특히 해상도, 반응 속도 측면에서 더 그렇다. 해상도를 높여 인위적으로 만들어 낸 화면이라는 느낌이 들지 않도록 해야 하며, 고개를 돌릴 때 풍경의 전환 속도가 빠르고 사물의 변화가 자연스러워야 한다. 실제로 우리 눈으로 보는 것만큼 넓은 시야로 장면을 한 번에 보여 줄 수도 있어야 한다.

유형 **빈칸에 알맞은 말 고르기**

'화면이 얼마나 진짜 같은지가 중요'한 것은 가상 현실을 실제처럼 느끼게 하기 위해서 입니다. 따라서 정답은 ③번입니다.

오답 해설

① 가짜를 진짜가 되도록 바꾸는 게 아니라, 가상 현실을 진짜처럼 보이게 하는 것입니다.

② '가상 현실을'과의 호응이 적절하지 않아 빈칸에 들어갈 수 없습니다.

④ 빈칸은 '보이는 화면'과 관련된 것이므로, 소리에 대한 내용이 들어갈 수 없습니다.

17 ①

> 가슴 아픈 과거의 경험에서 빠져나오지 못하는 사람이 있는 반면, 그것을 좋은 경험으로 여기는 사람도 있다. 이것은 인생의 한 부분에만 집중하지 않고 인생 전체를 넓은 시야로 바라볼 때에야 가능한 것이다. 부분만 보면 나쁜 일이 많아 보일 수 있지만 인생 전체를 놓고 생각해 보면 (좋은 일도 많았다) 것을 알게 된다. 이와 같이 과거를 대하는 태도는 현재와 미래의 삶에 영향을 미친다.

유형 **빈칸에 알맞은 말 고르기**

앞의 문장에서 인생의 한 부분에만 집중하지 않고 넓은 시야로 바라본다고 하였으므로, '부분(나쁜 일이 많았다) → 전체(길게 보았을 때 좋은 일도 많았다)'의 관계가 적절합니다. 따라서 정답은 ①번입니다.

오답 해설

② 첫 문장에서 아픈 과거를 좋은 경험으로 여긴다고 했으므로 적절하지 않습니다.

③, ④ 문맥상 자연스럽지 않습니다.

18 ④

> 고양이들이 사람 주변에 머물게 된 배경에 대하여 과학자들은 '보상의 방법' 때문일 것이라고 추정합니다. 곡식 재배를 망치는 쥐들이 고양이를 보고 농가에 오지 못하자, 이를 기뻐한 사람들이 고양이들에게 음식을 주기 시작했습니다. (인간이 주는 음식에 익숙해지면서) 고양이들이 온순해졌다는 것입니다. 그렇지만 고양이에게는 야생의 습성이 많이 남아 있기 때문에 주인과 거의 스킨십을 하지 않습니다.

유형 **빈칸에 알맞은 말 고르기**

앞에 '보상의 방법', '고양이들에게 음식을 주기 시작했습니다.'라는 내용이 나왔습니다. 사람들이 쥐를 오지 못하게 한 고양이들에게 음식을 주었고, 이에 고양이들이 익숙해져 온순해졌다는 것입니다. 따라서 정답은 ④번입니다.

오답 해설

① 사람들이 음식을 주기 시작했다고 했으므로, 이 내용은 답이 될 수 없습니다.
② 고양이들의 성격이 온순해진 것은 '보상의 방법'과 관련되어야 합니다.
③ 사람들의 기뻐하는 모습이 아니라, 사람들이 기뻐하면서 고양이에게 준 음식이 '보상'입니다.

[19~20]

> 과거와 현재가 함께 숨 쉬는 재래시장은 누구에게나 아련한 추억의 장소이다. 그 누군가는 재래시장을 생활 속 타임머신이라고 했다. 그런 재래시장이 점차 사라지고 있다. (아마도) 재래시장의 빈 자리는 첨단과 디지털, SNS가 채우겠지만, 우리는 큰 아쉬움과 슬픔을 느끼게 될 것이다. 재래시장을 없애려고만 하는 사람들은 이 이야기들을 귓등으로 듣지 말아야 한다. 잃고 나서야 소중함을 절절히 깨닫지 말고 재래시장의 미래를 우리와 함께 지켜 나가길 바란다.

19 ③

유형 빈칸에 알맞은 말 고르기

재래시장의 빈 자리를 첨단과 디지털, SNS가 채울 것이라고 짐작하고 있으므로, 빈칸에 들어갈 말로 적절한 것은 '아마도'입니다. 따라서 정답은 ③번입니다.

오답 해설

① '기필코'는 '무슨 일이 있더라도 꼭'이라는 뜻입니다. '반드시'와 비슷한 말입니다.
② '오히려'는 '일반적인 예상이나 기대와 전혀 다르게'라는 뜻입니다.
④ '반드시'는 '틀림없이 꼭'이라는 뜻입니다.

20 ①

유형 주제 고르기

재래시장은 과거와 현재가 공존하는 소중한 곳이므로, 없

어져서는 안 된다는 것을 강조하고 있습니다. 따라서 정답은 ①번입니다.

오답 해설

② SNS 홍보와 관련된 내용은 제시되지 않았습니다.
③ 첨단, 디지털, SNS를 사용하지 말아야 한다는 내용은 제시되지 않았습니다.
④ 재래시장은 이미 '과거와 현재가 함께 숨 쉬는' 곳입니다.

[21~22]

> 적당량의 카페인은 일시적으로 졸음을 막아 준다. 하지만 카페인을 지나치게 섭취하면 부작용이 크다. 카페인은 칼슘이 흡수되는 것을 방해하고 이뇨 작용을 통해 칼슘이 소변으로 나가게 만든다. 카페인은 커피뿐만 아니라 일반적인 청량음료에도 많이 들어 있다. 만약 뼈 성장이 이루어지는 청소년기부터 20대 초반에 적정량 이상의 카페인을 과다 섭취하면 칼슘이 원활하게 공급되지 않아 키 성장이 더뎌지고 성인이 된 후에는 골다공증이 유발될 수 있다. 따라서 (소 잃고 외양간 고치는) 일을 겪지 않기 위해서는 어려서부터 카페인 섭취에 더 주의를 기울일 필요가 있다.

21 ②

유형 빈칸에 알맞은 말 고르기

어릴 때부터 미리 카페인 섭취에 주의를 기울여야 한다는 내용이므로, 빈칸에 들어갈 말로 적절한 것은 '소 잃고 외양간 고치는'입니다. '소 잃고 외양간 고친다'는 일이 잘못된 뒤에 손을 써도 소용이 없다는 의미입니다. 따라서 정답은 ②번입니다.

오답 해설

① '미운 놈 떡 하나 더 준다'는 미운 사람일수록 잘해 주고 감정을 쌓아야 한다는 뜻의 속담입니다.
③ '공든 탑이 무너진다(무너지랴)'는 힘과 정성을 다하여 한 일은 그 결과가 헛되지 않다는 속담입니다.
④ '친구 따라 강남 간다'는 남이 하니까 따라 하게 된다는 뜻의 속담입니다.

22 ②

유형 일치하는 내용 고르기

카페인이 몸에 있는 칼슘을 빠져나가게 한다고 했으므로, 정답은 ②번입니다.

오답 해설
① 청소년기부터 카페인을 과다 섭취하면 성인이 되었을 때 골다공증이 생길 수 있다고 했을 뿐, 청소년기에 골다공증이 온다는 내용은 제시되지 않았습니다.
③ 카페인은 일시적으로 졸음을 막아 주는 것이라고 했으므로, 정답이 될 수 없습니다.
④ 칼슘을 소변으로 나가게 하는 것이 카페인이라고 했습니다.

[23~24]

> 어린 시절에 누구나 그렇듯이 나는 늘 먹고 싶은 것이 많았고, 그것을 사 먹을 돈은 없었다. 그래서 항상 슈퍼에서 먹고 싶은 빵과 과자를 친구들이 한 가득 사 가는 것을 부러운 눈으로 바라보기만 했다. 그러다 비가 꽤 많이 오던 어느 날이었다. 아무리 생각해도 돈이 부족하지만, 오늘만은 맛있는 빵을 먹고 싶다는 생각이 들었다. 그 순간 내 손에 들려 있던 커다란 우산이 눈에 들어왔다. 결국 빵 하나를 우산 사이에 슥 집어넣고 슈퍼에서 나오려고 하는데, 주인아저씨가 갑자기 나를 불렀다. 심장이 쿵 하고 내려앉는 것 같았다. 나는 그대로 뒤도 돌아보지 않고 빗속을 뛰어 집으로 돌아와 버렸다.

23 ①

유형 필자의 태도/심정 고르기(소설·수필)

빵을 훔친 것을 들킬까 봐 무서운 '나'의 마음이 나타난 부분이므로, 정답은 ①번입니다.

오답 해설
② 무언가에 서운함을 느낄 수 있는 상황이 아닙니다.
③ '답답하다'는 해결되지 않는 상황에서 무엇을 할 수 없을 때 사용하는 단어입니다.
④ 무언가를 기대하거나 희망을 느낄 수 있는 상황이 아닙니다.

24 ④

유형 일치하는 내용 고르기

'나'는 슈퍼에서 빵을 우산 사이에 집어넣고 그대로 나와 버렸으므로, 정답은 ④번입니다.

오답 해설
① 친구가 과자를 사는 것을 내가 부러워한 것입니다.
② 우산이 아니라 빵을 훔쳤습니다.
③ 주인아저씨는 나를 부르기만 했을 뿐, 주인아저씨가 화를 냈는지는 알 수 없습니다.

25 ③

> 야생 동물의 농가 습격 잦아, 조속한 대책 마련 필요

유형 중심 내용/화제 고르기

야생 동물이 농부들의 집에 침입하는 일이 많아서 대책을 마련하는 일이 급하다고 말하고 있습니다. 따라서 정답은 ③번입니다.

오답 해설
① 이미 대책이 마련된 것이 아니라, 대책을 마련해야 하는 상황입니다.
② 야생 동물이 농가를 습격하는 것입니다.
④ 야생 동물의 습격 때문에 대책 마련이 필요한 것은 맞지만, 농부의 대응에 관한 내용은 없습니다.

26 ④

> 가계부 작성, '술술' 새어 나가는 돈 잡아

유형 중심 내용/화제 고르기

'돈이 술술 새어 나가다.'는 자신도 모르는 사이에 여기저기에 돈을 쓴다는 의미입니다. 가계부를 작성하면 어디에 얼마를 썼는지 확인할 수 있으므로, 돈을 나도 모르게 쓰지 않게 할 수 있다는 뜻입니다. 따라서 정답은 ④번입니다.

오답 해설
① 가계부를 쓰지 않는다고 해서 돈이 새어 나가는 것은 아닙니다.
② 가계부를 작성하는 방법에 대해 말하는 제목이 아닙니다.

③ 가계부를 작성하면 효과가 있을 것이라고 말하고 있습니다.

27 ③

> 자기 계발서 인기 시들, 인문학 강의 각광

(유형) **중심 내용/화제 고르기**

'인기가 시들하다.'는 과거에는 인기가 많았지만 지금은 인기가 떨어졌다는 의미입니다. '각광을 받다.'는 인기를 끌거나 관심을 받는다는 의미입니다. 따라서 정답은 ③번입니다.

(오답 해설)

①, ② 자기 계발서의 인기는 줄어들었습니다.
④ 인문학 강의는 큰 관심을 받고 있습니다.

28 ④

> 노벨 물리학상, 노벨 화학상 등 과학 분야의 노벨상을 가장 창의적인 사람들에게 주는 상이라고 불러도 과언이 아닐 것이다. 그런데 이 노벨상 수상자들 모두가 단 하나의 기발한 아이디어만으로 그러한 업적을 쌓을 수 있었던 것은 아니다. 이들은 평균적으로 20대 중반에서 30대 초반에 박사 학위를 받고, 40세 정도에 노벨상급 연구를 완성하며, 50대 후반에 이르러서야 노벨상 수상의 영예를 얻었다. 자신의 전문 분야에서 인정받아도, 노벨상이라는 업적을 쌓는 데는 십수 년이 걸린 것이다. 진정으로 창의적이려면 (한 분야에서 오랜 기간 연구를 거듭하여) 가치 있는 결과를 만드는 노력이 중요하다.

(유형) **빈칸에 알맞은 말 고르기**

단 하나의 아이디어만으로 노벨상을 수상한 것이 아니라 자신의 전문 분야에서 계속해서 연구하고 업적을 쌓은 끝에 노벨상을 수상하였다고 했으므로, 정답은 ④번입니다.

(오답 해설)

① 가치 있는 결과를 만드는 노력이 필요하다고 했습니다.
② 토론에 대한 내용은 없습니다.
③ 단 하나의 기발한 아이디어만으로 업적을 쌓을 수 있는 것은 아니라고 했습니다.

29 ④

> 불면증이란 잠을 충분히 잘 기회가 있는데도 잠들지 못하는 것을 말한다. 이렇게 되면 낮 시간에 피곤을 느끼거나 계속 졸게 되어 생활에 지장을 준다. 밤낮이 뒤바뀐 불규칙한 생활로 과로와 스트레스가 심한 연예인 중에는 불면증 환자가 많다. 불면증으로 인한 수면 부족은 여러 가지 문제를 일으킨다. 먼저 집중력을 저하시켜 업무에 나쁜 영향을 미치고 예기치 못한 사고를 유발할 수 있다. 게다가 수면 부족은 식욕 억제 호르몬의 분비를 줄여 (식사량 증가에 따른 비만도 유발한다).

(유형) **빈칸에 알맞은 말 고르기**

음식을 먹고 싶어 하는 욕망을 억제시키는(막는) 호르몬이 줄어든다고 했으므로, 정답은 ④번입니다.

(오답 해설)

①, ② 식욕 억제 호르몬과 관련이 없는 내용입니다.
③ 빈칸 앞의 내용과 반대되는 내용입니다.

30 ③

> 좋은 리더가 되려면 구성원이 무엇을 원하는지, 무엇을 기대하는지를 알고, 그와 일치하는 방향으로 의사 결정 과정을 진행해야 한다. 그런데 많은 리더들이 본인은 소통을 잘하고 있다고 생각하지만, 사실은 (일방적으로 메시지를 전달하는 경우가) 흔하다. 소통의 핵심은 의미 공유이기 때문에, 서로 간의 생각의 차이를 해결할 때 참된 소통에 가까워질 수 있다. 리더든 구성원이든 서로 상대의 생각과 의견을 오해하지 않기 위해 노력하는 습관이 중요하다.
>
> 출처: '행복 소통의 심리', 나은영, 커뮤니케이션북스, 2013. 02. 25.

빈칸의 앞에서 '소통을 잘하고 있다고 생각하지만, 사실은'이라고 했으므로, 이와 반대되는 내용이 오는 것이 적절합니다. 즉, 소통이 잘 되지 않는다는 내용이 빈칸에 들어가야 하므로, 정답은 ③번입니다.

(오답 해설)

①, ② 빈칸에는 앞에서 사용된 '-지만'에 따라 소통이 잘 되지 않는다는 내용이 와야 합니다.

④ 소통을 잘하고 있다고 생각하지만 사실은 그렇지 않다는 부정적인 내용이 들어가야 합니다. '적절한 소통으로 ~'의 내용은 어울리지 않습니다.

31 ②

> 문화는 사회가 공유한 삶의 방식이나 가치관, 상징체계, 인간의 지적, 정신적, 창의적 활동의 결과물이다. 즉, 공유된 삶의 방식이나 가치관, 상징체계 등이 다른 사회라면 문화도 다르다는 의미가 된다. 사회가 하나로만 존재하지 않듯이 문화도 (하나로만 존재하지 않는다). 그리고 작은 단위의 사회가 모여 전체 사회를 이루듯이, 문화도 다양한 하위문화를 통해 전체 문화를 형성한다.
>
> 출처: '문화예술교육의 이해', 이정화, 커뮤니케이션북스, 2014. 04. 15.

유형 빈칸에 알맞은 말 고르기

바로 앞 문장에서 다른 사회라면 문화도 다르다고 했습니다. 따라서 정답은 ②번입니다.

오답 해설
① 관련이 없는 내용입니다.
③ 자연환경에 관한 내용은 제시되지 않았습니다.
④ 사회의 크기에 따라 문화의 가치가 달라진다는 내용은 없습니다.

32 ①

> 근무 시간이 길고 관계를 중요하게 생각하는 문화가 강한 환경은 상대방의 감정에 더 많이 노출되면서 감정이 쉽게 전염될 수 있는 구조이다. 특히, 리더는 성과에 대한 압박으로 스트레스가 크고, 부정적인 감정에 쉽게 노출되는 편이다. 이들은 자신의 부정적인 감정을 쉽게 표현할 수 있는 위치에 있기 때문에, 리더로 인한 감정 전염은 조직에 직접적인 영향을 미칠 수 있다.

유형 일치하는 내용 고르기

첫 문장 '근무 시간이 길고 관계를 중요하게 생각하는 문화가 강한 환경은 ~ 감정이 쉽게 전염될 수 있는 구조이

다.'와 마지막 문장의 내용을 연결하면 정답은 ①번입니다.

오답 해설
② 리더로 인한 감정 전염은 조직에 직접적인 영향을 미칠 수 있다고 했습니다.
③ 첫 문장에서 관계를 중요하게 생각하는 곳이 상대방의 감정에 더 많이 노출된다고 했습니다.
④ 부정적인 감정을 쉽게 드러내는 위치에 있는 사람은 리더라고 했습니다.

33 ③

> 스마트워크는 사무실이 아니더라도 언제 어디서나 업무를 효율적으로 볼 수 있는 유연한 근무제를 뜻한다. 스마트워크는 국가는 물론 기업과 근로자에게도 매력적인 개념이다. 스마트워크는 출퇴근 시간에 교통량을 감소시켜 사회적 비용을 절약할 뿐 아니라, 환경 보호에도 도움이 된다. 기업에는 비용 절약과 생산성 향상, 근로자에게는 일과 삶의 조화 등의 이익을 가져다줄 수 있어 비즈니스 혁신 도구로 주목받고 있다.
>
> 출처: '비즈니스 혁신의 10대 경영도구', 노규성, 커뮤니케이션북스, 2014. 04. 15.

유형 일치하는 내용 고르기

'기업에는 비용 절약과 생산성 향상, 근로자에게는 일과 삶의 조화 등의 이익을 가져다줄 수 있'다고 했으므로, 정답은 ③번입니다.

오답 해설
① 스마트워크는 유연한 근무제로, 환경 보호는 부수적으로 얻어지는 긍정적 효과입니다.
② 국가에도 매력적인 근무제라고 했습니다.
④ 사무실이 아닌 곳에서도 근무할 수 있는 제도를 말합니다.

34 ②

> 만약 체중을 줄일 계획이 있다면 그 마감 기한을 내년 초여름까지라고 대략적으로 정하는 것보다 구간을 나누어 각 구간별 목표를 정하는 것이 낫다. 큰 단위로 다이어트의 목표를 달성할 기간을 설정하면 식이 조절이나 운동을 마감 기한의 후반으로

미루기 십상이다. 이에 반해 구간을 나누어 그 구간 내에 일정한 목표를 달성해 나가다 보면 자신도 모르는 사이에 목표한 만큼의 체중이 되어 있을 것이다. 막연하면서도 장기적인 계획은 행동으로 이어질 수 없으며 긍정적인 목표 달성에서 멀어지게 만들어 버린다. 기간을 작게 쪼개어 기간별로 달성할 작고도 명확한 계획을 세우는 것이 목표 달성의 지름길이다.

유형) 일치하는 내용 고르기

기간을 작게 쪼개어 기간별로 달성할 명확한 계획을 세우는 것이 목표 달성에 좋다고 했으므로, 정답은 ②번입니다.

오답 해설
① 목표 달성을 위해 계획을 구체적으로 세워야 한다는 의미입니다. 목표가 없어도 되는 것은 아닙니다.
③ 다이어트를 할 때 '내년 초여름까지'와 같이 대략적 마감 기한을 두는 것보다 구간을 나누어 구간별 목표를 정하는 것이 낫다고 했습니다.
④ 기간별로 달성할 계획을 세우는 것이 좋다고 했으므로, 끝나는 기한을 정해 두는 것입니다.

35 ④

우리는 문화라는 단어는 중립적으로 받아들이는 반면, 예술이라는 단어는 상대적으로 어렵게 받아들인다. 문화라는 용어는 다양하고 많은 경우에 사용되어 익숙한 데 비해, 예술은 비교적 엄격하게 사용되면서 세련되고 고상하고 어려운 이미지로 생각한다. 여기서 고상한 고급 예술과 저급하고 단순한 대중문화라는 두 가지로 나누어 말하려는 것은 아니다. 왜 우리는 대중 매체를 통해 제공되는 대중문화는 많이 소비하면서 예술을 소비하는 데는 소홀한 것인지 생각해 보고자 하는 것이다.

출처: '문화예술교육의 이해', 이정화, 커뮤니케이션북스, 2014. 04. 15.

유형) 주제 고르기

예술의 소비에 왜 소홀한 것인지를 생각해 보고자 한다고 했으므로, 정답은 ④번입니다.

오답 해설
①, ③ 제시되지 않은 내용입니다.
② 예술과 문화를 수준이 다른 두 가지로 나누어 말하려는 것은 아니라고 했습니다.

36 ④

21세기형 수평적 의사소통은 연령이나 지위로 인해 생기는 커뮤니케이션상의 유리한 지점을 어느 정도 내려놓을 때 참된 효과를 발휘할 수 있다. 그런데 권위를 가지고 있는 사람이 먼저 그 권위를 내려놓아야 가능해지는 수평적 의사소통은 말처럼 쉽지만은 않다. 또, 이렇게 기성세대가 애써 권위를 먼저 내려놓는다 해도 신세대가 이를 외면한다면 상호 소통이 이루어지기가 힘들다. 소통은 혼자가 아닌 '두 개체' 또는 두 사람 이상이 하는 것이기 때문에, 어느 한쪽만 노력해서 얻을 수 있는 성과는 극히 제한적이다.

유형) 주제 고르기

'어느 한쪽만 노력해서 얻을 수 있는 성과는 극히 제한적'이라고 한 것을 통해 기성세대와 신세대가 함께 노력해야 함을 알 수 있습니다. 따라서 정답은 ④번입니다.

오답 해설
① 제시되지 않은 내용입니다.
② 나이와 지위를 생각하지 않고 해야 하는 것이 수평적 의사소통입니다.
③ 글의 내용과 일치하지만, 주제라고 보기는 어렵습니다.

37 ③

화이트 와인은 레드 와인보다 떫은맛이 적고 당도가 높아 와인에 입문하려는 사람들에게 인기가 좋지만 치아 건강에는 그다지 좋지 않다. 화이트 와인에 든 산 성분이 치아 에나멜을 부식시켜 치아가 착색되게 하기 때문이다. 이런 현상을 막으려면 화이트 와인을 마실 때 치즈를 함께 먹으면 좋다. 치즈의 단백질과 칼슘 등의 성분이 입안에 남아 있는 산 성분을 완화시켜 준다.

화이트 와인으로 인해 치아가 착색되는 현상의 원인과 해결하는 방법에 대해 설명하고 있으므로, 정답은 ③번입니다.

오답 해설

①, ② 글의 내용과 일치하지만, 주제라고 보기는 어렵습니다.

④ 화이트 와인을 마시지 말아야 한다는 내용은 제시되지 않았습니다.

38 ④

> 자전거 사고 발생이 증가하고 있다. 도로 위를 질주하는 자전거 셋 중 하나는 전조등과 후미등도 제대로 갖추지 않았다. 심지어는 심야에 술을 마시고 자전거를 운전하다가 보행자와 충돌하는 경우도 빈번하다. 이 때문에 심야 시간대에 자전거 사고를 처리하기 위해 구급 대원들이 출동하기도 한다. 자전거로 여가 생활을 즐기는 사람들은 점차 늘고 있지만, 자전거 운전자의 안전 의식은 현저하게 떨어지는 것이 우리의 현실이다.

자전거 운전자의 안전 의식 부족에 따른 자전거 사고 발생 증가에 관해 이야기하고 있으므로, 정답은 ④번입니다.

오답 해설

① 글의 내용과 일치하지만, 주제는 아닙니다.

② 제시되지 않은 내용입니다.

③ 이 글에서 강조한 내용이 아닙니다.

39 ②

> 과학자들이 화석에 주목하는 이유는 다양하다. (㉠) 그중 하나는 과거의 인류에서 현재 인류의 골격으로 골격이 변화한 과정을 탐구하고자 해서이다. (㉡ 화석에는 과거 인류의 뼈나 치아 등이 그대로 남아 있어 그동안 연구의 성과가 있었다.) 그러나 그 외의 부분이 어떻게 진화하였는지에 대해서는 정보를 구할 방법이 없어 충분한 연구가 진행되지 못했다. (㉢) 과거의 인류는 지방과 근육의 비중이 현대의 인류와 유사했는지, 장기의 크기와 위

> 치는 비슷했는지 등 밝혀야 할 것들이 아직 많다. 이것이 인류의 진화 과정에 대한 연구를 멈추지 말아야 하는 이유이다. (㉣)

㉡의 뒤 문장이 '그러나'로 시작하며, 충분한 연구가 진행되지 못한 부분을 제시했습니다. 따라서 그 앞에 이와 반대되는 내용의 주어진 문장이 들어가면 문맥상 자연스럽습니다. 따라서 정답은 ②번입니다.

오답 해설

①, ③, ④ 문장의 연결이 자연스럽지 않습니다.

40 ③

> 누구나 말을 할 때 단어를 발화하는 동시에 목소리나 표정, 시선, 움직임, 고갯짓과 같은 비언어를 사용한다. (㉠) 비언어는 주로 언어적 메시지를 보완·강조하는 역할을 한다. (㉡) 따라서 언어적 메시지와 비언어적 메시지를 서로 일치시키는 것이 매우 중요하다. (㉢ 그렇지 않을 경우 언어적 메시지와 비언어적 메시지 사이에 생기는 차이 때문에 청중이 혼란스러워할 수 있다.) 이때 청중은 대개 언어적 메시지보다는 비언어적 메시지에 연사의 마음가짐과 정서 상태가 더 잘 반영되어 있다고 믿는다. (㉣)

주어진 문장에 '그렇지 않을 경우'가 있으므로, 앞 문장에 언어적 메시지와 비언어적 메시지의 일치에 대한 내용이 오는 것이 자연스럽습니다. 따라서 정답은 ③번입니다.

오답 해설

① 비언어를 사용하지 않을 경우에 주어진 문장에서 나오는 문제들이 발생하는 것이 아닙니다.

② 주어진 문장의 '그렇지 않을 경우'에 해당되는 부분이 명확하지 않습니다.

④ 언어적 메시지와 비언어적 메시지가 일치하지 않을 때 비언어적 메시지에 연사의 마음가짐과 정서 상태가 더 잘 반영되어 있다고 믿는다는 내용이 되어야 내용의 흐름이 자연스럽습니다.

41 ④

> 잠든 줄 알았던 고양이가 갑자기 야옹거리거나 입술을 바르르 떠는 것을 보고 깜짝 놀라는 일이 종종 있다. (㉠) 고양이도 꿈을 꾸거나 잠꼬대를 하는 것일까? (㉡) 사실 고양이는 수면 시간이 길기 때문에 잠과 꿈을 연구하는 학자들의 실험 대상이 되는 일이 흔하다. (㉢) 잠든 고양이의 뇌파를 측정해 보면 사람이 꿈을 꾸고 있을 때와 비슷한 뇌파를 보인다. (㉣ <u>즉, 고양이도 수면 중 사람과 마찬가지로 깊은 잠과 얕은 잠의 단계를 반복하며 꿈을 꾸는 것이다.</u>) 그래서 고양이도 수면 중에 꿈을 꾸며 잠꼬대도 하고 몸부림을 치기도 하는 것이다.

잠든 고양이가 사람이 꿈꿀 때와 비슷한 뇌파를 보인다는 내용 다음에 주어진 문장이 이어지면 적절하므로, 정답은 ④번입니다.

오답 해설

① ㉠의 앞 문장은 주어진 문장의 '즉' 앞에 올 수 있는 내용으로 적절하지 않습니다.

②, ③ 실험 결과에 대해 이야기하기 전이므로, 주어진 문장이 들어가기에 적절하지 않습니다.

[42~43]

> 어느 날 어머님이 갑자기 병이 들어서 두 달 동안을 병석에 앓아눕게 되었다. 추운 겨울철이었기 때문에 우리 모자는 그야말로 기한에 주리고 떨게 되었다. 이웃 사람들이 이 딱한 꼴을 보다 못해서 나를 호떡 파는 곳에다가 취직을 시켜 주었다. 낮에는 주린 배를 움켜잡고서 그래도 학교엘 나가고, 밤에는 호떡 상자를 메고 다니면서 밤늦게까지 호떡을 팔면 겨우 그날의 밥벌이는 되었던 것이다. 어느 날 밤 나는 호떡 상자를 어깨 위에 메고서는 '김이 무럭무럭 나는 맛 좋은 호떡 사이소. 호떡.' 하고 외치면서 골목길을 지나가고 있었다. 마침 길가에 있던 조그마한 초가집 들창문이 덜커덩 열리더니 거무스레한 중년 남자의 얼굴이 불쑥 나타났다.
> "호떡 5전어치만 주라."
> 중년 남자는 돈을 쥔 손을 쑥 내밀었다.
>
> 어스름 램프불이 졸고 있는 좁은 방 안에는 나보다 나이 어린 두 오누이가 있었고, 그 옆에는 어머님인 듯한 중년 부인이 바느질을 하고 있었다. 호떡 한 개 값은 1전이고, 5전어치를 한꺼번에 사면 덤으로 한 개씩 더 끼워서 주던 때였다. 중년 남자는 호떡 여섯 개를 받아서는 오누이에게 각각 두 개씩을 나누어 주고는 나머지 두 개 중에서 한 개를 중년 부인에게 주었다. 그리고는 덜커덩 창문이 닫히고 말았다. 창문의 닫힌 방 안에서는 도란도란 정겨운 이야기 소리와 함께 네 식구들이 호떡 먹는 소리가 잔잔하게 들려왔다. <u>나는 어릴 때 한 번도 이러한 가족적 분위기를 맛본 일이 없었다.</u>
>
> 출처: '잃어버린 동화', 박문하, 범우사, 2013. 07. 30.

---

42 ①

유형 필자의 태도/심정 고르기(소설·수필)

'나'는 단란한 네 가족을 지켜보며 그런 가족적 분위기를 맛본 일이 없다고 했으므로, 이를 부러워함이 가장 적절합니다. 따라서 정답은 ①번입니다.

오답 해설

②, ③, ④ 모두 어떤 일이 잘될 때 느낄 수 있는 긍정적인 심정으로, 현재 '나'의 심정과는 어울리지 않습니다.

---

43 ②

유형 일치하는 내용 고르기

중년 남자가 나에게 5전어치의 호떡을 샀다고 했으므로, 정답은 ②번입니다.

오답 해설

① 나는 낮에는 학교를 다니고 밤에 호떡을 팔았습니다.

③ 중년 남자는 호떡을 나에게 준 것이 아니라, 그의 가족들에게 주었습니다.

④ 호떡 장사는 '그날의 밥벌이'는 되었다고 했습니다. 이는 하루를 벌어서 하루를 먹고 살았다는 의미로, 돈을 많이 벌었다고 볼 수는 없습니다.

[44~45]

최근 치매 노인들을 대상으로 한 독서 치료가 호응을 얻고 있다. 치매 노인 독서 치료는 노인에게 책을 읽게 하거나 읽어 준 다음, 토론이나 역할 놀이, 그림, 율동, 노래 등의 다양한 활동을 병행해 문제를 해결하는 방식으로 진행된다. 치료를 위해 선택되는 도서는 비판적인 내용보다는 긍정적인 삶을 주제로 하고, 과거를 회상할 수 있는 옛날이야기, 풍속, 문화를 소재로 하는 경우가 많다. 노인들은 (책 속의 인물이나 대상과의 동일시를 통해) 자신의 지나온 과거, 해결하지 못한 문제, 자신의 욕구 등에 대해 자발적으로 이야기한다. 그러한 대화는 서로를 이해하고 협동과 신뢰를 쌓는 매개가 되며, 인지력 향상, 정서적 안정을 가져다준다.

44 ①

유형 빈칸에 알맞은 말 고르기

노인이 자신에 대한 이야기를 자발적으로 이야기할 수 있게 한다는 내용과 자연스럽게 이어지는 내용이어야 하므로, 정답은 ①번입니다.

오답 해설

②, ③, ④ 부정적인 경험이므로 뒤의 문장 내용과의 연결이 어색합니다.

45 ③

유형 주제 고르기

치매 노인을 대상으로 한 독서 치료가 호응을 얻고 있다는 것과 그 효과를 주로 이야기하고 있으므로, 정답은 ③번입니다.

오답 해설

① 노인들에게 책을 읽게 하여 자발적으로 자신의 과거를 이야기하도록 하는 것이지, 노인들이 과거를 자주 이야기한다는 것은 아닙니다.

② 제시되지 않은 내용입니다.

④ 치료를 위해 긍정적인 도서를 선택하는 것이 좋다고 했을 뿐입니다.

[46~47]

보건복지부가 발표한 한국인의 평균 나트륨 섭취량은 권장량의 2.4배 이상이다. 어떻게 해야 한국인의 나트륨 섭취를 효과적으로 줄일 수 있을까. 전문가들은 국물류 섭취를 줄일 것을 제안한다. 국이나 찌개에 간을 맞추기 위해 소금을 넣기 때문이다. 이때 소금 대신 간장으로 간을 맞추는 것이 국물류를 통한 나트륨 섭취를 줄이는 방법이 될 수 있다. 또 가급적 장류나 젓갈류, 양념류, 조미료의 섭취도 피하는 것이 좋다. 인스턴트 가공식품이나 식빵에도 많은 양의 나트륨이 함유되어 있어 주의해야 한다. 라면, 즉석식품, 소시지 등 가공식품을 구입하여 섭취할 때는 영양 성분 표시를 통해 나트륨 함량을 확인하는 것이 바람직하다.

46 ①

유형 필자의 태도 고르기

나트륨을 효과적으로 줄이는 방법에 대해 이야기하고 있으므로, 정답은 ①번입니다.

오답 해설

② 국이나 찌개를 먹지 말라는 주장은 하지 않았습니다.

③ 자신의 주장을 뒷받침하는 근거로 전문가의 의견을 활용하고 있습니다.

④ 다양한 식품을 섭취하는 것에 대한 내용이 제시되지 않았습니다.

47 ④

유형 일치하는 내용 고르기

국물류, 장류나 젓갈류, 인스턴트 가공식품, 식빵 등 일상적으로 먹는 음식에 많은 양의 나트륨이 함유된 것을 알 수 있으므로, 정답은 ④번입니다.

오답 해설

① 국물의 섭취를 줄여야 한다고 했습니다.

② 가공식품의 영양 성분 표시를 확인할 수 있다고 했습니다.

③ 제시되지 않은 내용입니다.

[48~50]

화장품 원료의 유해성을 알아보기 위한 동물 실험에는 토끼, 쥐, 햄스터, 기니피그 등 체구가 작은 동물이 주로 쓰인다. 눈에 바르는 화장품 원료를 검사할 때는 토끼의 눈꺼풀을 고정해 놓고 자극에 민감한 안구에 화장품 원료를 바른다. 토끼가 사람에 비해 눈물의 양이 적어 고통을 유발하는 물질을 주입하더라도 눈을 깜박거리지 않아 화학 물질의 주입이 용이하다는 이유에서이다. 토끼의 몸에 헤어스프레이를 계속해서 뿌리는 자극성 실험을 하거나, 일부러 몸에 상처를 내고 화장품 원료를 발라 염증이 발생하는지 확인하기도 한다. 실험 과정에서 느끼는 고통은 동물에 따라, 또 화장품 원료에 따라 차이가 있지만, 대다수 (동물들이 겪는 운명은 정해져 있다). 극심한 고통을 겪다가 죽는 일은 태반이고, 실험에서는 살아남아도 신체가 심하게 손상된 채 안락사로 죽게 된다. 화장품 개발 과정에서 동물 실험은 신제품에 사용할 원료의 안전성을 검증하기 위해 실시된다. 그러나 동물들의 고통이 따르는 잔인한 실험 내용이 사람에게 실제 적용되는 비율은 20% 정도에 불과하다고 한다. 더 이상 과잉 실험으로 인해 동물들이 고통에 시달리게 해서는 안 될 것이다.

48 ①

(유형) 필자의 의도/목적 고르기

마지막 문장에서 '더 이상 과잉 실험으로 인해 동물들이 고통에 시달리게 해서는 안 될 것이다.'라고 했으므로, 정답은 ①번입니다.

오답 해설

② 안전성 검증을 위해 동물이 희생되는 것을 비판하고 있습니다.

③ 동물 실험의 현황을 설명한 것은 실험의 비윤리성을 고발하기 위해서입니다.

④ 제시되지 않은 내용입니다.

49 ④

(유형) 빈칸에 알맞은 말 고르기

빈칸의 바로 뒤에 '극심한 고통을 겪다가 죽는 일은 태반이고, 실험에서는 살아 남아도 신체가 심하게 손상된 채 안락사로 죽게 된다.'라는 문장이 나왔습니다. 따라서 빈칸에는 동물 실험에 이용되는 동물들이 결국 죽게 된다는 내용이 들어가는 것이 적절합니다. 따라서 정답은 ④번입니다.

오답 해설

①, ②, ③ 뒤 문장의 내용과 자연스럽게 연결될 수 없습니다.

50 ②

(유형) 일치하는 내용 고르기

극심한 고통을 겪다가 죽는 일이 태반이라고 했으므로, 정답은 ②번입니다.

오답 해설

① 화장품 원료 실험에서 동물들이 죽기까지 하므로 유해한 원료도 있다는 것을 알 수 있습니다.

③ 동물들을 자연에 놓아두고 실험을 진행한다는 내용은 제시되어 있지 않습니다.

④ 동물 실험에는 토끼, 쥐, 햄스터 등의 체구가 작은 동물들이 주로 쓰인다고 했습니다.

1교시 듣기, 쓰기

282쪽

01	①	02	④	03	①	04	④	05	③
06	③	07	①	08	④	09	②	10	④
11	①	12	④	13	②	14	③	15	①
16	①	17	④	18	①	19	①	20	②
21	②	22	③	23	②	24	①	25	②
26	④	27	①	28	①	29	③	30	④
31	③	32	②	33	①	34	①	35	②
36	④	37	③	38	③	39	②	40	①
41	④	42	②	43	①	44	②	45	①
46	①	47	②	48	②	49	③	50	①

51	㉠ 수강생을 모집합니다 / 외국어를 배우려고 하는 분들을 모집합니다 ㉡ 외국어로 말하기가 어렵다고요 / 말하기에 자신이 없다고요
52	㉠ 햇빛을 직접 보지 않도록 해야 한다 / 햇빛에 눈이 노출되지 않도록 해야 한다 ㉡ 시야를 방해하지 않는 색을 / 너무 어둡거나 짙지 않은 색의 선글라스를

53	해설의 답안 참조	54	해설의 답안 참조

01 ①

• 듣기대본 •

남자: 공연 시간이 10분밖에 안 남았어요. 빨리 들어가야겠어요.

여자: 이걸 아직 다 못 먹었는데 어떻게 하죠?

남자: 공연장 안에 먹을 걸 가지고 들어갈 수 없으니까 아깝지만 버려야 할 것 같아요.

유형 **일치하는 그림/도표 고르기**

여자와 남자는 음식을 먹으면서 공연 시간에 관해 이야기를 나누고 있으므로, 정답은 ①번입니다.

오답 해설

② 남자와 여자는 아직 공연장 안에 들어가지 않았습니다.

③ 남자와 여자는 음식을 사러 온 것이 아닙니다.

④ 남자와 여자는 식당에서 주문하고 있지 않습니다.

02 ④

• 듣기대본 •

남자: 어떻게 오셨나요?

여자: 머리가 아프고 열도 좀 나는 것 같아서요. 아무래도 감기에 걸린 것 같아요.

남자: 어디 좀 볼까요? 열이 좀 있군요. 잠시만 기다리세요. 약을 처방해 드리겠습니다.

유형 **일치하는 그림/도표 고르기**

여자는 감기에 걸린 것 같다는 증상을 말하고 있으므로 환자이고, 남자는 증상을 듣고 약을 처방하였으므로 의사입니다. 따라서 정답은 ④번입니다.

오답 해설

① 엄마가 아이를 간호하고 있는 상황으로 유추해 볼 수 있습니다. 진료를 받는 상황이 아닙니다.

② 병원 접수처에서 처방전을 환자에게 전달하고 있는 상황으로 유추해 볼 수 있습니다. 진료를 받는 상황이 아닙니다.

③ 병원 밖 벤치에 앉아 대화를 나누는 상황으로 유추해 볼 수 있습니다. 남자의 옷으로 볼 때 남자가 의사라고 보기 어렵습니다.

03 ①

• 듣기대본 •

여자: 최근 영화관 이용객 비율 순위에 변화가 나타나고 있습니다. 기존에는 30대가 영화관을 가장 많이 이용했는데, 요즘에는 20대의 영화관 이용 비율이 크게 늘어난 것입니다. 이는 20대가 문화를 위해 돈을 소비하는 일이 점점 더 많아지고 있기 때문입니다. 또한, 10대의 영화관 이용 비중도 앞으로 더 증가할 것으로 예상됩니다.

유형 **일치하는 그림/도표 고르기**

최근 20대 영화관 이용객의 비율이 가장 높은 그래프를 골라야 합니다. 따라서 정답은 ①번입니다.

오답 해설

② 최근 영화관 이용객의 비율이 듣기 내용과 맞지 않습니다.

③, ④ 최근 20대의 영화관 이용 비율이 크게 늘어났다고 했을 뿐, 영화관 이용객 수에 대해서는 말하지 않았습니다.

04 ④

• 듣기대본 •

남자: 휴대폰을 새로 나온 걸로 바꿨나 봐요. 멋있네요.

여자: 네, 맞아요. 영준 씨도 휴대폰이 오래된 것 같은데 안 바꿔요?

남자: _____

유형 이어지는 말 고르기

남자가 오래된 휴대폰을 바꾸지 않는 이유를 말하는 것이 적절합니다. 따라서 정답은 ④번입니다.

오답 해설

①, ③ 남자는 휴대폰을 바꾸지 않았습니다.

② 휴대폰을 안 바꾸냐는 여자의 질문에 대한 적절한 대답이 아닙니다.

05 ③

• 듣기대본 •

남자: 이번 전시회에 화가가 직접 와서 그림 설명을 해 준대.

여자: 정말? 언제 시작하는데? 나도 정말 가고 싶다.

남자: _____

유형 이어지는 말 고르기

언제 전시회가 시작하느냐고 물었으므로, 시작하는 날에 대해 대답해야 합니다. 따라서 정답은 ③번입니다.

오답 해설

① 누가 전시회를 갈 수 있는지를 묻지 않았습니다.

② 이번 전시회에 그림 설명을 해 준다고 했으므로, 전시회가 끝났다고 말하는 것은 어색합니다.

④ 화가가 직접 온다고 했으므로 만날 수 있을 것입니다.

06 ③

• 듣기대본 •

남자: 정아 씨가 만든 요리는 다 맛있는 것 같아요.

여자: 저는 요리가 정말 재미있어요. 양수 씨도 요리를 좋아해요?

남자: _____

유형 이어지는 말 고르기

요리를 좋아하는지 묻는 질문에 대한 대답을 골라야 하므

로, 정답은 ③번입니다.

오답 해설

①, ②, ④ 요리를 좋아하는지 묻는 질문에 대한 대답으로 적절하지 않습니다.

07 ①

• 듣기대본 •

여자: 오늘 날씨가 좀 우중충하네. 하늘도 많이 흐리고.

남자: 응. 저녁부터 비가 꽤 많이 내릴 거라고 하던데?

여자: _____

유형 이어지는 말 고르기

비가 온다고 했으므로, 정답은 ①번입니다.

오답 해설

② 비는 아직 내리지 않았습니다.

③ 날씨가 덥다는 말은 하지 않았습니다.

④ 날씨가 우중충하다고 했으므로 좋은 상태가 아닙니다.

08 ④

• 듣기대본 •

여자: 여기 보고서입니다. 확인을 부탁드립니다.

남자: 수고했어요. 그런데 다음 회의를 며칠에 하기로 했었죠?

여자: _____

유형 이어지는 말 고르기

다음 회의가 며칠인지 물어보았으므로, 정답은 ④번입니다.

오답 해설

① 남자는 여자에게 보고서의 수정 사항을 지적하지 않았습니다.

② 회의를 언제 하기로 했는지 묻고 있습니다. '초대'와는 관련이 없습니다.

③ 사람 수에 대한 이야기는 나누지 않았습니다.

09 ②

• 듣기대본 •

여자: 주말에 하는 도자기 만들기 수업을 듣고 싶은데요. 신청이 가능한가요?

남자: 네. 신청하실 수 있습니다. 혹시 저희 백화점

회원이시면 수강하실 때 재료비를 50% 할인
해 드려요.

여자: 아, 그래요? 저는 이미 이 백화점 회원으로 가
입이 되어 있는데요.

남자: 그럼 확인을 위해 회원 번호를 불러 주시겠어
요?

유형 알맞은 행동 고르기

남자가 여자의 회원 가입 여부를 확인하기 위해 회원 번호
를 묻고 있습니다. 따라서 정답은 ②번입니다.

오답 해설

① 여자는 회원 번호를 묻는 남자의 질문에 대해 답해야 합
니다.

③ 여자는 이미 회원 가입을 한 상태입니다.

④ 아직 수업 신청이 완료되지 않았습니다. 수업 신청이 완
료된 이후에 해야 할 행동입니다.

10 ④

• 듣기대본 •

여자: 사장님, 지난번에 만든 제품에 대해 일부 사원
들을 대상으로 설문 조사를 해 보았습니다. 그
런데 디자인이 조금 촌스럽다는 의견이 많이
나왔습니다.

남자: 그래요? 의외네요. 그 디자인은 다른 회사의
제품과는 다르게, 우리 회사만의 개성이 잘 드
러나 있어서 반응이 좋을 것이라고 예상했는
데 말이죠.

여자: 그럼 샘플 디자인을 몇 개 추가해서 만들어 보
고, 더 많은 사원들을 대상으로 설문 조사를
다시 해 볼까요? 그 후에 사장님께 다시 보고
를 드리겠습니다.

남자: 네, 그렇게 하세요.

유형 알맞은 행동 고르기

샘플 디자인을 몇 개 추가해서 만들어 보고, 그 후에 설문 조
사와 보고를 한다고 했습니다. 따라서 정답은 ④번입니다.

오답 해설

① 추가로 샘플 디자인을 만드는 작업을 가장 먼저 해야 합
니다.

② 샘플 디자인을 추가로 제작하여 설문 조사를 실시한 후
다시 보고를 한다고 했습니다.

③ 대화에 나오지 않은 내용입니다.

11 ①

• 듣기대본 •

여자: 교수님, 다음 달에 진행될 세미나 관련 자료입
니다.

남자: 음, 행사의 순서가 적절하게 정리됐네요. 그
런데 인원에 비해 공간이 좁은 거 아닌가요?

여자: 참석 인원을 확인해 보고 인원이 예상보다 많
을 경우, 더 넓은 공간을 사용할 수 있도록 총
무팀에 협조 요청을 할 예정입니다.

남자: 네, 그렇게 하도록 하세요. 참석 인원 확인에
실수가 없도록 하고요.

유형 알맞은 행동 고르기

세미나에 참석할 인원을 확인해 본 후에, 그 공간이 부적절
하면 총무팀에 더 넓은 공간을 요청하기로 했으므로, 정답
은 ①번입니다.

오답 해설

② 남자가 행사의 순서가 적절하게 정리됐다고 했으므로,
행사 순서는 조정할 필요가 없습니다.

③ 총무팀이 이 행사에 참석해야 한다는 내용은 제시되지
않았습니다.

④ 참석 인원을 확인해 본 후에 할 수도 있는 행동입니다.

12 ④

• 듣기대본 •

여자: 영진 씨, 혹시 제 노트북 못 봤어요? 조금 전
까지 여기에 두고 사용하다가 잠시 화장실에
다녀왔는데 지금 보니까 없어요.

남자: 다른 곳에 두었던 거 아니에요? 도서관 보안실
에 가서 CCTV를 확인해 보세요. 아, 혹시 모
르니까 그 전에 친구들에게 노트북을 잠시 가
져간 것이 아닌지 물어보세요. 소라 씨가 없는
사이에 친구가 보관해 뒀을지도 모르잖아요.

여자: 네, 그렇게 해야겠어요.

남자: 네, 어서 물어보고 오세요.

친구들에게 노트북을 가지고 갔는지 먼저 물어본 후에 도서관 보안실에 가서 CCTV를 확인해 볼 것이므로, 정답은 ④번입니다.

오답 해설

① 대화에서 제시되지 않은 행동입니다.
② 친구들에게 확인한 후 이어서 할 행동입니다.
③ 화장실에 다녀온 사이에 노트북이 없어진 것이므로 상황에 맞지 않는 행동입니다.

13 ②

• 듣기대본 •

여자: 다음은 전국 대학생 독서 토론 대회 소식입니다. 이 대회는 올해가 3회째라고 하는데요. 참여 방법이 어떻게 되나요?

남자: 독서 토론 대회에 참가하기 위해서는 먼저 지정된 책을 읽고 감상문을 제출하는 예선을 거쳐야 합니다. 이 중에서 300명을 뽑은 후에 본선이 진행됩니다. 특히 이번 대회의 본선 참여자들은 여러 가지 문화 프로그램을 체험하는 시간도 갖게 된다고 합니다.

여자: 그렇군요. 혹시 이 대회에 대해 궁금한 점이 있다면 어디에 문의를 하면 될까요?

남자: 더 자세한 정보는 대회 홈페이지의 게시판을 참고하거나 대회 사무실에 전화로 문의하면 알 수 있습니다. 책 읽는 기쁨, 토론하는 재미를 얻고 싶은 학생들에게 좋은 기회가 될 것 같습니다.

유형 일치하는 내용 고르기

감상문은 지정된 책을 읽고 써야 한다고 했으므로, 정답은 ②번입니다.

오답 해설

① 이 대회는 올해가 3회째라고 했습니다.
③ 예선을 거친 후에 본선이 진행된다고 했습니다.
④ 본선에 참여한 학생만 문화 프로그램을 체험하게 됩니다.

14 ③

• 듣기대본 •

남자: 관리 사무실에서 안내 말씀 드리겠습니다. 내일 오후 3시부터 엘리베이터 공사가 시작됩니다. 현재 두 대의 엘리베이터가 운행이 되고 있지만, 내일부터는 한 대만 운행이 될 예정입니다. 공사 중에 2층에는 엘리베이터가 서지 않으니 계단을 이용해 주시기 바랍니다. 공사가 빨리 끝날 수 있도록 최선의 노력을 다하겠습니다. 감사합니다.

유형 일치하는 내용 고르기

공사 중에 2층에는 엘리베이터가 서지 않아 계단을 이용하라고 했으므로, 정답은 ③번입니다.

오답 해설

① 공사가 몇 주 동안 진행되는지 말하지 않았습니다.
② 현재는 엘리베이터 두 대를 이용할 수 있습니다.
④ 공사 중에는 한 대의 엘리베이터를 이용할 수 있다고 했습니다.

15 ①

• 듣기대본 •

여자: 다음은 경제 소식입니다. 엄마라면 아이에게 필요한 장난감과 책을 모두 사 주고 싶지만, 모든 것을 다 사 주기에는 경제적인 부담이 큽니다. 그런데 최근 저렴한 가격에 새로운 장난감과 책을 빌릴 수 있는 곳이 생겨 엄마들에게 인기를 끌고 있습니다. 이곳에서는 연회비 만 원을 내면 장난감과 도서를 빌려주는 시스템을 운영하고 있습니다. 장난감과 도서는 2주 동안 빌릴 수 있으며, 아이와 함께하는 아동 놀이 체험실도 무료로 운영하고 있습니다.

유형 일치하는 내용 고르기

장난감과 도서를 2주 동안 빌릴 수 있다고 했으므로, 정답은 ①번입니다.

오답 해설

② 이곳은 장난감과 책을 만 원에 판매하는 곳이 아니라, 연회비 만 원을 내면 대여를 해 주는 곳입니다.
③ 아동 놀이 체험실은 무료로 이용할 수 있다고 했습니다.

④ 이곳의 장난감과 도서 대여 시스템은 저렴한 가격에 이용할 수 있으므로, 경제적이고 유용합니다.

16 ①

● 듣기대본 ●

남자: 시장님, 최근 이 지역의 전통술을 다시 맛볼 수 있는 기회가 마련되었다고 들었습니다. 설명을 좀 부탁드립니다.

여자: 전통주는 그 제조 방법을 경험이나 입으로만 전하고 적어 두지 않는 경우가 많아서, 좋은 술을 만드는 비법들이 별로 남아 있지 않습니다. 우리 지역도 마찬가지였지요. 그런데 다행스럽게도 최근 전통술을 연구하고 상품화한 것이 지역 주민과 여행자들에게 큰 인기를 끌고 있습니다. 저희가 새롭게 개발한 옥수수와 감자로 만든 이 술을 더 많은 사람들이 맛보았으면 합니다.

(유형) **일치하는 내용 고르기**

최근 새롭게 개발해 인기를 끄는 술은 옥수수와 감자로 만든 술입니다. 따라서 정답은 ①번입니다.

오답 해설
② 전통술을 상품화한 것이 인기가 많다고 했습니다.
③ 여행자들에게 전통술이 인기가 있다고 했으므로, 이 지역은 여행자들이 찾는 곳입니다.
④ 전통주는 그 제조 방법을 경험이나 입으로만 전할 뿐, 기록해 두지 않는 경우가 많다고 했습니다.

17 ④

● 듣기대본 ●

여자: 준호 씨, 왜 집에서 음식을 만들어 먹지 않아요?

남자: 저는 대부분 밖에서 밥을 사 먹어요. 혼자 사니까 음식 재료를 사 두면 금방 버리게 되더라고요. 요리를 하는 시간에 휴식을 하는 게 더 나은 것 같아요.

여자: 밖에서 음식을 사 먹는 건 건강에 별로 좋지 않아요. 요리를 직접 해 보면 재미도 있고 좋을 텐데요.

(유형) **중심 생각 고르기**

여자는 남자에게 음식을 사 먹는 것이 건강에 좋지 않다고 하며 요리를 권하고 있으므로, 정답은 ④번입니다.

오답 해설
①, ③ 남자의 생각입니다.
② 여자가 아니라 남자의 생각에 가깝습니다.

18 ①

● 듣기대본 ●

여자: 이게 전통 한복인가 봐요. 원준 씨는 전통 한복을 입어 본 적이 있어요?

남자: 아니요. 가까이에서 보니 한복이 정말 예쁘고 멋있네요.

여자: 한복을 입을 일이 거의 없어서 몰랐는데, 이렇게 전시관에 와 보니까 입어 보고 싶다는 생각이 들어요. 몸과 옷 사이에 여유가 있어서 오히려 지금 우리가 입는 옷보다 생활하기 편리하게 만들어진 것 같아요.

(유형) **중심 생각 고르기**

여자는 한복이 생활하기 편리한 옷이라고 생각하므로, 정답은 ①번입니다.

오답 해설
② 여자가 말한 내용은 맞지만 중심 생각은 아닙니다.
③ 남자와 여자의 대화에서 나오지 않은 내용입니다.
④ 한복을 전시하는 것이 의미 있는 일이라는 내용은 없습니다.

19 ①

● 듣기대본 ●

여자: 햄버거가 광고하고 실물이 너무 다른 것 아니야? 토마토도 사진에 비해서 양이 너무 적어.

남자: 그건 그냥 광고잖아. 실제로 만들어서 판매하는 것과는 다를 수밖에 없지.

여자: 그래도 고기 크기도 너무 다르고 들어간 야채도 광고처럼 싱싱하지가 않아. 완전히 똑같을 필요는 없겠지만 최대한 비슷하게 만들어서 판매를 해야 하는 거 아닐까?

남자: 네 말이 맞아. 하지만 그렇게 하다 보면 햄버거를 만드는 데 시간이 오래 걸릴 거고, 우리가 기다리는 시간이 많이 길어지게 될 거야.

유형 **중심 생각 고르기**

여자는 광고와 실물이 완전히 똑같을 필요는 없지만 최대한 비슷하게 만들어야 한다고 주장하고 있으므로, 정답은 ①번입니다.

오답 해설

② 대화에 제시되지 않은 내용입니다.
③ 여자는 실제 햄버거가 광고처럼 야채가 싱싱하지 않다고 했을 뿐입니다.
④ 남자의 생각입니다.

20 ③

•듣기대본•

남자: 요즘 투명 우산을 나눠 주는 캠페인을 하고 계시는데요. 다른 기념품도 아니고 우산을 나눠 주시는 특별한 이유가 있으신가요?

여자: 이 우산은 광고를 하기 위해 나눠 준 것은 아니었습니다. 그래서 우산에 아무런 글자도 쓰여 있지 않습니다. 저희가 투명 우산을 무료로 나눠 주게 된 이유는 비가 오는 날에도 어린이들이 앞을 잘 볼 수 있도록 하기 위해서였습니다. 비 오는 날의 교통사고는 대부분 우산이 어린이들의 눈앞을 가려 발생하기 때문입니다. 무엇보다도 어린이들의 안전을 가장 먼저 생각해야 하지 않겠습니까?

유형 **중심 생각 파악하기**

투명 우산을 나눠 주는 것은 어린이들이 앞을 잘 볼 수 있게 하여 교통사고를 예방하기 위해서입니다. 이것은 안전과 관련된 것이므로, 정답은 ③번입니다.

오답 해설

①, ② 여자가 한 말은 맞지만 중심 생각은 아닙니다.
④ 듣기 내용에 나오지 않았습니다.

[21~22]

•듣기대본•

남자: 깜박하고 친구 생일 선물을 못 샀는데 어떻게 하지?

여자: 선물을 살 시간이 없으면 현금을 줘도 되지 않아? 보통은 생일에 선물을 하지만 요즘에는 선물 대신 돈을 주는 경우도 많아.

남자: 에이, 돈을 주는 건 좀 그런데. 성의가 없어 보이지 않을까?

여자: 현금을 주면 받는 사람이 자기에게 필요한 물건을 살 수 있으니까 더 편리하고 좋다고 생각해. 오히려 마음에 안 드는 선물을 받고 사용하지 않게 되는 것보다는 낫잖아.

21 ②

유형 **중심 생각 고르기**

여자는 친구의 생일에 마음에 안 드는 선물 보다는 돈을 주는 것이 더 좋다고 말하고 있으므로, 정답은 ②번입니다.

오답 해설

① 생일을 잘 기억해야 한다고 말하지 않았습니다.
③ 남자의 생각입니다.
④ 여자의 생각과 비슷한 부분이 있지만, 현금을 주는 것에 대한 장점을 더 강조해서 말하고 있으므로, 중심 생각은 아닙니다.

22 ③

유형 **일치하는 내용 고르기**

여자가 현금을 주면 받는 사람 자신이 원하는 것을 살 수 있어 편리하다고 했으므로, 정답은 ③번입니다.

오답 해설

① 남자가 친구의 생일 선물을 사지 못했습니다.
②, ④ 듣기 내용에 나오지 않습니다.

[23~24]

•듣기대본•

여자: 안녕하세요. 거기 시청이죠? 이사를 가면서 대형 쓰레기가 나와서 좀 버리려고 하는데요. 어떻게 버려야 하나요?

남자: 어떤 물건을 버리시려고 하나요? 전기장판이나 악기 등은 시청에서 수거하지 않습니다.

여자: 저는 냉장고와 세탁기를 버리려고 하는데요. 컴퓨터와 전자레인지도 버려야 하고요.

남자: 그러십니까? 그렇다면 인터넷으로 시청 홈페이지에 들어가셔서 배출 장소와 품목을 입력하고 수수료를 결제해 주세요. 그다음, 출력한 양식을 버릴 물건에 붙여서 내놓으시면 시청에서 수거해 갈 것입니다.

23 ①

유형 담화 상황 고르기

여자는 남자에게 냉장고와 같은 대형 쓰레기를 버리기 위한 방법을 물어보고 있으므로, 정답은 ①번입니다.

오답 해설

② 여자는 이 물건의 사용 방법에 대해 묻지 않았습니다.

③ 여자는 시청에 대형 쓰레기를 버리는 방법을 문의하고 있는 것이지 수거를 돕고 있는 것이 아닙니다.

④ 여자는 이삿짐센터가 아니라 대형 쓰레기를 수거해 가는 시청에 문의하고 있습니다.

24 ①

유형 일치하는 내용 고르기

냉장고, 세탁기 등의 대형 쓰레기는 시청에서 수거한다고 했으므로, 정답은 ①번입니다.

오답 해설

② 시청 홈페이지에서 수수료를 미리 내고 양식을 뽑아 붙이면, 그 후에 시청에서 수거해 간다고 했습니다.

③ 대형 쓰레기를 버리려면 수수료를 결제해야 한다고 했습니다.

④ 대형 쓰레기 배출 신청은 인터넷으로 시청 홈페이지에서 하면 된다고 했습니다.

[25~26]

• 듣기대본 •

여자: 사장님, 이 회사에는 매달 동료들과 함께 소통하는 특별한 프로그램이 있다고 들었습니다. 간단히 소개해 주시겠습니까?

남자: 네, 저희 회사는 서로 함께 하나의 목표를 향해 가고 있다는 마음을 공유하기 위해 한 달에 한 번 이 프로그램을 운영합니다. 먼저 고마운 동료에게 보내는 감사 편지를 낭독하는 시간을 통해 서로 유대 관계를 형성합니다. 그 이후에는 정해진 주제에 대해 발표자가 발표를 하고, 그 주제에 대해 팀별로 토론을 한 뒤, 토론 내용을 발표합니다. 많은 사람이 함께 마음을 맞춰 나가는 데 필요한 능력의 개발에 초점을 맞추고 있으며, 토론의 주제 역시 직원들이 스스로 선택합니다.

25 ②

유형 중심 생각 고르기

소개하고 있는 프로그램의 목적이 회사 동료와의 유대 관계를 형성하고 마음을 맞춰 나가는 데 필요한 능력을 개발하는 것입니다. 따라서 정답은 ②번입니다.

오답 해설

① 대화에 나오지 않은 내용입니다.

③ 토론을 통해 많은 사람과 마음을 맞춰 나가는 데 필요한 능력을 개발하는 것입니다.

④ 듣기 내용의 일부만을 담고 있습니다.

26 ④

유형 일치하는 내용 고르기

토론의 주제는 직원들이 스스로 선택한다고 했으므로, 정답은 ④번입니다.

오답 해설

① 감사의 편지를 낭독한 후, 토론한 내용을 발표합니다.

② 한 달에 한 번(매달) 운영합니다.

③ 감사의 편지는 고마운 동료에게 쓰는 것입니다. 대상이 정해져 있지 않습니다.

[27~28]

• 듣기대본 •

남자: 너 오늘 신문 사진 봤어? 7개 신문 1면에 거의 모두 유사한 사진이 실렸더라고.

여자: 정말? 어떻게 그럴 수가 있어?

남자: 각각 다른 신문사에서 일하는 기자들이 사진을 촬영하고 작성한 기사 내용인데도, 사진 속에 있는 인물의 위치도 거의 똑같고 별반 다를 것이 없더라고.

여자: 우연히 그런 거겠지. 신문 1면의 사진이 항상 동일한 건 아니잖아. 중요한 기사니까 모두가 1면에 싣다 보니 그렇게 된 거 아닐까?

남자: 그래도 이건 지나쳐. 신문사가 스스로 자신만의 개성을 상실하고 있는 것 같아. 각자가 자기 신문사만의 관점에서 해야 할 역할이 있는 법인데 말이야.

27 ④

유형 화자의 의도/목적 고르기

각 신문사가 자신만의 개성, 역할을 잃어버리는 것에 대해 의문을 제기하고 있으므로, 정답은 ④번입니다.

오답 해설

① 남자는 신문사의 특성을 설명하지 않았습니다.

② 남자는 신문사 통합에 대해서 말하지 않았습니다.

③ 남자는 신문에 실린 정보의 정확성이 아니라, 신문사 간 유사성에 대해 의문을 가지고 있습니다.

28 ①

유형 일치하는 내용 고르기

7개 신문에 거의 같은 사진이 실렸다고 했으므로, 정답은 ①번입니다.

오답 해설

② 신문사들이 개성을 상실하고 있다고 했습니다.

③ 1면 사진이 항상 동일하지는 않다고 여자가 말했습니다.

④ 1면의 사진들은 각각 다른 신문사에서 일하는 기자들이 촬영한 것이라고 남자가 말했습니다.

[29~30]

• 듣기 대본 •

여자: 아이들의 치료에 그림책을 도구로 사용하신다고 들었습니다. 그 이유가 무엇인지, 실제로 치료에 효과가 있는지 궁금합니다.

남자: 그림책을 읽는다고 치료가 되는 건 아닙니다. 그림책은 소통을 위한 하나의 도구인 거죠. 그런 도구에는 그림책 말고도 여러 가지가 있는데, 이때 중요한 것은 도구가 아닙니다. 도구를 이용해 어떻게 소통하느냐가 중요하죠. 소통하는 방법을 모르면 그림책을 함께 읽는다고 해도 아이를 변화시키기는 어렵습니다. 또 어떤 그림책을 통해 아이를 변화시켰다고 해서 그 그림책이 다른 아이들에게도 효과가 있는 것은 아닙니다. 아이들은 모두 다 다르니까요. 무엇보다 아이의 마음이 어떻게 움직이는지, 어떤 변화가 일어나는지를 잘 봐야 하는 것이죠.

29 ③

유형 담화 참여자 고르기

남자는 마음의 변화를 관찰하고 아이들을 치료한다고 했으므로, 정답은 ③번입니다.

오답 해설

① 교육과 관련된 내용은 나오지 않았습니다.

② 정부와 관련된 내용은 나오지 않았습니다.

④ 남자는 그림책을 치료 도구로 사용한다고 했을 뿐, 책을 쓰는 사람이 아닙니다.

30 ④

유형 일치하는 내용 고르기

남자가 그림책은 소통을 위한 하나의 도구라고 했으므로, 정답은 ④번입니다.

오답 해설

① 그림책을 읽는다고 치료가 되는 것은 아니라고 했습니다.

② 그림책을 보는 아이들의 마음이 움직이는지를 잘 봐야 한다고 했습니다.

③ 아이들은 모두 다 다르기 때문에 같은 그림책의 효과도 다르다고 했습니다.

[31~32]

• 듣기대본 •

여자: 문화의 발전을 위한 여러 의견을 말씀해 주셨는데요. 저는 최대한 빠르게 더 많은 나라에 인터넷으로 우리의 문화를 알리는 것이 가장 중요하다고 생각합니다.

남자: 네. 물론 문화를 알리기 위해 노력하는 것은 중요합니다. 그러나 이제는 이미 만들어져 있는 우리의 문화 콘텐츠를 집중적으로 관리하고 서로 연계할 수 있도록 하는 것이 중요합니다.

여자: 단시간 내에 문화의 광고 효과를 얻을 수 있는 방법을 고민하는 것이 좋지 않겠습니까?

남자: 문화는 단시간 내에 보여 주고 바로 결과를 얻을 수 있는 분야가 아닙니다. 꾸준히 성장할 가능성이 있는 부분에 씨앗을 뿌리고 이것이 자라도록 지원을 해야 합니다.

31 ③

유형 **중심 생각 고르기**

남자가 '이미 만들어져 있는 우리의 문화 콘텐츠를 집중적으로 관리하고 서로 연계할 수 있도록 하는 것이 중요합니다.'라고 했으므로, 정답은 ③번입니다.

오답 해설

① 여자의 생각입니다.

②, ④ 대화에 나오지 않은 내용입니다.

32 ②

유형 **화자의 태도/말하는 방식 고르기**

남자는 여자의 의견을 일부 인정하면서도 다른 의견을 제시하고 있습니다. 따라서 정답은 ②번입니다.

오답 해설

① 남자는 비교를 하지 않았습니다.

③ 남자는 문화를 알리기 위해 노력해야 한다는 여자의 말에는 동의하지만, 단시간에 광고 효과를 보려고 하면 안 된다고 했습니다. 여자의 의견에 강하게 동의하며 지지하지 않았습니다.

④ 실험 결과에 대한 내용은 없습니다.

[33~34]

• 듣기대본 •

여자: 여러분, 영업을 하고 있다고 생각해 볼까요? 여러분이 어떤 사업의 내용을 제안했을 때 '싫다'는 대답을 듣더라도 그 이유를 명확히 짚고 넘어가는 것이 미래를 위해 바람직합니다. 그것이 새로운 기회를 주기 때문입니다. 만약 어떤 사람이 계약을 성공시켜야 하는 프레젠테이션 발표를 했는데 결과가 좋지 않았다면, 회사는 그 책임의 상당 부분을 발표자에게 돌릴 것입니다. 그럴 땐 계약을 거절한 회사에 전화를 해, 왜 거절을 했는지를 꼭 물어봐야 합니다. 마치 입시나 입사에 떨어진 까닭을 알기 위해 학생처와 인사과에 연락하는 것과 같은 것이죠. 거절의 이유를 알면 적어도 상대가 원하는 것을 정확히 파악할 수 있고, 이후의 전략을 짤 때도 도움이 되기 때문입니다.

출처: '거절은 곧 기회다', 싱글즈 네이버 포스트, 2015. 07. 01.

33 ④

유형 **화제 고르기**

사업 제안, 입시, 입사 등에서 거절당했을 때 거절의 이유를 알면 이후에 전략을 짤 때 도움이 되기 때문에 꼭 이유를 물어봐야 한다고 했습니다. 따라서 정답은 ④번입니다.

오답 해설

①, ③ 듣기에 나오지 않은 내용입니다.

② 프레젠테이션의 중요성을 말하고 있는 것이 아닙니다.

34 ③

유형 **일치하는 내용 고르기**

거절을 한 곳에 그 이유를 물어보라고 했으므로, 정답은 ③번입니다.

오답 해설

①, ② 듣기 내용과 관련이 없습니다.

④ 계약을 거절당했을 때, 그 이유를 확인하여 상대방이 원하는 것을 파악하라고 했습니다.

• 듣기대본 •

남자: 관람객 여러분, 안녕하세요. 저희 박물관을 찾아 주셔서 감사합니다. 저희 박물관의 1층 에는 조선의 국왕과 조선의 궁궐에 대한 상징 물과 기록물이 4개의 공간에 전시되어 있습니 다. 2층에는 조선 왕실의 생활 모습을 감상할 수 있는 전시실 3개가 있습니다. 3층에는 조 선의 예술 문화를 볼 수 있는 3개의 전시실이 있습니다. 직접 박물관에 오기 힘든 분들을 위 해 온라인으로 일부 전시에 대한 영상을 제공 하고 있으며 청각 장애인 분들을 위해 수어 해 설 영상도 제공하고 있습니다. 박물관의 모든 관람은 무료이며 관람일 30일 전부터 예약을 할 수 있으나 당일 예약은 불가능한 점에 유의 해 주시기 바랍니다.

35 ②

유형 담화 상황 고르기

박물관 각 층에 어떤 전시실이 있는지와 참고 사항을 안내 하고 있습니다. 따라서 정답은 ②번입니다.

오답 해설

① 조선의 예술 문화 유형에 대해 설명하지 않았습니다. 이 것을 주제로 한 전시실이 있음을 안내했습니다.
③ 온라인 전시가 일부 제공됨을 안내했을 뿐, 이것이 예술 에 미친 영향을 말하지 않았습니다.
④ 수어 해설 영상과 같은 장애인을 배려한 서비스가 있음 을 안내했습니다. 장애인을 위한 시설이 필요함을 강조 하지는 않았습니다.

36 ④

관람하는 당일에 예약을 하는 것은 불가능하다고 했으므 로 방문 전날까지는 예약을 완료해야 합니다. 따라서 정답 은 ④번입니다.

오답 해설

① 이 박물관은 총 10개의 전시실로 구성되어 있습니다.
② 이 박물관은 조선 왕실의 삶을 관람객에게 보여 줍니다.
③ '일부' 전시를 온라인 영상으로 제공한다고 했습니다.

• 듣기대본 •

남자: 작가님이 저술하신 '미각력'이 요즘 화제가 되 고 있는데요. 이 책의 내용에 대해 소개 좀 해 주시겠습니까?

여자: 맛을 느끼는 능력인 미각력에 대해서 관심은 커녕 생각조차 해 보지 않은 분들이 많지 않을 까 싶습니다. 미각력은 사람에 따라 큰 차이를 보이고, 그 차이가 우리도 모르는 사이에 건강 에 큰 영향을 미칩니다. 당뇨병에 걸리기 쉬운 사람은 단맛을 잘 느끼지 못하고, 고혈압에 걸 리기 쉬운 사람은 짠맛을 잘 느끼지 못합니다. 살찐 사람은 마른 사람보다 단맛에 둔감한 경 우가 많지요. 반대로 단맛이나 짠맛을 민감하 게 알아차리는 능력이 있다면 당뇨병이나 고 혈압을 예방할 수 있고, 비만을 방지할 수도 있다는 말이 됩니다.

출처: '미각력', 스즈키 류이치, 한문화, 2015. 07. 16.

37 ③

유형 중심 생각 고르기

미각력에 따라 어느 병에 걸리기 쉬운지, 미각력이 있다면 어느 병을 예방할 수 있는지를 설명하고 있으므로, 정답은 ③번입니다.

오답 해설

① 여자의 말과 일치하지만 중심 생각은 아닙니다.
②, ④ 듣기에 나오지 않은 내용입니다.

38 ③

유형 일치하는 내용 고르기

미각력에 대해 생각조차 해 보지 않은 사람이 많을 것이라 고 했으므로, 정답은 ③번입니다.

오답 해설

① 미각력은 병을 예방하는 데 도움이 된다고 했습니다. 치 료에 도움이 된다고 하지는 않았습니다.
② 살찐 사람이 마른 사람보다 단맛에 둔감하다고 했습니다.
④ 짠맛을 잘 느끼지 못하는 사람은 고혈압에 걸리기 쉽다 고 하였습니다.

• 듣기대본 •

남자: 많은 현대인들이 이와 같은 고민을 안고 있다는 것은 이것을 해결할 필요성이 있다는 의미가 될 텐데요. 어떻게 이 고민들을 해결할 수 있을까요?

여자: '해도 해도 할 일이 줄지 않고 늘 바쁘다'는 현대인의 고민은 꽤 오래된 것입니다. 우리는 항상 영원히 살 것처럼 생활합니다. 매사를 미래를 위해 라는 말로 포장하죠. 하지만 만약 살 날이 며칠밖에 남지 않았다면 어떨까요? 그토록 열심히 하는 온갖 일들이 정말 다 필요한 것일까요? 노인들은 정말 중요한 일이 무엇인지 알고 있습니다. 그들은 항상 죽음을 준비하며 살아갑니다. 만약 우리가 사는 세상이 1년 후에 끝이 난다고 생각해 봅시다. 그러면 아이들의 숙제나 걱정하고 있지는 않을 것입니다. 우리는 무엇이 중요한 일인가를 생각하고, 시간을 효율적으로 쓰는 방법을 고민해 봐야 합니다.

출처: '타임무어: 왜 해도 해도 할 일이 줄지 않을까?', 채널예스 칼럼

39 ②

(유형) **담화 전/후의 내용 고르기**

'이와 같은 고민', '해도 해도 할 일이 줄지 않고 늘 바쁘다'는 현대인의 고민을 말하고 있으므로, 정답은 ②번입니다.

(오답 해설)

① 맞는 내용이기는 하지만, 시간 부족과 바쁨에 대한 내용이 포함되어 있지 않습니다.
③ 듣기에 나오지 않은 내용입니다.
④ 듣기 내용과 반대되는 내용입니다.

40 ①

(유형) **일치하는 내용 고르기**

노인들은 항상 죽음을 준비하며 살아간다고 했으므로, 정답은 ①번입니다.

(오답 해설)

② 상황을 가정하여 예를 제시한 것으로, 실제로 우리가 아이들의 숙제를 걱정하고 있다는 것은 아닙니다.
③ 현대인들은 할 일이 줄지 않고 늘 바쁘다고 했으므로, 여가 활동을 즐긴다고 볼 수 없습니다.
④ 여자는 모든 일이 정말 다 중요한 것인지 의문을 제기하였습니다.

[41~42]

• 듣기대본 •

남자: 20년 전, 카메라를 구매할 때 소비자들은 가족과의 귀중한 순간을 보존하라는 광고의 영향을 받았습니다. 하지만 오늘날에는 카메라의 품질과 활용에 더 집중하게 되었죠. 소비자들은 전문가나 친구들로부터 제품에 대해 정보를 얻을 경우, 과장 광고에 덜 노출됩니다. 소비자들이 정보에 더욱 의지하게 되는 세상에서, 당신 회사가 만든 태블릿 PC가 경쟁사의 태블릿 PC보다 더 좋다는 말만 하거나, 감성만을 자극하는 것은 이제 소비자가 원하는 방식이 아닙니다. 제품의 주요 특징을 설명하고, 당신 회사 제품의 디자인이 경쟁사 제품의 디자인보다 어떤 점에서 더 좋은지를 말하는 것이 낫습니다. 마케팅 담당자들은 맹목적으로 유행을 따라가기보다는 소비자들의 소비 성향을 파악하고, 그에 맞는 전략을 짜야 합니다. 소비자들이 어떤 정보를 이용하는지 파악하고, 이에 대한 소비자들의 반응을 알아내는 일을 게을리 해서는 안 됩니다.

출처: '절대가치', 이타마르 시몬슨, 엠마뉴엘 로젠 공저, 청림출판, 2015. 05. 26

41 ④

(유형) **중심 내용/화제 고르기**

소비자가 원하는 방식을 파악하고 이에 맞는 전략을 짜야 한다고 했으므로, 정답은 ④번입니다.

(오답 해설)

① 듣기 내용과는 일치하지만 중심 생각은 아닙니다.
② 듣기에 나오지 않은 내용입니다.

③ 감성을 자극하는 마케팅 방법이 적절하지 않다고 말하고 있습니다.

42 ②

유형 일치하는 내용 고르기

소비자들의 소비 성향이 달라진 예를 말하고 있으므로, 정답은 ②번입니다.

오답 해설

① 유행을 따라가기보다는 소비자의 성향을 파악하고 그에 맞는 전략을 짜야 한다고 했습니다.

③ 소비자들이 과장 광고를 싫어한다는 내용은 나오지 않았습니다.

④ 감성만을 자극하는 것은 이제 소비자가 원하는 방식이 아니라고 했습니다.

[43~44]

• 듣기대본 •

여자: 이곳은 수원 화성입니다. 수원 화성은 조선 시대에 정조가 자신의 아버지를 위해 지은 건축물로, 동서양 건축술의 만남이라는 점에서 큰 특징을 갖습니다. 수원 화성은 동양의 건축 양식을 바탕으로 지어졌으나, 서양의 건축 방법과 건설 장비를 활용해 완성되었습니다. 그리고 설계 단계부터 동원된 사람과 장비, 공사 과정에서 일어난 사소한 일까지 책에 모두 기록을 해 두었습니다. 이러한 철저한 기록 덕분에 훗날 전쟁 등으로 파괴된 수원 화성을 원래의 모양대로 만들 수 있었습니다. 어떠십니까? 동양과 서양의 미가 느껴지시지 않습니까?

출처: '교과서에 나오는 유네스코 세계 문화유산 – 대한민국', 이형준, 시공주니어, 2011. 05. 10.

43 ①

유형 중심 내용/화제 고르기

동양과 서양의 건축 기술이 만난 건축물이라고 했으므로, 정답은 ①번입니다.

오답 해설

② 맞는 내용이지만, 중심 내용은 아닙니다.

③ 일부분은 맞는 내용이지만, 중심 내용은 아닙니다.

④ 복원을 한 것이 다행이라는 주관적인 입장은 드러나 있지 않습니다.

44 ②

유형 일치하는 내용 고르기

건축 과정이 잘 기록되어 있어서 원래의 모양대로 만들 수 있었다고 했으므로, 정답은 ②번입니다.

오답 해설

① 듣기에 나오지 않은 내용입니다.

③ 동양의 건축 양식으로 지어진 것은 맞지만, 이것을 완벽하게 복원할 수 있었던 이유로 볼 근거가 없습니다.

④ 옛 기록을 보고 복원한 것이지, 옛 모습을 알고 있는 사람들이 만든 것이 아닙니다.

[45~46]

• 듣기대본 •

남자: 요즘 회사원들의 이직이 잦아지면서, 직원들이 회사의 일에 집중하고 충성하도록 하는 것이 관건이 되고 있습니다. 회사에 대한 직원들의 충성도는 무엇으로 결정이 되는 것일까요? 충성도는 임금으로 결정되지 않고, 회사가 얼마나 직원들에게 복지 혜택을 주고 자부심을 부여하느냐에 따라 달라지는 것 같습니다. 은퇴한 직원을 다시 일할 수 있도록 해 주는 것도 한 방법일 수 있겠죠. 회사를 광고하는 것도 마찬가지입니다. 광고의 최대 수혜자는 고객이 아니라 직원이기 때문입니다. 주변 사람들이 회사 광고를 보고 나를 인정해 주면 충성도가 생기는 것입니다. 그렇게 작은 부분들에서도 충성도가 생길 수 있습니다. 물론 임금이 중요하지 않은 것은 아닙니다. 동종 업계의 다른 회사보다 임금을 적게 준다면 문제가 될 수 있습니다. 그렇지만 임금이 직원의 충성도를 결정짓는 전부는 아니라고 봅니다.

출처: '월급을 많이 주면 애사심도 높아질까?', 이성용, 채널예스

45 ①

일치하는 내용 고르기

주변 사람들이 회사 광고를 보고 그 회사에 다니는 직원을
인정해 준다고 했으므로, 정답은 ①번입니다.

오답 해설

② 임금이 높아진다고 직원의 충성도가 올라가는 것은 아
니라고 했습니다.

③, ④ 듣기에 제시되지 않은 내용입니다.

46 ①

유형 화자의 태도/말하는 방식 고르기

직원들의 충성도를 결정짓는 조건들을 구체적으로 제시하
면서 자신의 의견을 주장하고 있으므로, 정답은 ①번입니다.

오답 해설

② 각각의 견해를 분석하는 것이 아니라 자신의 견해를 밝
히고 있습니다.

③ 기준을 제시하거나 내용을 구체적으로 분류하지 않았습
니다.

④ 조사 결과나 문제의 해결책을 제시하지 않았습니다.

[47~48]

• 듣기대본 •

여자: 청년들의 취업을 돕는 청년 위원회에서 일하고
계시는 김 선생님을 모시고 말씀 나눠 보겠습
니다. 청년들의 실업 문제는 사회 구조적으로
변화가 필요한 부분도 있는데요. 청년 위원회
에서는 어떤 노력을 하고 있는지 궁금합니다.

남자: 청년들의 일자리는 구조적으로 꼬여 온 부분
이 있습니다. 취업을 하고 싶어도 일자리가 없
는 경우가 있고, 반면에 일자리는 있지만 청년
들이 좋아하는 일자리가 아닌 경우도 있습니
다. 지금도 구인을 하고 있는 일자리가 26만
개 정도 있습니다. 그런데 청년들은 그 회사에
가지 않습니다. 좋지 않은 일자리라고 생각하
기 때문이죠. 일례로 대기업 정규직과 중소기
업 비정규직의 임금은 3배 정도 차이가 납니
다. 일부 어른들은 청년들에게 왜 대기업만 바
라보냐고 말씀하시는데, 이렇게 임금의 격차

가 크기 때문에 그럴 수밖에 없는 거죠. 저희
청년 위원회에서는 이런 구조적인 부분들을
혁신하기 위해 노력하고 있습니다.

출처: '스펙보다 직무역량이 중요', 신용한, 채널예스

47 ②

유형 일치하는 내용 고르기

임금 격차 등 청년 일자리의 구조적인 부분들을 혁신하기
위해 노력하고 있다고 말했으므로, 정답은 ②번입니다.

오답 해설

① 투자와 관련된 내용은 제시되지 않았습니다.

③ 일자리는 이미 많이 있지만 좋지 않은 일자리라고 생각
해 청년들이 가지 않는다고 했습니다.

④ 임금 격차 문제를 말하고 있지만, 청년 일자리의 임금을
높게 설정해야 한다고 주장한 것은 아닙니다.

48 ②

유형 화자의 태도/말하는 방식 고르기

남자는 청년 일자리의 구조적인 문제점을 구체적으로 진
단하며 설명하고 있으므로, 정답은 ②번입니다.

오답 해설

① 임금 격차 등 청년 일자리의 구조적 부분들을 혁신하기
위해 자신들이 노력하고 있다고 했을 뿐입니다. 해결을
요구하고 있지는 않습니다.

③ 듣기에 제시되지 않은 내용이며, 남자는 취업에 대한 청
년들의 인식에 공감하고 있습니다.

④ 대기업의 노력에 대해 설명하지 않았습니다.

[49~50]

• 듣기대본 •

여자: 태권도는 아무런 무기 없이 언제 어디서나 손
과 발을 이용해 공격 또는 방어하는 무도입니
다. 신체 운동으로서 태권도는 어린이의 성장
발육, 청장년과 노인의 체력 증진, 여성의 건
강과 미용 증진에 큰 효과를 줍니다. 또한, 태
권도는 인체 관절의 유연성이 고르게 발달하
도록 돕습니다. 그리고 문명 발달에 따라 가중
되는 정신적 장애와 스트레스의 해소에도 큰

도움을 줍니다. 태권도는 맨손과 맨발로 상대 방을 타격하는 기술 체계를 갖고 있습니다. 특히 다른 무술과 뚜렷하게 차이가 나는 것은 위력적이고 다양한 발 기술입니다. 그러나 태권도는 방어를 우선하는 기술 습득 원리를 강조합니다. 태권도의 목적은 남을 공격해서 제압하는 것이 아니라, 자기 극복이라는 고결한 태도에 있기 때문입니다.

출처: '태권도', '스포츠 백과', 국민생활체육회, 2008.

49 ③

유형) 일치하는 내용 고르기

다른 무술과의 차이점으로 태권도의 다양한 발 기술에 대해 말했으므로, 정답은 ③번입니다.

오답 해설
① 태권도는 손과 발을 이용해 공격 또는 방어를 하는 무도라고 하였습니다.
② 문명 발달에 따라 사람들의 스트레스가 더해졌다고 했습니다.
④ 듣기에 제시되지 않은 내용입니다.

50 ①

유형) 화자의 태도/말하는 방식 고르기

건강, 미용 등에 좋다는 태권도의 효과와 특징 소개에 중점을 두어 설명하고 있으므로, 정답은 ①번입니다.

오답 해설
② 듣기에 제시되지 않은 내용입니다.
③ 태권도와 다른 무도의 차이점을 말했을 뿐, 재연하지 않았습니다.
④ 실험 결과를 인용하지 않았습니다.

51

유형) 실용문 빈칸에 알맞은 말 쓰기

㉠ 수강생을 모집합니다 / 외국어를 배우려고 하는 분들을 모집합니다

제목에 수강생을 모집한다고 나와 있고, 외국어 학원이라고 했으므로 수강생을 모집한다는 내용이 들어가면 됩니다.

㉡ 외국어로 말하기가 어렵다고요 / 말하기에 자신이 없다고요

뒤의 문장 내용을 보고, 말하기와 관련한 질문이 들어가야 한다는 것을 예상할 수 있습니다.

52

유형) 설명문 빈칸에 알맞은 말 쓰기

㉠ 햇빛을 직접 보지 않도록 해야 한다 / 햇빛에 눈이 노출되지 않도록 해야 한다

빈칸의 뒤에 눈이 햇빛에 그대로 노출되는 것은 눈에 무리가 갈 수 있다고 제시되어 있으므로, 그렇게 되지 않도록 해야 한다는 내용이 오면 됩니다.

㉡ 시야를 방해하지 않는 색을 / 너무 어둡거나 짙지 않은 색의 선글라스를

빈칸의 앞에서 색이 너무 짙으면 시야가 어두워 위험할 수 있다고 했습니다. 따라서 시야를 방해하지 않는 색의 선글라스, 즉 색이 너무 짙지 않은 선글라스를 선택하는 것이 좋다는 내용이 들어가면 적절합니다.

53

유형) 자료를 설명하는 글 쓰기

오디오 북 이용자 수의 변화 양상을 확인해 보면, 월 평균 이용자 수는 2021년에 전년 대비 2배가량 증가하였다. 오디오 북의 이용자 수가 증가한 이유는 오디오 북은 책과 달리 직접 책장을 넘기지 않고 녹음한 것을 듣기만 하면 되므로 부담 없는 독서가 가능하기 때문이다. 또한 종이책처럼 부피를 차지하지 않아 보관이 더 편하다. 사람들이 오디오 북을 이용하는 목적은 '취미 활동'이 1위였으며 '자녀 교육'과 '정보 습득'이 그 뒤를 이었다.

'오디오 북 월 평균 이용자 수', '이용자 수의 변화 이유', '오디오 북의 이용 목적'에 대한 자료가 빠짐없이 포함되도록 글을 작성하면 됩니다.

54

유형 주제에 대해 글쓰기

대부분의 부모들은 자신이 자녀를 교육하는 방법이 적절한지에 대해 고민한다. 그들은 자녀가 잘하는 것이 무엇인지 알기를 바라고, 자녀의 능력을 키워 주는 것이 부모의 역할이라고 생각한다. 또한 경제적으로 부족함 없이 지원을 해 주어야 한다고 생각하기도 한다. 맞벌이 부부가 점점 늘어나는 이유는 이와 무관하지 않다. 그러나 올바른 부모의 역할은 자녀에게 본보기가 되어 주는 것이다. 만약 부모가 책을 전혀 읽지 않는다면 아이는 책을 읽어야 할 필요성을 느끼지 못할 것이다. 부모가 책을 읽지도 않으면서 아이에게 책을 읽으라고 강요하면 아이의 반응은 좋지 않을 것이 분명하다. 아이에게 책을 읽으라고 하기 전에 부모 자신이 먼저 책을 읽고, 아이에게 도덕적으로 행동하라고 하기 전에 부모가 먼저 도덕적으로 올바른 삶을 살아가야 한다. 부모의 이런 모습을 본 자녀는 자연스럽게 그런 삶을 살아가게 될 것이다. 또한, 부모는 자녀의 자존감을 키워 주어야 한다. 자존감이 높은 아이는 스스로를 신뢰하며 자신을 위해 어떤 노력이든 할 수 있게 된다. 이를 위해 부모는 우선 자녀가 하고 싶어 하는 행동을 스스로 해낼 수 있도록 이끌어 주고, 끊임없이 사랑한다는 표현을 말과 행동으로 보여 주며, 진심으로 자녀의 삶에 관심을 가지도록 노력해야 한다.

올바른 부모의 역할이 무엇이라고 생각하는지 2~3가지를 쓰고, 그것을 위해 해야 하는 노력과 주의 사항을 2~3가지 작성하면 됩니다.

2교시 읽기   297쪽

01	④	02	②	03	④	04	③	05	①
06	①	07	③	08	②	09	③	10	④
11	③	12	③	13	①	14	①	15	①
16	②	17	④	18	③	19	①	20	①
21	④	22	②	23	③	24	③	25	③
26	④	27	④	28	②	29	①	30	③
31	③	32	③	33	①	34	②	35	④
36	③	37	②	38	①	39	③	40	④
41	④	42	②	43	④	44	④	45	④
46	②	47	①	48	②	49	②	50	③

01 ④

미뤄 두었던 숙제를 (하느라고) 이번 주에 정신이 없었다.

유형 빈칸에 알맞은 말 고르기

숙제를 '했기 때문에'라는 의미이므로, 정답은 ④번입니다.

오답 해설
① '미뤄 두었던 숙제를 하더니 앞으로는 미리미리 하겠노라 다짐하였다.'와 같이 사용할 수 있는 표현입니다.
② '미뤄 두었던 숙제를 하려면 도서관에 빨리 가야겠다.'와 같이 사용할 수 있는 표현입니다.
③ '미뤄 두었던 숙제를 하도록 잔소리를 했다.'와 같이 사용할 수 있는 표현입니다.

02 ②

무슨 일이 (있더라도) 내일까지는 비행기표를 예매해야 한다.

유형 빈칸에 알맞은 말 고르기

'무슨 일이 있어도'와 비슷한 의미로, 정답은 ②번입니다.

오답 해설
① 제시된 문장에는 호응이 맞지 않아 사용할 수 없습니다.

'무슨 일이야 있겠지만 큰일은 아닐 것이다.'와 같이 사용할 수 있습니다.

③ '무슨 일이 있으니까 우는 거 아니에요?'와 같이 사용할 수 있는 표현입니다.

④ '무슨 일이 있는데도 말을 잘 안 해.'와 같이 사용할 수 있는 표현입니다.

03 ④

> 상대방에 대한 기대가 크면 클수록 실망도 큰 <u>법이다</u> <u>(크기 마련이다)</u>.

(유형) **의미가 비슷한 말 고르기**

'큰 것이 당연하다'와 비슷한 의미로, 밑줄 친 부분과 의미가 가장 비슷한 표현입니다. 따라서 정답은 ④번입니다.

(오답 해설)

① '큰 것처럼 행동한다.'라는 의미로, 밑줄 친 부분과 의미가 다릅니다.

② '크기 때문이다.'라는 의미로 밑줄 친 부분과 의미가 다릅니다.

③ 밑줄 친 부분과 의미가 다릅니다.

04 ③

> 미래를 계획하고 준비하지 <u>않으면(않는 한)</u> 더 이상 성장하지 못할 것이다.

(유형) **의미가 비슷한 말 고르기**

앞부분에 조건, 뒷부분에 결과가 오는 문법 표현으로, 정답은 ③번입니다.

(오답 해설)

① 무언가를 하지 않고 있던 때부터 지금까지를 나타낼 때 사용할 수 있는 표현입니다.

② 두 가지 이상의 행위를 동시에 할 때 사용할 수 있는 표현입니다.

④ 전체적인 문장의 내용이 긍정적인 상황이 아니므로, '덕분에'를 사용하는 것은 어색합니다.

05 ①

> **많은 사진, 많은 글!**
> 모두 여기에 저장하고 편하게 이용하세요.

(유형) **중심 내용/화제 고르기**

글이나 사진 같은 자료를 보관할 수 있는 무언가로 알맞은 것은 '컴퓨터'입니다. 따라서 정답은 ①번입니다.

(오답 해설)

② 냉장고는 음식을 보관하는 곳으로, 사진과 글을 보관하는 곳이 아닙니다.

③ 선풍기는 시원한 바람과 관련됩니다.

④ 세탁기는 빨래와 관련됩니다.

06 ①

> **문화를 배우는 시간!**
> 옛날 사람들이 사용하던 물건을 직접 볼 수 있답니다!

(유형) **중심 내용/화제 고르기**

옛날에 사용하던 물건을 보며 문화를 배울 수 있는 장소는 박물관이므로, 정답은 ①번입니다.

(오답 해설)

②, ④ 제시된 글과 관련이 없습니다.

③ 문화와 조금 관계가 있지만, 옛날 사람들의 물건을 볼 수 있는 곳은 아닙니다.

07 ③

> 하루 종일 맑고 시원합니다.
> 산으로 바다로 놀러 가기에 좋은 날입니다!

(유형) **중심 내용/화제 고르기**

날씨에 대한 정보를 알려 주고 있으므로, 정답은 ③번입니다.

(오답 해설)

① 다른 사람을 돕는 것에 대한 내용은 없습니다.

② 산과 바다를 보호하자는 내용은 없습니다.

④ 직업을 소개하고 있지 않습니다.

08 ②

> • 백화점이나 마트에서 살 수 있습니다.
> • 10만 원 이상 사면 10% 할인을 해 드립니다.

유형 중심 내용/화제 고르기

물건을 어디에서 살 수 있는지, 할인이 얼마나 되는지 안내하고 있으므로, 정답은 ②번입니다.

오답 해설

① 물어볼 수 있는 방법에 대해 알려 주지 않았습니다.
③, ④ 물건이나 사용 방법에 대한 안내가 아닙니다.

09 ③

> ★ 서울 빛초롱 축제 ★
> • 관람 기간: 2021년 5월 17일(월) ~ 5월 24일(월)
> • 관람 시간: 17:00 ~ 23:00(전체 구간 관람 시, 최소 약 60분 소요)
> • 관람 동선: 입구 → 청계 광장 → 삼일교 → 수표교 → 출구
> ※주말에는 전시 구간이 혼잡하오니 평일 관람을 이용해 주시면 감사하겠습니다.
> ※주차 공간이 협소하오니 대중교통을 이용해 주시기 바랍니다.
> ※행사 마지막 날에는 등 만들기 체험 행사가 있으니 많은 참여 바랍니다.

유형 일치하는 내용 고르기

행사 마지막 날 등 만들기 체험 행사가 있다고 했으므로, 정답은 ③번입니다.

오답 해설

① 최소 60분이 소요된다고 했습니다.
② 주말에는 전시 구간이 혼잡하다고 했을 뿐입니다.
④ 주차 공간이 좁다고 안내했습니다.

10 ④

> **20대, 40대가 가고 싶은 여행 장소**
> (단위: 천 명)
> 20대 / 40대
> 부산 / 제주도 / 전주 / 경주

유형 일치하는 내용 고르기

제주도는 20대, 40대 모두에게 가장 인기가 높은 여행 장소이므로, 정답은 ④번입니다.

오답 해설

① 20대는 40대보다 전주에 더 많이 가고 싶어 합니다.
② 40대가 20대보다 제주도를 더 많이 선택했습니다.
③ 40대가 20대보다 경주에 더 많이 가고 싶어 합니다.

11 ③

> 인주시 예술의 전당 전시관에서 종이 문화 축제가 개최될 예정이다. 기간은 7월 26일부터 8월 24일까지이며, 전시관은 무료 입장이 가능하다. 종이 체험 행사에 참여하기 위해서는 5,000원의 재료비를 내야 하며, 축제 첫날은 개막식 행사로 종이 체험 행사가 진행되지 않는다. 이 외에도 다양한 체험 행사 및 사물놀이 공연이 준비되어 있다. 궁금한 것은 종이 문화 축제 인터넷 홈페이지에 문의하면 된다.

유형 일치하는 내용 고르기

축제 첫날에는 종이 체험 행사가 진행되지 않는다고 했으므로, 정답은 ③번입니다.

오답 해설

① 종이 체험 행사에 참여하려면 5,000원의 재료비를 내야 합니다.
② 사물놀이 공연을 볼 수 있을 뿐, 배울 수 있는 것은 아닙니다.
④ 전화가 아니라 인터넷 홈페이지를 통해 문의해야 합니다.

12 ③

> 첫인상은 소통의 시작이다. 일단 형성된 첫인상은 일관성을 유지하려는 심리 때문에 쉽게 바뀌지 않는다. 작은 장점 여러 개를 강조하는 것보다 큰 장점 한 개를 강조하는 것이 더 좋은 인상을 형성할 수 있으며, '따뜻하다 – 차갑다'는 특성이 다른 특성보다 더 큰 비중을 차지한다. 이것은 어떤 대상의 특성을 의미하기 때문에, 대상에 대한 인상의 하나로 여길 수 있다.
> 출처: '행복 소통의 심리', 나은영, 커뮤니케이션북스, 2013. 02. 25.

유형 일치하는 내용 고르기

작은 장점 여러 개를 강조하는 것보다 큰 장점 한 개를 강

조하는 것이 더 좋은 인상을 형성할 수 있다고 했으므로,
정답은 ③번입니다.

① 일단 형성된 첫인상은 쉽게 바뀌지 않는다고 했습니다.
② 큰 장점 한 개를 강조하는 것에 비해 '덜' 좋은 인상을
   형성하는 것이지, 첫인상이 나빠지는 것은 아닙니다.
④ 다른 특성보다 큰 비중을 차지한다고 했습니다.

13 ①

> (다) 사람들이 재래시장을 선호하는 이유는 다양
>   하다.
> (가) 필요한 양만큼만 구입할 수 있다는 것도 그중
>   하나이다.
> (라) 반면, 대형 마트에서는 여러 개를 묶어서 파는
>   경우가 대부분이다.
> (나) 그래서 불필요한 물건을 사게 되어 낭비를 하
>   게 된다.

유형 **알맞은 순서로 배열한 것 고르기**

일반적인 사람들의 선호에 대한 내용인 (다)가 첫 문장으로
적절합니다. 그다음으로 이에 대한 설명과 그와 대조되는
내용이 제시되는 것이 맥락상 자연스럽습니다. 따라서 정
답은 ①번입니다.

② (다) - (라)의 연결이 자연스럽지 않습니다.
③, ④ (라)는 문장 앞에 '반면'이 있어서 첫 문장이 될 수
   없습니다.

14 ①

> (가) 어떤 사람들은 대화를 할 때 감정적이어선 안
>   된다고 주장한다.
> (다) 이성적인 판단이나 객관적인 정보를 전달하는
>   것이 더 중요하다고 보는 것이다.
> (나) 그런데 막상 대화를 나누다 보면 이성만 가지
>   고 대화하는 것이 더 어려움을 알게 된다.
> (라) 특히 의견 차이나 분쟁이 있을 때는 적정한 감
>   정 표현을 하는 것이 필수적이다.

유형 **알맞은 순서로 배열한 것 고르기**

어떤 사람들의 생각을 제시하는 (가)가 첫 문장으로 적절합
니다. 그다음으로 이에 대한 설명이 온 후 '그런데'로 다른
측면의 이야기가 전개되는 것이 자연스럽습니다. 따라서 정
답은 ①번입니다.

② (가) - (라)의 연결이 자연스럽지 않습니다.
③, ④ (다)는 첫 문장이 될 수 없습니다. '~하다고 보는 것
   이다'를 사용하려면 그 앞에 어떤 대상에 대한 언급이
   있어야 하기 때문입니다.

15 ①

> (나) 외부보다 실내 공기가 더 깨끗하고 안전하다고
>   여기는 사람들이 많다.
> (가) 그러나 실내 공기는 실내의 여러 물건들에서
>   나오는 성분들로 오염되어 있다.
> (다) 따라서 반드시 환기를 해야 하는데, 이때 창문
>   을 여는 간단한 방법을 사용할 수 있다.
> (라) 예상과 달리 환풍기나 공기 청정기는 공기를
>   깨끗하게 하는 데 별 효과가 없다.

유형 **알맞은 순서로 배열한 것 고르기**

일반적으로 그렇다고 생각되는 사실을 제시한 후 그것이
사실이 아님을 이야기하는 것이 자연스럽습니다. 따라서
정답은 ①번입니다.

② (다) - (가)의 연결이 자연스럽지 않습니다.
③, ④ (다)는 '따라서'가 문장 앞에 있으므로 첫 문장이 될
   수 없습니다.

16 ②

> 발표의 중심이 되는 핵심 내용을 청중이 쉽게 이
> 해하고 기억할 수 있도록 구성하여 전달할 때 비로
> 소 좋은 스피치가 된다. 그러기 위해서는 무엇보다
> 도 정보의 우선순위를 고려해 정보를 선별해야 한
> 다. 내용상 필요하지만 시간 제약 때문에 정해진 시
> 간 안에 다 (다루지 못할 경우에는) 차라리 전달하

지 못하는 나머지 내용은 별도의 유인물로 준비해 청중에게 전달하는 것이 훨씬 효과적이다.

출처: '스피치', 백미숙, 커뮤니케이션북스, 2014. 04. 15.

(유형) 빈칸에 알맞은 말 고르기

스피치에서 전달을 해야 하는 내용이지만, 시간이 부족해 모두 말할 수 없을 때는 다른 방법으로 전달하는 것이 효과적이라는 내용이므로, 정답은 ②번입니다.

(오답 해설)

①, ③ 빈칸 앞 '시간 제약 때문에 정해진 시간 안에'와의 연결이 어색합니다.
④ 전달하고자 하는 내용과 반대의 의미이며, 빈칸 앞과의 연결도 어색합니다.

17 ④

우리는 실제로 일어나지도 않을 걱정을 자주 한다. 일어나지 않을 일에 대한 걱정이 40퍼센트, 이미 일어난 일에 대한 걱정이 30퍼센트, 안 해도 될 사소한 걱정이 22퍼센트, 어찌할 수 없는 일에 대한 걱정이 5퍼센트라고 한다. 결국 걱정이 있어도 정작 우리가 (해결할 수 있는 걱정거리는) 3퍼센트에 지나지 않는 것이다.

출처: '한 단어 프레젠테이션', 정상수, 커뮤니케이션북스, 2014. 04. 15.

(유형) 빈칸에 알맞은 말 고르기

앞의 내용에서 해 봤자 소용없는 다양한 걱정을 제시하며 이를 바탕으로 걱정을 할 필요가 얼마나 적은지를 강조하고 있습니다. 따라서 정답은 ④번입니다.

(오답 해설)

① 이미 앞에서 고민의 비율을 96퍼센트로 제시했습니다.
② 경험에 대한 내용은 알 수 없습니다.
③ 걱정을 하는 사람의 수에 대한 내용은 나와 있지 않습니다.

18 ③

유머의 대표적인 예에는 유머 광고가 있다. 잘 계산되고 구성된 유머는 소비자의 경계심을 풀고 광고주에게 친밀감을 느끼게 하는 데 큰 효과가 있다

고 한다. 여러 연구에서도 광고에서 유머의 사용이 주위에 미치는 영향을 분석한 결과, 유머는 다른 광고 소재들보다 주의 집중에 긍정적 효과가 있다는 사실을 밝혀냈다. 따라서 현대와 같이 복잡한 환경에서 유머의 사용은 사람들의 주의를 끄는 데 (꽤 효과적인 전략이 될 수 있다).

출처: '콘셉트 커뮤니케이션', 이현영, 커뮤니케이션북스, 2014. 04. 15.

(유형) 빈칸에 알맞은 말 고르기

유머가 사람들의 주의 집중에 효과가 있다고 했으므로, 정답은 ③번입니다.

(오답 해설)

①, ② 빈칸의 앞에서 유머 광고가 긍정적 영향을 준다고 설명했습니다.
④ 다른 광고 소재들보다 긍정적이라고 했습니다.

[19~20]

웃는 얼굴에 침 못 뱉는다는 옛말이 있다. (만약) 어떤 이가 웃는 얼굴로 상대방에게 다가간다면 그는 마음을 열고 친근감을 느끼게 된다는 뜻이다. 최근 한 연구에서 웃는 얼굴이 타인에게 신뢰감을 줄 수 있다는 사실이 과학적으로 밝혀졌다. 관련 실험에서 피실험자들은 화가 난 얼굴을 한 사람보다 미소를 짓는 얼굴을 한 사람에게 훨씬 더 높은 신뢰감을 보였다. 또한 '약간 미소 짓는' 얼굴과 '약간 찡그린' 얼굴을 비교했을 때에도 '약간 미소 짓는' 얼굴에 더 높은 신뢰 점수를 주었다.

19 ①

(유형) 빈칸에 알맞은 말 고르기

웃는 얼굴로 다가가면 상대방이 마음을 열고 친근감을 느끼게 될 것이라고 가정하는 내용이 나오고 있습니다. 가정을 할 때는 '만약'을 쓸 수 있습니다. 따라서 정답은 ①번입니다.

(오답 해설)

② '정말'은 '거짓이 없이 진짜로'라는 뜻입니다. '정말 사실일까?'와 같이 쓸 수 있습니다.

③ '특히'는 내용을 강조하고 싶을 때 씁니다. '특히 남학
생이 많다.'와 같이 쓸 수 있습니다.
④ '하필'은 뒤에 안 좋은 일이 일어난 내용이 와야 합니다.
'왜 하필 이렇게 바쁜 날, 컴퓨터가 고장 난 거야?'와 같
이 쓸 수 있습니다.

20 ①

주제 고르기

웃는 얼굴이 타인에게 호감을 준다는 것을 강조하고 있으
므로, 정답은 ①번입니다.

②, ④ 관련 내용은 나와 있지 않았습니다.
③ 제시된 내용이지만 주제는 아닙니다.

[21~22]

> 결혼을 하면 살이 찐다는 말은 과연 사실일까? 기
> 혼 남성들은 미혼 남성들에 비해 열량이 낮은 유기
> 농 음식과 저염 음식을 많이 섭취하는 것으로 조사
> 되었다. 하지만 기혼 남성이 미혼 남성보다 운동을
> 적게 한다는 사실도 조사됐다. 결혼을 하면 건강에
> 이롭고 열량이 적은 음식을 먹어 살이 빠지기 쉬워
> 보이지만 운동량이 (눈에 띄게) 줄어들어 결과적
> 으로 체중이 증가하는 것이다.

21 ④

빈칸에 알맞은 말 고르기

열량이 적은 음식을 먹지만, 그만큼 운동량이 '두드러지게',
'많이' 줄어들어 체중이 증가한다는 내용이 되어야 합니다.
'두드러지게'의 의미로 '눈에 띄게'라는 말을 쓸 수 있으므
로, 정답은 ④번입니다.

① '눈에 들다'는 어떤 것을 좋게 생각할 때 쓰는 말입니다.
② '코가 빠지다'는 걱정을 많이 하여 힘이 빠진다는 뜻입
니다.
③ '입이 닳다'는 같은 말을 여러 번 반복한다는 뜻입니다.

22 ②

일치하는 내용 고르기

결혼한 남성들은 미혼 남성에 비해 건강에 이로운 음식을
먹는다고 했으므로, 정답은 ②번입니다.

①, ③ 기혼 남성은 건강에 이롭고 열량이 적은 음식을 먹
지만 운동량이 줄어들어 체중이 증가하는 것입니다.
④ 미혼 남성들은 결혼한 남성들보다 운동을 많이 한다고
했습니다.

[23~24]

> 얼마 전, 바람이 몹시 차가운 겨울이었다. 나는
> 몸이 많이 찬 편이라서 겨울에 남들보다 추위를 더
> 심하게 느끼는 편이다. 그날따라 버스가 늦게 오는
> 바람에 몸이 얼음같이 차가운 상태였다. 버스 안은
> 퇴근하는 사람들로 꽉 차 있어 손잡이를 잡는 것도
> 쉽지 않았다. 사람들이 하나둘 내리고, 나도 곧 내
> 릴 때가 되어서 내리는 문 앞에 섰다. 그때, 한 아주
> 머니께서 나에게 "젊은 사람이 왜 이렇게 손이 차가
> 워? 얼음 같네."라며 말을 거셨다. 우연히 손이 스
> 쳤던 모양이다. 나는 원래 몸이 차가운 편이라고 대
> 답하고, 빨리 내릴 생각만을 하고 있었다. 그런데
> 갑자기 아주머니께서 본인의 딸과 나의 나이가 비
> 슷해 보여 그런다며 조심스럽게 차가운 내 손을 잡
> 아 주셨다. <u>손이 따뜻해지면서 퇴근길의 지친 마음
> 도 녹아서 사라지는 것 같았다.</u> 몇 분 동안 일어난
> 일이지만 오래도록 잊지 못할 특별한 추억이 된 일
> 이었다.

23 ③

인물의 태도/심정 고르기(수필·소설)

'나'는 아주머니가 따뜻하게 손을 잡아 주자 긍정적 기분
을 느끼고 있으므로, 정답은 ③번입니다.

① 아쉽거나 섭섭할 때 느낄 수 있는 기분입니다.
② 무언가 마음에 들지 않을 때 느낄 수 있는 기분입니다.
④ 어떤 일이 잘될 것 같을 때 느낄 수 있는 기분입니다.

24 ③

유형 **일치하는 내용 고르기**

지친 마음도 녹아서 사라지는 것 같다고 했으므로, 정답은 ③번입니다.

오답 해설

① 얼굴이 닮아서가 아니라 나이가 비슷해 보인다고 했습니다.

② 아주머니는 나의 차가운 손을 녹여 주고 싶어서 손을 잡았습니다.

④ 아주머니가 먼저 손을 잡아 주었으므로, 불쾌하게 여겼다고 볼 수 없습니다.

25 ③

현대인의 과도한 스트레스 증가, 불면으로 이어져

유형 **중심 내용/화제 고르기**

현대인이 스트레스가 지나치게 많아져서 잠을 못 자는 현상을 겪고 있다고 말하고 있습니다. 따라서 정답은 ③번입니다.

오답 해설

① 잠을 못 자는 것이 스트레스의 원인은 아닙니다.

② 스트레스가 늘어서 잠을 잘 수 없다고 했습니다.

④ 앞으로의 일을 예측하는 것이 아니라, 현상에 대해 말하고 있습니다.

26 ④

기차 이용객 급증, 고속버스 이용객 '뚝'

유형 **중심 내용/화제 고르기**

'급증'은 빠르게 증가한다는 의미이고, '뚝'은 갑자기 무언가가 그치는 모양을 나타내는 말입니다. 따라서 정답은 ④번입니다.

오답 해설

① 기차 이용객만 늘어나고 있습니다.

② 기차의 이용객이 늘어난 이유는 제시되지 않았습니다.

③ 미래를 예측하고 있는 것이 아닙니다.

27 ④

재능 기부, 신 기부 풍속도로 자리 잡아

유형 **중심 내용/화제 고르기**

재능을 기부하는 것이 새로운 기부 문화로 사회 안에서 익숙해지고 있다는 의미입니다. '풍속도'란 그 시대의 유행이나 습관을 보여 주는 모습을 비유하는 말입니다. 따라서 정답은 ④번입니다.

오답 해설

①, ② 새로운 기부 방법과 문화가 바로 재능 기부입니다.

③ 재능과 돈을 함께 기부하는 문화에 대해 이야기하고 있지 않습니다.

28 ②

조리형 샌들은 뒤꿈치를 지지해 주는 부분이 없고 바닥이 물렁하기 때문에 발목에 (무리가 갈 수 있다). 혹시나 발을 잘못 디디게 되면 순간적으로 발바닥에 있는 근육이 늘어나 심한 통증을 유발하기도 한다. 발가락을 꽉 조이는 신발은 발가락을 기형으로 만들고, 엄지발가락 안쪽에 염증을 일으킨다. 바닥이 딱딱한 신발은 충격을 제대로 완화하지 못해 발에서 무릎, 허리까지 그 충격이 전해진다.

유형 **빈칸에 알맞은 말 고르기**

'뒤꿈치를 지지해 주는 부분이 없고 바닥이 물렁하기 때문에'라는 내용이 있으므로, 정답은 ②번입니다.

오답 해설

①, ③, ④ 조리형 샌들의 구조와 관련이 없습니다.

29 ①

청소년들은 컴퓨터 게임을 하면서 몰입할 때의 시간과 독서를 할 때의 시간을 다르게 인식한다. 게임을 할 때는 자기가 할애한 시간을 실제보다 짧게 인식하는 경향을 보인다. 한 시간 동안 게임을 했어도 체감상 40분 정도 한 것으로 인식하고, 독서는 30분을 하고도 한 시간이나 한 것으로 인식한다. 이와 같이 십 대 아이들은 (자신이 신나게 몰입할 수 있는 일을 할 때를) 제외하고는 시간이 너무나 지루하고 느리게 흐른다고 인식하면서 살고 있다.

출처: '십 대와 부모의 시간 개념의 차이', 네이버 캐스트

유형 빈칸에 알맞은 말 고르기

컴퓨터 게임과 같이 몰입할 수 있는 일을 하는 시간에 대한 내용이 빈칸에 들어가야 하므로, 정답은 ①번입니다.

오답 해설

② 빈칸 뒤의 '제외하고는'과의 연결이 자연스럽지 않습니다.

③ 부모가 시간을 정해 주는 사례에 대해서는 제시되지 않았습니다.

④ 컴퓨터 게임은 맞지만, 독서는 들어갈 수 없습니다.

30 ③

> 선글라스의 렌즈 색상은 (용도에 따라 선택하는) 것이 좋다. 회색은 모든 색을 자연 그대로 볼 수 있어 어떤 상황에서든 가장 보편적으로 착용하는 색상이다. 녹색은 눈의 피로감을 덜어 주고 시원한 시야를 제공하여 야외 활동을 할 때나 낚시처럼 한곳에 오래 집중해야 할 때 효과적이다. 밤이나 흐린 날에 더욱 밝게 보이게 하는 노란색은 야간 운전이나 스포츠 활동에 적합하다. 갈색은 단파장의 광선을 흡수·차단하므로 눈병을 앓고 있거나 백내장 수술 후 눈을 보호하는 데 적합하다.

유형 빈칸에 알맞은 말 고르기

야외 활동, 낚시, 야간 운전 등 용도에 따라 적합한 선글라스 렌즈 색상이 무엇인지 설명하고 있으므로, 정답은 ③번입니다.

오답 해설

① 밝은색의 렌즈가 좋다고 하지 않았습니다.

② 여러 가지 색상의 색상별 용도를 설명했습니다.

④ 선호도가 아닌 색상별 용도를 소개하고 있습니다.

31 ③

> 당신은 만약 낯선 누군가가 위험에 처해 있다면,

그냥 무시하고 지나칠 것인가 아니면 나서서 그 사람을 도울 것인가? 그런 상황을 떠올려 본다면 쉽게 대답을 하기는 어려울 것이다. 더구나 나 혼자가 아니라 많은 사람과 함께 그런 상황에 처한 경우라면, '내가 아니라도 누군가가 도와주겠지.' 하며 지나칠 가능성이 크다. 이처럼 상황에 관여하고 있는 사람이 많을수록 어려움이나 위험에 처해 있는 사람을 (도울 가능성이 줄어드는 현상을) '방관자 효과'라고 한다.

출처: '도움 행동: 낯선 사람이 어려움에 처했을 때',
네이버 캐스트, 2014. 06. 16

유형 빈칸에 알맞은 말 고르기

앞 문장에서 위험에 처한 사람을 지나칠 가능성이 크다고 했으므로, 정답은 ③번입니다.

오답 해설

①, ④ 앞 문장에서 위험에 처한 사람을 지나칠 가능성이 크다고 이미 제시했으므로 적절하지 않습니다.

② 제시문의 내용과 관련이 없습니다.

32 ④

> 요즘 한 지역 단체는 수거해 온 헌책을 깨끗하게 손질하는 일을 하고 있다. 우선 책을 수거한 뒤, 판매할 수 있는 책들을 가리는 선별 작업을 거친다. 선별된 책은 겉표지를 살짝 깎아 내는 '커팅' 작업을 한다. 커팅된 책은 다시 소독약을 뿌려 세심하게 닦는다. 이 과정을 거친 헌책은 새 책과 다름없다. 이 단체는 이처럼 가공한 책을 주민 센터에서 판매하고, 그 수익금은 동네 서점 살리기에 사용한다. 현재 이 사업은 주민들의 열렬한 호응을 얻고 있어 앞으로가 기대되고 있다.

유형 일치하는 내용 고르기

'이 과정을 거친 헌책은 새 책과 다름없다.'라고 했으므로, 정답은 ④번입니다.

오답 해설

① 제시되지 않은 내용입니다.

② 판매할 수 있는 책만 골라서 가공 작업을 진행합니다.

③ 판매는 주민 센터에서 하고, 그 수익금을 동네 서점 살리기에 사용하는 것입니다.

33 ①

> 왕의 밥상, 즉 수라상 역시 음식 구성이나 식사 방법은 일반인과 마찬가지로 밥과 반찬을 기본으로 하였다. 왕의 일상적인 식사는 아침, 점심, 저녁의 세끼 수라 이외에 참참이 드는 간식으로 구분되었다. 그 외 아침 수라 이전에 가볍게 드는 쌀죽인 죽수라가 있었다. 수라상의 반찬은 왕의 식성이나 기호에 따라 그 종류와 양이 달라질 수 있었다. 그러나 이 또한 수라상을 차리는 기본 방식의 테두리 안에서 가능했다.
>
> 출처: '왕의 식사, 수라', 신명호, 문화유산채널

(유형) **일치하는 내용 고르기**

'수라상을 차리는 기본 방식의 테두리 안에서 가능했다.'라고 했으므로, 정답은 ①번입니다.

(오답 해설)

② 왕의 식사는 수라와 간식, 죽수라로 구분되었습니다.

③ 왕은 아침 수라 전에 죽수라를 먹었다고 했습니다.

④ 수라상의 반찬은 왕의 식성이나 기호에 따라 그 종류와 양이 달라질 수 있습니다.

34 ②

> 눈이 붓거나 충혈되거나 감염이 된 경우에는 콘택트 렌즈를 착용하지 말아야 한다. 또, 렌즈를 타인과 공유하거나 렌즈를 착용한 채로 파마나 머리를 염색하는 일도 가급적 삼가야 한다. 여성들에게 있어 렌즈 착용 시 가장 큰 고민은 화장, 특히 눈 화장과 관련해 나타난다. 렌즈는 화장을 하기 전 착용해야 하며, 반대로 눈 화장을 지우기 전에 렌즈를 제거해야 한다. 충혈이나 통증, 팽창 혹은 자극감이 있을 때에는 안과 전문의와 상담해야 한다.
>
> 출처: '콘택트 렌즈 착용법', 네이버 캐스트

(유형) **일치하는 내용 고르기**

충혈, 팽창 시 안과 전문의와 상담을 해야 한다고 했으므

로, 정답은 ②번입니다.

(오답 해설)

① 화장을 하기 전에 렌즈를 착용해야 한다고 했으므로, 렌즈를 착용한 상태에서 화장을 할 수 있습니다.

③ 렌즈를 착용한 상태에서 파마나 염색을 하는 것을 조심해야 한다고 한 것입니다. 파마와 염색이 건강에 좋지 않다고 말하지는 않습니다.

④ 감염이 된 경우에 콘택트 렌즈를 착용하지 말라고 했을 뿐입니다.

35 ④

> 한 대학의 연구소에는 6주간 건강한 성인 500명을 대상으로 수면 시간과 식습관이 어떠한지 실험을 실시하였다. 처음 3주는 하루에 10시간 동안, 다음 3주는 하루에 5시간 미만의 시간 동안만 수면을 취하게 하여 신체의 리듬에 혼란을 주었다. 실험 결과, 수면을 취하는 시간이 감소할수록 체중이 증가했다. 피곤하고 잠을 못 자면 몸이 더 마를 것으로 예상하지만 신체의 리듬이 깨지면서 실험 대상자들의 몸이 생존을 위해 영양분을 저장했기 때문이다.

(유형) **주제 고르기**

'실험 결과 수면을 취하는 시간이 감소할수록 체중이 증가했다.'라고 했으므로, 정답은 ④번입니다.

(오답 해설)

①, ② 제시되지 않은 내용입니다.

③ 신체의 리듬이 달라지게 된다는 것은 실험 결과의 한 부분일 뿐, 주제는 아닙니다.

36 ③

> 학교에서 영어 교육을 십수 년을 받고도 외국인과 한마디도 제대로 대화하지 못하는 학생이 대다수이다. 한국의 비효율적인 공교육을 믿지 못하는 학부모들은 너도나도 아이들을 학원과 해외로 내몰고 있다. 그러나 이런 학부모들의 행동이 지나치다고 비난할 수만은 없다. 영어의 중요성이 커진 오늘날, 외국어가 개인과 국가의 경쟁력이 되었다. 그러

므로 공교육에서 영어에 노출되는 환경을 적극적으로 형성해 줄 필요가 있다.

(유형) **주제 고르기**

외국어가 개인과 국가의 경쟁력이므로 공교육에서 관련된 조치를 할 필요성이 있다고 말하고 있습니다. 따라서 정답은 ③번입니다.

(오답 해설)

① 공교육에서 고민해야 하는 부분이라고 했습니다.
② 외국인과 의사소통이 안 되는 부분을 해결하기 위해 공교육에서 조치를 취해야 한다고 주장하고 있습니다.
④ 제시문의 내용은 외국어 사교육이 아닌, 공교육에 초점이 맞춰져 있습니다.

37 ②

> 좋아하는 일을 하면서 자아 실현을 이루고 수입도 창출하기 위하여 취업에서 창업으로 눈을 돌리는 청년들이 많아지고 있다. 하지만 창업은 생각보다 훨씬 더 많은 시간을 들이고 돈을 투자하여야 한다는 위험이 있다. 성공에 대한 의지와 인내심이 강한 사람들은 자신의 창업 아이템이 매력적이지 않거나 시장성이 부족하다고 생각하면 융통성 있게 다른 아이템으로 바꾸고 그것을 끝까지 밀고 나가 마침내 창업에 성공한다. 반면, 창업을 만만히 보고 도전한 사람은 쉽게 포기해 창업에 실패하기 십상이다. 성공을 위해서는 굳은 마음과 끈기가 있어야 하는 법이다.

(유형) **주제 고르기**

성공에 대한 의지가 강한 사람이 창업에 성공한다는 내용을 강조하고 있으므로, 정답은 ②번입니다.

(오답 해설)

① 경제력을 갖추는 것이 초점이 아닙니다.
③ 본인의 의지가 중요하다고 강조하고 있습니다.
④ 취업이 아닌 창업에 대한 내용을 다루고 있습니다.

38 ①

> 맞벌이 부부가 증가하면서 많은 부모가 아이를 가정 어린이집에 맡기고 있다. 이때 일하는 부모의 입장에서는 보육 서비스의 질은 선택 사항이 아니다. 집과 가깝고 긴 시간 동안 안정적으로 보육 서비스를 받을 수 있는지가 중요하다. 그러나 정부에서 제대로 관리하지 않는 가정 어린이집은 근무 환경이 열악해 보육 교사가 안정적으로 서비스를 제공하기 어렵다. 따라서 공공성 강화를 통한 질 높고 안정적인 보육 서비스를 제공하기 위해 국공립 어린이집의 확충이 필요하다.

출처: "보육 교사들 '가정 어린이집 국공립으로 전환해야'",
뉴시스, 2015. 07. 03.

(유형) **주제 고르기**

'국공립 어린이집의 확충이 필요하다.'라고 했으므로, 정답은 ①번입니다.

(오답 해설)

② 가정 어린이집에 대한 정부의 지원을 늘려야 한다는 내용은 제시되지 않았습니다.
③ 보육 교사의 보육 서비스 질 향상을 위한 교육을 이야기하는 것이 아닙니다.
④ 제시문에서 주장하고 있는 국공립 어린이집 늘리기와 관련이 없는 내용입니다.

39 ③

> 요즘은 대형 마트 등에서 한꺼번에 장을 보는 일이 많다. (㉠) 식구가 많아 음식을 자주 해 먹는 경우에는 소비가 빠르기 때문에 재료를 미리 사다 놓으면 편하다. (㉡) 하지만 싱글은 다르다. (㉢ 외식이 잦아 집에서 밥을 먹지 않는 경우가 많고, 요리를 해도 재료가 조금씩밖에 필요하지 않다.) 요리 재료는 아무리 냉장고에 넣어 둔다고 해도 며칠만 지나면 상하거나, 상하지 않더라도 맛이 떨어지기 마련이다. (㉣) 재료를 한꺼번에 사다 놓고 제때 처치하지 못해 버리는 일이 자꾸 생기면, 장 보는 게 부담스러워지고 요리하는 것도 점점 재미없어진다.

출처: '혼자 먹는 식사', 김연주, 김영사, 2004. 09. 17.

(유형) **문장이 들어갈 위치 고르기**

주어진 문장은 식구가 많은 집과 대비가 되는 내용이므로,

'싱글은 다르다.'라는 문장 뒤에 오는 것이 대조적인 의미를 보여 주는 데 적절합니다. 따라서 정답은 ③번입니다.

오답 해설

①, ② 주어진 문장은 한꺼번에 장을 보는 일이나 식구가 많은 집에 대한 설명과는 맞지 않는 내용입니다.

④ 앞 문장과의 연결이 자연스럽지 않습니다.

40 ③

> '행복' 하면 '핑크'를 빼놓을 수 없다. 핑크는 선천적으로 마음을 편안하게 하고 긴장을 누그러뜨리는 색이기 때문이다. (㉠) 어느 실험에서 파란색을 칠한 벽을 보고 아령을 들게 했더니 사람들이 평소보다 아령을 굉장히 빨리빨리 드는 결과가 나왔다. (㉡) 이들을 아주 충분히 쉬게 한 뒤, 다시 핑크색을 칠한 벽을 보고 아령을 들게 했다. (㉢ 결과는 어떻게 나타났을까?) 아령을 드는 횟수가 급격하게 줄어들었다. 측정해 보니 몇 초 만에 근육 강도가 감소했더라는 것이다. (㉣)
>
> 출처: '부족한 2%를 채워 주는 명화 속 컬러: 컬러 테라피', 네이버 캐스트

유형 문장이 들어갈 위치 고르기

바로 뒤의 문장에 아령을 드는 횟수가 급격하게 줄어들었다는 결과가 제시되었으므로, 정답은 ③번입니다.

오답 해설

① 아직 실험을 하기 전이기 때문에 해당 위치에 주어진 문장이 들어갈 수 없습니다.

② 이미 앞에 결과가 제시되었고, 다음 실험은 아직 제시되지 않았습니다.

④ 이미 결과가 앞의 문장에 제시되어 있어 순서가 적절하지 않습니다.

41 ④

> 사람들은 계단이 텅 비었는데도 줄지어 에스컬레이터를 탄다. (㉠) 에스컬레이터를 이용하는 사람 중 대다수가 운동할 시간이 부족하다고 한다. (㉡) 그런데 왜 계단으로 다니지 않는 걸까? 우리가 늘 하는 많은 일을 '자동 반사 행동'이라 한다. (㉢)

늘 하던 일이다 보니 별생각 없이 자동으로 하는 것이다. 이런 행동을 바꾸기란 몹시 어렵지만 장점을 강조하면 바꿀 수도 있다. (㉣ 계단 양 끝에 센서를 달아서 계단을 밟을 때 즉흥 연주가 되도록 만들어서 사람들이 즐겁게 계단을 오르내리도록 만드는 것이 대표적인 사례이다.)

> 출처: '사람들의 행동이 바뀌면 세상도 바뀐다: 다큐사이언스', 네이버 캐스트

유형 문장이 들어갈 위치 고르기

주어진 문장이 무엇에 대한 사례인지를 생각하여 위치를 찾아야 합니다. '장점을 강조하면 바꿀 수도 있다.'라는 문장이 주어진 문장의 앞에 오는 것이 적절하므로, 정답은 ④번입니다.

오답 해설

① 에스컬레이터를 타는 것과 계단을 오르내리도록 만드는 사례의 연결이 자연스럽지 않습니다.

② 주어진 문장은 운동할 시간이 부족하다는 것에 관한 사례가 아닙니다.

③ 자동 반사 행동과 주어진 문장의 사례는 관련이 없습니다.

[42~43]

> 큰아이가 육군 훈련소에 입소하는 날이라 아침부터 분주하였다. 논산 훈련소까지 배웅할 계획이라 마음이 더 앞섰다. 먼 길을 내달려 훈련소에 도착하였다. 입소식에서 '충성' 하며 사열대의 부모들에게 목청껏 인사하는 소리에 섞여 휴대 전화가 요란하게 울렸다. 아버지 곁을 지키던 형의 전화다. 아버지 병세가 갑자기 심해져 중환자실로 옮겼으며 현재 산소 호흡기에 의존하는 상태이니 병원으로 오라는 전갈이다. 정말이지 깜짝 놀랐다. 그렇게 위중한 병은 아닐 것이라는 안이함이 있었나 보다……. 마음이 급해졌다. 가슴이 뛰며 눈물이 핑 돌았다. 아내와 서둘러 고속 도로에 몸을 실었다. 논산에서 부산 병원까지는 내달려도 네 시간은 족히 걸릴 거리이기에 호흡이 거칠어졌다. 큰 위기는 넘겼으니 서둘지 말라는 형의 당부에도 가속 페달에 힘이 가해졌다. 늦게서야 도착하니 형제들 모두 기다리고

있었다. 다행히 하루 두 차례인 면회 시간이 임박해 중환자실로 향했다. 문이 열린다. 아! 사랑스런 아버지다. 평소의 선한 모습 그대로 평안히 두 눈 꼭 감은 채 호흡기에 의지하여 가는 숨을 이어 가고 있었다.

출처: '아버지를 기억하며', 글나라, 글사랑 수필마당

42 ②

유형 **인물의 태도/심정 고르기(수필·소설)**

아버지의 병세가 갑자기 악화되었다는 소식을 듣고 급히 아버지가 계신 병원으로 가는 것이기 때문에 '나'는 조마조마한 마음일 것입니다. 따라서 정답은 ②번입니다.

오답 해설
① '든든하다'는 의지가 된다는 의미입니다.
③ '감격하다'는 크게 감동을 받았다는 의미입니다.
④ '답답하다'는 꽉 막힌 느낌이 있다는 의미입니다.

43 ④

유형 **일치하는 내용 고르기**

아버지는 인공 호흡기에 의지해 가는 숨을 이어 가고 있었다고 했으므로, 정답은 ④번입니다.

오답 해설
① 아버지는 돌아가시지 않았습니다.
② '고속 도로', '가속 페달' 등의 단어를 통해 자동차로 운전을 해서 간 것을 알 수 있습니다.
③ '형'이 '나'에게 병원으로 오라고 전화를 했습니다.

[44~45]

인터넷에서는 많은 사람들이 여러 활동에 자유롭게 참여할 수 있다. 이에 따라 대다수 이용자들이 정보를 소비하는 동시에 생산하는 능동적이고 똑똑한 소비자가 되고 있다. 많은 이용자가 온라인에서 자신의 의견을 자유롭게 개진하거나 다른 사람의 글에 댓글을 달고, 서로의 사진이나 동영상 등을 게시하는 등 (이용자들과 지식·정보를 공유하면서) 네트워크를 형성하고 있다. 이와 관련하여 유통 기한을 정하거나 이를 삭제, 수정, 영구적인 파기를

요청할 수 있는 '잊힐 권리'의 보장에 대한 논의가 뜨겁다. 인터넷에서 생성·저장·유통되는 개인의 사진이나 정보에 대한 개인의 소유권을 강화할 필요성이 커졌기 때문이다.

44 ④

유형 **빈칸에 알맞은 말 고르기**

자신의 의견이나 사진, 동영상을 게시하는 과정을 통해 지식과 정보를 공유하는 것이므로, 정답은 ④번입니다.

오답 해설
① 경제적인 활동과 관련된 내용은 제시되지 않았습니다.
② 빈칸 앞에 '댓글을 달고', '사진이나 동영상 등을 게시'라고 제시했으므로, 사진만을 언급하는 것은 알맞지 않습니다.
③ 댓글, 사진, 동영상 등 주고받는 활동이므로, 일방적인 전달로 볼 수 없습니다.

45 ④

유형 **주제 고르기**

인터넷 이용 실태에 따라 '잊힐 권리' 보장의 필요성이 대두되고 있다는 내용이므로, 정답은 ④번입니다.

오답 해설
① 인터넷이 중요하다고 강조하지는 않습니다.
② 글에서 제시된 내용이지만, 주제는 아닙니다.
③ 글에서 다루고 있는 내용이 아닙니다.

[46~47]

현대의 도시민들은 하루 시간 중 80% 이상을 다양한 실내 공간에서 보낸다. 그런데 노인과 어린이처럼 면역력이 약하고 실내에서 활동하는 시간이 많은 건강 민감 계층에게 적절하게 관리되지 않은 실내 공기는 건강을 위협하는 중요한 요인이 될 수 있다. 하지만 실내 오염이 건강에 미치는 영향, 오염 원인, 관리 방법에 대한 인식은 미흡하여 적절한 대응과 실천으로 이어지지 못하고 있다. 실내 공기 관련 정보를 얻는 주요 경로는 방송과 인터넷 등의 언론 매체이며, 강연이나 교육은 거의 없었다. 따라

서 어린이집과 경로당의 관리자나 이용자가 실내 공기 질을 관리할 수 있도록 방안을 모색해야 한다.

출처: '어린이집·경로당의 실내 공기질 향상 방안', 최유진,
서울연구원 정책리포트, 2015. 05. 11.

46 ②

유형 **필자의 태도 고르기(논설문)**

실내 공기 질이 잘 관리되지 않으면 사람들의 건강에 악영향을 미칠 수 있음을 강조하며 실내 공기 질을 관리해야 한다고 주장하고 있으므로, 정답은 ②번입니다.

오답 해설

① 필자가 도시민의 삶을 어떻게 바라보는지는 나타나 있지 않습니다.

③ 건강을 위협하는 요인이 될 수 있다고 했을 뿐, 구체적인 예를 제시하지는 않았습니다.

④ 실내 공기 관리 방법에 대한 인식이 미흡하다고 한 것이지, 건강 관리 방법을 지적한 것이 아닙니다.

47 ①

유형 **일치하는 내용 고르기**

실내 공기 오염이 건강에 미치는 영향, 실내 공기 관리 방법에 대한 인식이 부족하다고 했으므로, 정답은 ①번입니다.

오답 해설

② 적절하게 관리되지 않은 실내의 공기는 노인과 어린이의 건강을 위협할 수 있다고 했습니다.

③ 언론 매체가 주요 경로라고 했습니다.

④ 실내 공기 오염이 건강에 미치는 영향에 대한 인식이 부족하다고 했습니다.

[48~50]

요즘 서점가 베스트셀러 코너에는 상대를 설득하는 말의 기술, 꾸준한 습관으로 승자가 되는 비밀을 알려 주겠다는 자기 계발서들이 즐비하다. '성공하는 삶'을 살고 있지 않다면, 그렇게 살 수 있도록 자신을 돌아보고 현재를 개선해야 하지 않겠냐는 불안 심리를 이용한 마케팅 전략이 먹혀 들어간 결과이다. 물론 자기 계발서를 소비하는 사람들을 비난

할 수는 없다. 하지만 내가 진정으로 원하는 것이 무엇이고, 어떤 삶을 살고 싶은지에 대한 (자신의 정체성 파악이 앞서지 않으면), 자기 계발서를 맹신하여 책에 나온 그대로 따라 하려는 태도는 결국 자존감 하락으로 이어질 수도 있다. '자기 계발'을 위해 산 책이 '자기 부정'이라는 독이 되는 것이다. 게다가 한 권의 책 구매로 자아를 탈바꿈할 수 있으리라는 바람은 과한 욕심이다.

48 ②

유형 **필자의 의도/목적 고르기(논설문)**

자기 정체성 파악 없이 자기 계발서의 내용을 그대로 따라해서는 안 됨을 말하고자 했으므로, 정답은 ②번입니다.

오답 해설

① 성공의 비법을 알기 위해 자신에 대한 파악 없이 자기 계발서를 지나치게 믿는 태도를 비판하고 있습니다.

③ 도서 마케팅의 효과는 글쓴이가 주요하게 말하고자 하는 내용이 아닙니다.

④ 실패하는 사례를 제시하지는 않았습니다.

49 ②

유형 **빈칸에 알맞은 말 고르기**

자기 자신에 대한 파악을 먼저 하지 않으면 자기 계발서를 읽는 것이 오히려 부정적 영향을 끼친다는 내용이므로, 정답은 ②번입니다.

오답 해설

① 조언을 구해야 한다는 내용은 나오지 않았습니다.

③ 자기 스스로에 대한 고민을 강조하고 있습니다.

④ 자기 정체성 파악에 앞서 자기 계발서를 읽는 행동을 주의해야 한다고 했습니다.

50 ③

유형 **일치하는 내용 고르기**

자기 계발서를 읽고 그대로 실행하는 태도는 오히려 독이 된다고 말하고 있으므로, 정답은 ③번입니다.

오답 해설

① 서점에서 책을 많이 읽으면 성공할 수 있다고 말하지 않

122 | TOPIK II

았습니다.

② 자기 계발서를 소비하는 사람들을 비난할 수는 없다고
   했습니다.

④ 책 한 권을 사는 것으로 자아의 탈바꿈까지 꿈꾸는 것은
   과한 욕심이라고 했습니다.

정답과 해설

최신판

에듀윌 한국어능력시험
TOPIK II 종합서
+무료특강

고객의 꿈, 직원의 꿈, 지역사회의 꿈을 실현한다

에듀윌 도서몰
book.eduwill.net

· 부가학습자료 및 정오표: 에듀윌 도서몰 > 도서자료실
· 교재 문의: 에듀윌 도서몰 > 문의하기 > 교재(내용, 출간) / 주문 및 배송